江干区
钱江新城
萧山区
滨江区
钱塘江
潮鸣街道
采荷街道
四季青街道
望江街道
小营街道
庆春门
清泰门
望江门
庆春广场
邵逸夫医院
市民中心（在建）
杭州大剧院
庆春隧道（在建）
西兴大桥
复兴大桥
中兴立交桥
清泰立交桥
新塘隧道
近江工业区
杭州火车站
汽车南站
市广电大厦
近江大厦
市中级人民法院
杭州中策橡胶股份有限公司
杭州联合肉类集团公司
木材交易市场
清泰门社区
近江西园社区
近江东园社区
徐家埠社区
耀华社区
在水一方社区
始版桥社区
大通桥社区
木场巷社区
海潮社区
凤凰社区
莫邪塘社区
兴隆社区
金钱巷社区
长明寺巷社区
大学路社区
老浙大社区
葵巷社区
马市街社区
小营巷社区
北落马营社区
八一中学
铁路中学
开元中学
崇文实验学校
清河中学
杭七中
郁达夫故居
龚自珍纪念馆
横河公园
浙医二院
浙医一院
省武警医院
新丰新村
近江新村
海潮新村
霞晖新村
新绿园公寓
阳光海岸
金色家园
金色海岸
春江花月
景江城市花园
望江家园
近江家园
馨成林风
星民
共联
图例
区政府驻地
街道办事处
社区
火车站
汽车站
学校
医院
大厦
宾馆、酒店
古城门遗址
亭
山峰
风景名胜古迹
区界
街道界
高架、立交桥
浙江有色测绘院 编制
地图审核：浙S(2009)240号
注：本图界线不作划界依据 基础地理底图由浙江省测绘局提供

上城年鉴

（2011）

蔣德璘書

杭州市上城区地方志办公室

方志出版社

图书在版编目(CIP)数据

上城年鉴.2011/杭州市上城区地方志办公室编.
—北京:方志出版社,2011.11
ISBN 978-7-5144-0312-1

Ⅰ.①上… Ⅱ.①杭… Ⅲ.①区(城市)—杭州市—2011—年鉴
Ⅳ.①Z525.51

中国版本图书馆CIP数据核字(2011)第222966号

上城年鉴(2011)

编　　者:杭州市上城区地方志办公室
(杭州市上城区惠民路3号)
邮编　310002
电话　0571-87823451

责任编辑:李　江

出 版 者:方志出版社
(北京市建国门内大街5号中国社会科学院科研大楼12层)
邮编100732
发　　行:方志出版社出版发行部
(010)85195814　85196281
经　　销:新华书店
法律顾问:北京市大禹律师事务所
印　　刷:杭州余杭人民印刷有限公司

开　　本:889X1194　1/16
印　　张:32.75
字　　数:867千
版　　次:2011年11月第1版　2011年11月第1次印刷
印　　数:0001~1000册

ISBN 978-7-5144-0312-1/K·256　　定价:198.00元

上城区地方志编纂委员会

上城年鉴编辑部

编辑说明

一、《上城年鉴》是中共上城区委、上城区人民政府主办的综合性地情信息资料工具书，系统地记载上城区自然、政治、经济、文化、社会等方面发展的主要情况，为社会各界人士、研究者及中外投资者了解上城、熟悉上城、创业上城提供丰富、翔实的资料。本年鉴是创刊以来的第6部年鉴，由上城年鉴编辑部承编。

二、2010年，上城区委、区政府团结全区人民，以邓小平理论、“三个代表”重要思想和科学发展观为指导，围绕建设“具有国际水准的高品质中心城区”战略目标和“做精老城、接轨新城”的发展思路，优先发展服务业，促进工业结构高新化，着力构建科技、文化、人才互为支撑，加大经济结构调整、城市有机更新和民生改善力度，较好完成经济和社会事业发展各项任务。《上城年鉴(2011)》全面记载了2010年上城经济、文化和社会事业建设发展的情况，反映社会主义精神文明建设所取得的新成就、新变化、新发展、新经验以及在发展中遇到的新问题、新矛盾、新挑战等问题。

三、《上城年鉴(2011)》为中篇结构，采用分类编辑法，由卷首、百科、卷尾三个部分组成，设类目、分目、条目三个层次。2011年卷有类目29个、分目141个、收入条目1278条、随文照片184幅、表格46张、图11张、附属资料62篇。全书采用双重检索系统，书前有详细目录，书后有索引。索引采用分析索引方法。

四、为综合反映年度社会经济面貌，年鉴采用彩色印刷，刊登各级领导在上城视察指导、上城荣誉、上城风光、代表性企业、教科卫文体、街道及有关单位等的活动情况，更好地反映上城区经济和社会发展的全貌。

五、本年鉴采用的文字原稿，均由区级机关各部门、各街道和有关单位专人撰写，文后署名，并经供稿单位负责人审核，年鉴编辑部整理编辑。涉及上城区国民经济和社会发展全局性数据以区统计局提供的统计公报为准。统计局未统计的数据由各业务部门提供。由于资料来源和统计口径不同，数值可能不尽相同。

六、《上城年鉴(2011)》编纂工作得到全区各机关、单位的大力支持，广大编撰人员为之付出了艰辛劳动，借此深表谢意。书中如有疏漏或不足之处，恳请广大读者批评指正。

上城年鉴编辑部

2011年6月

4 月 13 日，全国人大常委会委员、教科文卫委员会副主任委员唐天标（左二）视察南宋御街。

（马黎宪　摄）

4 月 16 日，国家环保总局原副局长祝光耀（前左二）视察指导街道生态创新工作。

（湖滨街道　提供）

10月22日，中共中央党史研究室副主任李忠杰（右五）视察中国社区建设展示中心。
（马黎宪　摄）

10月24日，民政部副部长窦玉沛（二排左一）一行视察上羊市街社区残疾人民间艺术制作中心。
（马黎宪　摄）

10 月 23 日，浙江省省委书记赵洪祝（前右二）在天工艺苑参加杭州美术节——“2010（第二届）科学与艺术·院士与书画家作品联展”时与著名书画家刘江亲切握手。 （马黎宪　摄）

8 月 16 日，浙江省省委副书记夏宝龙（左五）与上羊市街社区工作者交流社区工作情况。 （马黎宪　摄）

7 月 21 日，浙江省副省长陈敏尔(左三)视察信泰人寿。　　(马黎宪　摄)

10 月 11 日，浙江省关工委主任徐宏俊(前左一)视察上城区外来人员公寓青少年活动基地。　　(区关工委　提供)

5 月 26 日，杭州市人大常委会主任王国平（中）视察泗水坊新村改善项目。
（区建设局　提供）

杭州市市委书记黄坤明、代市长邵占维慰问上城区环卫工人。（区城管办　提供）

8月4日，杭州市市委书记黄坤明（后中）视察上城区唯康老人养生文化公寓。

（马黎宪　摄）

6月9日，杭州市市委副书记王金财（右三）视察绿盛集团。

（上城科技工业基地　提供）

上城区人民政府

玉皇山南指挥部

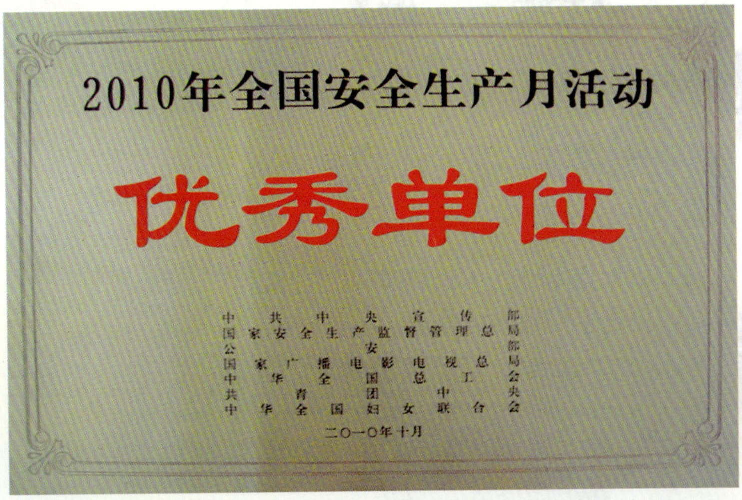

区安监局

杭州海兴电力科技研发中心工会小组

区城南房地产物业公司

区卫生局

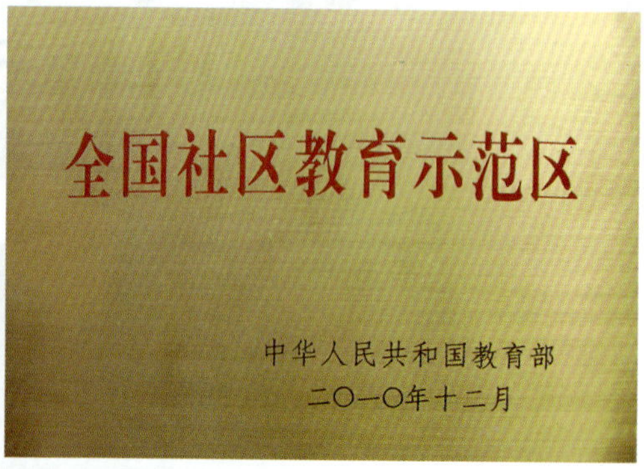

区社区学院

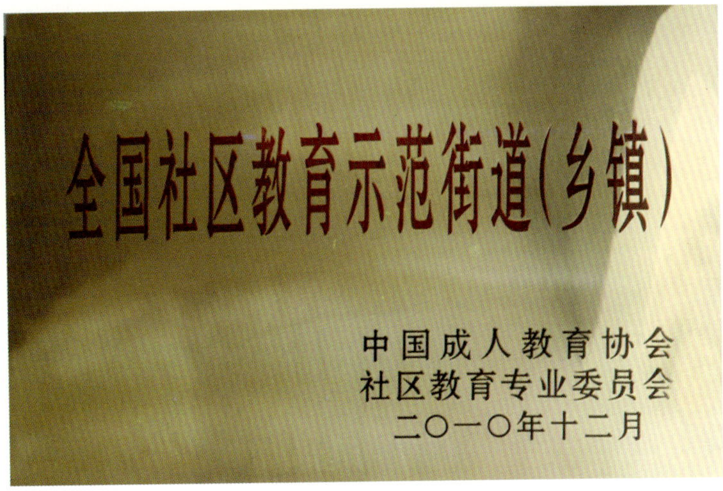

望江街道

湖滨街道、清波街道、小营街道、南星街道、紫阳街道

清波街道社区服务中心

望江街道

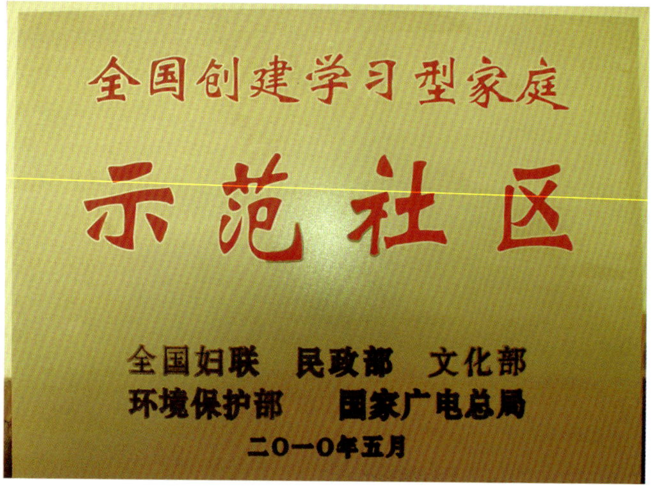

清波街道劳动路社区、紫阳街道上羊市街社区

小营街道金钱巷社区、清波街道劳动路社区、南星街道水澄桥社区

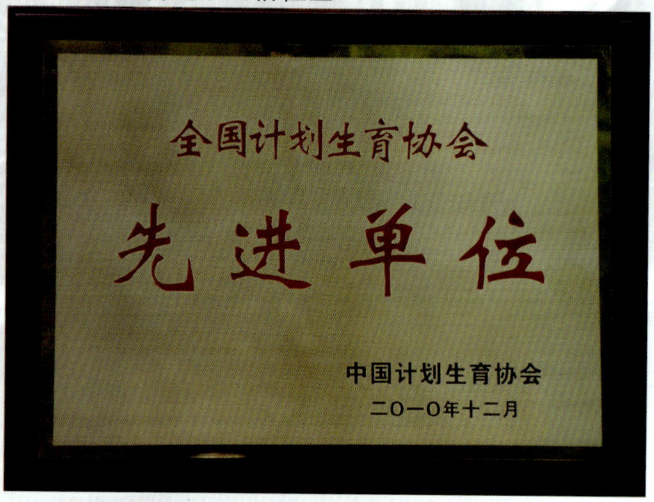

望江街道在水一方社区

7月20日，杭州市"代表进社区"工作经验交流会在上城区举行。

（区人大办公室　提供）

10月23日，2010杭州美术节开幕式暨吴山峰会——中国艺术品业发展高峰论坛在天工艺苑举行。

（区委宣传部　提供）

上城区庆"五一"暨劳模表彰大会

（区总工会　提供）

10月29日，2010第七届杭州邻居节在吴山广场举行。

（区委宣传部　提供）

杭州市首届社区工作者节活动仪式在中国社区建设展示中心举行。

（中国社区建设展示中心　提供）

6 月 25 日,"律师进社区" 活动对接仪式在上城区社区学院举行。 （区司法局 提供）

上城区 "生育关怀" 冠名基金启动仪式暨 "10·28"男性健康日主题活动在解放军某部拉开帷幕。 （区计生局 提供）

12 月 1 日,在八卦田遗址公园举行"12·4"全国法制宣传日暨杭州市上城区第五届法治文化节开幕仪式。 （区司法局 提供）

上城区生态文明示范社区启动仪式在东平巷社区休闲小公园举行 （湖滨街道 提供）

举行 "打造低碳社区——低碳家庭生活秀" 活动启动仪式 （区科协 提供）

清波地区首届美丽心灵人物评选活动

（清波街道　提供）

“杭台邻里节”活动中为亲情树揭盖

（清波街道　提供）

上城区庆祝第 26 个教师节

（区教育局　提供）

上城区第七届全民运动会开幕式

（区文广新局　提供）

小营巷社区第一届戴望舒诗歌节

（马黎宪　摄）

6 月 13 日，紫阳街道承办杭州青少年活动中心社区青少年俱乐部授牌仪式。（紫阳街道　提供）

6 月 30 日，区关工委名誉主任吕建恩带领青少年参观毛泽东视察过的小营巷社区。（区关工委　提供）

8 月 10 日，举行上城区“奋飞夏令营”活动。（区残联　提供）

11 月 10 日，“非遗文化进社区体验站”共建活动仪式在中国社区建设展示中心举行。（中国社区建设展示中心　提供）

12 月 28 日，举行北京师范大学杭州附属中学杭州市勇进中学奠基仪式。（区教育局　提供）

7月26日，小营巷社区召开创先争优活动公开承诺大会。　　（小营街道　提供）

离退休教师教育培训活动汇报——葫芦丝表演　　（区社区学院　提供）

区人武部在民兵训练基地进行军事训练　　（陈晓明　摄）

离退休教师教育培训活动汇报——舞蹈表演　　（区社区学院　提供）

岳王路社区组织“马大嫂”包粽子活动　　（湖滨街道　提供）

12 月 3 日，省、市领导为杭州市首家大学生特优农产品专卖店(清波街 80-2 号)开业揭幕。
(清波街道　提供)

时尚创意园成立仪式在玉皇山社区举行
(南星街道　提供)

9 月 18 日，举行小营街道志愿服务工作委员会成立仪式。
(小营街道　提供)

在湖滨街道举行上城区职业技能大赛
(湖滨街道　提供)

浙江省娃哈哈慈善基金会向云南马台中学捐赠 24000 瓶纯净水
(杭州娃哈哈集团有限公司　提供)

3 月 12 日，举行中山南路恢复双面街整治建设工程启动仪式。（吴山指挥部　提供）

9 月 17 日，举行 2010 年西博会国际旅游节暨第二届南宋御街国际旅游文化艺术节开幕式。（吴山指挥部　提供）

9 月 30 日，杭州市副市长张建庭为南宋御街中华美食夜市一条街开街庆典致辞。（紫阳街道　提供）

9 月 30 日，南宋御街中华美食夜市一条街开街日热闹场面。（吴山指挥部　提供）

9 月 16 日，香港山旅学会主席（右）石天仑到望江街道交流社会经验。

（望江街道　提供）

9 月 14 日，台湾桃园县县长吴志杨（右四）到上城区参观考察。　（马黎宪　摄）

4 月 21 日，外国友人参加国际体验日活动。

（马黎宪　摄）

12 月 5 日，法国前总理拉法兰（中）访问上城。

（马黎宪　摄）

美国社区发展协会 CDS 国际发展协会主席一行参观中国社区建设展示中心

（中国社区建设展示中心　提供）

2月4日，举行新春团拜会文艺演出。 （熊靖华 摄）

6月10日，区第七届全民运动会开幕式文艺表演。 （区文广新局 提供）

6月1日，举行“快乐迎6·1，饮马群星闪”活动。（马黎宪　摄）

湖滨街道举行“人文湖滨，相约十月”吴山艺术节活动。（湖滨街道　提供）

6月20日，大型民间舞蹈《吴山香客》参加第五届《风雅颂》杭州市民间艺术展演。（区文广新局　提供）

5月30日，举行庆"六一"少儿舞蹈专场暨"城市一家人"上城区第五届外来务工者文化艺术节开幕式。

（区文广新局　提供）

12月21日，小营街道举行"雨露万家——星光璀璨，梦幻之夜"圣诞青年互动派对。

（小营街道　提供）

9月7日，举行上城区文艺团队联合会暨外来务工俱乐部中秋联欢会。

（区文广新局　提供）

南宋皇城大遗址综合保护工程中新贯通的中东河新貌 （区绿化办 提供）

南宋御街·中山路引水入街 （区绿化办 提供）

南宋御街·中山路侧道绿化 （区绿化办 提供）

整治后的五柳巷新貌　（区建设局　提供）

羊血弄“美化家园”工程　（湖滨街道　提供）

屋顶绿化　（区绿化办　提供）

东平巷社区新貌　（区绿化办　提供）

中东河新貌 （区绿化办 提供）

立体城管中河整治成效 （南星街道 提供）

新中东河上游船 （区建设局 提供）

目录
Contents

特载

总述

特辑

大事记

城市建设与管理

文物保护

商贸旅游

环境保护

经济管理

财政税务

市　场

党　政

民主党派和工商联

群众团体

侨务 涉台事务

政 法

国防建设

教育

文化　体育

信息化建设

医疗卫生

社会生活

街　道

附 录

彩色图版

索　引

坚持科学发展　加快转型升级
建设"具有国际水准的高品质中心城区"(摘要)

——在区委八届十次全体(扩大)会议上的报告

(2010 年 12 月 31 日)

中共上城区委书记　陈红英

2010 年是"十一五"规划收官之年。一年来,面对复杂环境,上城区在市委、市政府的正确领导下,坚持以科学发展观为指导,紧紧围绕建设"具有国际水准的高品质中心城区"战略目标,主动适应后金融危机时期转型发展、统筹发展的趋势特点,积极对接省市发展战略,扎实推进国家行政管理与公共服务标准化试点区、"质量强省"试点城区、省级可持续发展实验区、杭州生活品质国际体验区建设,趁势推进产业转型升级、城市有机更新、破解民生"七难"等工作,切实加强平安法治建设,深入开展创先争优活动,实现了区域经济社会平稳较快发展,人民生活水平明显改善,全面完成"十一五"规划各项目标任务,获得全国社区中医药工作先进单位等国家、省、市各级荣誉 100 余项。

(一)区域经济在主动转型中再上台阶

面对后金融危机时期转型发展的迫切需求,立足资源禀赋,找准比较优势,持续挖掘科技、人才、文化等高端要素潜力,加快推进经济发展方式转变,实现区域经济又好又快发展。预计全年完成地区生产总值 530 亿元,比上年(指 2009 年,下同)增长 8.6%,其中服务业增加值 292 亿元,比上年增长 10.1%;工业销售

产值 510 亿元,比上年增长 9.9%;社会消费品零售总额 162 亿元,比上年增长 18.5%;固定资产投资 78 亿元,比上年增长 15%;财政总收入和地方财政收入分别突破 80 亿元和 50 亿元,比上年分别增长 22%和 28%以上,全面完成年初确定的各项目标。

超前谋划,发展布局更加科学。以科学规划为先导,推动城区空间布局和产业布局的调整优化,完善基础设施现代化、服务功能国际化的城市服务体系。配合"十二五"规划编制,完成编制科学技术、文化创意、商贸服务、高端产业等五年发展规划;结合重点项目实施和高铁开通,调研出台"四纵五横"道路、南宋御街中华

美食夜市一条街、中东河沿岸、城站广场业态调整规划。深入推进质量强区全省试点工作,积极创建省级可持续发展实验区,开展可持续发展战略研究和可持续发展实验区总体规划编制。

重点培育,主导产业不断壮大。围绕亩产效益提升,出台《上城区发展“五主多副”促进转型升级指导意见》,着力推动产业结构向高端、高新和特色方向发展。“五主”产业(不包括二手房交易)增势强劲,截至11月,实现地方财政收入28.6亿元,比上年增长27.4%,占全部地方财政收入61%;都市型工业发展平稳,全年规模以上工业企业实现工业销售产值508.5亿元,比上年增长9.9%,工业功能区实现工贸总收入比上年增长32.9%,高新技术企业实现销售产值比上年增长28%。特色经济效应凸显,湖滨、南山路、河坊街(含南宋御街·中山路)三大特色街区实现税收1.41亿元,比上年增长50.1%,清河坊历史文化特色街区被省商务厅确定为首批浙江省特色商业示范街之一。楼宇经济量质齐升,全年实现税收39.5亿元,比上年增长22.8%,税收超千万元楼宇达47幢、亿元楼宇达7幢,比上年均增加两幢。

三措并举,经济后劲持续增强。强化创新驱动、开放带动、服务推动,进一步夯实了区域经济在新的起点上实现可持续发展的基础。抓创新,全年共列入国家级科技项目7项、省、市级项目20多项,其中5个项目被列为国家中小企业创新基金,均为历年之最;区科创中心被国家科技部确认为首批大学生科技创业见习基地试点单位,引进院士创新团队两个、中科院院士1名,建立院士工作站两家,成立中科院射频识别技术杭州研发中心;前11个月,专利申请量和授权量分别比上年增长201%和96%。抓开放,成功招商引资实际到资1000万元以上项目167个,世界500强企业三井住友株式会社入股信泰人寿,管理规模100亿元的浙江创新产业股权投资公司和管理规模50亿元的中银投资浙商产业投资基金落户上城区;全年新批外商投资项目30个,实际利用外资12737万美元;引进市外内资项目598个,实际到位资金113.9亿元;积极推进区、市协作工程,出台实施意见,制定工作方案,并安排财政专项资金支持城乡统筹;扎实做好联乡结村工作,累计落实帮扶资金660.3万元,为市下达指标的194%;积极鼓励3个经联社向外拓展,不断做大做强。抓服务,开展“走访企业、服务单位”专项活动,设立区领导定期走访日,帮助企业破难解困;积极服务企业上市,中瑞思创、华策影视在深圳创业板成功上市,思美传媒已通过省证监局审核并上报国家证监会;发挥政府部门政策、金融机构信贷和中小企业征信平台作用,争取上级扶持资金8600万元,组建风险池担保基金,累计放贷2000万元。

(二)城市品位在精致精细中扎实提升

面对城市国际化发展趋势,按照“精品建设、精细管理、低碳生态”的工作要求,完善城区功能,美化城区环境,构筑“精致空间”,打造“最清洁城区”,提升杭州城市性质主平台的“窗口”形象。

大项目好中求进。围绕重点项目推进,坚持每周内审例会和每月进度分析制度,开展重点工程体制机制调整研究,发挥街道的积极作用,确保项目有序推进。截至12月,南宋御街·中山路综合体基本完成坊巷道路、更新续建、景观绿化、危改、庭改等扫尾项目,南宋御街中华美食夜市一条街国庆节顺利开街,双面街恢复工程基本完成主体工程;湖滨一期名品街提升工程顺利竣工,二期吴山路商业中心地块主体结顶,三期西湖电影院及周边地块拆迁过半;玉皇山南20万平方米安置房建设和首批2.8万平方米仓库有机更新基本竣工,完成大资福庙地段历史文化保护恢复、海月水景公园一期以及万松岭路、凤凰山东路综合整治;望江地区完成控规实施评价报告编制,新开工10.6万平方米,竣工16.4万平方米;五柳巷沿河一进深整治基本完成,新中东河国庆精彩亮相。

大环境优中求精。改善群众居住环境,完成危旧房改善17.9万平方米、庭院改善447幢、背街小巷改善73条、公厕提升8座、生态垃圾房100座;在全市率先审定通过《社区准物业管理规范》,完成16个社区、33个小区110万平方米的物业改善;在全市率先开展屋顶绿化美化试点,新侨饭店周边11幢建筑已基本完成。改善基础设施环境,“四纵五横”道路整治和13条支小路全面竣工,完成截污纳管92处;制定出台历史文化遗产保护三年行动计划,2010年已启动修缮保护60处,完成31处。改善生态环境,推进生态文明试点城区建设,开展“生态文明示范社区”创建,实施省、市级“多绿”细胞工程。倡导低碳生活,促进节能降耗,打造低碳城区,万元工业增加值综合能耗比上年下降约5%。

大城管实中求新。围绕平面城管向立体城管转变，着力在“机制手段创新、精品亮点凸现、热点难点治理”上下功夫，“四化”长效管控率达到100%，市政设施考核、河道管理考核、停车收费考核名列全市前茅。整合提升科技强管水平，完成城市管理智能管控平台建设，执法工作效率明显提高，并被住建部列为“十二五”规划内容。积极推进垃圾分类和清洁直运，全区80%以上区域实现垃圾清洁直运，60%以上社区启动垃圾分类。研究破解道路交通“两难”工作措施，创新开展“单车进社区”工作，新增小区内公共自行车租赁点24处。

(三)民生民主在共建共享中继续改善

面对人本理念深入人心、民生改善要求提升、民主意识持续增强的时代特点，持续加大民生投入，体系推进民生保障，统筹发展社会事业，深入完善民主法治，推动改革发展成果普惠，努力提高群众幸福感。

强投入，民生保障提质扩面。全区民生保障支出15.5亿元，较上年同期增长32%，占地方财政支出的79.4%。发放春风行动、零贫困工程、安居工程各类救助金2400万元，10余万人次受益，被省政府授予杭州市唯一的全省基层低保规范化建设示范区。在全省率先推出居家养老“全覆盖”工程，全年政府购买服务经费473万元，共两万余人次享受到居家养老服务，望江街道是浙江省唯一被中国社会福利基金会授予“2010全国社区养老服务先进街道”称号的街道。推进残疾人基本生活保障工程，将符合条件的残疾人及家庭全部纳入“低保”和社会救济范围。创建充分就业城区，设立1000万元居家就业专项资金和619万元促进创业专项资金，创业成功率达60%以上，“清波创驿”、“南星网店联盟”等大学生创业、就业帮扶平台不断拓展，“零就业”家庭基数动态归零，新增就业人数24078人，帮助12666名失业人员实现再就业，其中就业困难人员再就业5270人，超额完成市下达的年度目标任务。

促均衡，社会事业更趋普惠。完善区块教育布局，高标准推进勇进中学、新天地实验学校建设，改扩建建兰中学，稳步推进6所国有民办学校体制调整；促进教育资源均衡流动，全面实施“管办助评”服务型机构改革，加强学前教育、特殊教育和中小学互助指导。召开公共文化工作会议，深入开展上城文化之旅万人游活动、“百团百场”等群众文化活动，首批15家辖区单位文体设施向居民免费开放；成功举办区第七届全民运动会，荣膺省第十四届运动会(青少年部)金牌榜榜首。成功创建卫生强区，稳妥推进国家基本药物制度试点工作，社区卫生服务机构药品全部实行零差率，累计让利百姓3500万元。健全计划生育公益金制度，初步构建综合性计划生育和生殖健康服务体系。圆满完成人口普查入户登记、数据汇总工作。

重创新，基层基础更加夯实。开展区委人大、政协工作会议精神落实情况专项督察，人大代表、政协委员的依法监督、民主监督作用得到进一步发挥。工会、共青团、妇联、科协、残联、工商联、关工委等组织在联系群众、反映民意等方面桥梁纽带作用日益凸显，党的民族、宗教、侨务、对台政策得到有效落实，人民武装、国防动员和民兵工作进一步得到加强。深入探索“民主促民生”工作机制，培育发展社区社会组织建设，全面推广“律师进社区”工作，推进民生工程及重大事项决策民主化、法制化。深化社区自治，创新“民间副主任”模式和选举观察员制度，所有社区实现直选，被市政府授予杭州第四届社区居委会换届选举“直选”推进示范区。畅通民意渠道，着手推广“湖滨晴雨”民情工作室模式。探索开展“333+x”社区大服务体系建设，并在紫阳街道开展试点；积极构建“1211”社区工作体系，推进社区工作规范化。推进政府行政管理与公共服务创新，政府行政管理与公共服务标准化体系建设被列为国家级试点并初见成效，已形成国家标准1项，省市地方标准28项。

(四)和谐环境在机制创新中有效构筑

面对利益格局更趋多样、大事要事活动频繁的社会形势和重点项目相继实施的工作实际，立足于机制创新，推进资源整合、职能联动，着力打造稳定、安全的社会环境和风清气正的政务环境。

构筑稳定环境。以世博安保为首要任务，相继推出处置信访事项专家团、信访事项律师参与接待、“三无”街道(社区)创建、重大事项社会稳定风险评估等举措，开展人民调解专项攻坚等活动，圆满完成上海世博会、广州亚运会期间的安保维稳任务。严格开展每月不稳定因素排查和维稳动态分析，实施季度维稳形势研判，妥善处置群体性事件。

构筑安全环境。以“最安全城区”为目标，深化基层平安创建,扩大科技安保覆盖面,开展社区主动警务试点,打造执法规范化建设品牌,市、区、派出所三级挂牌整治区域基本实现“报警下降、发案下降”。启动全市首创公安、交警、城管、学校、志愿者“五力合一”绿色护校行动模式,全区未发生重大校园安全事故。建立安全隐患信息监管平台,完善安全生产应急救援体系,开展消防、交通、食品、特种设备等综合整治,区域安全形势保持稳定。

构筑廉政环境。围绕“廉洁上城”打造,按照制度管理、机制创新、规范运作的思路,全面推进权力阳光运行,打造全市首家“网上行政服务中心”,拓展延伸数字监察领域,建立行政权力运行全程实时监督系统。实现综合预算全覆盖,实行单一账户体系,全面实行国库集中支付改革,实现财政资金统一监管。深化完善国有资产监管体制,制定出台全区国有资产运行监督管理体制和国有资产运营机构监督管理重大事项审批两项制度。开展作风和执行力两个“建设年”活动,深化以学习《廉政准则》为重点的反腐倡廉教育,加大违法违纪案件查处力度,较好完成了党风廉政建设责任制各项任务。

(五)党的建设在创先争优中得到加强

紧紧围绕全区工作大局,进一步巩固和拓展学习实践科学发展观活动成果,深入开展创先争优活动,以改革创新、求真务实的精神选干部、聚人才、抓基层,为区域发展提供了坚强的组织保证和人才支撑。

抓创先争优。紧扣上城实际设计载体,搭建平台,开展活动,彰显特色。出台“上城先锋”创争活动行动方案,从狠抓班子队伍、推动转型升级、坚持改善民生、夯实党建根基等4个方面,推进“1441”工程(即14个主项目和41个分项目)落地。开展“亮身份、践承诺、比贡献、赛业绩”主题活动和企业“发展强、党建强”双品牌建设,据不完全统计,活动期间全区共帮助群众解决就学、就医、就业等方面实际困难3756件次,疏导化解邻里纠纷等社会矛盾1532件次。建立区委常委领衔破解难题工作机制,完成11个课题调研;街道同步联动,确定经济、民政、城建5大类34个子课题,做到虚实有机结合,推进重点、难点问题的破解,确保活动取得实效。

抓基层基础。全面推开社区党组织“公推直选”工作,在全市率先试点和完成社区党组织换届。深入推进党在非公企业和新社会组织中的组织覆盖和工作覆盖,全区共新成立非公企业党组织25家,组建基层工会53家、团组织76家,有力地推动了党群共创。积极探索区域化大党建,按照“区域统筹、资源共享、优势互补、共驻共建”的工作目标,重点推进机关(事业)单位、社区、企业之间的共建联建,成立吴山商圈党委,着力构筑城市区域化大党建工作新格局。围绕“5A型目标、网格化管理、组团式服务、片组户联系”,开展“民情大比武”活动,推动服务型党组织建设,小营街道“三行动、三共享”工作机制得到市委组织部的肯定,望江街道东园社区被列为市委党校“片组户”工作现场教学点。

抓队伍建设。切实加强理论教育,以学习型党组织建设为载体,依托两级中心组学习和吴山大讲堂等平台,邀请专家教授就十七届五中全会精神、宏观经济形势、现代服务业发展、城市形象宣传、世界格局变化等内容开展专题讲座,切实提高党员干部的思想政治水平、理论素养以及战略思维能力。全面深化干部人事制度改革,推行干部工作通报、区管职位空缺预告、干部选拔任用初始提名库制度,出台加强高素质干部队伍建设实施意见,提升干部工作的公开化、规范化。推进竞争性选拔干部常态化,制定干部跨部门竞岗交流工作实施办法和区管干部差额选拔工作实施意见,促进干部公平竞争、有序流动。探索建立干部实践锻炼长效机制,加强党政干部培训,深化重点工程挂职锻炼、“代办员”、农村指导员、信访督查员等挂职锻炼方式,提高干部综合素质。坚持党管人才原则,编制“十二五”人才发展规划,明确人才工作方向和重点。

注释

省可持续发展实验区:可持续发展实验区工作开始于1986年,是由国家发改委、科技部等19个部门共同推动的一项地方性可持续发展综合示范试点工作,旨在通过国家和各省对科技项目的支持,依靠科技进步、机制创新和制度建设,全面提高实验区的可持续发展能力,探索不同类型地区的经济、社会和资源环境协调发展的机制和模式,为不同类型的地区实施可持续发展战略提供示范。目前上城区正在创建省可持续发展实验区。

“七难”：困难群众生活就业难、看病难、上学难、住房难、行路停车难、办事难、清洁保洁难。

“四纵五横”：“四纵”为建国路、南复路、浣纱路、江城路；“五横”为复兴路、清泰街、开元路、平海路、凤凰山路。

“五主多副”：重点发展现代商贸服务业、精品房地产业、金融及其衍生行业、文化创意、大旅游业等关联行业，适时发展都市型工业、特色街巷潜力行业、建筑业、其他现代服务业等其他业态。

区市协作：是杭州市统筹城乡区域发展的重要载体，按照城区与县(市)全面合作、联动发展的要求，以新型城市化为主导，以城区与郊县协调发展为目标，以产业共兴、项目共建、资源共享、环境共保、乡镇结对、干部挂职为主要内容，使城区与郊县实现优势互补，加快城乡融合，着力提升郊县经济社会发展水平、农村文明程度和农民富裕程度。上城区、萧山区与富阳市组成杭州市区县(市)协作第一协作组。

“多绿”细胞工程：是生态市建设的细胞工程，是指绿色社区、绿色学校、绿色医院、绿色工地、绿色家庭等。

“四化”：即洁化、序化、亮化、绿化。

居家养老服务“全覆盖”工程：为更好地满足老年人个性化的养老服务需求，促进居家养老服务由“特惠型”向适度“普惠型”的转变，2010年11月，上城区启动实施了以“拓展养老服务、构建和谐家园”为主题的居家养老服务全覆盖工程。该工程以实现服务对象、服务内容、服务时间、服务途径全覆盖为目标，以信息化为支撑，整合社会养老服务资源，搭建居家养老对象全覆盖平台，为60岁以上老人提供个性化、规范化的居家养老上门服务。

“零就业”家庭：指城镇居民家庭中，在法定劳动年龄内(在校学生、现役军人、办理提前退休人员等除外)有劳动能力和就业愿望的人员均处于失业状态的家庭。

“管办助评”：管，即行政部门的依法管理。教育行政部门通过政策调控、资源配置等宏观管理方式促使学校间的均衡、优质发展。办，即基层学校的自主办学。学校以发展规划为目标，立足自身现状、关注学生发展、在法律和政策范围内自主办学，达成规划目标。助，即职能部门的助力引导。围绕学生发展，区教育局下设引导与助力机构，为学生、教师、学校、家长提供专业化、个性化的全方位指导与助力服务。评，即评价部门的诊断指导。整合教育评价资源，通过日常性和形成性评价，发现和诊断问题，以促进学生、教师、学校的发展。

“民间副主任”：民间副主任不拿薪、不占编制，也可以不坐班。社区居委会是居民群众的自治性组织，在抓好社区专职工作者队伍建设的同时，让部分热心于社区建设、乐意为居民服务的辖区单位负责人、物业公司负责人和社区骨干等，通过法定程序吸收到社区居民委员会中来。上城区在今年的居委会选举工作中共有3个社区进行了试点。

湖滨“晴雨”民情工作室：2009年底，湖滨街道在各方的帮助下，整合了街道原有的“社情民意信息直报点”、“社会舆情信息直报点”、庭院改善工程的“草根质监站”、社区调解的“和事佬”等单项平台资源，成立了杭州市首个“民主促民生”社区互动平台——“湖滨晴雨”工作室。该工作室收集的民情民意、协调的急事难事以及创新做法和取得的成效，得到了政府、高校、媒体、百姓的集体关注。

“333+X”社区大服务体系：随着经济、社会的发展，社区服务已从为特定对象服务转向为全体居民服务。为更好满足社区居民多样化的社区服务需求，2009年，上城区创新社区服务理念，依托信息手段，探索开展了“333+X”社区大服务体系建设，即明确政府、市场、社会三个主体职责，搭建社区公共服务工作站、居民活动和居民生活服务类载体，通过公共服务、自助互助服务、便民利民服务三种体系建设，提供与居民生活密切相关的若干服务项目，转变政府公共服务提供方式，拓展社区自我服务能力，促进社会资源整合，以满足居民群众个性化的服务需求。目前，“333+X”社区大服务体系建设正在紫阳街道开展试点，已取得初步成效。

“1211”工作体系：第一个“1”是指在网格化责任片区楼道或其它显著位置张贴一块责任社工楼道公示牌，“2”是指组建AB两岗，第二个“1”是指各社区组建一支民间督导服务队，最后一个“1”是指健全一套社区工作评价机制。

公推直选：是指在党组织领导下，采取组织推荐、党员推荐、群众推荐和个人自荐相结合的方法，产生基层党组织领导班子成员候选人，由党员大会或党员代表大会直接选举产生党组织书记、副书记和委员。

5A型目标、网格化管理、组团式服务、片组户联系：按照相邻相近原则，把社区划分成若干个单元网格，通过整合网格内各类组织资源，以社区“两委”干部为片长，社区党支部、楼道党支部为基础，全体党员为骨干，组建由街道、社区和挂钩部门参加的服务团队，实现任何人(Anyone)、在任何时候(Anytime) 和任何地点(Anywhere)，通过任何方式(Anyway)得到任何的服务(Anyservice)。

“三行动、三共享”工作机制：即邀约、敲门、携手行动；共享服务账户、服务团队、服务产品。

杭州市上城区第十三届人民代表大会常务委员会工作报告(摘要)

——在上城区第十三届人民代表大会第五次会议上的报告

(2011年1月12日)

上城区人大常委会主任　丁晓芳

2010年是有效应对国际金融危机冲击，巩固经济回升向好势头的关键一年，也是“十一五”规划实施的收官之年。区人大常委会在中共上城区委的领导下，以邓小平理论和“三个代表”重要思想为指导，以纪念区人大常委会设立30周年为契机，认真贯彻省、市、区委人大工作会议精神，牢牢把握科学发展这一主题，紧紧抓住经济转型升级这条主线，关注民生，发展民主，务实创新，认真履行宪法和法律赋予的职权。一年来，共召开常委会会议7次，听取和审议“一府两院”专项工作报告11项，作出决议决定8项；召开主任会议18次，听取和讨论工作汇报16项；开展执法检查3次、专题视察12次；依法任免国家机关工作人员30名，任命区法院人民陪审员36名，补选区人大代表1名，全面完成了区十三届人大四次会议确定的各项任务，较好地发挥了地方国家权力机关的作用。

(一)围绕科学发展，加强工作监督，促进经济社会又好又快发展

常委会以经济社会健康协调发展为中心，依法行使重大事项决定权，加大监督工作力度，促进“十一五”规划任务圆满完成，为编制实施“十二五”规划打

好基础。

推进经济转型升级。转型升级、结构调整是加快经济发展方式转变的主攻方向，是人大监督的着力点。常委会密切关注经济运行情况，听取和审议了区政府关于2010年国民经济计划上半年执行情况的报告，听取了“十二五”规划纲要编制、招商引资、商贸旅游经济、创意产业发展、国有资产经营管理等方面的工作汇报，专题调研都市型工业经济发展情况。通过深入调研分析，强调要准确把握经济社会发展面临的新形势，科学谋划上城区未来五年经济社会发展的目

标任务和重大举措；要加强对发展“五主多副”，促进产业转型升级的重要性、必要性、紧迫性的宣传，统一认识，明确目标，集中力量抓落实；要把握“产业融合”的发展趋势，着力推进传统制造业与信息产业、文化创意产业、现代服务业的结合，培育新兴产业，推动上城工业转型升级，加快形成都市型工业发展格局。政府高度重视常委会审议、调研意见的落实，进一步明确了“十二五”规划纲要目标任务，制定出台了发展“五主多副”重点行业的指导意见，引领区域经济转型升级、健康发展。

加强财政预算审查。常委会认真听取和审议2009年度财政决算(草案)和2010年财政预算上半年执行情况的报告、2009年财政预算执行情况及其他财政收支情况的审计工作报告、调整2010年本级财政预算的报告。重点审查了上年度审计报告反映问题的整改落实情况、超收收入和预算稳定资金的使用情况，认为2010年新增支出安排主要用于民生改善和社会事业发展，教育、科技、卫生、文化、劳动和社会保障等支出符合法律法规的规定，依法批准上城区2009年财政决算和2010年预算调整报告。全程监督部门预算，实行所有部门预算上人代会审查，选择部分单位进行预算执行情况跟踪督查，审查了区司法局、区劳动和社会保障局2009年度部门预算执行情况，中期督查区统计局、区城管办2010年部门预算执行情况。根据督查情况，4个部门预算执行总体较好，财政资金使用绩效得到体现。针对执行过程中存在的问题，建议区政府要加强预算编制调研，贯彻综合预算理念，提高预算编制的完整性、科学性、前瞻性。对此，区政府在部署2011年预算编制工作中予以落实，进一步促进了公共财政体制建设。

推动重点项目建设。围绕南宋皇城大遗址综保工程，常委会先后视察了南宋御街·中山路综保工程、玉皇山南综合整治、南宋御街中华美食夜市一条街建设、新中东河综保工程、五柳巷历史文化街区保护、湖滨二期工程建设、望江地区改造建设等重点项目，提出视察意见，助推重点项目实施。在视察南宋御街中华美食夜市一条街建设时，将群众反映比较集中的交通、停车、噪音、油烟污染、食品安全等问题反馈给区政府，要求在实施中充分考虑，确保美食夜市顺利开街、正常运营。为保障重点项目的顺利推进，常委会专题审议建设资金集中管理工作，督促政府加强财政可用资金、重点项目建设资金的有效管理，确保全区重点项目建设资金的需求和安全。

促进社会事业发展。常委会围绕改革发展大局，依法行使重大事项决定权，审议批准省级可持续发展实验区建设规划。专题听取教育管理体制改革汇报，就初中教育、学前教育、教育体制改革的稳定性和延续性等工作提出了意见，建议稳妥推进改革、注重均衡发展、提升教育质量，不断满足人民群众对优质教育的需求。多次组织代表视察社区卫生服务站建设，督促政府统筹解决用房问题，优化服务机构设置，加快推进社区卫生服务标准化建设。在常委会的推动下，区政府多途径挖掘资源，改建5个、扩建3个社区卫生服务站。常委会还听取了计划生育“三优”促进、食品药品卫生监管、事业单位绩效工资实施等工作汇报，视察了非物质文化遗产保护、全民健身等工作，推进各项社会事业加快发展。

(二)服务发展大局，强化法律监督，促进依法治区工作深入开展

常委会坚持贯彻依法治国基本方略，加强普法依法治理监督，加大执法检查力度，推动法律法规的贯彻执行，推进依法行政、公正司法，为区经济社会和谐发展创造良好的法治环境。

加强执法检查。一年来，常委会先后对《中华人民共和国安全生产法》、《中华人民共和国环境保护法》、《中华人民共和国禁毒法》、《浙江省安全生产条例》、《杭州市环境噪声管理条例》等法律、法规的贯彻执行情况进行了检查。为让学生备考和居民有一个安静的生活环境，适时开展中高考期间环境噪声管理的检查，督促政府对生产单位和施工工地严格依法管理。在2008年开展建设工程安全生产执法检查基础上，常委会再次组织开展以建筑工地为重点的安全生产执法检查，听取区政府执行法律法规情况报告，肯定全区在安全生产工作中所作出的努力，指出了存在的安全隐患和管理上的不足。区政府及职能部门认真落实安全生产执法检查意见，进一步加强社区安全管理员队伍建设，在52个社区全部配备了专职安全管理员和必需的硬件装备，并完善了安全隐患治理监管体系。开展省、市、区环境保护“一法一条例”联动执法检查，跟踪督查污水收集处理、贴沙河沿岸居民生活污

水排放等情况,督促政府及职能部门尽快从根本上解决生活污水乱排放问题,确保饮用水源安全。通过持续开展执法检查,有力推动了法律、法规在上城区的贯彻实施。

强化司法监督。根据司法改革创新的新形势,常委会不断探索司法监督的有效途径,加大司法监督力度。通过组织代表旁听刑事案件庭审、走访市中级法院和检察机关,全面调研区法院刑事审判工作。在常委会专题审议中,既肯定区法院在打击犯罪、发挥刑事审判职能、维护社会稳定等方面所取得的成效,又指出了庭审程序、功能有待加强等不足,建议区法院进一步创新工作方法,提高案件质量,切实维护司法权威和司法公正。针对政法“三项重点工作”(社会矛盾化解、社会管理创新、公正廉洁执法),常委会分别听取了区人民检察院创新社会管理、区人民法院实施人民陪审员制度等工作汇报,视察公安社区警务工作。对检察职能延伸服务基层,区人民法院认真落实人民陪审员制度,推动司法工作公正公开,公安创新社区主动警务理念等工作举措给予充分肯定。建议更好地发挥人民陪审员作用,加快推进社区警务室规范化建设,为保障社会和谐稳定作出更大努力。

推进依法行政。常委会以争创“五五”普法全国先进城区考核验收为契机,对普法工作进行专项视察,督促全区各部门增强法制意识,齐心协力巩固普法全国先进城区成果。开展规范性文件备案审查,对《上城区规范行政合同和民商事合同管理指导规则(试行)》等两件规范性文件进行审查。对市垂直管理部门进行工作监督,听取市工商管理局上城分局依法行政情况汇报,建议不断创新执法手段,维护正常的市场经营秩序,服务地区经济发展。对区司法局、区卫生局工作进行评议。在评议中既充分肯定两个部门在严格依法行政、创新工作举措,争创全国、省级先进等工作上所取得的成效,同时也指出了工作中存在的薄弱环节和不足之处,建议在提高队伍整体素质、创新普法依法治理工作、深化医药卫生体制改革等方面作出更大努力。

依法行使任免权。坚持党管干部和人大依法任免干部相统一的原则,按照法定程序进行人事任免。坚持任职法律考试、任前表态发言等制度,增强被任命人员的政治意识、法治意识和公仆意识。根据“一府两院”的提请,依法做好人事任免工作,全年共任免国家机关工作人员30人,任命人民陪审员36名,为行政机关、司法机关、检察机关的有效运转提供组织保障。

(三)强化民权维护,着力民生改善,促进改革发展成果惠及于民

常委会始终将民生监督摆在突出的位置,创新监督方式,坚持跟踪问效,不断探求民生热点、难点问题的解决,维护人民群众的根本利益,使改革发展成果惠及于民。

推进实事项目实施。常委会高度关注政府为民办实事项目的实施情况,采取生态环境保护执法检查、听取截污纳管工作汇报、督办代表意见建议等办法,对历年结转的实事项目办理情况进行跟踪督查。就社会关注度较高的就业培训、大学生创业情况进行调研,听取政府相关部门的工作汇报。组织代表实地视察社区卫生服务站建设、地质灾害治理等工作,对实事办理进行现场督查,为审议政府2010年为民办实事项目实施情况的报告作好充分准备。在常委会审议中,大家认为政府实事办理工作制度不断完善,办理成效比较明显。同时要求政府力争全面完成实事任务,细化长效管理措施,深化实事办理效果,完善群众评判机制,使政府为民办实事成为普惠群众、凝聚人心、增强合力的民心工程。

着力居住环境改善。常委会专题审议政府安置房建设和使用管理平台运行情况、旧小区物业管理工作,听取“四改”(背改、危改、庭改、物改)工作汇报,视察垃圾分类工作开展情况。为加快安置房建设进度,常委会连续三年进行监督。通过专题审议、实地视察、跟踪督查前两年审议意见的落实情况等办法,督促政府及部门改进工作,加大力度协调解决安置房建设项目前期审批中遇到的困难和问题,发挥管理平台统筹调度作用,使安置房使用效率最大化。为推进住宅小区物业管理改善三年行动计划的顺利实施,常委会听取审议专项工作报告,强调要认真研究、妥善解决当前工作中存在的物业用房落实难、物业费收取难等问题,扎实推进物业管理改善工作,巩固危改、庭改工作成果,提升居民的生活环境品质。

促进养老事业发展。上城区老年人比例高达23%,是浙江省老龄化程度最高的城区,养老工作责任重大,人民群众十分关注。常委会于2009年对民政局工作进行评议，提出要“推进社会化养老事业的发展”。为切实推进这项工作，常委会成立专题调研小组，深入6个街道，了解全区社会化养老工作情况，并将之列为常委会2010年专题审议内容，结合民政局落实评议意见情况进行再审议，对整改落实社会化养老工作情况进行了民主测评，综合评价令人满意。通过调研、审议，常委会指出了当前社会化养老工作中还存在的问题和不足，提出要认真落实养老服务五年发展规划、加强养老基础设施建设、规范服务管理等5条建议。审议意见得到有效落实，区政府以居家养老为重点，加大对养老事业发展的投入，筹建养老服务信息处理中心，努力实现居家养老全覆盖，社会化养老事业得到长足发展。

关注食品安全监管。“民以食为天，食以安为先”。近年来，常委会先后视察了食品生产、流通、消费等各个环节的安全卫生工作。2010年又将食品卫生监督工作作为对卫生局工作评议的重要内容，听取各方面的意见建议，督促其履行卫生监督职责，保障居民群众食品安全。为配合市人大常委会开展对食品安全工作的评议，常委会组织部分人大代表实地视察了三桥农贸市场、近江食品市场等7家食品经营企业和单位，听取有关职能部门的专题工作汇报，并就流通消费领域的食品安全管理工作进行座谈交流，指出食品安全管理还存在着执法体制不顺、工作职责不清等问题，建议加快政府机构改革步伐，在理顺管理体制上有新突破，提高食品安全监管能力。

（四）注重优化服务，规范活动形式，促进代表主体作用发挥

常委会不断探索和改进代表活动方式，激励和支持代表依法履职，拓展代表工作的广度和深度，代表主体作用得到进一步发挥。

代表建议督办更加有效。继续坚持重点议案建议人大主任督办及每月办理工作通报例会等制度，抓实交办督办的各个环节，帮助协调解决办理工作中的难点问题，确保办理高质量。尝试由提建议代表、督办领导、分管副区长和建议办理方参加的“建议督办沟通会”，争取最佳办理效果。不断改进建议办理理念，支持政府对代表历年提出的、涉及群众切身利益的有关水、电、气等问题进行调查摸底，加强与市有关部门沟通协调，力求一揽子解决。十五奎巷和太庙广场周边2000余户居民久盼的天燃气已经开通。区十三届人大第四次会议期间代表提出的、属区职能范围的116件建议，办结率、面商率均达100%，满意率99.11%，解决率53.45%。对2008年、2009年列入“正在解决”的40件代表议案建议办理进行跟踪督查，其中有23件已经解决，4件部分解决，还有13件办理有一定难度，需积极创造条件解决，常委会还将继续跟踪监督，直至办理完成。

代表履职保障更加有力。坚持双月代表活动日、单月代表进社区、主任接待代表、定向视察、邀请代表参加视察调研和列席常委会会议等制度，完善常委会组成人员走访代表制度，为闭会期间代表履职搭建平台、提供保障。改进“主任接待代表日”活动，由副区长带领相关职能部门人员参加接待，加大协调力度，有效解决代表提出的问题。深化定向视察活动，8个代表小组在视察中就城管执法、教育、卫生、社区管理、望江地区改造建设等工作，提出39条意见建议，较好地推动了政府部门的工作。坚持定期召开人大街道工委工作例会，指导研究人大街道工作，夯实代表工作基础。常委会还组织省、市人大代表小组活动18次，为省、市代表提供履职服务保障。

“代表接待站”建设更加规范。全面实施《上城区“人大代表进社区”接待选民与群众工作规则》，编印《上城区人大代表接待站工作手册》，有力推进“代表接待站”的规范化建设。全区21个接待站的硬件建设全部到位，“代表接待站”义务咨询员队伍的作用得到较好发挥。全年参加接待的各级代表共470人次，接待群众1375人次，受理群众提出的意见问题692个，解决的有581个，“代表接待站”的民意通道作用得到有效体现。2010年7月20日，“杭州市‘人大代表进社区’工作现场观摩暨经验交流会”在上城区召开。12月6日，《人民代表报》对上城区开展的“代表进社区”活动作了深度采访，并在头版头条进行大篇幅报道，将上城经验向全国作了推介。

代表参政督政渠道更加畅通。继续组织代表推荐和圈选政府2011年实事项目，开展代表约见国家机关负责人活动，召开政情通报会，为闭会期间代表履职、发挥作用创造更好的条件。针对群众反映强烈的“无证无照经营”问题和社会关注的社区卫生服务工作，先后组织人大代表约见政府负责人。代表们在约见前作了大量调研和充分准备，在约见时提出问题48个、建议和对策54条，督促政府在依法整治、取缔无证经营，强化长效管理，尽快解决望江地区社区卫生服务设施等方面有所作为。改进政情通报形式，加强互动性，切实保障代表的知情、知政权，充分发挥代表的参政督政作用。

(五)坚持与时俱进，加强自身建设，促进常委会履职能力提升

常委会始终坚持党的领导，认真贯彻省、市、区委人大工作会议精神，研究新形势下人大工作面临的新情况、新问题，积极践行更新观念、创新手段、提高实效的人大工作新要求，着力提升人大工作水平。

深入贯彻文件精神，人大工作有新气象。2009年9月，区委召开了人大工作会议，下发了《关于加强和改进新形势下人大工作的意见》，为做好新时期的人大工作指明了方向。一年多来，常委会认真贯彻文件精神，更加重视改革发展稳定中的重大问题和关系人民群众切身利益的热点、难点问题解决，综合运用审议、调研、视察、执法检查等多种方式，加强对“一府两院”的监督，力促审议意见的落实，助推人民群众关心关注的热点、难点问题的破解。更加重视人大职权的规范行使，制定出台了《关于讨论决定重大事项的规定》和《关于开展工作评议的实施办法》。更加重视人大机关建设，增设常委会研究室，人大街道工委配备了办公室主任，选送机关干部到市委党校学习进修，到省人大挂职锻炼。去年11月，区委组织督查组，对上委〔2009〕40号文件贯彻落实情况进行督查。通过区委人大工作会议精神的贯彻落实，区人大工作呈现出区委重视支持、“一府两院”主动接受监督、人民群众高度关注、人大职能作用有效发挥的良好格局。

积极开展纪念活动，人大宣传有新亮点。常委会以纪念区人大常委会设立30周年为契机，加大人民代表大会制度宣传力度。认真组织开展“五个一”系列纪念活动，全区各部门和广大代表、干部群众积极参与，有5000人参加知识竞赛；收到各类书画摄影作品196件；《上城报》专版刊登纪念活动征集作品；召开以“回望三十年，共话新发展”为主题的人大工作座谈研讨会；编印纪念文集，精选区人大常委会近10年来在调研思考、工作交流、人民代表大会制度宣传中的作品和座谈研讨文章，为今后人大工作提供参考借鉴。同时，充分利用上城区人大网、上城人大信息、《上城报》等信息宣传平台，及时反映人大工作动态、代表履职信息，适时公开人大常委会依法行使职权情况。一年来，有12万人次浏览上城区人大网。在《浙江人大》、《杭州人大》、《杭州日报》、浙江人大网等省、市宣传媒体发表信息、宣传文章450篇，上城区人大信息工作荣获省、市先进称号。

加强学习转变作风，自身建设有新提高。常委会始终把加强学习作为坚定正确政治方向、提高履职能力的基础。坚持常委会会前学法制度，开展主题学习交流活动，学习十七届五中全会、十一届全国人大三次会议精神，提高思想认识，指导工作实践。积极开展“创先争优”活动，进一步优化机关工作作风，常委会领导和机关干部深入基层，走访企业单位29家，帮助企业排忧解难办实事。大兴调查研究之风，围绕社会化养老服务、都市型工业经济发展等议题课题，结合实际，开展调查研究，重视成果运用，推动科学决策。开展结对帮扶活动，走访慰问帮扶对象，关心结对社区工作。积极组织开展向青海玉树地震、甘肃舟曲泥石流灾区捐款活动，向灾区捐款24100元。围绕确保上海世博会安全这一重大政治任务，充分发挥人大信访工作的职能作用，全年接待处理群众来信来访50件次，有效化解了一批涉法涉诉矛盾纠纷。组织开展人大之友联谊会活动，为机关离退休同志搞好服务。通过一系列的学习实践活动，浓厚了人大机关团结进取、务实肯干、注重实效、创先争优的工作氛围，有力地推动了人大工作创新发展。

政府工作报告(摘要)

——在上城区第十三届人民代表大会第五次会议上的报告

(2011年1月11日)

上城区人民政府代区长　缪承潮

2010年是“十一五”收官之年,也是全区后危机时代抢抓机遇、转型发展的关键一年。在市委、市政府和区委的正确领导下,在区人大、区政协的监督支持下,区政府全面贯彻落实党的十七大、十七届五中全会精神,以科学发展观为统领,紧紧围绕建设“具有国际水准的高品质中心城区”战略目标,以南宋皇城大遗址综保工程为主载体,加大经济结构调整、城市有机更新和民生改善力度,较好完成了区十三届人大四次会议确定的各项目标任务。全年实现生产总值530亿元,比上年(指2009年,下同)增长8.6%,其中服务业增加值292亿元,比上年增长10.1%;工业销售产值510亿元,比上年增长9.9%;社会消费品零售总额162亿元,比上年增长18.5%;固定资产投资78亿元,比上年增长15%;财政总收入和地方财政收入均实现新突破,分别达80.2亿元和50.2亿元,比上年分别增长22.5%和28.8%。圆满完成人口普查基础统计工作和十大为民办实事工程。共获得全国社区教育示范区等国家、省、市级荣誉100余项。

(一)经济发展方式加快转变

出台进一步发展“五主多副”促进转型升级、加强城乡统筹与区市协作以及增强科技创新能力促进经济发展方式转变等指导意见,开展可持续发展战略研究和省级可持续发展实验区总体规划编制,优化产业布局、拓展发展空间、引导自主创新,加快推进经济发展方式转变。

切实增强发展实力。重点发展“五主多副”,产业体系初具规模,“五主”产业实现地方财政收入29.5亿元,比上年增长26.9%,占比达58.8%,其中文化创意和金融及其衍生产业实现地方财政收入比上年增长29.8%;工业企业实现利税比上年增长6.8%;高新技术企业实现销售产值同比增长28%。大力招强引优,带动区域产业结构调整,全年新批外商投资项目30个,

实际利用外资1.7亿美元;引进市外实际到位资金113.9亿元。世界500强企业三井住友株式会社入股信泰人寿、管理规模100亿元和50亿元的浙江创新产业股权投资公司和中银投资浙商产业投资基金项目落户上城区。

积极开拓发展空间。充分挖掘资源潜力,提高经济质量,新增税收超亿元楼宇两幢,楼宇经济全年实现税收39.5亿元,比上年增长22.8%;湖滨、南山路、清河坊(含南宋御街·中山路)三大特色街区实现税收3.8亿元,比上年增长53%,清河坊历史街区被确定为省首批特色商业示范街之一;工业功能区实现利润2.5亿元,比上年增长49.7%;科创中心实现技工贸收入6.6亿元,比上年增长16%,被科技部认定为首批大学生科技创业见习基地试点单位。积极开展区市协作,研究制定工作方案,与萧山区、富阳市签订产业、教育和旅游发展协作协议,近江集团、华光公司等企业入驻富阳的工业基地发展顺利;圆满完成“联乡结村”工作任务,4年累计落实帮扶资金660.3万元;对口支援、“山海协作”等工作扎实推进。

有效提高发展活力。注重科技引领,被列入国家级科技项目7项、中小企业创新基金5项,省市级科技类项目20余项、科技进步奖6项,争取市级以上科

研经费1800万元。促进成果转化,组建“风险池”担保基金,累计放贷2000万元;争取风险投资6150万元,成功孵化企业60多家。倡导自主创新,新增市级以上研发中心3家;中科院杭州射频识别技术研发中心落户上城;全区累计与高等院校共建创新载体26家,引进院士创新团队两个,建立院士工作站两个、博士后科研工作站两个;专利申请量和授权量比上年分别增长117%和163%。强化服务实效,健全为企服务组织体系,深入开展“走访企业、服务单位”专项行动,积极为企业排难解困;以扶持中小企业发展为重点,争取上级扶持资金9683万元;做好上市服务,中瑞思创、华策影视在深圳创业板成功上市,思美传媒已通过省证监局审核并上报国家证监会。

(二)城市有机更新加快推进

制定加快重点工程建设、推进生态文明建设、开展生态城区建设、规范城管执法智能管控和缓解道路交通“两难”等方面的政策、规划、标准和方案,深入贯彻实施大项目带动和“环境立区”战略,着力打造生态文明试点城区和“最清洁城区”。

城市建设不断完善。全年共开工81.5万平方米,竣工42.9万平方米,拆迁2011户,安置1138户。四大城市综合体建设积极推进:御街扫尾按计划完成,南宋御街中华美食夜市一条街国庆节隆重开街;湖滨一期主体工程竣工,二期吴山路商业中心主体结顶;山南创意园南复路仓库、天龙寺仓库及大资福庙周边建设基本完成,马儿山仓库更新启动;复兴国际商务广场初具雏形,地下停车库一期及江云路建设全线竣工。南宋皇城大遗址综保工程相关项目按计划展开,樱桃山景区、白塔、安家塘历保等项目进展顺利。加大力度决战望江,控规调整、拆迁、安置房建设等工作有序进行。新中东河贯通工程“十一”精彩亮相。实施历史文化遗产保护三年行动计划,启动60处,完成31处。全年完成物业改善110万平方米、支小路整治16条、亮灯工程11处。

生态环境进一步优化。率先开展生态文明示范社区创建,首家市级生态文明示范基地授牌上城区。顺利完成5项市“1250”生态工程,实施环湖滨“美化家园”工程。启动重点耗能企业搬迁两家,实施节能改造项目8项,完成企业清洁生产审核两家。推广环保建筑材料和技术;启动油气回收治理;加大环境综合治理执法力度,处罚案件数比上年增长200%。全市率先制定低碳家庭标准,创办志愿者减碳俱乐部,开辟生态旅游线,开展低碳主题科普宣传,实施绿色办公,倡导低碳生活。

城市管理日趋科学。强化城市综合管理平台建设,建成城市管理公共服务指挥中心;全国首创“五位一体”的城管智能管控系统,被住房和城乡建设部列为“十二五”规划内容;同步完善量化管理系统,数字城管实现“即时发现、即时处理、即时解决”。深入开展“零失分”系列创建活动,城市管理综合考核继续保持全市领先。深化“五乱”、“四小车”治理,拆除违章广告两万平方米。开展“免费单车”进社区试点工作,完成设点24个,市政设施、停车收费评比继续列全市首位。全面实施垃圾直运,实现“可直运全覆盖”目标;启动生活垃圾分类收集,普及率达到60%,投放和分类准确率居全市前列。

(三)公共服务事业加快发展

深化公民权益依法保障、创业型城区创建和居家养老服务全覆盖等工作,关注民本、破解难题、改善民生,不断提高居民群众的生活品质。全年民生支出15.5亿元,比上年增长32%。

坚持不懈加强民生保障。巩固充分就业社区和充分就业街道创建成果,落实居家就业政策,全面完成就业、再就业各项目标任务,就业率达96%以上;建立创业服务指导中心,深化以创业促就业,新增劳动者创业200人、大学生创办企业187家,带动就业2200人。完善社会保障体系建设,养老保险等各项参保扩面任务超额完成;全年发放低保、医疗等各类救助款共计3800万元,帮扶救助工作连续5年获全市第一。建成医护型养老院南星仁和养老中心;在全省率先实施居家养老服务全覆盖工程,成立养老服务信息处理中心,搭建社会化养老服务平台,构建普惠型居家养老服务新体系。规范残疾人“居家安养”服务,成立残疾人文化艺术展示中心,完成无障碍设施进千户残疾人家庭工程。

争先创优发展社会事业。调整社区建制,新建甬江、婺江社区。率先完成社区换届选举,被授予杭州第四届社区居委会换届选举“直选”推进示范区。完善社区管理工作制度,探索“平衡记分卡”社工绩效管理模式,深化“湖滨晴雨”工作室等社区互动平台建设,积极构建"333+X"社区大服务体系。编制发放社区居民手册,承办市首届"社区工作者节"开幕式,新中国第一个居民委员会被评为2010杭州生活品质金城标体验点。完成国有民办学校体制调整,制定完善公办学校三年发展规划。加快实施教育质量提升工程,完成全区小学三年级和初中一年级发展性评价;成功创建全国数字化学习先行区和省课外文体活动工程示范区。积极推进国家基本药物制度试点工作,累计让利于百姓3500万元。注重社区卫生服务信息化和规范化建设,疾病控制、卫生监督和妇幼保健工作走在全省前列,成功创建省级卫生强区和全国社区中医药工作先进区。积极打造"中国最健康社区";老年抑郁症研究获得国际立项;公共场所控烟收效明显。深入开展人口素质工程,计划生育符合率达99.4%,被评为市人口和计生考核优秀区。完成第四批市级和省级非物质文化遗产名录申报,启动上城区非物质文化遗产大观编制。隆重举行"文化之旅万人游"活动;王星记制扇技艺和杭州刺绣被列入世博会"浙江周"和"杭州日"展演活动内容。成功举办区第七届全民运动会,省运会(青少年部)金牌总数和市中小学生田径运动会中学组团体总分均获第一。率先推行辖区文体资源向社会开放,新创省级"东海文化明珠"3个,成功举办伍子胥祭祀大典、全民健身日等各类文体活动790场。深入开展学习型城区和新一轮文明创建,组织"迎世博、讲文明、树新风"等思想道德主题教育与实践活动,积极开展志愿服务,进一步提升文明素质、弘扬良好社会风气。

确保稳定建设平安上城。深化社会治安综合治理,深入开展"警民联调"、"和事佬"等人民调解工作,源头化解社会不稳定因素。推进信访维稳规范化建设,加大疑难积案化解力度,在严峻形势下实现了全国两会"零非访"、"零群访"及世博会、亚运会"零进沪"、"零进穗"的总体目标。圆满完成世博安保、校园安保等重点任务,严厉打击各类犯罪,加强社会治安管控,推行行业治安自治、"五力合一"绿色护校、"黄哨子、红袖章"志愿巡防等新举措,深化基层平安建设。下发进一步加强安全生产工作的意见,积极实施安全生产隐患治理和消防安全"防火墙"排查,重点开展出租房消防安全和"酒驾"专项整治,消除安全隐患831处,整治老旧房屋、"三合一"火灾隐患875处,实现交通事故比上年下降28.2%。深入开展行业质量安全专项整治,确保无重大食品药品安全事件发生。

(四)政府行政能力加快提升

出台关于实施"质量强区"战略的意见、区行政机关制定规范性文件指导规则、规范行政合同和民商事合同管理指导规则等制度文件,探索劳动保障行政联动机制和平安上城"110"社会联动体系建设,坚持依法行政、深化体制改革、加强自身建设,进一步提高政府管理与公共服务水平。

规范行政权力运行。深化权力阳光运行机制,建立行政权力运行全程实时监督系统,"数字监察"经验全市推广。推行国库集中支付,建立国有资产运行监督管理体制和重大项目审批制度,全面开展政府性资金使用审计,强化政府资金、资产管理。继续开展工程建设领域突出问题专项治理,实施全程跟踪审计和重点工程效能评估,探索对项目监理企业的监管措施,完善建设领域监督体系。认真开展深化作风、执行力建设"两个建设年"和"公述民评"等活动,作风和效能建设有新提高。加强法纪、从政道德和岗位廉政教育,丰富廉政文化;完善反腐倡廉责任机制,扎实推进惩防体系建设,有效查处各类违法、违纪案件。

深化政府管理创新。完善国有资产统一运营、建设资金统筹调拨、安置房信息管理、小额公共资源交易、网上行政服务中心"五大平台"建设,积极构建区、街道、社区和相关部门整体联动的行政服务体系。深入推进建设体制管理改革,规范完善指挥部的收入分配制度。大力推进标准化和信息化建设,已形成国家标准1项,省、市地方标准28项;区视频会议系统一期建设完成,街道综合信息管理系统全面应用。贯彻落实"质量强省"试点工作要求,实施四大质量提升工程,打造"质量强区"。深入开展政府机构改革前期调研,实施机关津补贴清理规范和义务教育绩效工资,加强机关事业单位编制管理和编外用工管理,全市率先完成行政编制实名制工作。

完善民主法治建设。进一步规范行政执法,推进依法行政。全面开展流动普法、律师进社区等法制宣传、服务活动,争创全国"五五"普法先进城区。认真执行区人大及其常委会的决议、决定,自觉接受区人大及其常委会的法律监督、工作监督和区政协的民主监督。办理两会议案、建议和提案共258件。加强国防教育和国防后备力量建设,搞好军地共建。积极开展拥军优属工作,荣获省爱国拥军模范单位称号。统计、对台、侨务、民族、宗教、人防、档案等工作进一步加强。工会、共青团、妇联、科协、工商联、爱卫会、红十字会工作和关心下一代、老龄、残疾人、慈善等事业健康发展。

注释

“山海协作”:是省委、省政府提出的对省内发达地区与欠发达地区之间区域经济协作的形象化概括,“山”主要指以浙西南山区为主的欠发达地区和舟山市,“海”主要指沿海经济发达地区。上城区与衢州市形成结对帮扶关系。

“风险池”担保基金:是指不以盈利为目的,建立市、区两级联保体系,由各区(县、市)科技局分别与市级政策性担保公司、银行根据可能发生的不良贷款按照各自匹配风险的比例出资组成的信贷风险补偿基金。同时各借款企业按照借款合同总额的一定比例缴纳风险金,补充“风险池”基金来源。

“1250”生态工程:即在12个领域,每个领域启动50个示范项目,每年累计600个。

“美化家园”工程:通过将更多的绿色和鲜花引入城市、社区和庭院等,形成多样化、高品质的绿化美化系统,实现“见缝插绿”、“开门见花”、“四季有花”的生态化和人文化城市景观。

“五位一体”:即信息采集、调度指挥、综合管理、智能报警、网络传输五大系统为一体的城市管理智能管控系统。

数字城管:是运用现代信息技术,量化城市管理部件、事件标准,细化管理行为,形成发现、处置和监督城市管理问题的完整控制系统的方法。

“零失分”系列创建活动:即“零失分”社区、“零失分”环卫所、“零失分”道路等创建活动。

“五乱”:是指垃圾乱扔、广告乱贴、摊点乱摆、车辆乱停、工地乱象。

“四小车”:是指正三轮摩托车、燃油助动车、营业人力三轮车、置换有动力装置的有证残疾人专用车。

医护型养老院:具备养老与专业医院护理双重功能,拥有完善的医疗设施,能提供疾病预防、治疗、护理等医护服务的新型养老机构。

居家养老:是老年人养老的主要形式。上城区在全市率先推出了以“养老在家里,我们来帮你”为主题的居家养老服务,按照“以政府为主导,以街道、社区为依托,以民间组织为实体,社会各界与志愿者广泛参与”的运作机制,为老年人提供生活照料、疾病看护、精神慰藉等服务。

教育质量提升工程:是由区政府与北京师范大学合作,旨在通过发展性评价和信息化建设等手段,全面优化教育管理机制,重新构建教育系统体系,完善学生、教师和学校的评价体系,激发学生、教师和学校的发展动力,全面提升各学校的发展水平,为学生的全面发展提供良好条件的一项教育创新工作。

国家基本药物制度试点工作:“基本药物”指的是能够满足基本医疗卫生需求,剂型适宜、保证供应、基层能够配备,国民能够公平获得的药品,主要特征是安全、必需、有效、价廉。建立国家基本药物制度,是党中央、国务院为维护人民群众健康、保障公众基本用药权益而确立的一项重要的国家医药卫生政策,是国家药品政策的核心和药品供应保障体系的基础。主要内容包括合理确定基本药物品种,完善基本药物的生产、供应、使用、定价、报销等政策,保障群众基本用药。上城区作为杭州市的试点城区,于2010年2月25日正式实行此项制度。

老年抑郁症研究:该项目由上城区卫生局与浙江大学、杭州市心理卫生中心共同开展,旨在研究“抑郁管理模式对中国老年抑郁症的效果”,以探索有效防治老年抑郁症的管理模式,促进老年人的健康水平。已被美国国立卫生所(National Instituteof Health,NIH)列为全球发展中国家的6个项目之一,并获得了21.6万美元的课题经费。课题将历时4年完成。

人口素质工程:是上城区以提高人口素质、提升生活品质为目的,重点推出的一项民生工程。其中包含了出生缺陷干预、“三优”促进工程、“生命旅程”五站式服务模式、育龄妇女生殖健康关怀等多项内容。

“东海文化明珠”:是浙江省一项重要的文化建

设工程，自推出以来，已成为浙江省城乡基层文化、特别是农村基层文化建设的重要抓手。杭州市“东海文化明珠”工程建设同步进行。根据规定，在基层文化建设中表现突出、成效显著，达到相应规范化管理要求的街道（乡镇）将被授予“东海文化明珠”荣誉称号。

“警民联调”：将人民调解和治安调解有机结合，组建一支专职调解员队伍，并在派出所和社区警务室设立“人民调解工作室”（又称“警民联调”工作室）。民警负责处置治安和刑事案件，人民调解员负责调解各类民事纠纷。两者相互配合，共同做好社会治安工作。

“和事佬”：是指社区居民自我服务、自我管理、自我监督和自我教育的群众性自治机制，是新时期人民调解工作的有益补充。

“五力合一”：是指公安、交警、城管、学校、志愿者协同合作，构筑多维度、全方位的校园安全网，严厉打击校园周边各类违法违规经营和违法犯罪活动，大力提高护校能力，创建安全、和谐的学校及周边环境。

“防火墙”：是由公安部部署实施的一场全国性防控火灾的“人民战争”。自2010年起，从全社会防控火灾基础薄弱处着力，广泛动员全社会力量，力争通过3年不懈努力，使消防工作社会化水平明显提升，全社会消防安全环境明显改善，重特大尤其是群死群伤火灾得到有效遏制，全国火灾形势持续稳定。

“三合一”火灾隐患：“三合一”是指生产、经营与居住、仓储功能合一的场所。这种场所由于内部使用复杂，往往因功能多样化比较容易导致火灾，如有人居住，常常会造成群死群伤的恶性火灾事故。

“数字监察”：是指依托杭州市政务信息交换平台，从杭州市各个行政主管部门、各区（县、市）政府的电子政务系统中采集和交换业务数据信息，对接全市统一的网上政务大厅系统，对政府及职能部门依法行政进行监督的政务实时监督系统。

中国人民政治协商会议第三届杭州市上城区委员会常务委员会工作报告（摘要）

——在政协第三届杭州市上城区委员会第五次会议上的报告

（2011年1月10日）

政协上城区第三届委员会主席　余　勇

2010年是上城区推进“具有国际水准高品质中心城区”建设、全面完成“十一五”规划的一年，也是区政协认真履职、开拓创新的一年。一年来，区政协常委会坚持以邓小平理论和“三个代表”重要思想为指导，深入贯彻落实科学发展观，在中共上城区委的领导下，深入学习贯彻中国共产党中央委员会总书记胡锦涛在庆祝人民政协成立60周年大会上的重要讲话和市委政协工作会议精神，牢牢把握团结和民主两大主题，切实履行政治协商、民主监督、参政议政职能，为推动经济发展、促进民生改善、维护社会和谐作出了

新的贡献。

(一)围绕中心,服务大局,政治协商取得新成绩

政治协商是中国基本政治制度的重要内容,是人民政协的首要职能。常委会围绕全区政治、经济、文化和社会生活中的重大问题,认真开展政治协商活动,形成了全体会议全面协商、常委会议专题协商、主席会议重点协商、专委会对口协商的多层次协商格局,促进党委、政府科学民主决策。

完善政治协商制度,规范政治协商工作。常委会按照"把政治协商纳入决策程序"的要求,落实省委、市委政协工作会议和有关文件精神,协助区委制定政治协商计划,规范政治协商有关规程。区委以上委办〔2010〕53号文件形式下发与区政协进行政治协商的年度工作计划。计划不但明确了年度党委、政府与政协政治协商的重点工作,也进一步规范了政治协商的基本方式、主要内容和形式程序。对于提高党的执政能力,推进区政治协商的制度化、规范化、程序化,提高政治协商实效产生了重要意义。

组织开好全体会议,对关系全局性的重要问题进行集中协商。三届四次会议期间,委员们围绕政府工作报告,就制定"十二五"规划、调整经济结构、加强环境保护、加快社会事业发展等重要问题,通过小组讨论和提交提案等形式,共商上城建设发展大计。各民主党派和委员就进一步完善区养老服务体系、加强坊巷历史文化保护、打造"网上政府"等主题进行大会发言,区委、区政府领导到会聆听,发言所提意见建议得到了很好采纳。常委会议、主席会议进行专题协商。邀请区委、区政府领导出席会议,逐步形成了高层次、面对面、民主和谐的协商形式。一年来,就打造低碳城区、"五主多副"产业空间布局规划、新一轮科技进步示范区建设规划、养老服务发展规划、南宋皇城大遗址保护工程等重要议题进行协商,提出了一些对党委、政府科学决策有参考价值的意见建议。

为制定"十二五"发展规划协商建言。协助区委、区政府科学制定"十二五"发展规划,是2010年区政协履行职能的重点。围绕区"十二五"规划的制定,走访单位25家,举办专题协商会、专题议政会5次,委员通过《上城区政协协同电子政务系统》提交建议82条。召开三届十八次常委会议,代区长缪承潮到会通报"十二五"规划纲要编制工作情况,政协委员和各民主党派负责人积极协商建言,提出许多有价值的意见建议。会后整理形成《"十二五"规划纲要编制协商会议纪要》,就总规划纲要的整体结构、布局框架、基本原则、定位提法及12个"专项子规划"的有关具体内容,提出9方面42条意见建议,为区委、区政府科学谋划区"十二五"发展提供参考和依据。

(二)畅通渠道,反映民意,民主监督取得新进展

人民政协的民主监督,是政协章程赋予的重要职责。一年来,常委会把加强和推进民主监督放在重要位置,畅通监督渠道,反映社情民意,进一步完善民主监督机制。

建立健全"点"、"线"、"面"相结合的视察工作机制。常委会议、主席会议组织委员就重要工作和重大问题开展调研视察。围绕经济发展就促进中小企业成长、发展高新技术产业、争创创新型城区等重要工作,深入调研视察,提出了许多务实性的对策建议。围绕城市有机更新就中东河贯通、五柳巷、大资福庙、望江地区拆迁地块等重点工程项目进行视察。提出以贯彻落实市委《关于进一步加快杭州生活品质国际体验区建设的意见》为契机,加快重点工程建设进度、确保质量和安全等建议,推动了有关工作的开展。围绕党委、政府重点工作就"五五"普法、安全生产工作、食品药品监管、国家基本药物制度实施情况等工作开展专题视察。重点视察活动都形成视察报告,提出改进意见,报送区委、区政府及相关部门,使政协的监督意见较好地推动相关工作落实。

把了解和反映社情民意作为民主监督的重要基础和关键环节。通过加强与委员的联系、委员小组活动、委员走访约谈、信息工作例会等途径,及时把社会各界人士的意见系统、综合、直接地反映给党政领导及部门。全年共向全国政协、省政协、市政协报送信息210篇,上级政协采用17篇,其中全国政协采用6篇。政协信息为委员反映社情民意畅通了渠道,也为党政领导集中民智、制定政策、解决问题提供了民意基础。《让文化墙丰富城市文化内涵》得到省委常委、市委书记黄坤明的批示,并被市委、市政府评为年度杭州市优秀人民建议创意奖。《国家基本药物制度试行工作中出现的问题应引起重视》得到国家有关部委领导批示、《基层法院司法改革应科学合理地循序推进》得到市委副书记叶明批示。《率先实施公办教师定期流动》、《建立“二套房贷”业主信贷安全监控机制》等7篇信息在《杭州日报》政协之声栏目刊登。2009年，区政协再次被市政协评为信息工作先进单位。

提案是促进党和政府科学民主决策的重要渠道，也是民主监督的重要途径。三届四次会议共立提案162件，在区委、区政府领导的重视和各承办单位的努力下，已全部办复，许多有价值的意见建议已转化为党政部门的决策参考和工作措施。提案工作在提高提案质量、规范工作程序、创新工作形式、完善办理机制、加强民主监督、落实实际成效等方面也取得了新进展。《上城区政协协同电子政务系统》的研发成功和正式运行，为加强政协信息化建设，提高提案工作科学化水平，起到了积极的推动作用。该系统得到省、市政协领导的充分肯定，《人民政协报》和《杭州日报》等媒体进行了专题报道，产生了良好效果。

探索统一委派特邀监督员的工作机制。统一委派5名政协委员担任区人民法院“特邀听证员”、区质监局“行风监督员”。特邀监督员及时反馈群众呼声，认真开展政务公开、政风行风等方面的民主监督，得到相关部门好评。每月组织10名委员对清河坊等7个杭州市打造“国内最清洁城市”示范点进行暗访，对发现的问题及时督促整改。推荐政协委员参加市政府有关职能部门的“公述民评”活动，进一步拓宽委员的民主监督渠道。继续组织委员参与行政强制拆迁听证工作，全年参与85场次，为促进社会稳定和谐发挥了作用。

（三）深入调查，建言献策，参政议政取得新突破

参政议政是人民政协主动服务大局的重要途径。常委会围绕区经济社会发展中的重大问题、人民群众关心的热点、难点问题和党委政府重视、政协有条件做的课题，组织调查研究，积极建言献策，不断提高参政议政的实效。2009年12月3日出版的《人民政协报》在头版头条发表《“智”塑特色文化街区——杭州上城区政协推动历史文化保护小记》纪实文章，对上城区政协积极参政议政，推动历史街区保护所取得的成效给予充分肯定，进行广泛宣传，产生了较大的影响。

积极建言南宋皇城大遗址综保工程。2009年中山南路“南宋御街中华美食夜市一条街”工程作为南宋皇城大遗址综保工程的“开篇之作”和中山路综保有机更新工程的“收官之作”，得到社会各界的广泛关注。区政协积极参与这项重点工程，着重就中山南路动静态交通组织工作进行调研。通过实地了解、现场查勘、召开座谈等形式，征集市区交警、街道社区、建设单位等方面意见，形成《完善中山南路动静态交通组织，打造“中国美食第一街”》的调研报告。就解决中山南路停车难问题提出新建中河高架路匝道下方停车场、打造交通循环体系、做好交通衔接和设置公共交通设施等建议，得到市、区领导肯定，市人大常委会主任王国平对报告作出批示。为新中东河综保工程献计出力。常委会高度重视南宋皇城大遗址综保工程的另一突破口，积极为展现中东河历史文化出谋划策。组织专家学者对中东河历史文化碎片考察调研，形成《关于中东河综保工程历史文化遗存挖掘展示的建议案》提交区政府。提出将中东河沿线打造成城市内河桥梁博物馆、经典旅游线路、文创产业集聚地、沿河生态公园、中东河生活史及历史文化名片展示区等建议。区政府对建议做了回复，充分肯定了区政协对于打造好这一工程所起到的积极推动作用。

为产业结构调整献策。围绕提升区产业整体实力和竞争力，积极建言区加快以现代服务业和高新技术为主体的新型产业发展。重点就培育和发展物联网产业开展调研，形成《发展我区物联网产业的若干建议》调研报告。报告就国内外物联网产业发展动态和杭州市物联网产业发展情况、上城区物联网产业面临的机遇等方面进行介绍分析，提出制定《上城区加快物联网应用与产业发展行动计划》、加大对物联网产业相关重点企业扶持、建设应用示范工程等若干建议，得到区委、区政府的重视。区委书记陈红英批示“物联网产业的发展对区都市型工业的发展和产业转型升级具有引领作用，请区政府将政协建议与上城区正在进行的工作有机结合，推进区经济社会的可持续发展”。对上城区发展“五主多副”产业空间布局进行调研。召开专题约谈会，听取委员对《上城区“五主多副”空间结构优化指导意见》的建议，形成约谈会议纪要报送区政府。聚焦区域经济发展热点、难点问题。专题视察创意产业三年行动计划完成情况、深度打造山南国际设计创意园工作，对江南艺术品交易中心、国博艺术中心、区大学生创业基地等进行考察。就进一步加强与中国美院、浙大和中科院相关院所战略合作力度，推进文化创意、物联网等新兴产业企业在全区的集聚发展，培养和引进各类创意创业人才，强化政策扶持等方面，向区政府提出具有操作性的建议,较好地推动了相关工作的进展。

为环境建设出力。低碳是委员高度关注的议题,三届四次会议共收到12件和低碳有关的提案。常委会及时将低碳城区建设列为重点调研课题,形成《关于对上城区打造“低碳城区”的建议案》提交区政府,提出要把握和处理好长远目标与近期工作、战略目标与政策措施、市民期望与社会生活模式等关系,制定“低碳城区”建设五年规划、建立相应领导机构、明确部门职责、重点支持优先领域与重大项目等举措,为区委、区政府出台低碳新政提供了参考。

围绕党委、政府关注的重点课题参政议政。就上城区“交通两难”问题开展视察调研,形成《缓解我区行路难、停车难的若干建议》调研报告,提出相关建议措施。就国有资产安全运营工作进行专项调研,通过视察区国投控股公司、与区政府共同召开联席会议,提出有关加强全区国有资产安全运营工作的意见建议。专题研究历史建筑保护、开发与利用工作。2009年7月,上城区正式启动历史文化遗产保护三年行动计划,区政协见事早、反应快,组织力量对区历史文化遗产现状进行调研,提出解放思想,勇于实践,坚持政府“有形之手”与市场“无形之手”相结合,坚持在确保历史文化遗产完整性、真实性、延续性、识别性的基础上,对历史建筑合理利用、有机更新的意见建议,得到区委、区政府的重视肯定。

(四)以人为本,真情履职,以民主促民生工作取得新成效

做好以民主促民生工作,是人民政协固有属性的充分体现,也是区委对政协工作的明确要求。常委会把以民主促民生工作放在更加突出的位置,不断提高以民主促民生的实效。

在工作机制上努力加强。积极参与党委、政府的民主决策,促进民生问题得到合理解决。健全政协领导参加党委、政府有关重要会议和活动的机制,提出建设性意见建议,促进科学民主决策。健全政协委员参加政府常务会议工作机制,一年来共有14人次委员参加7次政府常务会议,围绕会议确定的民生议题为老百姓建言,反映各界群众呼声,推动有关民生议题的民主决策。依靠民主协商减少利益冲突和矛盾。把关系人民群众切身利益的重要问题列入政协协商讨论的内容,一年来召开协商会议20余次,发挥较好成效。如在推进历史街区和历史建筑保护工作过程中,召集政协委员和市民代表协商讨论拟出台的《历史建筑自保和搬迁实施办法(试行稿)》,从法律法规的严肃性、公文行文的严密性、具体内容的可操作性等方面提出数十条意见建议,得到有关部门的肯定与采纳。

在工作领域上不断推进。围绕破解“7+X”难题这一总抓手,高度关注劳动就业、社会保障、医疗教育、收入分配等民生问题,把促进民生问题的解决作为以民主促民生的根本着力点。为校园安全建言。2009年4月,针对各地校园安全事故频发的形势,及时对全区校园安全及周边综合治理工作进行视察,督促教育、政法、综治等部门排查隐患,形成《切实落实措施,确保校园安全》的视察报告,提出相关工作建议,得到省、市有关领导肯定并被有关部门采纳。为发展养老事业献策。高度关注人口老龄化社会发展趋势,把“加快发展各类养老机构,促进区养老事业发展”作为重点课题,组成调研组,走访辖区养老机构和居家养老点,召开座谈会,了解情况,研究对策。就科学规划养老事业、完善机构养老体系、发展各类养老机构等,提出了许多具有针对性的意见建议。加强城市应急管理,积极预防和妥善处理突发公共事件,是以人为本、关注民生的重要体现。区政协领导走访省、市公安、区有关职能部门,探讨上城区在应急管理方面如何整合资源,形成指挥畅通、信息共享、协同作战的管理体系,提出在应急管理组织网络、指挥平台建设、基础设施资源整合等方面积极采取措施,提高区应急管理工作水平的建议,得到党委、政府重视。此外,常委会组织委员对区食品安全整治、司法公正、保障残疾人权益、生态城区建设等工作,运用视察、调研、专题协商等多种履职形式,提出了许多有价值的意见。

(五)发挥优势,广泛联系,促进社会和谐取得新发展

常委会注重发挥人民政协大团结、大联合的优势,发扬民主,协调关系,增进团结,努力为维护社会和谐稳定凝聚力量。

坚持中国共产党领导的多党合作和政治协商制度,促进参加政协各党派、人民团体和无党派人士的团结合作,巩固和发展共同的思想政治基础。坚持政

协党组成员联系民主党派制度。支持各民主党派、工商联、人民团体在政协大会发言、提出重点提案，充分发挥其在政协履职活动中的重要作用。

广泛开展联谊活动。充分发挥联系面广、代表性强的优势，围绕构建和谐上城的目标，不断扩大社会团结面。坚持政协领导走访委员制度，听取委员们对经济社会发展和政协工作的意见。加强与台侨、少数民族等各界人士的对话磋商，重视发挥他们的作用。认真做好新形势下民族宗教工作。积极贯彻党的民族宗教政策，上门听取宗教界委员的意见建议，加强与有关部门的沟通协调，帮助解决实际问题。加强与新的社会阶层人士的联系，宣传党的有关政策，鼓励他们积极投身社会主义建设。为女政协委员举办“相聚金秋，健康生活”女性养生专题讲座，受到女委员们的欢迎。积极开展对外交往，赴台州、桐乡、西湖、淳安等兄弟政协开展交流，接待建德、富阳、无锡、扬州等外地政协考察团，增进沟通与了解。

充分发挥政协文史资料作用。挖掘和拓展文史工作资源，编辑出版了《刘江西湖诗词篆刻选集》，原中共中央政治局常委、国务院副总理李岚清题写书名。为新中东河综保工程献计出力，编辑出版《漫游中东河》一书。与市政协联动，完成上城区工业园区建设《小天地大飞跃》三亲文史资料征集编写。为重修张宪庙提供文史资料，开展征集撰写大资福庙楹联、匾额活动，为大资福庙顺利开放做出贡献。一年来编辑《上城文史》报4期，得到广泛好评。文史书画工作影响力不断扩大。与清波街道、吴山书画院联合举办“2010（第二届）科学与艺术·院士与书画家作品联展”，省委书记、省人大常委会主任赵洪祝，省委常委、市委书记黄坤明，省委常委、宣传部长茅临生，市委副书记叶明，市人大常委会副主任陈振濂等省、市领导观看联展，对作品给予高度评价。与台州市椒江区政协联合在唐云艺术馆举办“相聚西湖——上城区政协和椒江区政协书画联展”，征集展出了50多幅两地政协委员的书画作品，《联谊报》、《杭州日报》等媒体对活动作了专题报道。

（六）重视学习，注重创新，政协自身建设得到新加强

常委会主动适应新形势新任务的要求，注重理论学习，突出界别、委员、机关、小组“四位一体”的自身建设，不断提高履职能力。夯实政协工作基础。深入学习中共十七届四中、五中全会和市委政协工作会议，区委八届八次、九次全会精神，进一步加深对党的方针政策的理解，提高服务大局、建言献策的能力。支持各界别开展特色活动，推动界别与党派团体、界别与界别之间的互动交流。举办政协委员暑期读书会，区政府领导就“经济发展与城市建设”、“社会事业与民生保障”等专题，与委员面对面开展政情交流活动。组织委员参加区直单位综合考评、行风评议等工作，充分发挥委员的主体作用。加强政协专委会建设，成立委员学习和工作联络委员会，充实工作力量，充分发挥专委会在专题调研、视察、考察等履职活动中的基础性作用。按照中共上城区委的统一部署，认真开展创先争优活动，机关思想作风和效能建设有了新的提高。进一步加强政协机关信息化建设，推动政协机关服务水平迈上新台阶。积极探索推进政协街道基层组织建设，区委原则同意组建政协街道工委。委员小组履职能力进一步加强，开展了形式多样的活动。

认真贯彻市委政协工作会议和有关文件精神。区政协将学习贯彻会议和有关文件精神作为重要的政治任务。结合实际，制定和完善了《政协机关公文处理办法》、《关于开展评选区政协先进专委会、先进委员小组和委员积极分子活动的实施意见》等规章制度。认真贯彻落实区委作出的重大决策部署，坚持主动向区委请示汇报工作，努力把政协工作融入全区工作的大局。常委会议坚持抓重点、议大事、求质量；主席会议把讨论工作、听取通报、专题议政、基层调研、现场视察有机结合起来，活跃会议形式，丰富参政内容，增强议政效果。配合区委做好市委督查组对上城区贯彻落实市委政协工作会议和有关文件的迎检工作。协助区委制定下发《对中共杭州市上城区委关于进一步加强人民政协工作的意见进行责任分解的通知》，为落实好区委政协工作会议和有关文件精神提供了保障。

总 述
General Survey

历史沿革

【概况】 上城区东南临钱塘江,西北连接西湖,西南沿凤凰山脊毗连玉皇山,东北与下城区、江干区为邻,是杭州市的老城区。南宋时建皇城于杭城南部,习惯称南边为上,区名由此而得。

上城区境域远古系湖海相连之海湾。东汉光武年间,会稽郡议曹华信筑堤挡海潮,堤西成湖,堤东泥沙淤积,遂成陆地。隋文帝开皇九年(公元589年),置杭州;隋开皇十一年(公元591年),移州治于柳浦西凤凰山麓,依凤凰山筑城。唐建中年间,杭州刺史李泌在涌金门至钱塘门之间,开井6口,均在上城区境内,导西湖水入城,原负山而居依山泉为生的居民逐渐北展,生齿日繁,民居日众。后梁龙德三年(公元923年),封钱镠为吴越国王,建都杭州,两次扩展罗城范围,今上城区境域皆是都城中心。自北宋至清末,今上城区境域分属钱塘县和仁和县。民国3年(公元1914年)属钱塘道之杭县。民国16年(公元1927年5月),始建杭州市,属杭州市之城区。民国19年(公元1930年),杭州编为13个区,一至四区为今上城区范围。民国23年(公元1934年),并为8个区;民国26年(公元1937年),日军侵占杭州后,改为7个区;民国34年(公元1945年),抗战胜利,恢复为8个区,今上城区境域为一、二区。1949年5月,杭州解放,当月建8个区,一区更名为上城区,二区更名为中城区。1957年5月30日,杭州市人民委员会决定,撤销中城区建制,其大部分划归上城区。

自隋唐以来,辖区内一直是商贾辐辏,官衙毗邻,名贤辈出的繁华地区。境内的凤凰山东麓是隋唐时期州治及五代吴越国王宫和南宋皇宫所在地,留有众多的古迹遗址和人文景观,具有较高的历史价值。通过近几年的遗址考古发掘,累计有5项被评为年度全国十大考古新发现。宋时的三省六部,德寿宫、龙翔宫、安抚司;元时的江浙行省;明清时期的织造署、南巡行宫;清代的旗营将军署,以及宋至清的杭州府署;元至清的仁和、钱塘县署;民国时期的浙江省政府等省、市官衙、名宅、重要机关;新中国成立至1995年12月,中共杭州市委、市人大常委会、市人民政府、政协杭州市委员会等机构均设在上城区域内。

上城区道路纵横,交通发达。省、市、区的大批商业、旅游业、服务行业,省、市各大银行,省、市著名医院和文化设施皆云集于此,是杭州市的商贸"黄金"地段。上城区在保留和开发历史街区、加快旧城改造、打造精品街区等方面快速发展,城区面貌日新月异,全区旅游、购物、休闲环境日益优化。

杭州悠久的历史为上城区留下了极其丰富的文化遗产,且拥有秀丽的自然风光,国家、省、市有关部门确定在上城区境域内的重点文物保护单位74处,其中国家级文物保护单位11处、省级文物保护单位12处、市级文物保护单位34处,市级文保点17处。

地理概况

【地理位置与面积】 上城区地处杭州城区中部偏南,东以贴沙河、清江路至西兴大桥与江干区为界;西自钱塘江大桥经虎跑路、铁路涵洞桥、玉皇山脚、万松岭路、西湖东岸、庆春路西延伸段与西湖区接壤;南以钱塘江主航道为界与滨江区相望,北以庆春路与下城区毗连。

区域面积18.3平方公里；2006年，杭州市国土资源局上城分局组织专家对上城区区域面积重新测定（含山体、水域面积）为25.4平方公里。地形以平原、丘陵为主，地势西南高、东北低。

【气候】 上城区地处亚热带季风气候区，冬季受蒙古高压控制，盛行西北风，以晴冷、干燥天气为主，是低温少雨季节。夏季受太平洋副热带高压控制，以东南风为主，海洋带来充沛的水气，空气湿润，是高温、强光照季节。春秋两季为过渡期，气旋流动频繁，锋面雨甚多。全区年平均气温16摄氏度左右，无霜期达230~270天，年平均降水量在1480毫米左右。夏季多台风，有些年份曾出现旱、涝等灾害性气候。暖热的气温，充沛的降水，为亚热带植被提供了良好的生长条件。山区林木覆盖、郁郁葱葱，平地以柳浪闻莺为代表的各大公园分布辖区。全区绿地面积约537.44万平方米，覆盖率达37.53%，人均公园绿地面积7.34平方米，人均绿地面积16.53平方米。 （年鉴编辑部）

人口变迁

【常住人口数及户籍家庭】 截至2010年12月上城区共有户籍家庭115247户，总人口326766人，比2009年增加80户、1550人，平均每户2.8人。其中：男性164522人，占总人口数50.35%；女性162244人，占总人口数49.65%；男女性别比101:100。总人口按年龄段分布为：18岁以下32723人，18~35岁（含18岁不含35岁）82829人，35~60岁（含35岁不含60岁）133890人，60岁以上77324人，分别占总人口数的10.01%、25.35%、40.97%和23.66%。截至2010年12月出生人口2611人，死亡人口1953人，迁入人口4622人，迁出人口1497人。

【暂住人口和出租房屋变动情况】 2010年6月，全区暂住人口87364人，比2009年增加4967人；全区登记出租房屋共计47477间，比2009年减少21189间。

【少数民族】 2010年上城区共有少数民族2400人，其中蒙古族74人、回族426人、藏族11人、维吾尔族人30人、苗族285人、彝族92人、壮族223人、布依族155人、朝鲜族54人、满族184人、侗族142人、瑶族44人、白族11人、土家族295人、畲族122人、其他252人。 （顾　宁）

行政区划

【概况】 1997年1月，杭州行政区划调整，上城区区域面积增至18.3平方公里（不含山体、水域面积），辖6个街道、54个社区。区政府驻地惠民路3号。

表1　2010年上城区行政区划一览

街道名称	区域面积（平方公里）	所辖社区
湖滨	1.6	东坡路、岳王路、吴山路、涌金门、青年路、东平巷（6个）
清波	2.2	清波门、劳动路、定安路、清河坊、柳翠井巷（5个）
小营	2.7	紫金、马市街、小营巷、葵巷、老浙大、大学路、茅廊巷、金钱巷、长明寺巷、梅花碑、姚园寺巷、西牌楼（12个）
望江	4.0	大通桥、兴隆、始版桥、莫邪塘、清泰门、徐家埠、耀华、近江东园、近江西园、在水一方、婺江（11个）
南星	4.31	馒头山、紫花埠、美政桥、复兴街、海月桥、水澄桥、玉皇山、白塔岭（8个）
紫阳	3.49	十五奎巷、太庙、木场巷、彩霞岭、上羊市街、新工、凤凰、海潮、候潮门、北落马营、春江、甬江（12个）

注：2010年新增2个社区（婺江、甬江）尚未建立社区居委会。

（陈学军）

政治文明建设

【概况】 2010年,上城区按照党的十七大和十七届五中全会提出的要求,坚持以科学发展观为指导,围绕建设“具有国际水准的高品质中心城区”战略目标,主动适应后金融危机时期转型发展、统筹发展的趋势特点,全面完成“十一五”规划各项目标任务,注重“坚持党的领导、人民当家作主和依法治国”的有机统一,加强社会主义民主政治的制度化、规范化和程序化建设,切实提高人民群众生活品质。

【发挥党委领导核心作用】 坚持和完善党的领导,以“创先争优”活动为抓手,开展“班子队伍建设、推动转型升级、坚持改善民生、夯实党建根基”等活动,推进“1441”工程(即14个主项目和41个分项目)落地。建立区委常委领衔破解难题工作机制,完成11个课题调研;街道同步联动,确定经济、民政、城建五大类34个子课题,做到虚实结合,推进重点、难点问题的破解。探索区域化大党建,成立“吴山商圈”党委,按照“区域统筹、资源共享、优势互补、共驻共建”的工作目标,重点推进机关(事业)单位、社区、企业之间的共建联建。按照“总揽全局、协调各方”原则,切实加强党对人大、政协的领导,专题开展区委人大、政协工作会议精神落实情况专项督查,人大代表、政协委员的依法监督、民主监督作用得到进一步发挥。定期举办情况通报会、谈心会和读书会,加强与民主党派的团结合作。重视做好党外知识分子、非公有制经济人士和其他社会阶层人士的工作。贯彻党的民族、宗教、侨务、对台工作政策,巩固和发展最广泛的爱国统一战线。深入开展国防教育和“双拥”活动,大力支持工会、共青团、妇联、科协等群众团体围绕各自职能开展工作,积极发挥群团组织的桥梁和纽带作用。

【完善党委政府科学民主决策机制】 深入探索“民主促民生”工作机制,培育发展社区社会组织建设,全面推广“律师进社区”工作,推进民生工程及重大事项决策的民主化、法制化。深化社区自治,创新“民间副主任”模式和选举观察员制度,所有社区实现直选,2010年被市政府授予杭州第四届社区居委会换届选举“直选”推进示范区称号。畅通民意渠道,着手推广“湖滨晴雨”民情工作室模式。探索开展“333+x”社区大服务体系建设,并在紫阳街道开展试点;积极构建“1211”社区工作体系,推进社区工作规范化。深化党代表、人大代表进社区活动,加强代表与群众的联系,保障公民有序参与民主政治建设,《人民代表报》专题推介上城区“代表进社区”活动经验。

【加强政府依法行政能力】 坚持依法行政,自觉接受区人大及其常委会监督,支持人民政协民主监督和参政议政,实行人大代表约见区政府领导和政府部门负责人制度,做好人大代表建议和政协委员提案办理工作。继续开展深化作风、执行力建设两个“建设年”活动,深化权力阳光运行机制,建立行政权力运行全程实时监督系统,有效提高政府行政管理效能。出台关于实施“质量强区”的战略意见,贯彻落实“质量强省”试点工作要求,大力推进政府标准化和信息化建设,已形成国家标准1项,省、市地方标准28项。继续深化“五五”普法活动,相继推出处置信访事项专家团、信访事项律师参与接待、“三无”街道(社区)创建、重大事项社会稳定风险评估等举措,确保辖区稳定有序。2010年,上城区被浙江省委评为“2009年度创建法治县(市、区)工作先进单位”。

(陶琴梯)

精神文明建设

【文创产业发展成效显著】 强化规划引导和政策扶持。编制了《上城区文化创意发展规划(2011~2015)》,纳入上城区“十二五”国民经济和社会发展总体规划体系。梳理省、市、区有关文创产业扶持政策,做好宣传引导工作,帮助文创园区和企业了解相关扶持政策,给符合条件的企业及时申报各类扶持,建立区、街道两级工作体系,督促辖区各街道成立文创办,落实人员开展工作,建立各自的文创产业聚集点。推动文创企业融资工作,华策影视于10月26日在深圳证券交易所成功上市,成为中国“电视剧第一股”。

园区建设快步发展。开元·198园区开展精细化服务,加大对企业的扶持力度。园区与相关单位联系,新增2000多平方米办公用房给企业使用,有效解决园区内优质企业的用房问题。依托上城科创中心国家级孵化器成熟的管理和服务能力，多次组织企业进行政策宣传、专利培训、创业者导师讲座等活动。山南国际设计创意产业园工程建设加快进度，园区位于八卦田片区的3万平方米改造仓库顺利完工，位于凤凰山东路上的大资福庙于10月1日正式对市民开放。山南国际设计创意产业园被“2010中国杭州·城市综合体发展峰会”授予园区“城市综合体规划设计优秀蓝本”称号，是获此荣誉的杭州市唯一一个文创类综合体。在中国文化产业园区发展论坛上，山南国际设计创意产业园被授予“中国特色文化产业园区”称号，成为杭州市唯一一家获得荣誉的文化创意园区。

【召开2010杭州美术节开幕式暨吴山峰会】 2010杭州美术节开幕式暨吴山峰会——中国艺术品业发展高峰论坛以“发展艺术品业、共享美术盛宴”为主题，以美术交流活动为核心，推动艺术品产业发展为宗旨，采用高峰论坛、主题画展、美术讲座、工艺展览、社区活动等形式，组织一系列具有国际性、民间性、艺术性和杭州特色的活动。整个艺术节为期一个月，包括九大项目，30项大、小活动。开幕式上，国内30名著名艺术家以南宋主题进行写生创作，借艺术家的妙笔，展现杭州历史文化硕果。同时，举行中国艺术品业发展高峰论坛等艺术品业内的高端研讨，邀请国内20名各个领域的专家学者进行专题讲座、研讨等。在美术节期间，上城区举办12场美术展览活动、大型传统工艺美术精品展销、清河坊安荣巷钱皇收藏展等，为广大艺术爱好者提供一道艺术盛宴。

【启动“学《弟子规》做文明人”主题教育活动】 2010年，上城区开展了“学《弟子规》，做文明人”主题教育活动，倡导群众“学精髓思想、悟道德礼仪”，争做文明上城人。活动通过八大活动载体全面展开：古训传诵——《弟子规》读书会、训蒙传教——《弟子规》宣传会、吟咏传声——《弟子规》吟诵会、书信传情——《弟子规》征文赛、融智传经——《弟子规》经营说、书画传意——《弟子规》书画赛、墙景传颂——“弟子规”墙画赛、论坛传承——“弟子规”心得展。组织编写了《上城弟子规（节选）》，印发30000册，发放给全区中小学生，向机关事业单位、社区赠送了5000册《弟子规》易读本。

【开展社区基层文化品牌建设工作】 8月10日，上城区在湖滨街道东坡路社区举行社区基层文化品牌建设试点工作启动仪式。围绕“大文化、大发展、大繁荣”主题，通过“馆社共建、资源共享、品牌共创”活动，推广东坡路社区与苏东坡纪念馆共建文化品牌经验，丰富社区居民群众的文化生活。东坡路社区着力围绕“文化东坡”做文章，与杭州苏东坡纪念馆合作，打造“东坡文化园”、“东坡文化廊”、“东坡亭”等文化精品阵地，成立“苏东坡诗、书、画兴趣研究小组”，并以苏东坡文化为基础，举办丰富多彩的特色活动。在总结“东坡文化”经验的同时，上城区精心遴选出社区与历史文化场馆共建对象13对，东坡路社区分别与岳庙、孔庙、龚自珍纪念馆、于谦故居、南宋太庙遗址博物馆等场馆签订共建协议，以“一社一品”主题文化建设为目标，挖掘历史文化积淀，共同开启“馆社共建”之路，推进上城区社区基层文化品牌建设工作。

【大力推进文明创建工程】 启动新一轮2009~2010年度上城区文明单位推荐申报工作。做好文明街道创

10月23日，中共浙江省省委书记赵洪祝在“2010杭州美术节”院士与书画名家作品联展开幕式上题词。 （区委宣传部 提供）

9月14日，上城区启动“学《弟子规》，做文明人”主题教育活动。

（区委宣传部　提供）

建，新增小营街道申报浙江省级文明街道、清波街道申报杭州市文明街道；文明社区创建中，新增上羊市街社区创建省级文明社区、东平巷社区创建市级示范文明社区；文明行业创建活动，重点做好南宋御街“百城万店无假货”示范街创建工作；辖区内山西省干部疗养杭州接待处、杭州抚宁巷小学两家单位创建2009~2010年浙江省文明单位；12家单位通过浙江省文明单位的复评验收；5家单位参加创建杭州市文明单位的评选活动。有19家单位达到区级文明单位的标准，有86家区级文明单位通过复评验收工作，小营街道被浙江省评为第三批省示范文明街道。

【打造“国内最清洁城市”工作】 区清洁办开展绿化美化工程，围绕“讲文明、树新风”主题，展示全区开展主题教育和公益活动等精神文明建设的成果，深化上城区墙景美化工作；“南宋御街”、东平巷社区、解放路鲜花大道工程等“绿化美化”工程取得喜人成效；全区加强“摊点乱摆”、“车辆乱停”、“广告乱贴”、“垃圾乱扔”、“工地乱象”治理，深化“八小”行业整治；城区环境面貌不断改善，上城区被杭州市评为打造“国内最清洁城市”工作先进区；海月桥社区被杭州市评为第三批打造“国内最清洁城市”示范点。春江花月社区、水澄桥社区、高银巷小学、杭州师范大学第一附属小学、浙江省公安厅被杭州市评为“最清洁单位”。

【开展第七届邻居节活动】 第七届邻居节通过上城网、e家网，征集金点子激发广大市民参与的积极性，收到近百条金点子。先后开展了“好邻居”、“学习型家庭”评选，各社区根据实际，设计具有自身特色的邻居节活动，15个社区举办了“欢聚一堂，共享亲情”系列主题活动20场，观看活动的市民近万人次。9月，组织开展“最有创意社区邻居节”评选活动，评选邻居节社会形象大使并发放聘书。10月，举办“邻里形象、时尚生活”大型现场活动。

【举办雾像方舟——第二届“艺术春天”作品展】 雾像方舟——第二届“艺术春天”中国美术学院研究生作品群展集中展示了中国美院200多名研究生的上千件作品，作品形式涵盖国画、书法、油画、版画、雕塑、摄影、装置、设计等艺术门类。举办该展览一方面为优秀的作品提供了很好的展示平台，同时也增强了上城艺术氛围，提升城区艺术品质，提高市民文化素养，为推进文化创意产业作出积极的探索。

【被授予“杭州市文化创意产业十大风云人物”称号】 上城区文创企业家——思美传媒股份有限公司董事长朱明虬、毛戈平化妆艺术有限公司董事长毛戈平、浙江华策影视股份有限公司总经理赵依芳3人被市委、市政府授予第二届“杭州市文化创意产业十大风云人物”荣誉称号。

【参加第三届新闻发言人培训班】 9月8~9日，中共杭州市委党校举办第三届新闻发言人培训班。全区31个部门和单位45名新闻发言人、宣传干事参加了此次培训，区委常委、宣传部长王越剑出席开班典礼并讲话。此次培训从提高新闻发言人实战经验角度出发，开设领导干部如何应对媒体、公共突发事件与政府危机处理等专业课程，并首次举办新闻发布会模拟实践等活动，为新闻发言积累经验。 （丰宗华）

9 月 8 日，上城区举行新闻发言人培训班开班典礼。 （区委宣传部 提供）

点、“社区 Do 都城体验点”等，并荣获“共青团杭州市委青年文明号”单位、“2010 年杭州市优秀社会资源国际旅游访问点”、“2010 年杭州生活品质展评会年度最具品质体验点” 和“2010 年杭州生活品质展评会金城标体验点”。

2010 年 12 月 21 日，中国社区建设展示中心召开了一周年座谈会，民政部、浙江省民政厅、杭州市民政局、上城区委、区政府、区人大、区政协、浙江大学、浙江工商大学等高校和科研机构的专家学者等 60 人参加了会议。

中国社区建设展示中心一周年纪事

【概况】 中国社区建设展示中心(以下简称展示中心)是国家民政部批准建立，集史料陈列、文物展示、文献收藏、社区实务于一体的专题类展馆，于 2009 年 12 月 21 日正式建成开馆。展示中心占地面积约 3000 平方米，建筑面积约 2000 平方米，由中国城市居民委员会发展厅、中国社区建设发展厅、社区建设史料藏馆、紫阳街道上羊市街社区工作展示厅和上羊市街社区服务中心五部分组成。

2010 年，展示中心在各级党委政府的正确领导下，在各级民政部门的悉心指导下，以“把中国社区建设展示中心建设成为国家社区建设的历史课堂、研究基地、实践样板和对外窗口”为目标，积极探索，勇于进取，各项事业蓬勃发展。全年接待中外参观团队 261 批次，参观者 2.9 万人次，举办 60 场理论研究与座谈会及各类专题活动，被列为“浙江大学社会工作硕士专业学位研究生教学实习基地”、“浙江省社区研究会理事单位”、“杭州市国际旅游访问点”、“中共杭州市委党校现场教学基地”、“杭州市社区工作者实训基地”、“非遗文化进社区” 体验

【展现展示中心发展活力】 截至 2010 年 12 月 8 日，展示中心共接待参观者 2.9 万人次。接待各类参观团队 261 批次（其中中央省部级参观团 8 批和美国、韩国、约旦、加拿大等涉外团队 7 批）。民政部副部长窦玉沛与中央党校省部级领导干部研修班在参观考察展示中心后，称赞展示中心是“小社区、大社会；小基石，大政治；小平台，大服务；小展示，大文化”。为便于国际友人对中国基层民主有更形象的了解，展示中心设计了豆选法游戏，增添了互动性及趣味性，受到美国社会发展协会(CDS)国际委员会主席等好评。展示中心举办了 2010 杭州生活品质市民体验日体验活

12 月 21 日，举行中国社区建设展示中心落成一周年座谈会。
（中国社区建设展示中心 提供）

与韩国青年代表团合影留念　　（中国社区建设展示中心　提供）

动、2010杭州生活品质国际日体验活动、网络时代社区发展论坛暨学术年会、杭州市首届社区工作者节活动、非遗文化进社区体验站等大型活动。展示中心网站录入各类信息5425条，网站信息提升至15230条，网站点击率跃升至51732人次，扩大了展示中心在全国的社会影响力。

【彰显展示中心发展内涵】　展示中心除做好日常对外接待工作外，通过“走出去、请进来”，实现展示中心与政府部门、研究机构、院校师生、社区工作者、社会志愿者等多级联动和资源互补，发挥展示中心研究基地的作用。2010年，与浙江大学中国社区研究中心签订《关于社工硕士专业学位教学实习的合作协议》，起草完成了《中国社区建设展示中心与浙江大学中国社区研究中心合作方案》；举办60场理论研究与座谈会，成为浙江大学社会工作硕士专业学位研究生教学实习基地、浙江省科普教育基地、杭州市社区工作者实训基地、浙江树人大学社工实习基地等。展示中心负责人马丽华、培训部部长张宏国被聘为中共杭州市委党校现场教学特聘教师。此外，展示中心继续深入开展社区建设史料的征集工作，已从民政部基层政权和社区建设司征集到2009年全国和谐社区建设示范市、区、街道、社区文件共817份，从全国各省、市、自治区共征集到史料（书籍）共74本，其中浙江省征集史料（包括专家捐赠的）56本、广东省6本、江西省12本，进一步提升展示中心史料的容量。

【突显展示中心发展模式】　居馆合一即展示中心三个展厅与上羊市街社区一站式办事大厅、社区服务中心，形成一体的格局，达到分中有合、互为呼应、历史与现实的交融，形成理论研究、社区实践、宣传推广的工作链，实现硬件、软件资源的最大共享。展示中心通过学习、研究，提炼出“333+X”社区大服务体系，提倡“服务民生为本、主体三位复合、发展分类推进”的社区管理理念，形成“理念、主体、服务、功能、路径、保障”在内的社区大服务网络体系。上羊市街社区在“333+X”社区大服务体系的指导下，通过改造、提升宽带和3G无线通信网络，依托华数有线网络、无线宽带网络、移动电视网络的“三网融合”，完善“生命旅程”社区信息服务系统，提升社区管理和服务的信息化水平。展示中心通过三维宣传片、社区服务二维动画、社区虚拟漫游等手段展现社区工作的全貌，上羊市街社区通过社区服务中心让参观者亲身体验社区服务信息化的便捷和社区信息化管理的高效，越来越多的兄弟城市来实地取经，加强了城市间的合作与交流。　（陈　军）

【重视工作人员的素质培养】　展示中心的各个部门按季度分列学习计划，开展每周一次的政治学习和业务培训，邀请领导和高等院校的老师讲课。针对文物保护单位的特殊性，学习消防知识，联合上城消防大队开展消防演习。落实展馆岗位责任制，对展示中心每个工作人员定岗、定位，确保各个展馆、各个设备的开启和关闭落实到相关负责人员。明确岗位职责，安排值班人员巡逻。制定“小型团体”参观服务方案，确保游客的参观质量，每个讲解员每次最多为40名来宾讲解，以确保每个来宾都在“听、看、说”，对中国基层社会组织情况和城市居民委员会及现代社区服务有深入了解，提供来宾个性化服务。对讲解员进行礼仪行为训练，统一着装、统一讲解内容，以“迎宾入为始，送宾归为终”一站式微笑全程讲解，提高了讲解员的服务素质与能力，讲解工作获得了国内外游客、领导及来宾的一致好评，受到各类媒体多次报道与赞扬。　（年鉴编辑部）

新中国第一个居民委员会

【概况】 1949年10月，杭州开展废除保甲建立居民委员会工作。同年10月23日，杭州市上城区上羊市街居民委员会成立，由当时的十八、十九两个保辖区合并而成，大致范围为东至上羊市街(现江城路)，南沿五圣塘、六圣塘至保安桥河下，北至望江门直街(现望江路)，西至中山南路(现中河高架下绿化带)。2008年6月28日，国家民政部在杭州召开"新中国第一个居民委员会"寻访成果发布会，正式宣布：浙江省杭州市上城区的上羊市街居民委员会是"新中国第一个居民委员会"。7月25日，经过社区听证会居民代表表决同意，袁井巷社区恢复原名为上羊市街社区。

上羊市街社区，东起贴沙河，南至抚宁巷，西邻中河路，北到望江路，总面积0.206平方公里，位于紫阳街道北部。社区内有胡雪岩故居和源丰祥茶号旧址两处市级文物保护单位，及当代光学专家蒋筑英的纪念室，文化底蕴深厚，历史源远流长。社区内有建兰中学、上城区蒋筑英科技学校及浙江省水利设计院等知名学校和省级单位。社区成立于2001年，由原袁井巷、金钗袋巷、大狮子巷、上羊市街4个居委会合并而成。现有居民3459户、人口7363人。社区以团建为特色工作，以创建"精品亮点社区"为目标，本着"以人为本、服务居民"的宗旨，努力做到提升服务品位、完善网络建设、提高社工素质、理顺工作关系、深化社区建设，扎扎实实地开展各项社区建设工作。

【举行杭州市首届社区工作者节开幕式】 2010年10月23日，杭州市首届社区工作者节开幕式在紫阳街道上羊市街社区举行。1949年10月23日，新中国第一个居民委员会——上羊市街居委会在上城区诞生。61年后的10月23日，杭州创立了自己的社区工作者节。这是全国地市级以上城市中首个社区工作者节。开幕式上，市领导为社工节授旗，为南星街道美政桥社区陈峰等10名杭州市社区工作行业标兵、下城区文晖街道打铁关社区斯利明等10名杭州市优秀社工代表颁奖，并为杭州市社区工作基地授牌，中国社区建设展示中心的马丽华、上羊市街社区的张建文等代表上台接牌。

【举办社区第七届邻居节】 10月28日，新中国第一个居民委员会成立六十一周年暨上羊市街社区第七届邻居节隆重举行，省、市民政厅(局)领导亲临现场祝贺。200名社区居民参加第七届邻居节举办的"百家宴"。

【举行第四届居委会换届选举】 5月14日，上羊市街社区居民委员会举行了第四届居委会换届选举大会，选举产生新一届居民委员会。本届居委会换届和选举具有重要意义，可归结为4个"第一"：第一个将社区居委会换届选举的候选人搬上了电视荧屏，进行电视演讲；第一次由外国友人扮演了观察员的角色；第一次在选举大会上采用了候选人与群众互动的形式；第一次建立了一支"80后"为主力军的社区工作者队伍。通过这次换届选举，在基层民主整治的发展道路上又迈出了坚实的一步。 (芮佳南)

【《新中国第一个居民委员会》砖雕摘得全国城雕最高奖】 砖雕《新中国第一个居民委员会》被中国城市雕塑指导委员会授予2009年度全国城市雕塑大奖。砖

在中国社区建设展示中心举行上羊市街社区第七届邻居节

(中国社区建设展示中心 提供)

雕位于中山路和惠民路交叉口东侧坊墙上，以新中国第一个居民委员会——上羊市街社区成立为题材，通过“送子参军”、“废除保甲”、“调解纠纷”、“爱国卫生”4组雕刻串联起中国基层民主自治组织的兴起、发展进程，砖雕采用花园镂窗的传统工艺和造型格局，刻画出生动形象的人物，有别于传统风格，为南宋御街·中山路增添了风采。该作品和中山路上其他9件公共艺术精品均由中国美术学院公共艺术创作团队历经两年的时间创作设计，共同展现杭州悠长的人文历史和地方生活的时空脉络。《四世同堂》(中山路和西湖大道交叉口的西北角)、《长街七子》(庆春路和中山路交叉口的西北角)获优秀奖。

【考察中国社区建设展示中心和新中国第一个居民委员会】 10月24日，中央党校省部级干部进修班调研组一行到中国社区建设展示中心和新中国第一个居民委员会——上羊市街社区居委会考察调研。中共浙江省委常委、杭州市委书记黄坤明，省民政厅厅长吴桂英，副厅长俞志壮，杭州市委副书记王金财，市委常委、秘书长许勤华，市民政局局长邵胜和上城区委书记陈红英，区委副书记、代区长缪承潮，区委常委、常务副区长袁建祥等陪同调研。调研组一行参观考察了中国社区建设展示中心和上羊市街社区服务中心，召开社区工作者座谈会，了解社区工作保障、流动人口管理、社区工作者待遇、社会工作人才队伍建设、退休人员管理情况。调研组成员、国家民政部副部长窦玉沛用“小社区大社会，小基石大政治，小平台大服务，小展示大文化”概括了社区建设的意义作用和目标定位，希望杭州社区建设在新的起点上继续保持全国领先地位。中央党校省部级干部进修班调研组一行参观考察了胡雪岩故居、南宋御街和新西湖。 (陈学军)

杭州市代市长邵占维视察新中国第一个居民委员会 (区民政局 提供)

品质生活 休闲上城

【概况】 为努力建设与世界名城相媲美的“生活品质之城”，上城区结合自身的资源禀赋和空间现状，坚持“做大做强、做优做精”，以及“精耕细作、提高品质”的发展理念，以“一轴、六村、五带、十线”为重点，全力构筑东西方生活文化创新融合的“生活品质国际体验区”。围绕“厚重文化、高端产业、精致空间、人性交通、品质生活”五大内涵，提出以国际化与本土化相统一、文化资源与产业发展相统一、历史与时尚相统一、大众化与精品化相统一，以及居住生活与商贸旅游相统一为基本原则，整合各类文化资源、宣传推广上城品牌、提升文化软实力，在推进“RBD”基础上，构筑生活品质国际体验区，建设具有国际水准的高品质中心城区的目标。体验区建设具体实施时间为2009~2015年，分为前三年、后三年两个阶段。为更好地实现这一目标，上城区成立“生活品质国际体验区”建设管理领导小组，行使体验区规划、保护、利用建设和管理职能。同时赋予生活品质国际体验区准开发区政策，调整考核标准，实行对部分民居保护利用建设的优惠政策，出台国际人士居住创业优惠政策。此外，创新生活品质国际体验区城市管理和体验区内文保点和历史建筑管理体制，将生活品质国际体验区项目列入旅游部门规划考核范围，设立建设与发展专项基金，并制定“生活品质国际体验区”项目实施计划，以统一思想、深化认识，明确措施、形成合力，加强宣传、扩大影响为要求，全区上下齐心协力，确保“生活品质国际体验区”建设的顺利推进。

【构筑“一轴、六村、五带、十线”框架】 构筑“一轴、六村、五带、十线”框架，以中山中路(御街)为主轴,以沿西湖(湖街)、东河(河街)、钱塘江(江街)为纵轴,以庆春路、解放路、河坊街为横轴;以湖滨地区的“环‘湖边村’国际生活体验村”、南山地区的“环‘勾山里’时尚生活体验村”、凤凰山地区的“环‘中山南路’皇城生活体验村”、小营地区的“环‘小营巷’市民生活体验村”、东河地区的“环‘五柳巷’传统生活体验村”、近江地区的“环‘春江花月’现代生活体验村”为“六村”;以“湖街”时尚文化生活体验带、“御街”历史文化生活体验带、“河街”社区文化生活体验带、“江街”现代文化生活体验带、“江南水城生活体验带”为“五带”;以“名杭州人”、“老杭州人”、“新杭州人”、“洋杭州人”、“土杭州人” 的生活体验线“,以及“杭式市民生活”、“杭州历史文化”、“都市生活文化”、“创意生活文化”、“水上生活文化”体验线为“十线”。将散落于城市大街小巷的文化碎片与具有现代时尚元素的建筑、街区整合起来,将众多的杭州生活品质体验点串珠成链,以厚重的文化、巧妙的构思,整合形成“生活品质国际体验区”。2009 年,正式启动生活品质“国际日”活动,开展休闲时尚生活、历史文化生活等体验线和社区文化等各类活动体验;2010为推进阶段,将实施“湖边村”、“勾山里”生活体验村项目;通过对各生活体验点、体验区、体验带进行深化连接,对各体验区的功能进行深入发掘整合,达到体验与世界水准接轨的经济生活品质、厚重传统与现代时尚相融合的文化生活品质、以人为本的政治生活品质、和谐共生的社会生活品质、人与自然相融一体的环境生活品质的目标。

【国际友人参加体验日活动】 上城区设有 11 条国际体验日活动的体验线路,来自美国、德国、法国、加拿大、巴西、澳大利亚等多个国家的驻沪领事、文化参赞、商会代表、外籍教授、外企高管、国际艺术家、媒体人员共 400 位国际嘉宾汇聚西子湖畔,组成驻沪领事官员团、上海国际媒体人士团、在杭企业高管团、意大利嘉宾团、国际艺术交流团、在杭高校外交团、亚洲艺术节联盟团、德国高中生团等 11 个体验团,进行了以东西方传统文化体验、生活文化体验、艺术文化体验、建筑文化体验、民俗文化体验、保健文化体验、社区文化体验、工美文化体验、音乐艺术文化体验、历史文化体验为主题的东西方生活方式的现场体验与对话交流活动。体验团赴新中国第一个居民委员会、南宋御街、河坊街等多个体验点。在胡雪岩故居参观东西合璧的建筑,品味东西方舒适休闲生活;在孔庙参观中式建筑,领略博大精深的儒学文化;在清河坊观赏民间手工艺人表演,感受东方传统文化,通过工艺演示、产品展示、体验参与等方式,共同感受具有上城特色的生活方式、生活特色和生活品质。在东西方文化的交流中,更深入地了解杭州这座城市,切身感受这股传统与现代、东方与西方、文化与经济高度融合的精气神,体验到了杭州这座“生活品质之城”的独特魅力和韵味。

【举行 2010 年杭州国际日暨对话意大利活动】 东西方生活文化体验交流、茶与咖啡体验交流、东西方建筑文化体验交流、东西方社区文化体验交流——2010 年杭州国际日暨对话意大利活动于 4 月 21 日在上城区南宋御街鼓楼广场拉开帷幕。此次活动由市品牌办、市旅委、市外办、市委外宣办、市外经贸局、市贸促会、上城区和市城市品牌促进会、杭州文化娱乐品牌促进会等单位共同组织。各国驻沪领事馆代表团, 都灵代表团、意大利商会代表,国际艺术交流团,上海国际媒体人士团等体验团,分赴胡庆余堂、八卦田南宋官窑博物馆、新中国第一个居民委员会、胡雪岩故居、杭州孔庙、劳动路书画街等多个体验点参加了体验活动。本届活动以“让我们生活得更好”为理念,主题为“对话意大利”。旨在通过杭州与意大利城市之间生活和文化的交流和体验,提高杭州城市国际化程度,是杭州市向国际嘉宾展现城市形象及品质生活的重要机会。

【中国社区建设展示中心入选“2010 杭州生活品质展评会金城标体验点”】 2010 杭州生活品质点评交流发布会在杭州广电中心大楼第一演播厅召开,上城区中国社区建设展示中心入选“2010 杭州生活品质展评会金城标体验点”。

2010 年杭州生活品质展评会是杭州建设“生活品质之城”的重头戏,展评会吸引 200 多个单位参与竞争。2010 年 3 月,杭州生活品质展评会组委会向全社会公开征集,经市民投票、专家评选,产生 80 个“2010最具品质体验点”, 并参与 4 月 17 日、18 日的第三届杭州市民体验日活动, 以及 4 月 21 日第三届杭州国际日活动。经参与活动的市民游客和国际友人投票,结合体验日反馈,专家、媒体和部门的评审意见,在 80

意大利商会代表团参观中国社区展示中心　（中国社区建设展示中心　提供）

个“2010最具品质体验点”中最终产生10个“金城标体验点”。

中国社区建设展示中心是在寻访到新中国第一个居民委员会——上羊市街居民委员会的基础上创建的。它集史料陈列、文物展示、文献收藏、社区实务于一体的专题类展览馆。展示中心按“居馆合一”理念，分中国城市居民委员会发展厅、社区建设发展厅、中国社区建设文献史料馆、社区工作展示厅、上羊市街社区服务中心五个部分，是展现国家及上城区社区风貌的一个重要窗口。

为了能在这次评选活动中脱颖而出，中国社区建设展示中心特别制定《2010杭州生活品质市民体验日体验活动方案》，以及《2010杭州生活品质国际日体验活动方案》，策划包括4D电影、手工艺苑、模拟选举等7个互动项目，让参观者参与互动，全面展示中国社区建设展示中心的文化、活力和内涵。　（年鉴编辑部）

依法治区

【概况】　2010年是“五五”普法总结验收之年。年初，上城区人民政府向区人大汇报《关于贯彻执行〈关于实施上城区第五个依法治区（2008~2010年）规划的决议〉情况的报告》，并于3月2日在区十三届人大四次会议上审议通过。及时制定下发2010年普法依法治理工作意见，4月完成全区各单位2010年普法依法治理工作计划的回收、存档工作。配合区人大常委会组织委员及部分人大代表对全区普法、依法治区考核验收准备工作进行专项视察，实地查看了湖滨街道、望江街道、紫阳街道上羊市街社区和杭州服装职高，并就考核验收准备工作作专项汇报。

【争创“五五”普法全国先进城区】　上城区制定下发了《关于“五五”普法总结验收的工作意见》，并根据《杭州市关于县（市、区）〈2006~2010年普法教育依法治市规划〉检查验收标准》，制定下发《上城区“五五”普法依法治区考核验收办法》，明确迎检工作任务完成时限和责任人；在全区各部门、单位开展自查和检查；高质量完成普法电子台账收录、普法画册制作、《法治上城　和谐天堂——上城区“五五”普法巡礼》宣传片拍摄等工作。7月初，在杭州市“五五”普法检查验收考评会上，市委常委、市委宣传部部长翁卫军对上城区领导干部学法工作和流动普法系列活动给予高度评价。8月16日，省委副书记、省普法教育领导小组组长夏宝龙率队对上城区“五五”普法工作进行检查验收，全方位实地查看了

开展“12·4”全国法制宣传日活动　（区司法局　提供）

紫阳街道上羊市街社区,对上城区“五五”普法工作的特色亮点给予肯定,并鼓励上城区要进一步总结“五五”普法成果,继续做好、做大、做强普法依法治区工作。

【召开依普领导小组工作会议】 1月13日,区依法治区普法办公室(以下简称区依普办)组织召开了依法治区普法领导小组工作会议。区依普办主任、区司法局局长钱国平汇报了2009年依法治区普法工作情况、2010年依法治区工作意见。参会领导对2010年依法治区工作意见和如何再创“五五”普法全国先进城区进行了讨论,提出了意见和建议。

【创建民主法治社区】 “民主法治社区”创建工作是基层依法治理的重要抓手和载体,一直作为区依普办的中心工作来抓,贯彻落实《关于进一步深化“民主法治村(社区)”创建工作的实施意见》,坚持实行“四民主、两公开”。充分发挥法律工作者在维护社区社会稳定、促进基层民主法制建设方面的作用,整合全区各律师事务所和法律服务所力量,为全区52个社区配齐法律顾问,定期提供法律意见和咨询,搭建起基层民主法治建设、矛盾纠纷调解和法制宣传新平台。建立法制宣传栏、法律图书角,发放普法杂志,开展法制宣传活动。健全和完善基层民主选举制度,率先在全市开展社区民主直选。2010年,新增两个市级“民主法治社区”,全区已创建省级“民主法治社区”4个,市级“民主法治社区”24个,超出全省和全市平均水平。

(俞　丹)

组织机构

【区级主要机构及负责人名单】

(2010-01~2010-12)

中国共产党杭州市上城区第八届委员会

书　记:徐祖萼(~2010-07)
　　　　陈红英(女)(2010-07~　)
副书记:陈红英(女)(~2010-07)　朱履林
　　　　余　勇(~2010-01)
　　　　缪承潮(2010-07~　)
常　委:徐祖萼(~2010-07)　陈红英(女)
　　　　缪承潮(2010-07~　)　朱履林
　　　　余　勇(~2010-01)　袁建祥
　　　　顾文友　占仁义　王越剑
　　　　黄爱芳(女)　黄昊明　刘一明
　　　　魏汉昆(2010-03~　)
　　　　麻承荣(2010-07~　)
　　　　陈洪涛(2010-07~　)
　　　　林　森(~2010-10)
　　　　郑　平(2010-10~　)
委　员:(按姓氏笔画为序)
　　　　丁晓芳(女)　王越剑　占仁义
　　　　卢　江　叶　素　叶　榕
　　　　朱履林　刘一明　刘志安
　　　　李森红(女)　杨全岁　余　勇
　　　　张　璐(女)　陈红英(女)
　　　　陈建中　陈洪涛(2010-07~　)
　　　　陈浩然　林　森(~2010-10)
　　　　金燮彪　周　勤(女)
　　　　郑　平(2010-10~　)　施金良
　　　　袁巧玲(女)　袁建祥　顾文友
　　　　顾敏达　徐祖萼(~2010-07)
　　　　徐鸿华　黄昊明　黄爱芳(女)
　　　　麻承荣　傅莉萍(女)
　　　　管光尧　缪承潮(2010-07~　)
　　　　魏汉昆(2010-03~　)
候补委员:(按得票数为序)
　　　　陈　彬　方本成　朱红卫(女)
　　　　曹兢业　蒋　莉(女)

区委工作部门

区委办

主　任:顾敏达

组织部

部　长:占仁义(~2010-07)
　　　　黄爱芳(女)(2010-07~　)

宣传部

部　长:王越剑

统战部

部　长:袁巧玲(女)

政法委

书　记:余　勇(~2010-03)

区直机关党工委

书　记:周忠诚

老干部局

局　长:杨　敏(女)

区委、区政府信访局

局　长:高燕东

中国共产党上城区纪律检查委员会

书　记:朱履林

副书记:杜秀芬(女)　谢　宁

常　委:朱履林　杜秀芬(女)　谢　宁

林文杰　施志跃(~2010-11)

周建明

上城区第十三届人民代表大会常务委员会

主　任:丁晓芳(女)

副主任:叶洪泉　高万洋　王文成

李　静(女)　王国民　韦　云(女)

党组书记:丁晓芳(女)

区人大常委会工作部门

人大办公室

主　任:陈忠明

法制工作委员会

主　任:谢根福

财政经济工作委员会

主　任:许　强

城建环保工作委员会

主　任:施惠民

教科文卫工作委员会

主　任:戈海光

代表工作委员会

主　任:章　麒

杭州市上城区人民政府

区　长:陈红英(女)(~2010-07)

代区长:缪承潮(2010-07~　)

副区长:袁建祥　顾文友　刘志安

宦金元　管光尧　麻承荣

黄昊明　高　波(女)(~2010-07)

陈洪涛(2010-07~　)

党组书记:陈红英(女)

区政府工作部门

政府办公室

主　任:陶晓亮(2010.11~　)

发展和改革局(统计局)(物价局)

局　长:陈浩然

党委书记:陈浩然(兼)

统计局

局　长:周建康

党组书记:宣　寅(女)

教育局

局　长:蒋　莉(女)

党委书记:蒋　莉(女)(兼)

财政局

局　长:来剑波

党委书记:来剑波(兼)

科技局

局　长:卢　江

党组书记:卢　江(兼)

民族宗教事务局

局　长:金燮彪

监察局

局　长:谢　宁

民政局

局　长:傅丽萍(女)

党组书记:傅丽萍(女)(兼)

司法局

局　长:钱国平

党组书记:钱国平(兼)

人事局

局　长:季黄辉

劳动和社会保障局

局　长:方本成

党组书记:方本成(兼)

建设局(人防办)

局　长:陈星豪

党委书记:陈星豪(兼)

商贸旅游局

局　长:徐鸿华

党委书记：徐鸿华(兼)

招商局

局　　长：孙　锦

党委书记：孙　锦(兼)

文化广电新闻出版局(体育局)

局　　长：丁建华

党组书记：丁建华(兼)

卫生局

局　　长：马　彦

党委书记：周　勤(女)

人口和计划生育局

局　　长：夏　勤(女)

党组书记：夏　勤(女)(兼)

审计局

局　　长：胡建宏(女)

城市管理行政执法局

局　　长：张伟农

党委书记：张伟农(兼)

安全生产监督管理局

局　　长：王汝雷

城市管理办公室

主　　任：曹兢业(~2010-11)

　　　　　林国平(2010-11~　)

党委书记：曹兢业

上城公安分局

局　　长：刘一明

党委书记：刘一明

政协上城区第三届委员会

主　　席：杨全岁(~2010-03)

　　　　　余　勇(2010-03~　)

副 主 席：王朗晨　陈小玲　戴晓军

　　　　　方　莉(女)　袁巧玲(女)

秘 书 长：吴诗兵

党组书记：杨全岁(~2010-01)

　　　　　余　勇(2010-01~　)

区政协工作部门

政协办公室

主　　任：吴诗兵

经济科技委员会

主　　任：伍天舒

社会法制和港澳台侨委员会

主　　任：吴　坚

提案委员会

主　　任：来国良

城建和人口资源环境委员会

主　　任：王健伍

文史和教卫体委员会

主　　任：瞿旭平(女)

区人民法院

院　　长：施金良

党组书记：施金良(兼)

区人民检察院

检 察 长：李森红(女)

党组书记：李森红(女)(兼)

群团组织

总工会

主　　席：韩丽华(女)

党组书记：韩丽华(女)(兼)

团区委

书　　记：章　琪(女)

妇　联

主　　席：张　璐(女)(~2010-01)

　　　　　周　莹(女)(2010-01~　)

工商联

会　　长：陈砚菁(女)

党组书记：陈砚菁(女)(兼)

科　协

主　　席：陈　彬

党组书记：陈　彬(兼)

残　联

理 事 长：童回春(女)

街　道

湖滨街道

党工委书记：叶　榕

人大工委主任:叶　榕(兼)
办事处主任:毛素云(女)

清波街道

党工委书记:叶　素
人大工委主任:叶　素(兼)
办事处主任:陈　勇

小营街道

党工委书记:任　平
人大工委主任:任　平(兼)
办事处主任:徐文孝

望江街道

党工委书记:石小明(女)
人大工委主任:石小明(女)(兼)
办事处主任:俞国海

南星街道

党工委书记:陈少华
人大工委主任:陈少华(兼)
办事处主任:鲁　军

紫阳街道

党工委书记:李一青(女)
人大工委主任:李一青(女)(兼)
办事处主任:柴闻乐(2010-10~　)

(组织部)

各级领导调研上城

1月30日，国务院法制办行政政法司司长李建率领公安部、司法部、卫生部等人员，在省禁毒委副主任董晓伟、禁毒办主任蔺牛等陪同下到上城区清波街道召开“戒毒条例”立法调研座谈会。

2月4日，省委副书记夏宝龙，省委常委、副省长葛慧君，省委副秘书长林云举，省委副秘书长、省信访局局长陶君毅等领导到上城区紫阳街道，慰问综治信访维稳工作基层干部。

3月5日，省委常委、宣传部长茅临生，市委副书记王金财，副市长张建庭等一行在市人大常委会副主任、区委书记徐祖萼，区委常委、宣传部长王越剑，区委常委黄爱芳陪同下到南宋御街·中山路鼓楼段看望慰问参与“低碳生活，从我做起”志愿服务的志愿者。当天，鼓楼集中展示活动有各种低碳宣传、节能减排金点子、废物回收利用小技巧展示项目共计16个，参与服务志愿者100人。

4月13日，全国人大常委会委员、教科文卫委员会副主任唐天标一行，在省人大常委会委员、教科文卫委员会副主任陈永昊的陪同下，到上城区南宋御街·中山路视察凤凰寺、南宋御街陈列馆、四拐角、叶种德堂、杭州九墙。区长陈红英、区人大常委会主任丁晓芳陪同视察。

4月16日，国家环保总局原副局长祝光耀一行到上城区考察生态文明工程，省、市环保局领导和上城区副区长刘志安陪同考察。祝光耀一行到湖滨街道考察生态垃圾房，详细询问生态垃圾房的运作方法、使用效果，现场体验太阳能垃圾桶的“说话”功能及太阳能楼道灯的使用情况，询问工作原理、工程造价、居民满意度。在小区花坛前观看利用雨水收集浇灌花草的情况，对这种节约水资源的做法给予肯定。祝光耀一行还到南星街道，参观了中国雕塑创意工作室，对利用废旧材料创意加工成的“凤凰涅槃”、“欲火重生”、“大提琴”、“蝎子”、“机器人”等雕塑表示赞赏。祝光耀通过考察，对区生态文明建设给予了肯定。他认为，上城区在生态文明建设工作中，勇于开拓创新、坚持真抓实干，生态文明建设工程亮点纷呈，并与居民的实际生活有机结合，实用性强，值得推广。（年鉴编辑部）

同日，建设部城建司副司长李如生率省建设厅、市城管办、市监管中心等领导一行在湖滨街道办事处副主任姚杰的陪同下，视察了湖滨街道涌金门社区生态垃圾房建设和“实名制”垃圾分类试行情况。了解社区“实名制”垃圾分类创新举措，现场察看了“实名制”工作流程和垃圾投放点情况，对垃圾分类做法表示认同。杭州市城管办主任陈祥荣高度肯定了该项创新并表示，湖滨街道垃圾分类工作不是试点，胜于试点。李如生认为湖滨街道在全国首推的“实名制”分类垃圾工作将方便性、实用性、可行性三者结合，方便居民投放，具有推广意义。在充分肯定的同时考察组也提出了更高的要求，希望街道社区能总结经验，为将来垃圾分类全面铺开打下夯实的基础。（丁春早）

5月28日，最高人民法院办公厅院长办公室副主任陈志远一行在省、市法院办公室等负责人的陪同下到上城区法院调研审判管理工作，并召开座谈会，听取相关工作汇报，以及观看利用多媒体现场演示案件节点管理软件系统的运用。

6月12日，由民政部副部长窦玉沛率领的全国人大重点建议办理调研组到上城区调研为老服务工作。省、市民政领导以及区长陈红英、常务副区长袁建祥等陪同调研。调研组一行实地察看了湖滨街道敬老院、“帮一把”为民服务社、社区“睦邻会所”日托老年之家等为老服务机构。在“帮一把”为民服务社，窦玉沛与服务中心负责人和助老员进行交谈。当他了解到已为老人提供了4万小时的服务后，连连说“不简单、很辛苦”。窦玉沛参观了青年路社区“睦邻会所”老年活动之家后，感到很满意，他说能够在老城区为社区老人开辟出这样“小而精、小而全”的服务活动场所，十分不简单。调研组对湖滨街道为老服务工作给予肯定，认为“社会资源整合、社会组织参与、社会力量兴办”的新型为老服务模式值得总结和借鉴。

10月24日，中央党校省部级干部进修班调研组一行到上城区，考察调研中国社区建设展示中心和新中国第一个居民委员会——上羊市街社区居委会，并召开社区工作者座谈会，详细了解社区工作保障、流动人口管理、社区工作者待遇、社会工作人才队伍建设、退休人员管理等方面的工作情况。调研组成员、民政部副部长窦玉沛用“四小四大”(小社区、大社会，小基石、大政治，小平台、大服务，小展示、大文化)对社区建设的意义作用和目标定位作了精辟概括，并肯定了杭州市社区建设在提供服务、凝聚民心、化解矛盾、巩固政权稳定方面发挥积极作用。他希望杭州社区建设在新的起点上继续保持全国领先地位。

12月3日，在国家中医药管理局医政司司长许志仁的带领下，以江苏省中医药局医政科教处处长孙志广为组长的国家中医药管理局“全国社区中医药工作先进单位”评审组一行到上城区评审验收创建全国社区中医药工作先进单位工作。省卫生厅副厅长张平，市卫生局副局长腾建荣，上城区委书记陈红英，区委副书记、代区长缪承潮，区人大、区政协领导及区创建全国社区中医药工作先进单位工作领导小组成员陪同检查验审。考评组在听取汇报、查阅台账后，实地查看了清波、紫阳两个街道社区卫生服务中心，新工、在水一方两个社区卫生服务站点的中医药设施设备以及治疗开展情况，与医护人员交流，向群众发放问卷调查，并与分管副区长及相关成员单位负责人进行了访谈，按照中医药管理局的考核标准对上城区中医药工作进行了全面的考察。评审组经过认真细致客观公正的评审，一致认为，上城区领导重视，措施有力，氛围浓厚，亮点明显，成效显著，完全符合全国社区中医药先进单位的标准。

(年鉴编辑部)

特色街区

【举行南宋御酒开坛仪式】 2月5日，南宋御街首个旅游产品——南宋御酒在南宋御街举办了开坛仪式。副区长刘志安、区长助理许东航、贵州茅台镇金士酒业公司总经理何伟、副总经理杨筑飞及清河坊商户代表等参加了开坛仪式。清河坊历史街区管委会主任在开坛仪式上致辞，刘志安宣布南宋御酒开坛。现场邀请市民品尝。

南宋御酒是清河坊历史街区打造的第一款属于自身知识产权的旅游产品。据史书记载，南宋定都临安(今杭州)后，商品经济相当发达，呈现了前所未有的繁华，酿酒与酒的营销成为政府的重大财源，京城大酒楼集中在天街(今中山路)两侧，日夜经营。南宋时，杭州即有官家酒作坊，有着可以考证的南宋御酒制作流程，当时宫廷酒宴、民间酒肆、赛酒会层出不穷，酒文化非常盛行。

2月5日，举行南宋御酒开坛仪式。 (吴山指挥部 提供)

7月25日，举行友好姊妹街协议意向书签约仪式。 (吴山指挥部　提供)

【清河坊历史街区与台湾三凤中街缔结姊妹街】 7月25日，由清河坊历史街区管委会组成的考察团在市人大常委会副主任徐祖萼带领下对台湾进行了为期7天的商业考察，清河坊历史街区考察团拜会了国民党荣誉主席连战先生，先后考察了台中、高雄、基隆等商业街，与台中经济发展处处长朱惠兰、台中逢甲夜市、高雄六合夜市、三凤街区管委会主任进行了交流座谈。7月28日，在中共杭州市委副书记叶明与市人大副主任徐祖萼的共同见证下，清河坊历史街区在与三凤中街缔结为姊妹街。清河坊历史街区管委会与高雄市观光商店街联合发展协会郑重签署姊妹街意向书，清河坊将与三凤中街携手，共同开展商业互助、观光推荐及文化交流活动。

【清河坊参展浙、澳名优商品展销会】 1月15~17日，由澳门贸易投资促进局、浙江省人民政府、浙江省商务厅共同主办的“2010浙江中华老字号暨浙、澳名优商品展销会”在澳门举行。清河坊、南宋御街以“中华老字号第一街”和“中国生活品质第一街”的形象亮相展销会。

清河坊历史街区、南宋御街在展销会现场发放了画册、宣传册、光盘等宣传品2000份，向澳门同胞宣传街区的旅游产品和文化特色。清河坊民间艺人现场表演了社火脸谱的制作和印章雕刻。

【举办清河坊茶会】 4月16~20日，清河坊民间茶会在南宋御街、河坊街、吴山广场、伍公山举行。清河坊民间茶会是2010中国(杭州)西湖国际茶文化博览会项目之一，活动以茶文化主题推出斗茶、问茶、赏茶、找茶、展茶五大系列活动。茶叶展销会设有全国各地的茶叶、茶具，茶点心、茶制品、保健茶等展位84个。斗茶活动设有民间炒茶王PK赛和吴山斗茶会两个项目。16~18日，在鼓楼广场有民间茶艺爱好者比试炒茶技艺。17~18日，伍公山州治广场有茶道表演。茶会活动期间，吴山广场、鼓楼、城隍阁及南宋御街都有不同形式的赏茶活动。鼓楼二楼南宋瓦肆专场表演，表演晨钟暮鼓、江南丝竹、越剧沙龙、说书讲史、杂技魔术等演艺节目。清河坊茶会还首次举办兰花展，200多盆不同品种的兰花在南宋御街陈列馆至鼓楼沿线供市民欣赏。

【铜雕大师朱炳仁向智利捐款赈灾】 2月27日凌晨(智利当地时间)，智利发生了里氏8.8级大地震，正在领衔团队承建上海世博会智利馆铜装饰工程的中国工艺美术大师朱炳仁获悉震灾的消息后，联系中国驻智利使馆大使吴凡，将参与建造世博智利馆价值32万元的全部铜装饰艺术品工程款及为智利赈灾创作的价值30万元的熔铜艺术作品《情意》全部无偿捐赠给智利政府，作为两国人民友好的象征。

【获“浙江省十大品牌示范基地”称号】 5月26日，以“品牌浙江 励志远行”为主题品牌浙江五年建设成果巡礼暨2010品牌浙江颁奖盛典在省人民大会堂举行。国家工商总局副局长付双建、浙江省人大副主任冯明、浙江省人民政府副省长王建满等出席颁奖盛典。会上首次发布浙江商标品牌发展报告，揭示品牌大省建设多项指标领先全国；表彰全国实施商标品牌战略示范城市、示范企业、商标发展百强县以及新认定的著名商标、浙江省十大品牌示范乡镇、十大品牌示范指导站、十大品牌示范基地、十大品牌富农组织、十大境外注册示范企业，掀起品牌转型升级的新高潮。上城区“浙江省老字号商标品牌基地”获“浙江省十大品牌示范基地”称号。

“浙江省老字号专业商标品牌基地”于2007年5月23日落户清河坊。为充分发挥品牌基地的集约和辐射作用，使基地真正成为老字号企业品牌孵化器，基地建立后，政府和工商等有关职能部门更好地帮助了基地的老字号企业振兴自身品牌，研究了一些相应的政策，培育和保护了老字号企业。同时，还专门成立了杭州市上城区老字号保护协会。

【举行2010“缤纷夜游”活动】 6月22日，由清河坊历史街区主办的“缤纷夜游”活动在河坊街启动。活动围绕“盛世繁华夜　千年御街游”主题，推出“南宋盛世”、“民间世博”、“皇帝巡游”、“嫁在河坊”四台大戏，从6月22日开始到8月底的每个周六晚上7:30在河坊街、南宋御街轮番上演。

【清河坊艺人参演世博会杭州“城市日”活动】 6月6日，以“五水共导·品质生活”为主题的上海世博会杭州“城市日”活动在世博园区城市广场盛大开演。南宋御街、清河坊历史街区代表上城区参加文化演艺。在活动的“品质之城”章节中，清河坊艺人现场表演了杂技杂要、捏面人、捏泥人、画糖画、绘扇面、刻印章等传统艺术，其中由吴山艺术团主演“御驾五水”节目在世博会的舞台上演绎了一段皇帝、皇后率领文武大臣亲临世博的场面。

【第二届南宋御街国际旅游文化艺术节开幕】 9月17日，由上城区人民政府、杭州市旅游委员会、杭州市文化创意产业办公室、杭州市贸易局主办、上城区商贸旅游局、清河坊历史街区管理委员会承办，中国国际动漫节节展办公室、杭州市蟋蟀协会等单位协办的2010年西博会国际旅游节暨第二届南宋御街国际旅游文化艺术节在杭州南宋御街鼓楼广场开幕。杭州市旅游委员会主任李虹、杭州市贸易局副局长胡蓉珍、区委书记陈红英、区人大主任丁晓芳、区政协主席余勇、区委常委、副区长顾文友、区委常委魏汉昆出席开幕式，台湾三凤中街商机促进会秘书长苏育民、韩国仁寺传统文化保存会会长朴正埈、泰国企业家协会副主席班冬、马来西亚客商林忠成等参加出席开幕仪式。魏汉昆、朴正埈、李虹分别致辞，陈红英宣布开幕。艺术节活动历时8天，推出南宋文化精品展、南宋文化展演、南宋饮食文化周、商贸展销、南宋御街互动活动、斗蟋蟀大赛六大版块内容。

【举行伍子胥祭祀大典】 10月15日，吴山庙会伍子胥祭祀大典首次在伍公庙举行，来自全国各地的伍子胥后裔、各界群众代表和嘉宾约200人参与祭祀仪式。整个仪式由献花敬酒、宣读祭文、集体参拜、载愿放生等九个规程组成。祭祀结束后，巡街祈福活动开始，由4人手挽伍子胥像在舞龙、舞狮队、盘鼓队、幡棋队中从鼓楼出发、途径南宋御街、河坊街、华光巷、吴山广场，一路巡游祈福，沿途向市民分发五谷杂粮。

2010吴山庙会由上城区人民政府、杭州市旅游委员会、杭州市贸易局、杭州市文广新局、西湖风景名胜区管委会主办，上城区商贸旅游局、清河坊历史街区管委会、吴山景区管理处、南宋御街商业管理有限公司承办，活动以“逛民俗庙会　复兴南宋繁华盛世”为主题，推出“伍子胥祭祀大典、戏曲表演、吴山斗鸟大赛、传统文化展示、金秋欢乐购”五大主要内容板块。

（孙仲杰）

10月15日，在伍公庙举行伍子胥祭祀大典。（吴山指挥部　提供）

【南宋御街中华美食夜市一条街概况】 南宋御街中华美食夜市一条街从十五

奎巷起到上仓桥路全长 1400 米，总体定位是以美食小吃为主,融购物、旅游功能于一体的中山中路国际旅游综合体。试营业期间(9 月 28~29 日),设置移动烧烤摊位 16 个,移动风味小炒摊位 20 个,特色小吃、点心摊点 92 个。汇集了意大利、韩国、日本等国家,港澳台地区和北京、上海、南京、西安、开封、抚顺、锦州、桂林、潮州、福安、漳州、重庆、洛阳等 40 多座城市的 200 多种具有地方特色的小吃、烧烤、点心。其中有曾获商业部优质产品“金鼎奖”、首届“中华名小吃”和“中华名点”等荣誉称号的开封第一楼,以及上海杏花楼、南京永和园、沈阳“锦官坊”、西安饭庄连锁等老店、名店。9 月 30 日,南宋御街中华美食夜市一条街正式开业。

美食街的开街,丰富了老百姓和中外游客的夜生活,提升了上城区的夜间经济效应,对繁荣“夜杭州”起到积极推进作用。 (年鉴编辑部)

【南宋御街中华美食夜市一条街开街】 9 月 30 日,南宋御街中华美食夜市一条街开街仪式在太庙广场举行。市人大常委会副主任徐祖尊宣布南宋御街中华美食夜市一条街开街。副市长张建庭讲话,市建委主任杨军、市商资公司董事长戴国强、区委书记陈红英分别致辞,市民代表发言。区委副书记、代区长缪承潮主持仪式。开街仪式结束后,领导、嘉宾参观考察了南宋御街中华美食夜市一条街开街情况。美食夜市一条街设置移动摊车 278 辆,其中无烟烧烤餐饮摊位 16 辆,风味小炒摊位 112 辆,工艺小商品摊位 150 辆,供应中外各类特色小吃。国庆节期间吸引游客 30 万人,人均消费 30 多元。

【南宋御街中华美食园举行签约仪式】 10 月 20 日,吴山指挥部会同上海沈大成餐饮速食有限公司等 7 家餐饮企业在仁和路知味观举行了南宋御街中华美食园签约仪式。杭州市政府副秘书长刘晓明,上城区委书记陈红英，杭州商业资产经营公司董事长戴国强,上城区委常委、副区长顾文友,杭州市吴山地区开发建设指挥部常务副总指挥(法人代表)曹兢业及市相关部门、各大餐饮企业负责人参加了签约仪式。此次签约入驻中华美食园的餐饮企业有开封第一楼有限责任公司、上海沈大成餐饮速食有限公司、重庆陶然居饮食文化(集团)股份有限公司、福州味中味餐饮有限公司、西安饮食股份有限公司西安饭庄、昆明饮食服务有限公司、南京古南都投资发展有限公司。

(孙仲杰)

【湖滨国际名品街概况】 湖滨国际名品街(简称名品街)环绕风景秀丽的西子湖畔,与传统的零售业态不同,集聚多个国际顶级品牌的名品街,是独立品牌旗舰店的组合,是一种更与国际接轨、更加高尚优雅的商业地带。

2010 年，湖滨国际名品街全面展开内部工程整改,旨在提升名品街功能性设施的建设,为消费者提供更加舒适、精致、尊贵的服务。

2010 年，名品街接待各种考察团共计 155 人,其中品牌考察团 53 人，包括 LVHM 集团全球总裁 Bernard Arnault;Zegna 全球 CEO、亚洲区总裁;Prada、Max Mara 品牌考察团等,增加了国际一线奢侈品牌对杭州和名品街的关注与了解,为品牌招商打下了良好的基础。同时，接待各地政府机关、专家考察团 102 人,与其他城市进行商业开发、规划、管理等各方面的学习与交流,增进了城市间的友谊,加强了其他城市对杭州及湖滨国际名品街的了解。

随着近年来杭州国际化进程的推进,世界各大奢侈品牌纷纷落户杭州,杭州成为继北京、上海之后的中国时尚第三城。湖滨国际名品街作为杭州的一个城市地标,成为国际知名品牌与异国文化共荣的良好平台，成为杭州向世界展示它在各领域傲人成就的橱窗。

【打造湖滨国际名品街二期】 湖滨名品街二期,北至平海路,西至延安路,南至解放路,东至吴山路,总建筑面积约 10 万平方米。共 7 层,其中地上为 4 层,以国际知名品牌旗舰店为主;地下有 3 层,两层规划为停车场,可提供近 600 个泊位。随着地铁建设,湖滨名品街二期的地下空间也将四通八达,地铁龙翔站将与其无缝对接，湖滨名品街的一期与二期也将实现地上、地下立体式的联通。12 月 17 日,位于杭州湖滨商圈黄金地段的湖滨名品街二期项目顺利结顶,标志着毗邻西湖、拥有优越地理环境的湖滨商圈向打造杭城高端城市旅游综合体的目标又迈进了一大步。湖滨名品街二期项目将定位于国际知名品牌旗舰店为主的综合性高端购物中心，主力品牌为国际一线品牌的副牌以及国际二线大牌等。在总体结构设计上，该项目将实现北与龙翔公交中心地铁站的地下联通，南至解放路百货商厦、西与湖滨国际名品街(湖滨一期)的地上、地下立体联通。在结合湖滨休闲旅游的特色基础上，湖滨二期将融视觉、传媒、娱乐、购物等多重休闲消费体验于一体。建成开业后的湖滨名品街二期项目与已经完成改造的湖滨一期，以及即将开工建设的湖滨三期(西湖电影院及周边区块)共同形成全新的“大湖滨商圈”，打造一个世界闻名的高端城市旅游综合体。

【举办户外车展】 4月27日至5月10日在平海路、湖滨路交叉口半圆小广场举行奔驰车静态展活动。9月13日至11月13日，同场地再次举办奥迪车展。

【开展VIP会员活动】 3月28日，逸尚会所联合丝芙兰开展“春夏换季美肤秘籍私享会”活动，该项活动邀请20位VIP顾客，娇韵诗资深美容讲师Lina（宋丽娜）和街区VIP会员一起分享有关春夏美白的护肤秘籍。7月11日，携手国际知名时装品牌阿玛尼、美妆品牌丝芙兰、时尚发型店TONI&GUY举办了“完美女人，夏日优雅蜕变”的会员主题活动，该活动获得到场嘉宾及合作品牌的一致好评。 （沈 蓉）

开展VIP会员活动 （湖滨国际名品街 提供）

新中东河贯通工程

【概况】 中东河地处主城区，中河上城段全长约8千米、东河上城段全长约2千米。此次中东河综保工程是在20世纪80年代修整的基础上，按照“水清、流畅、岸绿、景美、宜居、繁荣”十二字方针和“以人为本、保护第一、生态优先、拓展旅游、系统综合、品质至上、联片成网、有机更新”八大原则，开展共计70个子项的整治内容，着力把中东河打造成宜居、宜业、宜文、宜游的城市特色景观河和世界级的旅游产品。

【中东河立面整治工程】 立面整治共计为46幢，其中中河39幢、东河7幢。中河立面整治从建筑风格上由北至南分为北段、中段、南段。北段庆春路至解放路临近庆春商圈，以现代风格为主，将打造成现代城市商务街区；中段将重点放在河坊街、望江路附近，该区域建筑风格各异、新旧建筑复杂度高，将结合胡雪岩故居的传统风格打造成传统文化延伸段，由于范围广、复杂度高将是最出效果的一段；南端风格将再次转变，中式元素将不再作为重点，将结合现代元素，达到现代与春天的融会。东河段现代建筑具有建设年代较近，建筑以居住为主，因此，在整治中主要着手于局部小区沿河边建筑山墙的规整，已形成统一效果。并于水上游线设计为依据，强化东河游览特色，结合五柳巷历史街区整治，局部区域设置美食街、民俗特色购物等业态形式，形成服务于周边居民、外地旅客的商业场所，成为生态有机城市的视觉亮点。改造中，在把握主要风格倾向的同时，将重点着手建筑造型、色彩及功能上的改造，尤其是建筑材料与色彩的统一，室外安装设备的拆除规整与统一遮挡，围墙拆除，雨棚和防盗窗的形式统一。

【沿河建筑景观亮灯工程】 中河、东河沿线涉及本次亮灯设计建筑总数72幢，经过多次讨论、修改，最后确定对其中13幢实施亮灯，工程重点主要集中在河坊街贯通段住宅楼户中。

中河东侧辅道整治后新貌　　（区建设局　提供）

区河道指挥部本着以人为本的原则，在方案设计、施工图阶段以及实际施工过程中保持与住户、产权单位的充分沟通，以保证过程的顺利进行。亮灯工程将根据沿河不同的地方特色充分体现文化景观效果，并着重将亮灯的环保因素放在首位，光源全部采用LED新型照明光源，在保证夜景照明效果的同时，着重从生态绿化、实行绿色照明的角度展示城市环境风貌。已于国庆前亮灯。

【中东河沿线的绿化景观提升工程】 绿化景观过程在本次整治中作为提升环境的主要内容之一，区绿化办主要提升改造沿河红线外的各类花坛小品；整合补种行道树，以形成绿色空间骨架；重点布置河坊街沟通段的绿化和美化工作，采用绿化立体小品、水湿生植物、垂直绿化、鲜花摆放等多种表现手法来绿化、美化中东河整体景观。因施工面涉及多处重叠，对可施工面的场地及时进场施工，其余场地采用交叉流水作业的方式实施，奋战10天，保证工程顺利完成。（童心琦）

【出版《漫游中东河》】 有着千年历史的中东河北接大运河、南通钱塘江，纵贯杭州老城区，是杭州历史最悠久、底蕴最深厚、居民最集中、特色最鲜明的市区河道，是杭州的历史之河、经济之河、文化之河。2010年，杭州市委、市政府对中东河进行大规模的综合保护整治，不但开挖新河连接中东河，重整贯通河边游步道，还精心修缮古桥，创意性地提出杭州“桥梁历史博物馆”的概念，把中东河打造成宜居、宜业、宜文、宜游的城市特色景观河。这不但提升了“生活品质之城”的档次和品位，也为建设“低碳生活、低碳城市”提供了新的渠道和方向。为配合中东河综保工程的实施，把中东河的历史文化碎片整理工作推向深入，提升中东河沿线历史文化的价值，使历史文化更好地运用到景观建设、旅游开发、品牌宣传等方面，为中东河打造一张文化金名片，杭州市上城区政协、杭州市市区河道整治建设中心和上城区河道建设工程指挥部组织专家学者深入调研考察，并编著了图文并茂的《漫游中东河》。全书22万字，内容由名家忆往、古河回望、中河漫步、东河畅游、工程纪实五大块组成。这是一部记录中东河过去和现在的画卷，是一部展现新一代河道人理想与奋斗的画卷，更有对未来的深深期许。《漫游中东河》的出版，为这条千年市河添上新的印记、新的传承，使得中东河的研究和保护终于得以物化和定格。

（年鉴编辑部）

中东河一角新景　　（小营街道　提供）

社区党委换届

【概况】 2010年3~5月，上城区完成社区党委换届工作。区委组织部制定《上城区社区党组织换届“公推直选”工作方案》，在选举中把好跟踪指导关、到会选举关、公开监督关。经过宣传发动、述职评议、民主推荐、确定人选、民主选举、结果报批等6个步骤，在全市率先试点和完成全区6个街道、52个社区党组织“公推直选”换届，共选出党委书记52人、副书记47人、委员161人。通过公开、公正、规范、有序的“公推直选”，扩大了竞争与民主程度，加强党的基层组织民主建设。 (周才娇)

【社区党委换届工作圆满结束】 3~4月，湖滨街道开展社区党委换届选举工作，经历宣传发动、述职评议、民主推荐、审查考察、民主选举等阶段，坚持严格依法办事、发扬民主、群众公认的原则开展。选举过程做到规范、透明、程序到位。在社区党委换届选举过程中，各社区围绕“公推直选”具体要求，结合党建工作“网格化管理、组团式服务、片组户联系”，把选举工作与加强党员教育、加强社工队伍建设、推进服务实效、赢得群众满意有机结合起来，通过挨家挨户走访，组织开展党课教育、党员志愿服务、党员帮扶等活动，实现了“三个优化”(社区“领头雁”队伍的优化、服务群众机制的优化、党员民主参与的优化)。通过“双推双选”述职评议，建立了一支强有力的社区后备干部队伍。 (丁春早)

【“公推直选”优化社区党委换届选举工作】 4月22~25日，清波街道各社区采用“公推直选”的方式，选举产生社区党委委员25名，其中书记5名、副书记5名，100%达到了大专以上学历。在新当选的5名书记中，女性书记3人，占60%；连任书记两人，占40%；平均年龄43周岁。副书记5人中，女性4人，占80%;新当选两人，占40%;平均年龄34周岁。15名委员中，女性8人，占53%；新当选9人，占60%；大专以上学历的14人，占93%；社工身份的6人，占40%；平均年龄41.3周岁。“公推直选”产生的25名书记、委员，民主测评满意率在90%以上的22人，占88%，80%以上的3人，占12%。一批政治素质高、工作能力强、工作作风实、群众基础好、善于做新形势下群众工作的优秀人才走上了社区党委的领导岗位。 (柳景春)

【扩大党内民主新尝试】 3月18日，小营巷社区通过党员代表选举投票，在上城区52个社区中率先产生了新一届党委领导班子和纪委领导班子。张益慧当选为中共小营巷社区委员会书记，陈晖当选为副书记，赵建华等为委员。小营巷社区在党委换届选举工作中，采取“公推直选”方式，通过宣传发动、述职评议、民主推荐、确定人员、民主选举等6个阶段，层层深入，步步推进，做好换届党委选举试点工作。注重拓宽选人视野，使得一批年纪较轻、文化程度较高、工作能力较强的优秀党员脱颖而出，成为社区党委书记、副书记候选人，有利于改善社区党委领导班子的年龄和文化结构。注重扩大基层民主。采取组织推荐、党员举荐、群众联荐和个人自荐等方式产生报名人选，实现了党员的意愿和群众意愿、党内民主与人民民主相统一。注重夯实群众基层。社区党委利用横幅、标语、黑板报等形式，大力宣传社区党委换届试点工作及公推直选的重要意义，确保

湖滨街道青年路社区第三届委员会第三次党员代表大会 (湖滨街道 提供)

了社区党委在群众心目中的地位。

【完成社区党委换届选举工作】 4月30日,随着大学路社区党委换届大会的闭幕,小营街道全面完成了社区党委换届工作,一大批优秀的干部走上了社区领导干部岗位。从3月开始,街道领导带队分9个考察组,对12个社区党委班子及党委成员进行了全面考察,准确掌握了班子现状及领导干部的年龄结构、文化程度、任职年限等基本情况。通过"公推直选"12个社区领导班子和干部队伍的知识层次得到了提高,年龄结构进一步优化,班子搭配更加合理。5月11日,小营街道召开了社区党委换届小结会议,对新一届社区领导班子提出四点要求,继续发挥社区党委的领导核心作用;真正实践"以人为本,科学发展";社区党委真正确立各自的特色亮点;社区党委要形成一支讲团结、讲效能、讲纪律的社工队伍。 (章 舒)

【实施"四个环节"落实党委换届试点工作】 3月21日,望江街道近江东园社区召开党员换届选举大会,产生新一届社区党委。望江街道在实施"公推直选"试点工作中注重"四个环节",做到安排科学,组织严密,程序严格。制定方案"精"。成立了由党工委书记任组长的换届选举工作领导小组,研究制定"公推直选"的实施方案。为确保方案的操作性和可行性,街道领导班子走访了部分居民区,听取基层党组织及党员群众对"公推直选"的想法,征求意见建议,党工委召开书记办公会、党政班子会议进行专题研究,逐步修改完善,确保选举工作有序开展。调研摸底"实"。街道和社区先期对在册党员的基本情况进行调查摸底,做到底数清、情况明。对长期生病、卧床不起以及外出学习或工作半年以上等5种可以不参加选举的对象进行排摸,从而确定参加选举的党员基数;准确掌握哪些党员政治觉悟高、群众威信高,哪些党员符合支部委员条件,做到心中有数。宣传发动"广"。利用会议、横幅、黑板报、宣传栏等媒介向党员、群众广泛宣传"公推直选"的目的意义、方法步骤和任职条件。对长年在外的党员,居民区党组织主动与他们联系,动员他们尽可能参加选举,对老年、生病、残疾党员,由居委干部上门宣传。通过广泛深入的宣传发动,为"公推直选"营造了良好的工作氛围。审查考察"严"。做好资格审查和组织考察工作。党工委根据"公推直选"的职位要求、条件和有关程序,对公开推荐出来的初步候选人进行资格审查。随后,对候选人进行思想道德、实际工作能力、对社区工作的热情等方面的综合考察,并予以公示。 (周廷波)

【社区党组织换届选举工作】 换届选举工作自3月启动,南星街道党工委把水澄桥社区作为党委换届试点社区,通过宣传发动、调查摸底、会议培训、主题活动、调研指导,到4月25日全街道8个社区党组织换届选举工作顺利完成。整个工作坚持程序,发扬民主,先易后难;坚持群众公认,于法周严、于事简便,使社区党组织换届选举工作取得了圆满成功。南星街道社区有党组织8个,其中社区党委7个,总支1个,在册党员1254人、支部56个。换届选举采用"公推直选"的方式,选举产生党委(总支)委员42名,其中书记8名、副书记6名。在新当选的书记中:大专学历5人占62.5%;本科学历3人占37.5%;平均年龄39.8岁。副书记6人中:本科学历3人占50%,平均年龄31.5岁。28名委员中,大专学历以上学历18人占64.3%,平均年龄53.2岁。社区书记、主任一兼挑5人,"公推直选"产生的42名书记、委员,民意测评满意率在80%以上的39人,占93%。一批政治素质高、发展能力强、工作作风实、群众基础好、善于做新形势下群众工作的优秀人才走上了党委(总支)领导岗位。同时,通过公推直选发现了一批社区后备人才,形成了一批党组织的后备干部。 (毛徐宝)

【顺利完成党委换届选举】 紫阳街道有10个社区党委和1个社区党总支,3085个党员。此次党委换届选举工作按照区委组织部《社区换届基本流程》和《换届"公推直选"工作若干问题解答》等相关文件的规定,分成组织准备、宣传发动、提名推荐、资格审查、投票选举、总结完善等6个阶段,严格把关,扎实细致地做好选举中每个环节的工作。推荐产生社区党组织候选人153人,其中149人民意测评满意率超过89%。党工委充分发挥主观能动性,制定了组织考察方案,明确程序、方法、步骤。征求党内外群众、社区退下来的老居干、老党员的意见。换届选举工作采用"公推直选”的方式选出党委、纪委成员共计69人,其中,社区党委书记10人,社区党总支书记1人;副书记10人,委员31人;男15人,占48.4%,女16人,占51.6%。11个社区党委书记平均年龄40岁、副书记平均年龄30岁,其中新当选的10人中“80后”大学生社工有5个,产生了一支政治素质高、发展能力强、工作作风实、群众基础好、善于做新形势下群众工作的社区党委班子队伍。 (竹美敏)

第四届社区居民委员会换届

【概况】 2010年4月6日至5月22日,全区开展第四届社区居民委员会换届选举工作。5月22日,52个社区统一选举,28.37万选民参加选举,全区居民参选率92.58%,直选率100%。葵巷、定安路和清波门社区选举产生“不拿薪、不占编,不坐班”的“民间”副主任。推出电子投票、上电视竞职演说、候选人“网络见面会”等选举形式,聘请在浙江大学任教的美国比较政治学教授Kriten担任选举观察员,530名正式候选人参与本次竞选,差额选举产生363名新一届社区居民委员会成员。本次选举分为宣传发动,选民登记,公布选民名单,候选人提名,确定正式候选人,候选人竞职演讲,投票和现场唱、计票等过程。

【获杭州市第四届社区居民委员会换届选举“直选”推进示范区】 在第四届社区居民委员会换届选举工作中,上城区52个社区实现100%直选,是全市第一个完成换届选举、也是唯一一个统一确立选举日的城区。换届选举尝试“民间“副主任模式,创新选举形式,扩大“新杭州人”参选,聘请外国专家担任选举观察员,在推进社区直选、扩大基层民主方面进行探索。上城区获杭州市第四届社区居民委员会换届选举“直选”推进示范区,清波街道办事处被杭州市人民政府授予选举先进工作单位称号,紫阳街道上羊市街等8个社区被评为选举工作创新单位,张卫军等6人被授予选举工作先进个人称号。 (陈学军)

【采用“两轮推荐、两轮票决”方式选拔社区副职以上干部】 3月10日,湖滨街道在“红色港湾”召开“两轮推荐、两轮票决”方式选拔社区副职以上干部大会。来自街道、社区的22名竞聘者通过“竞聘演讲”的方式,为自己争取选票,最终通过代表投票,14名竞聘者通过第一轮票决,成为社区副职以上预备人选。湖滨街道在社区工作者选拔过程中,首次引入市、区选拔领导干部的“两轮推荐、两轮票决”方式,结合街道社区实际进行优化。

资料 “两轮推荐、两轮票决”:“两轮推荐”是指在符合条件的现任社区工作者中,经过“街道各科室、各个社区”实行两轮民主推荐;“两轮票决”是指对拟任用人选实行竞聘演讲,由党政班子领导、各个科室负责人、社区书记主任、人大代表、党代表以及居民代表等组成的评委团第一轮票决,再经过街道选举工作领导小组第二轮票决,最终确定社区副职以上干部拟任人选。

【圆满完成社区居民委员会换届选举工作】 5月22日是上城区第四届社区居民委员会换届选举日,湖滨街道全体工作人员,与各社区一同做好社区换届选举工作。岳王路社区为当天生日的社区选民送上生日蛋糕,吴山路社区设立了医疗服务点为选民量血压,东平巷社区在职党员为社区选举工作服务等,在大家的共同努力下,社区选举工作投票结束。经过计票后,湖滨街道下辖6个社区都产生了自己的“当家人”。共30910人次居民参加选举,选举产生社区主任6名、副主任12名、委员24名。 (丁春早)

【全方位落实居民委员会换届选举工作】 5月22日,清波街道5个社区全面完成了第四届社区居民委员会换届选举工作,产生社区居委会干部39人,直选率达100%。在整个选举进程中,街道引入干部竞争激励机制,拓宽选人、用人渠道,首次采用了“两轮推荐、两轮票决”的方式推选社区居委会副职候选人。柳翠井巷社区作为上城区唯一一个电子投票选举试点,首次采用电子投票方式直选居委会干部。清河坊社区的高银街、河坊街、南宋御街的商家老板第一次以“新杭州人”的身份参与了投票选举。清波门社区和定安路社区首次将辖区单位负责人、物业公司负责人和社区骨干等纳入了本次居委会换届选举副主任候选人范畴,选举产生了居民群众满意和热心社区公益事业的“不占编、不拿薪、不实行坐班制”的社区副主任，不仅为推动和谐社区发展增添了坚强的后备力量，同时也为进一步提高居民委员会选人、用人的公信度及资源整合能力奠定了良好的基础。劳动路社区利用老社工协会“传帮带”效应，让退居二线、善于做思想政治工作的老居干与年轻社区工作者一起参与社区居委会的换届选举工作，确保了选举公正、公开、公平进行。本次换届，各社区登记选民 26439 人，参加投票的选民有 24438 人，参选率 92.4%。新当选的居委会成员平均年龄 37 岁，大专以上文化程度占 94.9%。清波街道获第四届社区居民委员会换届选举先进单位，柳翠井巷社区电子投票和登记选民的方式获选举工作创新单位。（柳景春）

【四个注重提升社区居民委员会换届选举工作】 5 月 22 日，小营街道 12 个社区完成了第四届居民委员会换届选举工作，依法选举出社区居民委员会主任 12 名，副主任 20 名，居民委员会委员 49 名。街道 12 个社区的选举主会场秩序井然，选民投票积极踊跃。街道领导班子成员亲临挂钩社区进行巡查指导。当天上午 9 点半，杭州市民政局局长邵胜、区人大常委会主任丁晓芳、区委常委、常务副区长袁建祥、区委常委黄爱芳、区社区建设办公室主任马丽华等领导到小营花厅对小营巷社区居民委员会选举现场进行指导，实地了解选举工作情况，对选举现场领票、写票、投票的过程及整个选举会场的布置和有序的选举秩序表示满意。小营街道在本届选举中做到“四个注重”：注重做好主会场的宣传氛围，挂横幅、插彩旗，摆放候选人介绍宣传图板和选举注意事项；注重选举投票秩序安全，把握好领票、写票、投票每一环节，标注选举投票进出口，让选民有序参加，确保投票安全；注重程序合法，12 个社区主选场召开的选举大会和选举工作人员及选举投票过程必须符合法律规定；注重现场监督、指导，街道班子成员、科室长及民政科人员与社区挂钩做出了分工安排，在选举日进行现场指导，组织观察员队伍现场监督选举投票全过程。小营巷社区第一代卫生主任 108 岁高龄的程瑜老人亲临现场为居民委员会换届选举投下神圣的一票。葵巷社区西泠花园业主委员会主任金文来由 42 名业主联名推荐为候选人，高票当选为该社区居民委员会副主任，成为首批不拿薪水的副主任。长明寺巷社区试点采用选民自愿登记制度，选出自己心目中的“当家人”。据统计，这次应参加投票人数为 81540 名，实际参加投票人数为 77833 名，参选率达到 95.45%。新当选的居委会成员平均年龄 42.70 岁，大专以上文化程度占 82.72%。（章　舒）

5 月 22 日，小营巷社区居委会选举中 108 岁老人程瑜在投票。（小营街道　提供）

【谁当居委会成员由居民说了算】 2010 年 4 月 6 日至 5 月 23 日，望江街道近江西园社区举行第四届社区居民委员会换届选举工作，选举产生社区居民委员会主任 1 名、副主任两名、委员 4 名；推选出第四届社区居民（成员）代表 59 人。此次换届选举工作得到领导重视，建立、健全社区居委会换届选举组织机构，确保社区换届工作顺利开展。4 月 16 日，社区组织居民（成员）代表和小组长召开选举工作动员大会，宣传选举的目的意义、指导思想、选举原则及选举的时间安排、步骤等，成立了由 5 人组成的社区居民选举委员会，17 人组成的选举工作小组，明确人员职责，开展选举工作培训,确保换届的整个过程合法合理。抓好宣传发动,增强居民的参与意识。利用社区网站、党员电教室、墙报板报、宣传橱窗、华数电视网、宣传横幅等多种宣传工具,营造民主选举的良好氛围。结合党员、居民小组长一户户的走访宣传讲解,使选举工作做到家喻户晓。抓好选民登记和选民榜的公开、公布。近江西园社区是这次换届选举选民登记试点社区,为确保选民登记不错、不重、不漏,社区在登记工作中做到"五个一"。即"一封感谢信问候、一批站点登记、一再上门落实、一篇值班日记留存、一一审查复核"。印发了《致社区居民的一封信》;设立一批选民登记站,方便居民登记;利用早、晚居民在家的时间,对于未到登记点登记的,工作人员上门落实;对各站点选民当日登记情况和上门通知登记等情况进行记录;社区根据掌握的户籍资料,对选民登记结果一一进行核对,发现错、漏及时更正补充,及时公布选民榜。抓好候选人的推荐产生工作。利用社区"两网"宣传、书面介绍和自我介绍等4种方式,推选有能力、有文化、有经验、有爱心的人员担任新一届居民委员会成员。体现"谁当居委会成员由居民说了算"的民主参与意识;抓好现场投票选举工作,全程监督选举过程,为便于选民投票,社区市民学校设立了中心投票会场。会场按4个园区设立了咨询处、验证处、领票处、写票处、代书处、秘密写票处、投票箱和流动票箱。规范地执行程序。新一届社区居委会产生了。在选举中,18岁以上公民直接选举参选投票率92.58%,新一届社区居委会成员平均年龄36.6岁,党员比例达到了71%,文化程度全部达到高中以上,其中大专以上文化程度的达到了71%。 (周廷波)

【获第四届社区居民委员会换届选举工作创新先进单位】 南星街道通过多措并举调动选民积极性,较好地把握了选举工作的关键。各方协商产生了由居民小组、驻社区单位、物业管理、业主骨干等组成的424名正式居民代表,并推选出24名观察员,在选举工作中发挥监督作用。经各社区居民代表大会协商表决,最终产生正式候选人87人。同时通过召开会议、运用社区网站、华数电视网和社区QQ、电子屏幕、横幅、黑板报以及发放公开信等形式,开展"个性化"宣传。通过组织召开候选人与选民的见面会、制作图板进行社区展示、发表正式候选人竞职演讲等多种形式让选民了解候选人,顺应了选举工作的客观需求。通过精心组织、周密实施等,以多力合一规范选举程序,提供了选举工作的根本保障。通过选举,辖区居民群众的民主意识有了明显增强,社区工作效率有了明显提高,机关和社区工作者的综合素质有了优化,被中共杭州市委、杭州市人民政府评为杭州市第四届社区居民委员会换届选举工作创新先进单位。 (毛徐宝)

【创新社区居民委员会换届选举】 紫阳街道在居民委员会换届选举过程中,突出"四个创新":创新方式方法,制定"两表",即入户调查表和选举权利审核表,事先摸清底数;创新宣传手段,利用《杭州日报》等媒体进行选举工作公示,上羊市街社区将10个候选人的基本资料、竞选格言、任期目标等拍摄成视频,通过华数数字电视、网站等现代化信息手段进入居民家中,方便居民充分了解候选人情况;各社区还分别结合各类活动,设计相关文艺演出,使居民在娱乐中了解候选人基本情况,保障居民知情权、参与权、选举权;创新竞选形式,上羊市街社区"小巷总理"电视竞选为全市首创,居民互动式竞职演说,竞选人当场答复居民对任期目标提出的质询,健全社区工作者"能上能下"机制及履职承诺制度,督促竞选者化压力为动力;首创选举观察员制度,每个社区聘请2~4名党代表、离退休同志、法律工作者等担任选举观察员,上羊市街社区请来了美国社区研究专家,全程观察选举过程,履行监督职责,民主监督到位。刷新社工队伍年龄纪录,选举产生全区最年轻的"80后"社区主任,社区书记、主任平均年龄42岁,形成一支既年轻又充满活力的社工队伍。 (竹美敏)

第六次全国人口普查

【概况】 2009年10月22日,上城区人民政府下发《关于在全区开展第六次人口普查的通知》(上政函〔2009〕196号),成立了以区委常委、副区长顾文友为组长的领导小组。2010年3月22日,上城区人口普查领导小组第一次会议召开;5月11日,在全区统计工作暨第六次人口普查工作动员会上,区政府与6个街道签订了"目标责任书"。6月22日,区政府办公室下发了《上城区第六次人口普查"两员"选任工作指导意见》,按照"一主二辅多补充"原则和300:1的要求,多种渠道选调"两员"。区人口普查办公室落实300平方米办公场地,为每个街道配置了3台电脑,各社区都增设独立的人口普查工作小组办公场地。制订了《上城区人口普查工作规划》、《上城区第六次人口普查领导小组成员单位职责分工》、《上城区第六次人口普查领导小组办公室规章制度》等工作制度。建立了"上城区人口普查"网站;充分利用"上城网"和"上城报"等媒体优势,在"上城网"主页面上链接了"上城人口普查"普查专栏,在"上城报"设立人口普查专栏。健全社区人口普查组织网络。利用《星火先锋》简报、社区论坛、社区QQ平台和手机群发短信等方式发布各类通告、通知,多渠道宣传人口普查信息。在社区悬挂宣传横幅350条,张贴宣传标语和《人口普查入户通知告示》4000份,向居民发放《致调查户的一封信》,普查样表20000份,宣传纸杯30万只,"两员"宣传资料袋7000只。6月,区人普办与区科协在吴山广场开展人口普查宣传咨询活动。10月31日,各街道相继成立了由统计、公安、城管、民政等部门工作人员和普查员组成的联合行动小组,在各自辖区范围内,对露宿街头、立交桥下、涵洞、车站、以及居住在废弃建筑物内的流动人员进行"拉网式"寻访,做到不留死角、不留空白点。此次"零点行动"共出动人员450人次,登记流动人员60人。 (年鉴编辑部)

【人口普查】 根据《全国人口普查条例》和《国务院关于开展第六次全国人口普查的通知》,中国以2010年11月1日零时为标准时点进行了第六次全国人口普查。据普查资料显示,全区常住人口为344594人,同第五次全国人口普查2000年11月1日零时的335050人相比,10年共增加9544人,增长2.85%,年平均增加954人,增长0.28%。

家庭户人口:全区常住人口中共有家庭户132660户,家庭户人口为327526人,平均每个家庭户的人口为2.47人,比2000年第五次全国人口普查的2.69人减少0.22人。

性别构成:全区常住人口中,男性人口为170617人,占49.51%;女性人口为173977人,占50.49%。总人口性别比(以女性为100,男性对女性的比例)为98.07,与2000年第五次全国人口普查的106.29减少了8.22。

表2　全区常住人口街道分布情况一览

地　区	常住人口(人)
全　区	344594
清波街道	25142
湖滨街道	22939
小营街道	75287
南星街道	47967
紫阳街道	81702
望江街道	91557

表3　全区常住人口年龄构成情况

年龄结构	人数	占比%
0~14岁	31455	9.13
15~59岁	246492	71.53
60~65岁	18834	5.47
66岁以上	47813	13.87
合　计	344594	100

表4　全区常住人口文化程度构成情况

文化程度	人数	占比%
大学(含大专)	100718	29.23
高中(含中专)	73599	21.36
初中	105467	30.61
小学	45227	13.12
文盲	5566	1.62

资料　常住人口:包括居住在本乡镇街道、户口在本乡镇街道或户口待定的人;居住在本乡镇街道、离开户口所在的乡镇街道半年以上的人;户口在本乡镇街道、外出不满半年或在境外工作学习的人。

家庭户:指以家庭成员关系为主、居住一处共同生活的人组成的户。

文盲:指15岁及以上不识字的人。

(莫　晨)

【完成第六次全国人口普查入户登记工作】 自11月1日第六次全国人口普查入户登记工作开展以来,湖滨街道领导高度重视,组织200多名普查员、指导员密切配合、全力支持。经过为期10天的紧张工作,圆满完成入户登记工作，入户登记率达100.43%，共有居民户数14433户，总人口42837人，其中户籍人口35859人，常驻人口23326人，外来人口6947人，户籍待定人口31人，境外人员137人。（丁春早）

【做精做细人口普查工作】 3月，清波街道落实面积为50平方米的人口普查办公室及数据处理室，街道办事处副主任陈鑫坤担任人口普查办公室主任，抽调了民政、统计、计生等部门16个业务骨干担任人口普查办公室成员。每个普查区各抽调1名工作者担任人口普查总指导员，负责普查区人口普查各阶段的业务指导工作；5月，在居民人员相对集中处，利用图板、黑板、小礼品等方式进行人口普查知识宣传；7月，把《给居民的一封公开信》、《清波街道第六次全国人口普查宣传手册》、宣传画等宣传资料发到每户居民家中；8月，通过悬挂张贴横幅、画报，广泛宣传人口普查内容，告知居民积极配合、参与人口普查工作，确保该项工作人人皆知；9月，在吴山广场向过往居民发放人口普查宣传手册及人口普查知识答题，让更多的居民了解第六次人口普查的普查时间、普查对象及注意事项；通过横幅、宣传图板、室外电子屏幕大规模地向居民宣传人口普查信息，增强居民群众对第六次人口普查工作的知晓度。本次普查分113个普查小区、13个虚拟小区。招聘130名由居民群众、党员骨干、大学生组成的普查员队伍，选拔了50名社工作为人普指导员。正式登记的人口为15480户，共计45105人，其中常住人口25519人、境外人员158人、应销未销的有226人。（柳景春）

【圆满完成第六次全国人口普查工作】 小营街道人口普查办公室在市、区人口普查领导小组的正确领导和大力支持下，在街道领导的关心重视下，在500名各级普查工作人员的辛勤劳动下，精心组织，密切配合，真抓实干，广泛动员社会力量，克服了种种困难，圆满完成了街道辖区范围内的第六次全国人口普查工作。普查范围和对象涉及12个社区、363个普查小区，汇总调查数据显示：小营街道共有户籍数33266户，摸底时住在本户人数76959人，人户一致的49842人，外来人口26035人，外出人口36880人，2009年11月1日至2010年10月31日出生人口708人，2009年11月1日至2010年10月31日死亡人口472人，港、澳、台及外籍人口205人。（章　舒）

【第六次人口普查试点工作取得实效】 为期一个月的区第六次人口普查试点工作在望江街道兴隆社区开展，经过宣传动员、区域划分、摸底、入户登记、汇总、数据录入等工作环节，试点工作取得圆满成功。人口普查试点工作组由12名社区工作人员、社区警务室工作人员、社区招聘的普查员、街道统计人员以及全区各社区选调的普查人员组成。在人口普查试点中，所有成员按照各自的职责分工，开展试点工作。区人口普查办先后召开3次试点培训会议，部署了试点各阶段任务和培训工作，利用电化教学，组织有关专家对入户技巧、普查小区图的绘制及普查表的填写进行有针对性地讲解，有效地提高普查员的业务水平。根据普查试点要求，在区人口普查办公室的指导下，把整个社区划分为33个普查小区，按照性质确定小产权房、农居房、居民住宅房、企业出租集体宿舍等11个试点样本。普查员按照普查小区地图上房屋编号的顺序，对走遍调查小区内的家家户户，逐户进行摸底，按照要求详细记录被调查户信息，编制《户主姓名底册》并入户核实。对不配合的住户做好耐心的宣传工作，对宣传教育后仍不配合的调查对象则借助公安派出所的力量，配合普查员入户，完成了摸底工作。

（周廷波）

【圆满做好“人普”工作】 2009年11月，南星街道成立以街道办事处主任鲁军为组长，副主任翁正伟、潘丽华等为副组长的南星街道第六次全国人口普查领导小组，下设办公室，成立宣传报道组、调查业务组、户口整顿组、数据处理组，明确分工，落实人员。2010年3月，南星街道启动人口普查工作，与8个社区签订《上城区南星街道第六次人口普查工作目标管理责任书》，从应届大学生、会计从业人员、社区干部、居民骨干中选聘了63名普查指导员，162名普查员。全街道共划分普查区8个、159个普查小区，覆盖24291户。依托社区网站、论坛，建立电子流动宣传标语，在街道门户网站、社区网站连续播放人口普查宣传短片。发放《致被调查户的一封信》；制作人口普查宣传图版，在各社区宣传橱窗张贴。并通过对"两员"的培训，提高了他们的实际操作能力，在清查排户，摸清底细工作中做到"情况清、户数明"。同时严把登记填报关，确保数据可靠。在全国法定普查登记日期间，街道与各普查区指导员、普查员签订"承诺书"，保证100%的入户登记率。每一张报表、每一个指标、每一项数据按要求如实填写，保证数据真实可靠。（毛徐宝）

【顺利完成人口普查工作】 紫阳街道高度重视全国第六次人口普查工作，成立了第六次全国人口普查领导小组，由街道党工委书记李一青担任领导小组组长，领导小组下设办公室，办事处副主任袁洲江兼任办公室主任，办公室下设4个工作组：业务调查组、数据处理组、综合宣传组、户口整顿组，负责人口普查具体工作。各社区相应成立了人口普查领导小组，由社区书记、主任担任组长，社区副职或参加过人口普查试点的同志担任副组长；选聘107名普查指导员、383名普查员；街道共划分12个普查区，363个普查小区。街道组织普查指导员与普查员的业务培训，分三批对指导员、普查员共300人进行业务培训。街道在人口普查工作各阶段开展了广泛的宣传活动，通过入户摸底，填报户主姓名底册，过录汇总、编码和抽样检查，做好数据处理工作，提高数据质量等步骤，圆满完成了人口普查工作。（竹美敏）

大事记

Chronicles of Events

2010年大事记

1月

5日　区召开上城区政府管理与公共服务标准化建设工作会议暨《政府工作行政协助管理规范》宣贯会，参加会议的有全区各部门、街道相关负责人。

同日　中东河综合保护工程开工仪式在河坊街斗富一桥举行，省委常委、市委书记、市人大常委会主任王国平宣布工程开工。市委常委、秘书长许勤华，市政协副主席张必来等出席开工典礼。市委常委、副市长沈坚致辞。

6日　区组织124名冬季退役士兵开展免费创业培训。

同日　区十三届人大常委会召开第62次主任会议，讨论关于召开区十三届人大第四次会议决定（草案）、区人大常委会工作报告(稿)；提出常委会2010年工作要点和各项工作计划(稿)；讨论区十三届人大四次会议会务操作一览表、各项建议名单；讨论关于全面推进“建设具有国际水准的高品质中心城区”战略目标实施决议执行情况的调研报告；讨论市十一届人大代表补选事宜；讨论区十三届人大常委会第二十三次会议有关事项。

7日　上城区在社区学院举行“律师进社区”活动对接仪式。清波街道定安路社区、湖滨街道吴山路社区等6个社区代表与对接律师签订了“律师进社区”工作服务协议书，约定了律师和社区双方权利义务，同时18个试点社区接受了“律师进社区”标牌，并与对接律师相互间进行了交流。区委副书记余勇参加“律师进社区”对接仪式。

12日　中科院生态环境研究中心博士团一行12人到上城区考察生态文明工程。

14日　市委副书记叶明到区调研“两家两中心”和社区党风廉政建设。

同日　上城区第十三次妇女代表大会在区政府会务中心大会堂开幕。市妇联主席陈建华，区四套班子领导、区各有关部门领导出席开幕式。参加大会的代表有186名，其中正式代表178名，列席代表8名。

18~25日　区社区学院举办2010年首期残障人士“插花员”培训班，有48名残障人士参加培训。

19日　由南方周末报社、复旦大学管理学院等单位联合主办的“中国(内地)民营企业创富榜”100强评选中，杭州娃哈哈集团有限公司等9家企业入选100强。

25日　在“首批杭州老字号授牌大会”上，杭州胡庆余堂国药号有限公司、杭州王星记扇业有限公司、杭州张小泉集团有限公司等78个企业(品牌)被认定杭州老字号。

27日　区人大常委会召开第63次主任会议，讨论区政府关于2009年国民经济和社会发展计划执行情况和2010年初步安排的汇报、关于2009年财政预算执行情况和2010年初步安排的汇报；讨论区人大常委会工作报告(稿)、2010年工作要点和各项工作计划(稿)；讨论区十三届人大四次会议筹备工作情况报告、代表资格审查报告(草案)；讨论提交区十三届人大常委会第二十四次会议有关事项；讨论区人大常委会对区政府关于“建设具有国际水准的高品质中心城区”战略目标实施情况的审议意见。

29日　区召开2009年度和谐社区表彰大会。区委书记徐祖萼讲话，区委副书记、区长陈红英主持会议。参加会议的有区领导，各部门、街道负责人以及全体社区工作者。

同日　由区全民健身领导小组主办，区文广新局、区直机关党工委、区总工会、区科技功能区管委会、杭州海兴电力科技有限公司联合承办的2010年区机关干部“海兴杯”迎新春登山活动在龙井村举行，有45个单位930人参加。

30日　国务院法制办行政政法司司长李建率领公安部、司法部、卫生部等人员，在省禁毒委副主任董晓伟、禁毒办主任蔺牛等陪同下到上城区清波街道召开《戒毒条例》立法调研座谈会。

2月

4日　省委副书记夏宝龙，省委常委、副省长葛慧君，省委副秘书长林云举，省委副秘书长、省信访局局长陶君毅等领导到上城区紫阳街道，慰问综治信访维稳工作基层干部。

同日　区在省人民大会堂宴会厅举行新春团拜会，区四套班子领导，区人民法院院长、区人民检察院院长，正、副区级巡视员，区人武部部长与部队首长，部分人大代表、政协委员、统战成员，全体中层以上离退休干部，工商界代表、企业代表、社区工作人员代表，以及区直属企业负责人，市直属部门上城分驻机构负责人，区机关各部门、街道党政负责人参加。区委书记徐祖萼出席会议并作新年致辞。

5日　区举办机关干部迎春联欢会，区委常委黄爱芳致辞。联欢会上，区机关干部以舞蹈、戏曲联唱、小品、乐器演奏等形式展现机关干部的精神风采，以及对美好未来的期盼。

同日　南宋御街首个御文化旅游品——南宋御酒在御街举行开坛仪式。

7日　区组织开展“清洁上城·喜迎春节”万名市民清洁大行动。

13日　面对不期而至的瑞雪，上城区立即启动防御灾害性天气橙色应急预案，全力以赴做好防雪抗冻工作。市人大常委会副主任、区委书记徐祖萼，区委副书记、区长陈红英，副区长管光尧等领导第一时间赶赴区应急指挥中心，现场指挥抗雪防冻工作，对可能出现的情况，提出对策，明确要求。全区各部门、各街道实行24小时值班，领导靠前指挥。区指挥中心启动全区应急管理QQ群，加强沟通；区城管办负责路面积雪点的巡查及清扫；区建设局负责对危旧房、各建筑工地和绿化方面的抗雪防冻工作；区商贸旅游局负责市场供应；区民政局负责对受灾困难家庭和老人救助工作。

14日　区再次召开紧急会议，徐祖萼、陈红英对下一步抗雪防冻工作作出具体部署。副区长管光尧与区城管办负责人一起到现场指挥，分工协调，组织人员进行隐患排查、路面巡查、道路积雪清扫等工作。全区出动各类抗雪救灾人员5500人，铲雪车100台次、各类运输车辆1000台次、高压水车70台次，清扫主次道290万平方米，背街小巷100万平方米，清理树枝、扶倒树木1012处，抛洒融雪剂15吨，走访独居老人、困难家庭2015户，排查危旧房、建筑工地、敬老院、地质灾害点200处，加固危旧房27处。

24日　区召开残疾人事业工作会议。

3月

1日　中国人民政治协商会议第三届杭州市上城区委员会第四次会议开幕（于3月4日闭幕）。

2日　上城区第十三届人民代表大会第四次会议开幕（于3月5日闭幕），大会执行主席、主席团常务主席丁晓芳主持大会。大会执行主席、主席团常务主席徐祖萼、陈红英、朱履林、叶洪泉、高万洋、王文成、李静、王国平、韦云和大会主席团成员在主席台就座。市人大常委会副主任陈振濂应邀出席会议。大会应到代表197人。区长陈红英代表上城区人民政府作工作报告。

5日　省委常委、宣传部长茅临生，市委副书记王金财，副市长张建庭等一行在市人大常委会副主任、区委书记徐祖萼，区委常委、宣传部长王越剑，区委常委黄爱芳陪同下到南宋御街·中山路鼓楼段看望慰问参与“低碳生活，从我做起”志愿服务的志愿者。

10日　区妇联举行主题为“携手妇女姐妹　推进科学发展”纪念“三八”国际劳动妇女节100周年座谈会。同日下午，区妇联在吴山广场举办“三八”国际劳动妇女节100周年大型展示宣传活动。

11日　区召开“法治上城”创建工作会议，区政协主席、区委政法委书记余勇，副区长高波出席会议并讲话，区委法治办等相关部门的负责人及各部门、各街道联络员参加会议。

同日　区领导徐祖萼、朱履林、黄爱芳、刘志安等到之江路与南复路交叉口，和区机关、街道干部、志愿者、少先队员一起参加义务植树活动。

12日　区召开关心下一代工作会议，区委常委、组织部长、区关工委主任占仁义主持会议并讲话，区关工委常务副主任邵美英作题为《以科学发展为指导，扎实推进关心下一代工作》的工作报告。

同日　中山南路恢复双面街整治建设工程正式启动。

同日　杭州南宋官窑博物馆、杭州胡庆余堂中药博物馆被全国博物馆评估委员会审定为国家二级博物馆。

16日　区人大常委会召开第64次主任会议，讨论区人大常委会2010年各项工作安排；讨论区十三届人大常委会第二十五次会议有关事项；讨论有关人事任免事项。

17日　区民政局推出一批社工岗位帮助军嫂解决就业难题。

18日　中共小营巷社区委员会召开党员代表大会，经无记名投票直接选举，产生了新一届中共小营巷社区委员会班子成员。张益慧当选为中共小营巷社区委员会书记、陈晖为中共小营巷社区委员会副书记，赵建华等为委员。这是上城区第一个进行"公推直选"换届选举党委领导班子的社区。

同日　区在小营街道小营公园举办以"广泛开展小区违建专项整治，构建和谐社区，打造品质上城"为主题的全区性拆违、防违、控违专项宣传活动。

19日　区教育局与北京师范大学合作的"基于学生发展的区域教育质量提升"项目专家团队就"如何设计与实施才能促进学生发展"展开参与或培训，围绕"教师激励、研训体制改革、家校合作、学习方法指导和分层教学"5个主题进行互动点评，各教学改革校本研究课题组的核心成员参加，北师大教育专家赵德成等进行主讲。

24日　区召开纪委八届五次(扩大)会议暨全区党风廉政建设大会。

25日　2010年上城区中小学生科技节在抚宁巷小学开幕，现场进行了科技挑战和百变"多米诺"大挑战等活动。

26日　区人大常委会召开第65次主任会议，讨论区十三届人大四次会议代表议案建议重点督办事项。

30日　紫阳街道在太庙广场举办人力资源交流暨大学生创业项目展示会。

31日　第二十一期"上城品质生活大讲坛"在区社区学院报告厅举行，杭州师范大学体育系教授魏杭庆作运动健康科普讲座。

4月

1日　区召开上海世博会"环沪护城河"安保工作会议，传达、部署世博会"环沪护城河"安保工作。区委常委、常务副区长袁建祥与区民政局、湖滨街道、小营街道等负责人签订《世博"环沪护城河"安保责任书》。

2日　区党、政、军领导和机关干部在云居山革命烈士纪念碑前举行悼念活动。

3日　位于西湖边南山路204号的两岸咖啡突发大火，杭州消防支队共派出18辆消防车、近百名消防队员救灭火情，无人员伤亡。

8日　《上城团讯》手机报正式创刊，作为团区委信息传播系统的一部分，以宣传基层共青团工作为基本功能定位，以各级领导干部、新老团干、兄弟团委负责人、区"两代表一委员"和辖区团员青年代表为主要发送对象，每月两期，定时编发。

9日　省法制办主任孙志丹、市法制办副主任张东涛等领导到上城区调研政府依法行政工作。区长陈红英、副区长高波陪同调研。

同日　中央电视台新闻频道对湖滨街道在全国率先推出垃圾分类"实名制"进行了报道，《浙江日报》、《杭州日报》、《都市快报》等省、市多家媒体相继对此进行报道。

13日　全国人大常委会委员、教科文卫委员会副主任唐天标一行，在省人大常委会委员、教科文卫委员会副主任陈永昊的陪同下，到上城区南宋御街·中山路视察凤凰寺、南宋御街陈列馆、四拐角、叶种德堂、杭州九墙。区长陈红英、区人大常委会主任丁晓芳陪同视察。

同日　区十三届人大常委会召开第66次主任会议，听取区政府有关勾山里、龙翔里两地块项目公司国有股权挂牌转让方案的通报。

14日　上城区举办第十一期吴山大讲堂，邀请著名经济学家、北京大学经济研究所所长，北京大学社会科学部学术委员会副主席睢国余教授作《宏观经济形势及国内经济发展分析专题讲座》。

同日　区召开2010杭州国际日启动仪式准备工作暨体验活动工作专题会议。

15日　区召开生态环保与绿化工作暨防讯抗台动员大会。

16日　区“平安上城”志愿者世博安保行动在吴山广场举行启动仪式，区委常委、常务副区长袁建祥讲话，团区委宣读“平安上城”志愿者守则，区综治办、上城公安分局等有关负责人及16支志愿者服务队代表参加启动仪式。

同日　由区政府、市旅委、市贸易局主办的一年一度的“清河坊民间茶会”在鼓楼广场举行开幕仪式。市委副秘书长、宣传部副部长汪小玫，市发改委党委副书记郭初民，市旅委副主任王信章，市贸易局副局长黄春雷，区委副书记、区长陈红英，区委常委魏汉民，区人大常委会副主任王国民等领导出席。陈红英致开幕词，汪小玫宣布茶会开“汤”(于4月20日闭幕)。

同日　国家环保总局原副局长祝光耀一行到上城区，考察生态文明工程。省、市环保局领导和上城区副区长刘志安陪同考察。

19日　区委书记徐祖萼陪同省委副书记夏宝龙考察娃哈哈集团。

20日　区教育系统“五五”普法经验总结与交流会在杭州服装职业高级中学召开。

同日　由区委宣传部主办的“变·化——中意国际当代艺术展”在南宋御街·中山路万隆绸庄旧址举行开幕式。中国美院副院长孟云生，区委副书记、区长陈红英出席开幕式并致辞。此次“中意国际当代艺术展”的策划，是为了进一步促进中国、意大利两国艺术家的对话与交流。展览通过中、意两国当代艺术家的作品，体现当代艺术及当代艺术家的精神，以及艺术家坚持国际化视野的人文立场。本次艺术展展示了杨劲松、邱志杰等7位中国艺术家，Fabio Piscopo法笔欧、Roberto Polzanelli罗伯特等七位意大利艺术家的数10件包括油画、雕塑、模型等形式多样的艺术品。本次展览得到了意大利官方的支持，意大利驻华大使特意发去贺电表示祝贺。

同日　组织开展全区“第91个代表活动日”活动。

23日　区委、区政府在大礼堂召开庆“五一”国际劳动节暨劳模表彰大会。市人大常委会副主任、区委书记徐祖萼出席会议并讲话，区委副书记、区长陈红英主持会议，区委常委黄爱芳宣读上城区劳动模范和“金锤奖”获得者表彰决定。会上，对计亚平等24名劳动模范和安友芳等10名“金锤奖”获得者进行表彰，随后劳动模范代表作了发言，并向全区劳动者发出倡议。

29日　团区委和南星街道党工委共同举行“环玉皇山文化创产业联合团总支”成立仪式。

同日　区十三届人大常委会召开第67次主任会议，分别听取区政府关于就业培训工作开展情况和计生“优生、优育、优教”工作情况的汇报。

5月

4日　上城区教育系统第五届团干读书会暨青年教师“先锋社”成立仪式在杭州师范大学第一附属小学举行。

5日　南星街道辖区民营企业杭州东箭贸易有限公司举行关工委成立仪式，区关工委和南星街道党工委负责人为其授牌，上城区首个民营企业关工委成立。

8日　欧盟委员会官员和欧洲主要青年组织的负责人等一行25人到上城区考察中国社区建设展示中心并进行了座谈。杭州市青年联合会副主席周扬、区政协副主席戴晓军以及社区建设办公室、紫阳街道、团区委等负责人一起陪同考察。考察团一行观看了再现新中国第一个居民委员会——上羊市街社区成立前后场景的4D影片《主人》，了解新中国第一个居民委员会的产生以及新中国基层民主建设的发源等情况，紫阳街道向客人介绍了中国社区建设展示中心，并从加强青年文明思想教育，引导青年参与基层民主自治；打响“青”字号品牌，倡导青年文明新风；开展青年业务素质培训，服务青年就业创业；建设青少年俱乐部，构筑青少年校外课堂四个方面开展对青年工作的情况，受到考察团一行的好评。

13 日　雾像方舟——第二届“艺术春天”中国美术学院研究生作品群展在万源绸庄举行开幕式。本次展览是由中国美术学院、区委宣传部主办、中国美术学院研究会、杭州市艺术品经营行业协会承办。中国美院党委副书记胡钟华、副院长王赞，区委副书记、区纪委书记朱履林，浙江美术馆馆长马锋辉教授等出席并致辞，共同为开幕式剪彩。本次展览集中展示了中国美院 200 多名研究生上千件作品，作品形式涵盖国画、书法、油画、版画、雕塑、摄影、装置、设计等几乎全校所有的艺术门类。展览持续到 5 月 17 日结束。

16 日　2010 中国工程院院士·吴山书画院名家作品联展暨雅集活动在上城区清波地区吴山书画院举行开幕式。中国工程院常务副院长潘云鹤、杭州市委副书记叶明、杭州市人大常委会副主任陈振濂等出席开幕式并致辞。本次作品联展共展出吴山书画院名家陈佩秋、王伯敏、肖锋、宋忠元、刘江、孔仲起、吴山明、卓鹤君、王冬龄等和院士何继善、管德、程天民、石玉林、杨凤田等精品共 80 件。

18 日　阳光品质工程——第二十四期“上城品质生活大讲坛”在社区学院报告厅举行，区 6 个街道的主任和 52 个社区的干部 150 人参加。参加杭州市党校高国舫教授作关于《公共服务均等化——以杭州为例》的讲座。本次讲坛紧贴基层街道、社区干部需求，体现了讲坛搭建交流平台，提升生活品质的宗旨。

同日　区教育局团委在杭六中举行“迈好青春第一步”离队入团仪式的观摩活动，区教育局团委下属各基层学校团组织书记和学生代表出席并观摩了此次活动。

19 日　区第二十次“全国助残日”庆祝活动暨“千家百户”工程启动仪式在望江街道近江东园社区举行。市残联副理事长汤建新和区委常委黄爱芳、区人大常委会副主任高万洋、区政协副主席戴晓军出席启动仪式，副区长宦金元出席并讲话。

同日　宁波市北仑区司法局一行到上城区考察物业纠纷调解工作。区司法局副局长梁申杭介绍区物业纠纷的现状，成立物业调解委员会的背景、组织架构、有关制度及运行情况。

21 日　上城区文化馆在小营街道举办了“小营杯”老年木兰拳(械)比赛。全区 6 个街道的木兰拳操队参加。小营街道把木兰拳、太极拳文艺队伍列为街道老年体协的文化品牌项目。全街道有木兰拳操队 12 支，队员 200 人。

同日　区十三届人大常委会召开第 68 次主任会议，听取和讨论区法院关于提请任命人民陪审员的报告；讨论关于区法院刑事审判工作的调研报告；讨论区政府关于区安置房建设管理平台运作情况、关于区建设资金集中管理工作的调研报告；讨论区三届人大常委会第二十六次会议有关事项。

22 日　上城区 52 个社区居民委员会同步开展社区居委会换届选举投票工作，通过全体选民直选，共选出 363 名“小巷总理”。上城区是第一个、也是唯一一个全区统一确立社区居委会换届选举日的地区。

25 日　由区人口计生局主办的人口素质工程暨“婚姻加油站”启动仪式在太庙广场举行。

26 日　杭州市召开城区进一步构建权力阳光运行机制工作现场会。上城区汇报工作并演示区“网上行政服务中心”的建设情况，区从“老”和“小”的基本区情出发，借助网络信息技术手段，成功打造全市首家城区“网上行政服务中心”，以虚拟的网上办事大厅弥补了实体服务中心的不足，为社会公众提供更环保、更节能、更便捷、更有效的政务服务。

同日　区第五届“万户家庭网上学”暨低碳家庭科学生活大赛启动仪式在上羊市街社区举行。

28 日　区关工委、团区委、区教育局共同主办庆“六一”暨第九届“奋飞奖”表彰大会。

同日　最高人民法院办公厅院长办公室副主任陈志远一行，在省、市法院办公室等负责人的陪同下，到上城区法院调研审判管理工作，并召开座谈会，听取相关工作汇报，观看利用多媒体现场演示案件节点管理软件系统的运用。

30 日　由区文广新局主办、区文化馆承办的区第五届外来务工者文化艺术节在市工人文化宫举行。本届艺术节以“城市一家人”为主题，在区、街道、社区三级的联动下，历时 5 个月，共有近百场群众文化活动。内容涉及歌手大赛、舞蹈比赛、联欢晚会、露天电影、书画展览、魔术表演、艺术及手工制作培训、纳凉晚会、科普宣传、健美健身等。形式以集中与分散和室内与室外相结合，既方便广大外来务工者人员就近参加，又利于通过活动营造起“城市一家人”的良好和谐社会氛围。

31 日　副市长陈小平调研上城区国家基本药物制度实施情况，实地查看南星街道社区卫生服务中心，并听取了区卫生、财政、人事等部门实施情况的工作汇报。

6 月

3 日　区委书记徐祖萼、区长陈红英参加中科院杭州射频识别技术研发中心揭牌仪式。

同日　区委书记徐祖萼参加“法治杭州”专家咨询委员会成立仪式暨“法制杭州”建设专题报告会；并陪同市委书记黄坤明调研大学生创意园。

同日　建设中国最健康社区——首届“健康节”启动仪式在小营巷社区小营公园举行。活动现场由卫生部新闻宣传中心发起的“健康家居环境宣传促进计划”受到了居民的关注。启动仪式后，小营巷社区开展低碳健康过端午、暑期学生健康安全宣教等系列健康活动，为小营巷社区建设最健康社区打下坚实的基础。

同日，区举行生态文明试点城区授牌暨“生态文明示范社区”启动仪式。省环保厅副厅长卢春中致辞，区委副书记、区长陈红英宣布区“生态文明示范社区”创建活动正式启动。

5 日　区第一家由大学生自己创办的经营创意家具的商铺“柘木汇艺术家居馆”在清波街道四宜路 13 号开业。

9 日　区在紫阳街道上羊市街社区服务中心举行姐妹手工制作创意大赛暨“姐妹手工坊”挂牌启动仪式，市妇联主席姚萍和区领导黄爱芳、高万洋、管广尧、戴晓军等出席仪式并为获奖选手颁奖。区委常委黄爱芳为“姐妹手工坊”授牌。

10 日，区委书记徐祖萼接待成都市锦江区党政考察团。

同日　上城区在市体育中心举行第七届全民运动会开幕式，有中小学、华日实业集团公司、残疾人体协等 53 个代表团参加。区第七届全民运动会比赛分成年部和青少年部，成年部设 10 个竞赛项目，有 1900 名运动员参加；青少年部设 9 个竞赛项目，有 2700 名运动员参加比赛。本届运动会设置篮球、排球、足球、棋类、游泳、田经、钓鱼、广播操比赛等 13 个大项目，共 247 个小项。

11 日　区十三届人大常委会召开第 69 次主任会议，分别讨论关于对区人民法院刑事审判工作情况的审议意见和对区政府关于区安置房建设和使用管理情况、区政府建设资金集中管理工作的审议意见及区人大常委会设立 30 周年纪念活动方案。

同日　区人民法院举办首次“公众开放日”活动。

12 日　由民政部副部长窦玉沛率领的全国人大重点建议办理调研组到上城区调研为老服务工作。省、市民政领导，以及区长陈红英、常务副区长袁建祥等陪同调研。

13 日　区长陈红英参加上城交警大队办公楼启用仪式。

21 日　建兰中学扩建工程奠基仪式在原校抚宁巷 58 号举行。省政府副秘书长马林云、市人大常委会副主任、区委书记徐祖萼，副市长陈小平，省教育厅副厅长褚子育，市教育局局长徐一超，区委副书记、区长陈红英等出席奠基仪式。

同日　组织开展全区“第 92 个代表活动日”活动。

22 日　区召开第八届邻居节、第六届“杭州市十大平民英雄”评选活动及区文化共建研究布置工作会议。

23 日　区直机关党工委召开“七一”表彰大会暨支部书记培训会。会上，表彰了 20 个区直机关先进基层党组织、7 个优秀共产党员先锋岗、31 名优秀党务工作者和 70 名党员积级分子，19 个建设学习型机关先进单位和 28 名建设学习型机关先进个人，以及 18 篇获奖调研论文。

同日　省委常委、政法委书记、公安厅长王辉忠，省公安厅副厅长、杭州市公安局局长柯良栋一行在区委副书记、区长陈红英的陪同下到清波街道调研指导禁毒工作。王辉忠肯定区戒毒工作所取得的成绩，他说：“上城区在禁毒工作中思想认识、组织机构、人员配备、工作措施等方面都比较到位，美沙酮服用情况高出全省平均水平 40 多个百分点，走在全省的前端”。

24 日　区委副书记、区纪委书记朱履林，区委常委、宣传部长王越剑率领区文广新局、上城公安分局、区城管行政执法局、上城工商分局等单位负责人及执法人员 20 人分两路，再次对文化市场进行督查。

同日　凤凰寺举行复建落成庆典仪式。修缮后的凤凰寺,占地面积2600平方米,建筑面积1370平方米,礼拜殿面积570平方米,包括文物陈列馆、讲经堂、碑廊水房等,再现了元代建筑的原始风貌。

25日　区召开"律师进社区"活动推进工作会议,将"律师进社区"工作全面推广至全区52个社区。

26日　区商贸旅游局联同清河坊历史街区管委会、湖滨(南山路)特色街区管委会以及区资源访问点小组各个成员单位与韩国釜山新罗大学共同举办了"2010旅游服务质量提升年暨上城区社会资源国际旅游访问点小组活动"。

28日　区十三届人大常委会召开第70次主任会议,分别听取区政府有关截污纳管工程实施情况和教育管理体制改革情况的汇报。

29日　民建杭州市上城区企业家联谊工作委员会成立,全国政协委员、民建浙江省委副主委卢步东,省人大常委会、民建省委副主委郭占丰,民建市委副主委郭庆晔,区政协副主席、区委统战部部长袁巧玲等出席并讲话。

30日　小营街道举办第一届文化宣传周活动。

7月

1日　区党员服务中心举行党员开放日系列活动,市委常委、组织部长于跃敏察看上城区的"网格化"现场活动,并出席区召开的"奉献五十载、展望一百年——纪念中国共产党诞生89周年"座谈会,为15名来自不同层面、已有50年以上党龄的老党员代表集体过政治生日。

同日　区举行庆祝建党89周年纪念大会,徐祖尊出席并讲话,区四套班子领导陈红英、丁晓芳、余勇出席会议。

同日　区举行迎"七一",网格民情大比武活动,6个街道的代表队就网格民情工作展开了激烈的比拼。清波街道和区执法局组合的代表队最终以246.2分夺取冠军。比赛分民情考问、情景模拟、知识抢答、现身说法四个环节,内容涵盖了区情、网格基础、党的知识、劳动保障、建设、民政、妇联、儿童、残联、卫生、司法等各个方面。

12日　中山路的公共艺术精品长廊的作品之一《新中国第一个居民委员会》获全国城雕最高奖——2009年度全国城市雕塑大奖。

15日　区召开中东河综保工程(上城段)公建单位配合截污纳管项目协会,区委常委魏汉昆,副区长管光尧出席并讲话,市截污办相关负责人,区城管办、区执法局、区截污办、上城环保分局、上城工商分局主要负责人及33家公建单位参加会议。

16日　嘉兴市南湖区区委书记魏建明率领的南湖区考察团一行到上城区考察定安名都楼宇、开元·198文创企业、南宋御街等地的文化创意产业、楼宇经济等情况。随后,两区进行了工作交流。区领导陈红英、袁建祥、魏汉昆,南湖区领导魏建明、章一川、陈荣根、许立、孙旭阳等出席交流座谈会。

同日　区举办第十二期吴山大讲堂,邀请全国政协常委、全国政协外事委员会主任、中国人民大学新闻学院院长、原国务院新闻办公室主任赵启正作《城市形象与政府传播之公共外交的意义》专题讲座,区委理论学习中心组成员、全体区管干部、部分机关干部听取讲座。

20日　杭州市代表进社区工作现场观摩会暨经验交流会在上城区召开,市人大常委会副主任顾树森出席会议并讲话。

21日　由区总工会、区劳动和社会保障局、商贸旅游局、科协、湖滨街道5家单位联合主办的"华辰杯"2010上城区第五届现代服务业技能大赛在华辰国际饭店举行。

22日　区十三届人大常委会召开第71次主任会议,分别听取区政府有关招商引资工作的汇报、关于2009年度财政决算(草案)和2010年财政预算上半年执行情况汇报、关于2009年度财政预算执行及其他财政收支情况的审计工作汇报;听取和讨论区政府2010年国民经济计划上半年执行情况汇报;讨论区人大常委会关于批准区2009年度财政决算的决议(草案);讨论关于上半年经济运行情况的调研报告;讨论关于社会化养老服务工作的调研报告;讨论人事任免事项;讨论区十三届人大常委会第二十七次会议有关事项;听取各工委上半年工作总结汇报。

26日　杭州市委常委、组织部长于跃敏,市人大常委会副主任于辉达,副市长陈小平、俞志宏,市政协副主席朱祖得等领导到上城区,向困难户和拆迁过渡户送清凉、送慰问。

同日　区委召开创先争优活动推进会，区委副书记、区纪委书记朱履林出席并讲话，区委争先创优活动领导小组办公室负责人，以及区直属党工委、支部分管负责人参加会议。

27日　杭州市上城区第十三届人大常委会召开第二十七次会议。

28日　区政协举办2010年度暑期读书会，区委书记陈红英，区委副书记、代区长缪承潮，区委常委、常务副区长袁建祥，区委常委、副区长顾文友，区委常委魏汉昆，副区长宦金元、管光尧出席会议，区政协全体委员、特聘委员160人参加会议。会议由区政协主席余勇主持。

29日　上城区举行第七届全民运动会成年部闭幕式。此次运动会成年部共有25个代表团报名参加，其中辖区4个、企业单位6个、系统和机关单位15个。各代表团共组建163支代表队参与比赛，产生108枚单项金牌，255枚奖牌，2992分团体总分。区教育局、银泰西湖店等8家单位获团体总分前八名，上城公安分局、区人民法院等8家单位获奖牌总数前八名，浙梅地亚新闻交流中心等12家单位获优秀组织奖，浙江近江集团公司获突出贡献奖。

30日　副市长张建庭到上城区，调研南宋御街中华美食夜市一条街打造工作。

同日　上城区被命名为省级双拥模范城和双拥模范单位。

8月

4日　市人大常委会主任、市新中东河综合整治与保护开发工程顾问组组长、市中山路综合保护与有机更新工程顾问组组长王国平，与市人大常委会副主任徐祖萼、副市长俞志宏、市政协副主席董建平一起，调研中东河综保工程及中山南路恢复双面街工程。区委副书记、代区长缪承潮陪同调研。

同日　省委常委、市委书记黄昆明在调研在水一方老人公寓时，为在水一方社区题词——“和谐家园”。

6日　市人大常委会主任王国平与市人大常委会副主任徐祖萼，副市长张建庭，市人大常委会秘书长俞宝祥，在区委书记陈红英，区委副书记、代区长缪承潮的陪同下，到上城区调研江洋畈公园工程，并慰问在高温下作业的一线工作人员。

9日　由市建委和区委、区政府联合主办，区总工会、团区委、市建委、团工委承办的以“服务凝聚你我，共享品质生活”为主题，以区外来务工青年为主要服务对象的上城区“新杭州人”集中服务月活动启动仪式在南星街道赞成太和广场举行。

同日　副市长何关新一行对上城区钱塘江防潮安全工作进行检查，副区长麻承荣及区安监局、上城公安分局、沿江街道的主要负责人陪同检查。

10~16日　清河中学男子足球队在绍兴市中等专业学校举行的2010浙江省首届中小学生校园足球联赛总决赛中获得冠军。

10日　上城区在东坡路社区召开社区基层文化品牌建设试点工作启动仪式。

同日　市创先争优活动指导组成员、市政法委秘书长施国强等一行，到上城区小营街道督查指导创先争优活动开展情况，并召开座谈会，听取工作汇报。

12日　区委召开八届九次全体(扩大)会议。

15日　是全国哀悼日，举国停止一切公共娱乐活动，哀悼舟曲特大山洪泥石流灾害的遇难同胞。区政府大院挂上了“深切哀悼甘肃舟曲特大山洪泥石流遇难同胞”的黑色横幅，并下半旗志哀。

16日　由省委副书记、省普法教育领导小组组长夏宝龙率领，浙江省司法厅厅长赵光君等组成的省“五五”普法检查验收第一组到上城区新中国第一个居民委员会——上羊市街社区检查“五五”普法治理工作。

17日　区召开“十二五”规划专题会。

同日　市委常委、组织部部长于跃敏在区委书记陈红英，区委常委、组织部部长黄爱芳的陪同下，实地考察了上城区小营巷浙江省第一个党小组陈列馆、小营巷社区党委创先争优公开承诺墙、上羊市街“新中国第一个居民委员会”展示中心及服务中心、思美传媒股份有限公司，并召开座谈会，听取区创先争优活动的工作汇报。

18日　区召开中山南路美食夜市专题协调会。

19日　区人大常委会召开第72次主任会议，听取区政府关于区经济和社会事业发展“十二五”规划纲要的编制工作思路汇报；听取上城工商分局依法行政情况的汇报；讨论区人大常委会关于上城区上半年经济运行情况的审议意见、关于对区社会化养老服务事业发展的审议意见;讨论区人大常委会《关于讨论决定重大事项的规定(稿)》。

20日　组织开展"上城区第十三届人大代表培训会暨'第93个代表活动日'活动",邀请省人大李志申巡视员作"选举法"学习的辅导报告,区人大常委会主任丁晓芳作会议小结,副主任叶洪泉主持会议,全体区人大代表参加会议。

25日　区举行残疾人文化艺术展示中心启动仪式,区委书记陈红英、市残联副理事长汤建新出席并揭幕,区领导缪承潮、丁晓芳、余勇、高万洋、戴晓军等出席,副区长宦金元致辞。

31日　在上城区社区学院举办第二十七期阳光品质工程——上城品质生活大讲坛,邀请清河坊历史街区管委会团委书记陆汀作《我在加纳的360天》先进事迹报告。参加此次讲座的有区志愿者工作委员会成员单位和2009年度新命名市、区青年文明号集体等单位的代表60人。(陆汀是2008年共青团杭州市委、杭州市志愿者协会选派的中国(杭州)援外志愿服务加纳项目的一名志愿者,远赴非洲加纳开展为期一年的汉语教学志愿服务。)

9月

3日　为庆祝第26个教师节,上城区在孔庙召开以"读圣贤、品国学,做卓越教师"为主题的特级教师座谈会。区委副书记、代区长缪承潮出席并讲话,区人大常委会副主任韦云,副区长宦金元以及区教育局班子成员和全区的省特级教师、区特级教师参加座谈会。

7日　在杭州工人文化宫举行区文艺团队联合会暨外来务工俱乐部中秋联欢会。

8日　区举办第三届新闻发言人培训班。

同日　在市委宣传部、市文明办、市总工会联合举办的"神州行杯"2010"放歌天堂"外来创业者(职工)声乐大赛决赛中,由上城区总工会选送的王栋获得通俗组银奖、张晓媛获得民族美声组铜奖、Dick与Jomielyn获得境外组特别奖及大赛表演奖。

14日　以约旦参议员阿曼尔·法尔哈博士为团长的约旦妇女代表团一行,在省妇联主席厉月姿、市妇联副主席魏颖、区委书记陈红英等陪同下,到紫阳街道上羊市街社区的区"姐妹手工坊",考察来料加工工作。

同日　区人大常委会召开第73次主任会议。听取区政府有关事业单位绩效工资实施情况的汇报;讨论代表工委关于区十三届人大四次会议代表意见处理情况的报告;讨论城建环保工委关于区住宅小区物业管理改善三年计划实施情况的调研报告;讨论区人大常委会执法检查组关于《安全生产法》贯彻执行情况的执法检查报告;讨论《关于对区司法局、区卫生局进行工作评议的实施意见(稿)》及其工作方案;讨论区十三届人大常委会第二十八次会议有关事项。

16日　区举办第十三期吴山大讲堂,邀请杭州师范大学政治经济学院中国哲学与文化所副教授张卫红博士,作"解析国学经典《弟子规》"专题讲座,区机关干部、街道、社区工作人员参加。

同日　区隆重召开纪念区人大常委会设立30周年座谈研讨会,共同回顾上城区民主法制建设走过的光辉历程,总结区人大常委会在民主政治建设中的实践经验,探索展望人大发展的光明前景。区人大常委会主任丁晓芳主持会议。

17日　由杭州市西湖博览会组委会主办,市有关部门和上城区共同承办的2010年西博会国际旅游节暨第二届南宋御街国际旅游文化艺术节在杭州南宋御街鼓楼广场举行开幕式,区委书记陈红英宣布开幕。

19日　区人大常委会召开第74次主任会议。讨论区人民检察院提请的有关人事任免事项。

27日　区委副书记、代区长缪承潮接待青岛市市北区考察团。

28日　南宋御街中华美食夜市一条街试营业。

同日　区开展清洁上城区大行动。区委常委、宣传部部长王越剑,副区长宦金元等领导,区直机关党员干部和群众,6个街道52个社区的工作人员、居民群众,辖区各级文明单位、卫生先进单位的干部群众,齐动手、共劳动,清洁全区各大街小巷、楼道、车棚、平台、花坛、绿化带等垃圾,整治周边环境,营造一个"清洁、清静、清水"的三清生活环境。

29日　区委书记陈红英,区委副书记、代区长缪承潮接待新疆党政考察团。

30日　区四套班子领导参加南宋御街中华美食夜市一条街开街仪式。市人大常委会副主任徐祖萼宣布南宋御街中华美食夜市一条街开街。杭州市副市长张建庭讲话，市建委主任杨军、市商资公司董事长戴国强、区委书记陈红英分别致辞，区委副书记、代区长缪承潮主持。

同日　区委副书记朱履林接待深圳福田区纪委考察团。

10月

18日　区人大常委会召开第75次主任会议。讨论关于对区十三届人大四次会议代表建议办理情况的审议意见函和关于对区《安全生产法》执法检查情况的审议意见函。

10日　由市委宣传部、市社科联、上城区委共同举办的"2010年杭州市社会科学普及周"活动在吴山广场举行。"科普周"活动的主题是"学习，让生活更美好——人文社会科学与你同行"。活动的内容由开幕式暨广场咨询服务和科普讲座及各区、县(市)活动组成。当天，在吴山广场举行的大型咨询服务活动中，杭州市社科联所属81家社团、市委党校及市属高校社科联设立119个服务点，组织了400名专家学者和政府部门的实际工作者，开展倡导低碳生活、留学咨询、职业培训、市民学习等现场为市民咨询服务，展出宣传图板100幅。同时还面向社会，走进社区举办22场社科普及专题讲座。

11日　上城区在吴山广场举行全国第八届残疾人运动会倒计时一周年庆祝活动。

13日　上城区举行2010杭州美术节新闻发布会。区委常委、宣传部长、2010杭州美术组委会副主任王越剑，市文娱品牌促进会常务副会长、市艺术品经营协会会长席挺军出席并讲话。策划举办"2010杭州美术节"，基于杭州和上城区优势资源而开展的大型活动。活动中不仅有高端的美术交流活动，还有诸多群众参与的文化活动。此次2010杭州美术节从10月23日持续至11月12日。美术节将以美术交流活动为核心，推动艺术品产业发展为宗旨，围绕"发展艺术品业、共享美术盛宴"的主题，组织一系列具有国际性、民间性、艺术性和杭州特色，并以上城区为主阵地，通过高峰论坛、主题画展、美术讲座、工艺展览、社区活动等多种形式，举办九大项目、20项大、小活动。

同日　区委书记陈红英、区委副书记朱履林接待民政部有关领导。

14日　区委副书记、代区长缪承潮参加"城市与宜居"市长峰会迎侯国际友城市长代表团活动。

15日　区委副书记、代区长缪承潮参加2010杭州国际友城市长峰会开幕式及主题论坛；参加2010杭州国际友城市长峰会"宜居城市"留手印仪式；参加2010杭州国际友城市长峰会友城集体签字仪式。

16日　杭州国际友城"城市与宜居"市长峰会代表团考察上城区历史街区。

17日　由区委宣传部、区社区教育委员会主办，区教育局、区社区学院联合承办的2010上城区全民终身学习活动周暨第七届上城区终身教育节在社区学院举行开幕仪式。本次全民终身学习周以"传承与创新——让学习融入生活"为主题，共分"古训今场"、"人文寻根"、"心随阅动"、"低碳环保"、"健康生活"、"特色才艺"六大专题活动。区委常委、宣传部部长王越剑，副区长宦金元出席开幕式，区委常委、组织部部长黄爱芳讲话。社教委成员单位分管负责人，各街道社区的300名市民代表参加了开幕式。

同日　小营街道举行"创先争优"大型文艺晚会，市委组织部部长洪永跃，区委书记陈红英，区委常委、组织部长黄爱芳，区人大常委会副主任王文成，副区长宦金元，区政协副主席戴晓军等出席并观看演出。

18日　区"平安家庭"创建活动暨妇女心灵驿站挂牌启动仪式在望江街道徐家埠社区广场举行。

20日　组织开展"第94个代表活动日"活动。

22日　区委副书记朱履林陪同全国政协副主席、全国人大常委会副秘书长、台盟中央主席林文漪参观清河坊历史街区和南宋御街。

同日　区委书记陈红英，区委副书记、代区长缪承潮接待全国党史工作会议代表团。

23日　2010杭州美术节开幕式暨吴山峰会——中国艺术品业发展高峰论坛在天工艺苑举行。

同日　由区政协、区委宣传部、清波街道和吴山书画院联合举办的"2010科学与艺术·院士与画家作品联展”在杭州天工艺苑开幕。

同日　杭州市首届社区工作者开幕式在上城区紫阳街道上羊市街社区举行。区委副书记、代区长缪承潮参加开幕式。

24日　由全国教师教育学会、杭州市政府主办，市教育局、上城区承办的2010中国杭州名师名校长论坛在大华饭店举行开幕式。

同日　中央党校省部级干部进修班调研组一行到上城区，考察调研中国社区建设展示中心和新中国第一个居民委员会——上羊市街社区居委会，并召开社区工作者座谈会，详细了解社区工作保障、流动人口管理、社区工作者待遇、社会工作人才队伍建设、退休人员管理等方面的工作情况。

25日　区委副书记朱履林接待四川凉山监察工作考察团。

26日　区委副书记、代区长缪承潮参加沪杭高速铁路通车典礼活动。

同日　区文创企业华策影视在深圳证券交易所正式登陆证券资本市场，成为中国“电视剧第一股”。华策影视于2005年由望江街道通过招商引资引进，注册资金1000万元，是一家致力于生产、发行影视产品的文化创意企业。

27日　区委副书记朱履林接待上海嘉定区党政考察团。

29日　杭州市第七届邻居节在吴山广场开幕。市委副书记、市文明委常务副主任叶明宣布邻居节开幕，副市长陈小平致辞，区委书记陈红英及省、市有关部门负责人出席开幕式。全市“好邻居”、“学习型家庭”、“最有创意社区邻居节”和“五好文明家庭”代表，在杭台胞、外籍工作人员及社区居民代表近千人参加了活动。

同日　区召开推进居家养老服务全覆盖工程动员大会，区委书记陈红英讲话并为养老服务信息处理中心成立授牌。

30日　由区委、区政府主办，区委宣传部、团区委、紫阳街道、区青少年活动中心承办的青少年创意绘画大赛暨环保艺术游园会在太庙广场举行。区委副书记、区纪委书记朱履林出席并致辞，区人大常委会副主任高万洋、区政协副主席戴晓军出席，区委宣传部、区教育局、团区委、紫阳街道相关部门的负责人及小朋友和市民参与活动。该次活动邀请了市教育局、区教育学院的专家参与。

11月

1日　区人大常委会召开第76次主任会议。讨论区政府人事任免事项；讨论区人大常委会关于区住宅小区物业管理改善三年计划实施情况的审议意见；听取区人民法院有关人民陪审员工作情况的汇报。

2日　区召开文体设施资源共享定点单位授牌仪式，杭州市文广新局局长陈建一，区委副书记、代区长缪承潮，区人大常委会副主任韦云，副区长宦金元，区政协副主席方莉出席仪式，区文广新局、各街道党工委、区文化体育设施定点单位、各街道文化站的负责人，居民群众代表参加仪式。仪式上，宣读了区文化体育设施资源共享首批定点单位名单。陈建一和缪承潮为区文化设施资源共享定点单位杭州市工人文化宫揭牌。与会领导向杭州市中财大厦、社区学院、区老年门球协会等15家辖区文体设施资源共享定点单位授牌。

3~7日　“相聚西湖”——上城、椒江两区政协委员书画联展在南山路唐云艺术馆举办。3日举行开幕仪式，台州市椒江区政协主席刘建华，上城区政协正区级巡视员杨全岁，上城区委副书记、区纪委书记朱履林，区人大常委会副主任韦云，副区长宦金元出席开幕式。上城区政协副主席方莉主持开幕式，椒江区政协副主席王才高讲话，上城区政协委员洪丽娅代表全体政协委员发言。本次画展有40名两地政协领导、政协委员的50幅书画作品参展。作品题材广泛、主题突出、风格多样，有大气磅礴的水墨山水，有精致雕琢的静物写生，有飘逸灵透的书法行草，也有亦书亦画的甲骨金文，反映了政协委员对两区经济、社会、文化发展所取得的重大成就和对政协事业蓬勃发展的由衷赞美。开幕式后，两地政协委员和书画艺术家们观看了书画展并进行了书画交流，共同创作了《岁寒图》画卷，为本次展览添彩。

9日　山西长治市城区副区长李水平率考察团到上城区考察地税工作。

12日　“2010杭州美术节”闭幕式暨南宋文化主题艺术创作展开幕式在恒庐美术馆举行。

23日　区人大常委会召开第77次主任会议。听取区城管办、区统计局等单位2010年部门预算执行情况的汇报；听取区政府2010年财政预算调整方案的汇报；听取上投公司国有资产管理运作情况的汇报；听取上城区创意产业发展情况的汇报；讨论对区司法局、区卫生局工作评议的调查报告、2010年区政府为民办实事项目实施情况的调研报告；讨论区人大常委会《关于讨论决定重大事项的规定》(稿)、《关于开展工作评议的实施办法(稿)》；讨论区十三届人大常委会第三十次会议有关事项。

29日　区召开"平安上城"志愿者世博安保总结表彰大会，市委政法委秘书长施国强。区委常委、常务副区长袁建祥出席并讲话，区人大常委会副主任高万洋，区政协副主席戴晓军等出席会议。会议对2010年上城区"平安上城"志愿者服务世博安保行动进行阶段性总结，对下一阶段工作提出要求，并表彰了20个先进集体和50名先进个人。

30日　由浙江省文化厅主办，上城区文广新局承办的全省社区文化建设工作会议在浙江赞成宾馆召开。省文化厅副厅长陈瑶出席并讲话，副区长宦金元致辞，全省各市文广新局领导参加会议。会上，上城区、宁波市、嘉兴市、绍兴市作了交流发言。

同日　"南宋古都·经典上城"上城区群众文化原创精品汇演在杭州师范大学举行。晚会节目是这几年上城区文化馆创作的原创作品，有民歌、民间舞蹈、小品等，并由区文艺骨干表演，集中展示了区群众文化事业的大发展、大繁荣。

12月

1日　在鼓楼广场，由区卫生局、区计生局、团区委共同携手，以"和谐我生活，健康上城人"为主题，发起"健康一二一，环河万步走"活动，拉开了第23个世界艾滋病日系列主题活动的序幕。副区长宦金元出席活动。

同日　"RFID创新与应用体验馆"剪彩仪式在中科院杭州射频识别技术研发中心举行。

同日　一本由清波街道与中国美院联合编辑，集中展示杭州清波地区非物质文化魅力的书——《清波地区文化遗产拾零》出版。此书以书本的形式记录了清波地区历史文化、人文荟萃，独具特色的非物质文化资源，对传承和发扬杭州本土的非物质文化有着深远的意义。该书由五大部分组成，分别为民间建筑、民间手工艺、民间文学、岁时节令和宗教信仰。

同日　"12·4"全国法制宣传日暨杭州市上城区第五届法治文化节在八卦田遗址公园举行。

2日　上城区举办十七届五中全会精神专题学习辅导讲座，邀请浙江省委政策研究室副主任郭占恒作《浙江经济发展与"十二五"规划》专题讲座，区四套班子领导出席会议，全体区管干部、各街道、社区负责人参加会议。讲座由副书记、区纪委书记朱履林主持。

3日　在国家中医药管理局医政司司长许志仁的带领下，以江苏省中医药局医政科教处处长孙志广为组长的国家中医药管理局"全国社区中医药工作先进单位"评审组一行到上城区评审验收创建全国社区中医药工作先进单位工作。省卫生厅副厅长张平，市卫生局副局长腾建荣，上城区委书记陈红英，区委副书记、代区长缪承潮，区人大、区政协领导及区创建全国社区中医药工作先进单位工作领导小组成员陪同检查验审。

5日　法国前总理、参议员、中欧名流协会荣誉主席让-皮埃尔·拉法兰一行在杭访问期间与上城区和市园文局领导就加强两地文化与经贸合作等进行工作会谈。拉法兰夫人安尼-玛丽·拉法兰，法国巴黎市议员，中欧各名流协会主席阿兰·德斯姆，市政府副秘书长刘晓明、区委副书记、代区长缪承潮、市园文局局长刘颖等参加会议。缪承潮对拉法兰一行的到达表示热烈欢迎。

10日　区人大常委会召开第78次主任会议。听取各工委关于2010年度工作汇报和2011年工作打算；讨论对区司法局、区卫生局工作评议的审议意见、对区政府为民办实事报告的审议意见。

15日　区人大常委会召开第79次主任会议，商讨区人大常委会工作报告（稿）；提出区人大常委会2011年工作要点和各项工作计划(稿)；讨论区十三届人大五次会议会务日程安排；提出区十三届人大五次会议各项建议名单。

16日　区举行湖滨名品街二期项目结顶仪式，市人大常委会主任王国平宣布湖滨名品街二期项目正式结顶，市人大常委会副主任徐祖萼、区政协主席余勇，区人大常委会副主任李静等出席仪式，副市长张建庭，区委副书记、代区长缪承潮讲话。仪式由区委副书记、区纪委书记朱履林主持。

17日 新疆阿克苏市党政代表团到上城区考察中国社区建设展示中心和新中国第一个居民委员会——上羊市街社区居委会，区委副书记、代区长缪承潮，区政协主席余勇等陪同考察。

20日 上城区、萧山区与富阳市举行区、县(市)协作工作交流会暨合作签约仪式，省委常委、市委书记黄坤明，市委副书记王金财，市委常委、常务副市长杨戌标，市委常委、秘书长许勤华等出席交流会暨签约仪式。萧山区、富阳市和上城区四套班子的主要领导参加签约仪式。

21日 区召开中国社区建设展示中心成立一周年座谈会，民政部基层政权和区建设司城市工作处处长刘勇，省民政厅副厅长万亚伟，市民政局局长郜胜，副局长张建涛，区领导陈红英、缪承潮、余勇、黄爱芳、王文成、戴晓军以及市品牌办、市旅游形象推广中心、浙江大学、浙江工商大学、省社科联等高校和科研机构的专家学者共60人参加会议。会议由区委常委、常务副区长袁建祥主持。

23日 上城区在区建设局召开机关创先争优现场推进会，区委书记、区委创先争优活动领导小组组长陈红英出席并讲话，区直机关各党委、分管领导参加会议。会议由区委常委、组织部部长、区委创先争优活动领导小组副组长黄爱芳主持。

同日 区人大常委会召开第80次主任会议，讨论区政府关于区国民经济和社会事业发展第十二个五年规划纲要及其说明、关于2010年区国民经济和社会发展计划执行情况和2011年初步安排的汇报、关于2010年区财政预算执行情况和2011年初步安排的汇报；讨论区人大常委会工作报告(稿)；讨论区人大常委会2011年工作要点和各项工作计划(稿)；讨论区十三届人大五次会议建议议程、日程安排及各项建议名单草案；讨论区十三届人大五次会议筹备工作情况报告；讨论区十三届人大常委会第三十一次会议有关事项；讨论人事任免事项。

24日 区直机关党工委举行机关干部、职工辞旧迎新环湖行活动。

26日 省科技厅召开专家评审会，对上城区编制的《省级可持续发展实验区建设规划》进行评审，经过专家组成员认真评审，认为上城区编制《省级可持续发展实验区建设规划》工作，领导重视、措施得力、内容清晰、目标明确，具有可操作性，符合省科持续发展实验区规划编制要求，并一致通过评审。

28日 北京师范大学杭州附属中学（勇进中学）在钱江新城新校址所在地举行奠基仪式，市人大常委会副主任项勤宣布奠基。副市长陈小平，区委书记陈红英等领导出席，市政府副秘书长、钱江新城指挥部总指挥王光荣，区委副书记、代区长缪承潮，勇进中学校长马志坚分别致辞。

同日 上城区在新开元大酒店举行2011年迎新年军政团拜会。

29日 区人大常委会召开第81次主任会议。讨论补选代表的代表资格审查报告和区十三届人大五次会议的代表资格审查报告，讨论区十三届人大五次会议筹备工作情况报告，讨论2010年代表工作先进评比结果。

(年鉴编辑部)

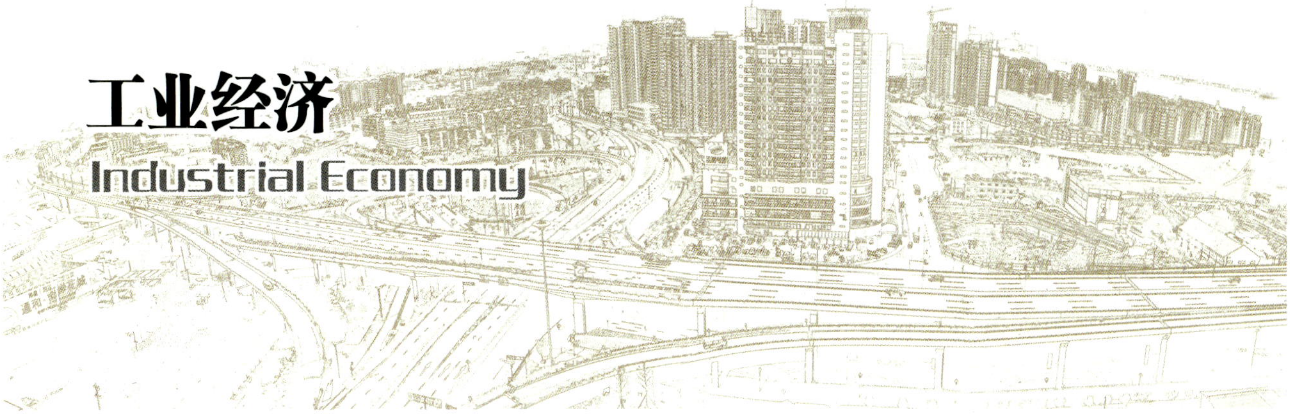

工业经济综述

2010年，全区上下围绕建设“具有国际水准的高品质中心城区”战略目标，以科学发展观为统领，加快产业转型升级，推进改革创新，打造生活品质国际体验区，区域经济和社会呈现平稳、协调、健康发展的良好态势，较好地完成了区十三届人大四次会议确定的各项目标任务。全区实现生产总值530亿元，比上年（指2009年，下同）增长8.6%，完成年度目标的105.4%。其中服务业增加值达到292亿元，比上年增长10.1%；工业销售产值510亿元，比上年增长9.9%，完成年度目标的107.2%；社会消费品零售总额162亿元，比上年增长18.5%，完成年度目标的106%；固定资产投资78亿元，比上年增长15%，完成年度目标的103.3%；地方财政收入50.2亿元，比上年增长28.8%，完成年度目标的121.5%。（魏建军）

工业企业

【杭州娃哈哈集团有限公司概况】 2010年，杭州娃哈哈集团有限公司（以下简称娃哈哈）完成饮料产量1072.46万吨，实现营业收入548.77亿元，利税111.58亿元。娃哈哈荣列2010年中国企业500强第141位、中国制造业企业500强第64位、中国企业效益200佳第25位。在中国民营企业500强中，娃哈哈利润位列第一、纳税列第二、营业收入位列第八。娃哈哈获得了“浙江省创建和谐劳动关系先进企业”、“浙江省创新型试点企业”、“全国轻工业卓越绩效先进企业特别奖”、“中国十大顾客最信赖品牌”、“国家西部大开发突出贡献集体”、“中国绿金奖”、“2010全球竞争力品牌中国TOP10”等多项荣誉。

【贯彻落实《中华人民共和国食品安全法》】 2010年，娃哈哈制定《食品安全管理制度》及《食品安全法贯彻实施操作手册》，将各分公司《中华人民共和国食品安全法》实施情况纳入分公司常规检查和考核项目。在检查过程中，注重加强对分公司《中华人民共和国食品安全法》及实施条例的理解培训，对检查发现的问题督促分公司整改并予以考核，确保各分公司切实执

8月31日，杭州市质监局领导参观娃哈哈集团科委实验室。

（杭州娃哈哈集团有限公司　提供）

2010 除夕夜，娃哈哈集团有限公司董事长宗庆后给后勤员工分发红包。

(杭州娃哈哈集团有限公司　提供)

行食品安全法相关要求。同时成立食品安全信息小组，加强对国家和地方监管机构食品安全信息的收集整理，构建集团食品安全信息网络，实现信息共享，娃哈哈质监部依据文件有关要求拟定相关注意事项及工作要求，指导各分公司步调一致落实相关规定，确保《中华人民共和国食品安全法》贯彻落实。

2010 年，娃哈哈各分公司在接受国家各级监管部门针对食品安全法专项及相关检查中通过率为 100%，多家分公司成为当地食品安全法实施示范企业，其中山西分公司被指定为当地食品企业食品安全培训基地。

【开展爱心捐助活动】 2010 年，娃哈哈慈善基金会为杭州市扶持贫困人口的春风行动捐赠 500 万元，连续 4 年创下单笔捐赠最高纪录，在杭州市春风行动中累计捐资 2000 万元；向上城区捐赠学校建设费 300 万元，向北师大捐赠 200 万元设立奖学金，为贫困县桐庐捐赠助学费用 20 万元。为西南抗旱捐赠价值 851.28 万元的饮用水，为灾区居民送去最及时的救援。

【娃哈哈纯净水入选上海世博会杭州馆特供水】 4 月 6 日，2010 上海世博会“城市最佳实践区杭州馆”娃哈哈特供水发布及签约仪式在杭州举行，正式确定一款特别设计的瓶装娃哈哈纯净水为上海世博会“杭州五水共导实践区”的指导特供饮用水。这款娃哈哈纯净水瓶呈浅蓝色，为八方立体造型，可直立或 45 度倾斜放置，容量为 350ml。瓶体与杭州的四眼井等古井井口的传统六角圆洞造型及杭州馆内所用龙井水砖的形态相吻合。为生产世博会特供水，娃哈哈改装了一条流水线，采用了更为先进的灌装工艺提高含氧量投入生产，限量为 100 万瓶，免费提供给世博会举办期间每一个到杭州馆参观的游客。

【娃哈哈入选《2010 胡润民营品牌榜》50 强】 7 月 5 日，胡润研究院发布《2010 胡润品牌榜》和子榜《2010 胡润民营品牌榜》，该品牌榜是国内唯一一个将消费者对品牌的看法列入考量范围，将其量化为价值进行统计的品牌价值榜。娃哈哈等在杭民营品牌占了八席，娃哈哈以价值 140 亿元列民营品牌第 6 位，同时入选《2010 胡润品牌榜》。

【提高一线员工福利待遇】 2010 年，娃哈哈对在杭外来青工与外地员工进行了两次增资，在杭外来青工增资幅度分别达到了 15%和 20%，外地员工增资幅度分别达到了 10%、11.61%。在杭外来青工人均年收入比上年(指 2009 年，下同)增长 32.69%，外地员工人均年收入比上年增长 31.91%。外来青工及外地员工的收入水平得到了明显提升，公司收入分配得到了进一步优化。

【营造和谐“家文化”氛围】 为进一步创建企业和谐劳动关系的氛围，娃哈哈以不同的形式，增设了员工沟通渠道，在各基地食堂设置了员工信箱，在公司内部网上开辟了职工维权电子邮箱，设立工会主席热线电话，强化员工来访接待管理；建立工会人员工作 QQ 群，及时互通信息，交流工作心得。力争做到员工情绪及时了解，员工问题及时反馈，员工矛盾及时化解，在公司与员工之间架起一座沟通的桥梁。

【宗庆后成内地双料首富】 3 月，2010 福布斯全球富豪排行榜在纽约发布，中国内地企业家首次以 64 名富豪人数居美国之后排行第二，董事长宗庆后以 70

亿美元身价位列大陆排名第一、全国榜单第 103 位。9 月,《2010 胡润百富榜》发布, 董事长宗庆后再次以 800 亿元的财富问鼎榜首。这是中国第一次有“饮料大王”成为全国首富。

表 5　　2010 年度杭州娃哈哈集团有限公司荣誉一览

荣誉称号	颁发单位	颁奖时间
2009 年重点企业信息报送先进单位	国务院国有资产监督管理委员信息中心	2010-01
2009 年度中国轻工业饮料行业十强企业第一位	中国轻工业联合会	2010-03
全国轻工业卓越绩效先进企业特别奖	中国轻工业联合会	2010-04
2009 年度中国软饮料制造业十强企业	中国食品工业协会	2010-05
2009 年度中国食品工业百强企业(保健)	中国食品工业协会	2010-05
十大顾客最信赖品牌	中国商报社	2010-05
2010 华商食品饮料经销会 200 强	世界杰出华商协会	2010-05
国家西部大开发突出贡献集体	人力资源和社会保障部、国家发展和改革委员会	2010-06
2010 第八届中国大学生最佳雇主华东区最 TOP40 排行榜第 30 位	中华英才网	2010-07
2009 年重点企业信息报送先进单位	国务院国有资产监督管理委员会信息中心	2010-01
全国食品质量消费者放心品牌	新华网、中国保护消费者基金会打假工作委员会	2010-06
中国新势力——2010 年度中国纺织服装行业十大新锐品牌(娃哈哈童装)	中国新势力组委会	2010-06
胡润企业社会责任 TOP50	胡润百富	2010-07
中国(北京)国际妇女儿童产业博览会消费者满意奖	中国(北京)国际妇女儿童产业博览会	2010-07
2010 中国民营企业 500 家第 8 位	中华全国工商业联合会、中国民生银行	2010-08
2010 中国民营企业制造业 100 家第 4 位	中华全国工商业联合会、中国民生银行	2010-08
2010 年全国轻工业企业信息化先进单位	中共轻工业联合会	2010-08
2010 年全国实施卓越绩效模式先进企业	中国质量协会	2010-08
2010 中国企业 500 强第 141 位	中国企业联合会、中国企业家协会	2010-08
2010 中国制造业企业 500 强第 64 位	中国企业联合会、中国企业家协会	2010-08
2010 中国企业效益 200 佳第 25 位	中国企业联合会、中国企业家协会	2010-08
博士后科研工作站	人力资源和社会保障部	2010-09
低碳企业创新奖	中国低碳行动联盟	2010-10
中国绿金奖	搜狐网、科尔尼咨询公司	2010-10
2011 年“高档数控机床与基础制造装备”科技重大专项(高速搬运机器人及其物流生产线关键技术与示范应用项目)	国家工信部	2010-12
2010 全球竞争力品牌中国 TOP10	全球竞争力品牌中国 TOP10 评选活动组委会	2010-12
浙江省创新型试点企业	浙江省科技厅、浙江省发改委、浙江省经信委、浙江省财政厅、浙江省人力社保厅、浙江省国资委、浙江省金融办、浙江省质监局、浙江省总工会、中国人民银行杭州支行	2010-09
省级企业研究院(娃哈哈研究院)	浙江省科技厅	2010-01
浙江省食品生物工程重点实验室	浙江省科技厅	2010-01
浙江省人事厅省级企业技术创新团队(功能性食品研发创新团队)	浙江省人事厅	2010-12

续表

荣誉称号	颁发单位	颁奖时间
第一批具有公益救济性捐赠税前扣除资格基金会和社会团体(浙江省娃哈哈慈善基金会)	浙江省财政厅、浙江省国家税务局、浙江省地方税务局、浙江省民政厅	2010-03
2009年度“低收入农户奔小康工程”结对帮扶工作先进单位	中共浙江省委、浙江省人民政府	2010-02
浙江省生活必须品应急响应企业	浙江省商务厅	2010-03
2009年度质量管理体系认证示范企业	浙江省质量技术监督局	2010-05
浙江省著名商标(娃哈哈)	浙江省工商行政管理局	2010-01
2010浙商对外投资典范	浙江省浙商资本投资促进会、浙江省经济建设开发促进会、浙江省浙商投资研究院、浙商资本投资网	2010-07
2010年浙江省百强企业	浙江省企业联合会、浙江省企业家协会	2010-06
2010年浙江省制造业百强企业	浙江省企业联合会、浙江省企业家协会	2010-06
浙江省转型升级引领示范企业	浙江省工商行政管理局、浙江省民营企业发展联合会	2010-11
2010年度齐心协力奖	上海广播电视台、上海东方传媒集团有限公司	2010-10
和谐关系引领示范企业	浙江省工商行政管理局、浙江省民营企业发展联合会	2010-11
转型升级引领示范企业	浙江省工商行政管理局、浙江省民营企业发展联合会	2010-11
2010年度浙商榜样品牌	浙商品牌节组委会、浙商杂志社	2010-12
浙江省重大科技创新计划(机器人自动化包装系统及其关键装备的研究)	浙江省经济和信息化委员会	2010-07
浙江省规范化数字档案室	浙江省档案局	2010-11
2009年度工业兴市功勋企业	杭州市人民政府	2010-05
2009年度城市节水先进集体	杭州市人民政府办公厅	2010-05
2009年度杭州市人民建议创意奖	中共杭州市委、杭州市人民政府	2010-11
2007~2009年度安全生产工作先进单位	杭州市人民政府	2010-06
2008年度杭州市节水先进单位	杭州市人民政府办公厅	2010-01
杭州市社会主义新农村建设贡献奖	中共杭州市委、杭州市人民政府	2010-01
调酸型果汁牛奶饮品的生产技术获科学技术进步奖	中国轻工业联合会	2010-03
超净热灌装技术的研究及推广应用获科技优秀奖	中国轻工业联合会	2010-03
娃哈哈爱迪生配方奶粉荣获产品创新奖	中国(北京)国际妇女儿童产业博览会	2010-07
2009年度中国市场同类商品市场信誉度综合评价第一位(“娃哈哈”牌瓶装饮用水)	中国商报社	2010-05
浙江省安康杯竞赛优胜企业	浙江省总工会、浙江省总监厅、浙江省卫生厅	2010-04
2010年度全国职工教育培训示范点	浙江省总工会宣教部	2010-11

表 6　　2010 年度杭州娃哈哈集团有限公司董事长宗庆后荣誉一览

荣誉称号	颁发单位	颁奖时间
中国双料首富	福布斯　胡润	2010-10
2010 年中华全国工商业联合会科技创新企业家奖	中华全国工商业联合会	2010-12
2010 奋斗中国年度人物	CCTV 央视精品频道《奋斗》栏目组	2010-11
杭州工业兴市十大突出贡献企业家	杭州工业兴市十周年组委会	2010-09
2010 中国最具影响力企业领袖	中国经济报刊协会、全国经济报刊评选暨十大经济新闻人物组委会	2010-09
2010 中华商帮影响力人物	世界杰出华商协会	2010-08
大学生眼中最具责任感企业家	第六届全国高校社团会长年会	2010-08
2010 中华财富领袖	世界杰出华商协会	2010-04
2010 全球华商百业十大领军人物	世界杰出华商协会	2010-04
感动中华·2009 年度十大风云人物	中国文化管理学会、中国商人杂志社、九洲英才杂志社、北京世界当代华商文化发展中心、感动中华全国风云人物评委	2010-03
2010 华德奖中国食品保健行业企业家公众形象排行榜第 1 位	华德奖组委会	2010-09
2010 华德奖中国 500 企业家公众形象满意度调查排行榜第 33 位	华德奖组委会	2010-09
2009 年度十大风云浙商	浙江广电集团、浙江经视、钱江晚报、《浙商》杂志、浙江省政府侨务办公室、浙江省政府经济技术协作办公室、浙江省工商业联合会、浙江省青年联合会	2010-01
杭州工业兴市十大突出贡献企业家	杭州工业兴市十周年组委会	2010-09

表 7　　2010 年杭州娃哈哈集团有限公司产品获奖一览

先进称号	颁奖单位	颁奖时间
调酸型果汁牛奶饮品的生产技术获科学技术进步奖	中国轻工业联合会	2010-03
超净热灌装技术的研究及推广应用获科技优秀奖	中国轻工业联合会	2010-03
瓶装饮用水获 2009 年度中国市场同类商品市场信誉度综合评价第一位	中国商报社	2010-05
娃哈哈爱迪生配方奶粉获产品创新奖	中国(北京)国际妇女儿童产业博览会	2010-07
视力保健饮料获上城区优秀专利奖	上城区人民政府	2010-10

（陈小冬）

11月3日,举办客户交流联谊暨新品发布会。

(杭州华日电冰箱股份有限公司　提供)

【杭州华日电冰箱股份有限公司概况】 在2010年新的市场竞争格局下，杭州华日电冰箱股份有限公司(以下简称华日)推进企业的技术创新、产品升级和服务升级,以27年专业制造的技术积累,在技术创新中打造高品质产品,在产品和服务的升级中开拓新的空间,不断提升企业的综合竞争力。加强公司的产品推广和促销工作,组织参与和开展省内外的各类名优特产品系列巡回展、省家电"以旧换新"市场活动、"华日品质服务年社区活动"以及在全国范围进行的多种形式的新品推展会、客户订货会、大型现场促销宣传活动。2010年,企业保持了健康平稳的发展,与2009年同期相比,华日产品销售增长30%,外贸产品增长110%。6月,在国家信息中心和中国家电网联合举办的"低碳前行——冰箱联盟"启动仪式暨中国冰箱行业发展高峰论坛上,华日荣获"低碳贡献奖"、"家电下乡值得购买品牌"及"家电下乡优秀售后服务品牌"三项大奖。2010年，华日相继获"全国用户满意企业"、"全国优质服务先进单位"、"浙商全国500强"等荣誉称号。

【研制开发新产品】 2010年,华日的技术创新以研发生产智能控制、低碳节能环保和人性化的产品为主导,推出70款新生代电冰箱产品，其中有以对开门、全风冷为代表的超大容量豪华型冰箱;以"6A"技术标准为代表的技术前沿型冰箱；以日耗电量仅0.27度为代表的超级节能冰箱;还有以大冷冻室、手提式车载移动冰箱为代表的各类个性冰箱。在新产品的创意设计上,华日冰箱融入了中国经典文化和国色天香两大主题元素,用现代工业技术再现中国传统的经典艺术,引领市场发展新潮流,满足国内各消费层次新的需求。通过不断的技术创新和产品升级,开拓了华日产品更大的市场空间。

资料　"6A": 指电冰箱产品在节能、噪音、快速制冷、大冷冻能力、负载温度回升、食物存储质量六大方面的指标达到或超过国家A级技术标准。

【提升产品服务品质】 以用户满意为服务的最高标准,不断提升产品服务的品质,注入更多人性化的服务是华日服务升级的主要内容。2010年,华日深入到省内的杭州、嘉兴、德清等地区的各大社区,开展"华日品质服务年暨低碳生活进社区专项活动"。在活动

开展华日品质服务年暨低碳生活进社区专项活动

(杭州华日电冰箱股份有限公司　提供)

现场，华日专业服务人员进行“低碳生活”知识宣传和节能冰箱技术咨询，华日星级服务专家免费上门为用户冰箱作体检保养服务。现场进行华日冰箱“以旧换新”活动，除享受国家10%补贴外，企业再优惠让利并赠送5年服务金卡。华日还和各大社区联手举行纳凉晚会。此外，华日对孤寡老人、困难家庭、英雄模范等特殊人群进行免费或只收材料费的服务。在2010年杭城夏季各大社区开展的品质服务中，有近千名社区居民和消费者享受到了华日“免费上门保养冰箱”这一特别服务，现场咨询服务4000人次。

【提升企业管理水平】 2010年，华日以全新的科学管理和经营理念做好企业工作。在引进和实施先进管理软件方面，新增了市场分销系统、人力管理系统、后勤管理一体化等内容。以技术管理的提升，推进新产品的研发；以质量管理的提升，努力降低企业运行成本；以信息化管理的提升，提高工作效率；以市场营销管理的提升，做好国内华日产品销售地区“家电下乡”、家电“以旧换新”等各项市场工作，促进了公司市场销售新的增长。开展全员多层次、多方面的培训，提高员工综合素质，促进企业的生产经营综合管理水平。2010年，公司顺利通过了ISO 9000质量管理体系2000版工厂复查。

【华日无氟替代项目专题片在世博会联合国馆播放】 2010年4月，受联合国工业发展组织委托，中央电视台对华日的无氟替代项目进行了专题采访，该专题片在上海世博会的联合国馆内播放。这是联合国对华日环保节能工作的充分肯定。

表8 杭州华日电冰箱股份有限公司荣誉一览

获奖部门	先进荣誉称号	颁奖单位	颁奖时间
杭州华日电冰箱股份有限公司	全国用户满意企业	中国质量协会全国用户委员会	2010-10
杭州华日电冰箱股份有限公司	全国优质服务先进单位	中国消费者报社	2010-10
浙江华日实业投资有限公司	2010浙商全国500强	2010浙商500强论坛组委会《浙商》	2010-07
杭州华日电冰箱股份有限公司	2009~2010年度家电下乡值得购买品牌	国家信息中心信息资源开发部	2010-06
杭州华日电冰箱股份有限公司	2009~2010年度冰箱行业“低碳贡献奖”	国家信息中心信息资源开发部	2010-06
杭州华日电冰箱股份有限公司	2009~2010年度冰箱行业家电下乡优秀售后服务品牌	国家信息中心信息资源开发部	2010-06
华日电器	浙江省著名商标	浙江省工商行政管理局	2010-01
浙江华日实业投资有限公司装备部维修班	杭州市模范集体	杭州市人民政府	2010-04
杭州华日电冰箱股份有限公司	杭州市名优特新产品经营先进单位	杭州市人民政府	2010-09

表9 2010年杭州华日电冰箱股份有限公司产品专利一览

设计名称	专利类别	设计人	专利号	专利权人	授权时间
带高压静电保鲜技术的家用电冰箱	实用新型	韩斌斌	ZL200920122306.9	杭州华日电冰箱股份有限公司	2010-03
电冰箱(内凹)	外观设计	何少勇 毕海波	ZL200930150032.X	杭州华日电冰箱股份有限公司	2010-05
一种兼用钣金和玻璃面板的冰箱门体结构	实用新型	何少勇 马迪	ZL200920195679.9	杭州华日电冰箱股份有限公司	2010-05
冰箱储冰盒满冰检测装置	实用新型	韩斌斌	ZL200920122307.3	杭州华日电冰箱股份有限公司	2010-07

续表

设计名称	专利类别	设计人	专利号	专利权人	授权时间
一种带 MP3 和录音功能的冰箱	实用新型	何少勇　马　迪	ZL200920295056.9	杭州华日电冰箱股份有限公司	2010-09
冰箱(PHS)	外观设计	何少勇	ZL200830172124.3	杭州华日电冰箱股份有限公司	2010-07
电冰箱(五门)	外观设计	何少勇　王春霞	ZL200930150033.4	杭州华日电冰箱股份有限公司	2010-07
电冰箱(黑亮)	外观设计	何少勇　毕海波	ZL200930149981.6	杭州华日电冰箱股份有限公司	2010-08
电冰箱(青花瓷)	外观设计	何少勇	ZL200930150034.9	杭州华日电冰箱股份有限公司	2010-08
电冰箱(风之语)	外观设计	何少勇	ZL200930150031.5	杭州华日电冰箱股份有限公司	2010-08
电冰箱(角度)	外观设计	何少勇	ZL200930151435.6	杭州华日电冰箱股份有限公司	2010-10

(娄剑南)

【杭州海兴电力科技有限公司概况】 杭州海兴电力科技有限公司(以下简称海兴)创立于 1992 年,是一家国际领先、专业从事电力能源计量和系统服务的科技型生产企业。经过 18 年的执着追求,海兴先后建立了杭州、宁波、湖南等生产基地,陆续在巴基斯坦、伊朗、印尼、巴西、突尼斯等国建有合资工厂,在澳大利亚、荷兰设立合资公司、成立菲律宾办事处。产品出口到东南亚、欧洲、非洲、澳洲、美洲(南美洲、北美洲)、中东等 60 多个国家和地区,海兴产品荣获“浙江省出口名牌”称号。2010 年,海兴实现销售收入 5.8 亿元,比上年增长 71.6%。

2010 年,海兴全面提升稳步发展,市场规模进一步扩大,新产品层出不穷。坚持“为国家创造荣誉、为客户创造价值、为员工创造财富”的经营宗旨,建立起覆盖全国数 10 个大中城市的销售服务网络,实现了跨越式发展,销售业绩稳步增长。海兴产品覆盖发电、变电、配电和用电环节的整个电网电能计量领域。公司被评为“杭州市重点工业企业”、“杭州市创新型试点企业”,还被评为全市百佳企业第一名,获 10 万元奖励金。

2010 年,海兴测试研发中心顺利完成了 ISO/IEC 17025 试验室认可监督评审;建立了 0.03 级电能表校验台检定装置和 0.05 级三相电能表校验装置两个计量标准;引进了意大利 PMM 射频传导设备、衰减震荡

表 10　　2010 年度杭州海兴电力科技有限公司荣誉一览

获奖部门	先进荣誉称号	颁奖单位	颁奖日期
杭州海兴电力科技有限公司	2009 年度全市外贸进出口百佳企业	杭州市人民政府	2010-02
杭州海兴电力科技有限公司研发中心	杭州市第十三届“讲、比”竞赛活动先进集体	杭州市“讲、比”活动指导小组办公室	2010-05
杭州海兴电力科技有限公司	2009 年度杭州市最具成长型中小工业企业	杭州市经济委员会、杭州市财政局	2010-12
杭州海兴电力科技有限公司	杭州市重点工业企业	杭州市经济委员会、杭州市发展和改革委员会、杭州市财政局、杭州市统计局	2010-12
杭州海兴电力科技有限公司	杭州市创新型试点企业	杭州市科学技术局、杭州市经济委员会、杭州市财政局、杭州市人民政府、国有资产监督管理委员会、杭州市质量技术监督局、杭州市总工会	2010-12
杭州海兴电力科技有限公司	2010 年度浙江省成长型中小企业	浙江省中小企业局	2010-12
杭州海兴电力科技有限公司	浙江省出口名牌产品	浙江省商务厅	2010-12

波抗扰度电磁兼容检测设备，使测试中心在检测设备、检测方法和管理水平方面达到国际领先水平。

2010年，公司生产规模扩大，新增两条智能电能表自动化生产线，预期效率提高了一倍，产能翻一番，为公司各个订单按期交货奠定了坚实的基础。

2010年11月，海兴党委成立，响应国家号召，大力弘扬党员模范带头作用，切实做到一个党员一面旗帜良好模范带头作用，实现党建工作与企业发展互动双赢，创造“个人价值企业化、企业价值社会化”的和谐企业。

（娄小丽）

8月19日，浙江省劳动厅副厅长一行考察中瑞思创。

（上城科技工业基地　提供）

【杭州中瑞思创科技股份有限公司概况】 杭州中瑞思创科技股份有限公司（以下简称中瑞思创）位于杭州市莫干山路1418-25号（上城科技工业基地），2010年1月公司开始搬迁至二期厂房，坐落在通运路51-1号，建筑面积2.8万平方米。

2010年4月30日中瑞思创正式上市，成为上城区第6家上市的企业。8月中瑞思创出台新的薪酬、绩效管理和晋升等制度。9月，公司启动战略目标分解落实保障体系。11月，中瑞思创首次亮相中国连锁经营展览会，为中瑞思创成功开拓国内市场铺垫基础。中瑞思创产品在原硬标签、电子标签、软标签、保护盒、天线和解码器等六大类的基础新开发“展示保护器”系列，生产部门获得第一个组装专利。2010年6月，中瑞思创成功地研发了RFID标签，例如魔镜系统、RFID系统，电子货架标签系统。利用RFID技术研发设计“红芯”党员信息管理系统。

2010年，中瑞思创销售额达30927.63万元，工业产值24664.47万元，利税11493.36万元。中瑞思创在全球拥有近300家客户及代理商，2010年4月中瑞思创获评杭州市出口名牌企业。杭州市副市长沈坚、副市长佟桂莉等先后到中瑞思创考察，召开了全市外贸工作座谈会。12月，开展“龙头企业、品牌党建”工作，成为上城区创先争优活动的示范点。

2010年，中瑞思创被评定浙江省1000家成长型中小企业，研发ESL电子架标签系统评为2010杭州市物联网应用优秀项目，董事长兼总经理路楠当选杭州市劳动模范，成为第二届“科技新浙商”候选人。

【中瑞思创科技股份有限公司创业板成功上市】 中瑞思创是国内率先实现自主开发的EAS企业之一，其研发团队规模和研发能力居于行业领先水平，共拥有专利46项。公司主营EAS产品的研发、生产并面向全球销售，在全球拥有近200个客户及代理商。该公司继首发获证监会通过后，于4月30日在深交所首次公开发行1700万股人民币普通股（A股），采用网下向配售对象询价配售和网上向社会公众投资者定价发行相结合的方式进行，其中网下发行占本次最终发行数量的20%，即340万股，其余将在网上发行。公司该次发行A股1700万股，占发行后总股本的25.37%，发行后总股本为6700万股。公司每股发行价58元，网上中签率为0.76%，获得超额认购倍数为131倍，网上、网下合计冻结资金1197.64亿元。公司主营为电子商品防盗系统（EAS）产品的研发、生产和销售，客户主要为全球EAS系统集成商和EAS产品经销商。

表 11　　2010 年度杭州中瑞思创科技股份有限公司荣誉一览

获奖部门	先进荣誉称号	颁奖单位	颁奖时间
杭州中瑞思创科技股份有限公司	浙江省 1000 家成长型中小企业	浙江省中小企业协会	2010–10
杭州中瑞思创科技股份有限公司	第四批杭州市共青团“青年就业创业见习基地”	共青团杭州市委	2010–06
杭州中瑞思创科技股份有限公司研发中心	ESL 电子货架标签系统评为 2010 杭州市物联网应用优秀项目	杭州市物联网产业发展领导小组	2010–12
杭州中瑞思创科技股份有限公司	杭州市出口名牌	杭州市外经贸局	2010–04
杭州中瑞思创科技股份有限公司	2009 年外贸创新型百佳企业	杭州市人民政府	2010–04

（张　檬）

【杭州奥普电器有限公司概况】 杭州奥普电器有限公司(以下简称奥普电器)成立于 1993 年，是一家以生产卫浴电器产品为主的外商独资企业，主要生产销售包括浴室多功能取暖器(浴霸)、浴顶、通风扇等卫浴电器系列产品。拥有北京、上海、江苏等 6 个分公司和 20 个省级营销中心，产品销售网络遍布整个中国及澳洲、北美市场。奥普电器相继获得浙江省名牌、浙江省著名商标、浙江省驰名商号、中国驰名商标等称号。奥普电器致力于科技创新，参与国家各种标准的制订，成为国家浴霸和浴顶行业标准的制订工作组长单位，其中浴霸国家标准已于 2009 年 9 月正式实施。奥普电器现拥有包括国家级发明专利在内的近百项产品专利，是中国浴霸生产企业中专利最多的一个。2010 年，奥普电器销售浴霸、通风扇总计达 126 万台，含税销售金额 4.3 亿元。

3 月，奥普浴霸蝉联全国同行业销量第一，销售量市场份额达 53.64%，销售额市场份额达 62.41%。

6 月，奥普被中国品牌研究院评为“浴霸行业标志性品牌”。同月，第四次入选中国 500 最具价值品牌，品牌价值达到 18.95 亿元。10 月，奥普浴霸被中国家用电器协会授予“中国小家电原创奖”荣誉称号。

2010 年 10 月，奥普获“厨卫吊顶企业十强”奖。

（上城科技工业基地　提供）

表 12　　2010 年度杭州奥普电器有限公司荣誉一览

获奖部门	先进荣誉称号	颁奖单位	颁奖时间
奥普电器	奥普浴霸蝉联全国同行业销量第一	中国行业企业信息发布中心	2010–03
奥普电器	浴霸行业标志性品牌	中国品牌研究院	2010–06
奥普电器	中国 500 最具价值品牌	世界品牌实验室	2010–06
奥普电器图书室	国家级职工书屋示范点	中华全国总工会	2010–08
奥普电器	中国小家电原创奖	中国家用电器协会	2010–10

（诸葛哲）

【杭州绿盛集团有限公司概况】 杭州绿盛集团有限公司(以下简称绿盛集团)组建于2004年,前身是杭州绿盛食品有限公司,成立于1993年,拥有总资产4亿元。绿盛集团本着吸引一流人才、创造一流产品、成就一流企业的宗旨,十多年来,秉承中华传统工艺,融合当代卓越科技成果,形成了一套独特的制作工艺,实现了传统与现代、艺术与科技的完美结合,现已发展成为全国最大的牛肉干生产商之一。绿盛集团在杭州市上城工业园区投资了500万美元,建立了占地3万平方米的生产基地,还在千岛湖及萧山投资兴建了两个大型生产基地。集团不断引进先进的生产设备和技术,引领着整个牛肉干王国的快速发展。销售网络覆盖全国20多个省,100多个地级市,两万多家网点,销售额从2001年起以每年翻一番的速度迅猛递增。

2010年,投资3000万美元,在千岛湖入城口建设占地9万平方米百卤坊生产基地。投资5000万美元,在萧山机场路收费站边建设农夫与海生产基地,一期占地4.62万平方米,二期占地13.33万平方米。

绿盛集团全自动流水线车间 (绿盛集团 提供)

表13 2010年度杭州绿盛集团有限公司荣誉一览

获奖部门	先进荣誉称号	颁奖单位	颁奖日期
杭州绿盛集团有限公司	杭州市农业龙头企业	杭州市人民政府	2010–06
杭州绿盛集团有限公司化验中心	杭州市青年安全示范岗	杭州市安全生产监督管理局、共青团杭州市委	2010–06
杭州绿盛集团有限公司包装分厂	杭州市劳动模范先进集体	杭州市人民政府	2010–04
杭州绿盛集团有限公司	2009年度杭州市能源计量示范单位	杭州市质量技术监督局、杭州市经济委员会	2010–09
杭州绿盛集团有限公司	杭州市名牌产品	杭州市名牌战略推进委员会	2010–12

(郑 陵)

【杭州璟江瑞华科技有限公司概况】 杭州璟江瑞华科技有限公司(简称公司,下同)初创于1991年,2001年与德国M.DOHMAN公司成立了中外合资企业,是一家生产阳离子染料的专业企业。经过多年的高速发展,公司已从国内阳离子染料行业近40家生产企业中最小的一家,发展成长为中国阳离子染料行业最大的生产企业之一,并成为一家集科研、开发、生产、销售于一体的现代高新技术企业。公司目前的产品有阳离子染料,SD型阳离子染料,混合体染料及碱性染料和染料中间体,主导产品为阳离子染料,主要用于腈纶和混纺毛料的染色和印花。产品主要销往欧盟、北美、日本、韩国、台湾、东南亚及南亚等各地区,国际市场占有率达70%,国内市场占有率达30%。产品销售量已占全世界阳离子染料总量的30%。公司产品35%内销,65%外销。国际市场主要分布在欧洲、美国、东亚、印巴、中东等地,其中欧洲市场约占总销售额的30%。公司与欧洲大公司建立了密切合作关系,提升了公司产品的品质和国际地位。2010年,公司销售额突破2

亿元。公司先后通过ISO 9001:2000质量管理体系认证、ISO 14001:2004环境管理体系认证、标准化水平确认、三级计量认证,于2004年被评为浙江省高新技术企业,2007年复审通过,2008年通过新的高新技术企业认定;2005年评定为杭州市绿色环保阻离子研发中心,2007年评定为省级研发中心;公司连年被杭州市上城区政府认定为上城区重点骨干企业,并且从1996年起连年被中国银行系统授予AAA级信誉企业。

公司总部位于浙江省杭州市市区,生产基地位于杭州市下沙经济开放区近江工业园区和江苏省盐城射阳经济开发区。两个生产基地的总土地面积20万平方米,厂房面积17388平方米。生产园区的设备配套齐全,拥有有效的污水排放系统和一系列先进的生产、质检测试和科技研发等设施。两个生产基地的固定资产原值2947万元,固定资产净值2302万元。

(吴　洁)

【杭州捷尔思阻燃化工有限公司概况】 杭州捷尔思阻燃化工有限公司成立于2001年4月，是一家专业从事无卤阻燃材料研究、生产和销售的省级高新技术企业,注册资金500万元。企业下辖有3个生产基地,1个独立的省级高新技术企业研究开发中心,1个杭州市市级技术研发中心。分别在美国、俄罗斯和韩国建立了3个海外销售公司,另外在欧洲、日本、英国等发达国家和地区有11个代理商。

企业从成立起就坚持自主创新,掌握核心技术,产品得到了杜邦、日本三菱、BASF、GE等全球排名500强企业的认可,在行业中拥有国际地位。依托技术先导的发展模式,2010年销售达到了13787万元，比上年增长48.09%。直接研发经费投入1082万元,占企业销售收入总额的7.85%。

2010年,企业共承担和完成了国家、省、市新产品开发和产业化项目9项。其中完成验收4项,立项两项,通过省级新产品鉴定3项;获得杭州市科技进步三等奖1项。

企业一贯注重知识产权的保护,已获得国家发明专利5项，另外还有两项进入公布及实质审查阶段,2010年申请发明专利两项,形成完整的知识产权保护体系。

(金长根)

【南华期货有限公司概况】 南华期货有限公司(以下简称南华期货)成立于1996年,注册资金4.5亿元,主要从事商品期货经纪、金融期货经纪及期货投资咨询业务等。南华期货现为上海期货交易所、郑州商品交易所、大连商品交易所的全权会员、中国金融期货交易所全面结算会员。南华期货拥有800余人的专业团队,营业网点遍布在国内主要经济中心,随时响应客户的需求。15年来,南华期货始终以高于行业平均速度增长,综合排名位列行业前茅。南华期货拥有较强的创新精神,不断进取,在业内率先通过了ISO 9001:2000质量管理体系认证,并首家设立期货研究机构,为投资者提供全面、周到、专业、可靠的服务。2010年度,南华期货荣获上海期货交易所、大连商品交易所、中国金融期货交易所“优胜会员奖”;中国金融期货交易所 “代理结算奖”、“技术管理奖”;并荣膺2010年度“中国最佳期货公司”,“中国期货业最佳管理团队”,“中国金牌期货研究所” 等行业大奖。

(封海英)

2010第四届中国期货分析师论坛　　(南华期货　提供)

科学技术

Scientific Technology

科技与科普

【概况】 2010年,区科技局组织下达区级新产品(新品种)研发、专利成果产业化和创新平台科技项目计划149项。作为推荐企业申报各级各类科技计划项目源,并在此基础上组织申报国家级科技项目10项,省、市级科技项目75项,被列上国家级科技计划项目7项,省、市级科技计划项目68项,获得市级以上科技计划项目资助经费1309万元,下达区级配套资助经费1221万元;组织认定区级高新技术企业研发中心9家,新认定市高新技术企业研发中心3家;组织认定区级专利试点企业4家,被重新认定为专利示范企业3家、专利试点企业5家;新增省级高新技术企业4家、市级高新技术企业3家,区累计有市级以上高新技术企业45家;获得省科技进步三等奖4项,市科技进步二等奖1项、三等奖1项,杭州市机械科学研究院有限公司被评为市科技创新十佳高校院系、科研院所,上城区科技创业中心被评为市科技创新十佳科技企业孵化器并被国家科技部确认为2010年度大学生科技创业见习基地试点单位,西湖创意谷——LOMO创意谷被认定为杭州市科技企业孵化器。同时,区科技企业与中科院等高等科院院所的合作取得新突破,中科院射频识别技术研发中心、杭州丰强土建工程研究院在上城挂牌成立。区科技创业中心继续保持良好的运行态势,实现技工贸总收入5.5亿元、比上年(指2009年,下同)增长19%,税金2467万元、比上年增长17%。2010年,区科技局被浙江省地震局评为防震减灾工作先进单位,上城区被批准为创建浙江省可持续发展实验区。

【设立风险池担保基金】 风险池基金是指不以盈利为目的,由各区(县、市)科技局分别与市级政策性担保公司、银行根据可能发生的不良贷款,按照各自匹配风险的比例出资组成的信贷风险补偿基金。同时,各借款企业按照借款合同总额的一定比例缴纳风险金,补充风险池基金来源。区科技局为帮助成长型科技企业发展,联合杭州银行科技支行、杭州市高科技担保有限公司组建风险池担保基金,经过对8家科技型企业的审核,2010年共获得银行贷款额度2000万元。风险池效应得到体现,如安正科技通过风险池贷款100万元,新增销售额1000万元;慧达驿站通过股权抵押获得风险池贷款,成为上海世博会唯一的酒店信息服务供应商,已经与中国移动达成合作,开展酒店行业移动信息化服务。

【新一轮科技进步示范区工程开局良好】 新一轮科技进步示范区工程是在国家科技部批准上城区为首批全国科技进步示范区建设第一个五年目标任务完成的基础上,通过总结和提升,着重围绕资源环境、人口与健康、公共安全等领域,充分调动全区上下力量,以科技创新为先导,开展科技攻关,加强技术集成,组织示范工程,打造民生科技,让科技创新成果更多地惠及百姓生活。其内容主要包括:企业技术创新示范工程、高端产业创新示范工程、数字政府建设创新示范工程、信息化建设创新示范工程、城市综合体建设科技示范工程、节能减排型社区科技示范工程、企业节能减排科技示范工程、卫生医疗服务科技示范工程、公共安全科技示范工程、社会教育科普科技示范工程等。2010年,新一轮科技进步示范区建设推出了一批以“城市管理智能管控”、社区信息化、移动卫生监督执法信息平台等亮点工程与项目。

【成功引进中国科学院院士】 2010年,上城区高端科技人才引进创新成果。中国科学院院士孙钧及其领衔的研究团队正式落户杭州,并组建了杭州丰强土建工程研究院。这是上城区人才工作首次实现引进中科院院士并落户的零突破。孙钧是国家著名的岩土力学、隧道与地下建筑工程学专家,长期在工程力学、岩土力学、桥梁工程、岩土工程和隧道与地下工程领域从事科研工作,创建和开拓了新的学科分支——地下结构工程力学,在岩土流变力学、地下结构粘弹塑性理论和防护工程抗爆动力学等子学科领域有深厚学术造诣,获得多项国家和省部级奖励,为国家做出了卓越的贡献。

2010年10月,中国科学院院士孙钧及其领衔的研究团队正式落户上城。
(区科技局　提供)

【区科创中心召开创业者交流座谈会】 1月15日,上城区科技创业中心48家企业负责人及创业导师聚集一堂,交流、畅谈创业经验。部分企业就此机会开展产品研发合作进行洽谈,取得了良好的效果。此次主办方是区科技创业者协会,每年都要以多种形式不定期举办相关交流会。

【科技创业中心被命名为杭州国家软件产业基地拓展区】 2月2日,杭州市召开国家级试点和基地拓展区授牌仪式,区科技创业中心以杭州中部软件园为申报主体的杭州国家软件产业基地拓展区被列入这次12家命名之中。申报创建杭州国家级试点和基地拓展区,充分发挥国家级试点和基地的拓展效应,使国家级试点和基地在扶持政策、产业集聚、品牌资源、服务平台、专家人才等多方面的综合效应向拓展区域、拓展企业和拓展载体延伸覆盖,真正做到“一区多园”、“一园多点”,实现国家级试点和基地由“点”到“面”发展。

1月15日,召开上城区创业者交流座谈会。　　(区科技局　提供)

【举行地震知识进社区系列活动】 5月11日,区科技局(区地震局)与杭州市地震局在辖区清波街道定安路社区启动主题为“普及防震知识,提高减灾意识”系列活动。这次为期一个月时间的地震知识进社区系列活动,在杭州市社区范围内属于首次尝试。采取了多种形式的活动方式,通过专家授课、图板展示、应急疏散演练、文艺演出、知识竞赛等,深入宣传防震减灾法和防震减灾科普知识,提高了社区居民的防震减灾意识和防震避震、自救互救能力。

【组织参加2010年省、市科技活动周】 5月15日，"2010年浙江省暨杭州市科技活动周"活动在西湖文化广场启动。区科技局围绕"携手建设创新型国家——倡导低碳生活打造低碳城市"这一主题，精心制作活动方案，及时在6个街道、52社区和部分企业单位开展科技活动周重点活动项目申报，选送了11家企业30个科技产品参加了西湖文化广场节能环保科技产品展示活动，吸引众多市民参观体验。活动为期一周，全区所有街道和社区以及部分中小学校都结合各自实际，围绕本次活动周主题，开展了形式多样的科技(科普)活动，直接参与活动人员两万人。

【上城区科技创业中心组建10周年】 2000年9月，区委、区政府为推进科技进步，加快实施杭州市"一号工程"，组建成立了杭州市上城区科技创业中心。科技创业中心是专门为初创型科技企业搭建的创业平台又称科技企业孵化器，经过10年的建设与发展，形成了信息服务、互联网为体，创意产业为新内容的发展格局，现有4个孵化基地组成，场地面积2万平方米，现有孵化企业85家。已培育出市级以上高新技术企业10家，省、市中小民营科技企业24家、市重点培育初创型企业22家、市级研发中心或技术中心3家。培育出兔单克隆抗体、高速邮资机、无卤阻燃剂等一批技术领先、附加值高、市场前景好的高新产品。微电脑电梯控制系统等10多个项目获得了省、市科学技术进步奖。累计孵化成功毕业企业30家，其中销售收入500万元的企业30家。科创中心企业技工贸总收入和利税总额分别从2001年的0.35亿元、150万元，到2009年的5.69亿元、2527万元，累计上缴税金7000多万元。2010年，科创中心技工贸总收入和利税继续保持15%以上的增长。上城区科技创业中心先后被认定为杭州市科技企业孵化器、浙江省重点科技企业孵化器、国家高新技术创业服务中心，并获第二届中国技术市场协会金桥奖，还被共青团浙江省委、浙江省科技厅命名为首批"浙江青年创业创新示范"基地，被科技部确认为首批全国大学生科技创业见习基地试点单位。

资料　科技企业孵化器：是以企业孵化工作场地和配套设施为依托，为科技人员和处于初创阶段的科技型中小企业提供必需的资源和服务，以降低创业成本，提高创业成功率，培育科技型企业和企业家的一种经济实体。包括创业服务中心、大学科技园、留学生创业园、农业科技企业孵化器等类型。具有集聚创业要素、转化科技成果、培育科技型企业等功能。

【召开科技创新暨人才工作大会】 11月5日，上城区在政府礼堂召开科技创新暨人才工作大会，总结经验，表彰先进，进一步谋划和推进全区科技创新和人才工作。区委副书记、代区长缪承潮主持会议，区委常委、副区长顾文友宣布表彰决定，区委书记陈红英作题为《深入推进创新型和智慧型城区打造，确保区域经济社会在新的起点上实现可持续发展》重要讲话。会上表彰了科技进步奖、创新型企业、科技创新平台、优秀科技工作者等11个奖项，有100家企业、个人受到表彰，其中2010年成功上市的杭州中瑞思创科技股份有限公司和浙江华策影视股份有限公司还分别获得了100万元重奖。杭州娃哈哈集团有限公司、杭州中瑞思创科技股份有限公司、浙江华策影视股份有

11月5日，召开上城区科技创新暨人才工作大会。　（区科技局　提供）

限公司作为优秀企业代表在会上做交流发言。杭州市科技局党组副书记徐植、区四套班子领导出席大会;区各单位、各部门、市属延伸部门主要负责人,各街道党政主要负责人及分管经济负责人,各社区书记、主任以及相关企业负责人380人参加大会。

【创建可持续发展实验区】 12月30日,浙江省科技厅发文同意杭州市上城区创建浙江省可持续发展实验区。此前,上城区编制的《省级可持续发展实验区建设规划》通过省科技厅组织的专家评审组论证评审,明确提出上城区将从2010年到2015年全力创建省级可持续发展实验区,并以科学、保护、创新、低碳、协调五大原则为基础,实施六大类30个指标,其中包括人口资源指标4个、资源环境指标9个、经济发展指标6个、社会发展指标7个、科技教育指标4个等,囊括了计划生育率、GDP综合能耗、GDP年均增长幅度、城镇居民人均可支配收入、科技投入占本级财政支出的比重等方面。为使创建工作有抓手,有步骤、有重点的推进,《省级可持续发展实验区建设规划》还设置了"南宋皇城大遗址综合保护工程"、"西湖创意谷和山南文化创意园"、"城市管理职能管控平台"、"城市垃圾分类"、发展"地铁经济"和"为民办实事工程"等六项重点工作,将在都市经济、城市有机更新、城市环境、社会事业等四大类可持续发展领域中启动19项示范工程建设。 (杨永清)

上城科技工业基地

【概况】 2010年,上城科技工业基地经济发展呈现健康有序、增长较快、结构趋稳、效益提高的良好态势,产业集聚效应更加明显。相继获得"杭州市特色城镇工业功能区(省级经济开发区)综合考评优秀单位"、"杭州市高新技术产业园综合考评优秀单位"、"省级高新技术特色产业基地"、"杭州市劳动关系和谐工业园区"、"浙江省劳动关系和谐工业园区"等荣誉称号。为全区工业经济的持续、快速发展做出了积极的贡献。

上城科技工业基地全年实现工贸总收入35亿元,比上年(指2009年,下同)增长32.9%,其中工业销售产值22.6亿元,比上年增长35.2%;出口交货值9.6亿元,比上年增长81%。利润总额3.2亿元,税收总额1.8亿元。中瑞思创2010年4月在深交所创业板成功上市,这是继奥普电器2006年12月在香港主板成功上市后园区第二家上市公司。2010年,重点骨干企业占据了绝对的主导作用,全面支撑了基地的经济发展。上亿企业已达7家。海兴电力科技实现销售收入5.8亿元,比上年增长71.5%;奥普电器实现销售收入4.5亿元,比上年下降4.5%;中瑞思创实现销售收入3.2亿元,比上年增长31.2%;绿盛集团实现销售收入2.2亿元,比上年增长7.2%;璟江瑞华实现销售收入两亿元,比上年增长0.7%;捷尔思实现销售收入1.3亿元,比上年增长50%;汉帛服饰实现销售收入1.8亿元,比上年增长25.2%。

【招商引资提质增效】 加大无资源招商,引入技术含量高、税源结构优的企业,扩大工贸总收入,保障税收来源,上城科技工业基地纳税企业已达91家。坚持集约利用土地,大力发展楼宇工业,标准厂房着重引进高新技术、电子信息、无污染排放、低能节耗企业。杭州宇控机电工程有限公司(专业从事面向海洋石油勘探、钻采、石油化工等行业自动化控制系统、机电设备、液压设备研发和生产,列入国家"863"计划项目、浙江省科技计划项目,其中4项科研成果获省部级一等奖)、浙江中航电子有限公司(致力于航空工业为代表领域的电连接器、电缆与相关附件、电子开关及其他互联器件的研制、生产和销售,符合国标、部标的各类产品已覆盖航空、航天、船舶、兵器、电子、医疗器械、高频通讯设备等众多军用、民用领域)、浙江威星智能仪表股份有限公司(致力于生活智能化电子系统、城市公用事业系统集成及其智能终端的研究开发和生产销售,在燃气管理软件、燃气计量终端产品和燃气系统集成上形成了自己的支柱产业)和浙江双元科技开发有限公司(从事传统工业过程自动检测控制系统、智能仪器仪表、机器视觉应用、节能环保和全高清图象处理产品研发、生产的综合性高科技公司)等新入驻标准厂房的高科技型企业,经过引进、消化、提升,所研发的产品已填补了国内空白,2010年销售产值都在6000万元以上,实现了楼宇经济快速增长。

【推进项目建设】 2010年,吴家库地块标准厂房及外来人才公寓项目、杭州烟草、中交通路、捷尔思阻燃、化工原料、海兴电力科技有限公司6家单位已完成土地招拍挂手续,取得了土地权属。花中城食品等两家单位正在办理招拍挂手续。新文村区块标准厂房已完成全部职能部门验收,正在进行土地的复核验收和房产证的办理,招商工作已完毕,现有6家企业入驻并投入生产。孵化大楼在年底前完成主体竣工,正在进行1~4层的装修工程,将引进银行、健身活动、商务中心等项目,并启动新文村标准厂房区块及孵化大楼的后勤餐饮中心和会议中心;余杭土地一期道路工程已完成建设工程规划许可办理等前期手续,年底完成监理、施工招标。吴家库地块标准厂房及人才公寓项目已明确实施方案和联建单位,正在进行整体方案设计工作。中瑞思创二期、顺舟电力高和万思计算机厂房已投入生产使用。冶金研究院、理想门业、领东、求是科教和中源电气二期厂房项目都已进入前期审批工作。

【逐步规范园区管理】 自引进专业的物业公司以来,上城科技工业基地的环境卫生和社会秩序有了明显的改善。2010年,基地未发生一起群体事件、上访事件、安全生产责任事故和重大刑事案件,共排查调处纠纷6起,调解成功率100%,维护了区域的社会稳定。设立监控网络,在内部道路、标准厂房区域等都安装了24小时监控器和报警器。建立"一呼百应"网络,为各企业配备一台对讲机,所有对讲机和治安巡逻队、派出所进行联网,提高园区企业对突发事件的应对能力和防范能力。配备4辆专用巡逻电动车。根据夜间巡逻的要求,增加巡逻次数,既增加了治安的威慑力,又提高了安保的机动性。完成道路标识、标线工程,强化了交通秩序管理,车辆通行和停靠得到了有序管理。

【优化人才队伍建设】 上城科技工业基地主导产业为电子信息产业,现有职工人数4147人,人才总量约1500人,其中大专学历624人、本科学历781人、硕士研究生79人、博士研究生16人,占全区工业企业人才总量比重日益加大。上城科技工业基地注重培育人才创新载体,用事业造就人才。指导配合企业与浙江大学等高校合作,建立了博士后科研工作站,先后吸引10名浙江大学专家教授到基地创办企业和合作开发项目,建立起以浙江大学科技骨干为中坚,具有较强创新能力的专业技术人才队伍。倾力做好人才服务工作,用环境凝聚人才。建立领导班子联系企业优秀人才制度,及时帮助企业人才解决遇到的困难和问题。加强基础设施建设,1.7万平方米的孵化大楼于2010年上半年装修完毕投入使用,在顶楼设立"千人会所",为高端人才交流提供一个平台。为企业人才提供政策咨询、项目扶持、人事档案托管、职称评定等服务,推荐企业优秀人才参评各项社会荣誉。完善人才激励措施,用机制激励人才。企业根据人才贡献大小给予物质和精神奖励,采取提高养老和医疗保险待遇、向员工提供无息借款、定期组织体检和旅游、开展"优秀员工"、"创新标兵"、"生产能手"评比活动、斥资建设运动场地和图书馆等形式为人才提供人性化的发展空间。如海兴电力科技有限公司、中瑞思创和捷尔思等企业为人才提供购房和购车补助。推荐企业优秀人才参选各级人大代表、党代表、政协委员,为他们参政议政提供舞台。加强知识产权保护工作,用法制保障人才。组织开展科技创新与知识产权保护培训和座谈等活动,对申报国家专利的企业发放专利申报补贴,用法律和制度保护人才的合理权益,确保人才的知识产权不受侵害。企业人才普遍得到有效培训,人才队伍结构持续改善,大批懂经营、懂研发、善管理、技术精的人才成为企业发展的直接动力,为上城区工业经济快速、健康发展提供了强有力的人才支撑。

【中科院杭州射频识别技术研发中心落户上城科技工业基地】 6月3日,由杭州市人民政府和中科院上海微系统与信息技术研究所签约成立的中科院杭州射频识别技术研发中心举行了揭牌仪式。该中心落户于上城科技工业基地中瑞思创股份有限公司厂区内,以射频识别技术研究为核心,面向信息化、能源、交通、物流、环境监测、公共安全和公众服务等应用领域,通过技术攻关,突破RFID一系列共性、产业化和应用关键技术,取得核心技术知识产权,建设RFID技术研究与成果转化平台,对杭州发展物联网产业、实现产业结构转型升级、构建创新型城市具有重要意义。

【"射频识别"创新与应用体验馆开馆】 12月1日,"射频识别"创新与应用体验馆剪彩仪式在中科院杭州射频识别技术研发中心隆重举行。体验馆里，普通市民可以与先进的射频识别技术来一次亲密接触，亲身感受射频识别技术的魔力，感受高新技术成果为老百姓生活带来的便利。

（朱勤华）

12月1日，杭州市副市长沈坚（左四）、区委书记陈红英（左二）参加"射频识别"创新与应用体验馆剪彩仪式。（上城科技工业基地　提供）

科学技术协会

【概况】 2010年，上城区科学技术协会（以下简称区科协）先后召开了七届七次、八次、九次常委会、七届四次全委会和街道科协主席会议、学会会长（理事长）会议以及科技团体秘书长会议等，促进了科协的民主办会。制定了上城区2010年《全民科学素质工作和科普工作计划》、《实施〈全民科学素质纲要〉工作计划》、《低碳科普周活动意见》和全国科普日暨第二十四届科普周活动安排。申报市重点科普项目两项、重点学术项目1项；获得市重点项目立项3项，重点资助项目3项。向全区征集并申报市2010年自然科学优秀学术成果奖论文17篇。对区自然科学优秀学术成果奖进行评定表彰。制作科学素质行动知识光盘10000张，编印低碳生活科普活页10000份，与区健康办合作编印健康科普系列读本40000册。协助中国科协、省市科协对两个街道4个社区的公民科学素质状况进行了专项调查。开展全国2010年县级科协科普工作自测与全国科普工作案例的申报工作。开展创先争优活动，区科协2010年被评为杭州市2009年度科协工作先进单位、杭州市2008~2009年度科普工作先进集体。望江街道徐家埠社区创建为省级科普示范社区。向区政府推荐了8个区级科普工作先进单位、10名科普先进工作者。3家区级低碳社区，区政府在全区科技大会上对这些科普先进单位、个人以及社区给予了表彰。组织参加科技人员"讲理想，比贡献"活动，有1个单位被市科协评为第十三届"讲比"活动先进单位，1人被评为先进个人，1人被评为先进组织者，还有1人被省科协评为第十三届"讲比"活动先进个人。

举行上城区"居民科学素质行动计划"2010级结业典礼（区科协　提供）

【举办低碳科普周宣传活动】 5月，区科协举办以"建设低碳城市，倡导科学生活"为主题的低碳科普周宣传活动。全区有117个单位参加，实施低碳专题活动项目76项，参加活动的科技、科普人员380人。开展了以低碳社区建设为主题的全区第五届社区科普专（特）刊编发评选活动。低碳科普周期间，区科协与市科协、杭州电视台以及紫阳街道合作，举办了以"打造低碳社区"为主题的全市社区家庭低碳生活大赛活动启动仪式。

【举办2010年全国科普日暨第二十四届科普宣传周活动】 9月10日，区科协以贯彻《全民科学素质行动纲要》，以“低碳、生态、责任”为主题在吴山广场举办2010年全国科普日暨第二十四届科普周宣传活动，有382家单位参与，推出科普活动346项。区科协会同清波街道科协、区医学会、区质量协会等23家学会、地区单位举办了以低碳和生态为内容的大型广场科普活动，主要以展览、交流、互动、体验、义诊、发放宣传资料等形式进行。本次活动吸引了1000名市民参加，设置100块展板，发放1000份宣传资料，向市民赠送《上城区低碳生活指导手册》和环保袋等宣传品。

【开展公民科学素质建设活动】 区科协组织召开了迎接市政府实施《全民科学素质纲要》工作督查汇报会。实施了2010级居民科学素质行动教学。在11个社区新开办12个居民科学素质行动教学班（包含1个残疾学员班），并招收了2010级新学员700名。截至年底，全区所有社区参与轮训居民科学素质行动教学的活动。与区总工会、区劳动与社会保障局、区商贸旅游局、湖滨街道等单位合作，举办了2010年全区服务业职工技能大赛；与区教育局合作，举办了2010年全区中小学生科技节系列活动。

【开展低碳科普宣传活动】 区科协与团区委合作，开展了以低碳为特色的志愿者宣传服务活动。与区总工会合作，开展向全区劳动者提出“低碳生活，从我开始”的倡议活动。与区妇联、区社教办、紫阳街道等单位合作，举办以“让科学走近生活”为主题的“万户家庭网上学”暨低碳家庭科学生活大赛活动。区科协在东平巷、彩霞岭、上羊市街等3个社区开展“低碳社区”试点工作与科普活动，并在此基础上拟定了上城区低碳社区与低碳家庭评比标准。上城区开展“低碳社区”试点工作得到了杭州市科学技术协会的充分肯定与支持，被列为市2010年重点科学素质与科普工作项目。

【开展科普进基层活动】 区科协与市科技交流馆签订专家科普讲座164场，向有关科普机构订购科普挂图资料1000套，邀请省、市级专家到社区举办专题科普讲座118场，向街道社区赠送科学素质教育课件光盘100套，向社区科普画廊、宣传栏赠送科普展板科普挂图580套、低碳科普手册8000册。为全区社区科普组织订阅全年的科普报刊。组织区人防协会、区成人教育协会、区城建科协等举办科普专题宣传进社区、科普进工地等活动。联合区医学会举办了健康教育和诊疗服务送基层、送社区活动。区工业科协开展了为企业服务的低碳经济问卷调查活动。区科协与区教育局联手，与省科技馆合作成为全省“科技馆活动进校园”试点区，并举办“科技馆活动进校园”系列活动。湖滨街道科协科普志愿者团队成为省科协“科普之友”活动试点单位。开展“科普进农贸市场”宣传工作，在两家新改造农贸市场增设科普宣传设施，全年在全区14家农贸市场展出科普展板5期、共650块幅。

【举办第六届学术周】 9月，区科协举办以“坚持科学发展，打造低碳城市，构建和谐社会”为主题的第六届学术周活动。本届学术周有区科协和18个区级学会以及15个区级部门和有关单位参加，共推出各类学

9月10日，区科协在吴山广场举办2010年全国科普日暨第二十四届科普宣传周活动。
（区科协　提供）

10 月，区科协举办全国第二十届部分城区科协工作研讨会。 （区科协　提供）

术活动项目 27 个，参与活动的专业技术人员有 1300 人。为推进全区学会学术人才工作，7~8 月对各学会进行工作调研，召开座谈会，征求和听取学会干部和部分基层科技工作者的意见和建议，形成了进一步深化上城区学会学术人才工作的报告和学会工作情况调查报告。

【加强科协工作能力建设】 年初，区科协提出了《2010 年度学会工作意见》、《2010 年度街道科协工作意见》，对全区科协组织建设、科普学术活动、科技服务工作等提出要求。2010 年，区科协分两批对 26 项区科学素质与科普工作重点项目以及 18 项区学术活动重点项目给予了立项和资金支持。分别于 1 月和 7 月召开全区街道社区科普工作培训会议，加强了基层科普组织建设。10 月，区科协成功举办了全国第二十届部分城区科协工作研讨会。

（陈　彬）

经济合作交流

Domestic Economic Cooperation

经济合作交流综述

2010年,上城区完成合同外资42134万美元,实际利用外资16290万美元。引进国内协议资金202.8亿元,实际到位市外资金113.9亿元。全区自营出口额104451万美元,比上年(指2009年,下同)增长32.02%,完成市政府下达的出口预期目标的133.25%。新批境外投资项目8个,增资项目1个,合计境外投资总额1688万美元(其中中方投资1288万美元),占年度计划的140%。完成离岸服务外包(指转移方与为其提供服务的承接方来自不同国家,外包工作跨境完成)执行合同3977.54万美元,服务外包人才培训352人次。当年新增入库企业22家,其中有实际业绩企业22家。

完成新批境外企业8家,均为实际投资,涉及生产、贸易和商业领域。企业投资重点区域不断扩大,由原来的一般国家扩大到发达国家和地区。同时,获批境外工程承包企业1家,实现零的突破。2010年,上城区获各类外贸扶持发展资金累计超千万元。杭州海兴电力科技有限公司是2010年杭州唯一一家获得商务部出口创新奖的企业。

国内经济合作

【引进现代企业项目】 2010年引进实际到资在1000万元以上的招商项目167个,引进了两个世界500强项目——日本三井住友海上火灾保险株式会社认购信泰人寿增发股票和日本伊藤忠商事株式会社并购新花海工贸项目。管理规模100亿元的浙江创新产业股权投资公司和管理规模50亿元的中银投资浙商产业投资基金也相继落户上城。全年引进投资金融类项目53个,注册资金21.4亿元。

【入选杭州市“双百”企业】 根据《杭州市人民政府办公厅关于开展争创百强和百佳创新型外经贸企业活动的通知》,经考核评定,上城区共有15家企业入选全市“双百”企业,其中入选百强企业7家,百佳企业8家。

【加大外贸扶持力度】 全年高新产品和机电产品出口47713万美元,比2009年增长32.2%,占全区出口总额的45.67%。新增自营进出口企业6家,新增进出口实绩企业3家。有8家企业申请境外商标,有3家企业获市出口名牌,有1家企业获得省出口名牌。组织企业参加38个境外展,合计展位169个。

【完成第109届广交会展位申请工作】 为鼓励企业积极拓展市场空间,区招商局就109届广交会参展工作对全区外贸出口企业进行申报动员,有46家企业进行135个展位的申报。经过与市外经贸局的沟通协调,35家企业申请到75个展位,比上届增加3个。

【举办外经贸扶持政策说明会】 9月8日,区外经贸局举办了上城区2010年度外经贸扶持政策说明会,有60多家外贸企业参加。会议重点就2010年度外经贸扶持政策及具体申报程序作了详细说明,并就用好用足政策提出建议与要求。

【举办合理规避汇率风险和贸易风险专题讲座】 6月23日,区外经贸局邀请工商银行金融专家为区外贸企

10月20日，上城区在第十三届杭州国内经济合作洽谈会成功签约。

（区招商局 提供）

业做“如何规避汇率风险，促企业外汇资金保值增值”的专题讲座，指导企业利用金融工具，有效规避收支外汇过程中产生的汇率风险。全区43家外贸企业的负责人参加此次讲座。

【2010杭州(上海)经济合作洽谈会成功签约】 4月12日，由区委书记徐祖萼，区委常委、副区长顾文友带队参加杭州市政府在上海举办的2010杭州(上海)经济合作洽谈暨第十二届中国杭州西湖国际博览会新闻发布会。会上，上城区成功签约了1个外资项目和两个内资项目，总投资10亿元，其中浙江景达投资有限公司项目，总投资3亿元。

【第十三届杭州国内经济合作洽谈会成功签约】 10月20日，区委书记陈红英，区委常委、副区长麻承荣带队参加第十三届杭州国内经济合作洽谈会。会上，上城区成功签约两个项目，其中，北京黄金交易所有限公司杭州中心营业部项目，总投资为4亿元；主营城市房地产开发和建设的浙江绿宝建设有限公司项目，总投资4亿元。

【浙江·江苏经济合作洽谈会成功签约】 9月6日，浙江·江苏经济合作洽谈会暨项目签约仪式在南京举行。会上，上城区成功签约江苏正阳置业有限公司项目，总投资3亿元。

对口帮扶

【开展联乡结村工作】 以上城区为牵头单位的市级帮扶集团完成帮扶资金325万元。落实100万元帮扶资金用于共建桐庐合村乡幼儿园项目，帮助合村乡实施汽车站、学校修建等民生工程项目，此项工程被列为2010年杭州市“联乡结村”活动共建项目。

【开展对口支援工作】 大力推进对口支援活动，落实对口支援援助金35万元，用于帮助四川省南充市实施农业基础设施等10个项目。

【开展城乡统筹工作】 成立了城乡区域统筹发展工作委员会，出台了实施意见与工作方案，区财政每年安排2000万元专项资金，用于支持城乡区域统筹发展。

【举行区县协作签约仪式】 2010年12月20日，在富阳市南国大酒店举行萧山区、上城区与富阳市协作交流会议暨区、县协作签约仪式，三方相互签订合作协议。其中上城区落实区、县协作专项资金2000万元，并与富阳市签订产业、教育、旅游、交通专项协作协议。同时，签订乡镇(街道)结对协议，小营街道结对富阳市洞桥镇，清波街道结对富阳市高桥镇，湖滨街道结对富阳市灵桥镇，望江街道结对富阳市受降镇，南星街道结对富阳市渌渚镇。

招商引资

【加强跟踪服务】 完善招商重点项目区领导跟踪联系机制，全年跟踪内资重点项目26个、外资重点项目10个，完成其中内资项目12个、外资项目5个。全年跟踪信息项目230个，落地项目111个，总注册资金97.83亿元，其中市外资金50亿元，占总额的51.1%。

【强化“敲门招商”】 全年共参加省、市重大招商活动5次，签约项目7个，投资额24亿元。组织各类招商活动29次，成功引进了沪昆铁路、大明控股等项目。

【推进"以商引商"工作】 全区已建商圈、联谊组织6个,待筹建商圈1个。共引进增资项目20个,注册资金17.91亿元,主要有新湖期货、浙江商裕控股、信泰人寿保险和浙江省商业集团等增资项目。外资增资项目有信泰人寿保险增资1000万美元,杭州新利科技有限公司增资1560万美元,杭州华日电冰箱股份有限公司增资450万美元。

【引进世界500强项目】 3月,日本三井住友海上火灾保险株式会社认购上城区企业信泰人寿保险股份有限公司增发普通股份,认购额3030万美元,该项目成为杭州首个外资入股保险公司项目。三井住友海上火灾保险株式会社是三井住友海上火灾保险集团投资设立的全资子公司,三井住友海上火灾保险集团是经营财产保险、人寿保险等大型跨国金融集团,在2009年度世界500强企业排名第458位。

【引进中银投资浙商产业投资基金项目】 2010年浙商产业投资基金落户上城区南山路178弄-1号,该项目由中国人民银行旗下中银国际投资有限公司与浙江省铁路投资有限公司共同发起,管理规模为50亿元,注册资金为1亿元。

【引进浙江创新产业基金项目】 10月29日,上城区人民政府与浙江创新产业基金项目投资方就浙江创新产业基金项目正式签署合作协议。区委书记陈红英,区委副书记、代区长缪承潮,区委常委、副区长顾文友等领导出席了签约仪式。该项目由浙江大学、网新集团等高端企业及管理团队共同发起成立,管理规模为100亿元。

【引进浙能集团项目】 8月16日,区政府与浙能集团南方管网项目筹建处在索菲特大酒店举行项目合作签约仪式。市人大常委会副主任徐祖萼,区委书记陈红英,浙能集团副总经理范小宁等出席仪式并讲话。浙江天然气南方管网项目筹建处是由中石油与浙能集团有限公司共同出资而成立的筹建机构,主要经营天然气管道建设、管道输送、天然气销售等,年销售额450亿元。

【加大企业上市力度】 2010年,上城区有两家招商企业成功上市,其中杭州中瑞思创科技股份有限公司5月在深圳创业版正式上市,募集资金总额9.86亿元;华策影视10月在深交所中小版正式上市,募集资金总额约9亿元。

【发展楼宇经济更新楼宇设施】 企业的不断入驻,为税收奠定了稳定基础。2010年全区楼宇经济实现税收收入39.5亿元,比上年增长22.8%,占全区税收总额的50%。税收1000万元以上的楼宇47幢,其中税收过亿的"亿元楼"有7座。2010年,上城区重点推出9个楼宇"更新一批"项目,新侨饭店、杭州解百商厦、浙江省中医院等15家新侨饭店周边楼宇产权单位列入了屋顶花园整治范畴,并列为全市试点工作。浙江省国贸大厦等6个楼宇自行出资建设的立体车库项目列入2010年杭州市区公共停车场(库)建设计划和项目推进协调范围。

【开展企业服务活动】 5月26~27日,开展区外商投资企业联合年检,有150家企业通过在网上申报年检,其中132家通过现场复核。8月18日,全面启动"2010年外商投资企业服务月"活动,走访企业286家,开展相关咨询活动16场,免费举办各类培训班13批次。

(王赵翔)

10月29日,区经合办主任石荣祥参加浙江创新产业项目签约仪式。

(区招商局 提供)

城市建设与管理
Urban Construction and Management

城市规划

【《上城区近期建设规划(2011~2015 年)及 2011 年度行动计划》】 委托杭州城市规划院负责编制《上城区近期建设规划(2011~2015 年)及 2011 年度行动计划》工作。8 月 24 日,副区长刘志安听取汇报和近期建设规划编制思路征求意见;10 月 20 日,杭州市规划局上城规划分局(以下简称上城规划分局)组织《上城区近期建设规划(2011~2015 年)及 2011 年度行动计划》编制动员会。开展现状调研、现状情况梳理、建设项目信息分析、问题分析等工作,2010 年底出中间成果稿。

【《湖滨商圈空间发展规划研究》】 《湖滨商圈空间发展规划研究》由浙江工业大学规划设计研究院中标进行编制工作。8 月 24 日,副区长刘志安听取汇报和《湖滨商圈空间发展规划研究》编制思路征求意见;9 月 15 日,组织湖滨指挥部调研和沟通会;11 月 16 日,组织中间成果审查会,由设计单位进行文本的修缮和深化工作,2010 年底结题。

【《上城区低碳示范区规划研究》】 8~9 月,上城规划分局开展《上城区低碳示范区规划研究》编制招标工作,由深圳规划设计院有限公司中标,12 月 7 日组织开展专题调研讨论会,进行前期的调研准备工作。

【《上城区中小学、幼儿园布点规划实施评估》】 《上城区中小学、幼儿园布点规划实施评估》由杭州市城市规划编制中心负责编制工作。10 月 21 日,进行了布点规划实施评估的前期讨论会,区教育局参加会议。会后,杭州市城市规划编制中心在进行现状数据和资料梳理,深化完善文本。

【《上城区历史文化遗产保护利用近期规划》】 委托杭州城市规划院负责编制《上城区历史文化遗产保护利用近期规划》工作。7 月 15 日,由杭州市规划局总规划师刘晓东带队赴上城,开展《上城区历史文化遗产保护利用近期规划》对接会;10 月 8 日,组织《上城区历史文化遗产保护利用近期规划》区级层面的汇报和意见征求会;10 月 13 日,组织《上城区历史文化遗产保护利用近期建设规划》与区政协座谈会,设计单位进行文本的修缮和深化工作。12 月,三方签订合同。

【《杭州市近江管理单元控制性详细规划修编》】 委托杭州城市规划院负责编制《杭州市近江管理单元控制性详细规划修编》工作。作为新一轮控规修编的试点项目,重点是将本轮修编总的框架共性内容及编制方法提出,至 2010 年底处于前期调研和准备工作。

【《杭州市南星管理单元控制性详细规划修编》】 委托杭州城市规划院负责编制《杭州市南星管理单元控制性详细规划修编》工作,开展前期调研和准备工作。

【启动《杭州市望江单元控制性详细规划 (修编)》编制】 6 月 30 日,杭州市规划局组织相关单位召开了《杭州市望江单元控制性详细规划 (修编)》项目开题会。在布局结构、交通组织、用地布局、安置房建设、开发总量、配套服务设施等方面进行优化深化。7 月 20 日完成中间成果稿,7 月底之前完成控规修编中间成果审查。8 月 30 日至 9 月 13 日，进行规划公示。

举办城乡规划知识问答图片展 （上城规划分局 提供）

【提前介入各项建设工程】 区政府内审会制度的建立对协调解决市、区重点工程实施进度中存在的问题起到了良好的指导作用。根据内审会碰到的实际问题，上城规划分局多次邀请市规划局主要领导到上城区现场办公。全年召开内审会 38 次。

【调研重点工程实施进度存在问题并提出解决方案】 提前介入上城区历史街区保护和利用、危旧房改造、公厕提升改造、市场提升改造、庭院改善、背街小巷工程等重点工程建设，配合区政府做好中山路综合保护工程，参与上城区安置房建设。9~10 月，结合《杭州市西湖东岸城市景观提升工程规划(整治篇)》中间成果审查会的契机，组织上城规划分局相关人员开展《杭州市西湖东岸城市景观提升工程规划》的学习讨论活动，并撰写《上城规划动态》第 5 期。结合上城区实际情况和市政府关于促进建筑物第五立面整治工作的开展，建议可将建筑物第五立面整治工作与《杭州市西湖东岸城市景观提升工程规划》的整治要求相结合。由区建设局和各街道进行调查摸底，结合区建设项目开展、道路整治和各业主单位意见等实际情况，提出整治名单和实施时序。对于单体建筑的整治，可结合实际情况从屋顶形制、广告、色彩、外墙材料、搭建、立体绿化及夜景等方面作单体建筑的具体整治设计方案。同时，结合实际工程提出色彩建议，对河坊街 7 天连锁酒店外立面装修，上城规划分局从所处区块和建筑属性等方面提出外立面墙体和构件建筑可用色和禁用色的范围，在体现自身个性的同时兼顾周围环境的和谐，与主体单位和设计单位进行方案探讨，完善设计。

【加强城乡规划宣传】 《浙江省城乡规划条例》(以下简称《条例》)于 2010 年 10 月 1 日施行，上城规划分局为配合《条例》的实施，让社会各界更好地了解《条例》的编制、城乡规划的实施、监督检查和法律责任方面的相关内容，通过调查问卷、送《条例》至基层，悬挂横幅、张贴宣传标语等形式多样、内容丰富的宣传活动，使广大群众充分了解《条例》，提高宣传成效。9 月 26 日，上城规划分局在小营公园设台宣传，领导亲自参加，接待来访、咨询的群众；分发《城乡规划法》、《浙江省城乡规划条例》等宣传资料 500 份，征求意见表 80 份，并就主要路段规划改造、违法建筑查处、规划公示效果等群众关心的热点、难点问题与市民进行对话，解答 67 个问题，使广大城乡居民充分了解城乡规划法律、法规与有关规划内容，激发了城乡居民参与、支持和监督城乡规划实施的主动性和积极性，使城乡居民的规划意识、法律意识进一步增强。

【开展规划培训工作】 2010 年，上城规划分局就如何办理规划审批手续和落实《浙江省规划条例》，组织两次规划法律法规及业务知识的培训，培训人数 60 人。在平时的巡察工作中，及时指导建设单位应在哪方面着重管理，如何按规划许可要求进行建设，在施工过程中如出现与规划许可不符的情况应如何处理，努力在建设过程中及时解决建设项目出现的与规划要求不符的现象，为建设项目顺利竣工打好基础。2010 年，针对望江指挥部工程部人员调整的情况，上城规划分局领导带领监督检查科主动上门服务，给工程部新班子成员培训规划批后管理需注意的问题，取得良好效果。

举办规划法律法规业务知识培训　　(上城规划分局　提供)

努力争取在最短时间内解决问题;在工作中遇到疑难问题时,在每周一次的例会上,以局务会形式研究处理。遇重大问题,报杭州市规划局请示。截至11月30日,共受理灰线检验和±0.00检测27件,受理竣工规划验收17件,发放竣工规划验收合格证19件,建筑面积814078.44平方米,跟踪在建项目55件,面积为237万平方米。

【倾力服务区重点工程建设】 随着上城区建设步伐的不断加快,为配合区政府做好重点工程前期工作,上城规划分局着力调查研究,按照市有关文件精神,加快危旧房改善审批工作。对涉及杭州市规划局的规划工作,上城规划分局参与协调,例如玉皇山南整治、中山中路综保工程、背街小巷整治等工程。同时,上城规划分局联合杭州市规划局业务处室开展联动服务。年初,上城规划分局领导带领业务科室负责人走访了上城区各指挥部,了解上城区重点工程进展,与各指挥部商讨2010年如何更好地开展规划服务重点工程工作。根据调研情况,上城规划分局联合杭州市规划局城乡规划处、用地管理处和建管处开展联动服务区建设工程活动,开展现场办公。对各指挥部现有工程前期工作中存在的难点、疑点问题进行了分析、讨论,就上城区重点工程审批问题进行探讨,不断为上城区各项建设工程的顺利实施出谋划策。

【抓好监督检查】 批后监管是规划管理工作的一项重要内容,也是上城规划分局目前一项主要工作。上城规划分局在实际工作中重点抓好几个环节:把好±0检测关,加强中间跟踪,强化预验收工作;严格落实跟踪管理月度巡查制度,对重要工程实行定人定期跟踪监督,及时发现和纠正问题,遏制违法建设的发生。协助配合区政府做好回迁工程的建设和安置工作;严格按照规划许可证内容与要求进行建设项目竣工规划验收,遇有问题,及时与杭州市规划局业务处室联系,努力争取在最短时间内解决问题;在工作中遇到疑难问题时,在每周一次的例会上,以局务会形式研究处理。

【打造阳光规划】 拓展公众知情平台。上城规划分局领导带领相关科室负责人走访上城区各街道和指挥部,通报杭州市规划局、上城规划分局近期规划工作情况,及时处理街道、指挥部提出的有关规划问题,上城规划分局的街道社区联络员经常深入街道社区,对群众关心的危旧房改造、历史街区保护等问题,进行现场解答。继续深入推进"阳光规划"进社区活动,收集杭州市规划局向社会公布并征求对规划编制与审批的意见和建议。定期向街道、指挥部、社区寄送城乡规划信息。2010年,上城规划分局参与控规调整和建设项目公示项目40个,走访街道、社区及建设单位50多次,发放宣传资料5000册,收集群众意见和建议300条。

(陈卫东)

国土资源管理

【概况】 2010年,杭州国土资源局上城分局(以下简称上城国土分局)围绕"加快建设具有国际水准的高品质中心城区"的工作思路,突出"抓重点、打基础"主题,加强盘活存量土地、经营性用地、做地及征地拆迁管理工作,推进年租金征缴、地质灾害防治、依法治土等国土资源管理基础工作。上城区建设用地纳入全程管理,辖区13个建设项目用地农转用、土地征收、土地供应、土地开发利用等各环节实施全面、全程有效的动态监管。全覆盖征收土地年租金,全年共签订年租金合同202份,合同金额646万元,收缴入库628万元,排名全市第二。出让一个地块——湖滨单元(工联大厦地块),出让金额82747万元。

【深化存量土地盘活工作】 推进“创新城区节约集约用地”理念的应用和实践，建成并完善地籍信息资料库，同时根据土地利用现状变更调查的成图、统计等基础资料，及时更新存量地块特别是经营性用地和闲置土地、低效利用土地的情况，开展地块调查和经济分析，做好新增数据的分析、整理、汇总。调查数据显示，上城区尚有存量建设用地54宗可供开发利用(已扣除钱江新城控制区内明确用地、望江指挥部已规划用地范围、八卦田景区范围和湖滨指挥部明确建设范围内地块)，土地面积为53.5万平方米。经整理分析，其中，可直接开发用地20宗，土地面积为17.76万平方米；通过调整用途可进行开发用地6宗，土地面积为2.6万平方米；通过大项目带动可开发用地28宗，土地面积为33.14万平方米。

【协助重点工程建设】 贯彻“阳光征迁”工作方针，开展征地拆迁工作。派遣工作组进驻指挥部，帮助协调拆迁户对话、动迁政策解释、宣传咨询等，增强指挥部人员力量，提升专业工作水平。严格履行拆迁方案审核、安置资格审查、拆迁计划编制统计申报、拆迁施工安全的监督管理等依法行政职能，为推进集体土地征迁工作提供有效依据。制定拆迁新政，配合望江地区拆迁，助推动迁进程。完成征地项目4宗、27221平方米。其中：涉及玉皇山南指挥部的有3宗，征地面积4683平方米；涉及望江指挥部的1宗，征地面积22541平方米。

【加强土地依法行政】 开展“闲置土地处置、在建工程清查、逾期未动工项目清查”为主的专项清查工作。贯彻“预防与查处相结合”精神，落实巡查责任制。全年开展土地巡查282人次，发现3处违法建筑，分别移送区城市行政执法局处理，并向涉案单位发送补办用地手续通知函。对卫星遥感的19个图斑一一进行实地踏勘调查，发现两处违法建筑，分别作出处理，其中1处递交杭州市国土资源局执法支队并配合查处。对2009年查处的华众房产姚园寺巷出让地块闲置土地处置，进行相关证据的收集、调查、核实，多次召集区政府和市储备中心与华众房产负责人进行沟通、协调与谈判，促进区政府回购成功。同时切实加强信访积案化解和维稳工作。世博会期间，对一些老信访户进行回访谈话，及时了解思想动态，做好安抚稳定工作，排除重复信访可能。配合信访局做好集体土地拆迁相关政策的宣传、培训，做好信访积案化解工作。

【推进地质灾害防治】 重点筹措资金落实地质灾害隐患点治理工程。里太祖湾157号至笤帚湾1-1号采石场大型地质灾害隐患点危害严重，急需治理，2009年底报请区政府列入2010年为民办实事工程。工程经过勘察设计和施工招投标程序，6月17日正式开工治理，于11月初竣工并顺利通过验收。该工程总造价409万元，得到杭州市国土资源局支持，补助到位资金245.4万元。另1处小型灾害隐患点——紫阳小学图书馆后侧边坡崩塌，已治理完毕。全区建立以上城国土分局、街道、社区为责任人的三级巡查网络组织，签订责任书，落实地质灾害巡查、监测及工程设施的管理和维护，把责任考核列入政府年度目标考核项目。巡查网络全年共发送防灾短信6次、110条，监测员联合开展汛期巡查，确保巡查监测到位，保障民生安全。

【档案目标管理上省二级】 2010年初，上城国土分局提出年底前档案管理达标“省二级”的目标，开展档案

里太祖湾地质灾害治理工程施工现场　　（上城国土分局　提供）

上等级工作。从组织架构、经费投入和硬件配置、统筹和监督机制等方面给予保障，把档案达标活动作为一项重要工作来抓。突出全宗卷完善、编研材料编撰、计算机输入三个重点。11月12日，以省二级最高达标分94分通过达标验收，其中档案管理数字化开发获专家组高度评价。

【"五五"普法验收顺利收关】 上城国土分局注重内部制度完善和对外加强法制宣传，坚持两手抓，取得较好成效。修订完善各项制度，汇编成册，干部人手一册，使机关干部对制度规范入心、入脑，养成严格按制度办事的习惯并时刻对照、检查，严格做到依法行政。按照年度计划，做好法律法规宣传。除了安排地球日、土地日、法制日等重点时段进行大面积广泛的法制宣传，利用日常工作中的解说渗透和专业培训等方式进行专业法制教育，使法制宣传有的放矢，做到法制宣传为管理服务。汛期及时对巡查人员进行地质灾害防治知识培训，通过专家现场业务培训，使巡查员深入了解崩塌、滑坡、泥石流等地质灾害监测巡查知识，为巡查员切实履行职责，有效预防灾害起到很好作用。9月，依法行政五年规划和"五五"普法工作检查验收期间，认真总结和自查自检，通过上级检查验收，被推荐为全省系统"五五"普法先进集体。

【加强"廉洁国土"教育】 领导干部认真落实党风廉政建设责任制，逐级签订责任书，做到一级抓一级，分级管理，责任落实。遵守纪律，加强党性修养，自觉接受监督，着力打造机关清廉、干部勤廉、家庭崇廉、风清气正的"廉洁国土"形象。组织干部开展"预防岗位职务犯罪风险教育"活动，排查岗位职责廉政风险点，编制《国土风险》廉政手册，保证上城国土分局机关干部人手一册。各科室制定岗位防范措施，完善和深化行政行为的监督，并按要求延伸和扩展监督对象和监督事项，做到政策标准刚性、工作要求具体、工作行为清廉，构建惩防体系，确保行政权力和行政行为的正确行使。组织"行风评议回头看"和争创群众满意单位以及"创先争优"活动，梳理、查摆行风中存在的问题，落实整改措施，杜绝不正之风。上城国土分局纪检组围绕依法行政、行为规范、办事程序、规章制度、廉政禁令等要求，勤检查勤督察，严肃查处违纪违规，做到警钟长鸣、常抓不懈，发挥党员先锋模范作用，全体干部中形成了在工作中"创先争优"的良好氛围。

(陈芝群)

建设管理

【危旧房改善和历史建筑修缮实现新突破】 2010年，上城区建设管理部门紧扣"打造南宋皇城大遗址综合保护工程"主载体，确立"大建设、大监管、大服务"的理念，推进各项实事工程，完成危旧房改善17.9万平方米。五柳巷综保一期工程，搬迁107户，房屋104幢，整治面积1.2万平方米，与新中东河贯通工程国庆同步亮相，受到市、区领导的高度肯定。制定出台《上城区历史文化遗产保护三年行动计划》，逐步形成长效机制；启动60处、完成30处，工程总量占全市的85.7%。

【道路、河道整治呈现新面貌】 开工建设支小路17条，完工13条，超额完成1条。中河东侧辅道（望江路~庆春路）整治，全长2200多米，整治后有效提升和完善中河慢行系统。新中东河综保工程上城段，有效破解含沙量高造成河道淤泥的难题，实现了中东河贯通，打造宜居、宜业、宜文、

在吴山广场举行"6·25"土地日现场咨询活动 (上城国土分局 提供)

宜游的城市特色景观河，挖掘沿线历史文化碎片，配合上城区政协出版了《漫游中东河》；在全市率先开展屋顶绿化美化试点工作，对新侨饭店周边14幢建筑、约4万平方米采用平改坡等方式，种植多品种景观植物，制造空间感和层次感；全年新增绿地11.9万平方米。

【提升老旧小区物业改善等工程】 2010年是物改“三年行动计划”的深入推进之年，完成16个社区、43个小区的物改项目，接管面积达106.5万平方米，提前超额完成市里下达100万平方米的目标任务；在全市率先审定通过《社区准物业管理规范》，填补了该项工作在杭州市的空白；多次组织社区和业委会主任物管知识培训，按季度对全区148个楼盘物业处主任开展考核，考核结果与物业公司招投标“捆”在一起，考核面达100%，发出整改单68份。人防“102工程”6月已顺利启动。

【监管机制创新取得新效益】 安置房管理信息化平台进一步改进升级；新搭建完成上城区小型建设工程招投标业务管理系统，实现市、区项目库的统一管理与数据共享；以危改工程为试点，探索承包商预选名录制在全区的应用。全年共完成小型建设工程招投标183项，完成工程交易额1.85亿元，核减金额6798万元。联系区招商局，鼓励引进了6家社会力量（企业）投资建设社会公共停车场（库），受到市里好评；推出裁决前置协调机制，由拆迁人邀请街道、社区、被拆迁人及相关部门共同协商，开辟了处理拆迁纠纷的新途径，共受理裁决件61个，此项工作量是杭州其他4个主城区之首，实现和谐拆迁。

【行业服务体现新特色】 保障性住房服务突出“温馨度”，在选房、摇号环节推出电话提醒服务，确保不错一人、不漏一人，共受理经济适用房申请2487户，比2009年增长120%以上，廉租房申请530户；建筑业管理服务突出“技术性”，召开全区建筑业推进大会，对新引进资质高、规模大、综合实力较强的建筑企业提供面对面技术服务，强化建筑企业信心和能力；物业管理服务突出“高效率”，以“房屋抢修110”（是房屋应急抢修电话的名称，意为“一叫就灵”，24小时有人值

中东河新貌　　（区建设局　提供）

班）服务网络为抓手，对16处直管公房进行大中修，4853处房屋、10处多元产权实施维修，涉及金额343万元，新创建国家级优质物管小区1个，省级优质小区3个，市级优质小区两个。

【加强党风廉政建设】 以“创先争优”活动为主轴，引领区建设局系统在职106名党员争当“城建先锋”；以岗位廉政教育为主题，由中层干部和机关拓展到全局73个岗位和9家基层单位，自主编写的《清风城建》廉政漫画图册作为区样板教案向杭州市推荐并获三等奖，廉政板报和廉政PPT动漫片均获区一等奖；以思想舆论阵地建设为主线，新开辟“新闻时评”、“廉政之窗”、“局务公开”、“先进荣誉”4个宣传橱窗，正校视听、明辨是非；开讲“上城建设大讲堂”16次，培训1800人次。

【经常性工作凸现新景象】 打造绿色、环保工地，推广科普知识进工地，推行工地实名制管理，加强工地

开展科普知识进工地活动　　(区建设局　提供)

安全整治,全年共签发整改(暂停)通知单78份,查处安全隐患1646条,行政处罚5起。办理"两会"建议提案44件,满意率100%。2010年,先后获市级荣誉30余项,连续3年获杭州市危改目标考核一等奖,连续3年被评为杭州市房管系统先进单位,连续两年被评为杭州市"建筑业产值超百亿管理单位"(首次进入全市前三名),受到市委、市政府通报表彰。

【开展自主创作廉政格言活动】 1月,区建设局机关公职人员以党风廉政建设的感悟为内容自主创作廉政格言,文字简练、表达确切,体现原创性、思想性、警示性,收到各类廉政格言61条。区建设局岗位廉政教育试点工作启动以来,共查找风险点153个,收集情景案例81个,并以"五个一"为载体扎实开展教育活动,即上一堂廉政党课、开展一次廉政谈心、原创一句廉政格言、编一首《廉政七字诀》和一本廉政动漫故事书,廉政教育深入人心。

【召开基层党支部书记观摩研讨会】 1月15日,区建设局在局属企业——兴元安装公司党支部(局属先进党支部)召开基层党支部书记现场观摩研讨会。局属12个基层党支部书记和7名支部委员参加会议。会议明确"三个一"的抓党建措施,即建立一套严格的组织生活制度,每月最后一个周五下午定期召开党组织生活会;基层党支部书记全年至少要上一次大课;对每一位入党积极分子建立档案,从递交入党申请书开始,实行系统化跟踪管理和培养。

【完成离休干部配偶住房补贴发放工作】 根据市、区相关文件精神,上城区房改办起草《关于杭州市市区行政单位职工配偶方一次性住房补贴和职级差补贴的相关政策解答》,指导各单位经办人员,打印历年各单位享受过住房补贴的离休干部名单,确保不漏一人、不错一处。全区共审批完成87名离休干部的配偶方和职级差一次性住房补贴,到位住房补贴资金196.19万元。全区行政事业单位离休干部配偶方和职级差一次性住房补贴发放工作基本完成。

【发布《上城区建设局建设工程内审管理办法(试行)》】 《上城区建设局建设工程内审管理办法(试行)》确定了建设工程"三堂会审"制度,即建设工程由施工类、工程造价类等内审小组成员、内审小组副组长和组长三重把关,确保内审工作的科学性;明确内审范围,对招投标、工程变更、工程结算等方面进行会审,对建设工程的前期、中期、后期进行全方位、多层次的动态控制,尽量减少工程变更,减少竣工结算审核实际造价;明确并统一招投标内审、工程变更内审、工程结算内审等内审内容和依据,细化分工。《上城区建设局建设工程内审管理办法(试行)》的出台有效推动内审工作向法制化、制度化和规范化转变。

【编撰出版《清风城建——上城区建设局岗位廉政教育图册》】 《清风城建——上城区建设局岗位廉政教育图册》是上城区建设局岗位廉政教育试点成果之一,收录区建设局在岗位廉政教育活动中编撰的81个情景案例、查找的153个岗位风险点、原创61条廉政格言、岗位《廉政七字诀》等内容,尤其是情景案例部分,既有公职人员针对岗位廉政风险点自行编写的虚拟案例,也有已发生的真实案例,以轻松易懂的连环漫画形式演绎,附上点评及法条链接,逐层剖析,以案明纪、以例警廉、以规律己。区委、区政府主要领导,市建委、市房管局、市园文局、市人防办等部门主要领导为本书题写书名或题词。该书作为上城区样板案例向市里推荐，获市三等奖。

【获 2009 年度全国物业管理示范项目】 全国物业管理示范项目评选由建设部组织，旨在促进物业管理规范发展，提高物业管理服务水平，评选内容涉及物业公司的资质、服务质量、物业服务收费率、业主满意率等。区建设局物业科积极支持物业企业参选，每季度组织专业人员进行检查和业务指导。经考评验收，绿城·春江花月物业管理项目被评为 2009 年度全国物业管理示范住宅小区，占全市四分之一。至此，上城区已有两个项目先后获得国家级示范（优秀）住宅小区(大厦)的光荣称号。同时，浙江新成物业的市中级人民法院审判办公楼项目被省建设厅评为 2009 年度省级物业管理示范项目。

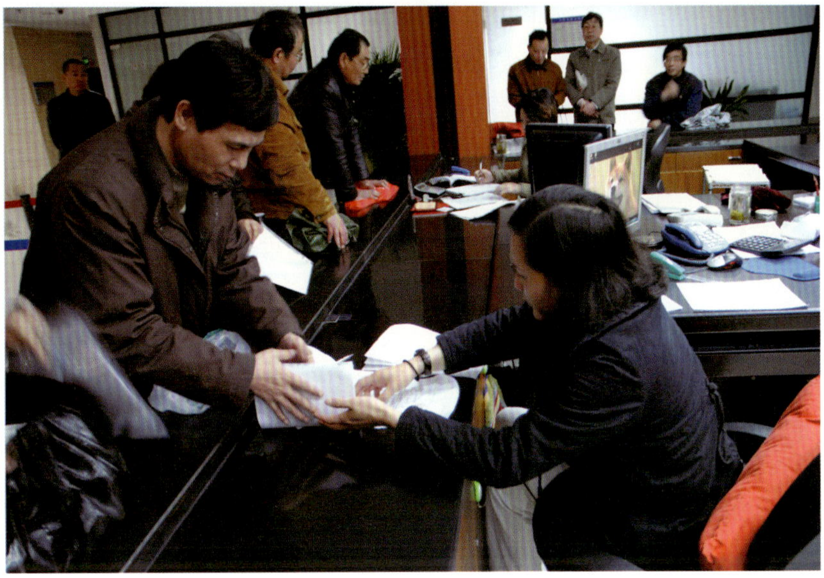
工作人员在保障性住房窗口解答住户疑问　（区建设局　提供）

【实施中山路“甲字形”范围内历史建筑保护整治工程】 南宋御街国际综合体“甲字形”范围内共包含历史建筑88 处（均位于上城区范围），其中已修缮完成 44 处，正在实施 14 处，30 处尚未启动实施。2010 年，通过成片推进、整体修缮、设施配套、环境整治等对上述 44 处尚未修缮完工的历史建筑本体及周边危旧房屋进行整体设计和保护整治，将历史建筑的保护与改善民生相结合，实现“一个延续、三个提升”，即传统风貌的保护与延续，使用功能的改善与提升，建筑环境的整合与提升，历史文化的传承与提升。

【三条支小路被评为市区支路建设整治样板路】 经杭州市建委等有关部门的综合考评，由区建设局承建的佑圣观路建设整治工程、由玉皇山南指挥部承建的八卦田路建设整治工程获杭州市区支路建设整治工程样板工程一等奖；由区建设局承建的城头巷整治工程获杭州市区支路建设整治工程样板路工程二等奖。区建设局获杭州市区支路建设整治工程先进集体二等奖。自 2008 年起，上城区共有 19 条支小路实施整治建设工程，完工 6 条。上述 3 条支小路均为上城区域内重要城市支路，整治内容涉及交通组织梳理、市政设施改造及沿街两侧建筑、绿化、公共设施综合整治等。整治后有效提高通行能力，提升城市整体形象。

【三项举措抓好经济适用房日常受理工作】 4 月 1 日，2010 年经适房日常受理启动后，区建设局针对经适房申请“门槛”的变化出台三项举措。加强教育，敲响廉政警钟。与岗位廉政教育工作相结合，在受理前召开专题培训会对房政科工作人员、各房管站的经济适用房联络员进行廉政教育、政策学习和业务培训，强调严格按照政策和制度办事。广泛宣传，全过程阳光操作。利用办事大厅公告栏、电子屏等张贴、播放申购经适房所应提供的材料、办理流程及工作完成时限。规范流程，强调人性化服务。将受理窗口工作人员增至 3 名，对受理窗口依照咨询、发放、受理申请表进行分工调整，推出叫号制度，由保安统一发放办理号，设置专门的休息区，有效提高受理效率。截至 4 月 12 日，共计发放申请表 2500 份，受理接待 500 人次，电话咨询 1000 人次，实际收件 300 份。

【危旧房改善和历史街区、历史建筑保护工作获多项表彰】 4 月 8 日，杭州市人民政府办公厅发布了 2009 年度杭州市住房保障、危旧房改善和物业管理改善工作先进通报。上城区人民政府获 2009 年度杭州市危旧房改善和历史街区、历史建筑保护工作优秀组织单位一等奖；上城区危改办获优秀实施单位一等奖；上城区长生路不老里2号等10个维修改善项目获评优秀项目。2009年是危旧房改善收官之年，主要通过6项措施开展全区的危旧房改善。实行“3+3”模式，充分落实“四问四权”。建立监管小组，实现审计全程跟踪。运用有机更新，破解老房子维修难题。创新举措，成立危房维修机动队。推出“百姓验房”，促进项目高质化。坚持查漏补缺，开展工程质量“回头看”。

资料　“3+3”模式：即住户协商会、住户听证会、住户恳谈会+入户调查、方案公示、义务监督员。

四问四权：“四问”指问情于民、问计于民、问需于民、问绩于民。“四权”指基层群众的知情权、参与权、表达权、监督权。

【四项措施落实“环沪护城河”安保任务】　上城区世博安保部署会议结束后，上城区建设局第一时间以文件传阅形式在领导班子和质量安全监督站领导中传阅。4月6日召开领导班子会议，传达区领导讲话精神，成立了领导小组，依据区《总体方案》，制定相应实施细则。对全区建设工程28个区监管项目安保工作进行隐患全面排查。对玉皇山南指挥部和紫阳街道在建工程的安全检查，累计出动检查95人次，查处安全隐患96条，签发停工整改单1份，(暂停)整改通知单4份，限期整改通知单16份，对整改不到位的工地进行督促整改，确保安全。召开上城区建设工程施工现场作业人员实名制管理工作会议。全区建设工程负责人等119人参加，重点部署施工现场的动态管理工作，明确了“五清”目标的管理制度(施工人员底数清、基本情况清、出勤记录清、工资发放清、进出项目时间清)，明确了实名制管理的操作规程和办法。按照“3464”思路对在建工程可能发生的安全隐患、关键环节、主要措施和应急预案作了具体研究，加强对在建房屋工程质量、施工安全和防恐怖分子破坏3个安保关键环节的管理，确保深基坑开挖、大型机械设备装拆(塔吊、施工升降机)、悬挑外脚手架、恶劣天气施工作业、施工人员居住办公饮食卫生设施等4个重点部位的安全，明确了6项安保措施：严格落实各方主体安全生产责任；加强从业人员安全生产知识教育培训；严格易燃易爆物品管理；设立安保小组，加强巡查和安保力量；建立外来人员进场登记制度，实施统一管理；完善应急预案，建立建设工程重大质量安全事故响应机制。同时，加强应急抢险救援队伍的组建，确保人员队伍、应急装备设施、抢险物资器材和经费“四个落实”。

【获杭州市政府“建筑业产值超百亿管理单位”荣誉称号】　4月19日，杭州市人民政府组织召开2009年度产值超百亿建筑业管理单位及纳税超千万建筑业企业及表彰大会，区建设局再次获“建筑业产值超百亿管理单位”称号(2009年全区建筑业产值达到160.27亿元，比2008年增长7.19%，连续三年实现高增长，取得了显著成绩)，首次进入主城区超百亿元管理单位前三甲。2010年，区建设局着力走好“三步棋”，推进建筑业企业发展。继续加大对区建筑业的服务保障；加快转型升级，夯实建筑业发展良好基础；加强监督管理，规范建筑业发展市场秩序，完善招投标评标管理办法，全力推行实名制管理，力争实现“五清”(人员基本情况清、进出时间清、数量情况清、考勤情况清、工资发放清)目标，从源头上避免违法分包、挂靠、拖欠工资等现象的发生。

【建设工程施工现场作业人员实行实名制管理】　根据杭州市建委文件精神，自3月1日起，上城区合同造价3000万元以上的工程项目开始实行实名制管理试点。区建设局召开专题会议，邀请杭州市建管站相关负责人对文件精神进行解读。截至12月底，上城区监管的建设工地中，已有9家工地实现实名制管理。同时，对区监管工地实行佩戴胸牌管理制度，加强门卫出入登记管理，上城区质量安全监督站(建管站)对试点工地实名制落实情况进行检查，对未按规定实行实名制管理的现场，责令相关企业及项目负责人限期整改，整改不力的予以通报批评。

【之江路道侧(金色海岸段)绿化获“2009年度杭州市道路优秀绿化工程银奖”】　之江路道侧(金色海岸段)绿化面积约16775平方米，建设单位为上城区绿化委员会办公室，设计单位为浙江林学院园林设计院，由杭州春天市政园林有限公司承建。工程总投资161.63万元，2008年11月28日开工，2009年1月10

日全面完工。工程结合之江路地处江边的特殊地理位置,在尽量保留原有树木的原则上,加强绿化空间开合变化,注重植物配置和层次,增加开畅植物空间及透景线,全面提升周边地块绿化环境。2010年,之江路道侧(金色海岸段)绿化获"2009年度杭州市道路优秀绿化工程银奖"。

【抚宁巷支小路整治工程完工】 抚宁巷地处紫阳单元,全长336米,西起中河南路慢车道,东至江城路,是本区块及周边地块的主要出行通道之一。抚宁巷规划道路红线宽度为20米,整治前人行道宽度不一,路侧划有停车泊位,停车比较紧张,行人通行条件不好,且雨污水管、给水管老化。自3月工程启动以来,负责实施的区道路整治办与交警、城管、市政等部门多次沟通,结合危旧房改造,对道路沿线水、电、煤、通信等市政设施进行综合整治,新建、移位各类管线130米,并结合道路两侧用地及建筑,合理布置车行道、人行道及绿化,对沿线管道实施雨污水分流制,改建、翻新、增设管道、井及雨水口5处。整治后,抚宁巷新增停车位5个,有效改善沿线居民出行条件,缓解周边居民的停车难问题。

【开展工程运输车安全专项治理】 5月18日,区建设局联合区安监局、上城交警大队对望江地区改造建设R21-01地块、R21-04地块及玉皇山南综合整治拆迁安置房等9个在建工地的工程运输车进行专项检查,检查工程车37辆。从检查情况看,各单位都按程序办理了相关证照,但在管理制度、具体监管措施、安全生产责任书中处罚内容可行性等方面不够完善。为此,检查组明确要求相关建设、施工、监理单位立即整改,并在本次专项整治的基础上,强意识、抓管理、建制度,从源头上控制事故的发生。

【开展保障性住房建设工地专项检查】 6月,区建设局对皇诰巷拆迁安置房、望江地区R21-04地块一标和二标、玉皇山南综合整治拆迁安置房等9处保障性住房建设工地进行质量、安全、文明施工专项检查,检查以防范深基坑坍塌、塔吊倒塌、高空坠落、触电、物体打击、建筑节能、分户检验等为重点,累计出动检查人员108人次,共查处安全隐患189条,签发(暂停)整改通知单6份,限期整改通知单30份。从检查情况看,对部分工地存在安全隐患,如基坑临边防护不到位;支模架立杆间距过大,水平杆、扫地杆设置不到位;外脚手架内、外封闭、拉结点设置;屋面、楼层、预留洞口安全防护不到位;开关箱配备不足,PE线未设置,电缆线乱拖拉,电缆线接头绝缘包扎不可靠等情况,当场指出并责令施工单位立即整改。

【金钗袋巷整治获市区支路建设整治样板工程二等奖】 6月,经杭州市建委等有关部门的综合考评,由区建设局承建的金钗袋巷支小路整治工程被评为市区支路建设整治样板工程二等奖,区建设局被评为市区支路建设整治工程先进集体三等奖。金钗袋巷地处紫阳单元,南起抚宁巷,北至望江路,全长250米,宽16米,总投资300万元,是本区块及周边地块的主要出行通道之一。整治前人行道宽度不一,路侧划有停车泊位,停车比较紧张,行人通行条件不好,且雨污水管、给水管已老化。此次整治结合危旧房改造实施,对道路沿线水、电、煤、通信等市政设施进行综合整治,并结合道路两侧用地及建筑,合理布置车行道、人行道及绿化,对沿线管道实施雨污水分流制,新建、移位

6月17日,举行上城区建筑行业第三届"安全在我心中"演讲比赛。
(区建设局 提供)

各类管线300米,整治后,道路沿线新增景观行道树36株、停车位6个,有效改善沿线居民出行条件,缓解周边居民的停车难问题。

【开展建筑施工工地安全生产专项检查】 8月28~29日,区建设局与区安监局成立安全生产专项检查组,分3路同时展开,重点检查全区在建庭院改善工程、危旧房改善工程、中东河沿线整治工程,两天共出动35人次,检查建设项目28个,共查处安全隐患169条,签发(暂停)整改通知单13份,限期整改通知单15份。对质量、安全注册登记手续未办理,施工、监理单位安全管理不到位,安全责任制不落实,井架未办理安装(拆卸)告知和使用登记手续等情况,督促建设、施工、监理单位落实整改,组织复查,排查隐患。

【做好中东河综保工程危旧房改造项目白蚁防治工作】 中东河综保工程是南宋皇城大遗址综合保护工程的重要组成部分,"十一"期间与五柳巷等历史文化街区同步精彩亮相。为此,8月,上城区多个部门联合杭州市白蚁防治研究所,做好街区内历史建筑、危旧房的白蚁防治工作。该项目共有五个施工标段,涉及维修、拼接和拆除重建等多种改善类型,对五柳巷、斗富一桥、斗富二桥、三味庵等四个标段的部分房屋实施了白蚁防治,根据工程进度做好剩余标段的白蚁防治工作,力争圆满完成东河沿线建筑综合保护工程的白蚁防治。

【中河东路(望江路——庆春路)道路整治工程基本完工】 中河东路紧邻中河东侧,上城段北起庆春路,南至望江路,全长2100米,宽度为9米~13米,是中河综保工程的重要组成部分。该工程由上城区道路整治指挥部负责实施,整治内容主要包括管线敷设、人行道板调整更换、绿化景观改善等方面。工程于7月底开工,至9月底已基本完工。整治后的中河东侧辅道除解放路至丰乐桥北段受道路条件限制无法单行外,其余道路均实行南向北的单向交通组织,且道路人行道板采用高湖石材质,行道树1.5米见方的树池铺着鹅卵石,每30米间隔着浮雕小石墩,整个路面铺设乳化沥青,道路整洁划一,与新中东河的南宋文化和市井民俗融为一体,提升和完善中河慢行系统。

【重拳出击确保节庆期间建设工地安全】 向区管建筑业企业、建设工地下发通知,要求各建设、施工、监理单位加强节庆期间安全生产工作的组织领导,切实落实安全生产责任;要求各建设工地加强国庆节期间的值班工作,坚持24小时项目负责人带班制度,并将国庆节期间值班人员名单上报区建设局;9月26~29日,对望江地区改造拆迁安置房R21-01地块、R21-04地块一标和二标、皇诰巷拆迁安置房工程、旅游职业学校葵巷校区、建兰中学工程等11个项目进行了安全生产大检查,检查重点包括:管理人员到岗情况,施工临时用电,深基坑工程、支模架搭设,外脚手架搭设,工地围墙、民工宿舍、施工现场的大型机械设备管理等。3天累计出动检查22人次,查处安全隐患46条,签发(暂停)整改通知单两份,限期整改通知书9份。针对存在的问题,当场要求各施工、监理单位进行整改,并将整改情况书面上报上城区质量安全监督站。

【出台《社区准物业管理规范》】 2009年,上城区启动物改三年行动,先后对70个老旧小区实施了物业管理改善工程,已完成改善面积263.33万平方米,惠及百姓48949户。为了巩固改善成果,建立长效管理,推进"质量强区",区建设局起草制定了《社区准物业管理规范》(以下简称《规范》),这也是全市首个社区准物业管理工作规范。2010年10月27日,该《规范》作为杭州市的地方标准通过了专家组的审定。

【超额完成市下达的老旧小区物改任务】 上城区老旧小区物业改善工作量位列全市第一。2010年是老旧小区物改"三年行动计划"的深入推进之年,先后完成全区16个社区、42个小区的物改项目,接管面积达142万平方米,提前超额完成市里下达的100万平方米的目标任务,并在全市率先审定通过《社区准物业管理规范》,将准物业管理工作制度化、程序化和规范化,填补了该项工作在杭州市的空白。

【提前完成16处直管公房大修项目】 2010年,以杭州市房管局政策为指导、上城区建立责任包干到区、社会维修力量参与的管理新机制,提高了全区房屋维修的工作效率,保障了直管公房的使用安全。年初,区房管部门对辖区内的直管公房进行全面摸底排查，将存在居住使用安全隐患的房屋全部列入年度大修计划，制定了详细的维修方案。经过10个月的努力，望江门外直街33号、35号、37号、39号、盛家弄14号等16处实施大修的房屋维修项目，已全部完工并通过了相关验收，累计投入维修费用132万元，提前完成了直管公房的大修任务，保障了人民群众的居住安全。

【开辟宣传专栏加强思想政治工作】 1月，区建设局在局机关办公楼新开辟新闻时评、廉政之窗、信息告示、先进荣誉4个宣传专栏，定期更新内容，以热点敏感新闻点评形式，引导干部职工，辨明大是大非，弘扬社会主义核心价值观主旋律；结合局岗位廉政教育试点，设置廉政故事、廉政案例、廉政心得、廉政知识等小栏目，引导全体公职人员廉洁从政、秉公用权；第一时间通报上级重要指示，第一时间征询群众对局党委重大决策意见，扎实推行党务公开、政务公开；及时宣扬好人好事，推广先进经验，展示成绩荣誉，坚持用科学思想、先进观念和进步精神占领文化阵地。

（倪佳佳）

房地产业

【广宇集团股份有限公司概况】 广宇集团股份有限公司(以下简称广宇集团)以“企业持续发展”为核心，以“提升管理、加快周转、合理负债、适度扩张”为风险控制对策，秉承稳健、务实的经营理念，不断提高企业持续经营能力。项目销售、技术、工程、前期等各环节圆满完成。广宇集团整体运营保持稳定发展的良好态势。

截至2010年12月31日，公司开发经营情况良好。广宇集团销售面积达24.61万平方米，销售合同金额达24.71亿元，超计划完成137.27%；项目在建面积达79万平方米，全年共有5个项目10个组团交付，完成项目竣工交付面积40.92万平方米，较上年同期增长62%。

2010年，广宇集团各项目联动发展，呈现年初项目在建面积大、交付项目多、销售指标超计划完成三大特点。其中，西城美墅项目顺利提前半年完成竣工交付工作；上东领地项目顺利提前半年交付。

2010年，广宇集团获“杭州市服务业百强企业”、杭州市“联乡结村”活动先进单位等荣誉称号；通过“浙江省文明单位”和“杭州市文明单位”的复评工作。黄山广宇公司荣获2010年度“安徽省民营企业百强”称号。广宇物业被评为“中国物业管理诚信品牌企业”。

【竞得82号地块】 2009年12月1日，广宇集团以6.29亿元总价(折合楼面价约6386元/平方米)竞得杭政储出〔2009〕82号地块。此地块位于江干区丁桥居住区R21-02单元，出让面积49250平方米，容积率2.0。地块南面即是广宇集团上东臻品项目，西面是广宇集团上东名筑项目。周边规划有幼儿园、小学、居住配套等设施。地块东面有良好的水景、绿化资源，是一块不可多得的优质土地。丁桥板块的房价已经全面突破1万元，在售区域楼盘均价已达11000~12000元/平方米。广宇集团此次拿地，将继续领军丁桥板块。

【开发临平板块】 2010年12月10日，广宇集团首次进入临平板块，以46800万元总价（折合楼面价约8094元/平方米)竞得余政挂出〔2010〕102号地块。该地块位于临平新城，东至南苑街道联盟社区，南至规划道路，西至南大街，北至翁梅路，出让面积24092平方米，容积率不大于2.4。地块周边生活配套完善，交通便利。周边楼盘均价已达15000元/平方米左右。

（赵　燕）

城市管理

【概况】 2010年，区城管办以科学发展观为指导，围绕打造“最清洁城区”和建设“具有国际水准的高品质中心城区”战略目标，立足本职，狠抓落实，搞好服务，努力为加快转变经济发展方式、推进经济转型升级营造良好城区环境，各项工作有序推进，从平面城管向立体城管转型，从注重质量向注重品质转变，实现了城市管理有机更新和又好又快发展。城市管理各项工作继续保持全市领先，已连续第七年获得杭州市城市管理目标考核一等奖。2010年，杭州市城市管理十项优胜项目评比中，上城区的庭院改善、垃圾分类、市政设施、河道管理、停车收费和创新管理等6项被评为优胜项目，其中4项获全市第一。

【不断深化保洁保序管理】 提升道路保洁水平,探索市场化运作路子,继续推进道路分类保洁管理工作,转变被动考核方式,通过灵活应对手段,确保长效管理。全年道路(街巷)平均清洁度为96.75分,比2009年同期提高0.5分。解决“四个损坏”。按照“不破、不缺”基本要求,对数字城管覆盖范围内的市政道路、人行道板等24类市政附属设施进行了摸底排查。全年共发现问题4600个,已全部得到解决,解决率100%。遏制道路乱开挖,严格规范挖掘许可,实行公示加强监督,同时严格控制新(改、扩)建道路的挖掘。全年市区共审批占用挖掘道路196件,由于严控审批,市民投诉乱挖掘问题明显减少。加大监管整改力度,突出抓好保洁、保序两项基础性工作,对管理重点和热、难点问题实行“定额化、考核化、日常化”,针对日常巡查监管中发现的问题,及时抓好督促整改。全年共发现城市“四化”(洁化、绿化、序化、亮化)问题共3200个,在第一时间得到解决。

【扎实做好实事工程】 借南宋皇城大遗址综合保护工程,庭院改善以“能改尽改”为原则,截污纳管以“能截尽截”为原则,自加压力,确保将好事做好、做实。2010年,庭院改善完工447幢。结合中东河整治等大项目对92处实施截污纳管。完成73条街巷改善。公厕提升改造8座,改造101座生态垃圾房。完成35口水井保护。以中东河、玉皇山南、西湖东望天际线等3个区域为重点,做好11处实施亮灯主体(点)的亮灯建设。

【开展垃圾分类工作】 积极开展垃圾分类工作,落实“五个到位”措施,使全区生活垃圾分类和社区城市管理服务室建设走在全市前列。区委、区政府领导高度重视垃圾分类工作,通过列入目标考核、成立分类机构、定期召开例会等做法,集思广益,努力把垃圾分类工作贯彻、落实到实处。根据“垃圾分类确保40%小区达标、60%小区普及”目标,区、街道、社区按要求从下而上组织情况排摸。全区310个小区已启动生活垃圾分类小区223个。小营街道建南小区作为全市垃圾分类收集启动仪式的小区,社区落实专人引导居民按要求投放各类垃圾,使垃圾分类投放准确率大大提高;湖滨街道青年路等社区,首创了垃圾分类“实名制”,受到了中央、省各大媒体的高度关注。在社区、广场发放书面小卡片、漫画小册子、编写顺口溜等多种市民喜闻乐见的宣传渠道,将垃圾分类在市民中深入、推广、牢记,逐步使其成为一种习惯。结合垃圾直运和分类工作,在原来已有社区城管联系站的基础上,成立社区城市管理服务室。专题召开会议研究,编排人员。向社会招聘的38名社区城管专职人员、80名环卫转岗人员已到岗;社区城市管理服务室建设的“四有”基本落实。

【实施停车新政】 2010年,上城区停车收费工作继续在全市保持了考核、收费双领先。实行停车刷卡付费。通过宣传,4月启动实施了停车刷卡付费工作,方便了群众,优化了管理服务。自实行刷卡付费以来,共刷卡收费80万笔,刷卡率由9.66%提高到59%,实行刷卡8折付费,已让利市民150.14万元。充分挖掘停车资源。配合杭州市城管办开展住宅小区地面、地下停车泊位利用情况普查,推广错时停车,增加停车泊位,促进停车资源应用尽用。加大监督检查强度。对区域内未收费、拒付费、15分钟免费等现象较为突出的收费点进行驻点检查,对日常监管较为突出的收费点进行抽查及复查,确保每月实施3次。通过联合大检查,共查处相关收费不规范问题近百次。试行免费单车进社区工作。作为杭州市免费单车进社区的试点城区,扎实做好公共自行车的选址布点工作,努力解决公交最后一千米问题。在全市试点新增始版桥新村等24个免费单车点位进社区工作,共增加889辆免费单车。免费单车进社区试点工作的经验做法,在《杭州日报》头版作了报道。

【打造“最清洁、最有序、最文明”城市】 按照“最清洁、最有序、最文明”的要求,做好重大节会的城市管理服务保障工作。通过周密组织,层层落实,确保了窗口地区、重点地段、场馆周边环境整洁有序,展现最清洁、最有序、最亮丽的城区容貌,确保了城市交通和居民生活平稳、正常。按照“保畅通、保安全、保绿化”要求,突出抓好抗雪防冻工作。共出动人员5000人次,各类车辆250辆次,清扫积雪1000万平方米,确保交通畅通和道路、桥梁、隧道等市政设施的安全正常运行,市民出行没有受到大的影响。按照“居民家中零进

解放路打造成鲜花大道 （区城市管理办公室 提供）

水、道路积水3小时排除”要求，扎实做好城区防汛防台工作。主汛期前完成了13个低洼积水点的治理，并建立、健全防汛防台网络，狠抓组织、人员、物资、器材保障。同时，加强汛期值班，落实应急工作机制，确保预警响应启动后半小时内工作人员到岗、到位。“按照提升一条高架绿化、打造两条绿化特色道路、美化三条重点道路”要求，重点打造绿化“123”工程。以改造17000盆高架挂箱为契机，增加月季、忍冬等挂箱植物，改变以往单一品种；以绿荫工程为基础，将西湖大道打造成“樱花大道”，将环城东路打造成宿根性花卉为主的景观特色大道；以道路修缮工程为基础，美化解放路等3条重点道路绿化档次。2010年，解放路被市委、市政府授予“美化家园示范街区”，绿化提升改造质量全市领先。

【实施亮灯工程提升城区整体品质】 2010年，上城区将继续推进亮灯工程建设，提升上城区夜间景观照明层次。进一步做精、做细钱江新城包括上城区人民检察院、大名空间商务大厦、中国针织城等在内的9个建筑预计总投资1630万元的亮灯工程建设；继续提升完善湖滨名品街、杭州文物公司大楼、南宋御街、南宋御街中华美食夜市一条街等9个建筑道路的亮灯工程建设，总投资1600万元。结合上城特有的文化背景，进一步挖掘商业资源，发展夜间经济，提升整体亮化环境。亮灯工程建设将全部采用节能、减排的材料，实现低碳经济的发展目标，真正做到资源与环境的协调发展。

【完成汛前低洼积水治理工程】 上城区对复兴街、老沙地路、中河中路、木场巷、城站广场及建国南苑、马市街及清吟街、东坡路邮电路口等8处路段进行低洼积水治理。通过增设雨水边窨井、雨水管道、管渠疏挖、平整路面等措施，改善积水区域排水状况，以达到解决或缓解积水现象。共修复道路面积6600平方米，铺设管道830米，砌筑各类检查井106座。确保上述路段汛期不发生大面积的积水现象，保障居民雨天正常的生产生活。

欧式建筑的中信银行杭州分行亮灯工程 （区城市管理办公室 提供）

【举行社区城管服务室揭牌仪式】 9月6日，在葵巷社区举行全市社区城管服务室的揭牌仪式。城管服务室设城管服务室主任、副主任，配备分类保洁巡查员、数字城管联络员、垃圾分类指导员，主要组织开展城市管理法律、法规、政策的宣传，协助有关部门开展社区服务活动；组织开展社区内城市管理工作监督检查，及时向市、区、街道反映辖区城市管理重大问题并参与问题解决等8项工作职责。葵巷社区还组建一支10人的民间大管家监督员队伍，将社区划分成10块责任田，由大管家承包负责责任田内分类保洁、数字城管、垃圾分类工作，辅助配合社区城管服务室工作人员开展各项城市管理工作。 （丁炜锋）

广场经营管理

表14　　2010年吴山广场主要活动

序号	时　间	场地	主　办　单　位	活　动　内　容
1	2010-01-02	7#	中共杭州市委宣传部	周末文化大舞台(杂技专场)
2	2010-01-03	7#	中共上城区委宣传部	百场百团文艺演出
3	2010-01-10	1#	杭州市公安局	“110”宣传日
4	2010-01-17	4#	杭州亚美广告有限公司	可口可乐新年派对推广活动
5	2010-01-30	1#4#	杭州市药监局	杭州市药品安全专项整治暨春节打假保健康大型活动
6	2010-02-08	4#	浙江电视娱乐频道	迎新春——虎年健康行
7	2010-02-17~19	7#	中共杭州市委宣传部	特色广场春节演出
8	2010-02-22	5#	上海励维市场营销策划有限公司	王老吉产品路演
9	2010-02-28	3#	上海鹤达生物科技发展有限公司	魔发梳产品宣传
10	2010-02-28	5#	上城区教育局	《浙江省义务教育条例》广场咨询活动
11	2010-03-01	1#	杭州市卫生局、上城区卫生局	《杭州市公共场所控制吸烟条例》集中宣传，联合执法活动
12	2010-03-04	4#	杭州市公安局	庆“三八”《服务世博、保平安、敬业专业展风采》启动仪式
13	2010-03-08	4#	清波街道	上城区庆“三八”风采展示活动
14	2010-03-10	1#4#	浙江省公安厅、杭州市公安局	2010浙江省暨杭州市“3·10”经济犯罪防范宣传日
15	2010-03-11	1#3#	杭州市工商行政管理局、杭州市民营企业协会	第八次就业再就业招聘会
16	2010-03-12	5#	杭州市绿化办公室、上城区绿化办公室	2010年春季绿化宣传咨询活动
17	2010-03-12~15	1#3#4#5#	杭州市消费者协会	“3·15”维权日
18	2010-03-20~21	1#3#5#	钱江报系有限公司	2010年钱江晚报春季广场车展
19	2010-03-27~28	1#3#	杭州展硕广告有限公司	汽车展
20	2010-03-30	4#	上城区人民检院	《浙江省预防职务犯罪条例》实施三周年宣传咨询活动
21	2010-04-03~04	5#	北策营销策划(北京)有限公司	2010伊利双星“挑战小勇士”海选活动
22	2010-04-07	1#4#	杭州市旅游委员会	全国百城世博旅游宣传推广周启动仪式
23	2010-04-10	4#	浙江电视台7套公共·新农村	黄金风暴推广活动

续表一

序号	时　间	场地	主　办　单　位	活　动　内　容
24	2010-04-11	1#4#	杭州市爱国卫生运动委员会	杭州市2010年世界卫生日暨爱国卫生日宣传活动
25	2010-04-11	5#	杭州亚美广告有限公司	可口可乐世界杯推广活动
26	2010-04-13	5#	上城区商贸旅游局	全国百城世博旅游宣传推广活动
27	2010-04-16	4#	杭州市公安局	世博安保志愿者成立大会
28	2010-04-16~20	1#-4#	清河坊历史街区管理办公室	茶会
29	2010-04-22	4#	杭州市国土资源局上城分局	浙江省暨杭州市隆重纪念第41个“世界地球日”活动
30	2010-04-24	5#	浙江省银行业协会	迎世博　银行卡普及知识大型宣传活动
31	2010-04-24	4#	杭州市旅游委员会	“青春微笑”志愿行动暨公益旅游咨询活动
32	2010-04-26	1#	杭州市科技局	杭州市2010年“4·26”知识产权宣传活动
33	2010-05-12	4#	浙江省民政厅、杭州市民政局、上城区民政局	“5·12”防灾减灾宣传日活动
34	2010-05-12	1#	上城交警大队	“5·12”防灾减灾宣传日活动
35	2010-05-22	4#	浙江星韵律师事务所	房产新政法律咨询
36	2010-05-29	4#	浙江旅游职业学校	反邪教展板宣传
37	2010-06-01	4#	杭州市公安局刑侦支队	打击拐卖妇女儿童宣传活动
38	2010-06-03	4#	平安时报	“文明交通　平安出行”活动志愿者授旗仪式
39	2010-06-13	1#3#4#5#	上城区安全生产委员会	省暨市和上城区“安全生产月”宣传咨询日活动
40	2010-06-18	7#	杭州市西湖博览会办公室、上虞市人民政府	杨梅节
41	2010-06-19	4#	中国人保浙江分公司	咨询活动
42	2010-06-25	4#	杭州市国土资源局上城分局	“土地日”咨询活动
43	2010-07-10	4#	中国计量学院、杭州仁爱托管中心	义卖活动
44	2010-07-31	4#	浙江大学管理学院	移动“12580”宣传推广活动
45	2010-08-06	7#	杭州市西湖博览会办公室、上虞市人民政府	葡萄节
46	2010-08-08	1#4#	上城区全民健身领导小组	2010年上城区全民健身日“健身走”活动
47	2010-08-26	7#	中共上城区委宣传部	送戏下乡文艺演出
48	2010-08-28	1#	青年时报、杭州市农业工作办公室	“美丽乡村”浙江农家乐亲子游启动仪式
49	2010-08-30	4#	浙江省测绘局	《测绘法》宣传活动
50	2010-09-10	5#	清波街道	科普宣传
51	2010-09-11	1#4#	浙江省质量技术监督局	2010年全省“质量月”广场活动
52	2010-09-17~24	1#2#3#4#	清河坊历史街区管理办公室	第二届南宋御街国际旅游文化艺术节
53	2010-09-19	7#	杭州市群艺馆	“大地情深”——群星大舞台浙江巡演专场

续表二

序号	时　间	场地	主　办　单　位	活　动　内　容
54	2010-09-17~24	2#	交通银行	银行卡业务宣传
55	2010-09-26	1#4#	浙江省劳动保障教育中心	省暨市和谐民生行人力资源社会保障政策法规集中宣传周启动仪式
56	2010-10-01~03	7#	中共杭州市委宣传部	国庆文艺演出
57	2010-10-01~06	5#	中国电信上城分公司	业务宣传
58	2010-10-07	1#4#5#	临安市政府、临安市林业局	临安山核桃节
59	2010-10-11	7#	上城区残联	第八届残疾人运动会宣传活动
60	2010-10-10	1#3#大通道	上城区人民政府、杭州市社会科学院	社会科学普及周启动仪式
61	2010-10-15~21	1-4#	清河坊历史街区管理办公室	吴山庙会
62	2010-10-15~22	2#	交通银行	业务宣传
63	2010-10-16	7#	中共杭州市委宣传部	西博会开幕暨烟花大会配套演出
64	2010-10-17	6#	中国计量学院	“人文西子、绿色钱塘”主题系列活动
65	2010-10-21	大通道	杭州市福彩中心	杭州福彩走进吴山广场公益资助活动
66	2010-10-22	6#7#	上城区统计局	浙江省暨杭州市第六次人口普查大型宣传活动
67	2010-10-23~26	1#3#4#	德清市人民政府	融入大杭州广场农副产品展评活动
68	2010-10-29	7#	中共杭州市委宣传部	第七届“邻居节”
69	2010-10-30	1#4#	杭州市旅行社行业协会	2010年金秋精品旅游展卖会
70	2010-10-31	1#	邵逸夫医院	世界糖尿病日——蓝光行动大巴车筛查项目活动
71	2010-10-30~31	2#	交通银行	业务宣传
72	2010-10-30~31	3#	杭州探索广告有限公司	金隅·观澜时代楼盘展示
73	2010-10-31	7#	杭州市人防办	人防成立60周年文艺晚会
74	2010-11-06	全部	浙江省广播电视集团	第五届电视节(观众嘉年华)
75	2010-11-09	1#4#	杭州市公安局	警营开放日
76	2010-11-10	1#4#	中共上城区委统战部	第二十二届“国际科学与和平”周大型为民服务活动
77	2010-11-11~17	6#	杭州龙马广告公司	新型奔驰车展示
78	2010-11-20	1#4#	杭州胡庆余堂集团有限公司	“胡庆余堂”特种邮票首发式暨胡庆余堂中药文化节开节典礼
79	2010-11-21	1#4#	杭州市典当行业协会	杭州典当行业广场宣传日
80	2010-11-21	3#5#	上海励维市场营销策划有限公司	王老吉产品路演
81	2010-11-23	1#4#	杭州市食品药品监督管理局	杭州药检所庆50周年食品药品安全宣传活动
82	2010-11-28	6#	清波街道、中信银行	银行业“公众教育日”活动

续表三

序号	时 间	场地	主 办 单 位	活 动 内 容
83	2010-11-28	4#5#	浙江民生休闲频道	2010"彩虹计划"慈善公益助学结对大会
84	2010-12-03	4#	省证券业协会	《证券法》咨询活动
85	2010-12-04	1#	杭州市人民政府法制办公室	"12·4"法制宣传日法律咨询
86	2010-12-04	2#	南京军区杭州疗养院	建院60周年大型便民义诊活动
87	2010-12-05	1#4#	遂昌县风景旅游局	遂昌旅游推荐活动
88	2010-12-05	5#	杭州市志愿者协会	国际志愿者日宣传活动
89	2010-12-10	4#	浙江省军区、上城区人武部	浙江省新兵入伍出征仪式
90	2010-12-11	7#	杭州市公安局	杭州市"十佳亲民警察"见面会
91	2010-12-11~12	1#-5#	安吉县人民政府	2010安吉融入杭州日暨美丽乡村秀大型活动
92	2010-12-15~17	1#5#	杭州市公安消防局	首届杭州低碳消防宣传月启动仪式
93	2010-12-17	2#	杭州市第三人民医院	建院60周年广场义诊活动
94	2010-12-18	4#	幸福人寿保险公司	2010年客户服务节暨"幸福天使"排舞邀请赛
95	2010-12-18~19	5#	青年时报	汽车展
96	2010-12-25	4#	浙江教育科技频道"小强热线"	神州行《牵手》新闻行动广场活动
97	2010-12-26	4#	浙江电台浙江之声	听友俱乐部年终大奖抽奖活动
98	2010-12-26	5#	杭州窗外广告有限公司	长兴乡村旅游展示活动
99	2010-12-31	2#	杭州美洋广告有限公司	建设银行业务宣传

备注 1. 周末文化大舞台全年演出46场次。
2. 百场百团文艺演出全年演出28场次。
3. 特色广场演出17日杂技,18日越剧,19日歌舞。
4. 中国电信上城分公司在吴山广场举办16场业务宣传。
5. 中共杭州市委书记黄坤明参加2010安吉融入杭州日暨美丽乡村秀大型活动。

(陆伟康)

【圆满完成2010年春运管理工作】 1月30日至3月10日春运期间,城站火车站共发送旅客251.2万人次,比上年增长9%;到站旅客310.9万人次;共562.1万人次。加上在城站广场接送旅客的人数,40天中约有580万人次进出城站广场,平均每天14.5万人次,为历年春运客流量之最。春运前夕,城站广场管委会针对火车东站搬迁等因素,及时作出周密布置和安排,并与铁路部门再次实现了春运管理的无缝衔接。城站广场的200余名公安、交警、运管、行政执法、工商等部门的管理人员和保安、协管员、保洁员等均放弃了休息,实行24小时连轴转管理机制。春运期间,广场管委会每天牵头组织2~4次联合执法整治,打击广场及周边的"黑车"、"黄牛"拉客等现象。据统计,春运期间的联合执法整治共查获嫌疑"黑车"35辆;查处路边违停机动车196辆;查处非法营运残疾车56辆,其中暂扣15辆;查处违法违章经营出租车78辆;查处"黄牛"拉客20人。春运期间,城站广场没有发生任何重大治安、交通等安全事故。

【五一期间客流创新高】 2010年,五一小长假适逢上海世博会开幕,城站广场进出客流达到56.57万人次,加上送、迎客的客流,广场总客流达60万人次。其中5

月1日，广场的客流高达20万人次，破了城站广场自1999年12月改造启用以来的最高日客流纪录。城站广场管委会考虑到客流变化，两次召开职能部门负责人会议，对广场安保和保序、保洁等方面管理提出要求和目标。200余名管理人员放弃休息，参与广场的整体管理，保证了节日期间广场洁美、有序，没有发生任何重大、治安和安全事件。

【国庆七天客流创122万人次】 2010年城站广场管委会经历了火车东站改建停运后的第一个国庆长假。7天中，进出城站广场的客流达121.96万人次，客流比上年国庆7天长假增加23%。10月1日，城站广场进出旅客分别达到108246人次和95279人次，共203525人次，出现了进多于出的情况。长假期间，整个广场除一些客流密集的时间段出现"打车难"的状况外，秩序井然，没有发生一起重大的交通、治安和安全事故。

【开展多项联合整治】 针对广场突出问题，广场管委会组织和协调公安、运管、交警、行政执法及环卫等部门，开展了"黑车"专项整治、非机动车乱停乱放专项整治等19次联合专项整治行动，参加执法人员共计1013人次。处罚机动车违停241辆；劝导盲流485人次；实行救助30人次；清理盲流废弃物74件；规范非机动车237辆次；查扣无证举牌72块；移交公安调查处理"黄牛"32人次；查扣"黑车"20辆，查扣非法营运"四小车"37辆；处罚流动兜售89人次。11月9日，参与区政府组织的"四小车"非法营运和交通违法行为专项整治工作，共劝导、教育"四小车"车主93人次，当场处罚"四小车"428辆次，查扣"四小车"43辆次。广场道路面貌得到明显改善。

9月1日，代市长邵占维等领导考察城站地铁建设情况。

(城站广场委员会 提供)

【为沪杭高铁顺利运营做好服务工作】 城站火车站作为高铁站点，广场管委会为沪杭高铁的顺利运营做好服务工作。提升硬件设施。迁移城站自助售票房前的3处绿化带，保证购票客流高峰时不造成拥堵；投资2.4万元更换16块公交指示牌，将出站大厅西端近100平方米的商业广告改作公交和道路指示牌，投资12万元更新9台电梯相关部件；改善出租车旅客候车通道环境，加装照明设施，添置座椅，检修和擦洗空调、电扇等系统；在高铁出站口加装不锈钢隔离带，确保旅客安全。加强软件保障。整合力量成立专门小分队，每天不定时检查，打击一切违法违章行为，充实保洁队伍，实行24小时不间断"网格式"清扫，向广大旅客展现杭城良好形象。 (张晶辉)

城管执法

【概况】 2010年，上城区城市管理行政执法局(以下简称区执法局)围绕"建设具有国际水准的高品质中心城区"战略目标，依托城管执法智能管控平台，实现常态化管理模式，切实解决群众关注的难点、热点问题，较好完成了全年各项目标任务。全年共查处案件31569件，罚款金额560余万元。其中：按简易程序办结的案件为28986件；按一般程序办结的案件为2583件；强迁案件完成41件。均未发生被复议机关和法院撤销或者变更的案件。

【创建城市管理智能管控平台】 从2006年开始，区执法局逐步利用网络技术、数字技术、地理信息技术、视频监控技术,试行城管执法智能管控工作,解决行政执法行为不规范,行政执法方式粗放,工作信息不对称、不及时、不准确及市容秩序管理工作无序四大难题。2010年,区执法局整合资源,以WIFI、GPS、GIS、RS、智能分析等技术为核心技术,整合资源,搭建全国首创城市管理智能管控平台。完善了城市管理高效发现、处置和解决问题机制,提高城市应用处理、综合服务和业务处置水平,打造现代城市“复杂事情简单化、简单事情流程化、定量事情信息化”的管理模式。该系统的运作过程中,减员增效成效明显,行政效率显著上升,信访投诉下降24%,数字城管案卷比例下降40%,街面秩序管理人员数下降50%。工作机制向长效管理转变。智能管控平台得到了中央、省、市相关部门的肯定,中央电视台、新华社《内参选编》、新华网、《浙江日报》等均给予了专题报道,并在住房和城乡建设信息中心举办的“第五届数字城市大会”上设展厅进行展示。

【提升执法水平】 推行说理性行政处罚决定书,做到行政处罚事实清楚、证据充分、程序合法、处理适当、合情合理,切实增强行政处罚的说服力、公信力和执行力,提高群众对城管执法工作的理解和认同度。探索业务培训新方法,在智能管控平台内组建了网上业务学习考试系统,随时学、随时考;按能力层次和需求开展分类、分批次的封闭式业务培训两次,切实提高业务水平。

【排除急难险重】 在抗台、抗雪等重大活动保障中,充分运用智能管控系统及时、全面掌握辖区秩序,对于发现的问题决策果断准确,为保护城市基础设施和人民生命财产建立安全屏障。对于突然同时出现在全区的几十处新疆哈密瓜贩,及时介入调查,邀请参加谈判,和谐撤消全部瓜摊,在全市各区专项整治瓜摊工作中开了好头。全年攻克消除102处影响群众生活、易于反复的热点、难点问题,并未产生新难点。

【探索人性化执法】 与杭州交通“91·8”广播电台合作,在向市民播报上城区域泊车位情况、执法路况等讯息的同时,温馨提示市民朋友文明停车。试行违法行为电话告知、电话提醒的工作。南星、紫阳、望江等执法中队对沿街商家出店经营行为进行电话劝导,清波执法中队试运行违章停车温馨告知服务,受到广大群众的称赞,经杭州电视台、《钱江晚报》等媒体报道后,取得较好的社会影响。

【打造廉洁执法队伍】 在全体公职人员间开展了廉政教育活动,根据划分的20种岗位类型,组织全员参与,人人动笔,共查找出岗位风险点60个,设计情景案例100多个,挑选了58个典型案例纳入到《权力阳光 廉洁执法》资料汇编中,并发送到了各位队员手上,为队员正视权力、降低风险、依法行政、公正执法提供了借鉴。

【丰富量化管理】 将量化管理系统组合到了智能管控平台中,丰富量化细则至339条,将监督考核由结果管理向过程管控转变,起到了“权力运行到哪里,过程监督到哪里”的效果,有效消除了执法随意性,实现了队伍管理事前有计划、事中有控制、绩效能量化、责任能追究。在该机制运行下,队伍综合素质得到了提升。

【对5次以上违停记录车辆实施锁车拖车】 为加强辖区停车管理,区执法局根据杭州市的统一要求,自3月10日开始对有5次以上人行道违章停车记录的机动车采取锁车或拖车强制措施。为迅速、有效地发现上述车辆,区执法局为执法队员配备了“城管通”智能手机,与执法内部系统联网,输入车号即可查询违章记录。“城管通”配备数量基本实现执法队员人手一个。强制措施实施后人行道违章停车现象明显好转。

【从重处罚随意倾倒工程渣土等违法行为】 2010年,上城区增强行政执法管控的威慑力,对随意倾倒工程渣土等违法行为实施为期两个月的从重处罚。对随意倾倒、偷倒工程渣土的违法行为,个人处以不低于5000元的罚款,单位处以不低于1万元的罚款;对施工单位将建筑垃圾交给个人或者未经核准从事建筑垃圾运输的单位处置的，处以不低于3万元的罚款；对无渣土准运证运输工程渣土的违法行为，个人处以不低于5000元的罚款，单位处以不低于9000元的罚款。从重处罚措施实施后，区执法局查获10例无准运证运输行为，罚款额总计6.66万元。

【开展中、高考期间噪声污染专项整治】 中、高考期间区执法局加强对各考点周围噪声环境污染的监管力度，严格查处非法夜间施工行为，加强整治商业经营中的高音喇叭声、空调声、冷却塔、抽风机、发电机、水泵、空压机、音响及文化娱乐活动等产生的噪声。实行定人、定岗、定责，专人督岗，及时发现和排除考点周围发生和可能发生的建筑施工噪声、娱乐噪声和社会生活噪声，保证迎考学生的复习和中高考的顺利进行。共出动人员75人次，车辆20辆次，检查工地78家次，当场处理投诉35起。对查实的3家违法夜间施工单位进行了立案查处。

【集中整治中东河道周边市容】 为集中整治中东河道改善河道周边市容，区执法局运用科技手段提高发现违法行为效率。以15个固定监控列为主，车载移动平台采集的信息为辅，及时发现和整改河道及周边的违法行为。将河道巡查纳入日常管控范围，落实协管人员每日晨间和傍晚对重点区域督岗管理，有效防止洗涤、垂钓违法行为发生。沿河开展文明行为倡导活动。通过分发宣传资料动员广大居民参与到爱河、护河的行列中来，劝导违法行为，对拒不听从劝告者依法予以处罚。开展文明倡导活动3次，发放相关宣传资料210份，实施教育劝导及宣传教育300次，立案查处商贩无照经营、出店经营等违法行为13件。河道周边市容秩序得到明显改善。

【开展学校周边秩序整治工作】 8月23日起，将校园周边道路列入重点管控区域，引导店家自觉守法、公平竞争、文明经营，有效遏制开学期间文具店、食品店出店设摊、乱设招牌等违法行为发生。加强上、下学期间校园周边街面秩序管控力度，安排执法队员文明督岗，及时提高周边道路巡查频率。引导校园周边车辆有序停放，及时对“两摊”行为进行处置，配合做好校园周边的安全保障。适时整治，严管重罚。不定时集中整治无证摊贩聚集处，共实施宣传教育劝导173次，取缔无照经营商贩9家，有效保障校园周边秩序井然、环境整洁、安全有序。

【完成西湖国际烟花大会保障任务】 为保障杭州西湖国际烟花大会安全、有序进行，区执法局研究制定保障工作预案，做好确定警戒区域、设定卡口、选定巡查路线、安排执法力量等部署保障；发挥智能管控平台远程监控、后台调度指挥的作用，及时、准确、全面掌握烟花大会现场及周边秩序，发现问题及时调度处理。烟花大会当天查处无证兜售摊贩276处，处罚金额500元；劝导规范人员进场、自行车有序停放7840人次；为游客指路等达1580人次。 （李 赟）

古井保护与修缮

【概况】 2010年是水井保护工程收官之年，上城区是全市水井现存数量最多的城区，以“尊重历史”为原则，以“保护好、利用好、开发好每一口井”为宗旨，通过“最大还原、恢复功能”手法，圆满完成35处水井保护项目，占全市年度任务总量(49处)的71%。做好拾遗补缺，发动居民、社区，深入街巷里弄、小区院落和周边山麓，查找水井，确定数量；做好深度设计，着眼水井资源功能，聘请资深设计力量，确定设计方案；做好材料及工艺挑选，结合水井不同历史背景，从各地挑选相同、相近材料及配件，明确工艺相仿要求；做好整体资源统筹，综合方便使用、参观游览，结合区域特色，落实好绿化、城市家具、井台护栏、截污纳管等统筹改善。全年投入366万元，累计修缮井壁、井台及洗涤设施1058平方米，改善井圈45个，增设汲水设施5台，井底清淤346吨，铺设排水管网1.57千米，整治绿化1010平方米，12处水井周边设置休闲配套设施。

表 15　　2010 年上城区水井保护工程一览

序号	古井名称	投资数（万元）	井底清淤（立方米）	井壁修缮（平方米）	井圈修补（个）	井台修缮（平方米）	汲水设施（处）	洗涤设施（平方米）	排水设施（米）	绿化（平方米）	城市家具（处）	图、文碑刻（处）
1	凤凰泉	95	25	25	1	100	1		400	600	3	1
2	梵天寺路 89 号井	25	40	18	1	30	1		120	120	2	1
3	梵天寺遗址旁井	30	50	80	1	40	1		200	150	2	1
4	天龙寺龙眼	15	15	10	2	40	1		100	80	2	1
5	白云庵 8 号井	7	8	6	1	12	1	3	30			1
6	凤凰山脚路 171 号旁井	7	10	5	1	18		5	25	10		1
7	凤凰山脚路 166 号旁井	7	10	6	1	20		5	15	10		1
8	宋城路 108 号井	7	8	5	1	20		5	20			1
9	宋城路 97–1 号井	7	8	5	1	18		5	20			1
10	天井泉	6	7	6	1	15			25		1	1
11	火药局弄 29 号井	6	8	5	1	12		2	30			1
12	清波门外 15 号井	7	6	5	2	12		2	30			1
13	大井巷 85 号后井	4	6	5	1	12						1
14	孝子坊 13 号井	5	7	5	1	12		2	15			1
15	大井巷 22 号井	15	12	10	5	40			40	40	2	1
16	海潮寺弄 18 号井	12	8	5	4	20			100			1
17	高士坊巷 48 号井	6	6	5	1	8		4	20			1
18	察院前巷 30 号井	6	6	5	1	12		3	20			1
19	严官巷 61 号井	6	6	5	1	12		3	20			1
20	高士坊巷 16 号对面井	5	6	6	1	12		3	15			1
21	斗富桥西河下井	6	8	8	1	12		4	20			1
22	燕春里井	7	6	5	2	20		5	15			1
23	晓霞弄 4 号井	5	7	5	1	12		3	15			1
24	中山中路 391 号	5	5	5	1	10		2	20			1
25	东坡路 80 号井	6	5	5	1	16		3	25			1
26	思鑫坊直弄 2 号井	5	6	5	1	12		2	15			1
27	大学路新村 54 号旁井	6	8	8	1	12		3	20			1
28	长明寺巷 14 号井	5	5	5	1	12		3	15			1
29	小营巷 49 号井	7	7	8	1	15		5	30			1
30	小营公园 22 号井	6	7	5	1	10		3	20			1
31	横吉祥巷井	6	6	5	1	12		3	25			1
32	旧蕃署 30 号井	6	7	5	1	10		3	30			1
33	万松岭 90 号内井	8	6	6	1	18		5	50			1
34	中山南路 391 号井	5	3	3	1	15		3	15			1
35	丁衙巷 20 号内井	5	8	5	1	10		3	15			1
总　计		366	346	305	45	661	5	92	1575	1010	12	35

（唐　敏）

旧城改造开发

【吴山指挥部工作概况】 2010年，吴山指挥部按照"建设出精品、经营出效益、管理出成果"的总体要求，强势推进恢复中山南路双面街工程、御街扫尾工程、吴山地块、清河坊二、三期工程和历史街区管理工作。基本完成中山南路双面街建设，9月30日南宋御街中华美食夜市一条街开街亮相；完成光复路及街道两端整治及53条坊巷改造；完成8处危旧房改善；完成5处历保修缮(老邮局旧址、咸章旧址、160~170号、华德药房、朱养心)；完成55幢庭院改善。开工面积255103平方米(危改25075平方米、有机更新16927平方米、立面整治10万平方米、中山南路双面街工程27055平方米、御街招商建筑装饰工程62786平方米、省旅游展示中心23260平方米)；竣工面积221833平方米(危改16951平方米、有机更新8708平方米、立面整治10万平方米、御街招商建筑装饰工程62786平方米、打铜巷车库8000平方米、中山南路双面街工程25388平方米)。完成3处亮灯工程(河坊街、广宇大厦、吴山花鸟城)。

【完成鼓楼北侧景观性公共建筑】 鼓楼北侧景观性公共建筑 (原为鼓楼古董市场) 位于鼓楼北广场东北角，地块南面为鼓楼，北面为基督教堂，西靠吴山，东邻中河高架；建设用地面积约449平方米，建筑面积约510平方米，整体建筑由杭州市上城区中山中路保护与有机更新工程指挥部委托中国美术学院风景建筑设计研究院设计，为一层大框架结构局部二层建筑。工程2009年8月开工，2010年8月竣工。建筑造型独特新型，为中山路综保工程景观性公共建筑(现为清波街道文化中心)。

【建成打铜巷地下车库】 打铜巷地下停车库位于高银巷与中河交叉口南侧，于2008年底进场施工，2010年10月建成投入使用，现地名为打铜巷5号。地下车库建筑面积2891平方米，共有公共停车位64个。该车库上部为传统建筑，地上建筑面积为4475.9平方米，地上、地下总建筑面积为7366.9平方米，建筑占地面积为2312.4平方米，总用地面积为4137.8平方米，容积率为1.78。该建筑总投入700万元，地下车库投入约200万元。该项目建成之后缓解了该地块停车难问题。

【恢复中山南路双面街建设工程】 该工程于2010年3月启动，南宋御街中华美食夜市一条街于2010年9月30日开街。工程规划北自十五奎巷，南至万松岭路，全长1400米。南宋御街中华美食夜市一条街的总体定位是将中山南路打造成美食夜市一条街，以美食小吃为主，融合淘店购物、旅游体验，集食、淘、游功能于一体的中山南路国际旅游综合体和城市特色鲜明、服务设施一流、交通便捷通畅、环境整洁卫生、管理科学合理，本地人常到、外地人必到的中华美食夜市一条街。

南宋御街中华美食夜市一条街以"中国最长"为最大"卖点"，它的"长"不仅仅体现于北、中、南的三段式地理布局，并且体现在其对美食文化的挖掘与展现。漫步长街，美食文化的饕餮盛宴和双面街景的南宋古风让游客尽享夜晚杭城的魅力，《御街新韵》、《太庙祭祖》、《梦回水城》、《大染坊》、《东坡与美食》等与美食街主题相契合的公共艺术品吸引着人们的视线，从而进一步提升了南宋御街中华美食夜市一条街的文化品位与价值。 (许 渊)

【完成湖滨E-04号地块拆迁许可证申领】 湖滨单元E-04地块东起板桥路西至延安路，南起工联大厦北至学士路，面积13238平方米，与2009年完成拆迁任务的工联大厦地块同属于地铁龙翔站上盖物业项目的两个组成部分，也是湖滨国际旅游综合体建设的重要组成项目，涉及省能源集团、省教委、省机关事务管理局、杭州市公共交通集团有限公司等多家省市单位的物业产权，以及商户288户(主要分布在新声三分场、四分场)拆迁。湖滨指挥部根据2010年"确保重点、前期穿插、强势推进、基础工作先行、按时开工"的年度工作安排，于1月15日正式完成了拆迁许可证申领，1月20日起正式启动拆迁工作。

【湖滨地区最后4个危旧房保护改善区块完成立项】根据上府纪要〔2009〕第86号《区危旧房改善项目审批联合会审第二十一次会议纪要》精神，湖滨地区思鑫坊历史文化街区、齐心里历史建筑群、吴山路东侧吴山路112~132号双号连号、五福里3弄21号、兴安里1~8号已经完成计划立项。其中湖滨思鑫坊历史文化街区，东至孝女路、西至菩提寺路，北至天长小学、南至学士路，建筑面积约为16614平方米，住户288户；齐心里历史建筑群，东至延安路、西至东坡路，北至长生路、南至学士路，建筑面积14037平方米，住户175户；吴山路东侧112~132号双号连号、五福里3弄21号，建筑面积7071平方米，住户50户；兴安里1~8号，1130平方米，住户11户。项目由上城区危改指挥部和湖滨指挥部联合实施，并配合进行庭院改善、背街小巷改善、水井保护等同时进行，真正提高湖滨地区住户生活品质。

代区长缪承潮调研湖滨二期建设项目　　（湖滨指挥部　提供）

【围绕“12345”打造湖滨国际旅游综合体】 围绕“12345”，确保打造湖滨国际旅游综合体工作进度，兼顾其他建设项目。一个提升项目，即湖滨一期提升改造。两个在建项目，湖滨二期和皇诰巷安置房项目建设。三个出让项目，湖滨派出所地块C3-12出让、龙翔站地铁上盖物业二期项目地块出让、中华饭店地块出让。完成四个地块的拆迁，中华饭店地块、湖滨三期西湖影院拆迁、E-04地块拆迁、小塔儿巷7~16号保护重建项目搬迁。五个开工建设项目，即龙翔站地铁上盖物业一期项目开工、南山路勾山里B地块开工、大塔儿巷南地块安置房开工、湖滨三期(西湖电影院)开工、以及小塔儿巷、劝业里等危改项目开工。

【完成地铁上盖物业工联大厦重建项目施工招标】 地铁上盖物业工联大厦、金城饭店重建项目东起延安路西至吴山路，南起平海路北至学士路，施工监理单位2月1日完成招标，中标单位为杭州中河建设项目管理有限公司，项目地块土地出让于3月11日正式完成，总成交价8.2亿元。3月20日湖滨南山路国际旅游综合体建设主要组成项目——地铁龙翔站上盖物业工联大厦项目已正式进场施工。施工单位为浙江省长城建设集团股份有限公司，国家一级建设资质。该项目设计总建筑面积79215平方米，其中地下三层20936平方米，地上九层。合同工期2010年3月20日至2012年9月15日，共910天。总造价2.21亿元。项目施工管理按ISO 9000管理体系认证标准进行管理，施工单位已与建设单位签订了廉政责任书、安全责任书。

【完成湖滨三期E-05、06号地块西湖电影院项目拆迁许可证申领】 湖滨三期西湖电影院项目东起延安路，西至东坡路，北起平海路，南至东坡宾馆，占地面积约6200平方米。整个项目东联湖滨二期吴山路项目，西接湖滨一期国际名品街项目，是湖滨南山路国际旅游综合体建设的关键“部件”。建成后对于贯通湖滨商圈，完善湖滨商圈布局，提升湖滨商圈业态和总量具有十分重要的作用。该项目经过紧张的前期工作，2月3日完成了拆迁许可证（杭房拆迁字2010第06、07号）申领，2月9日正式启动。

【开展“3·15”消费者维权宣传活动】 3月15日，湖滨(南山路)管委会协调上城区物价、工商、质监、烟草、等部门在柳浪闻莺和时代广场分别设点，举办大型消费者维权活动。活动中，工作人员和有关专家为消费者介绍识别假烟、假酒、假药以及劣质商品，分发小宣传册，教人们如何在日常生活中买到价廉物美的东西；识别书画赝品的知识与技巧；宣传《消费者权益保护法》，加强自身合法权益的维护。质监工作人员向前来咨询的老百姓详细讲解杭州食品市场的情况;这几年许多消费者上了电视购物的当,但苦于没渠道投诉,工商工作人员为他们指明解决途径;对询问看病、挂号、收费等一些现场工作人员无法回答的问题,做好记录及联系方式,通过咨询有关部门后给予满意的答复。

【总规划师实地踏看龙翔里地块】 4月17日,杭州市规划局总规划师刘晓东在区长陈红英,政协主席余勇及指挥部领导沈武洪的陪同下,实地考察了龙翔里地块。龙翔里地块于2007年完成拆迁后,一直出借给市地铁公司,土地挂牌出让后还暂时无法启动项目建设。为此,刘晓东建议上城区对该地块内的历保建筑先行进行保护改善,消除安全隐患。

【湖滨、南山两大特色街区迎世博总动员】 根据国家旅游局和浙江省旅游局的通知要求,4月8~18日组织全省旅游行业开展一次"世博旅游宣传周"大型推广活动。湖滨(南山路)特色街区管委会积极响应此次活动,4月9日组织街区商家代表在解放路和南山路交叉口青藤茶室场地,举办"喜迎世博·特色街区齐动员"宣传活动。其中胡庆余堂药膳餐厅,向大众宣传胡庆余堂"恪守戒欺、采办务真、修制务精、真不二价、优质服务"的理念。青滕茶室推广"国饮"茶文化。西湖博物馆也投入此次活动,宣传西湖历代浚治与景观的形成、西湖著名景观、西湖文化,展示西湖作为人类文化景观遗产的完整性和真实性,用丰富的史料和实物印证了西湖的普世价值。街区商家积极参与,发放打造生活品质之城、街区风貌、特色产品等宣传资料共2000份。

【中华饭店移交拆除】 中华饭店项目(湖滨地区24号地块,杭房拆许字[2008]第048号)东起延安路,西至湖滨路,北起邮电路、南至解放路,地处湖滨南山路国际旅游综合体商圈的核心枢纽。在杭州市商业资产经营公司主要领导支持下,该项目拆迁有突破性进展。4月26日,中华饭店建筑面积5344平方米拆除全部移交湖滨指挥部,现已启动建筑物拆除施工,30个工作日内完成;朝阳饭店继续由杭州市商业资产经营公司负责清退,5月底前移交指挥部进行拆除施工。该地块拆迁已完成拆迁总建筑面积的85%,并将快速带动剩余拆迁任务的完成。

【净化节前和世博会前街区旅游环境】 为净化旅游环境,迎接2010年上海世博会的召开,确保"五一"期间旅游目的地环境秩序,根据上城区政府的统一安排,湖滨指挥部湖滨(南山路)特色街区管委会在区旅游执法大队的带领下,于4月26~29日与上城公安分局、区行政执法局、上城交警大队、上城运管处、上城工商分局、湖滨派出所等部门联动对湖滨路、南山路一带进行联合执法,重点整治野导拉客、无证设摊、无证出租自行车、盲流乞讨等不文明、不清洁的现象。共出动100人次,车辆20辆次,发现有问题的点、面30处,全部进行了整改、查处、纠正和规范,其中查处无证拉客车辆两辆(交运管处处理),查处无证出租自行车16辆(交行政执法局处理),取缔无证设摊20处,共规劝、驱赶野导拉客100人次。通过一系列全方位的综合整治、管理,效果较为明显,湖滨路、南山路一带的旅游环境面貌有了很大的改观。

【思鑫坊徐宅等9处历保建筑维修方案通过专家评审】 5月,杭州市历史建筑保护管理中心连续组织市规划局、市园文局、区建设局等相关职能部门和专家对思鑫坊历史街区徐宅、萱寿里建筑群、承德里建筑群等9处历史建筑进行维修方案联合评审,原则通过由浙江安地建筑规划设计有限公司设计的该9处历史建筑维修方案和五福里历史建筑群维修整治方案。思鑫坊历史街区、五福里历史街区历史建筑数量多,面积大,住户密,产权关系复杂,业态纷杂,历史风貌淹没严重,群众改善呼声较高。对此湖滨指挥部加快了前期工作速度,并计划加快深化设计,争取早日进入维修施工。

5月26日,市人大主任王国平、市人大副主任顾树森、市人大副主任徐祖萼、杭州市副市长张建庭、市人大常委会秘书长俞宝祥及市相关部门领导一行20人在区长陈红英及湖滨指挥部负责人沈武洪的陪同下,调研湖滨地区龙翔里、思鑫坊区块历史建筑保护进展。王国平强调上城区要打好历史文化遗产保护的攻坚战,不仅要突出一个"快"字,还要突出一个"实"字,要通过制定计划,落实各项保护工作。同时坚持

"保护第一、应保尽保"原则,体现原住民生活的延续性;动员周边单位和市民共同参与历史文化街区、历史建筑保护。

5月26日,杭州市人大主任王国平在区委书记徐祖萼等领导陪同下,调研湖滨地区思鑫坊区块历史保护建筑。(湖滨指挥部 提供)

【启动元宝街周边地块改善工程】元宝街周边地块北起望江路,东邻源丰祥茶号,西起牛羊司巷,南至元宝街。地块呈"L"型,现存建筑多建造于清末、民国年间,总建筑面积约3408.48平方米,总户数为69户。大部分为木结构建筑,由于年久失修,严重老化,"危、积、漏"严重。项目启动维修改善后,在社区的配合下,指挥部多次召开住户方案听证会。其中,元宝街25号部分住户全部签署了同意维修意见。5月28日,元宝街25号部分建筑已经进场维修施工。25号修缮完成后,将为27号等其他建筑提供维修保护参照。

【启动湖滨五福里历史建筑群保护维修工程】 五福里历史建筑群东起板桥路,西临群英饭店,北起平海路,南至仁和路,合计建筑面积13940平方米,涉及住户159户。该保护改善项目2010年5月完成方案委托设计和方案评审,并进行了住户方案听证会,完成施工单位和监理单位招投标,6月30日,五福里二弄1号、2号率先进入维修施工。

【思鑫坊韩国独立运动旧址文物保护工程通过方案批复】 该保护建筑包括思鑫坊28~47号、学士路21~30号、承德里一弄25~34号,建筑总占地面积1428平方米,建筑面积2204平方米,均为20世纪20年代建筑(其中:思鑫坊41、42号为30年代韩国独立党总部,民国时期为浙江青年报和浙江省团委宿舍),由20个相连的居住单元组成。该文物建筑列入2010修缮项目,根据抢救第一、保护为主、加强管理、适度利用的原则,设计方案通过市园文局审批。

【成立湖滨(南山路)特色街区商会】 经过筹备,杭州市湖滨(南山路)特色街区商会成立大会暨第一次会员大会于2010年8月5日召开。大会通过无记名投票的方式选出了商会第一届执委会成员。经执委会第一次会议的磋商与讨论,根据街区商家和会员的实际情况,确定沈武洪为商会会长,陆启浩、陈仪、阎明为副会长,何韵杰为秘书长。上城区工商联党组书记、主席陈砚菁向第一届执委会会长授牌、授印。

【皇诰巷地块安置房建设工程全面结顶】 皇诰巷地块拆迁安置房建设项目涉及建设总面积27982平方米,2009年6月正式开工建设,截至12月,1号、2号、3号楼完成主体结顶,其中1号、2号楼2010年5月全面结顶,7月底通过中间验收,3号楼7月底结顶。

【举办安全生产培训】 为提升辖区单位负责人的安全管理技能和安全素质,有效遏制和杜绝生产运行中的违规违法行为,促进辖区安全生产形势平稳健康发展。8月19~20日,湖滨指挥部举办了安全生产培训会。辖区各主要单位负责人及指挥部专职安管员共40人参加了培训,会议邀请了区安全生产监督管理局、市消防培训中心及市红十字会工作人员主讲。培训从安全生产的方针、安全生产的基本制度、街区街面消防知识、应急救援知识及企业在安全生产过程中普遍存在的问题等展开以鲜活生动的事例、互动的教学方式,讲解了安全生产管理、消防常识和事故防范以及应急救援在实际工作中的做法。通过培训,受训人员深刻意识到“安全无小事”。在工作中,各单位要进一步落实以“一岗双责”为核心的安全生产责任制,加大隐患治理力度,夯实安全生产基础,确保指挥部全年安全管理工作目标顺利实现。

【共商“打造品质街区 提升服务质量”的兴街大计】 根据《国务院关于加快发展旅游业的意见》,进一步提高旅游行业的服务质量,广泛发挥社会资源国际访问点的功能。10月20日,湖滨(南山路)特色街区管委会牵头召集上城区社会资源国际访问点成员单位,及杭州市旅游质监所、区商贸旅游局和湖滨、南山路两条特色街区重点企业,召开了“打造国际品质街区 提升旅游服务质量”为主题的工作交流会。区商贸旅游局副局长康云强到会并讲话:要求窗口单位不断加强社会资源国际访问点服务质量和数量规模的建设。要以深厚的历史文化和丰富的民族民俗文化为依托,把握沪杭高铁开通契机,注重将文化融入旅游,形成了旅游促文化、文化旅游助产业的发展态势。不断优化旅游发展环境,维护合法经营,保护游客的合法权益,杜绝旅游沿线拦车拉客、餐馆欺客、误导游客消费等严重扰乱旅游市场秩序的行为。参会的社会资源国际访问点第一片组成员单位中国美术学院、总工会帮扶中心、西湖博物馆、中国美术学院皮影艺术馆等介绍了各自访问点不可复制的特色文化和历史地位,以及访问点接待中外游客的情况。湖滨国际名品街介绍了二期提升改造后的“新湖滨”在杭州旅游商贸的作用。

大资福庙修缮后的张宪像　　(玉皇山南指挥部　提供)

【举行湖滨二期项目结顶仪式】 市人大主任王国平一行参加了湖滨名品街二期建设项目结顶仪式,充分肯定了湖滨二期建设项目的成就。湖滨二期建设项目由杭州市上城区政府、中国银泰集团与杭州湖滨地区商贸旅游特色街居建设整治指挥部共同携手打造。它由湖滨19号、22号、25号3个地块组成,北至平海路,西至延安路,南至解放路,东至吴山路,地下3层,地上4层,占地面积为18803平方米,建筑面积约10万平方米。其北与龙翔公交中心地铁站地下联通,南至解放路百货大楼,西与湖滨国际名品街(湖滨一期)地上、地下立体式联通,东临吴山路。这一项目结顶,标志着湖滨商圈向着打造杭城高端城市旅游综合体已进入第二阶段,与湖滨一期(湖滨国际名品街)、湖滨三期(西湖电影院及周边区块)共同形成全新的大湖滨商圈,以延安路为轴线,湖滨商圈将在这条轴线中心的位置,与武林商圈、吴山商圈南北呼应,将成为杭城最美最具特色的城市会客厅。　(陈　理)

【玉皇山南综合整治工程指挥部概况】 2010年,玉皇山南指挥部全面贯彻落实科学发展观,在区委、区政府的领导下,围绕建设“具有国际水准的高品质中心城区”战略目标,坚持转型升级,转变经济发展方式,围绕“一个中心,两大重点,四个确保”,即以南宋皇城大遗址综合保护工程项目为中心,山南创意园综合体和复兴商务广场综合体为重点,确保拆迁安置房全面竣工、拆迁工作顺利完成、地区路网基本贯通、资金政策落实到位。全年开工面积19.5万平方米,竣工面积34.1万平方米,完成村居民动迁871户,企业拆迁83661平方米,安置住户313户,全年完成地方财政收入4284万元,超计划(2120万元)2164万元,玉皇山南地区及复兴地区综合发展得以顺利推进。

【大资福庙文化保护恢复项目基本完成】 大资福庙保护修缮项目是南宋皇城大遗址综合保护工程重要项目之一，于4月启动施工，9月底完成历史文化陈设顺利于国庆期间全新开放。该项工程属复旧工程，在原有大资福庙的基础上，配置了东西厢房、两廊及天井。恢复后的大资福庙总建筑面积1000平方米，周边7000平方米危旧房同步实施改善，至年底基本竣工。

海月水景公园建设园内水系　　（玉皇山南指挥部　提供）

【海月水景公园一期建成】 海月水景公园位于钱塘江北岸的白塔景群内，东起引渠路，西至甘水巷，南起机务段路，北至引九路，整体占地约65000平方米。公园的建成有效改善了地块内环境设施、绿化、道路、生活配套设施等。3月，该项目正式启动施工，至9月底一期基本建成。从四方面进行重点打造，梳理公园水系资源。利用原有大畈鱼塘水系，清淤30000平方米，形成近35000平方米大面积水域景观。新建4座桥（安家桥、通灵桥、双堤拱月桥、木平桥），增设了水榭、长廊等休闲设施，为游人观景提供平台，新铺设园路260米。优化了水系及园路周边绿化配置，实现新增绿化6500平方米；同步推进周边支小路建设，北侧引九路及南侧机务段路基本竣工。

【凤凰山东路一期（南复路——铁路驾校）通车】 凤凰山东路道路建设部分由杭州市建委负责实施，指挥部受委托对沿线村居民及市级以下企业单位进行动迁，同时做好凤凰山东路沿线立面整治及绿化调整。2010年，因道路建设需要搬迁村居民236户，完成立面整治4000平方米，新增绿化600平方米，实现凤凰山东路（南复路——铁路驾校）通车。

【白塔片区项目有序推进】 2010年，玉皇山南地区白塔片区内项目得到大幅度推进。10月，启动安家塘、甘水巷历史风貌保护项目、樱桃山景区建设项目相关住户动迁，至年底，95%住户已搬离并腾空，为2011年上述地块启动施工做好准备。大畈鱼塘南、北两地块旅游公建配套设施项目完成土地出让前期手续，移交市土地储备中心准备挂牌招租。

【山南国际设计创意产业园建设初具规模】 2010年，玉皇山南指挥部着力对玉皇经联社原有仓储功能及山南地区简易粗加工形态进行调整提升，坚持以发展

山南创意园一角　　（玉皇山南指挥部　提供）

文创、设计类为主，兼顾与民间股权资本相结合，全面带动城市有机更新，加快地区经济发展方式转型步伐。山南创意园全年建设竣工面积达28000平方米。其中南复路组团全面交付，赛伯乐投资管理有限公司已入驻办公，天龙寺组团基本建成，招商进展顺利。马儿山组团二期更新项目10000平方米已于年底陆续开工建设。2010年，山南国际设计创意产业园分别荣获“中国特色文化产业园区”及“2010中国创意产业年度大奖最佳园区奖”两项全国性荣誉，是杭州市唯一获奖园区，被杭州市委、市政府评为杭州市文化创意产业园，列入《杭州市国民经济和社会发展第十二个五年规划纲要》文化创意产业重点项目(基地)。全年实现税收8326万元，比上年增长98%。

【复兴商务广场配套设施进一步完善】 作为省级服务业示范区储备项目，复兴商务广场配套设施在2010年得到进一步完善。完成地下停车库一期建设，新增公共停车位249个；完成一期亮灯，有效改善了复兴地区夜间城市轮廓线；完善内部路网建设，江云路全线竣工，丰富道路沿线绿化设置，实现绿化调整8868平方米。同时，复兴商务广场坚持发展商贸服务业，引进高端规模企业，引进中石油旗下中油控股亚洲有限公司和南方管网公司两家规模企业，针织城以年税收过亿成为“亿元楼”，大名空间也已成为“千万元楼”。

【完成停保场安置房项目】 2010年，基本完成公交停保场及里太祖湾地块20万平方米拆迁安置房建设，安置房项目的顺利推进为2010年村居民回迁提供了基本保障。

【进一步完善地区路网】 全年完成引渠路、万松岭路、机务段路、江云路、引九路等建设。启动南白路建设项目，完成九间头路及樱桃山路招投标就施工准备。山南地区路网得以进一步完善。 (周　颖)

【危旧房改善工程概况】 2010年，上城区危旧房改善工作通过5项措施开展，统筹安排、目标引领，加快实施计划项目；精心组织、搞好结合，历史街区整治实现新业绩；以民为本，抓好质量，严格工程管理制度；多跑住户、善取建议，认真落实“四问四权”；全程跟踪、严格审计，继续邀请区审计局专业人员对工程现场全程监管，实现由区危改办人员、工程监理、施工单位管理人员、设计院专家和审计监管人员组成的“4+1”工程建设管理模式。开展定期和不定期的工程联系单大检查，严格按照基本建设程序和内控管理制度，确保工程每一个环节的安全。全年，上城区完成危改总面积(含施工量)17.89万平方米，按照杭州市危旧房改善计划，完成率达到102%。劳动弄9号住宅改造建设、劳动新村4幢危旧房拆除重建等两个项目于2010年12月底完成竣工验收。建兰中学扩建危旧房拆除改善项目开工建设。五柳巷历史街区(一期)综保工程于2010年9月30日竣工，涉及房屋104幢、房屋建筑面积约1.2万平方米、住户283户；道路全长1014米、道路面积4250平方米。 (何敏慧)

【望江指挥部工作概况】 2010年，望江指挥部按照“抓重点、强责任、促实效、创品质”的工作思路，围绕实现“决战望江、创建精品”的奋斗目标，在各职能部门的配合协助下，着重办理完善望江地区控规，做好改造地块的前期准备工作，望江启动区块全面建设，调整深化望江地区修建性详细规划，完成年度四项建设指标。望江地区是南宋皇城大遗址综合保护工程配套工程之一，上城区制定了望江地区三年行动计划，全面推进“12348”工程。即一条河道整治(贴沙河)、两条道路建设(婺江路、凯旋路)、三千住户安置、四个区块改造(望南、望北、近江片、望江片)、十八项配套公建设施，累计新开工141万平方米、竣工87万平方米，拆迁6500户，安置2300户。全年开工13.24万平方米，竣工16.39万平方米，拆迁556户，安置1538户。

【13个地块前期实质进展】 望南两个地块，R21-03地块完成选址意见书、土地预审，正在进行环评公告；R21-04地块完成方案设计，正在进行可行性研究报告审批。近江片6个地块，R21-04地块完成供地；R21-1地块规划天地实验小学进入方案设计；B-C2-01、B-C2-02地块完成选址论证；R21-03地块完成土地测绘，方案(含扩初)已批复；R21-01-1地块进入方案设计、环评设计阶段。望江片5个地块，B-C2-06地块进入方案审批；B-C2-07地块选址论证方案报批；B-C2-05地块（电台北地块）、B-C202-2（原牙膏厂）、B-

C202-3 地块(近江大厦)委托选址论证,完成环评。

7 月 27 日,上城区代区长缪承潮调研望江地区改造建设。(望江指挥部 提供)

【完善望江地区规划方案】 根据望江地区实际情况,与杭州市规划局、杭州市城市规划设计研究院等部门沟通,围绕城站东广场建设,讨论、完善规划方案,探索适合望江地区实际发展需要的,有利于望江地区科学、可持续、和谐发展的"决战望江"规划方案。

【研究制定拆迁政策】 根据望江地区改造建设的实际情况,望江指挥部会同上城国土分局等部门,总结以往拆迁经验、对照周边地块的拆迁政策,根据杭州市有关拆迁政策规定,制定统一的集体土地拆迁政策、联建房拆迁政策等,为加快改造地块拆迁工作打下必要的基础。

【摸底调查待改造地块】 针对望江地区各区块待改造地块多的情况,提前做好拆迁前期准备,对望南、望北、望江片各区块进行摸底调查,了解拆迁居民基本情况,以利于采取相应的拆迁措施,加快拆迁进度。

【做好单位拆迁相关衔接工作】 对杭州娃哈哈集团有限公司前期拆迁进行对接评估;中策橡胶厂已提前对接,抓紧搬迁;完成味精厂评估工作,2011 年启动搬迁;抓紧望江经联社、近江经联社所属村属企业衔接事宜,形成初步共识。

【近江片 B-R22-01 地块配套小学规划勘设红线办结】 望江地区近江片 B-R22-01 地块为原杭州味精厂厂区,为完善该区块的教育配套设施,开发名校教育资源,该地块将建设成一所具有 36 个班级的小学,拟作为杭州天地实验小学校区。该地块勘设红线已办结,规划用地面积 3.13 万平方米,建筑面积 2.5 万平方米。

【完成工具厂地块拆迁扫尾工作】 工具厂地块北邻河坊街、南至望江路、西接中河中路、东至建国南路,用地面积 3.95 万平方米,拟建住宅 4 万平方米,涉及拆迁居民 368 户(其中 39 户为历保建筑搬迁居民)。2010 年,该地块进入拆迁扫尾阶段,截至 2010 年底,该地块拆迁任务已完成。

【望江片 B03 地块、油库地块安置房交付使用】 随着望江地区望江片 B03 地块、油库地块安置房的建成并交付使用,又一批拆迁户陆续回迁新居。该两地块建筑面积分别是 5.9 万平方米、6.4 万平方米,已回迁安置拆迁户 220 户,其中望江片二期 70 户拆迁户全部回迁安置,工具厂地块拆迁户安置 60 户,近江片农居地块地铁建设拆迁户 50 户,望江地区启动区块、工具厂地块等零星困难户 40 户。

【启动望江片二期拆迁】 望江片二期地块范围东至钱江路,西至秋涛路,南至沙地路,北至婺江路,于 2010 年 9 月 15 日启动拆迁,总户数为 336 户,其中农户 88 户,联建房 248 户。拆迁启动 2 个月,完成拆迁任务的 1/3,安置方式为调产安置或货币安置。截至 2010 年底,已完成拆迁 201 户,其中联建房住户 135 户、农户 57 户。在望江指挥部的宣传动员下,多数农户已开展拆迁准备工作,至 2010 年底,已有 90%以上农户进入房屋评估阶段,达成初步拆迁意向,正在逐步搬迁。

【启动区块 01 地块土建工程主体结构】 启动区块 01 地块,建筑面积 10.62 万平方米,建设 11 幢 18~21 层

望江启动区块 01 地块建设竣工 （望江指挥部 提供）

高层安置房，于 2008 年 12 月 18 日开工建设，至 2010 年底，该地块主体土建工程已竣工。

【启动区块 04 地块一标段】 启动区块 04 地块，建筑面积 15.4 万平方米，于 2010 年 1 月 8 日开工建设。其中：一标段建筑面积 9.55 万平方米，建设 7 幢 18~21 层高层安置房，至 2010 年底，局部进入 17 层楼面钢筋绑扎；二标段建筑面积 5.9 万平方米，建设 5 幢 18~21 层高层安置房，至 2010 年底，局部进入 19 层楼面施工。

【望江片一期公建大楼主体结顶】 望江片一期公建大楼位于秋涛路汽车南站对面，有 3 幢层高 20~22 层的高层公建大楼组成，建筑面积 8.46 万平方米（含地下室两万平方米）。由于大楼距居民住宅近，又位于交通主干道秋涛路旁，望江指挥部在施工过程中加强安全管理，并做好与周边居民的沟通协调工作，确保该建设项目土建工程于日前顺利主体结顶。

【近江片 B05 地块】 近江片 B05 地块建筑面积 5.76 万平方米，建设 6 幢 28 层高层住宅楼，于 2007 年 12 月 18 日开工建设，至 2010 年底，土建工程竣工。

【近江片 C2-03-2 地块开工建设】 近江片 C2-03-2 地块为望江地区 2010 年实施的安置房建设重点项目，东起钱江路，西至规划四号线，南起婺江路，北至近江路，建筑面积 13.24 万平方米（含二层地下室建筑面积 4 万平方米）。该工程分为两个标段，共建设 5 幢 26~28 层高层住宅楼。其中：一标段 3 幢住宅楼建筑面积 8.67 万平方米；二标段两幢住宅楼建筑面积 4.57 万平方米。一标段已于 2010 年 12 月 20 日开工建设。该安置房建设工程计划 2012 年底建设竣工。 （叶 健）

【背街小巷整治概况】 2010 年，上城区完成 73 条背街小巷改造任务，占全市年度改善总量（144 条）的 51%，改造总长 2.1 万米，整治路面 13 万平方米，改造排水设施 6020 米，整治立面两万平方米，优化绿地 7220 平方米，设置公共照明 1191 处，上改下 10.5 千米，投资 5170 万元。其中 33 条对接中山中路街巷进行有机更新整治，按照设计一体、施工同步、基调统筹

望江片 B05 地块建设竣工 （望江指挥部 提供）

的方法全面实施改善，确保御街周边全部坊巷应改尽改；针对老百姓提出的“交通两难、设施完善”等方面的需求，对其他40条街巷进行综合改造，优化交通、完善城市家具配套设施。以“拾遗补缺”为手段对前几年未整治或标准不高的项目进行回头看排摸，抓好标准提升和整治覆盖“两个统筹”；深化薄弱环节，加强与电力、排水等部门协作，创造改造条件，强化“上改下和截污纳管”改善力度和工作品质，先后把改善难度大的缸儿巷、光复路等23条街巷杆线以及其他18条街巷排污管线整治到位；延伸民间改善办工作机制，坚持落实“四问四权”工作方法，发挥百姓问题百姓解决、群众工作群众来做的工作优势，深入开展“民主促民生”工作，解决好沿线百姓需求，实现群众期盼。

改造前的城隍牌楼96号

改造后的城隍牌楼96号　　（背街小巷改善工程指挥部　提供）

【截污纳管工程概况】 2010年，上城区截污纳管工程依托南宋皇城大遗址综保项目，牢固树立“全面统筹抓重点、应改尽改抓联动”工作思路，坚持全区发展与百姓需求两轮驱动，坚持

表16　　2010年上城区背街小巷改善一览

序号	项目名称	起　止　点	路长（米）	总面积（平方米）	投资估算（万元）	实施主要内容				
						道路平整（平方米）	排水设施（米）	绿化（平方米）	照明设施（根）	上改下（米）
1	飞云江路	秋涛路——之江路	800	20000	449	20000		300	80	800
2	城站广场支路一	西湖大道——郭东园巷	350	2800	87	2800	350	300	35	
3	城站广场支路二	支路一——郭东园巷	220	1960	58	1960	220	200	22	
4	城站广场支路三	支路二——江城路	150	1200	38	1200	150	200	15	
5	知足里	开元路——将军路	100	300	16	300	200		5	
6	百福弄	岳王路——东寨	120	300	18	300	240		6	
7	施家山路	凤凰山路——北寨	400	2000	90	2000	800		20	500
8	凤山直街9米道路	凤山桥直街——水门南弄	1200	11800	279	11800		400	120	
9	11号路	10号——欧江路	300	3000	72	3000		200	30	

续表一

序号	项目名称	起止点	路长(米)	总面积(平方米)	投资估算(万元)	实施主要内容				
						道路平整(平方米)	排水设施(米)	绿化(平方米)	照明设施(根)	上改下(米)
10	13号路	之江路——欧江路	360	4800	106	4800		200	36	
11	中山南路347号	中山南路——北塞	110	400	18	400	220		6	
12	宋城支路二	宋城路——西塞	180	500	18	500	360		9	
13	中山中路15弄	中山中路158号旁——光复路	40	60	6	60	80		2	
14	中山中路328弄	中山中路–光复路(里仁坊巷对面)	40	40	5	40	80		2	
15	光复路168弄	光复路168~172号	50	150	10	150			3	80
16	延定巷	庆春路——宋浇造巷	300	875	45	875		300	15	360
17	祖庙巷	中河路——庆春路	300	1250	59	1250		200	15	360
18	宋浇造巷	延定巷——祖庙巷	160	600	31	600		200	8	180
19	团子弄	中山中路——宋浇造巷	60	480	16	480			3	80
20	八腊子巷	河坊街——清河坊二期内巷	85	250	15	250			5	105
21	九刀庙巷	西湖大道——九刀庙巷	30	60	5	60			2	30
22	汤团弄	光复路——枝头巷	200	800	34	800			10	200
23	团子巷一弄	团子巷——延定巷	250	500	25	500			13	300
24	缸儿巷	解放路——开元路	500	1500	80	1500			25	600
25	枝头巷	光复路——平海路	400	2000	81	2000			20	500
26	惠民路道路	中河中路——定安路	1200	12000	117	12000		200	60	
27	三元坊巷	中山中路——比胜庙巷	180	750	56	750			9	
28	保康巷	中山中路——保康巷16号	100	400	30	400			5	
29	太平坊巷	中山中路——后市街	240	1150	86	1150		200	12	
30	高银巷	中山中路——后市街	240	1150	88	1150		300	12	
31	光复路道路	高银街——西湖大道	2020	10500	529	10500		400	101	2400
32	大井巷	河坊街——中山中路	300	2600	228	2600	600	50	15	380
33	小井巷	河坊街——吴山	90	270	38	270	180	50	5	120
34	打铜巷	河坊街——中山中路	350	1500	162	1500	700	150	18	420
35	布市巷	河坊街——五奎巷	330	1400	152	1400	660	150	17	390
36	安荣巷	大井巷——河坊街	300	1200	133	1200	600	150	15	350
37	叭腊子巷	河坊街——小广场	120	360	47	360	240		6	160

续表二

序号	项目名称	起止点	路长（米）	总面积（平方米）	投资估算（万元）	实施主要内容				
						道路平整（平方米）	排水设施（米）	绿化（平方米）	照明设施（根）	上改下（米）
38	熙春弄	光复路——中山中路	96	300	23	300			5	
39	金波桥弄	光复路——中山中路	178	540	42	540			9	
40	保佑桥西弄	光复路——中山中路	195	600	47	600			10	
41	甘泽坊巷	中山中路——后市街	220	880	66	880			11	
42	中山中路132号弄	光复路——中山中路	80	300	23	300			4	
43	中山中路400号弄	光复路——中山中路	120	500	37	500			6	
44	中山中路410号弄	光复路——中山中路	120	500	37	500			6	
45	三元弄支路一	三元弄	120	500	37	500			6	
46	建新弄	建国南路——西塞	90	270	8	270			5	
47	柴弄	建国南路——西塞	90	270	8	270			5	
48	河水弄	建国南路——西塞	90	270	8	270			5	
49	三味庵巷	建国南路——西塞	90	270	8	270			5	
50	长明寺巷	清泰街——解放路	360	2800	69	2800		400	18	
51	欢乐巷	中河中路——解放路	150	450	14	450		100	8	
52	白马庙巷	中山南路——严官巷	300	1200	55	1200		150	15	400
53	大马弄	四牌楼——太庙巷	400	1600	51	1600		300	20	
54	丁衙巷	城隍牌楼——瑞石亭	300	1200	38	1200		200	15	
55	察院前支路一	察院前小区	300	1200	35	1200			15	
56	察院前支路二	察院前小区	300	1200	35	1200			15	
57	大马弄支一	大马弄——丁衙巷	300	1800	51	1800		300	15	
58	大马弄支二	大马弄——丁衙巷	300	1500	45	1500		300	15	
59	馒头山路40号一带	馒头山路——上山道路	300	1200	30	1200			15	
60	瑞石亭	大马弄——丁衙巷	300	1200	38	1200		200	15	
61	太庙社区门口	大马弄——丁衙巷	300	1200	38	1200		200	15	
62	丁衙巷支路一	大马弄——丁衙巷	300	1200	36	1200		100	15	
63	丁衙巷支路二	大马弄——丁衙巷	300	1200	36	1200		100	15	
64	义井巷	清泰街——南塞	120	1200	300	1200		120	6	
65	造船厂弄支路	造船厂弄——东塞	80	320	9	320			4	
66	城隍牌楼96号	城隍牌楼96号	80	320	16	320	160		4	
67	城头巷	南梅花碑——西湖大道	800	4800	197	4800		200	40	1000

续表三

序号	项目名称	起 止 点	路长(米)	总面积(平方米)	投资估算(万元)	实施主要内容				
						道路平整(平方米)	排水设施(米)	绿化(平方米)	照明设施(根)	上改下(米)
68	建国南苑北大门道路	建国南苑北大门道路	90	600	23	600	180		5	
69	保安桥河下	保安桥1号——过军桥河下	600	5000	183	5000		400	30	800
70	南梅花碑	城头巷——佑圣观路	120	1500	25	450			7	
71	直吉祥巷	斗富二桥——河坊街	250	1500	50	1000	50		12	
72	南山路178号	南山路——省军区政治部	50	300	17	300	10		5	
73	泗水弄	中山南路——白马庙巷	200	500	37	500			8	
	合计		20264	131095	5099	129545	6080	7220	1191	10515

备注：义井巷实施立面整治2000平方米。

改造前的过军桥河下甲、乙、丙

改造后的过军桥河下甲、乙、丙　　（背街小巷改善工程指挥部　提供）

把居民反映强、改善呼声高、技术难度大、历史遗留长等四大居民关注问题作为改善民生的突破口，力求通过改善一批、修缮一批、提升一批、整治一批等四个一批方式，把以人为本、以民为先理念与改善居住环境、交通环境、生态环境有机统筹起来，切实解决好部分老旧小区及周边环境脏乱差、用水用气紧、停车通行难、基础设施弱等具体问题，进一步优化人居品质生活；坚持服务市区大项目配套两手抓，一手抓南宋皇城大遗址综合保护工程项目衔接，一手抓望江地区改造项目结合，将湖滨、中山路、玉皇山南、望江、中东河等地块内待改管网项目全部并入年度计划，大力抓好配套管网全面覆盖；坚持统筹抓基础设施完善系统工程，投入3247万元，完成生活小区、收集系统、公建项目以及和中东河沿线1071个污染源点在内的110个截污纳管项目，占全市改善总量(322处)的34%，累计平整路面7.05万平方米，改造排水设施32.6千米，整治绿化4930平方米，设置公共照明457处，实施上改下2.4千米，日新增截污量3797吨，切实改善城区终端基础环境。

表 17　　2010 年上城区截污纳管完成情况一览

序号	项目名称	污水量(立方米/日)	总投资估算(万元)	实施主要内容				
				道路平整(平方米)	排水设施(米)	绿化(平方米)	照明设施(根)	上改下(米)
1	齐心里		32	1050	350			
2	金钗袋巷支路一		24	800	260			
3	石板桥直街 119 号	30	75	0	370	30		
4	东河 4 号排出口	2	15	500	150			
5	东河 8 号排出口	5	14	350	200			
6	东河 10 号排出口	40	17	400	250			
7	东河 14 号排出口	20	13	300	200			
8	东河 135 号排出口	10	15	300	250			
9	东河 260 号排出口	30	21	500	300			
10	东河 280 号排出口	6	5	140	65			
11	新塘河 1 号排出口	20	18	400	270			
12	新塘河 2 号排出口	15	22	600	300			
13	新塘河 3 号排出口	267	24	800	250			
14	新塘河 4 号排出口	15	15	400	200			
15	新塘河 5 号排出口	5	11	300	150			
16	新塘河 120 号排出口	200	20	600	250			
17	新塘河 122 号排出口	35	21	500	300			
18	新塘河 212 号排出口	5	10	250	150			
19	中河 17 号排出口	40	12	300	180			
20	中河 28 号排出口	5	10	250	150			
21	中河 124 号排出口	60	23	550	350			
22	中河 132 号排出口	10	10	250	150			
23	中河 214 号排出口	15	13	320	200			
24	中河 227 号排出口	1	12	300	180			
25	中河 228 号排出口	30	16	400	220			
26	中河 230 号排出口	60	20	600	250			
27	中河 246 号排出口	40	16	500	180			
28	中河 260 号排出口	30	17	500	200			
29	中河 56 号排出口	5	4	140	30			
30	中河 51 号排出口	5	5	160	50			
31	中河 50 号排出口	5	11	350	120			
32	中河 58 号排出口	10	3	120	30			
33	中河 55 号排出口	5	6	280	40			
34	中河 54 号排出口	5	6	240	55			

续表一

序号	项目名称	污水量(立方米/日)	总投资估算(万元)	实施主要内容				
				道路平整(平方米)	排水设施(米)	绿化(平方米)	照明设施(根)	上改下(米)
35	中河59号排出口	5	5	250	22			
36	中河52号排出口	40	12	400	120			
37	中河53号排出口	10	5	160	60			
38	中河3号排出口	10	10	310	120			
39	中河4号排出口	7	10	330	110			
40	中河5号排出口	6	7	300	50			
41	中河7号排出口	150	8	270	80			
42	中河8号排出口	10	7	200	100			
43	斗富三桥	75	75	2000	484	150	11	220
44	斗富二桥		75	2000	484	150	11	220
45	机务段路	600	395	8330	2068	300	47	940
46	引九路		105	2600	748	300	17	
47	尼龙山路		100	2500	682	300	16	
48	星远里一弄	60	36	360	264		4	
49	星远里二弄		36	360	264		4	
50	星远里三弄		36	360	264		4	
51	星远里直弄		29	300	198		3	
52	日新桥弄		35	400	176		4	
53	李博士桥弄		35	400	176		4	
54	芳润桥弄		16	150	110		3	
55	老水漾桥弄		35	400	176		4	
56	中山中路支路一		13	360	132		3	
57	中山中路支路二		68	1650	363		9	300
58	东河604号口	45	12	400	200			
59	东河603号口	42	7	260	120			
60	东河601号口	133	8	180	150			
61	东河600号口	9	6	150	100			
62	中河606号口	5	1	30	20			
63	中河192号口	21	7	200	120			
64	中河607号口	10	2	50	30			
65	中河9号口	4	3	100	40			
66	中河10号口	55	5	200	70			
67	中河60号口	3	4	120	60			
68	东河2号排出口	6	20	700	230			
69	东河5号排出口	70	24	600	350			
70	东河9号排出口	5	10	300	130			

续表二

序号	项目名称	污水量(立方米/日)	总投资估算(万元)	实施主要内容				
				道路平整(平方米)	排水设施(米)	绿化(平方米)	照明设施(根)	上改下(米)
71	东河51号排出口	20	24	630	300			
72	东河281号排出口	13	20	550	250			
73	东河49号排出口	10	14	300	220			
74	中河1号排出口	12	6	260	45			
75	中河2号排出口	12	14	430	200			
76	中河6号排出口	8	8	300	50			
77	美政北苑	200	412	8000	5500	1000	105	
78	美政南苑	200	412	8000	5500	1000	105	
79	大东山弄5号	20	26	400	220	100	5	100
80	燕子弄1、3、5幢	60	102	1600	880	300	20	400
81	过军桥河下甲、乙、丙	50	62	1500	660	300	15	
82	孝子坊19号、24号幢间路	50	68	1200	550	300	12	250
83	江城路742号	50	46	1500	396	100	9	
84	江城路452号	30	22	480	264	100	6	
85	宣徐弄11号	30	22	480	264	100	6	
86	紫金观巷3号	30	24	600	264	100	6	
87	建国南苑12幢	30	24	600	264	100	6	
88	直吉祥巷37、39、42号	50	67	1500	792	200	18	
89	南山路184号	30	8	270	140			
90	后市街68号	20	8	200	100			2
91	重庆麻辣烫(紫花路店)	10	2	30	10			
92	海路面馆	10	1	20	8			
93	兰州正宗牛肉拉面(紫花路店)	10	2	30	15			
94	沈家小酌	10	2	30	10			
95	福建沙县小吃(紫花路店)	10	1	20	8			
96	明惠客栈	20	3	35	20			
97	紫花阁	100	3	50	20			
98	候潮社区卫生服务站	10	2	30	8			
99	紫阳环卫中转站	50	7	100	60			
100	华东大药房(江城路店)	10	1	15	5			
101	稚惠酒家	30	2	25	8			
102	建设银行江城支行	10	1	20	7			
103	金祥假日客房	30	3	40	18			
104	毫屋快捷酒店	30	2	30	10			
105	凤山客房	30	1	20	8			
106	沙县小吃(凤山直街店)	10	1	10	5			

续表三

序号	项 目 名 称	污水量(立方米/日)	总投资估算(万元)	实施主要内容				
				道路平整(平方米)	排水设施(米)	绿化(平方米)	照明设施(根)	上改下(米)
107	朱家街酒家	20	1	15	8			
108	康园居酒家	20	1	15	7			
109	馄饨王(江城路店)	10	1	10	5			
110	始板桥幼儿园	30	3	50	20			
	合 计	3797	3247	70525	32640	4930	457	2432

表 18 2010年上城区垃圾房实施生态改造情况一览

序号	垃圾房具体位置	数量(座)	在建(座)	竣工验收(座)	所属街道
1	义井巷 8 幢前	1		1	小营街道
2	义井巷 13 幢旁	1		1	小营街道
3	陆家河头 4 幢	1		1	小营街道
4	江城路 708 号	1		1	小营街道
5	民生路 2 号内	1		1	小营街道
6	民生路 22 号旁	1		1	小营街道
7	状元弄 1 号对面	1		1	小营街道
8	潘衙弄 5 号旁	1		1	小营街道
9	建国南苑 3 幢	1		1	小营街道
10	建国南苑 5 幢	1		1	小营街道
11	建国南苑 17 幢	1		1	小营街道
12	建国南苑 26 幢	1		1	小营街道
13	建国南苑 32 幢	1		1	小营街道
14	建国南苑 36 幢	1		1	小营街道
15	建国南苑 45 幢	1		1	小营街道
16	建国南苑 46 幢	1		1	小营街道
17	信余里 9 幢 3 单元	1		1	小营街道
18	信余里 5 幢	1		1	小营街道
19	信余里 6 幢	1		1	小营街道
20	断河头 4 幢	1		1	小营街道
21	皇诰巷 4 号	1		1	小营街道
22	老浙大横路三弄	1		1	小营街道
23	叶家弄 3 幢北	1		1	小营街道
24	叶家弄 13 幢东	1		1	小营街道
25	华藏寺巷 7 幢东	1		1	小营街道
26	华藏寺巷 18 幢前	1		1	小营街道
27	华藏寺巷 20 幢南	1		1	小营街道
28	小河下 9 号北	1		1	小营街道

续表一

序号	垃圾房具体位置	数量(座)	在建(座)	竣工验收(座)	所属街道
29	老浙大直路二弄 4 号	1		1	小营街道
30	马市街 99 号 6 单元北	1		1	小营街道
31	小米巷 1 号	1		1	小营街道
32	联珠里 2 幢东	1			小营街道
33	小米巷 12 号	1	1	1	小营街道
34	清泰街 182 号	1		1	小营街道
35	清泰街 210 号	1		1	小营街道
36	大学路新村 20 幢西	1		1	小营街道
37	大学路新村 24 幢西	1		1	小营街道
38	大学路新村 10 幢北	1		1	小营街道
39	大学路新村 44 幢北	1		1	小营街道
40	横河新村 1 幢东	1		1	小营街道
41	长坡里 35 号北	1			小营街道
42	老浙大横一弄 21 号东	1	1	1	小营街道
43	老浙大横一弄 22~24 号西	1		1	小营街道
44	老浙大横一弄 23 号北	1		1	小营街道
45	民生路 9 号对面	1		1	小营街道
46	欢乐巷 8 号旁	1		1	小营街道
47	皮市巷 8 号	1		1	小营街道
48	皮市巷 59 号	1		1	小营街道
49	皮市巷 75 号	1		1	小营街道
50	皮市巷 89 号	1		1	小营街道
51	大王庙巷 2 幢南	1		1	小营街道
52	大王庙巷 10 幢北	1		1	小营街道
53	直大方伯 76 号	1		1	小营街道
54	马市街 23 号	1		1	小营街道
55	直大方伯 92 号	1		1	小营街道
56	黄醋园大门口	1		1	小营街道
57	大塔儿巷 17 号	1		1	小营街道
58	小塔儿巷 14 号 5 单元门口	1		1	小营街道
59	觉苑寺巷 9 号旁	1		1	小营街道
60	龙华巷 4 号	1		1	小营街道
61	斗富三桥边东北角	1		1	小营街道
62	大马弄 22 号旁	1		1	紫阳街道
63	城南家园 4 幢边	1		1	紫阳街道
64	严官巷 25 号	1		1	紫阳街道
65	严官巷 43 号	1		1	紫阳街道

续表二

序号	垃圾房具体位置	数量(座)	在建(座)	竣工验收(座)	所属街道
66	候潮公寓 14 幢	2		2	紫阳街道
67	南兴加儿巷 3 号对面	1		1	紫阳街道
68	元宝心 22 号对面	1		1	紫阳街道
69	六部桥直街农业银行对面	1		1	紫阳街道
70	直箭道巷 12 幢 2 单元对面	1		1	紫阳街道
71	直箭道巷 14 幢楼道边	1		1	紫阳街道
72	直箭道巷 16 幢 1 单元对面	1		1	紫阳街道
73	白马庙巷 13 号旁	1		1	紫阳街道
74	白马庙巷 43 号旁	1		1	紫阳街道
75	万松岭路 72 号旁	1		1	紫阳街道
76	万松岭路 84 号旁	1		1	紫阳街道
77	闻潮路 169 号胜利小学内	1		1	紫阳街道
78	高士坊巷 42 号旁	1		1	紫阳街道
79	保安桥直街 11 号对面	1		1	紫阳街道
80	城隍牌楼 66 号前东侧	1		1	紫阳街道
81	太庙巷 18 号前	1		1	紫阳街道
82	察院前 32 号旁西侧	1		1	紫阳街道
83	城隍牌楼 69 号厕所旁	1		1	紫阳街道
84	北落马营 7 号旁	1		1	紫阳街道
85	彩霞岭 2 号内	1		1	紫阳街道
86	江城路 20 号旁	1		1	紫阳街道
87	造船厂弄公厕对面	1		1	紫阳街道
88	紫花社区 13 幢 1 单元前面	1		1	南星街道
89	紫花社区 12 幢旁边	1		1	南星街道
90	紫花社区 2 幢对面	1		1	南星街道
91	馒头山社区宋城路 5 号对面	1		1	南星街道
92	白塔岭社区甘水巷公厕后面	1		1	南星街道
93	白塔岭社区甘水巷社区对面	1		1	南星街道
94	复兴东苑 14 幢边	1	1		南星街道
95	复兴东苑 7 幢前	1	1		南星街道
96	复兴东苑 3 幢边	1	1		南星街道
97	钱塘雅苑 1 幢边	1	1		南星街道
98	复兴南苑 24 幢 4 单元前	1	1		南星街道
99	复兴南苑 27 幢 1 单元边	1	1		南星街道
100	复兴南苑 31 幢 4 单元边	1	1		南星街道
101	玉皇山社区 2 幢对面	1	1		南星街道
102	电厂二宿舍 4 幢对面	1	1		南星街道

续表三

序号	垃圾房具体位置	数量(座)	在建(座)	竣工验收(座)	所属街道
103	柴校弄35幢前	1	1		南星街道
104	十亩田家园1幢南面	1	1		南星街道
105	十亩田家园5幢3单元外	1	1		南星街道
106	十亩田家园3幢西面	1	1		南星街道
107	十亩田家园11幢西面	1	1		南星街道
108	十亩田家园23幢东面	1	1		南星街道
109	十亩田家园19、20幢中间	1	1		南星街道
110	清治花苑3、4南面	1	1		南星街道
111	清治花苑4西面	1	1		南星街道
112	清治花苑7西面	1	1		南星街道
113	清治花苑10幢3单元前	1	1		南星街道
114	清治花苑14幢前	1	1		南星街道
115	民安苑4幢前面	1	1		南星街道
116	民安苑12幢东面	1	1		南星街道
117	民安苑15幢前面	1	1		南星街道
118	民安苑17幢东面	1	1		南星街道
119	民安苑14幢前面	1	1		南星街道
120	民安苑22幢前面	1	1		南星街道
121	清河家园1幢东面	1	1		南星街道
122	清河家园8幢前面	1	1		南星街道
123	水澄南苑2幢东面	1	1		南星街道
124	水澄南苑11幢后面	1	1		南星街道
125	水澄南苑13幢后面	1	1		南星街道
126	水澄南苑14幢前面	1	1		南星街道
127	水澄南苑7幢后面	1	1		南星街道
128	水澄南苑1幢东面	1	1		南星街道
129	柳浪新苑	3	1	2	清波街道
130	新民村(气象局围墙边)	1		1	清波街道
131	太平坊巷(21号对面)	1	1		清波街道
132	四宜路14号对面	1		1	清波街道
133	龙翔大厦东车库边	1		1	湖滨街道
134	平海公寓四幢	1		1	湖滨街道
135	棚桥农贸市场东、西	2		2	湖滨街道
136	将军路(元华商场地下车库边)	1	1		湖滨街道
137	始板桥新村6幢东面	1	1		望江街道
138	始板桥新村8幢和9幢中间	1	1		望江街道
139	始板桥新村14幢后面	1	1		望江街道

续表四

序号	垃圾房具体位置	数量(座)	在建(座)	竣工验收(座)	所属街道
140	始板桥新村 19 幢后	1	1		望江街道
141	兴隆新村 9 幢 3 单元口前	1	1		望江街道
142	兴隆西村 19 幢 1 单元旁小门内	1	1		望江街道
143	茶亭弄 2 幢西面前	1	1		望江街道
144	茶亭弄 4 幢和 5 幢中间	1	1		望江街道
145	兴隆东村 1 幢北面	1	1		望江街道
146	兴隆东村 9 幢北面院子围墙底	1	1		望江街道
147	兴隆东村 10 幢大门旁	1	1		望江街道
148	兴隆东村 11 幢 4 单元口前	1	1		望江街道
149	近江苑 3 幢 2 单元口前	1	1		望江街道
150	近江苑 6 幢西面前	1	1		望江街道
151	近江苑 9 幢南面前	1	1		望江街道
152	近江苑 11 幢南面前	1	1		望江街道
153	清江路 82-4	1		1	望江街道
	合　计	157	56	101	

【庭院改善工程概况】 2010 年,区庭院改善工程依托南宋皇城大遗址综合保护工程契机,结合老城根本,深入整合资源,善于查找薄弱,实施项目对接,加大投入力度,城区面貌和基础公建有了显著改善;结合民主民生,深入四问四权,善于破难解困,因地制宜,能改则改,全年改善庭院 447 幢,高出市里下达 350 幢目标的 128%,占全市任务总量(1335 幢)的 33%。其中,27 幢房屋涉及中山路综保工程、41 幢房屋涉及玉皇山南整治工程、10 幢房屋涉及湖滨地区改造、253 幢房屋属南宋皇城大遗址综合保护工程范围、166 幢房屋涉及望南望北地块整治、9 幢房屋涉及学校、幼儿园改造。从全区历年同比数量来看,庭改占全区 4 年(2007~2010 年)改善总量(1289 幢)的 35%。全年累计投资 2.75 亿元,实施平改坡 393 幢,立面修缮 179 万平方米,绿化整治 3.3 万平方米,设置公共照明 556 处,上改下 24 千米,修缮围墙 8 千米,设置监控 327 处,安装单元监控门 391 扇,添置消防设施 1448 个,道路平整 11 万平方米,改造排水设施 47 千米,日新增截污量 1.3 万吨。根据统计部门最新调查显示,超过八成的社会群体对城管实事工程表示满意;结合区情实际,深入创新思路,善于推陈出新,深化"多改合一"(即多项城管实事工程与关联地块合并实施,确保工期影响、工程投资最小化,工程效益最优化)、"民间庭改办、草根质监站"(挑选有威信、善沟通、懂技术的居民,落实居民事情居民办,确保群众满意度)等做法,切实发挥好改善民生、和谐生态、环境优化、基础强化四轮驱动作用,对加快实施老城区有机更新和经济社会科学发展、和谐发展起到了一定推动作用。

改善好的华藏寺巷 20 幢电控门　　(背街小巷改善工程指挥部　提供)

表 19　　2010 年上城区庭改电控门安装情况一览

序号	地址	数量(扇)
1	始版桥东村 1~21 幢	24
2	始版桥新村 1~28 幢	55
3	兴隆西村 1~19 幢	60
4	兴隆东村 1~25 幢	76
5	美政南苑	27
6	见仁里 4 号等	9
7	尚农里 7 号等	8
8	响水坝	11
9	北落马营	8
10	大马弄	19
11	严官巷	9
12	劳动路 120 号	4
13	劳动路 124 号	4
14	劳动路 132 号	2
15	华藏寺巷 1.2.3.9.13.20 幢	13
16	小河下 9.13.15.16.17 幢	12
17	建国南苑 12.16.35.39 幢	11
18	信余里 3.4.9.45.47 幢	12
19	大学路新村 6.7.10.12.13.16 幢	11
20	福利新村 1.2.4.6.7 幢	16
合计		391

表 20　　2010 年上城区庭改监控实施一览

<table>
<tr><th>序号</th><th>街道</th><th>社区</th><th>地址</th><th>数量(只)</th><th>小计</th></tr>
<tr><td>1</td><td rowspan="4">望江</td><td rowspan="2">清泰门社区</td><td>甘王新村 1~11、21 幢</td><td>12</td><td rowspan="4">66</td></tr>
<tr><td>2</td><td>新丰新村 1~15 幢</td><td>12</td></tr>
<tr><td>3</td><td>徐家埠社区</td><td>近江苑 1~20 幢</td><td>16</td></tr>
<tr><td>4</td><td>始板桥社区</td><td>始板桥东村</td><td>26</td></tr>
<tr><td>5</td><td rowspan="3">小营</td><td rowspan="2">西牌楼社区</td><td>建南苑南片</td><td>17</td><td rowspan="3">40</td></tr>
<tr><td>6</td><td>陆家河头 1~8 幢</td><td>8</td></tr>
<tr><td>7</td><td>茅廊巷社区</td><td>义井巷小区 1~16 幢</td><td>15</td></tr>
<tr><td>8</td><td rowspan="9">紫阳</td><td rowspan="4">下羊市社区</td><td>云雀苑 1~13 幢</td><td>10</td><td rowspan="9">73</td></tr>
<tr><td>9</td><td>金狮苑 1~3、6~29 幢</td><td rowspan="2">19</td></tr>
<tr><td>10</td><td>上陈家园 16~19 幢</td></tr>
<tr><td>11</td><td>袁井巷</td><td>8</td></tr>
<tr><td>12</td><td rowspan="2">凤凰社区</td><td>木材新村 1~19 幢</td><td>13</td></tr>
<tr><td>13</td><td>秋涛路 168 号-1-2、178 号-1-2、36 号</td><td>5</td></tr>
<tr><td>14</td><td rowspan="3">侯潮社区</td><td>直箭道巷 1~17 幢</td><td>14</td></tr>
<tr><td>15</td><td>中河南路 17 号</td><td rowspan="2">4</td></tr>
<tr><td>16</td><td>六部桥直街</td></tr>
</table>

续表

序号	街道	社　　区	地　　址	数量(只)	小　计
17	湖滨	青年路社区	国货路 5~7 幢	31	63
18			见仁里 25~43 号		
19			尚农里 1~11 幢		
20		东坡路社区	向阳新村、未央村	8	
21			长生路 15 号	1	
22			蕙宜路 15 号	1	
23			东坡活动室	3	
24			孝女路 13 号	1	
25			菩提寺路 10 号	3	
26		涌金门社区	染坊弄小区	15	
27	清波	劳动路社区	劳动路 67~93 号	17	62
28			劳动路 111~125 号		
29			劳动路 120~156 号		
30			西湖大道 261~265 幢		
31			荷花池头	10	
32			三衙前		
33			新民村		
34			景云村		
35		定安路社区	火药局弄	35	
36			后市街小区		
37			定安路		
38			惠民路 70~74 号		
39	南星	玉皇山社区	八卦新村 23 幢	23	23
	合计			327	327

表 21　　2010 上城区庭院改善完成情况一览

序号	项目名称	幢数	截污量(T/D)	资金估算(万元)	实施的主要内容							
					道路平整(平方米)	排水设施(米)	平改坡幢数	立面整治(平方米)	楼道整治(平方米)	绿化(平方米)	照明设施(根)	上改下(米)
1	电厂二宿舍(虎玉路 29 号)	2	84	93			2	3048	1500	2000	10	√
2	十亩田家园 1~3、8、14、19 幢	6		178				15000	4920			
3	清河家园 3、8 幢	2		69				6000	2160			
4	民安苑 1、5、10、14、16、20、23 幢	7		204				17000	5880			
5	复兴北苑 4、12、14、15 幢	5		240			4	22000	6660	200		
6	海月花苑 13~16 幢	4		113				9000	3600			
7	美政花园 15、34、34、37、39、41 幢	6		242				21000	9420			
8	复兴东苑 7、10、13、3 幢	3		150				13000	5300			
9	六和源 1、2 幢	2		109				11000	3240			
10	大马弄 21~25 号、41~42 号、43~46 号、47~50 号、51~53 号、54~55 号	6	272	224			1	16500	6200	3000	15	
11	察院前 32~34 号	2	33	60			2	1000	500		2	
12	察院前 39~40 号、太庙巷 18~19 号、城隍牌楼 60 号、65~66 号、67~69 号	5		250		400	5	13500	3250	300		
13	万松岭路 84、88、90 号	4	100	183	1100		4	8000	1900	50	6	
14	严官巷 25、33 号、43、44、64 号	5		189			5	7400	2750	200		
15	严官巷 63 号	4	84	149	2000		4	1000	2000	300	5	
16	太庙巷 21~23 号	1	23	17				1000	400		3	
17	丁衙巷 1~2、4~5、7~9、11~13、16~17 号	5	195	82			5	19200	5200	650	12	
18	城隍牌楼 11~15 幢、城隍牌楼新工房、直箭道巷	6	310	345	5600		6	22500	11500	2990	16	600
19	彩霞岭 2~5 幢、18~20 号	3	156	149	1025		3	7200	1800	130		
20	保安桥直街 1、8~11、12~14、15、16、17~20、21~24、25、26~28 号	9	323	479	2566		9	22100	12200	1940		
21	保安桥河下 12~10、18、19 号	3	147	159	825		3	5000	7200	1250		
22	过军桥河下甲、乙、丙、2~5、6~10、41~42	7	162	339	2675		7	11400	10800	145		
23	六圣堂 5~9、10~13、14~17、18~23 号	5	179	287	1235		5	11800	8300	520		
24	五圣堂 1~9 号	2	38	120	1090		2	8500	5500	180		
25	江城路 402 号	1	12	117	240		1	6400	4670	50		
26	黄公厂弄 6~7 号	1	28	51	360		1	2400	1000			
27	候潮公寓 8、14~18、20 号	7	441	400			7	32000	2800			
28	云雀苑 1~13 号	13	0	635	4780	0	13	27550	1500	400		
29	四牌楼 28、47、46、48 号	4	24	195	300	300	4	8300	2150	150	5	
30	元宝心 26 号	2	15.75	65	100	100	1	2500	600	50	3	
31	上水陆寺巷 40 号	1	12	48	100	100	1	2000	350	100		
32	中山南路 423 号	1	10	35	60	60	1	800	200			

续表一

序号	项目名称	幢数	截污量(T/D)	资金估算(万元)	实施的主要内容							
					道路平整(平方米)	排水设施(米)	平改坡幢数	立面整治(平方米)	楼道整治(平方米)	绿化(平方米)	照明设施(根)	上改下(米)
33	南星公寓 1~13 幢	13	130	847	7800	2000	13	32000	12000	1000	20	
34	瑞石亭 12 号	1	12	50	200	150	1	1200	300		2	
35	瑞石亭 12~1 号	1	7.5	50	200	150	1	2000	300		2	
36	保安桥河下	1		67			1	1480				
37	十五奎巷	1		56				2200				
38	老浙大直路二弄 1~4、5~6、17~1、19 号	4	163	268	3570	1105	4	7290	4620	170		
39	老浙大横路三弄 1、3~5、31、32 号	4	453	299	2640	1120	4	12530	5520	780		
40	老浙大直路 11、21、23 号	3	58	124	360	120	3	3990	2640	80		
41	大学路 108、110 号	2	38	86	360	100	2	2880	1680			
42	建国南苑 38 幢	1	158	93			1	7161	4410			
43	民生路 22~28、24~26、32~34、40~42 号	4	114	154			4	5882	3100			
44	状元弄 1~4、6~7、19 号	3	97	130			3	5837	3050	350		
45	森仁里 1、3 号	2	121	61			2	6500	3500	60	6	
46	皮市巷 18、88 号	2	60	55			2	5600	3500	50	3	
47	清吟巷 115、117 号	2	59	79			2	4600	2500	120	4	
48	小塔儿巷 14、15 号	2	89	90			2	4520	2100	280	4	
49	大塔儿巷 18、19、22 号	3	168	148			3	8600	5250	530	6	
50	城头巷 119~120、122	2	44.33	116	1087	0	2	4973	1320	100		
51	横河新村 2、3 幢	2	91.5	137	500	250	2	8000	1600	100		
52	环城东路 16、22 号	2	78.75	134	600	300	2	7000	1600	100		
53	长坡里 35,40、42、44 号,45、46 号	3	117.8	229	1000	700	3	12000	4200	200		
54	民生路 9、11、62、64 号	2	66	243	1000	700	2	11000	3200	150	12	
55	建国南苑 30、57、62 幢	2	127.5	225	1000	500	2	13000	3500	300		
56	下羊线弄 29 号	1	27	70	300	200	1	3500	1200	50		
57	黄醋园 5~7 号	3	150.75	224	750	500	3	13500	3500	100		
58	直大方伯 61、76、78、92 号	4	141.75	291	600	200	4	20000	6000	100		
59	大王庙 1、2、5~10 幢	8	360	398			8	20000	9500	600		
60	马市街 99、133、155 号、181、185、187 号	6	450	378			6	26000	7200	300		
61	马市街 126、132、230 号	3	112.5	189			3	12500	4200	500		
62	皮市巷 27、59、71、73、75、85、87、89 号	8	318.75	521	500	200	8	35000	10000	200		
63	皮市巷 8~10 号、106、110 号	3	344.25	538	2000	1800	3	28000	8000	350	30	
64	长明寺巷 20 号	1	30	55			1	3500	1100			

续表二

序号	项目名称	幢数	截污量(T/D)	资金估算(万元)	实施的主要内容							
					道路平整(平方米)	排水设施(米)	平改坡幢数	立面整治(平方米)	楼道整治(平方米)	绿化(平方米)	照明设施(根)	上改下(米)
65	严衙弄6号、9~10号	2	90	131	220		2	6100	3200		8	200
66	清泰街182、184、186、188、210号	3		152			3	5210	2600	180	12	300
67	清泰街214、218、222、226号	4		178			4	6650	2600	210	8	200
68	清泰街257、259号	2		111			2	4650	1900	55	8	200
69	清泰街280号	1		35			1	1000	600	50		
70	清泰街481-483号	2		146				15000	5000	100		
71	民生路2号	1	56.25	64			1	3020	1750		4	100
72	燕子弄5号	1	114	131			1	5800	3700		4	600
73	华藏寺巷8-9号	1	11.25	80			1	4500	1000		4	600
74	冯山人巷1-3号	2		50			2	1600	760			
75	长庆里28号、30~33号、38~41号、42~44号、45~47号	6		255			6	8693	5870	350		
76	长明寺巷3、5、7、9、35、37号，长庆里1号、2号、9、10号，长庆里53~56号、长明寺巷33号	6		291			6	12782	7170	350		
77	丰家兜	1		21								
78	开元路23号、奎垣巷27号	2	54	120	1600		2	7200	3800			
79	染坊弄7、8、9、10号	2	68	98			2	5600	2100			
80	东羊血弄5号	1	13.5	46	400		1	1800	600			
81	定安路49号	1	40.5	57	750			4500	1800			
82	定安路130号	1	63	120	1650		1	6000	2850			
83	三元坊巷2、3号	2	38	84	450		2	3300	1070			
84	邮电路24号	1	12	42	180		1	1500	900			
85	仁和路12号	1	18.75	44	550		1	1200	560			
86	青年里1号-1	1	28.5	54	300		1	3000	800			
87	光复路124号	1	110	300	3700		1	15600	7250	200	6	300
88	光复路126号、缸儿巷45、47号，光复路128、130、132、134号，缸儿巷49号，光复路146号	6	147	347	3500		6	18400	8280	1050	10	800
89	光复路117号，中山中路274号，光复路121、125号，光复路127、129、131号	4	96	210	1350		4	10400	4260			
90	缸儿巷29、31、42、43号	4	72	199	2050		4	7650	5100	100	8	400
91	祖庙巷47、49、51、51-1号	1	49.5	36				2800	2400			
92	饮马井巷22、25、28号	1	48.75	60	900			4600	2100			
93	浣纱路235~239号	1	37.5	60	230		1	3500	1800	80		
94	五福里三弄20号	1	22.5	57	900		1	2000	1000			
95	将军路61号	1	15	29				2700	700			
96	里仁坊巷13号	1	13.5	53	150	80	1	2500	600		2	

续表三

序号	项目名称	幢数	截污量(T/D)	资金估算(万元)	实施的主要内容							
					道路平整(平方米)	排水设施(米)	平改坡幢数	立面整治(平方米)	楼道整治(平方米)	绿化(平方米)	照明设施(根)	上改下(米)
97	中山中路315号、321号	2	54	117	200	100	2	5000	3000			
98	中山中路280~286	1	31.5	63	300	100	1	2500	1200			
99	中山中路380~382-7号	1	67.5	63		150	1	3120	650			
100	中山中路402~402-2号	1	18	60	160	60	1	5000	400			
101	中山中路460~468号	1	73.5	68		150	1	3850	650			
102	平海公寓6幢	1	35	36	130	130		2060	1000	160		
103	平海路5~13号	1	24.75	65	100	150	1	3000	1800			
104	将军路68号	1	12	52	200		1	2500	1000			
105	蕙宜村1号1、2单元	2		81			2	3500	1000			
106	开元路36~38、39、63~65、67~69、77~79号	5	117	252	1200		3	12500	6000			
107	东羊血弄6、7号	2	21	120	1400	200	2	2000	600		4	500
108	太平坊巷21号	1	18	60	150	800	1	1200	1500	50		
109	旧仁和署37号	1	21	45	120	150	1	1000	1100	50	2	
110	柳翠井巷51号	1	23	60	150	900	1	1200	1300	20		
111	光复路18、22、24、38、42、44、46、48号	6	131	480	1760	6000	6	8500	6810	350	9	
112	惠民路1号	1	18	60	120	800	1	1400	1400			
113	孝子坊22号	1	36	45	480	480		1200	540		2	
114	惠民路3号-1、3号-22	2		75	200	100	2	2400		150		
115	清波街84号	1	15	51	150	300	1	1100	800	80		
116	四条巷1、3、5、7号，四条巷21、23、25、27、29，四条巷31、33、39，四条巷甲东甲西	7	155	307	1100	2980	4	4400	3440	290	9	
117	孝子坊19号	1	28.5	105	400	200	1	3000	1200	100	3	500
118	河坊街487号	1	24	53			1	3000	1200			
119	光复路37号	1	22.5	61	300	150	1	3000	800			
120	柳翠井巷19号	1	17.25	57	150	100	1	3000	800			
121	柳翠桥弄2、3号	1	38.8	67	320	90		1650	500		2	500
122	中山中路195~207号	1	19.5	58		60	1	3800	500	30		
123	中山中路156号	1	12	42	200	50	1	1200	600			
124	太平坊巷1号	1	36	45	400		1	1700	120			
125	熙春弄12号	1		50	100	60	1	2500	650			
126	近江苑小区1~20幢	20	600	1809	8000	5000	20	70000	25000	1800	60	4000
127	始板桥新村	26	900	2190	10000	5500	26	91000	28000	1000	60	3200
128	茶亭弄小区1~5幢	5	535	550	1600	1600	5	25000	8000	300	15	2000
129	兴隆路1号3、4、6幢	3	275.25	317	700	600	3	13000	4000	200	15	1000

续表四

序号	项目名称	幢数	截污量(T/D)	资金估算(万元)	实施的主要内容							
					道路平整(平方米)	排水设施(米)	平改坡幢数	立面整治(平方米)	楼道整治(平方米)	绿化(平方米)	照明设施(根)	上改下(米)
130	兴隆东村 1~25 幢	25	747.75	2021	8500	5000	25	80000	25000	2000	75	4000
131	兴隆西村 1~19 幢	20	696	1825	7500	4500	20	68000	21000	2500	60	4000
132	近江苑	1		31			1					
133	始版桥东村	1		44			1	1100				
	合　计	447	12880.38	27527	113493	47595	393	1304976	491720	32980	556	24000

（唐　敏）

城市绿化管理

【概况】 杭州市上城区绿化委员会办公室（简称区绿化办）是杭州市上城区绿化委员会的常设机构，为区级绿化行业行政主管部门，依据《杭州市城市绿化管理条例》，主要负责全区的绿地系统规划，如绿化建设、绿化养护管理、宣传发动义务植树、绿地（树木）的占、用（借）、迁、砍的行证许可等事宜。2010 年，上城区绿化工作按照区政府提出"打造具有国际水准的高品质中心城区"的总体目标，结合上城区绿化特色和城区建设发展重点，坚持"以人为本、生态优先"的原则，全面完成工作计划，并和市区签订的目标责任书，使全区的绿化事业再上新台阶。

作为全市人口密度最高的城区，2010 年，上城区新增绿地完成 11.9 万平方米目标任务，绿地率和绿化覆盖率分别达到 29.32%和 32.69%，其中居住区绿地面积 0.58 万平方米，单位附属绿地 1.23 万平方米，道侧绿地 1.2 万平方米，公园（广场）绿地 8.84 万平方米。截至 2010 年底，全区绿化总面积 537.44 万平方米，人均公园绿地面积 7.34 平方米，人均绿地面积 16.53 平方米。

【绿化、美化家园工程喜获四奖】 在市委、市政府的统一部署和《杭州市"美化家园工程"示范点标准（试行）》等相关文件的要求下，7 月，上城区在经过前期调查、方案设计、专家会审等工作基础上，由绿化办组织实施绿化、美化家园工程。工程包括中山中路御街——特色街区、东平巷社区——居民社区、高银巷小学——窗口单位、保安桥直街 8 号 401 室——特色家庭四个子项目。在接受杭州市园文局、杭州市文明办、杭州市财政局等有关部门的全面检查评比中，获得了居民社区、窗口单位第一名，特色街区第二名，特色家庭第三名的好成绩。

【南复路与之江路交叉口（西南角）道侧绿地工程】 南复路与之江路交叉口（西南角）道侧绿地工程，是 2010 年上城区政府实施扩绿工程主要项目之一，绿地面积约 4600 平方米，南临之江路及钱塘江，东接南复路，西为高层住宅，北靠中河南段，呈"L"型。该绿地设计定位为提升城市道路景观、改善人居环境为主要目的，并具有一定休憩、活动功能的城市街头公共绿地。设计中秉承人本性、生态性、经济性、人文性、可行性

窗口单位高银巷小学一角　　（区绿化办　提供）

等原则,着重考虑空间布局和周围大环境(钱塘江、复兴路)等的融合,将特定的环境和丰富的植物景观以及珍贵的人文遗迹通过各种景观元素渗透到环境中来。具体设计中融合了交叉入口空间、密林探胜、中河休闲等空间组合,根据所种植物特色,达到林下空间地形“隔而不断”、“围而不闭”的效果。通过园路游线的牵引,着重体现生态性及亚热带常绿阔叶林所特有群落景观,以常绿香樟、桂花,落叶无患子、银杏为基调树种,以成群、成丛、孤植的布置,形成搭配合理、疏密有致、季相变化丰富的绿化空间。

【“秋之绚”绚色上城】 为弘扬菊花文化,丰富西博会内容,响应杭州市人民政府关于“西湖秋韵”——2010中国杭州首届菊花艺术节活动,区绿化办领导与相关工作人员在6月起对菊展方案进行设计研讨,确定方案为“秋之绚”。以南宋遗址历史文化为背景,通过对人物造型等元素的描绘,反映上城区多姿多彩的昌盛景象,并通过石景和各色菊花的高低错落、色彩穿插,体现了即古朴又极具现代感的布置手法,寓意上城区既有厚重的文化底蕴又与时俱进,拥有无限生机。展区地点定为杭州植物园,总面积约1250平方米,其中菊花采用大立菊、品种菊、铺地菊等,总数量约2000盆,用花量占地面积超过总体景观面积的30%以上。

【国庆绿化小品百花齐放】 为改善城区环境,为市民营造国庆长假欢乐、祥和的节日气氛,由杭州市城区绿化办组织的“国庆”立体花坛创作大赛在全市范围展开,区绿化办以吴山广场大型花坛为主,共选送了3组立体花坛参加评比。名为“生生不息”的大型组合式花坛坐落在吴山广场,造型以奔驰的地铁列车和在花山上奔腾的骏马相结合,将古典优雅的建筑和现代宏伟的建筑群交相辉映,寓意着一个充满活力、美丽富饶及具有古老文化底蕴的发展中的上城。“船魂水韵”位于新中东河的河坊街贯通段,结合新中东河整治工程,象征“上城号”扬起风帆,驶向中东河,遥望世博,如大海般澎湃,激情四溢。“南宋御街门楼”位于中山南路美食夜市,此处作为中山南路中华美食街序列的开始,从而与外部达到空间转换的目的,展示南宋御街的文化内涵。3组花坛均获市级花坛评比三等奖。

【做好古树名木防汛抗台工作】 区绿化办管辖范围内的古树名木现有登记在册的74株,存73株(其中万松岭路67号大门外的1株樟树,2002年因台风已毁不存),区内现有树龄在500年以上属于一级古树名木的树木共有5株(香樟4株、银杏1株),另有300年以上二级古树名木5株(香樟5株);100年以上三级古树名木64株(樟树28株,银杏24株,珊瑚朴1株,朴树4株,女贞1株,广玉兰4株,粗糠树1株;有1株已毁不存)。根据《城市古树名木保护管理办法》,以及古树名木的特殊历史意义,上城区对古树名木的保护工作十分重视。为使这些宝贵的资源得到良好的保护,及时开展树龄鉴定、建档等工作;结合古树名木保护,建设公园绿地;主要采取设保护栏、设支撑或拉索等方法对树木进行保护等。2010年,因雨季频繁,为防患于未然,区绿化办已对全区古树名木进行了重点排查,并就排查结果对未支撑、支撑不够的24株树木进行加固、加撑。各单位范围内的古树名木的相关单位放送《关于古树名木防汛抗台保护工作的通知》,提高各单位的树木保护意识,在防汛抗台工作中保证古树名木的万无一失。

秋之绚 (区绿化办 提供)

【启动新侨饭店周边屋顶绿化工程】 2010月4日,上城区启动新侨饭店周边14幢建筑、共4万平方米建筑面积的屋顶绿化工程试点工作。主要通过平改坡凸显建筑的江南特色，通过屋顶花园的设计把休闲景观引入湖滨建筑，实现湖滨地区建筑与环境的完美融合。以新侨饭店为观赏点，根据周边建筑层数的不同打造错落有致的小花园、坡屋顶；对同层高的屋顶绿化，采用高低不同的景观小品进行搭配、组合，创造立体空间，形成丰富、活泼的层次感。已有13家产权单位确定了施工方案，8家单位已启动施工，5家企业国庆节前完工。

（童心琦）

解百屋顶绿化　　（区绿化办　提供）

河道整治

【沉砂池工程】　中河南段是实施抗咸工程时开挖形成，因从钱塘江直接取水、配水口含沙量高造成的河道淤泥问题较严重，年积沙量达15744立方米，主要集中在上游。因此，在整治方案中特别提出沉砂池的设计，采用以沉积淤泥，过滤水质，改善河道淤积含量和水质，并考虑设堰体运用河道水体反冲刷淤沙回钱塘江的实施方案。沉砂池工程经过此组织多次专题协调会议、围堰方案论证、西湖饮水管保护方案论证、抗咸渠道保护方案论证、深基坑围护方案论证、施工组织方案论证等，于2010年3月20日进场施工，12月20日竣工验收完毕。工程由华东勘测设计院设计，杭州市东方市政园林工程有限公司实施，监理单位为浙江天成项目管理公司。

（童心琦）

【上半年河道长效管理成绩名列全市第一】　2010年，上城区加强五条河道保洁的日常监督和养护工作。1~6月，巡查方面共出动577人次，保洁方面共出动2769次，日常打捞河面漂浮物149.01吨、打捞水草148.71吨，清扫河岸垃圾48.31吨，运输垃圾总计346.03吨。针对日常监管中存在的养护问题，及时发现并落实整改，整改率达到100%，对辖区5条河道进行一次全面整治：重点排查防汛漏洞，确保专人巡查1天1次，河道监控巡查1天3次，保证河道畅通；加大保洁力度，增加保洁人员和船只，提高保洁作业次数，扫除保洁盲点；做好水草源头治理防治，实行集中上岸、定点清运，杜绝二次污染的发生；在重点河段有计划地投放绿色无公害生物灭蚊灭冲剂等，控制蚊类孳生；加大宣传，提醒周围居民不在河道洗涤、游泳、垂钓。

（丁炜锋）

文物保护

Relics Protection

历史文物保护

【出台《上城区历史文化遗产保护三年行动计划》】 6月,上城区重点工程协调管理办公室联合上城区建设局文保办,结合区危改办及各指挥部等实施单位,共同出台了《上城区历史文化遗产保护三年行动计划》,计划在三年内完成104个文化遗产保护项目(6个文保单位、11个历史地段、4个历史街区和83处历史建筑),整治(修缮)总面积35.74万平方米,其中21个项目建筑面积26.27万平方米(已扣除项目内的历史建筑面积),83处历史建筑面积9.47万平方米。

将按照保护优先合理利用、建设保护协调发展、科学规划分步实施三项原则实施整治修缮,力争以文化遗产修缮为契机,整理、挖掘历史碎片,弘扬上城历史文化。2010年完成31个项目(1个历史地段和30处历史建筑);2011年将完成25个项目(两个文保单位、1个历史地段、22处历史建筑);2012年将完成34个项目(两个文保单位、4个历史地段、两个历史街区、26处历史建筑);2013年将完成14个项目(两个文保单位、5个历史地段、两个历史街区、5处历史建筑)。

【实施十五奎巷历史街区综保工程】 十五奎巷历史街区综保工程东至十五奎巷、西至吴山、南至市委党校、北至鼓楼,街区总建筑面积13447平方米、受益住户243户。2007年12月启动搬迁,采取"鼓励外迁,允许自保"的原则,住户可以选择货币补偿、原地安置、异地安置3种安置方式,项目累计搬迁143户,其中124户选择异地安置。2009年9月,项目进入全面建设阶段。2010年8月,启动选择异地安置住户的安置工作。2010年10月,十五奎巷25号等48处房屋竣工。截至12月,十五奎巷历史街区已竣工危改房屋8950平方米。

改善后的十五奎巷一角　　　　(区建设局文保科　提供)

【实施五柳巷历史街区综保工程】 五柳巷历史街区位于杭州市老城区东南,北靠西湖大道、南至河坊街南、东依建国南路,西达城头巷,街区总面积7.06万平方米,受益住户1176户(有房产证1143户)。工程分两期实施。一期工程主要对五柳巷沿河两侧87幢房屋实施立面整治,涉及房屋建筑面积约1.4万平方米,受益住户

283户(已搬迁176户、仍居住在内的住户107户),已于2010年9月30日完工。正在实施的二期工程主要对已搬迁腾空房屋实施复建,涉及房屋建筑面积1.8万平方米,将安置选择原地回迁的73户住户。力争2011年5月完成河坊街东至建国南路已腾空房屋复建工程,有序实施纵深段房屋改善工程。2011年10月1日前全面完成五柳巷历史街区保护工程。

改善后的五柳巷历史街区　　（区建设局文保科　提供）

【完成大资福庙修缮】 大资福庙文化保护恢复项目基本完成。据历史考证,此庙原本是民间为纪念岳飞手下大将张宪而建。当年张宪和岳飞、岳云一起被害后,民间传说张宪、岳云二将经常显灵,佑护百姓,于是,杭城百姓便自发募集修建了纪念庙堂,称之为“资福庙”。以前在众安桥、祖庙巷、东山弄等地方,都曾有过资福庙,不过时至今日,杭州留存下来的资福庙只剩下玉皇山南这一座了。作为南宋皇城大遗址综合保护工程2010年国庆推出的重要项目之一,大资福庙保护修缮项目于2010年4月正式启动施工,在原有大资福庙的基础上,配置了东西厢房、两廊及天井。恢复后的大资福庙总建筑面积1000余平方米,其中主殿360平方米,东西厢房及两廊690平方米,9月底完成历史文化陈设并于10月1日全新开放。玉皇山南指挥部对周边7000平方米危旧房也实施了改善,年底基本竣工。

【完成邮电路8号历史建筑保护整治工程】 邮电路8号建筑东靠中山中路,南靠邮电路,建筑面积约331平方米。该建筑约建于1920年,为民国时期典型的民居建筑,主体为两进房屋,结构为二层木结构,第二层设有回马廊,建筑内有大量木质雕饰,修缮前共有9户居民在此居住。2005年,该处建筑被列入杭州市第二批历史建筑保护名单。邮电路8号历史建筑保护整治工程于2010年4月正式进场施工,2010年11月整体工程基本完工。修缮工程拆除了院内违章搭建,历史建筑外观及天井院落按历史记载及调查情况原样修复,损坏的构件采用相同材料进行加固、替换,历史建筑整体风貌得到了较好地恢复。

【完成旧藩署30、32号民居建筑修缮】 旧藩署30、32号民居建筑是杭州市公布的第三批历史建筑。该建筑建于20世纪20年代,由几个主体为二层的砖木结构的民居类建筑组成。旧藩署30、32号民居建筑反映了近代城市建筑演进的历程。据档案资料记载,该房原为安徽木商程瑞安的房产,现为民居,有多家住户居住。2010年,上城区启动旧藩署30、32号历史建筑修缮工程,由区危改办组织实施,此次修缮不仅恢复了历史建筑风貌,还改善了内部设施,既最大限度的保留了历史信息,也改善了居民的生活条件。2010年4月,修缮工程整体竣工。

【完成燕春里建筑群修缮】 燕春里建筑群由燕春里1~11号和瑞石亭5号组成,其中瑞石亭5号为两层中式木结构建筑,燕春里1~11号系两幢联排石库门建筑。该建筑由门户独立又彼此相连的多个单元组成,石库门的门楣上有精美的浮雕花饰。燕春里建筑群体现了后期经济型广式里弄建筑的演化历程。为杭州市第三批历史建筑,2010年由区危改办修缮竣工,修缮后的燕春里建筑群安全性和使用性提高,周边环境得到提升,较好地恢复了历史风貌。

【完成横吉祥巷3、17、19号建筑修缮】 横吉祥巷3、17、19号建筑,建于19世纪末20世纪初,为一处传统院落式民居。古宅坐东朝西,三合院式格局,四周由高大的围墙围合而成。主体为一幢三开间三层,双坡青瓦屋面的木结构建筑,有雕刻精美的牛腿,石板材质的台阶、门槛,院内还保留有古井、古树。据档案资料记载,房主为李楚狂,是陈果夫的秘书,曾任浙江省党部执委。横吉祥巷3、17、19号建筑为杭州市第四批历史建筑,2010年经区危改办修缮竣工。

【完成隐庐(吕民贵旧居)修缮工程】 隐庐位于白傅路5号,是一幢隐逸于高楼大厦群落中的豪华气派的西式花园别墅。该建筑建于1929年,坐北朝南,主楼为三开间三层高敞楼屋,共40间房,1003平方米。主楼有一门厅大走廊,四根爱奥尼柱支撑立面,高4.3米,再奠以石质雕花底座。门厅地坪上的马赛克以及顶上的天花石膏吊顶都保存完好。楼内的木楼梯、天花石膏吊顶以及门沿上、窗沿上的雕花装饰也都保存完好,古色古香。主楼的左侧和后侧都有附属平房,共19间,每间约有20多平方米。隐庐如今格局依旧,保存尚好,现为民居。2010年,湖滨指挥部对其进行了修缮,修缮工程于12月完工。 (陈洪卫)

非物质文化遗产保护

【概况】 结合打造“具有国际水准的高品质中心城区”,深入挖掘厚重历史文化底蕴,按照保护非遗也是生产力的理念,综合保护、传承、利用、开发,推动上城人文建设。以上城区国家级非物质文化遗产王星记制扇艺术和省级非物质文化遗产杭州刺绣代表省、市亮相上海世博会,参加“浙江周”、“杭州日”艺术展示展演活动为契机,进一步弘扬拓展上城区厚重历史文化。深入实施历史非物质文化遗产保护三年行动计划;完成上城区非物质文化遗产大观的编辑计划及大纲目录的草案、中东河沿岸的非物质文化遗产的普查、挖掘和整理,申报杭州市第四批非物质文化遗产保护名录(浙派古画(籍)修缮及墨拓技艺、杭州修内司南宋官窑烧制技艺、杭州小热昏梨膏糖制作技艺)的传承文本和申报录像片。申报浙江省第四批非物质文化遗产保护名录(奎元馆宁式大面传统制作技艺、吴越人家蓝印花布制作技艺)。申报杭州市民族民间艺术家称号文本。继续做好全区非遗项目的遴选、归并、调整、制作宣传等方面的工作。

【市领导为区非物质文化遗产保护工作题词】 6月,在中国第4个文化遗产日期间,中共杭州市委副书记、纪委书记叶明阅看了“2009年度上城区非物质文化遗产保护和利用工作简报”。简报介绍上城区国家级非物质文化遗产王星记制扇技艺和省级非物质文化遗产杭州刺绣正式通过省文化厅审查。叶明对上城区近几年的非遗保护工作给予肯定,并为上城区非物质文化遗产保护工作题词“保护文化遗产,建设品质之城”。

【上城区“非遗”亮相世博会】 5月上海世博会期间,上城区国家级非物质文化遗产保护名录王星记制扇技艺、浙江省级非物质文化遗产保护名录杭州刺绣代表浙江省暨杭州市受邀参加上海世博会“浙江周”和“杭州日”的文艺展演活动。活动包括文艺精品节目展示、“非遗”项目传承人现场展示和踩街巡游3种类型,各类演出、展示活动超过70场次,参演人数达600人。

【做好非遗名录申报工作】 12月,通过两年的普查工作,上城区基本摸清了全区非物质文化遗产的起源、延续、发展、分布和保存现状等情况,对确实具有重要历史、文化、科学价值而面临濒危消亡的项目,及时采取了拍摄音像资料、收集实物等切实可行的措施,做好挖掘和整理、邀请专家评审等工作。2010年,全区有浙派古画(籍)修缮及墨拓技艺、杭州修内司南宋官窑烧制技艺、杭州小热昏梨膏糖制作技艺3个项目申报为杭州市第四批非物质文化遗产保护名录。此外,奎元馆宁式大面传统制作技艺和吴越人家蓝印花布制作技艺两个项目申报浙江省第四批非物质文化遗产保护名录。

【参加浙江第二届非物质文化遗产博览会】 11月,组织上城区非遗保护企业(胡庆余堂中药文化、张小泉剪刀镶刚锻制技艺、王星记制扇技艺、杭州刺绣)参加中国浙江第二届非物质文化遗产博览会。此次博览会规模宏大、集聚了全省和其他部分省、市的知名非遗保护单位。在为期7天的博览会中,上城区非遗传承人精湛的手工技艺获得了浙江省副省长郑继伟等省、市领导和专家、市民的好评。 (张雪梅)

商贸旅游

Business Tourism

商贸旅游综述

2010年，上城区制定“2010休闲消费提升年”整体促销方案和“夜艳上城，越夜越精彩”活动方案，推出60项促销活动，实现社会消费品零售总额182.08亿元，比上年(指2009年，下同)增长19.0%。向省、市争取到各类扶持资金844.2万元，其中商贸75.1万元，旅游769.1万元，接待国内外游客2000万人次，总营业收入30.65亿元，上缴税收1.41亿元。

湖滨、南山路、清河坊三条特色街实现税收1.41亿元。完成3家专业市场改造提升，落实农贸市场长效管理机制。调研“四纵五横”道路、中东河河岸及中山南路业态，并提出业态规划指导性意见。

连续八年获得杭州市“旅游西进”综合考核评比城区一等奖、2010年度浙江省旅游工作先进单位、2010“夜杭州”活动和夜市建设先进单位一等奖、市场整合改造提升工作最佳实施奖、2009年度杭州市重大动物疫病防控和畜产品安全目标管理工作二等奖、第十一届中国杭州西湖国际博览会先进集体等称号。

【启动废旧家电在线回收交投网络中心】 搭建杭州市第一家废旧家电在线回收平台，启动废旧家电在线回收业务。在线收废是以电脑网络和电话为平台开展的全新收废方式，是方便居民卖废和城市收废人员管理的创新项目，是建设高效便捷再生资源回收体系的重要内容。上城区废旧家电在线回收业务正式启动后，抓住国家家电以旧换新的政策机遇，初步建立了覆盖杭州市上城区、下城区以及江干区的废旧家电在线回收网络，为区域内居民交、投废旧家电和相关废品提供了便利。截至12月31日，接到居民来电2.3万次，网上交投信息600多条，回收各类旧家电120463台(其中通过电话预约上门回收13120台)，废旧家电回收总量和送拆解企业数量位居浙江省专业性回收企业首位，方便了城区居民废旧家电的交、投。

【更新农贸市场食品安全多功能检测仪】 上城区投资28万元为全区14家农贸市场(含临时过渡市场)重新配备多功能食品安全检测仪，在杭州首次达到对农贸市场食品安全检测仪100%全覆盖，切实提高区农贸市场食品安全检测水平和科技含量。新设备拥有更快的检测速度和更高的精确度，可根据市场不同需求适时调整检测项目，能在一小时内，顺利完成对蔬菜、肉类制品、腌蜡制品、豆制品、粮食制品、水产、水果等十多类食品中的六项毒害物质快速检测。

【启动“清河坊·南宋御街5A景区”筹备工作】 根据原市委书记王国平提出的把中山路打造成世界级旅游产品的要求，经过调研和专家意见征询工作，提出用三年时间进行清河坊·南宋御街打造培育申报“5A”景区的工作。从2010年初开始着手“5A”景区的筹备工作，完成了申报“5A”景区工作方案讨论稿，后经省、市旅游部门的领导、学者、专家，征求各方面的意见征求并修改完善，下一步将启动实施“清河坊·南宋御街5A景区”的培育打造规划。

【确定为首批浙江省特色商业示范街之一】 浙江省商务厅、财政厅和浙江省旅游局根据商业街的营业额、营业面积、知名度、文化底蕴和游客人数等因素综合评定，首次评定17条商业街为“浙江省特色商业示范街”，杭州市共有3条特色街被评定，上城区清河坊历史文化特色街也名列其中。上城区通过连续八年对清河坊历史文化特色街区进行年度考核评定，奖优罚劣，促进其特色街管理年年上新台阶，社会效益和经济效益增长明显，全年街区总游客接待量1600万人次，总营业收入14亿元。

【探索实施“旅游执法上城模式”】 针对湖滨地区“野导、黑车”活动较为猖獗、管理难度较大这一特点，探索形成具有上城特色的旅游执法模式，即关口前移，在湖滨地区设立常态化联合执法中队，将执法力量直接深入到现场，对湖滨地区的“野导、黑车”整治实行长态化管理，并配备数字化智能实时监控系统，采用科学手段高效、及时掌握现场动态，在执法人员流动巡查的同时，根据监控情况精准有效打击“野导、黑车”现象，取得以少胜多的管理效果，最大程度地发挥现有执法人员的工作效能，切实提高管理工作时效性。自7月成立旅游执法大队暨湖滨中队采用新执法模式以来，湖滨地区的“野导、黑车”现象大幅减少，该项工作得到了《中国旅游报》的肯定。2010年，上城区被市旅游目的地管理工作领导小组评为先进单位，区商贸旅游局被省旅游局评为2010年度浙江省旅游工作先进单位。

【展现上城特色品质生活】 上城区在杭州第二届生活品质展上着重打出“南宋御街”的文化品牌，采用动静结合手法，通过“一个造型、二个展示、三个板块、四个表演”，以南宋皇城元素为设计理念，重点突出南宋御街中华美食夜市一条街，以清河坊民俗文化为表现手段，生动展现出上城区通过综合保护与有机更新工程，将南宋御街·中山路打造成为国内生活品质第一街，把中山南路打造成以美食小吃为主，集食、淘、游功能于一体的“中国美食第一街”的丰硕成果，突出表现上城区的品质旅游、品质美食、品质街区。上城区获第二届杭州生活品质展最具品质奖。

【赴西南地区促销推广“御”文化】 4月18日，上城区组团赴长沙、成都、重庆等地进行为期9天的西南地区旅游促销活动。在长沙、成都召开的杭州旅游推介会上，上城区中国国旅(浙江)国际旅行社有限公司与当地多家旅行社签订了“一对一”框架合作协议，初步确定合作意向。在重庆第十六届“2010中国国内旅游交易会”上，成功将南宋“御”文化向西南地区推介，“南宋御街”成为杭州新线路中的亮点，是各家旅行社和游客争相咨询的热点，发放宣传资料3500份。通过这次的旅游促销，将南宋“御”文化推介到西南地区，展示“御”文化品牌，为接轨“世博”之旅做好充分准备。

【获杭州市“旅游西进”综合考核评比城区一等奖】 上城区围绕“诚信上城、品质旅游”目标，注重旅游市场开拓、人教培训、信息化建设、安全管理、质量监督、旅游目的地环境秩序整治、特色街管理等旅游行业监管工作，促进商贸旅游服务业全面协调可持续发展。在2009年度的杭州市“旅游西进”综合考评的23个大项目，30个子项目中均获高分，连续八年争夺第一。

【后世博旅游效应显现】 上城区借上海世博盛会品牌影响力，多形式、大力度宣传促销区旅游产品。5月~10月，全区旅游景区共接待游客795万人次，比上年上升79%；旅行社接待游客65.6万人次，比上年增长40%；各宾馆(饭店)平均客房出租率85.06%，比上年上升9.5%。

(贾元元)

西湖博览会在上城

【概况】 2010年，第十二届中国杭州西湖国际博览会(以下简称西博会)从10月16日至11月6日，历时22天。西博会期间，上城区围绕“创新发展、和谐城市、品质生活”的主题，以加快转变经济发展方式这条主线，充分发挥西博会在促进经济社会、推动城市国际化、推进城乡统筹发展的平台抓手作用，让西博会成为杭州建设创新型、学习型城市的重要载体，成为老百姓体验“低碳杭州、品质生活”的重大节日。借助西博会的会展平台，利用上城丰富的旅游资源，向中外游客展示上城的人文历史、优质教育、商贸旅游。根据国际化、专业化、特色化的办会思路，精心筹划了西博会上城区的一系列活动，重点实施了四个活动项目，取得圆满成功。

表 22　　第十二届中国杭州西湖国际博览会上城区活动项目

序号	名　称	主办单位	承办单位	举办地点	举办时间
1	2010 西博会国际旅游节开幕式暨第二届南宋御街国际旅游文化艺术节	上城区人民政府、杭州市旅游委员会、杭州市文化创意产业办公室、杭州市贸易局	上城区商贸旅游局、清河坊历史街区管理委员会、中国国际动漫节节展办公室、杭州市蟋蟀协会	南宋御街、清河坊历史街区管理委员会、吴山广场	9 月 17~24 日
2	2010 杭州吴山庙会	上城区人民政府、杭州市旅游委员会、杭州市贸易局、杭州市文广新局、西湖风景名胜区管委会	清河坊历史文化景区、吴山景区管理处、上城区商贸旅游局	吴山广场、清河坊历史街区管理委员会吴山景区	10 月 15~21 日
3	2010 中国杭州名师名校长论坛	全国教师教育学会、杭州市人民政府	上城区人民政府、杭州市教育局	大华饭店	10 月 24~25 日
4	2010 杭州西湖国际烟花大会	杭州市人民政府	杭州市西湖博览会组委会办公室、杭州市旅游委员会、杭州市园文局、杭州市交通局、上城区人民政府、滨江区人民政府、江干区人民政府、萧山区人民政府、钱江新城管委会、下城区人民政府、拱墅区人民政府	钱塘江、运河	10 月 16 日

【2010 杭州西湖国际烟花大会】　10 月 16 日，杭州西湖国际烟花大会的主会场重回钱塘江，第五次在钱塘江畔举行。主会场烟花施放地点位于钱江新城城市主阳台正对的钱塘江水域、复兴大桥(钱江四桥)与西兴大桥(钱江三桥)之间的钱塘江水域。分会场设在运河，位于运河桥弄街以南、吉祥寺路以西规划地块及运河西岸国际艺术区公园沿河游步道等。杭汽发、远洋地产地块及西湖文化广场等为民间燃放区。

本届烟花大会主会场的烟花施放量为 10 万发，燃放的主题是“壮丽”，在 40 分钟水上烟花燃放表演的基础上，在西兴大桥(钱江三桥)和复兴大桥(钱江四桥)东侧面施放特殊瀑布冷烟花，配以音乐，安排 1 小时灯光表演，实现钱江两岸夜景、专业灯光表演、空中烟花表演三者交相辉映的立体视觉效果，呈现“创新发展、华丽钱塘”的焰火晚会盛景。

（潘德明）

环境保护

Environmental Protection

环境保护综述

2010年,上城区被列为全市生态文明建设的唯一试点城区,在全市率先编成"十二五"生态环保规划,生态文明示范社区创建在省、市开创先河,首批命名6家生态文明示范社区,杭州市级首家生态文明建设示范基地在上城命名。上城区在全市率先启动推进城区生态文明建设的决定,明确每年不少于600万元用于生态环保工作。上城区作为生态文明试点城区,生态建设工程亮点吸引了众多领导的注意,各级领导来区考察调研。环保部原党组成员祝光耀,省环保厅副厅长吴玉琛、方敏、卢春中,中科院生态环境研究中心和中国社科院生态文明建设专家组,宁波市、沈阳市环保局等专程考察学习调研上城区的生态文明与环境保护工作。

2010年,市、区领导重视杭州市环保局上城环保分局(以下简称上城环保分局)生态环保工作,全年收到领导批示共计18件,其中杭州市环保局局长朱党其批示7件,区委书记陈红英批示7件。

上城环保分局将"联街结社"活动扩面提质,大力推进,实行协管员"条块结合"的管理模式,构架起领导、科长、科员、环保协管员、街道环保员、52名社区环境监督员及824名居民环境信息员这一"七个层面"上千名成员的树状工作网络构架,将生态环保工作延伸到每个居民身边。探索油烟在线监控系统运营管理的新模式,对30家餐饮酒店安装了智能监控系统,填补了全市空白。

2010年,共受理信访投诉181件,比上年(指2009年,下同)下降61%,其中省、市交办44件,比上年下降74%。全年立案34件,结案34件,共处罚人民币13.85万元。实现了"两下降一提高"的目标。上城环保分局主打"服务牌",服务经济社会发展事业。全年共审批项目135家,项目总注册资金1.82亿元。

2010年,上城区开展"多绿"创建活动,各创建主体踊跃参与,通过系列宣传教育活动。创建1家省级"绿色家庭"、两家省级"绿色学校"、6家市级"低碳(绿色)家庭"、5家市级"绿色社区"、9家市级"绿色工地"、10家区级"绿色工地"。

生态区建设

【推出《关于推进生态文明建设的决定》】 2010年,上城区推出的《关于推进生态文明建设的决定》分6个部分,26项内容,突出方向性、原则性和倡导性。明确了上城区推进生态文明建设的总体要求、主要目标、重点任务、重要举措和保障措施。努力将上城区打造成为以生态经济之区、品质生活之区、生态文化之区为基础,全市率先、全省领先、全国示范的生态文明城区。作为杭州市创建生态文明城市的唯一试点主城区,上城区将以《关于推进生态文明建设的决定》为蓝图,全面推进生态文明试点城区的创建工作。

【构建生态文明上城】 2010年,市、区领导重视上城环保分局生态环保工作,全年收到领导批示18件。7月,区人大、政府、政协的领导亲自带队,对生态目标任务完成情况进行年中督察指导,区政府召开了"1250"生态建设工程的专题推进会。8月,区四套班子主要领导专题听取和审议生态环保目标责任制年中

4月15日,召开上城区生态保护与绿化工作暨防汛抗台动员大会。
(上城环保分局　提供)

用杭州市环境保护局《生态杭州》的宣传平台，制作了两期介绍生态旅游线和油烟在线监控内容的节目。中央电视台等媒体对区生态文明建设工程进行30次报道。

【举行"绿色畅想未来"环保文艺演出】9月1日,"绿色畅想未来"生态环保文艺演出列车驶进了杭州崇文实验学校，此次活动以喜闻乐见的表演形式来表达对绿色环保理念的支持和倡导,呼吁大家从身边事做起,为低碳减排,建设绿色家园出一份力,600人参加此次活动。

检查情况的汇报,确定将上城区实施的"1250"工程项目列为每周重点工程内审会的督查内容之一。12月，区人大主任丁晓芳一行17人和区政协主席余勇一行21人分别专题听取了上城环保分局生态环保重点工作汇报并给予肯定。

【开展生态文明宣传教育】 结合主题、创新思路、上下联动,开展形式多样的联合宣传活动。6月3日,上城环保分局联合区委宣传部举行生态文明试点城区授牌暨"生态文明示范社区"启动仪式。6月4日,与团区委、区健康办、区卫生局、区行政执法局、区城管办在鼓楼广场开展志愿者减碳会所授牌暨保护母亲河志愿服务总队成立仪式。6月4日,在《上城报》上刊出了主题为"低碳减排　绿色生活"的区纪念"六·五"世界环境日宣传专版。与团区委、区科协、区志愿者协会、区妇联等单位开展了一系列形式丰富多彩的广场和网络宣传活动。与杭州电视台五套《品质时空》栏目合作,拍摄了两期有关湖滨街道太阳能楼道灯、雨水回收再利用、太阳能垃圾桶建设应用以及南星街道创意雕塑工作室内将工业器件、汽车和摩托车的废弃零部件进行创意加工打造雕塑作品的节目。利

环境监督与管理

【深化举措服务区域经济】 围绕区经济建设,上城环保分局在项目审批中主打"服务牌"。2010年,在项目受理上采用电话预约式服务,在现场踏勘过程中实行一次性告知。主动与区重点工作办公室沟通联系,提前介入,落实专人负责关注、跟踪南宋御街中华美食夜市一条街等项目在推进过程中出现的环保问题,及时与杭州市环境保护局相关部门做好政策、技术方面的咨询,及时反馈各相关指挥部,协调区重点工程的审批进度。2010年5月18日,杭州市环境保护局局长

上城区获"杭州市级生态文明试点城区"称号　(上城环保分局　提供)

朱党其到区重点工程实地指导、现场办公,对望江地区改造、原红星化工厂铬渣污染土壤修复等项目支招献策,主动提供服务,缩短审批时间。2010年,共审批项目135家,项目总注册资金1.82亿元。

【探索油烟在线监控新模式】 2010年,上城环保分局立足于建设符合上城实际的油烟长效管理机制,深入探索区油烟在线监控系统运营管理的新模式。通过科技手段,强化对油烟排放的实时化和远程化管理,逐步淘汰质量差的净化器设备,建立一个对店家、治理企业、运维企业的实时、长效、准确、有威慑性的监管机制。2010年,已完成监控软件和第一期30套监控设备采购和建设,经一年的运转测试,系统各环节运行正常,基本达到预期目标要求,已通过验收。

【开展大气整治工作】 2010年,完成白塔岭、城站、复兴路等3家加油站的油气回收。区发改局和上城工业基地大力提倡和扶持循环经济,引进高科技产业扶优做大,走科技发展型道路,推进污染企业搬迁和完成燃煤锅炉的脱硫改造工作。2010年6月,完成杭州绿盛集团锅炉的脱硫设施改造工作,并通过验收;娃哈哈集团燃煤锅炉按计划关停,有效削减了污染物排放总量。

环境管理执法

【开展系列执法行动】 结合"国内最清洁城市"的打造,开展"厂中厂、库中厂"、汽修行业等专项环境综合整治专项执法检查,依法查处违法企业。2010年,上城环保分局、区执法局查处相关违法案件61件,罚款33万元;结合新的《杭州市环境噪声管理条例》的实施,以工地施工噪声防治和中高考期间"绿色护考"为主要内容,上城环保分局联合区执法局开展噪声整治专项执法检查;结合饮用水源的保护,以"飞行监测"为主要内容,推行告知执法制度,开展全区重点排污企业专项执法检查。

【加强监管确保辐射安全】 围绕"世博会"期间的辐射环境安全,上城环保分局组织召开辐射管理专题会议,邀请监测站辐射室进行辐射知识讲座,通过对《中华人民共和国放射性污染防治法》、《放射性同位素与射线装置安全和防护条例》的学习,增强了辐射工作单位的责任意识,提高了辐射管理能力。同时下发《关于加强世博会期间辐射安全管理工作的通知》,联合卫生、安监部门对重点辐射单位进行检查,对检查中存在的问题下达了限期整改。通过检查,摸清上城区的辐射工作单位现状,规范了辐射工作单位的安全工作秩序,确保世博会期间辐射环境的安全。

【点面结合规范固废管理】 2010年,上城环保分局认真完成固体废物信息汇总及上报工作,加强固废监管,规范企业危险废物管理行为,及时完成危险废物转移计划和转移联单网络报批工作。5月,联合区卫生局对区各级医疗机构开展医疗固废检查,要求医疗固废委托有资质的单位收集,建立医疗固废档案材料。在6月开展的汽车维修行业大检查中,摸清汽车修理行业废机油的去向,对4家废机油没有及时委托回收处理的单位下达了限期整改要求。

环境综合整治

【创新"联街结社"工作机制】 上城环保分局于2009年开始开展了"联街结社"共建活动,受到街道、社区的欢迎与支持,也得到了杭州市环保局、区委、区政府领导的肯定与评价。2010年,将该活动扩面提质,大力推进。按照2010年初制定的《"联街结社"共建活动2010年度工作方案》,实行协管员"条块结合"的管理模式,在"联街结社"共建活动中融入新的外场协管员的力量,将上城环保分局行政许可、行政处罚、信访、日常检查及生态文明建设等工作与"联街结社"共建活动相结合。10月,召集街道环保员和52个社区卫生委员召开"联街结社"工作研讨会,聘请社区卫生委员为环境监督员。11月,下发了《"联街结社"工作网络构架各层面工作职责》的通知,构架起领导、科长、科员、环保协管员、街道环保员、52名社区环境监督员及824名居民环境信息员的树状工作网络构架,制定了各层面的工作职责,将生态环保工作延伸到每个居民身边。12月6~29日,开展由上城环保分局领导带队走访上城区52个社区的活动。通过现场交流,走访小组了解各社区在生态建设与环境保护方面所做出的努

4 月 16 日，环保部原党组成员祝光耀（前排左一）调研上城区生态文明与环境保护工作。（上城环保分局　提供）

力和取得的成绩，同时听取了社区对区生态环保工作的意见和建议。

【落实“创模”迎接复检工作】　结合“创模”迎接复检工作，上城环保分局发挥区创模办的统一监督指导和组织协调作用，先后组织各成员单位相关人员对辖区大气环境及在建工地、道路保洁、噪声控制、河道保洁等方面开展了检查，从开展油气回收综合治理、加强建筑工地扬尘监管、做好油烟在线监控试点、中高考噪声整治、河道水环境清洁行动等工作的落实。

【多方协调处理群众信访】　上城环保分局着力加强信访查办力度，探索信访处理新举措，努力实现信访总量下降。在做好来电、来信、来访信访案件的同时，主动查找信访隐患，以“提前介入、积极预防”的态度，将信访解决在萌芽状态。2010 年，共受理投诉 181 件，比上年下降 61%，其中省、市交办 44 件，比上年下降 74%。信访投诉量降幅在各城区分局位居前列，同时投诉总量在各城区分局也为最低。（赵晓英）

经济管理
Economic Management

发展改革实施

【"五主"产业优化发展】 2010年,区发改局起草出台了《上城区发展"五主多副"促进转型升级指导意见》,加快构建现代产业体系。全区"五主"产业实现地方财政收入31.1亿元,占全区地方财政收入62.2%。推进湖滨商圈、吴山商圈、城站商圈的规模和品质提升,做好"四纵五横"道路两侧、中东河河岸及城站广场业态调整布局。现代商贸业实现地方财政收入比上年(指2009年,下同)增长20.6%。借势上海世博会,推广生活品质国际体验区旅游体验线,重点推出南宋皇城文化旅游等5条特色旅游线路,3条特色街游客人次比上年增长20%以上。大旅游业实现地方财政收入比上年增长12.6%。"开元·198"营业收入比上年增长30%以上,山南国际创意园荣获2010年中国文化创意产业最佳园区奖,LOMO创意谷被认定为市级科技企业孵化器,"一谷一园、三圈多点"的文创产业发展新格局加快形成。文创产业实现地方财政收入比上年增长27.5%。切实提升庆春路、延安路金融产业集聚和辐射功能,培育发展玉皇山南国际金融产业集聚区,新引进凯泰创投和艾玮创投等一批金融企业。金融服务业实现地方财政收入比上年增长31.3%。推进蓝色钱江、阳光海岸等精品楼盘建设。房地产业实现地方财政收入比上年增长35.7%。

【都市型工业稳健给力】 全区实现工业销售产值510亿元,比上年增长10%。杭州娃哈哈集团有限公司、杭州华日电冰箱集团、杭州海兴电力科技有限公司等重点企业发展良好。出台《上城区电子信息技术特色产业基地发展规划》,加快发展以3G应用、物联网、电子信息为主导的高新技术产业。全年新增高新技术企业3家。高新技术产业实现销售产值比上年增长28%。余杭15.07万平方米土地的招拍挂工作顺利推进,孵化大楼完成主体竣工,标准厂房建设进入主体工程验收。全年实现工业销售产值20.1亿元,比上年增长35.6%。

【全面推进重点项目】 以南宋大皇城遗址保护工程为载体,全面推进重点项目建设。南宋御街·中山路综保工程、湖滨商贸旅游特色街区一期提升改造、玉皇山南综合整治工程、复兴国际商务广场、望江地区改造工程等进展顺利,促进城市有机更新。列入年度计划的145个重点项目,按计划进度实施的达85%以上。作为重点工程协调管理部门,区发改局及时下发《上城区建设"具有国际水准的高品质中心城区"2010年重点工程项目三大节点计划、分月计划及用款计划》、《2010年基本建设项目汇总表(审批类)、房地产开发项目汇总表、企业投资备案项目汇总表》等计划;完善网上督办系统,加强分析及通报制度,全面、及时、准确掌握重点工程建设动态信息,协调解决重点工程建设的困难问题,不断提高参谋水平,为区委、区政府正确决策提供依据。

【深化重点改革】 开展行政审批制度改革,实行"一门受理,并联审批,限时办结"的审批模式,提高办事效率。推进新一轮政府机构改革,加快转变政府职能。推进国库集中支付改革和建设资金集中收付管理,提升财政科学管理水平,提高资金利用效率。继续推进事业单位分类工作,实施事业单位人员聘用制度。推进6所国有民办学校体制调整,实现教育资源优化整合。推进国家基本药物制度试点工作，实行社区卫生服务机构全部药品零差率。加强企业上市辅导工作，中瑞思创、华策影视实现成功上市，思美传媒已报国家证监会审核。

【物价监管成效明显】 围绕保持价格总水平稳定的工作重点，严格依法行政，为促进全区经济发展，保持社会稳定发挥积极作用。强化价格监督，规范价格行为。组织开展节日市场价格监督检查、明码标价市场价格专项检查、涉企收费价格专项检查、专业市场明码标价专项检查、行业协会收费专项检查和环卫系统收费专项检查，做好价格举报投诉工作。对景点、宾馆、餐饮、娱乐、旅游商场、停车场等重要场所的价格进行监管，保证了市场良好的价格秩序。加强宣传培训，做好价格服务工作。搞好“百城万店无假货”示范街创建工作，配合清河坊市场管委会开展创建工作，全方位进行宣传服务和指导，取得了良好成效。培育开展明码实价一条街工作，针对湖滨名品街各商家经营现状，统一制定了商品标价鉴，推进明码实价一条街建设。为切实减轻群众不合理医药费用负担，组织非营利性医疗机构负责人参加药品和医疗服务价格政策告诫会，制止医药行业存在的乱加价、乱收费行为。做好价格管理工作，规范收费行为。会同区财政局联合召开了2009年度区行政事业性收费验审工作会议和行政事业性收费政策培训，对行政事业性收费单位进行了专业知识培训与研讨，布置收费验审的自查工作，规范涉及全区12个部门的35项收费。做好价格监测和价格协会服务工作。加强成本监测，提高价格监控能力。由于2010年市场猪肉及副食品价格异常上涨，按照杭州市发改局统一布置，加强了元旦、春节、五一、十一节假日农副产品节日价格监测，确保市场价格秩序的稳定。为规范物业管理收费的价格行为，推进城区物业管理价格诚信建设，区价格协会组织对辖区内物业管理企业服务点的物价员进行培训，共有71个服务点的物价员参加了培训。 （魏建军）

工商行政管理

【概况】 2010年，杭州市工商行政管理局上城分局（以下简称上城工商分局）按照区委、区政府进一步发展“五主多副”为主体的现代产业体系，促进转型开放、优化产业布局、拓展发展空间、引导自主创新的要求，立足职能，落实中央及省、市出台的一系列扶持政策，服务发展，促进区域经济平稳较快发展。截至2010年12月，全区登记在册的实有内资企业7615户（含分支机构），注册资本1390715万元，比上年（指2009年，下同）分别增长7.48%和8.28%。其中私营企业7073户，注册资本1132539万元，比上年分别增长7.66%和5.77%。国有、集体等非私营内资企业542户，注册资本258176万元，比上年分别增长5.24%和20.90%。个体工商户15253户，资金数额77824万元，比上年分别增长9.18%和10.32%。农民专业合作社1户，各类市场29个。

【内资企业登记】 2010年，全区新设内资企业1152户，注册资本115991万元，比上年户数增长12.72%，注册资本减少18.45%。其中，新设私营企业1109户，注册资本105031万元，比上年户数增长13.63%，注册资本减少14.08%。新设个体工商户2986户，资金数额16418万元，比上年分别增长22.08%和2.40%。新设农民专业合作社1户。

全年注销企业363户，注册资本37021万元，比上年户数减少5.22%，注册资本增长36.53%。其中私营企业注销334户，注册资本35297万元，比上年户数减少2.05%，注册资本增长87.59%。个体工商户注销1873户，比上年减少31.84%。

【内资企业发展特点】 2010年，全区登记在册的内资企业7615户，比上年增长7.48%。新设企业1152户，比上年增长12.72%。企业发展连续呈现双增长的势头，区域经济发展态势良好。

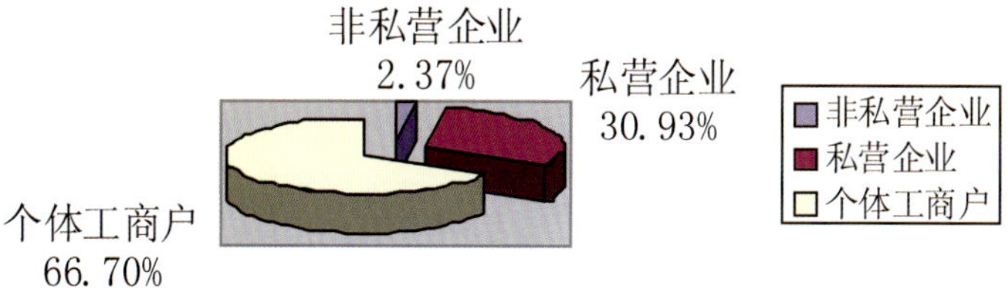

图1 2010年各类市场主体累计户数所占比例情况

表 23 2010 年上城区内资企业登记基本情况一览

单位:户、万元

项目			内资企业	其中:私营企业	个体工商户	农民专业合作社
累计登记	户数	2010 年	7615	7073	15253	1
		2009 年	7085	6570	13971	
		同比(%)	7.48%	7.66%	9.18%	
	注册资本	2010 年	1390715	1132539	77824	
		2009 年	1284340	1070792	70544	
		同比(%)	8.28%	5.77%	10.32%	
本期登记	户数	2010 年	1152	1109	2986	1
		2009 年	1022	976	2446	
		同比(%)	12.72%	13.63%	22.08%	
	注册资本	2010 年	115991	105031	16418	
		2009 年	142234	122244	16033	
		同比(%)	-18.45%	-14.08%	2.40%	
本期注销	户数	2010 年	363	334	1873	
		2009 年	383	341	2748	
		同比(%)	-5.22%	-2.05%	-31.84%	
	注册资本	2010 年	37021	35297	——	
		2009 年	27115	18816	——	
		同比(%)	36.53%	87.59%	——	

表 24 2010 年上城区不同企业类型发展情况

单位:户、万元

企业类型	户数(累计)			注册资本(累计)		
	户数	同比	所占比重	注册资本	同比	所占比重
国有企业	49	-5.77%	0.64%	9166	0.99%	0.66%
集体企业	151	-16.11%	1.98%	22770	-3.77%	1.64%
股份合作企业	17	-15%	0.22%	1087	-11.05%	0.08%
公司制企业	7140	8.44%	93.76%	1352325	8.62%	97.24%
独资企业	246	2.07%	3.23%	4718		0.34%
合伙企业	11	37.5%	0.14%	649	-0.31%	0.04%
其他企业	1		0.01%			

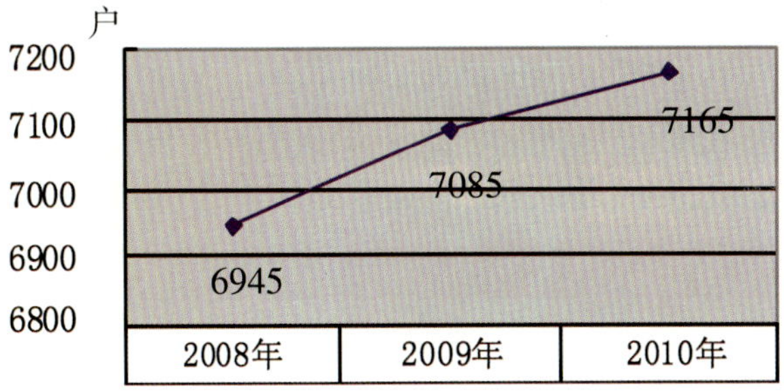

图 2　2008~2010 年上城区累计内资企业发展情况

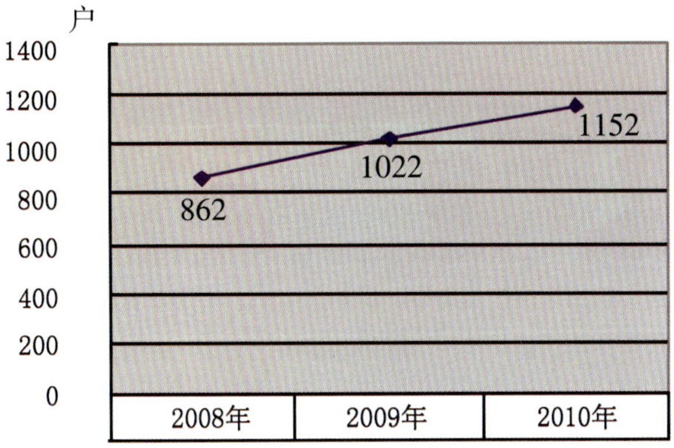

图 3　2008~2010 年上城区新设内资企业发展情况

【不同类型企业发展情况】 国有、集体、股份合作企业逐年减少，所占比重持续下降。统计数据显示，国有、集体、股份合作企业期末实有户数，分别为 49 户、151 户、17 户，比上年分别减少了 5.77%、16.11%、15%。国有企业比重由上年同期的 0.73%下降到 0.64%，下降了 0.09 个百分点；集体企业比重由上年的 2.54%下降到 1.98%，下降了 0.56 个百分点；股份合作企业比重由上年同期的 0.28%下降到 0.22%，下降了 0.06 个百分点。

公司制企业期末实有户数为 7140 户，注册资本 1352325 万元，比上年分别增长 8.44%和 8.62%。其户数和注册资本所占比重分别为 93.76%和 97.24%，比上年分别上升了 0.83 和 0.3 个百分点。

全区登记在册的私营企业实有户数 7073 户，占内资企业总户数的 92.88%，比上年分别增长 7.66%。全年新设私营企业 1109 户，占全年新设内资企业总户数的 96.27%，比上年分别增长 13.63%。

一人公司(自然人独资)变更为一般有限公司明显增多。统计表明，2010 年已有 65 家一人公司通过股权转让或接收新股东的方式变更为自然人控股的一般有限公司，比上年增长了 27.45%，占 2010 年新设一人公司户数的 61.9%，变更的主要原因是企业为了在年检时减少审计环节。

【企业发展规模资金增幅放缓】 截至 2010 年 12 月，实有内资企业注册资本 1390715 万元，比上年增长 8.28%，户均注册资本 182.63 万元，比上年增长 0.74%。

新设内资企业规模呈现下降的趋势。2010 年，新设内资企业户数虽然比上年增长了 12.72%，但注册资本却比上年减少了 18.45%，户均注册资本减少了 27.65%。从 2010 年新设内资企业的登记情况看：10 万元以下的企业有 307 户，占新设企业总户数(不含分支机构)的 31.17%；10 万元~50 万元的企业 365 户，占 37.06%；50 万元~100 万元的企业 169 户，占 17.16%；而超过 1000 万元的企业只有 13 户，仅占 1.32%。

内资企业户数排名前三位的行业依次是批发零售业、租赁商务服务业、科学研究技术服务业，户数分别为 454 户、362 户、61 户，三大行业占新设企业总户数的 76.13%。累计户数和新设户数双双下滑的行业为制造业、金融业、居民服务业。发展较快的行业要数交通运输业、文化娱乐业、科研技术服务业，比上年分别增长 200%、120%、41.86%。

表 25　　2008~2010 年上城区内资企业注册资本情况　　单位：万元

年份	累计注册资本	累计户均	新增注册资本	新增户均
2008	1123868	161.82	146413	169.85
2009	1284340	181.28	142234	139.17
2010	1390715	182.63	115991	100.69

表 26　　2010 年内资企业行业分布情况　　单位:户

行业	2010 年		2009 年		同比增长(%)	
	累计数	新设数	累计数	新设数	累计数	新设数
农、林、牧、渔业	1		1			
制造业	148	1	156	3	-5.13%	-66.67%
电力、燃气及水的生产和供应业	2		2			
建筑业	250	1	178	43	40.45%	18.60%
交通运输、仓储和邮政业	121	6	117	2	3.42%	200%
信息传输、计算机服务和软件业	366	50	355	59	3.10%	-15.25%
批发和零售业	3283	454	3143	391	4.45%	16.11%
住宿和餐饮业	362	33	352	35	2.84%	-5.71%
金融业	18	1	23	2	-21.74%	-50%
房地产业	298	49	265	46	12.45%	6.52%
租赁和商务服务业	1767	362	1534	321	15.19%	12.77%
科学研究、技术服务和地质勘查业	292	61	224	43	30.36%	41.86%
水利、环境和公共设施管理业	15	2	12		25%	
居民服务和其他服务业	567	52	631	59	-10.14%	-11.86%
教育	11	2	10	2	10%	
卫生、社会保障和社会福利业	31	6	27	6	14.81%	
文化、体育和娱乐业	83	22	55	10	50.91%	120%
合计	7615	1152	7085	1022	7.48%	12.72%

【三大产业结构】 2010 年,上城区三大产业 7615 户,第三产业所占比重与上年同比基本持平。第一产业 1 户,占企业总户数的 0.02%,累计注册资本 100 万元,占资本总额的 0.01%;第二产业 400 户,占总户数的 5.25%,累计注册资本 112370 万元,占资本总额的 8.08%;2010 年上城区第三产业累计户数 7214 户,占总户数的 94.73%,累计注册资本 1278243 万元,占资本总额的 91.91%。2010 年,新设第二产业企业 52 户,占新设总户数的 4.51%,新增注册资本 8089 万元,占新增资本总额的 6.97%;新设第三产业 1100 户,占新设数的 95.49%,新增注册资本 107902 万元,占新增资本总额的 93.03%,三大产业呈现"三二一"排列,结构合理,符合上城区坚持现代服务业优先的发展思路。

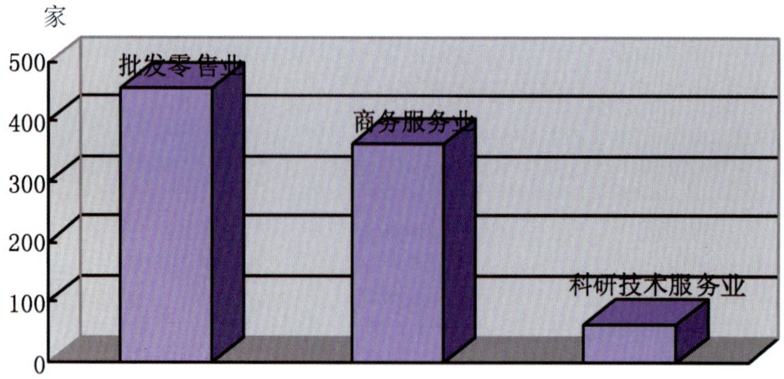

图 4　2010 年上城区新设内资企业排名前三位的行业

【注销登记】 注销户数下降,但规模呈扩大趋势。反映经济发展的另一个直接数据是企业注销的数量。2010 年,办理注销登记 363 户,涉及注册资本 37021 万元,与上年同期相比,注销户数减少 5.22%,注册资本增长 36.53%。从平均注册资本看,注销企业的户

表 27　　2010 年上城区三大产业的企业在总户数中的比重

产业分布	累计企业户数(户)	所占比重	新设企业户数	所占比重
第一产业	1	0.013		
第二产业	400	5.253	52	4.51
第三产业	7214	94.734	1100	95.49
合　计	7615	100	1152	100

表 28　　2010 年上城区三大产业的注册资本在资本总额中的比重

产业分布	累计企业户数(户)	所占比重	新设企业户数	所占比重
第一产业	100	0.007		
第二产业	112370	8.08	8089	6.97
第三产业	1278245	91.913	107902	93.03
合　计	1390715	100	115991	100

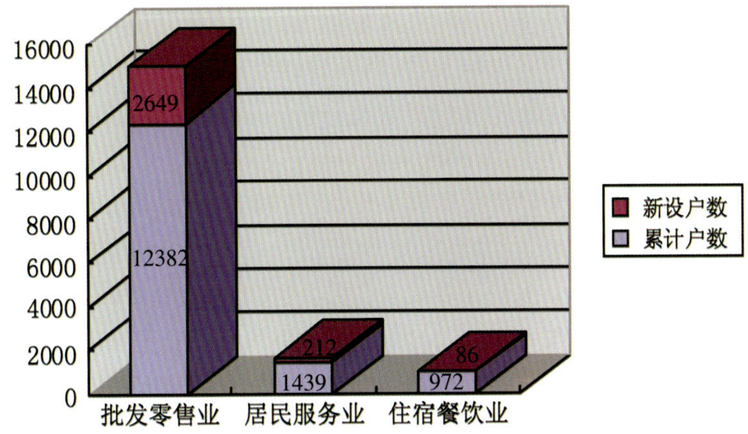

图 5　2010 年上城区个体工商户排名前三位的行业

均注册资本为 101.99 万元，而 2009 年同期注销企业的户均注册资本只有 70.80 万元，户均注册资本的增加彰显了企业规模的扩大。注销企业数下降，新设企业数增加，这“一降一升”从一个侧面反映出后金融危机时代，企业抵御风险能力的增强和对发展前景的看好。

【个体工商户稳中有升】　截至 2010 年 12 月，个体工商户实有户数为 15253 户，资金数额 77824 万元，分别比上年增长 9.18%和 10.32%。新设个体工商户 2986 户，资金数额 16418 万元，分别比上年增长 22.08%和 2.40%。

【助动经济发展】　2010 年，上城工商分局开展“向万家企业送温暖”、“万名干部联万家民企‘学送帮促’”等主题活动，对企业实施“一对一”的帮扶服务。共走访企业 285 家，开展座谈会 16 次，参加人员 389 人次，发放调查问卷 600 余份，解决企业的实际困难和需求 150 个。全区大学生自主创业登记 108 家，其中创办企业的有 101 家；为 25 家企业办理动产抵押登记，贷款金额达 6.37 亿元。办理股权出质登记 33 件，出质股权数额 1.8 亿元，融资金额 1.8 亿元，分别比上年增长 189.48%和 102.45%；2010 年，上城区广宇小额贷款公司共为中小企业发放贷款 287 笔，计 3.66 亿元，成为上城区银行信贷体系的有效补充。

表 29　　2008~2010 年上城区个体工商户基本情况

单位：户

年　份	累计户数	同　比	新设户数	同　比	注销户数	同　比
2008 年	14030	-3.44%	2762	20.19%	3479	58.28%
2009 年	13971	-0.42%	2446	-11.44%	2748	-21.01%
2010 年	15253	9.18%	2986	22.08%	1837	-31.84%

【整治市场秩序】 2010年,上城工商分局共出动执法人员1899人次,检查食品经营户2623家次,查处制售假冒伪劣食品案件67件,罚没金额153万元;上城工商分局检测车开展快速定性检测1648批次,销毁不合格商品152批次、230公斤;推出系列食品安全措施,扩大增设50家社区(校区)食品安全示范店,总数达102家;在25家超市和食品经营户安装了“电子监管平台”;在14家商场、超市和食品批发企业(配送企业)全面推行不合格食品退市就地自行销毁制度;加强对公共自行车亭、食品安全监管,为334家领取许可证和营业执照。出动检查人员9553人次,检查各类经营场所11713家。监管网络经济,建立专门队伍开展定期搜索、完善网络主体数据库,查办网络案件10起,完成经营性网站备案554家,建档2296家,完成网上巡查8786家。2010年,共查处各类经济违法案件300件,罚没款500.85万元,其中大要案件115件;查办侵犯知识产权案103起,涉案金额336.68万元,罚没款172.92万元,建立行政执法与刑事执法相衔接工作机制,及时向公安移送涉嫌犯罪案件6起。

上城工商分局食品快速检测车检测辖区食品 (上城工商分局 提供)

【加强消费维权】 2010年,上城工商分局突出创新消保,探索建立“高效型”处置机制,开设社区“消费者讲堂”,定期发布《消费投诉受理情况分析》和《流通领域食品质量检测情况分析》;与上城区人民法院共同设立了“上城区消费纠纷巡回法庭”,率先启动企业自行处理消费申诉工作,在西湖银泰、杭州解百、家乐福超市、华润万家超市清泰店、苏宁电器西湖店等13家大型企业开展试点,在区消协创新建立“双语”消费纠纷调处中心,分别在区消协和上城工商分局“12315”举报申诉受理中心设置了两个为涉外消费者服务的维权服务室。共受理处置申诉举报2280起,办结率100%,为消费者挽回经济损失31万元;查处制售假冒伪劣商品案件132起,涉案金额379.29万元,罚没款201.74万元;无理由退货4804件,金额13万元;收到群众表扬信和锦旗6件;办理群众来信、来访57件,建议提案11件,办结率为100%,群众及代表、委员满意率为100%。

开展“3·15”消费者权益日活动 (上城工商分局 提供)

【强化商标管理】 2010年,上城工商分局把打击商标侵权行为作为商标行政执法的重中之重,加大对涉及食品、药品、服装、驰名商标以及涉外商标案件的查处力度;根据国务院《世界博览会标志保护条例》和《世界博览会标志使用管理办法》的有关规定,加强对本区易发生世博会标志和商标侵权行为的风险点随时检查跟踪，发放加强世博会商标标识保护通告30份，查办侵权世博标志案两件。加强对假冒世界知名企业的商标品牌销售挖掘机配件进行专项整治，共出动检查人员110人次，组织专项整治3次，查处挖掘机配件案件14起，罚没金额21万元。12月17日，瑞典阿特拉斯科普柯有限公司、住友重机械工业株式会社、株式会社神户制钢所、美国卡通彼勒公司、株式会社日立制作所、株式会社小松制作所、三菱重工业株式会社、英国帕金斯控股公司的代表等8家世界500强机械行业企业代表专程来杭，与杭州市工商局举行了知识产权保护典型案例新闻发布会暨境外企业(机械)感谢赠牌仪式。4月26日，在吴山广场举办世界知识产权日现场咨询活动，共接待咨询人员125人次。2010年，全区新申报市著名商标5家，续评4家；新申报省著名商标3家，续评6家；娃哈哈集团有限公司评为杭州品牌战略之星，中策橡胶有限公司评为商标国际战略品牌之星，杭州饮食服务公司知味观评为历史文化品牌之星；上城区浙江省"老字号"品牌基地被浙江省工商局评为"十大专业商标示范品牌基地"。

【规范广告管理】 2010年，上城工商分局加强对户外广告法律、法规的宣传，做好解释、说服工作，加强对户外屋顶广告的拆除力度，使广告主及时了解户外自身广告设置的基本要求；加强与前置部门的横向联系，不断完善并联审批流程，尽量缩短广告审批时间；按照"屋顶广告严禁、道路广告严控、地面广告有序、店牌店招规范"的要求，开展各类广告专项治理，对辖区内的户外广告进行调查、摸底、取证，对户外广告"脏、乱、差、险"现象进行了遏制及改观，严厉打击各类广告违法行为。共拆除违法广告300块、4000平方米。

【推进企业信用建设】 2010年，上城工商分局把开展"守合同、重信用"活动作为对企业信用管理体系建设的重要内容，加大宣传，规范标准，严格把关，结合企业年检，开展信用调查，联合法院、税务、环保、质检、消协等部门共同抓好企业信用监管，按照《浙江省开展2010企业信用活动周》要求，全面开展"守重"企业评比，对申请企业进行重点考核，对合同台账、合同管理制度、合同的签定履行情况等进行核查核对；完善农贸市场信用分类监管工作，明确专人负责信用评价软件的信息落入和修改工作，定期发布农贸市场信用报告，及时公示通报经营户的失信行为；9月，对全区各专业市场负责人进行杭州市商品交易市场信用分类监管系统的软件培训；加强基层信用指导员队伍建设，组织工商所信用指导员进行业务培训和考证，以职责落实推进信用监管制度化、规范化建设，按照责任区监管要求，开展对辖区企业信用状况分类评估，建立信用企业的电子和书式台账；创建信用管理示范企业培育库，建立并开展一对一帮扶机制，强化企业信用建设行政指导，不断提升信用管理示范企业质量。2010年，新评AAA级"守重"企业1家，新评AA级"守重"企业6家，浙江兴合男装大厦有限公司被浙江省工商局认定"浙江省信用管理示范企业"。

(俞家铭)

审　计

【概况】 2010年，区审计局把"关注风险、关注民生、关注绩效和关注责任"作为审计工作的出发点和落脚点，完成了各项工作任务。全年完成审计项目25项，提出审计意见、建议67条。组织实施工程审计结算项目270项，其中，已完成265项，送审金额41639.53万元，审定金额37992.72万元，净核减4646.82万元，核减率11.16%。报送审计、综合报告、审计信息73篇，被省级媒体、网站采用5篇，被杭州市审计局采用18篇；上报计算机审计案例项目8个，其中3个项目获审计署鼓励奖，上报内部审计论文和案例13篇。

【重点审计财政预算执行情况】 全面核实政府性资金的收、支、存的总体情况，评价资金使用效果，提出加强资金管理的措施及对全区经营性房产集中管理后存在的问题的审计建议。开展5部门预算执行情况审计和二、三级预算单位内控和财务管理制度建立健全情况的审计，加强内部管理和制度建设，提高部门预算的约束力。重点审计行政事业性收费收缴和各项制度政策落实情况，确保行政事业性收入"收支两条线"。开展两家单位的财务收支审计，查明工程采购收取回扣不入账私设小金库262万元、向关联企业出租商铺租金标准偏低且未及时收取、未参加政府采购等问题。

【完成省、市同步审计工作项目和专项审计调查】 完成了中小学校舍安全工程、公厕提升改造工程、玉树抗震救灾款物等专项审计和审计调查项目，同时创新审计方式，对上城区安置房管理平台运行情况的审计调查中引入跟踪审计新模式，揭示了安置房管理平台运行方面存在的一些问题。

12月16日，召开上城区内部审计工作会议。 （区审计局 提供）

【加强国家建设投资项目审计】 将国家建设投资审计项目全部纳入政府投资项目审计管理系统，实现了全过程监控，痕迹保留；开展了对区建设领域突出问题专项治理的审计调查，揭示出在前期设计及清单编制等5个环节存在的问题；采取与12家协审单位签订政府投资建设项目委托审计合同的方式，规范承办政府投资项目竣工结(决)算审计执业行为；聘请17名涉及土建、园林绿化、古建筑等专业技术人员组建成立国家投资建设项目审计专家组，为区审计局建设项目审计出谋划策。开展对中山中路保护与综合整治、危旧房改善等重点工程的全程跟踪审计监督，发出审计意见单6份，审计建议函两份，提出审计整改建议32条，督促建设单位进行整改。

【谋划经济责任审计工作】 2010年，区审计局对9名领导干部进行经济责任审计，利用2008年起草的杭州市《行政事业单位绩效审计评价规范》对领导干部进行评价，主要以领导干部所在单位重大经济事项和重大经济行为为主线，对领导干部任职期间贯彻执行经济法律、法规和方针政策的情况，财政财务收支及相关经济活动的真实合法效益情况进行了集中反映，对领导干部执行国家财经法规及个人遵守有关廉政建设规定的情况等进行了经济责任审计。

【推动内审工作开展】 加强业务指导，内审工作网络初步形成。除继续辅导各单位做好内管干部的经济责任审计和财务收支审计外，拓宽内审思路，组织全区各建设指挥部开展建设工程内审工作，帮助建设单位建立、健全建设工程内审工作机制，效果明显。按照系统、行业成立内审片组，分别召开内审知识学习研讨会，不断提高内审人员素质。注重提炼、总结、宣传各单位在内审中好的技术、方法，编发《上城区街巷改善(截污纳管)指挥部加强基建内部审计》、《上城区危旧房改善工程内审管理实施“四个坚持”》、《吴山指挥部创新内部审计方法 完善建设项目管理》等多期内审项目信息简报，得到区主要

区审计局干部听取“钱塘江守桥模范中队”汇报 （区审计局 提供）

领导批示落实。

【整改督查发现问题】 加大审计整改力度,开展整改回访督查,实际成效较为明显。如区财政局建立了部门预算编制系统进一步完善预算编制,建立了集中支付业务数据处理系统和网络一体化平台,进一步规范预算的执行。区卫生局建立和完善了三级卫生信息网络体系,实现了对全区各社区卫生服务中心所辖居民健康档案的动态管理;区庭改办专门制定了对各指挥部、施工、监理单位的考核细则,加强对各分指挥部的服务和指导,深化对施工单位监督力度。

【提升审计信息化水平】 在"AO"的认证考试中,参考人员全部一次性通过了认证考试,合格率为100%;首次开展信息系统审计。通过对区安置房管理平台运行情况开展的审计调查,对区安置房管理平台的管理、使用及运行情况进行了调查摸底。完成计算机审计方法案例6个,"AO"应用实例8个,实现100%的审计业务人员、100%的审计项目使用"AO"工作的目标,100%项目实现"OA"上的计划管理,交互传递。

资料 "OA":办公自动化系统。
"AO":现场审计实施系统。

【开展党风廉政建设】 公开审计纪律和审计程序,强化外部监督。坚持审计中公布《审计纪律》、《审计程序》及监督举报电话,着力规范审计人员行为。实行审计回访,强化内部监督。组成回访小组赴部分被审计单位检查审计组"八不准"审计纪律和审计程序的执行情况。开展"公述民评",自觉接受社会监督。开展岗位廉政教育,防范岗位职务风险。找出廉政风险点24个,提出防范风险措施31条。

资料 "八不准":不准由被审计单位支付或补贴住宿费、餐费;不准使用被审计单位的交通工具、通讯工具等办公条件办理审计工作无关的事项;不准参加被审计单位安排的宴请、旅游、娱乐和联欢等活动;不准接受被审计单位的任何纪念品、礼品、礼金、消费卡和有价证券;不准在被审计单位报销任何因公因私费用;不准向被审计单位推销商品或介绍业务;不准利用审计职权或知晓的被审计单位的商业秘密和内部信息,为自己和他人谋利;不准向被审计单位提出任何与审计工作无关的要求。

【提高干部政治和业务素质】 通过制定《上城区审计局定期学习活动方案》,营造"学习工作化、学习终身化、学习全员化"的氛围。对新录用人员在试用期内进行初任培训,组织科室全体人员参加杭州市审计局组织的南审培训,全局干部开展新《中华人民共和国审计法实施条例》专题学习活动,及时更新干部知识。通过每周五全局学习会的形式,采用专家授课和全体审计干部人人讲课的方式,提高审计干部政治和业务素质。 (葛海萍)

统 计

【全区经济总量】 2010年,全区实现地区生产总值(GDP)527.12亿元(提供的数据为2010年统计公报数,下同),按可比价格计算,比上年(指2009年,下同)增长8.7%。其中,第二产业增加值235.36亿元,第三产业增加值291.76亿元,分别比上年增长6.9%和10.1%。第三产业对地区生产总值增长贡献率为64.4%,拉动地区生产总值增长5.6个百分点。二、三产业结构为44.6:55.4。全区按户籍人口计算,人均GDP为161697元,比上年增长12.8%,按国家公布的2010年平均汇率计算,人均达到23886美元,比上年增加2909美元,高于全市人均水平11089美元。

全年完成财政总收入80.16亿元,比上年增长22.5%,列全省第12位。实现地方财政收入50.22亿元,比上年增长28.8%,列全省第9位,位次均比上年上升1位。在税收收入中,增值税(地方部分)3.87亿元,为上年的94.9%;营业税23.84亿元,比上年增长27.7%;个人所得税5.44亿元,比上年增长34.8%;企业所得税(地方部分)6.69亿元,比上年增长24.3%;城市维护建设税2.58亿元,比上年增长20.9%;房产税1.82亿元,比上年增长5.0%。

全年一般预算支出21.99亿元,比上年增长32.6%。其中,教育支出4.18亿元,比上年增长11.4%,科学技术支出0.86亿元,比上年增长27.9%;社会保障和就业支出2.54亿元,比上年增长20.2%;医疗卫生支出1.04亿元，比上年增长21.1%；城乡社区事务支出6.72亿元，比上年增长47.5%。一般公共服务支出1.87亿元，比上年增长23.1%。公共安全支出1.71亿元，比上年增长38.9%。

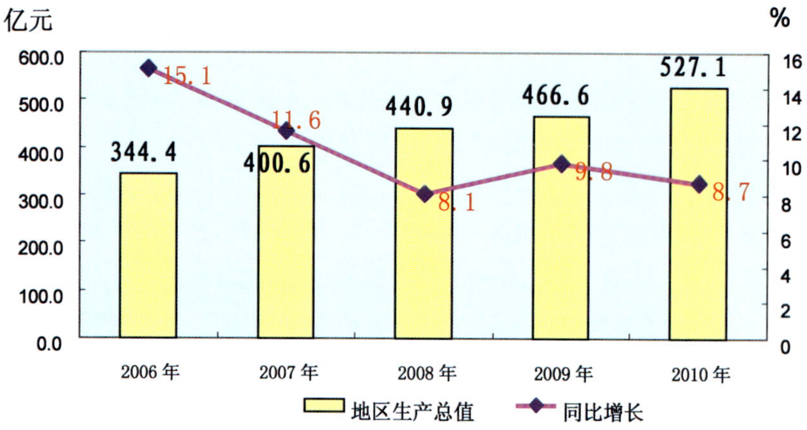

图6 上城区"十一五"期间地区生产总值

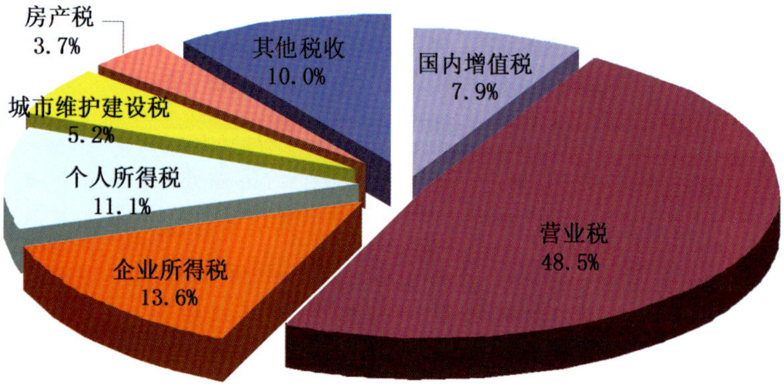

图7 上城区2010年地方财政税务收入构成

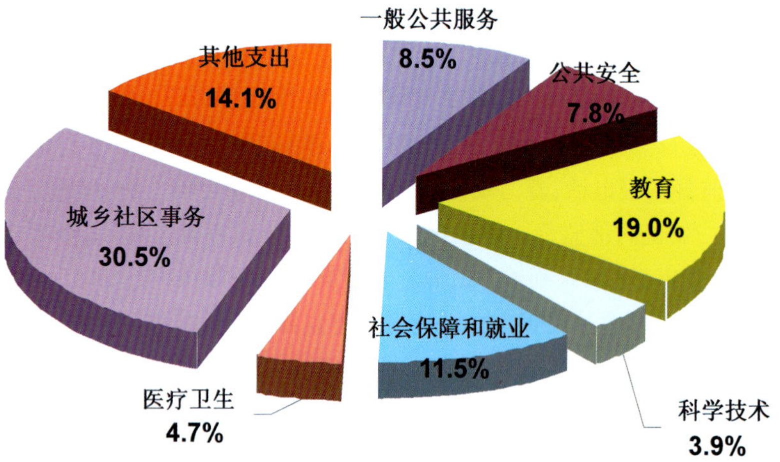

图8 上城区2010年地方财政一般预算支出流向和比例

【固定资产投资】 2010年，完成固定资产投资80.28亿元，比上年增长17.0%。其中，工业投资1.65亿元，为上年的74.0%，房地产开发投资47.69亿元，比上年增长34.7%。

全年完成房屋施工面积139.18万平方米，为上年的86.4%；其中，新开工面积38.56万平方米，比上年增长157.9%；竣工面积45.27万平方米，为上年的71.9%。

全年商品房销售面积35.01万平方米，为上年的87.2%，销售金额95.43亿元，比上年增长7.2%。

区属固定资产投资完成60.86亿元，比上年增长19.0%。其中，项目投资完成24.24亿元，比上年增长5.2%；房地产开发投资36.62亿元，比上年增长30.3%。

【工业品产量】 2010年，全区工业总产值、销售产值分别达到517.59亿元和516.94亿元，比上年分别增长12.1%和12.0%。

全年规模以上工业实现工业总产值、销售产值分别达到515.64亿元和514.99亿元，比上年分别增长12.1%和11.9%。工业四大重点行业实现销售产值分别为电力、热力的生产和供应业247.33亿元，比上年增长19.5%；烟草制品业180.29亿元，比上年增长12.8%；食品饮料制造业36.95亿元，为上年的78.1%；电气机械及器材制造业12.45亿元，比上年增长14.7%。四大行业销售产值占规模以上工业销售产值的92.6%。

全年实现新产品产值28.74亿元，比上年增长48.9%，增幅排杭州市六城区第一。新产品产值率由上年的4.2%提高到5.6%，提高1.4个百分点。全年高新技术产业完成工业总产值16.74亿元，比上年增长29.9%，完成销售产值16.91亿元，比上年增长30.5%。全区规模以上工业企业(不含市电力局)实现产品销售收入 330.95 亿元，为上年的 97.9%；实现利税 158.44 亿元，比上年增长 4.7%，其中利润 21.87 亿元，为上年的 64.2%。工业产品产销衔接良好，产销率达 99.9%。

【工业综合能源消耗】 全年工业企业综合能源消耗量为 17.24 万吨标准煤，比上年下降 1.7%。万元产值综合能耗为 0.0334 吨标准煤，比上年下降 12.3%，万元工业增加值综合能耗降低率初步测算在 6.5%以上。

【建筑业总量】 全年实现建筑业增加值 18.46 亿元，比上年增长 4.9%。全区有总承包和专业承包建筑企业 93 家，完成施工产值 177.44 亿元，比上年增长 15.7%；施工面积 1659.2 万平方米，比上年增长 23.9%；竣工面积 433.1 万平方米，比上年增长 11.6%。

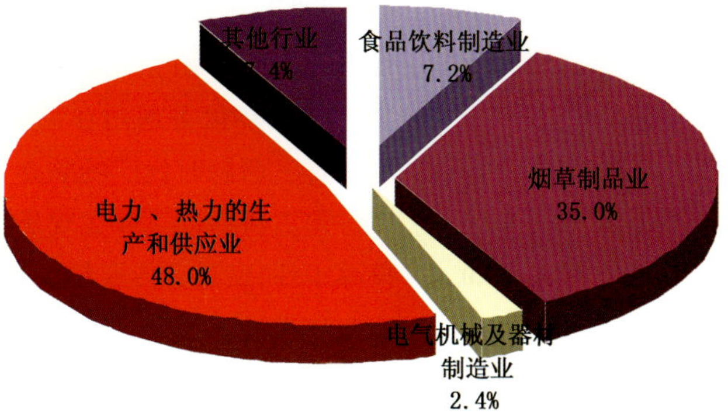

图 9 上城区 2010 年规模以上工业生产、销售情况

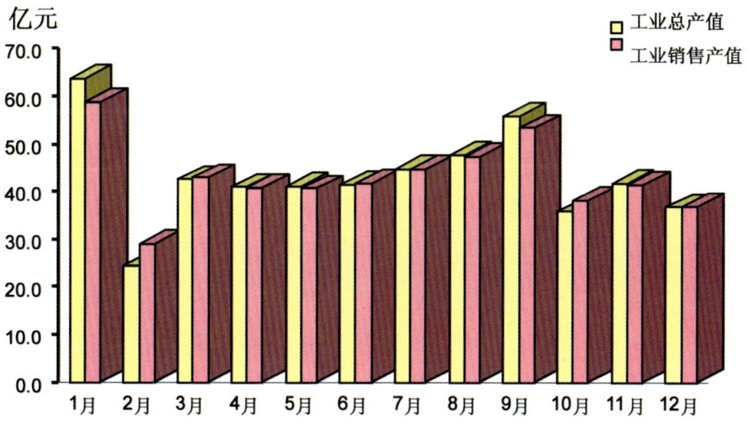

图 10 2010 年重点行业工业销售产值占比

表 30 2010 年规模以上工业企业能源消耗量

能源名称	计量单位	年消耗量	其中:工业生产消费量	比 2009 年同期增长%
原煤	吨	56521	56272	-16.36
天然气	万立方米	34	31	70.00
汽油	吨	1875	748	-15.24
煤油	吨	190	179	61.02
柴油	吨	7706	6381	0.40
液化石油气	吨	39	21	14.71
热力	百万千焦	394073	379275	-14.02
电力	万千瓦小时	106072	105416	5.97

【国内贸易】 全年实现社会消费品零售总额 182.08 亿元，比上年增长19.0%。分行业看，批发零售业零售额153.29 亿元，比上年增长 20.4%；住宿餐饮业零售额 28.79 亿元，比上年增长 12.2%。分规模看，限额以上企业实现零售额 147.97 亿元，比上年增长 22.6%；限额以下企业实现零售额 34.11 亿元，比上年增长 5.7%。

全年实现商品销售收入 1453.44 亿元，比上年增长 24.1%。其中，批发零售业销售收入 1409.35 亿元，比上年增长 24.4%，住宿餐饮业销售收入 44.09 亿元，增长 14.4%。全区共有商品交易市场 30 个，比上年减少两个，全年市场成交额 115.35 亿元，比上年同期增长 4.4%。其中，亿元市场 10 个，成交额 107.36 亿元，

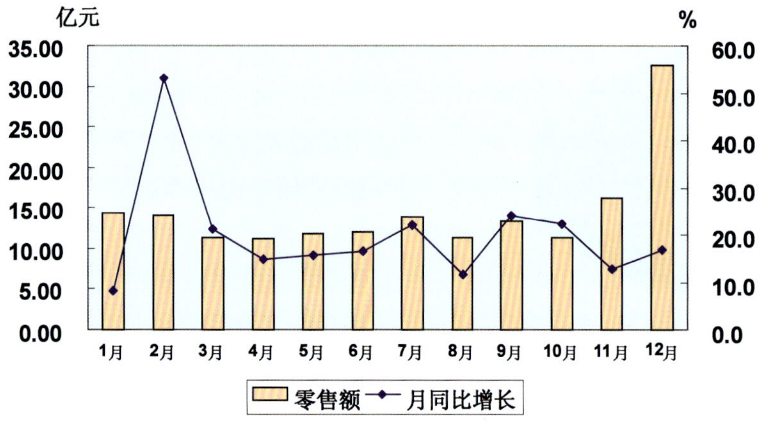

图 11　上城区 2010 年社会消费品零售额

比上年增长 3.9%，占全区市场成交额的 93.1%。全年整合改造提升市场 3 家。

【市场价格】 市区居民消费价格总水平比上年增长 3.9%。八大类商品和服务项目价格呈“六升二降”格局。

（莫　晨）

价格管理

【概况】 上城区价格监管工作在区发改局直接领导下，以“放得开、管得好”的总要求为宗旨，围绕“保增长、抓转型、重民生、促稳定”、打造“具有国际水准的高品质中心城区” 和保持价格总水平稳定的工作重点，严格依法行政，为促进全区经济发展、保持社会稳定发挥作用。2010 年，共查处价格违法案件 30 件，实现经济制裁 39.91 万元。其中，退还消费者 35.13 万元；罚没款 4.78 万元。结合“3·15”消费者权益保护日活动，会同工商、质监、卫生、环保等部门在吴山广场、柳浪闻莺、西湖时代广场举办一系列政策咨询宣讲活动，并在现场受理各项投诉 1 件，发放宣传资料 110 份。做好价格举报投诉工作。2010 年共受理价格投诉 160 件，查实价格违法行为 28 起，退还消费者 1.53 万元，罚款 8200 元，切实维护了消费者的合法权益。

【开展节日市场价格监督检查】 根据杭州市物价局的布置，开展元旦、春节、五一、十一节日期间节日市场价格大检查。重点对年夜饭明码标价的情况进行检查，检查知名饭店、高档宾馆餐厅及高银街餐饮企业数百家，发出整改通知书 8 份，查处不规范标价行为 3 家，罚款 1200 元。对娱乐、宾馆、商场、超市、专业市场、停车场、车站及主要道路的明码标价进行检查，确保节日市场良好的价格秩序。

【开展明码标价市场价格专项检查】 加强规范休闲、旅游行业的价格行为，重点对景点、宾馆、餐饮、娱乐、旅游商场、停车场等重要场所的价格进行监管，区物价局配合延安路“百城万店无假货”示范街第二轮验收和河坊街申报国家级“百城万店无假货”示范街，加强对延安路、河坊街和吴山广场地段的价格监督，检查商家 203 家，对 3 家有违价行为的商家分别作了整

表 31　　市区居民消费价格指数

项　　目	2010 年	2009 年
市区居民消费价格指数(上年=100)	103.9	98.6
食品	107.3	101.7
烟酒及用品	101.9	100.7
衣着	98.0	100.6
家庭设备用品及维修服务	103.6	100.9
医疗保健和个人用品	105.5	100.6
交通和通信	99.8	95.2
娱乐教育文化用品及服务	102.2	96.9
居住	105.8	91.8

（莫　晨）

改和罚款的处罚决定。

【开展涉企收费价格专项检查】 区物价局邀请杭州市物价局价格监督检查分局对上城区国土分局、区建设局、区房管局的各项收费项目和收费标准进行专项检查。对是否自立收费项目和标准、是否扩大范围收费、是否收取已取消或暂停征收项目等开展检查。从检查情况看，各被查单位严格执行价格法规和政策，没有发现有违反价格法规的行为。

【开展专业市场明码标价专项检查】 根据杭州市物价局要求对各类专业市场进行重点检查，对杭州陶瓷品市场、杭州木材交易市场、杭州第六空间家居艺术广场、杭州龙翔服饰城、浙江兴合服饰市场等市场进行检查，发现各市场明码标价情况均较规范，只有极少数商户存在漏标、漏填等不规范现象，对其作出相应教育、整改和罚款等行政处理。

【开展行业协会收费专项检查】 根据浙江省物价局、杭州市物价局通知要求，区物价局对全区的计生协会、会计协会、城建协会、医学协会和反邪教协会等5家协会的收费情况进行专项检查。从检查情况看，没有发现有转移行政职能收费、强制培训收费、只收费不服务等各种违反国家收费管理政策规定的收费行为。

【开展环卫系统收费专项检查】 会同杭州市物价局价格监督检查分局对上城区6个环卫所收费情况进行专项检查，从检查情况看，存在超标准收取装潢垃圾费、自立项目收取废土清运费和道路清扫费、超标准收取垃圾清运处置费和化粪池清运费等问题。这些价格违法案件均已查处结案。

【开展教育收费专项检查】 对杭师附小、娃哈哈小学、杭六中、高银巷小学、清波幼儿园进行教育收费专项检查，配合杭州市物价局价格监督检查分局对行知幼儿园、天长小学收费进行专项检查，从检查情况结果看，义务教育阶段中小学校收费规范，但存在插班生多收择校费的问题。

【做好“百城万店无假货”示范街创建工作】 2010年，清河坊历史街区争创国家级“百城万店无假货”期间，区物价局配合市场管委会开展创建工作，全方位进行宣传服务和指导。4月，和清河坊管委会联合召开67家商户参加的价格法律、法规政策宣讲会，邀请杭州市物价局价格监督检查分局科长金曙明，针对《商品和服务实行明码标价的规定》和《禁止价格欺诈行为的规定》，结合具体案例进行重点讲解，对商户提出的有关问题进行答疑。

【开展明码实价一条街工作】 针对湖滨名品街各商家经营现状，统一制定了商品标价签，召集52家商家店长，由区物价局检查所宣讲《商品和服务实行明码标价的规定》和《禁止价格欺诈行为的规定》，结合具体案例重点对如何正确填写商品标价签及销售中容易出现的问题进行讲解。

【减轻群众不合理医药费用负担】 坚决制止医药行业存在的乱加价、乱收费行为。6月18日，召开全区12家非营利性医疗机构负责人参加的药品和医疗服务价格政策告诫会。会上通报了区物价局对部分非营利性医疗机构药品及医疗服务价格专项检查情况，分析了非营利性医疗机构现阶段存在的主要价格问题；并在规范医疗服务价格项目、落实价格公示制度、执行药品价格政策等三个方面对非营利性医疗机构进行了提醒告诫。对照国家的有关价格政策，加大对各非营利性医疗机构的检查力度，价格违法违规行为一经查实，将依照《中华人民共和国价格法》的有关规定给予处罚。

【局长下访关注百姓民生】 5月27日，区物价局在紫阳街道春江花月社区联合开展价格主管部门领导下访接待日活动。杭州市物价局法规处处长边清国、杭州市物价局价格监督检查分局副局长丁来红、区发改局分管物价的副局长胡勇参加了群众接待。发放价格政策、法规等宣传资料35份，接待咨询和投诉的群众8批、12人次。

【规范收费行为】 做好2009年度行政事业性收费验审工作。3月26日，区物价局会同区财政局联合召开了区行政事业性收费验审工作会议和行政事业性收费政策培训，区属21个部门和系统的财务负责人参加了会议和培训。针对2009年验审中发现的问题和2010年省、市验审工作的新要求，对行政事业性收费单位进行了专业知识培训与研讨,布置了收费验审的自查工作,验审工作目前已基本结束。经审核,全区行政事业性收费总额、行政性收费、事业性收费总的呈下降趋势。主要原因是2008和2009年国家、省、市政府相继出台一批取消、暂停和降低行政事业性收费项目,其中涉及上城区的有12个部门的35项收费。2009年度上城区行政事业性收费总额为4323.91万元,与2008年度行政事业性收费总额10333.82万元相比减少了6009.91万元,减少幅度58.16%。5月上旬,会同区教育局配合杭州市物价局和杭州教育局对区属范围内3家特级幼儿园、8家甲级幼儿园的等级进行考核评估。严把价格审核关,加强日常收费管理。1~11月共审批行政事业培训班备案28期,停车收费备案28家,幼儿园备案1家,物业备案1家。

【做好价格监测和价格协会服务工作】 加强成本监测,提高价格监控能力。由于2010年市场猪肉及副食品价格异常上涨,按照杭州市物价局统一布置,加强了元旦、春节、五一、十一节假日农副产品节日价格监测,确保了市场价格秩序的稳定。为规范物业管理收费的价格行为,推进城区物业管理价格诚信建设,按照市价格协会和市物业管理协会的要求,8月27日,区价格协会组织对辖区内物业管理企业服务点的物价员进行培训,71个服务点的物价员参加培训。

(胡　杰)

质量技术监督

【概况】 2010年,杭州市质量技术监督局上城分局(简称上城质监分局)按照国家质监总局提出的"建立大质量工作机制、推动大质检文化"总体要求,围绕上城区委、区政府的中心工作,立足"建设具有国际水准的高品质中心城区"总目标,充分发挥质监职能,深化服务内涵,强化质量监管,着力在"两个试点(政府行政管理与公共服务标准化国家级试点和质量强区全省试点)、两项战略(质量品牌和标准化发展战略)、两大安全(食品生产领域安全监管和特种设备安全监察)"目标任务方面展开工作,为上城区经济社会发展作出贡献。上城质监分局被评为2010年度市质监系统成绩显著单位,上城质监分局领导班子被评为市质监系统"满意班子",特种设备、食品、稽查、法制等单项工作也都被评为先进。

【做好政府行政管理与公共服务标准化国家级试点工作】 通过政府行政管理与公共服务标准化工作,既能够规范政府行政行为,提高政府执行力,也能让社会迅速全面地了解政府可提供的服务内容,在降低政府成本同时,也降低公众享受政府服务的成本。从2007年开始,上城区首创政府管理与公共服务标准化建设体系框架,制定颁布了30项省、市地方标准,并被列入2009年国家标准化试点项目,现已经取得阶段性成效,初步形成上城区政府管理与公共服务标准化框架的"金字塔"体系。完成顶层设计,顶层设计是上城区推进标准化项目的总体思路,包括《上城区政府管理与公共服务标准化建设指导意见》、《上城区政府管理与公共服务标准化管理办法》等;建立标准化体系总框架,其核心内容包括梳理出1个大体系,4个分体系,31个子体系,300个职能标准化项目,500项法律法规及政策依据。标准制定工作已成体系化推进,以立足创新、注重应用、先易后难、整体推进为原则,以保障民生、提高公共服务质量为基础,有序指导各部门推进上城区管理和公共服务具体事项相关标准的制定和完善。上城质监分局克服人员少、任务重的困难,努力破解技术难题,已制定并发布实施的省、市级地方标准50项(国家级1项、省级5项、市级24项、区级20项),300项区级标准的制定发布工作正按计划进行。

【开展质量强区全省试点工作】 2010年6月,上城区被浙江省确立为"质量强省"唯一试点城区,"质量强区"试点工作有序开展。通过邀请全省质量资深专家进行座谈等多种形式,深入研究政府标准化与"质量强区"工作之间的关系,广泛听取收集专家意见和建议,为开展试点工作打好基础;通过走访省质量强省工作领导小组办公室及其他试点单位,了解各地经验、做法,研究工作重点和突破方向。成立了质量强区工作领导小组,党政一把手担任领导小组组长,分管副区长任办公室主任,领导小组办公室设在上城质监分局,负责领导小组的日常事务管理工作,领导小组的成员都是区里所有职能部门"一把手"。上城质监分局全程组织参与全区"质量强区"工作动员大会,根据

9 月 15 日，召开上城区"质量强区"动员大会。 （上城质监分局 提供）

区委书记、区长的讲话精神，起草《质量强区工作设想》，出台《关于实施质量强区战略的意见》；编辑的《质量强区工作专报》得到了区委书记陈红英的批示肯定。制定并实施了《上城区质量强区工作联络员会议制度》，明确了《质量强区工作联络员信息报送制度》，多次组织部门联席会议，探索建立目标考核评价指标体系等一系列推进工作，充分发挥好牵头单位的统筹协调作用。上城区的质量强区试点工作得到了副省长王建满、市质量技术监督局局长瞿素芬、副局长杨烨等领导的高度肯定，《经济日报》和浙江省质量技术监督局《质量时刊》作了专题报道。

【实施品牌发展战略】 作为提高产品及服务质量的重要抓手和一项重要基础工作，品牌发展战略越来越受到各方重视。在培育品牌方面，上城区规模以上工业企业中，杭州娃哈哈集团有限公司、杭州华日电冰箱股份有限公司、杭州奥普电器有限公司、杭州绿盛集团有限公司、杭州海兴电力科技有限公司等企业和产品在全国都有较大知名度。作为一个中心老旧城区，企业总量不大，为此上城质监分局更加重视品牌培育及品牌增值这项工作，拟定了名牌培育梯级发展计划、明确培育目标。对重点企业、品牌产品加强指导，了解企业质量管理状况和生产实际，帮助解决生产过程中遇到的各类实际问题，帮助他们提高质量意识，做好保证质量的各项基础性工作，确保上城区品牌数质量同步递增。全区共获国家、省、市各级名牌 25 个，名牌数量位居城区前列。通过上城质监分局推荐帮扶，2010 年全区有 7 家企业、8 个产品申报了浙江名牌产品，4 家企业、4 个产品申报了杭州市名牌产品。在绩效管理方面，通过法律法规和管理体系培训、发放服务需求表、召开座谈会、实地走访了解、对帮扶前后的产品合格率进行跟踪回访等方法，鼓励企业采用卓越绩效管理体系等世界先进质量管理方法及开展各种认证活动，提高企业提升产品质量的能力和水平。为抓好服务行业块状产业提升，帮扶餐饮连锁企业杭州"来必堡"餐饮管理有限公司取得省级服务标准化试点单位，实现了上城服务产业省级试点"零"的突破。

【推进技术标准战略】 俗话说："一流企业做标准，二流企业做品牌，三流企业做产品"。在激烈的竞争形势下，各行各业要想快速发展，必须重视标准化建设。通过上城质监分局努力，上城区规模以上企业采标率已经达到 100%，增强了企业的竞争能力。其中上城区企业浙江省茶叶集团有限公司被国际标准化委员会授予成立了 ISO/TC34/SC8 国际绿茶联合秘书处，是全国茶叶标准化技术委员会龙井茶工作组、浙江省茶叶标准化技术委员会。杭州奥普电器有限公司和浙江维丰生物科技有限公司分别作为组长单位牵头起草了 3 项国家标准（浴室电加热器具 GB/T22769—2008、红外线灯泡、饲料添加剂 GB/T21996—2008）。

【做好消除各类隐患工作】 上城区在用特种设备数量为 6336 台，使用单位数 1160 家。2010 年，共出动 385 人次，现场检查使用单位 179 家，检查特种设备总计 1256 台件，检查发现各类安全隐患 249 个，通过跟踪督促整改，已经整改隐患 246 个。发出安全监察指令书 51 份，已完成整改 49 份，确保全区特种设备安全平稳有序运行。根据季节特点和上级部署，先后开展冬季锅炉、夏季叉车、迎世博与西博会电梯、学校特种设备等专项整治，消除了一大批安全隐患。同时，按照"重服务、重民生、重监管、重服务"的思路，妥善处理隐患整改过程中遇到的各类复杂矛盾，使解决隐患的过程成

开展电梯应急演练进校园活动　　（上城质监分局　提供）

为宣传质监工作的良好契机，提高了质监工作的影响力与有效性。

【破解老旧小区住宅电梯难题】 2010年，上城质监分局撰写关于住宅电梯的调研论文，对老旧小区住宅电梯问题进行破题探索。多次向区四套班子有关领导汇报，邀请市人大代表、政协委员进行定向视察调研，邀请分管区领导到实地检查，共同商讨解决的办法和思路。由上城区人大主任、政协主席领衔的关于电梯问题的建议和提案分别提交省、市"两会"讨论。为了推动工作，上城质监分局从我做起，不等不靠，主动加压，有针对性地选择金隆花园和翰林花园两个小区作为解决住宅电梯难进行试点突破，得到了上城区人民政府的高度重视，部分缺口资金已列入政府庭改范围。在协调解决住宅电梯难的过程中，得到了杭州市质量技术监督局领导和特监处的关心支持，各方合力推动了电梯相关政策、文件的出台和完善，使电梯维修资金启动难、电梯维修保养不规范等部分关键障碍环节得以解决，帮助百姓实实在在解决安全隐患，提高了他们的生活品质。

【确保食品生产安全】 上城区现有食品及相关产品生产企业24家，列入取证目录范围的共23家已全部取证，共获得生产许可证证书29张。全年巡查62家（次），通过巡查，确保企业符合食品安全法定生产条件。省、市、区三级共抽检食品60个批次，安全指标合格59个批次，合格率98.3%。开展"十小"整治。上城区现有小食杂店、小餐饮、小网吧、小美容美发店等"十小"企业3178家。在整治中，发挥牵头单位作用，协调相关成员单位履行职责。通过采取打造联营特色一条街、创建社区食堂、推进小餐饮联营店、驻街整治、物业补贴、合理补偿、鼓励参股等措施，解决了无证、无照和不规范经营等老大难问题。通过整治，全区已达标3155家，完成率99%。

【开展民生计量工作】 计量工作直接关系百姓利益，直接关系社会和谐，关系到质监部门的形象，是社会管理的基础性工作，是上城质监分局与各行业主管部门搞好协调配合，共同做好医疗、农贸市场、餐饮、能源等各项计量具体工作是质监部门的重要职责之一。重点加强对社区医疗机构和民营医院的监督管理工作。与区卫生局联合检查了15家医疗机构、2000余台计量器具。对存在问题的医疗机构，限期完成整改。与14家农贸市场签定了目标管理责任书，及时监督其按规定时间完成强制检定工作，确保计量器具检定率达到100%。完成了茅廊巷农贸市场"计量服务站"设立工作，取得了很好的社会效益，《杭州日报》、《上城报》等媒体都进行了专门报道。通过向社会发放3000份100克砝码、聘请义务监督员等举措，着力构建长效监管机制，帮助百姓提高维权意识，减少买卖双方纠纷，确保上城区农贸市场经营秩序健康有序发展。共出动检查人员180人次，多次对大宋坊等40家餐饮龙头企业的计量管理情况进行执法检查，杜绝了餐饮行业短斤缺两的不法行为，切实维护消费者利益。实行能源计量试点单位联系跟踪制度，组织13家重点用能企业参加创建活动，推荐并指导7家企业申报争创杭州市能源计量示范单位。中策橡胶集团公司、杭州娃哈哈集团有限公司、杭州绿盛集团公司等7家企业被评为杭州市能源计量示范单位。中策集团的节能经验在杭州电视台等多家媒体报道，起到较好的正面宣传引导作用。利用特种设备分会，宣传推动电梯节能工作，组织辖区20多家使用电梯的用户到西子奥的斯公司现场参观，切磋电梯节能技术。

【加强涉及民生健康安全类产品执法力度】 以涉及人身健康安全类产品为重点,开展质量监督和打假治劣工作。全年共出动424人次,查处违法行为21件,其中立案4件、现场处罚6件、责令整改11件,罚没款4.49万元,查处违法产(商)品数172件,查处假冒伪劣商品标值3.68万元,没收产(商)品值2.38万元。各类投诉处理11件,其中"12365"投诉5件,处理回复率100%,监督检查后处理7件,完成率100%,无行政复议案件和行政诉讼案件。全年共抽检生产企业产品92个批次,合格82个批次,合格率89.1%。节日期间,开展了民生计量(针对农贸市场、餐饮行业"少秤"行为)、"平安六一"(电梯、锅炉等特种设备)、有毒奶粉等各类专项或者突发性执法检查,及时打击各种违法行为。加大监督抽查力度,严格落实抽检分离工作,确保监督抽查数据准确、及时、有效;对区域性重点行业进行不间断地分析调查,确保产品质量风险预测分析工作顺利开展;做好质量投诉工作,处理好各类投诉。利用投诉资源,从中挖掘案源。利用投诉处理开展质量宣传,做好相关服务。制订上城区"3C"认证产品生产企业巡查计划,对全区"3C"生产企业进行了年度调查核实,对杭州中策橡胶有限公司等6家"3C"生产企业组成的7个大类、671个强制性认证产品,进行跟踪管理,确保产品质量持续提高。

资料 **"3C"认证**:是中国强制性产品认证的简称,英文名称China Compulsory Certification,英文缩写CCC。它是中国政府为保护消费者人身安全和国家安全、加强产品质量管理、依照法律法规实施的一种产品合格评定制度。

【协助构建权力阳光运行体系】 通过上城区政府行政管理与公共服务标准化项目,协助全区各部门起草制订部门标准,使得各部门的工作职能更加明晰,工作依据得到梳理,先进经验得到固化,办事流程公开透明,减少了人为因素干扰。并且将制订的标准升级,从区级标准不断升级成为市级、省级、直至国家级。根据区统计局2010年度调查表明,有67%的人认为政府标准化工作对于提高政府部门办事效能、减少管理成本、减少百姓享受政府公共服务成本等具有十分明显的作用。通过政府标准化与信息化建设相结合,对于构建政府权力阳光运行项目,更好地为全区反腐倡廉工作提供制度与技术保证。通过该项目的摸索运行,不仅使全区各部门廉政建设有了更好的制度设计,上城质监分局人员自身对廉洁从政的重要性和必要性有了更加深刻的理解,提高了全体人员明辨是非的能力与廉洁从政的自觉性。

【创新载体抓好宣传报道工作】 利用"春节"、"3·15"、"质量月"、"12·4"等各个时间节点,用百姓容易接受的形式抓好宣传报道工作。在暑假期间将《食品安全法》和《特种设备监察条例》的主要内容及安全常识以顺口溜形式变成通俗易懂、朗朗上口的歌谣,印制到3000把扇子上,向机关干部、辖区内企业、居民等发放。2010年,上城质监分局完成政务信息稿145篇,工作简报12期,质量强区简报4期,调研报告1篇,其中被市、区两级领导批示的有6次。被各类媒体宣传报道9次,其中《经济日报》1次、《浙江日报》1次、浙江少儿频道1次、《杭州日报》3次、《都市快报》1次、杭州网1次、《质量时刊》1次。 (田宝庆)

食品药品监督管理

【概况】 2010年,杭州市食品药品监督管理局上城分局(以下简称上城药监分局)在区委、区政府的领导下,以科学发展观为指导,打造"具有国际水准的高品质中心城区"为目标,"保障辖区群众用药用械安全"为中心任务,完善落实责任体系、健全监管监督网络、创新监管方法为抓手,不断加强药品安全专项整治、食品安全专项整顿、假劣药稽查、投诉举报处理、案件查处和药品不良反应监督、抽样等工作。2010年,牵头开展食品安全联合执法检查11次,组织药品专项检查16次,开展食品药品宣传活动16次,检查药械生产经营企业400家次、医疗机构140家次,完成GSP认证和跟踪检查12家,处理投诉举报46起,监督抽样药品127批次,共出动执法人员1070人次,监督销毁药品100万元。处理案件18起,没收假劣药货值11.22万元,罚没款总额38.36万元。

【开展药品安全专项整治工作】 根据省、市药品安全专项工作精神,成立上城区药品安全专项整治领导小组,建立机制,制定方案,开展为期两年的药品安全专项整治工作。对经营、使用环节中药材、中药饮片质量和三叶青饮片进行专项检查。对辖区中药材经营企业开展地毯式检查,邀请药检所专家开展现场指导。对毒性中药材,特别是混有含乌头碱(乌头类植物子根生品)的中药材进行重点检查。此次专项检查共出动执法人员120人次,检查单位55家次;检查三叶青50批次,抽样送检5批次,立案查处3起,没收劣药货值9.8万元,罚没款32.59万元。加强规范药房和合格药房"回头看"行动,对辖区所有卫生服务中心及服务站的药房管理以及药品的购进和储存进行回头看,在检查的基础上,进一步明确目标,提出要求。开展卫生强区建设工作,协助上城质监分局加强对辖区内医疗机构检查,确保卫生强区任务圆满完成。推进ADR工作,明确职责分工中,落实专人负责药械不良情况的上报和审核。2010年,共上报药械不良反应602份。

【加强重大活动和重大节日期间的食品安全工作】加强节日期间的食品安全工作,对重要节日和重要活动期间食品安全工作进行严格周密部署,特别是在世博和西博两大重要活动期间,区食品安全委员会办公室联合各职能部门切实加强活动期间食品安全监管工作的组织领导,结合活动期间食品消费的特点,全面检查、突出重点,广泛宣传、营造氛围,共出动执法5000人次,开展联合执法8次,查处违法行为256起,立案41起,罚没款金额9.6万元。有力地保障了活动期间的食品市场秩序。

开展社区食品药品安全宣传　　（上城药监分局　提供）

【推进食品安全专项整顿工作】 食品安全工作事关百姓身体健康,区委、区政府高度重视食品安全工作。区食品安全委员会办公室根据国家、省、市关于做好食品安全专项整顿工作的精神,制定《上城区食品安全整顿工作实施方案》,开展食品安全专项整顿工作,成立了专项整顿领导小组,建立、健全整顿信息报告制度,建立月报告制度和重要信息随时报告制度,进一步落实各部门、街道责任,定期汇总整顿工作情况,不定期对整顿工作的进展情况进行督导,食品安全整顿工作有序推进。

【开展打击违法添加非食用物质和滥用食品添加剂活动】 根据国家、省、市打击违法添加非食用物质和滥用食品添加剂整顿工作文件要求,制定出台了《上城区打击违法添加非食用物质和滥用食品添加剂整顿工作实施方案》(杭上食安办〔2009〕18号),成立整治工作领导小组,分阶段开展打击违法添加非食用物质和滥用食品添加剂整顿行动。2010年,共出动执法8732人次,检查添加剂生产、使用、经营单位6510家次,立案12起,案值0.73万元,罚没款1.60万元。

【推进分片监管模式】 针对上城药监分局人员少,监管任务重的问题,不断创新监管方法,提出了分片监管的设想,将上城药监分局人员重新整合为两组,分别管辖3个街道食品药品监管的工作模式。2010年,共检查医疗器械95家,药品批发企业38家,药店150家次,医疗机构120家次,抽样127批次。开展高风险医疗器械经营企业、医疗器械生产企业和软性角膜接触镜及其护理液等专项检查3次,共检查企业120家次,覆盖率达100%。开展违法广告监测,2010年共监测药品广告88条,加强药械企业许可和GSP认证检查,药品批发企业新开办验收5家次,变更检查9家次;药品零售企业新开办验收19家,变更现场检查7家,换证7家,GSP认证6家,GSP跟踪6家。

【开展保健食品示范店建设】 探索保健食品示范店创建工作,制定印发了《上城区开展保健食品安全示范店创建活动方案的通知》和《上城区保健食品示范店经营质量管理指导规范(试行)》,对杭州胡庆余堂国药号有限公司美政连锁店等3家保健食品示范创建试点企业进行走访,对创建工作提出改进意见,并组织验收。开展保健食品生产企业检查工作,开展暂停销售保健食品查处工作,通过短信平台向辖区151家药店进行不合格保健品撤柜提醒,并对115家药店和保健食品经营企业进行了现场检查;开展保健食品广告监测工作,共检查药店52家,未发现违法广告。

中秋节食品安全检查　　　　(上城药监分局　提供)

【清查含三聚氰胺问题乳粉】　含三聚氰胺问题乳粉重现市场后,区委、区政府高度重视,启动应急机制,组织职能部门对辖区涉及相关的问题乳粉开展地毯式的清查,严格落实上级部门对加强含三聚氰胺问题乳粉监管的要求。共开展专项检查两次,全区出动执法3286人次,检查8658家生产经营单位,张贴公告2000份,与2052家企业签订了承诺书,查获青海民和回族土族自治县东垣乳品厂生产的批号为100620的问题乳粉150公斤,未发现有使用2008年的问题乳粉和2008年9月14日前生产未经检验合格的乳粉的现象。

【强化药械市场监管力度】　加强药械使用环节监管,开展药品批发企业、互联网药品信息与交易服务专项检查、打击工业氧(或压缩气体)冒充医用氧违法行为和中药饮片无硫化项目专项检查4次,检查药品零售企业60家,药品批发企业38家,抽查医疗机构30家,出动执法人员320人次。加强重点品种监管,开展含麻黄碱复方制剂专项检查,对有异常销售问题的两家批发企业和销量较大的1家批发企业进行重点核查,排除特殊药品流入非法渠道的可能性。加强非药品冒充药品检查,制作并发放非药品冒充药品公告及相关目录140份,出动执法人员128人次,检查相关经营企业52家次,对其中明确为非药品冒充药品的,调查处理两家,责令改正两家。加强小药店"整规工作",按照"小药店"整治标准,在前期整治的基础上总结经验,不断提高,努力探索长效监管机制,推进全区小药店规范建设深入发展。

【药械案件查处效果明显】　2010年,上城药监分局把查处假劣药械作为工作的重中之重来抓,只要发现有违法苗头,就坚决一查到底。查处药品案件18起,名列各城区第一位。其中一般程序14起,简易程序4起,假劣药案件11起,"质量罚"案件占案件总数的69%,没收假劣药品货值11.22万元,罚没款总额38.36万元。在处理投诉举报上,坚持"有诉必理、有假必打、有案必查"的原则,处理投诉举报46起,监督销毁药品6家次,其中二类精神药品1000件,有效防止过期失效药品继续流入市场。

【开展与社区结对宣传活动】　深入推进干部职工结对共建食品药品安全社区活动,上城药监分局全体人员以每人结对3~4个社区形式进行组合,定期到结对社区进行食品、药品安全知识宣传。以名医义诊、法律法规咨询、过期药品回收等方式到社区开展"食品药品安全·健康与您相伴为民服务"。不断创新宣传载体,将在吴山广场滚动播放的《食品药品法律法规宣传片》在社区电子大屏幕上进行播放,以更直观和更生动的电子动画视频来进行食品药品法律法规的宣传。

【开展为企业送服务活动】　上城药监分局坚持寓监管于服务之中,为企业提供政策咨询、技术帮扶。2010年共召开了中药材、中药饮片质量管理培训会、批发企业

会议、药品经营、使用工作等会议6次,使企业进一步强化合法经营的自律意识,规范上城区药械市场秩序。 (荆 璐)

安全生产监督

【概况】 2010年是“企业主体责任落实年”,上城区与各部门共签订安全生产责任书4632份,与2009年相比提高15.2%。上城区安全生产监督管理局(以下简称上城安监分局)出动执法人员17320人次,检查企业2415家,查出隐患8150条,整改7961条,整改率97.71%。2010年,全区共投入安全生产资金370万元,比2009年增加17%,其中,安全生产专项经费投入157.75万元,钱塘江防潮、宣传培训、应急演练经费连续三年得到提高。2010年,全年培训规划各类从业人员23000名,全区所有街道的14名专职安管员都取得了浙江省安全监督管理局颁发的监察证,全区52个社区都配备了安全协管员。开展企业主体责任落实工作,做好服务进企业、服务进基层工作,各级各部门共出动检查人员1228人次,检查生产经营单位688家,查出75家企业安全生产责任制体系不完善,并帮助整改,督促13家企业建立安全生产责任制。2010年,上城区安全生产、消防安全、道路交通安全各项指标均控制在市政府下达的指标范围内,全区安全生产形势继续保持平稳发展。

区领导进工地开展安全隐患排查 (上城安监分局 提供)

【评为全国安全生产月活动优秀单位】 10月,在中宣部、国家安监总局等部门举办的2010年全国安全月活动经验交流会上,上城安监分局再次被评为全国安全生产月活动优秀单位,成为浙江省受表彰的4家单位中唯一一家区(县)级安监局。2010年,上城安监分局开展安全宣传教育培训工作,通过开展“进社区、进学校、进企业、进家庭”活动,举办各类培训班95次,培训、复训、轮训安全生产从业人员8786人次,在辖区主要路段建筑工地外墙体上喷涂1200米的卡通安全宣传画、设置宣传灯箱120处进行安全宣传;在法律、法规宣传教育基础上拓展组织以安全为题材的文化园地、美术摄影、小说诗歌等活动。全区建筑行业事故发生率逐年下降,取得了良好的效果。

【加强重点行业领域安全监管】 2010年,上城安监分局共查处建设工程安全隐患634处,对违法行为严重的32家建筑工地进行处罚,罚款13.18万元。区建设局作为行业主管部门,共签发停工整改通知单7份(暂停),整改通知单60份,限期整改通知书215份,查处安全隐患1373条,及时消除了安全隐患、制止了不安全行为,有效地提升了区建设工程的监管水平。

【开展世博安保“环沪护城河”行动】 世博会期间,上城安监分局加大对危险化学品管理,尤其是易制爆、剧毒化学品以及放射源的监管,监控易制爆、剧毒化学品经营的流向、用途,严防通过非正常途径流入上海。共出动检查人员128人次,检查企业96家,查出安全隐患146处,立案查处5家,罚款3.24万元。

【开展危化使用单位百日专项行动】 9月10日至12月20日,上城安监分局联合6个街道和工业园区等部门开展危化使用单位百日专项行动。共出动275人次,采取重点排查、指导督查、拉网式检查等方式共排查杭州兴达特种橡胶有限公司、杭州三高光电科技有限公司、浙江亚通冶金科技有限公司等12家生产性危化使用单位,医院、学校等非生产性使用单位 45 家，查出隐患 124 处，已全部整改完毕。

4 月 9 日，召开上城区危化从业单位安全监管会议。（上城安监分局 提供）

【完善安全生产应急救援体系】 2010 年，区财政局投入 10 万元资金用于应急演练工作的开展、应急救援队伍建设、应急预案的编制，各签约单位共组织应急救援演练 46 次，参与人员达到 2700 人次。6 月 1 日，上城区在望江地区(R21-01)安置房地块开展了由区安监局、区建设局、上城公安分局、区卫生局、上城消防大队、上城交警大队、望江指挥部等多个部门，100 人参加的以建筑工地火情为背景，启动应急预案，进行疏散、搜救、封闭道路、解救被困人员等细节的大型应急救援演练活动，检验各部门之间的应急响应与协同配合机制。

【深化安全生产宣教培训工作】 6 月 13 日，在吴山广场举行了省、市、区三级联动的"全国安全生产月"大型广场宣传咨询活动，通过图板展览、万人签名、有奖竞猜、现场演示、播放视频等形式宣传安全生产知识，接受千名群众咨询，发放安全生产月宣传资料 10000 份。2010 年，共举办各类培训班 275 期，培训各类从业人员 23600 人，推进以"三项岗位人员"(主要负责人、安全生产管理人员、特种作业人员)为重点的企业全员安全培训。7~9 月，区安监局举办了娱乐场所负责人、部门安管员、企业主要负责人等 5 期封闭式安全生产培训，培训"三项岗位人员"562 名。各签约部门也分别培训"三项岗位人员"共计 453 人。

【推进钱塘江防潮安全工作】 潮汛期间，要求喊潮队员在每天潮水来临前一个半小时上岗，潮水退后半小时离岗，举办了 6 期沿江居民防潮安全知识培训班，受教育人数达 960 人，深入沿江工地通过民工学校、公开信、宣传橱窗等载体进行广泛的潮水宣传教育工作，提高外来务工人员的防潮意识，印制了 10000 份防潮安全知识卡发放给群众，在上城段沿江 8.2 公里的 9 个下堤口做了 18 块 KT 版宣传防潮知识。修复破损保护门 5 处，防护网 2 处，重新喷涂各类警示标志 12 处，更新防潮巡查队的硬件设备，购置电动车、急救装备等，请气象专家对防潮巡查队员进行业务培训。全区共投入防潮安全经费 10 万元，出动喊潮人员 2021 人次，劝离擅自下堤人员 288 人次。 （沈 祎）

6 月 1 日，在望江地区(R21-01)安置房地块举行大型应急救援演练活动。（上城安监分局 提供）

财政税务
Finance and Taxation

财 政

【概况】 2010年,区生产总值530亿元。全年完成财政总收入80.16亿元,比上年(指2009年,下同)增长22.51%;地方财政收入完成50.22亿元,比上年增长28.81%。全年完成地方财政支出19.5亿元(不含省、市补助,下同),完成调整预算100%,比上年增长33.56%。其中用于民生支出15.49亿元,比上年增长32.1%,占地方财政支出的79.4%,新增民生支出3.76亿元,占新增财力的76.8%。

上城区地方财政收入成功突破了50亿元大关。整个"十一五"期间,财政总收入和地方财政收入年均增长率分别达到16.58%和17.25%,地方财政收入年均增幅超过"十一五"规划目标8%,实现历史性突破,成为继下城区、西湖区后第3个跨上50亿元台阶的杭州市主城区,实现"十一五"期间的胜利收官。财政支出结构进一步优化,全年财政收支平衡,略有结余,为全区打造"具有国际水准的高品质中心城区"提供了坚实的财力保障。

【推进高端产业发展】 为实现"有限城区,无限发展",围绕区委"培育以高端产业为导向的'五主多副'产业发展格局"的结构调整目标,发挥财政调控引导作用,多方面推进高端产业发展。充分发挥财政资金"四两拨千斤"的杠杆效应引导高端产业发展,全年兑付各类中小企业财政扶持资金18780万元,其中争取上级资金9683万元,全年"五主"产业实现地方财政收入29.51亿元,比上年增长26.9%,占地方财政比重达58.8%。在帮助企业融资上,全年兑现500万元杭州市小额担保贷款风险补偿。2009年底启动的"涌金池计划",首期完美收官,帮助上城区域内具有发展潜力又遇到融资瓶颈的中小企业解决了融资难题。完善"五主多副"产业分析系统,组织编开展《上城区高端产业发展"十二五"专项规划》专题调研,为全区高端产业发展及时提供分析决策建议。

12月31日,区四套班子领导为上城区2010年财政收入揭幕。

(区财政局 提供)

【加大民生事业投入】 2010年,围绕"学有所教、病有所医、老有所养、住有所居"目标,调整支出结构,加大民生事业投入,不断提高居民群众生活品质。全年城市建设及社区事务支出6.54亿元。其中中山中路保护及四大城市综合体建设等支出3.40亿元,“四改”项目、截污纳管及“美化家园”工程等支出1.25亿元,城市“四化”管理、城管执法智能化管控及缓解道路交通“两难”等支出1.05亿元,中东河整治、支小路建设及地质灾害防治等支出601万元,社区建设和事务管理支出4119万元。全年社会保障和就业支出2.43亿元。其中退休保障支出1.26亿元,居民最低生活保障及各类救济支出3800万元, 居家养老及保险支出554万元,促进再就业及居家就业支出1809万元,企业退休人员节日慰问及社会化管理支出2426万元,残疾人康复工程及残疾人文化艺术展示中心支出1800万元。全年教科文卫事业支出6.33亿元。其中保障义务教育阶段绩效工资和校舍建设维修及教学装备支出4.50亿元,科学技术研究和支持中小企业科技发展支出6825万元,申报非物质文化遗产、各类群众文化体育活动以及第七届全民运动会等文体支出1215万元,基本药物零差价改革、社区卫生服务中心、疾病控制、卫生监督和妇幼保健等医疗卫生支出9464万元。全年社会治安综合管理支出1.34亿元。其中,基本公共安全保障支出1.11亿元,世博安保及校园安保支出420万元, 律师进社区及普法支出136万元,巡防、消防、流动人口管理等支出910万元,安全生产和行业质量安全监管支出336万元。

【推进“三个子”改革】 收入“笼子”覆盖面扩大。不断完善“收缴分离、罚缴分离、收支脱钩”的非税收入监管体系,将行政事业性收费和其他非税收入全部缴入财政专户,实施建设资金集中收付管理,全年节约银行贷款利息6000万元。预算“盘子”统筹力增强。推行科学化精细化的综合预算管理模式,将税收收入和非税收入有机结合,将各类不同性质的财政性资金统筹安排,实现一个部门一本完整预算。支出“口子”归一性规范。搭建上城区国库集中支付系统,对纳入结算中心管理的预算部门实行国库集中收付,将财政资金全部纳入财政国库统一开设的资金账户,实现预算资金拨付的统一性,增强了预算执行的约束力。

资料 **“三个子”改革:**是指收入一个“笼子”、预算一个“盘子”、支出一个“口子”的公共财政管理体制改革,即将所有政府性收入进“笼子”,实行一个“笼子”管收入;全面推进综合财政预算管理,实行一个“盘子”总预算;完善国库集中支付制度,一个“口子”管支出。

【完善国有资产管理】 2010年,作为国有资产统一经营的第二年,进一步强化制度建设,确保国有资产保值增值。出台《关于建立全区国有资产运行监督管理体制的方案》和《上城区国有资产运营机构监督管理重大事项审批制度》两项制度,作为上城区今后国有资产监督管理的重要依据。截至2010年底,区投控集团净资产达到20.5亿元,全年实现经营收入1.03亿元,比上年增长12%。完善行政事业单位国有资产管理信息系统, 完成全区139家单位国有资产基础资料录入、核对、清查和上报工作。全面铺开区建设指挥部房产清查工作, 组织各建设指挥部成立由总指挥负责, 集财务、资产、档案等相关人员参加的清查小组,对本单位已完工或正在建设、安置、出租等房产情况进行全面清查,切实摸清“家底”,为全区进一步出台相关政策、规范管理奠定基础。

【健全财政监督】 主动接受人大监督。推行部门预算“上会”(指在区人代会上公开,下同),全区所属31个部门182家基层预算编制单位的预算透明 “上会”,落实人大对区司法局、劳动和社会保障局部门预算执行的跟踪监督要求。继续做好权力阳光运行工作。在2009年梳理出的权力目录的基础上,列示每项权力的法律依据, 固化每一项权力的办事流程并制作相应的办事流程图。开展行政事业单位“小金库”检查和会计信息质量检查。对部分行政事业单位、社会团体、国有及国有控股企业进行了“小金库”重点检查。查处违纪金额99.43万元。完成3个绩效评价项目。通过单位自查和中介评价相结合, 先后完成了对区残疾人联合会和区民政局的“小康工程”项目、区民政局的居家养老项目、科技专项经费中的企业技术改造项目的绩效评价工作。通过绩效评价,增强了各单位合理、节俭使用财政资金的意识。做好政府采购信息化建设。全面推广使用杭州市政府采购信息系统,规范采购流程,减少采购环节、节约采购时间,全年完成政府采购金额27631万元,资金节约率达20.25%。

11月19日,区财政局开展“科长讲坛”活动。　　（区财政局　提供）

【完善会计管理】 深入宣传贯彻落实《中华人民共和国会计法》、《中华人民共和国行政许可法》,强化对会计从业人员的监管,规范会计秩序,履行会计管理职能。组织召开了上城区会计学会第三届会员代表大会,完成了新一届理事会换届选举工作,表彰了6名先进会计工作者。圆满完成首次设立的浙江省2010年会计从业资格考试上城考区考试工作。组织学术讲座,开展业务培训,先后组织了《当前宏观经济、金融形势与政策解读》、《首次公开发行股票并上市》等培训。组织、督促财会人员积极参加科研。2010年,会计学会完成了《税务筹划与企业财务战略研究》等3篇调研文章。

【严格“三公”管理】 根据省委、省政府《关于进一步做好党政机关厉行节约有关工作的通知》的要求,严格“三公”(公务接待、公务用车、公务外出)支出管理,对各部门实施公务经费定额标准管理,通过开展“提高工作效率、提高服务水平、降低公务支出、降低行政成本”的“两提高、两降低”效能建设主题活动,压缩出国经费和公务接待费,冻结公务用车购置,提高政府运行效率。

【干部队伍建设】 区财政局将创先争优活动与队伍建设糅合起来,通过开展“当一天社工”、“科长讲坛”、“学习沈浩”活动与推行业绩积分卡制度相结合,2010年干部队伍建设取得了良好的成效。上城区会计学会被杭州市财政会计学会评为先进学会,由学会组织报送的《上城区政府性投资建设项目资金管理的实践与思考》调研文章被浙江省财政学会评为二等奖;在杭州市财政会计学会组织的财会有奖征文中,学会组织报送的文章有3篇被评为二等奖,5篇被评为三等奖。在信息宣传上,区财政局《三举措打造德才兼备、干事创业的青年干部队伍》一文被收入2010年度《上城区创新模式与范例汇编》一书,两篇调研专报得到了区委书记陈红英的批示。区财政局沈礼丹被浙江省财政厅评为2009年度部门决算先进个人,王颖被杭州市财政局评为杭州市企业会计决算报表工作、杭州市金融企业财务决算报表工作、杭州市外商投资企业会计决算报表工作3个先进个人。　　(孙克敏)

国家税务

【概况】 2010年,上城区国家税务局(以下简称区国税局)组织税收281329万元,超额完成全年税收计划,比上年(指2009年,下同)增加32967万元,增长13.27%。其中增值税159015万元,比上年增加366万元,增长0.23%;企业所得税入库120912万元,比上年增加32061万元,增长36.08%;消费税1402万元,比上年增加543万元,增长63.21%。上城区库国税收入278782万元,增收25371万元,增长10.01%。其中增值税161609万元,减收11639万元,下降6.72%;企业所得税115727万元,增收36666万元,增长46.38%;消费税1404万元,增收545万元,增长63.45%。

【强化收入分析和税源监控】 坚持税收分析例会制度,加强所得税、增值税增减前50位及属地和区库总税收增减前50位的重点税源的按月动态增减变动分析,建立重点税源分级联系制度,及时了解其生产经营和税源变动情况。

【加强各税种管理】 抓好普通发票票种简并,推行千元版以上小规模纳税人VPDN网上开票工作。加强再生资源回收和利用企业增值税监管,开展对部分增值税一般纳税人固定资产进项税额抵扣情况专项检查,对黄金金条销售企业、拍卖企业进行调研,对安置残疾职工工资加计扣除情况开展执法检查。完成2009年度企业所得税汇算清缴工作,共汇算清缴4962户,汇算清缴共入库所得税76882.9万元。规范企业所得税汇总纳税企业管理,开展非营利组织企业所得税免税收入情况调研。完善反避税基础信息建设,深入开展涉外税务审计,加强非居民企业税收管理。制定《上城国税局管户分配管理办法》、《上城国税局个体定额管理要求》等制度。

【加强大企业联系】 对各级确定的大企业实行局领导定点联系制度,通过组织税企座谈会、实地走访等方式,听取企业对税收工作的意见和建议。建立大企业涉税事项协调机制,实施大企业个性化纳税服务。以《大企业税务风险管理指引》为基础,树立大企业"以风险为导向"的管理理念,运用大企业专业工作步骤,识别和评估企业税务风险,依据风险程度进行差异化管理,提高大企业纳税人的税法遵从度。

【严格个体税收管理】 对个体户籍管理、定期、定额发票开具等基础数据的采集维护情况,代征单位的票证使用情况等征管薄弱环节进行强化。加强市场、街道协税、护税网络工作,开展漏征、漏管户清理的同时,对市场税务登记情况进行梳理,强化对市场税源的监控和规范纳税人的户籍管理。规范个体代征协议的签订,对2009年度经营范围中包含兼营增值税业务,实际经营时无增值税应税业务或长期未开展生产经营活动的个体户共计75户零税款个体户在查明原因的基础上提出整改措施。

【优化"一窗统办"模式】 制定规范办税服务厅内外标识、"一机多卡"实施方案,克服空间条件的制约,对办税服务厅的服务环境、内外标识、便民设施、政务公开等进行有效的改造、完善,扩大和调整办税服务厅自助服务区域,增添了两台自助抄税设备。优化"一窗统办"模式,对办税窗口的部分设备进行改造和完善,完成对办税服务厅全职能的综合服务窗口设置工作。实施新的业务流程,推进办税业务标准化作业,在"一户通"扣税的基础上,增设POS机刷卡缴税的新方式,推广"免填单"服务。推广应用社会化办税服务平台,对每个代开点进行社会化办税平台系统安装、软件更新、纳税人初始信息采集、维护等日常工作,做好市场税收征管系统和社会化办税平台的数据转换和衔接工作。截至2010年底,实现了辖区6个街道、29个市场"社会化办税服务平台"的全覆盖。

【开展"送服务、促发展"活动】 由区国税局领导带队实地调研走访了娃哈哈集团、浙江百诚集团股份有限公司、天堂硅谷阳光创业投资有限公司等多家企业,了解企业发展情况及存在的困难和需求;走访华东家具市场、陶瓷品市场,听取市场发展的现状及未来规划,就税企服务互动、信息化办税、促进市场培育等方面进行座谈交流。在"送服务、促发展"活动中,帮助27家企业排忧解难。

【加强税法宣传】 开展第19个税收宣传月活动,深入宣传纳税人的权利和义务,配合浙江省国税局做好全省中小学生税收宣传漫画大赛的组织工作,依托青少年宫和中小学校,向杭州市国税局选送动漫作品10幅,其中1幅获得金奖,1幅获入围奖。开展税收宣传

1月19日,召开个体、市场协税工作座谈会。 (区国税局 提供)

4月8日,召开上城区国税税收政策宣讲会。　　(区国税局　提供)

进楼宇、进社区、进市场、进政府等各项活动,在瑞丰大厦、龙翔服饰城、陶瓷品市场等展出和张贴税收宣传展版和税收宣传画。定期召开政策通报会、专项辅导培训、送政策下企业等,通过国税子网站发布各类公告通知、办税指南,及时更新表证单书。

【落实税收政策】 全面落实结构性减税政策和税收优惠政策,在企业所得税汇算清缴工作中,共办理企业技术研发项目24户,加计扣除企业应纳税所得额3656.96万元;高新技术企业6户企业,减免金额1521.94万元;过渡期税收优惠减免所得税13.02万元,小型微利企业减免所得税264.07万元。审批企业所得税财产损失11户,税前扣除金额1458.03万元。2010年享受免税优惠政策企业有福利企业1户、退增值税143.5万元;软件企业超税负退税14户次,退增值税626.3万元;享受其他优惠政策企业31户,免税销售额279024.28万元。做好生产型企业出口退税审核和管理工作,2010年已审核免、抵、退税额累计14748万元,其中免抵税额6526万元、退税额8222万元。

【推进管理创新】 对2009年的售付汇管理系统、办税服务厅绩效考核系统进行升级完善。2010年,确定两个申报项目,即文书自动编号系统、税务档案管理系统。自行开发文书自动编号系统用计算机自动编号代替手工台账编号,便于对编号文书的管理和操作。针对档案管理现状,自行开发应用税务档案管理系统,运用电子化手段实现对全局税务档案自动编号、分类管理、动态跟踪和智能检索,规范档案管理和提升管理效能。

【扩大增值税行业模型监控面】 应用38个模型(其中自建模型18个),监控925户,其中工业一般纳税人244户,工业一般纳税人监控比重达到100%。纳入模型监控企业入库税款252682.04万元,监控收入占国税收入比重达到91.06%。对重点行业实施行业税源动态监控,着重做好纳入行业监控系统的企业数据的审核和分析工作,对筛选出的疑点企业实施日常监控和重点评估,以评促收。共筛选评估318户,补税4551.92万元,调整以前年度亏损1237.93万元,滞纳金59.2万元。

【"点线面网"提升纳税服务品质】 找准纳税服务的出发点和立足点。树立"始于纳税人需求,基于纳税人满意,终于纳税人遵从"服务理念,加强纳税人权利与义务宣传,利用《涉税须知》、网站、办税服务厅公告栏等平台广泛告知纳税人。日常税收宣传与宣传月活动两条线一起抓。建立税收宣传长效机制,充分发挥税收管理员、办税服务厅人员直接接触纳税人的优势,加大日常宣传力度。扩大税收优惠政策宣传覆盖面。巩固媒体、印刷资料、网络等宣传阵地,利用税收政策宣讲会、座谈会等开展宣传,扩大政策宣传的社会影响力和覆盖面。构建服务争议维权网。在办税大厅设置服务争议调解室,有突发情况时科室负责人及时协调处理。出台《纳税人税务申请事项否定报备及申诉实施办法》,纳税人对税务申请事项审批或办理结果有异议的可以提出复审申请,切实维护纳税人的合法权益。

【"四翼齐飞"助推工业园区"孵化期"企业发展】 在实行多样化服务、多元化办税的基础上,简化审批程序和资料报送;推行网上申报、抄报税、认证、开具普通发票、电话预约办事以及税企邮箱,降低企业纳税成本。加强“孵化期”企业政策引导，对国家新出台的优惠政策宣传到户，引导企业达到优惠政策申请标准；对企业可享受的相关优惠税收政策，敦促企业尽快申请并加快办理速度，让企业得实惠。主动加强与园区管委会、地税、工商等部门联系协作，随时掌握税源变化动态及资金流动方向，形成部门合力。建立长效的企业帮扶机制，经常性深入企业调查走访，及时了解企业面临的困难和问题，为其出谋划策。

【助力“时尚地标”湖滨国际名品街发展】 区国税局及时掌握湖滨国际名品街服饰、珠宝、手表等品牌的基本情况，了解企业现状和发展趋势，做好基础信息采集，分门别类对湖滨国际名品街的企业进行差异化的纳税辅导。与区财政局、上城地税分局等加强协作，信息互通，政策落实到位，形成部门合力，按照区域规划引导街区跨越发展。

【开展创先争优活动】 完善党务机构设置，成立机关党委，配备党办干部，进行党支部换届，加强基层党组织建设。开展以学习实践科学发展观、建设服务性党组织为主题的“上城先锋”创先争优活动，参加“亮身份、践承诺、比贡献、赛业绩”、“创先争优、服务民生”等系列活动。深入开展党组织结对共建党内关爱活动，局领导班子带队考察慰问文明结对村桐庐怡华村，了解该村当前所面临的实际问题以及今后的基本发展规划，关爱慰问当地群众。组织党员干部到上羊市街社区居委会观摩学习。

【加强干部队伍建设】 组织干部参加每月一学和每月一考，开展以新录用公务员为主体的青年骨干业务培训，注重干部多岗位和基层一线的综合培养锻炼。开展工会“1+1”活动(一个人选择一个活动项目)，定期举办“珍惜生命、关爱健康”等科普讲座，组织开展为玉树、舟曲灾区群众捐款、捐衣被献爱心和“清洁上城，喜迎春节”、云居山缅怀革命先烈、“七一”献血、世博期间文明交通劝导、“勤政廉政，奉献国税”主题演讲比赛、参加全市国税系统纳税服务技能竞赛等各类活动。开展勤政廉政先进典型示范教育和违法、违纪案件专题警示教育，继续编撰好“一刊一坛”即《廉政专刊》和《廉政论坛》，深入开展执法检查和执法监察，加强对管理重点环节的监督，完善内控机制。

(赵湘雯)

地方税务

【概况】 2010年，杭州市地方税务局上城税务分局(以下简称上城地税分局)累计组织各项收入75.97亿元，其中税收收入入库52.20亿元，比上年(指2009年，下同)增加11.80亿元，增幅为29.19%，其他收入入库23.77亿元，比上年增收3亿元，增幅为14.45%。组织地方财政收入41.71亿元，比上年增收10.05亿元，增幅为31.76%。营业税收入23.84亿元，比上年增收5.17亿元，增幅为27.67%。企业所得税收入5.45亿元，比上年减收0.30亿元，减幅为5.59%。个人所得税收入13.60亿元，比上年增收3.50亿元，增幅为34.83%。城市维护建设税收入2.58亿元，比上年增收0.40亿元，增幅为20.91%。其他各税收入6.72亿元，比上年增收2.99亿元，增幅为80.24%。

【强化税源管理】 上城地税分局按照省委、省政府“创业富民、创新强省”的总战略和“保增长、抓转型、重民生、促稳定”的工作主线，落实重点税源和分行业管理，按照“抓大、评中、定小”的思路，实现税源制度

区国税局开展“植树添绿，共建家园”活动。 (区国税局 提供)

化、科学化、精细化管理。对重点税源、重点行业、重点环节进行动态管理，将206户企业列为重点税源企业，成立重点税源管理领导小组，建立重点税源每月预测制度、趋势预测制度、管理责任制度、专项服务制度；推进对中小企业纳税评估工作，利用TF2006征管系统开展各类数据的案头比对和分析，强化房地产企业、大型企业集团、医疗行业的税源管理，开展年收入12万元自行申报的约谈评估和企业所得税汇算清缴问题户的纳税评估，对营业税、企业所得税等主要税种实行税负率监控；实施定期定额管理，合理设置税收核定的参数指标，推广参数定税法，开展专项清理，与辖区21个专业市场签订委托代征协议，实现对6000多家个体工商户的集中征管，强化部门协作，加强街道协税护税管理，健全社会协税护税网络。

【扎实征管水平】 上城地税分局对辖区内167户娱乐企业开展实地调研，提高娱乐业征管水平；做好土地增值税清算工作，共清算应补土地增值税2.76亿元；做好汇算清缴工作，完成汇算清缴企业2531户，入库企业所得税1.90亿元，比上年增长22.52%；做好年收入12万元申报工作，全年收入12万元自行申报8588人次，人均申报年应税所得25.41万元，人均申报应纳税额3.53万元，应补税额530.70万元，比上年增长110.59%，重点行业人员申报率达27.3%，比上年提高了8.9%，重点人群申报率达85.3%；做好机打发票推广工作，全年推广使用机打发票户数3805户(其中企业3464户，个体工商户341户)，完成目标任务3481的109%，累计发放操作手册1000册、演示光盘850张，报名参加培训班800人次；做好街道私房出租税收管理工作，联合6个街道协税护税站，形成合力，全年街道私房出租房产税比上年增长21.81%。

【推进主辅分离工作】 上城地税分局根据省、市局有关分离发展服务业的工作部署和要求，分三步扎实推进主辅分离工作，开展调查研究，成立促进企业转型升级课题组，制定“一年一次政策辅导日、一年一次调研走访日、一年一次成长性分析”的“三个一”的调研机制，开展实地调研形成报告，为地方政府和上级领导决策提供参谋依据；落实优惠政策，强化税收宣传，扎实政策落实，加大企业扶持，对16户高新企业进行优惠税率认定，对21户企业批准研发费用扣除，对24家文创企业进行税费减免；促进分离发展服务业，瞄准“重点区域、重点行业、重点企业”三个重点，做好“分离、整合、集聚、发展”四篇文章，推动“金融及衍生产业、现代创意产业、高新技术产业、总部经济、服务外包”五个行业的发展。2010年以前分离的31家企业实现新增营业收入5亿元，新增地方税费700万元，产生新增营业收入在1000万元以上的大型服务企业4户。2010年，上城地税分局成功分离发展服务业14家，注册资金总额为2.11亿元，新增营业收入两亿元，新增地方税费300万元，壮大了地方税基。

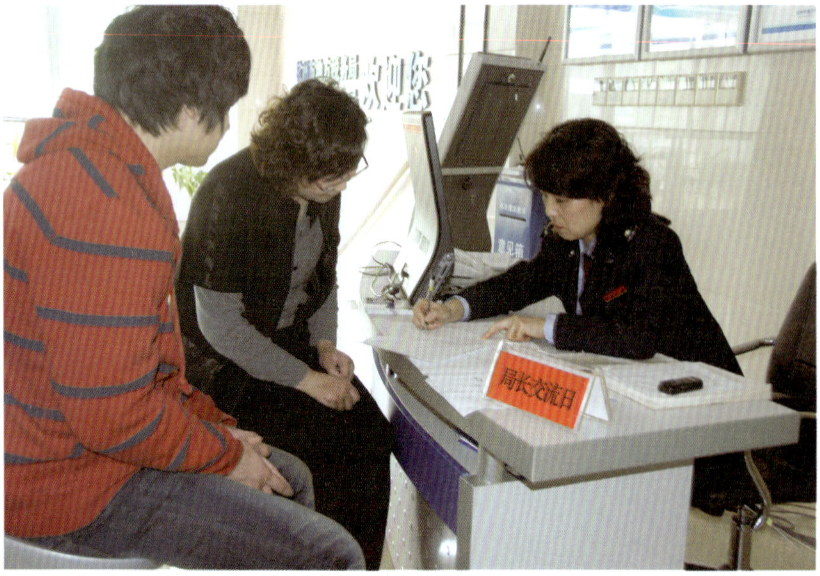

4月26日，上城地税分局局长参加“局长接待日”活动。(上城地税分局　提供)

【加强税收法制建设】 上城地税分局切实加强税收法制建设，全面推进促进依法治税，组织干部进行税法知识学习，开展税收执法教育，完善执法监督机制，提高依法行政的水平。依法做好信访工作，牢固树立“发展是第一要务、稳定是第一责任”的观念，加大信访工作的处理力度，做到“件件有落实，事事有回音”，全年累计受理信访案件(社保类信访案件除外)132件，其中市长公开电话12345信访案件17件，“12366”投诉案件88件，区信访局转办13件，杭州市地方税务局相关处室转办11件，群众来信3件。

4月23日，召开“税收印象行”税企互动交流会。 （上城地税分局 提供）

2010年，上城地税分局受理信访案件均已结案，办结率100%，累计补缴各类税费28641.86元，有效维护了良好的税收环境。

【开展税收宣传】 上城地税分局围绕“税收·发展·民生”主题开展税收宣传活动，在各协税护税工作站、社区张贴税收宣传月的宣传横幅和宣传口号，宣传税收理念和精神；成立业务骨干服务队，走访浙江华策影视股份有限公司等企业，送政策上门，做好政策辅导工作；联合九天国际服装市场联合开展个体工商户专项税收宣传活动，赠送税收政策汇编书籍，解答个体经营户疑难问题；联合《浙江税务》杂志、中大技术集团公司开展“税收印象行”税企互动交流会活动，问诊于企业，求计于纳税人；编制《结构性减税政策汇编》宣传册和结构性减税政策培训网络视频讲解教程，提倡绿色低碳，提升效率效果；开展“局长交流日”活动，局长亲自到大厅接待纳税人；邀请43家非营利组织代表召开非营利组织免税资格认定培训会，促进精细化管理。

【优化纳税服务】 上城地税分局更新服务理念，优化财税服务，践行“同心汇聚”的服务精神，对办税服务大厅实施标准化改造，进行统一的VI视觉设计，提高大厅服务承载能力和反应速度；推出“科长大厅流动服务机制”、“导税分流服务机制”、“全局服务协调机制”三项服务机制，提升办税服务效率；实施《办税服务厅礼仪服务规范》，推行“五心”服务；打造网络服务综合平台，创新网络视频培训模式，提高网络服务的及时性和便捷性；建立优惠政策提醒、涉税维权提醒、违法风险提醒的“三个提醒”服务制度，严把服务质量效率关；建立志愿者服务新机制，组建纳税服务志愿者大队，整合团支部、青年文明号、青年突击队等各类纳税服务资源，深入社区、企业开展税收宣传，提供政策咨询和辅导。

【开展纳税人满意度测评和需求调查】 上城地税分局以提高纳税遵从度与纳税人满意度为目的，开展纳税人满意度测评和需求调查，联合第三方调查机构共同进行上门调查，累计对1047家企业进行问卷调查，共计回收问卷1027份，其中上门实地调查企业820家，收回问卷800份；办税服务大厅调查企业227家，收回问卷227份，经审核最终有效问卷1000份，召开纳税人座谈会3次，参加人数130人。通过问卷调查，查找出纳税服务空白点和薄弱环节，掌握纳税服务需

开展“学六连精神，树地税形象”活动。 （上城地税分局 提供）

上城地税分局获全国五一巾帼标兵岗 （上城地税分局 提供）

求的特点和规律，为提出具有针对性的纳税服务改进方案提供参考依据。上城地税分局这项重点工作得到省、市局有关领导的关注和认可，《纳税人满意度测评和需求调查报告》被杭州市地方税务局评为杭州市财税系统2010年度调研课题一等奖，专题调研报告在省地税局调研建议专刊全文刊发。

【加强社会保障基金征收】 上城地税分局组织干部学习《财政社会保障政策汇编》等社保政策，加强与社保中心等单位的沟通与协调，做好社保费征收统计、社保费投诉案件的调查处理、社保费陈欠单位清欠三项工作，促使规费征管工作有序开展。2010年，五项社会保险基金收入20.48亿元，比上年增长15.17%，申报率全部超过96%，其中养老保险入库9.21亿元、医疗保险入库9.02亿元、失业保险入库1.76亿元、工伤保险入库0.21亿元、生育保险入库0.28亿元，比上年分别增长11.43%、18.75%、14.21%、13.40%、44.13%。

【落实优惠政策】 上城地税分局建立领导上门服务机制，走访西溪创意产业园区及华策影视、海兴电力科技有限公司、北海信息、绿盛集团、中策橡胶、华东医药等多家重点企业，宣传和辅导相关优惠政策，多次召开政策专题宣传辅导会和税企恳谈会，扩大宣传范围，了解企业生产经营中遇到的问题，做好各项税收减免。2010年，上城地税分局累计减免各类税费12506.68万元，其中减免营业税2117万元；减免企业所得5558.35万元，所得税税前扣除16719.08万元，企业所得税加计扣除5966.04万元；小型微利企业优惠减免95.66万元；个人所得税减免59.5万元；房产税减免4871.29万元；土地使用税减免946.17万元；水利建设基金减免2331万元。

【深化创先争优活动】 上城地税分局抓住党风、政风、行风建设重点，创新队伍建设举措，探索长效工作机制，深入开展“创先争优”活动：学习文件、讲话精神，宣传先进人物先进事迹，组织开展廉政教育专题讲座，全面开展示范教育，营造大宣教良好氛围；修改完善现行制度，进一步规范工作效能、税纪税容、服务态度及网络使用问题；开展党员“六不问题”对照检查和“五查五看”活动，收集个人报告48份，广泛征集群众意见和建议五大类17条；举行“迎七一·授党徽”仪式，要求每位党员上班期间必须佩戴党徽，统一在工作台前摆放共产党员先锋岗标牌；组织党员干部赴云居山开展悼念瞻仰活动，缅怀先烈，永葆先进本色；组织开展“夏日送清凉”和“万名党员结对帮扶”活动，上门走访望江街道徐家埠社区44户困难家庭以及淳安县8户困难家庭，为群众排忧解难；聘请特邀行风监督员，对工作人员进行不定期的检查评议，改进方法，提升服务；积极参加争创活动，2010年获“省级巾帼文明岗”和“省级青年文明号”等荣誉。 （张斌豪）

市场
Markets

人才市场

【概况】 区人才交流服务中心及人才市场承担着下属600家代理单位的人才引进、人事关系接转、档案管理、户口挂靠、流动党员管理等工作，负责全区各单位的人才交流和毕业生就业、创业服务等工作。2010年，为蓄积经济社会发展后劲和动力，区人才交流服务中心深入推进人才工作机制创新，把高层次人才开发放在人才工作的首要位置，拓宽人才引进渠道，深化载体建设，优化政策环境，为建设一支数量充足、层次合理、结构优化的人才队伍做好各项保障。实现全年引才4448名，全区人才总量11.94万人，从业人员人才资源拥有量(人才密度)为3714人/万人，圆满完成“十一五”期间目标。

【引进优秀人才】 区人才交流服务中心多措并举，进一步完善人才、智力、项目相结合的刚柔并济的引进机制，集聚国内外优秀人才和智力。全年共组织40家(次)企业参加春季、毕业生和西博会人才交流会等各类人才招聘会，推出招聘岗位220个。组织参加2010年杭州国际人才交流与合作大会，有12个项目达成合作意向，其中留美硕士金罗杰的“手机精准搜索移动信息服务平台”项目和区留学生创业园进行现场签约，已在上城落地孵化。加大对“上城人才网”的宣传力度，免费为企事业单位或个人发布招聘或求职信息。区人才网登记注册企业815家，个人求职登记4895名。在引进高层次人才方面，鼓励用人单位采取兼职、科研和技术合作、技术入股等柔性方式引进国内外智力。2010年，上城区首次柔性引进1名院士，在推动区建筑工程岩土力学研究方面起到了关键作用；以项目为载体，与中科院合作成立射频识别技术研发中心，对引进创新型人才以及推进全区乃至杭州市物联网产业发展具有重要意义；协助4家企业引进国外专家8人(次)；通过市、区两级审批，为区属企业引进急需人才17人，助推企业发展。

【注重专业技术人才培养】 以培养高层次创新型人才为重点，努力选拔培养各类人才，为经济社会发展提供智力保障。重点加强高层次人才培养，加大对各类学术带头人和省“151”、市“131”人才培养人选的培

留美硕士金罗杰和区留学生创业园进行现场签约　　(区人事局　提供)

养力度，推荐参加学术休假和出国进修，帮助开拓视野、更新知识、提高自主创新能力。加大人才平台建设，杭州娃哈哈集团有限公司、杭州中策橡胶有限公司经国家人社部审核正式设立了博士后科研工作站，实现“零”突破，为上城区实施人才立区和技术创新战略，为促进产、学、研的有效结合创造了更高、更新的平台。区留学生创业园云灵科技留学人员徐雪芳的《加油卡智能综合服务系统》项目获得了全市最高的50万元优秀项目资助资金。加强专业技术人才队伍建设。落实专业技术人员继续教育制度，组织参加各类培训，认真做好专业技术资格确认、评审和各类考试报名工作，评审(申报)初、中级专业技术职称500名；审核申报了1380名考生参加经济、建筑等26类职称考试或职业资格考试，做好各项服务工作。经推荐，杭州娃哈哈集团有限公司生物工程领域专家郭晓风入选浙江省钱江特聘专家。博世华环保科技公司的陈昆柏享受2010年度市政府特殊津贴。加强人才服务工作，开展“人才服务月”活动，通过完善人事代理服务、下基层宣讲政策、召开座谈会、走访慰问、组织健康体检等形式，加强政策宣传和沟通联络，及时为优秀人才解决实际困难，鼓励各类人才在各自的岗位上深入学习、勇于创新。

【做好大学生就业创业服务】 大学生创业和就业工作是改善民生的重点工作和人才工作的新领域。2010年，上城区在全市首家利用民营资本在LOMO创意谷建立大学生创业园基础上，继续整合资源、发挥优势，在复兴大院建立大学生创业园(二期)，已吸引14家大学生企业入驻，显示了较好的集聚效应，形成了“四季星座”楼宇、中山南路等一批大学生创业集聚地。建立了大学生创业跟踪服务机制，通过开展创业企业专项调查、建立创业培训会和创业导师制度、开展创业培训、送政策上门、组织参加专场招聘等举措，详细了解大学生创业企业经营现状、发展规划和当前困难等第一手资料，有针对性提供特色服务，确保提高创业成功率。2010年初，经过对2009年创业的84家大学生企业生存状况的跟踪调查了解到：两家企业注销，占企业总数的2.4%，16.7%亏损，38.1%盈利，42.9%持平，创业企业成活率较高，10家以上企业平均上年度营业额超过100万。浙江省委组织部长、原杭州市长蔡奇对上城区扶持大学生创业的新举措予以了高度肯定，特别批示：“上城区政府购买大学生创业产品第一单的做法很好，要加以总结，各区推广”。2010年，上城区落实市、区扶持政策，在严格评估审核基础上，推荐21家大学生企业申报了市创业资助，为106家符合条件的企业核拨了房租补贴。经推荐，上城区华溥实业等8家单位申报并获批为市级企业实训基地，区市级企业实训基地已升至34家；企业见习基地12家。截至12月底，新增创业企业84家，共有大学生创业企业187家，带动就业1100人，培育了以LOMO、复兴大院两大创业园为核心，以中山南路手工文化创意园和“四季星座”创业楼宇等为代表的体现区产业魅力和特色的大学生创业群体，为促进社会就业作出贡献。其中，帝琛珠宝实现了销售额600万元，熙浪信息销售额达到了2000万元，许多大学生企业开始显现出良好的前景，为区域经济发展作出贡献。在2010年的全市大学生创业就业表彰工作中，区大学生创业企业“国力雕塑”被评为市“十佳”大学生创业企业；创立“熙浪信息”的大学生杨振德被评为市“十佳”大学生创业之星；区人事局和辖区冰川投资管理有限公司被评为市大学

区委常委、组织部部长黄爱芳听取各企业科技人才代表的汇报

(区人事局　提供)

生就业创业服务先进单位。

【流动人员党组织建设】 针对流动党员工作单位点多面广线长、高度分散和不易集中的特点，2010 年，区人才交流服务中心着眼提高党员队伍素质，不断完善党员教育管理制度，通过开通“党员活动日”、“网上支部园地”等形式落实党员思想汇报和评议制度，通过建立“流动党员之家 QQ 群”在线交流、观看党员电教片、组织开展党员茶话会等多种形式交流互动，抓好深入学习实践科学发展观等各项政治理论学习，开展丰富的教育活动和组织生活；着眼打牢党建工作的基础，根据各个企业党员数量的变化情况，协助有条件成立党组织的企业建立党组织，及时加强党组织建设，做到人事代理做到哪里，党建工作就跟到哪里。截至 2010 年底，区人事局机关党委下属 6 个党支部，其中有 5 个流动支部，共有流动党员 132 名，全年办理预备党员转正 6 名。

【人才市场法制化建设】 2010 年，区人才交流服务中心注重加强法制化、规范化建设，不断创新管理方法，简化办事程序，充分发挥人才市场对资源配置的基础性作用，落实用人单位和人才的自主权，规范竞争，保证市场依法有序运行，进一步创造公平竞争的市场环境。先后修订完善人才中心人事代理制度，简化办事程序，整章建制，明确标准，并上传“上城人才网”，张贴上墙，强化规范服务，进一步打造一个秩序井然、管理规范的窗口机关。继续开展好“人才服务月”活动，走访区工业基地、科创中心和区重点骨干企业，宣传贯彻人才人事政策法规，开展政策咨询、就业指导，讲解人才引进、国外智力引进、留学回国创业服务等有关操作流程和政策，倾听用人单位对人才工作的意见和需求，增强了人才政策的透明度，切实保障人才的合法权益，受到了企事业单位的欢迎。以“和谐中国民生行”人才人事政策法规宣传为契机，通过编制资料、社区张贴、服务对象派发和在吴山广场宣传等形式，提高服务对象和人民群众对人才人事工作的认知度和支持度。在日常工作中，中心注重把公开招聘、职称评审等关系广大人民群众切身利益的事项置于社会各界的监督之下，及时处理和解答各类政策咨询、业务申报和来信来访，打造规范透明、便民高效的服务窗口。

（朱乐娟）

文化市场

【概况】 2010 年，上城区有各类文化经营单位 886 家，其中歌舞娱乐场所 38 家、电子游艺机经营场所 8 家、音像制品经营单位 17 家、互联网上网服务营业场所 53 家、打字复印等其它印刷企业 147 家、出版物零售 581 家、艺术品备案场所 22 家、演出场所 5 家、艺术表演团体 6 个，演出经纪机构 8 家，网络文化经营单位 1 家。另有体育游泳备案场所 15 家。全年共受理和办结文化经营行政许可事项 246 项。区文广新局选送的行政许可案卷被评为区的“十佳案卷”之一。完成全区文化、出版物、印刷经营单位经营许可证年检年审和区音像制品经营单位经营许可证审核换证工作，完成上级文化部门统计上报工作。以“平安世博·精彩文化”为主题，落实专项保障行动，合力开展扫黄打非专项整治行动。落实综治维稳工程，参与绿色护校行动，有效净化校园周边文化环境，成功创建市级优秀“青少年”维权岗。突出元旦、春节、国庆等重要时间节点，结合日常检查，适时开展交叉执法、联合执法。“十小”行业质量安全和规范专项行动，暑期网吧专项整治行动，消防安全专项整治工作，打击手机网站传播淫秽色情信息专项行动成效明显。做好全国文明办公共文明指数测评专项执法行动，落实构筑社会消防安全“防火墙”和暑期游泳场所专项检查。依托协会，促进双向沟通，提升行业自律管理水平，指导网吧维权工作，区文化行业协会获得“浙江省先进网协”荣誉称号。措施落实、工作到位、成效明显，创建无非法“小耳朵街道”（无非法卫星接收设施街道）工作获省市先进单位、杭州市创建市级“青少年维权岗”先进单位、杭州市体育行政执法工作先进单位等荣誉称号；参加杭州文化市场行政执法技能比武获团体第三名。2010 年，共出动检查 671 人次，检查各类经营单位 1086 家次，查办案 50 起，收缴各类非法书刊 1700 余册，非法音像制品及电子出版物 3300 余张，收缴非法游戏机（板）200 台（块），取缔各类无证经营场所 30 家，共处罚没款 30490 元，未发生一起行政复议案件。受理举报 22 起，办结率及满意率均为 100%。

3月18日,召开上城区文化市场法律法规培训会议。 (区文广新局 提供)

【从“三加强”落实世博安保工作】 4月26日,区文广新局召开专题会议,以“平安世博·精彩文化”为主题,部署2010年4月1日至10月31日的“平安世博”文化市场专项保障行动。加强组织领导,提高思想重视。组建以上城区文化市场执法大队大队长为领导核心的文化市场专项保障行动领导小组,从组织上全面管理、部署专项保障行动;加强执法协作,提高维稳基点。建立执法协作机制、信息通报机制、协调配合机制。加强辖区内各部门的执法协作,整合执法资源,形成监管合力,提高监管效能;加强阶段落实,提高行动水平。全面贯彻落实市总队关于保障行动的四大阶段工作——动员部署阶段、排查整治阶段、重点防范阶段、总结回顾阶段。此次保障工作的重点领域有演出、娱乐、音像、书报刊、网吧、网络文化。

【举办服务业统计季报、年报培训班】 1月6日,上城区文化广电新闻出版局(以下简称区文广新局)召集全区相关文化企事业单位负责人和具体填报人员,举办全区服务业统计年报、季报培训班,15家单位参加。区文广新局根据上级部门要求,继续严格做好此项工作,确保完成年度服务业统计工作。

【举办文化经营场所学习培训会议】 3月18日,《杭州市公共场所控制吸烟条例》(以下简称《条例》)培训由区文广新局主办,全区46家网吧、31家歌舞娱乐场所、6家电子游艺娱乐场所和3家演艺场所的法人、主要负责人参加。为更好的贯彻实施《条例》,在全区文化经营场所形成良好的控烟氛围,邀请专家对《条例》进行全面讲解,并结合实例,针对文化经营场所经营活动中必须注意的相关事项进行了重点说明。

【开展打击盗版音像制品清查行动】 3月18日,上城区打击侵权盗版音像制品整治行动清查阶段已基本结束,音像制品市场总体情况良好。本次行动开展以打击侵权盗版音像制品整治为重点的版权保护专项治理整治行动,配合杭州市文化市场行政执法总队执法工作。在清查阶段中,区文广新局要求音像制品经营单位进行自纠自查。重点加强对上城区内的人流密集场所如城站火车站、汽车南站,吴山夜市等区域进行排查。开展版权保护宣传工作,结合“4·26”世界知识产权日、世博会知识产权保护等向公众宣传版权保护的重要意义,引导消费者树立正确的版权意识,自觉抵制盗版。

【开展校园周边文化市场专项整治行动】 5~6月,区文广新局对全区的校园周边文化市场开展专项整治行动,以查处网吧违法经营行为和取缔“黑网吧”、取缔校园周边无证电子游戏机房及查处接纳未成年人行为、整顿歌舞娱乐场所、规范演出市场、整治出版物市场为重点。共出动执法人员40人次,检查校园周边网吧、歌舞娱乐场所、电子游艺场所、出版物经营场所、演出场所共计90家次,进一步净化上城区校园周边文化市场环境。8月30日,区文广新局开展为期三天的开学期间校园周边文化市场专项整治行动。根据《关于开展校园周边文化市场专项整治行动方案》,主要针对影响学生健康成长的口袋本、非法教辅教材、音像摊点等方面开展专项整治。重点整治不良音像店。切实加强网吧管理。整治电子游戏市场,整治出版物市场。深入排查,消除各类隐患,始终保持较高的警惕性和检查频率,确保青少年有个安全、安静、安定的学习环境。

【召开文化市场管理暨“扫黄打非”工作会议】 5月7日,区文广新局召开2010年度文化市场管理暨“扫黄打非”工作会议。区委副书记朱履林、副区长宦金元出席了会议。会议总结了2009年文化市场管理工作，表彰了文化市场管理暨“扫黄打非”工作先进单位，部署了2010年工作任务。朱履林就做好2010年文化市场管理暨“扫黄打非”工作提出了“五个加强”的工作要求：加强领导，各有关单位要把文化市场管理暨“扫黄打非”工作列入专项议事日程，按职责要求抓好落实；加强监管，要做好结合文章，提高监管要求；加强宣传，要坚持预防为主，积极营造守法自律的氛围；加强落实，要落实“属地管理”、“谁主管谁负责”原则，细化责任，分解任务；加强协作，要信息共享、相互配合、定期碰头、集思广益、协同工作、齐抓共管。

【部署游泳场馆安全管理工作】 5月20日，区文广新局召集全区12家游泳场所负责人，布置游泳场馆安全工作。对全区各场所的58名救生员进行业务技能培训，突出强化救生员的安全防范意识。同时，组织相关人员开展游泳场所紧急情况应急演练，提高游泳场所安全救护方面的知识和能力。

【召开公共文明测评动员及消防安全培训会议】 8月19日，区文广新局召开全区文化经营场所负责人工作会议，就迎接全国文明办公共文明指数测评进行动员，同时就消防安全问题对文化经营场所负责人进行培训，全区歌舞娱乐、电子游戏、网吧、演出、音像、出版物场所负责人，共110人参加。会上向各经营场所负责人传达了杭州市创建文明城市有关工作，要求区域内各文化场所必须规范经营、文明经营，严禁违规接纳未成年人、不得经营非法出版物、不得设置赌博机等违法、违规行为。同时就文化经营场所消防安全问题对各场所负责人进行培训，并签订《构筑社会消防安全“防火墙”工程责任书》，要求各场所，特别是歌舞娱乐场所一定要严格把关，杜绝陪侍、吸毒、嫖娼、赌博等违规、违法行为。

【完成音像制品批发零售出租单位经营许可换证工作】 8月20日至9月20日，根据浙江省新闻出版局《关于开展全省音像制品经营单位审核登记换证工作的通知》要求和上级主管部门职能变更，音像制品批发、零售、出租行业从2010年起正式由新闻出版总署管理，原由文化部监制的音像制品经营许可证必须限时更换。区文广新局对全区音像制品批发、零售、出租单位进行审核换证，初审上报音像制品批发单位两家，审核换发音像制品零售出租单位13家，核实注销两家。

【做好游泳场所夏季开放工作】 9月底，区体育局结合游泳场所夏季开放工作的实际情况，通过层层把关、科学组织、严格监管，依法分阶段进行备案登记和日常监督检查。2010年，全区游泳场所夏季开放备案12家、13个游泳池。按照开放时限相关规定，其中13个游泳池全年开放4个，夏季开放9个；按照场所类型小区配套游泳池7个，酒店配套游泳池4个，独立游泳场所两个。截至10月底，除红楼大酒店游泳池申请延续并批准外，其余8个夏季开放池馆已经全部按照相关规定停止营业，4个全年开放池馆正常营业。

【获全市文化市场技能比武团体三等奖】 10月22日，杭州市文化市场组织的行政执法技能比武在海外海西溪宾馆举行。各区县市共15支队伍的56名执法人员参加了本次比武活动，比赛分3个组同时展开，包括业务知识、文书制作、案卷纠错、计算机操作、执法取证五个项目，意在通过相互切磋、相互学习提高文化市场行政执法人员的执法水平。本次比武活动，上城区文化市场行政执法大队荣获全市文化市场技能比武团体三等奖。

【召开文体市场经营单位培训会议】 11月17日，区文广新局组织全区文体市场经营单位开展学习《杭州市安全生产监督管理条例》（以下简称《条例》）培训，全区共有歌舞娱乐、电子游艺、演出和游泳场所以及网吧，共计120家经营单位参加。本次培训邀请专家对《条例》进行比较详细的讲解，结合上城区在安全生产管理领域发生的实际案例和经验教训，对参加单位代表触动很大。培训结束后进行了《条例》相关知识的考核。

【做好文化经营场所消防安全工作】 11月18日，为充分汲取上海“11·15”特大火灾事故教训，做好区文化市场消防安全工作，区文化市场行政执法大队开展文化经营场所消防安全执法检查，共出动执法人员8人次，检查文化经营单位21家，发现1家场所存在部分消防安全通道不畅通情况，要求其立即进行整改。本次执法行动旨在提高文化经营场所消防安全意识，增强消防工作的紧迫感和逃生自救能力，消除消防安全隐患，最大限度地避免上城区文化经营场所发生火灾事故。

(张雪梅)

商品市场

表32　2010年上城区商品市场一览

序号	市场名称	举办单位
1	杭州华东家具市场	杭州华东家具市场有限公司
2	杭州近江食品市场	杭州三桥近江食品有限公司
3	杭州杭派精品服装市场分场	杭州杭派清江服饰市场有限公司
4	杭州陶瓷品市场	杭州玉皇村股份经济联合社
5	杭州新声综合市场兴合服饰城	浙江兴合男装大厦有限公司
6	杭州天阳明珠百货市场	杭州天阳明珠百货市场有限公司
7	杭州吴山花鸟城	杭州吴山花鸟城有限公司
8	杭州庆春路文化用品市场	杭州大商城总公司
9	杭州解放路副食品茶叶市场	杭州大商城总公司
10	杭州明珠小百货市场	杭州明珠小百货市场有限公司
11	杭州新声综合市场兴合鞋城	浙江民辉商贸发展有限公司
12	杭州青年通讯电脑市场	杭州青年通讯电脑市场有限公司
13	杭州新声综合市场三分场	杭州致远酒店管理有限公司
14	杭州国际旅游品市场	杭州玉皇村股份经济联合社
15	杭州中星服饰城	杭州中星服饰城有限公司
16	杭州新声综合市场四分场	广源物业管理有限公司
17	杭州工联精品服饰城	杭州工联大厦股份有限公司服饰城分公司
18	杭州新声综合市场龙翔服饰城	浙江龙翔大厦有限公司
19	浙江体育文化用品市场	浙江新三国实业有限公司
20	杭州吴山路夜市	杭州市市场开发服务中心
21	杭州华东(国际)家具广场	杭州华东家具市场有限公司
22	杭州礼品城	杭州近江汽车运输有限公司
23	杭州白马珠宝市场	杭州白马实业有限公司
24	杭州外滩针织服装市场	浙江复兴投资有限公司、杭州复兴建设集团有限公司
25	杭州近江五金锁具市场	浙江近江集团公司
26	杭州第六空间家居生活广场	第六空间家居生活广场有限公司
27	杭州涌金皮革服饰城	杭州风尚投资管理有限公司

(贾元元)

表 33　　2010 年市场成交额完成情况一览

市场分类	市场个数	2010 年成交额	2009 年成交额	两年比较%
食品饮料，烟酒类	12	768828	769860	99.9
服装，鞋帽针，纺织品类	8	93430	89052	104.9
金银珠宝类	1	5184	4930	105.2
文化办公用品类	2	8590	6684	128.5
家具类	1	34932	6861	509.1
通信器材类	1	759	759	100.0
木材及制品类	1	28638	25945	110.4
建筑及装潢材料类	2	203193	193326	105.1
其它类	2	9977	7011	142.3
合计	30	1153531	1104428	104.4

（莫　晨）

党 政

The Party and Government

中共上城区委

【区委工作概况】 2010年,中共上城区委坚持以科学发展观为指导,紧紧围绕建设"具有国际水准的高品质中心城区"战略目标,主动适应后金融危机时期转型发展、统筹发展的趋势特点,积极对接省、市发展战略,推进国家行政管理与公共服务标准化试点区、"质量强省"试点城区、省级可持续发展实验区、杭州生活品质国际体验区建设,趁势推进产业转型升级、城市有机更新、破解民生"七难"等工作,加强平安法治建设,开展创先争优活动,实现了区域经济社会平稳较快发展,人民生活水平明显改善,完成"十一五"规划各项目标任务,获得全国社区教育示范区、全国社区中医药工作先进单位等国家、省、市各级荣誉100余项。

面对后金融危机时期转型发展的迫切需求,立足资源禀赋,找准比较优势,持续挖掘科技、人才、文化等高端要素潜力,加快推进经济发展方式转变,实现区域经济又好又快发展。全年完成地区生产总值527.12亿元,比上年(指2009年,下同)增长8.7%,其中服务业增加值292亿元,比上年增长10.1%;工业销售产值516.94亿元,比上年增长12%;社会消费品零售总额182.08亿元,比上年增长19%;固定资产投资80.28亿元,比上年增长17%;财政总收入和地方财政收入分别突破80.16亿元和50.22亿元,比上年分别增长22.5%和28.8%。

以科学规划为先导,推动城区空间布局和产业布局的调整优化,完善基础设施现代化、服务功能国际化的城市服务体系。配合"十二五"规划编制,完成编制科学技术、文化创意、商贸服务、高端产业等五年发展规划;结合重点项目实施和高铁开通,调研出台"四纵五横"道路、南宋御街中华美食夜市一条街、中东河沿岸、城站广场业态调整规划。

围绕亩产效益提升,出台《上城区发展"五主多副"促进转型升级指导意见》,着力推动产业结构向高端、高新和特色方向发展。"五主"产业(不包括二手房交易)增势强劲,全年实现地方财政收入50.22亿元,比上年增长28.8%;都市型工业发展平稳,全年规模以上工业企业实现工业销售产值514.99亿元,比上年增长11.9%,工业功能区实现工贸总收入比上年增长32.9%,高新技术企业实现销售产值比上年增长28%。特色经济效应凸显,湖滨、南山路、河坊街(含南宋御街·中山路)三大特色街区实现税收1.41亿元,比上年增长50.1%,清河坊历史文化特色街区被省商务厅确定为首批浙江省特色商业示范街之一。楼宇经济量质齐升,全年实现税收39.5亿元,比上年增长22.8%,税收超千万元楼宇达47幢、亿元楼宇达7幢,比上年均增加两幢。

三措并举,经济后劲持续增强。抓创新,全年共列入国家级科技项目7项、省市级项目20多项,其中5个项目被列为国家中小企业创新基金,均为历年之最;区科创中心被国家科技部确认为首批大学生科技创业见习基地试点单位,引进院士创新团队两个、中科院院士1名,建立院士工作站两家,成立中科院射频识别技术杭州研发中心;专利申请量和授权量分别比上年增长201%和96%。抓开放,成功引进实际到资1000万元以上项目167个,世界500强企业三井住友株式会社入股信泰人寿,管理规模100亿元的浙江创新产业股权投资公司和管理规模50亿元的中银投资浙商产业投资基金落户上城区；全年新批外商投资项目30个，实际利用外资12737万美元；引进市外内资项目598个，实际到位资金113.9亿元；推进区市协作工程，出台实施意见，制定工作方案，并安排财政专项资金支持城乡统筹；做好联乡结村工作，累计落实帮扶资金660.3万元。抓服务，开展"走访企业、服务单位"专项活动，设立区领导定期走访日，帮助企业破难解困；服务企业上市，中瑞思创、华策影视在深圳创业板成功上市，思美传媒已通过中国证券监督管理委员会浙江监管局审核并上报国家证监会；发挥政府部门政策、金融机构信贷和中小企业征信平台作用，争取上级扶持资金8600万元，组建风险池担保基金，累计放贷2000万元。

面对城市国际化发展趋势，按照"精品建设、精细管理、低碳生态"的工作要求，完善城区功能，美化城区环境，构筑"精致空间"，打造"最清洁城区"，提升杭州城市性质主平台的"窗口"形象。

围绕重点项目推进，坚持每周内审例会和每月进度分析制度，开展重点工程体制机制调整研究，发挥街道的积极作用，确保项目有序推进。南宋御街·中山路综合体基本完成坊巷道路、更新续建、景观绿化、危改、庭改等扫尾项目，南宋御街中华美食夜市一条街国庆节顺利开街，双面街恢复工程基本完成主体工程；湖滨一期名品街提升工程顺利竣工，二期吴山路商业中心地块主体结顶，三期西湖电影院及周边地块拆迁过半；玉皇山南20万平方米安置房建设和首批2.8万平方米仓库有机更新项目基本竣工，完成大资福庙地段历史文化保护恢复、海月水景公园一期以及万松岭路、凤凰山东路综合整治；望江地区完成控规实施评价报告编制，新开工10.6万平方米，竣工16.4万平方米；五柳巷沿河一进深整治基本完成，新中东河国庆精彩亮相。

改善群众居住环境，完成危旧房改善17.9万平方米、庭院改善447幢、背街小巷改善73条、公厕提升8座、生态垃圾房100座；在全市率先审定通过《社区准物业管理规范》，完成16个社区、33个小区、110万平方米的物业改善；在全市率先开展屋顶绿化美化试点，新侨饭店周边11幢建筑已基本完成。改善基础设施环境，"四纵五横"道路整治和13条支小路全面竣工，完成截污纳管92处；制定出台历史文化遗产保护三年行动计划，2010年已启动修缮保护60处，完成31处。改善生态环境，推进生态文明试点城区建设，开展"生态文明示范社区"创建，实施省市级"多绿"细胞工程。倡导低碳生活，促进节能降耗，打造低碳城区。

围绕平面城管向立体城管转变，着力在"机制手段创新、精品亮点凸现、热点难点治理"上下功夫，"四化"长效管控率达到100%，市政设施考核、河道管理考核、停车收费考核名列全市前茅。

全区民生保障支出15.5亿元，比上年增长32%，占地方财政支出的79.4%。发放春风行动、零贫困工程、安居工程各类救助金2400万元，10万人次受益，被省政府授予杭州市唯一的全省基层低保规范化建设示范区。在全省率先推出居家养老"全覆盖"工程，全年政府购买服务经费473万元，共两万人次享受到居家养老服务，望江街道是浙江省唯一被中国社会福利基金会授予"2010全国社区养老服务先进街道"称号的街道。创建充分就业城区，设立1000万元居家就业专项资金和619万元促进创业专项资金，创业成功率达60%以上，"清波创驿"、"南星网店联盟"等大学生创业就业帮扶平台不断拓展，"零就业"家庭基数动态归零，新增就业人数24078人，帮助12666名失业人员实现再就业，其中就业困难人员再就业5270人。

完善区块教育布局，高标准推进勇进中学、新天地实验学校建设，改扩建建兰中学，稳步推进6所国有民办学校体制调整；促进教育资源均衡流动，全面实施"管办助评"服务型机构改革，加强学前教育、特殊教育和中小学互助指导。召开公共文化工作会议，开展上城文化之旅万人游、"百团百场"等群众文化活动，首批15家辖区单位文体设施向居民免费开放；举办区第七届全民运动会，荣膺省第十四届运动会(青少年部)金牌榜榜首。创建卫生强区，稳妥推进国家基本药物制度试点工作，社区卫生服务机构药品全部实行零差率，累计让利百姓3500万元。

开展区委人大、政协工作会议精神落实情况专项督查察，人大代表、政协委员的依法监督、民主监督作用得到进一步发挥。工会、共青团、妇联、科协、残联、工商联、关工委等组织在联系群众、反映民意等方面桥梁纽带作用日益凸显，党的民族、宗教、侨务、对台政策得到有效落实，人民武装、国防动员和民兵工作进一步得到加强。探索"民主促民生"工作机制，培育发展社区社会组织建设，全面推广"律师进社区"工作，推进民生工程及重大事项决策民主化、法制化。深化社区自治,创新“民间副主任”模式和选举观察员制度,所有社区实现直选,被市政府授予杭州第四届社区居委会换届选举“直选”推进示范区。畅通民意渠道,着手推广“湖滨晴雨”民情工作室模式。探索开展“333+X”社区大服务体系建设,并在紫阳街道开展试点;构建“1211”社区工作体系,推进社区工作规范化。推进政府行政管理与公共服务创新,政府行政管理与公共服务标准化体系建设被列为国家级试点并初见成效,已形成国家标准1项,省市地方标准28项。

以世博安保为首要任务,相继推出处置信访事项专家团、信访事项律师参与接待、“三无”街道(社区)创建、重大事项社会稳定风险评估等举措,开展人民调解专项攻坚等活动,圆满完成上海世博会、广州亚运会期间的安保维稳任务。

以“最安全城区”为目标,深化基层平安创建,扩大科技安保覆盖面,开展社区主动警务试点,打造执法规范化建设品牌,市、区、派出所三级挂牌整治区域基本实现“报警下降、发案下降”。

围绕“廉洁上城”打造,按照制度管理、机制创新、规范运作的思路,全面推进权力阳光运行,打造全市首家“网上行政服务中心”,拓展延伸数字监察领域,建立行政权力运行全程实时监督系统。

抓创先争优。出台“上城先锋”创争活动行动方案,从狠抓班子队伍、推动转型升级、坚持改善民生、夯实党建根基等4个方面,推进“1441”工程(即14个主项目和41个分项目)落地。开展“亮身份、践承诺、比贡献、赛业绩”主题活动和企业“发展强、党建强”双品牌建设,活动期间全区共帮助群众解决就学、就医、就业等方面实际困难3756件次,疏导化解邻里纠纷等社会矛盾1532件次。建立区委常委领衔破解难题工作机制,完成11个课题调研。

抓基层基础。推开社区党组织“公推直选”工作,在全市率先试点和完成社区党组织换届。深入推进党在非公企业和新社会组织中的组织覆盖和工作覆盖,全区共新成立非公企业党组织25家,组建基层工会53家、团组织76家,有力地推动了党群共创。

【区委全委会】 8月12日,中共上城区委召开八届九次全体(扩大)会议。会议贯彻落实中共十七大、十七届四中全会和市委十届七次全会精神,以科学发展观为指导、振奋精神、开拓创新、迎难而上、奋勇拼搏,着眼于“老、小、优、稳、强”,做好历史文化保护、产业转型升级、政府优质服务、维护社会稳定和干部队伍建设五篇文章,确保全年目标任务圆满完成。会议简要回顾了上半年的工作,区委书记陈红英代表区委常委会作题为《更加重视发展质量 加快推进转型升级 不断开创上城科学发展新局面》的报告。

12月31日,中共上城区委召开八届十次全体(扩大)会议。会议认真贯彻落实党的十七届五中全会、中央经济工作会议和省委十二届八次全会、市委十届八次全会精神,部署2011年的工作任务,研究讨论区委“十二五”规划建议,聚全区之智,凝全区之力,谋划好“十二五”期间发展思路,实施好“十二五”期间发展开局,为深入推进“具有国际水准的高品质中心城区”建设而努力奋斗。区委书记陈红英代表区委常委会作题为《坚持科学发展,加快转型升级,建设“具有国际水准的高品质中心城区”》的报告。 (年鉴编辑部)

表34 2010年度中共上城区委文件索引

文件号	发文日期	标题
上委〔2010〕第1号	2010-01-05	关于召开区第十三届人民代表大会第四次会议的请示的批复
上委〔2010〕第2号	2010-01-05	关于召开政协第三届杭州市上城区委员会第四次会议有关事项的请示的批复
上委〔2010〕第3号	2010-01-28	关于命名上城区重点纳税大户和重点骨干企业的决定
上委〔2010〕第4号	2010-01-08	关于上城区2009年经济贡献突出的企业经营团队表彰奖励的决定
上委〔2010〕第5号	2010-01-11	关于同意杭州市上城区妇女联合会第十三届执行委员会常务候选人的批复
上委〔2010〕第6号	2010-01-12	上城区关于落实2009年基层党建工作责任制情况报告
上委〔2010〕第7号	2010-01-25	关于同意杭州市上城区妇女联合第十三次代表大会选举结果的批复
上委〔2010〕第8号	2010-01-25	关于建立中共杭州市质量技术监督局上城分局党组的通知

续表一

文件号	发文日期	标　　题
上委〔2010〕第 9 号	2010-01-29	关于表彰上城区 2009 年度和谐社区建设示范社区、先进社区、满意社区和优秀社工的决定
上委〔2010〕第 10 号	2010-02-01	关于解决上城区科技工业基地一期 226 亩地块项目建设中若干问题的通知
上委〔2010〕第 11 号	2010-02-03	关于表彰 2009 年度上城区维护社会稳定工作先进集体和先进个人的决定
上委〔2010〕第 12 号	2010-02-03	关于表彰 2009 年度上城区社会综合治理先进集体和先进个人的决定
上委〔2010〕第 13 号	2010-02-25	关于建立中共政协杭州市上城区第三届委员会第四次会议临时委员会的决定
上委〔2010〕第 14 号	2010-02-05	关于建立中共政协杭州市上城区第三届委员会第四次会议各委员小组临时支部委员会的决定
上委〔2010〕第 15 号	2010-03-01	关于中共上城区委常委会反腐倡廉专题民主生活会有关情况的报告
上委〔2010〕第 16 号	2010-03-31	上城区创建创业型城区工作实施方案
上委〔2010〕第 18 号	2010-04-07	关于给予阮建民等 22 名公务员记三等功的通报
上委〔2010〕第 19 号	2010-04-13	中共杭州市上城区委关于调整区委常委分工的通知
上委〔2010〕第 20 号	2010-04-14	中共杭州市上城区委、杭州市上城区人民政府关于进一步加强安全生产工作的意见
上委〔2010〕第 21 号	2010-04-16	中共杭州市上城区委、杭州市上城区人民政府关于开展深化两个“建设年”活动的实施意见
上委〔2010〕第 22 号	2010-04-27	中共杭州市上城区委关于学习贯彻《中国共产党党员领导干部廉洁从政若干准则》的通知
上委〔2010〕第 25 号	2010-05-25	中共杭州市上城区委员会关于深入开展以学习实践科学发展观建设服务型基层党组织为主题的“上城先锋”创先争优活动的实施意见
上委〔2010〕第 26 号	2010-07-08	中共杭州市上城区委关于上城区纪检监察派驻机构统一管理试点工作的实施意见
上委〔2010〕第 27 号	2010-08-09	关于同意召开中共杭州娃哈哈集团有限公司第三次代表大会的批复
上委〔2010〕第 28 号	2010-08-16	关于深入开展“上城先锋”争创活动的行动方案
上委〔2010〕第 29 号	2010-08-13	中共杭州市上城区委关于推进学习型党组织建设的实施意见
上委〔2010〕第 30 号	2010-08-26	关于同意中国共产党杭州娃哈哈集团有限公司第三届委员会和纪律检查委员会组成人员候选人预备人选的批复
上委〔2010〕第 31 号	2010-08-30	中共杭州市上城区委、杭州市上城区人民政府关于加强企业社会责任建设的意见
上委〔2010〕第 32 号	2010-09-15	中共杭州市上城区委关于调整区委常委分工的通知
上委〔2010〕第 33 号	2010-09-03	中共杭州市上城区委、杭州市上城区人民政府关于推进上城区生态文明建设的决定
上委〔2010〕第 34 号	2010-09-19	中共杭州市上城区委、杭州市上城区人民政府关于实施质量强区战略的意见
上委〔2010〕第 35 号	2010-10-11	中共杭州市上城区委关于进一步加强和改进机关党的建设的意见
上委〔2010〕第 36 号	2010-10-09	关于调整中共杭州市吴山地区开发建设指挥部党组的通知
上委〔2010〕第 37 号	2010-10-13	关于印发《中共杭州市上城区委常委会会议议事规则》的通知
上委〔2010〕第 38 号	2010-10-19	中共杭州市上城区委、杭州市上城区人民政府、上城区人武部关于表彰 2009 年武装工作先进单位和个人的通报
上委〔2010〕第 39 号	2010-10-21	关于批转区人大常委会党组《关于建议对上委〔2009〕40 号文件落实情况进行专项督查的报告》的通知
上委〔2010〕第 40 号	2010-10-28	关于调整杭州市上城区机构编制委员会组成人员的通知
上委〔2010〕第 41 号	2010-11-04	杭州市上城区“十二五”人才发展规划(2011~2015 年)
上委〔2010〕第 42 号	2010-11-04	中共杭州市上城区委、杭州市上城区人民政府关于进一步增强科技创新能力促进经济发展方式转变的意见

续表二

文件号	发文日期	标　　题
上委〔2010〕第 43 号	2010-11-19	中共杭州市上城区委、杭州市上城区人民政府关于以新型城市化为主导进一步加强城乡统筹与区市协作的实施意见
上委〔2010〕第 44 号	2010-11-22	中共上城区委关于部分副处级领导职位进行平职交流的通知
上委〔2010〕第 45 号	2010-11-25	关于召开区第十三届人民代表大会第五次会议的请示批复
上委〔2010〕第 46 号	2010-12-03	关于召开政协第三届杭州市上城区委员会第五次会议的请示的批复
上委〔2010〕第 47 号	2010-12-03	中共杭州市上城区委、杭州市上城区人民政府关于加快推进重点工程建设的指导意见
上委〔2010〕第 48 号	2010-12-28	中共杭州市上城区委、杭州市上城区人民政府关于进一步加强高素质干部队伍建设的意见
上委〔2010〕第 49 号	2010-12-31	关于调整中共广宇集团股份有限公司委员会组成人员的通知
上委〔2010〕第 50 号	2010-12-31	关于建立中共杭州市上城区委组织部部务会议的通知

（陶琴梯）

【区委常委会议】 2010 年，区委常委会召开会议 26 次。区委常委会以学习实践科学发展观为统领，认真贯彻党的十七届五中全会、中央经济工作会议和浙江省委十二届八次全会、杭州市委十届八次全会精神，按照党委“总揽全局、协调各方”原则，围绕建设“具有国际水准的高品质中心城区”战略目标，谋全局、把方向、管大事、用干部，充分发挥在同级组织中的领导核心作用，就事关全区经济社会发展的重大问题进行研究。（年鉴编辑部）

【开展第三批学习实践科学发展观活动】 2010 年，区委组织部组织完成湖滨、清波、小营、望江、紫阳等 5 个街道、114 个单位、607 个基层党组织 13800 名党员参加第三批学习实践科学发展观活动。

【开展“上城先锋”创先争优活动】 在全区开展以建设学习型和服务型党组织为目标，以创建先进基层党组织、争当优秀共产党员为主要内容的“上城先锋”创先争优活动。参加这次活动的基层党组织 1070 个，党员 21300 人。活动从 2010 年 5 月开始，到 2012 年 7 月结束，围绕“迎接建党 90 周年、向党的十八大献礼”两个重大节点展开，分宣传发动、全面争创、评选表彰 3 个阶段进行。

【扩大和规范干部培训工作】 做好区管干部主体班、中青年干部培训班等班次的人员选派、组织等工作，全年选派 100 名区管干部和 60 名科级干部参加区管干部主体班、中青年干部培训班学习。

【做好干部挂职锻炼工作】 通过重点工程挂职锻炼、“代办员”、12345 市长公开电话、农村指导员、信访督查员等挂职锻炼途径，选派各级各类干部 50 人到重点工程、农村、基层一线等艰苦环境挂职锻炼，切实增强各类干部做好群众工作、解决复杂问题的综合能力。

【加强班子民主集中制建设】 组织全区 46 个领导班子召开党员领导干部民主生活会，301 名区管干部开展述职、述廉，并对全区 51 个部门的班子建设和干部履职情况进行民主测评和后备干部推荐。根据民主生活会和民主测评情况，对区管领导班子和干部队伍情况进行分析总结。

【扩大干部工作民主化】 扩大干部任前公示内容，增加公示对象的工作经历、照片等情况；尝试干部工作通报制度，将干部选拔任用工作向“两代表一委员”及社会各相关方面人员通报；探索区管职位空缺预告实施办法，对区管职位空缺预告的范围、内容、形式、程序和要求等进行规定；深化“一报告两评议”制度，积极尝试将“一报告两评议”工作在一些科级岗位较多、单位选人用人权较大的部门和街道进行延伸、拓展。

【探索建立干部选拔任用初始提名库】 初始提名库由区管后备干部名单、参加省、市区竞争性选拔干部工作入围面试的干部名单，组织部门选调外派挂职两年以上的干部名单等七部分组成。按照党务、经济、城建、管理、综合等类型，对初始提名库中的干部进行分类。初始提名库人选每年通过干部大会推荐、单位推荐、年度考核等方式进行补充和淘汰。

【探索干部选任程序科学化】 严格选任工作程序，健全完善干部选任工作机制，出台《杭州市上城区区管干部差额选拔工作实施意见》。全区“两轮推荐、两轮票决”、公开选拔、竞争上岗、跨部门竞岗交流等竞争性选拔区管干部方式都将采取差额提名推荐、差额考察、差额酝酿、差额表决的全程差额方式，择优选调干部。同时，差额考察采取量化评价，并首次引入“德”的评价。

【推进干部交流工作常态化】 根据优化干部队伍结构的需要，出台《上城区干部跨部门竞岗交流工作实施办法》，规范集中调整区管副职（含）以下干部的方式、程序。实施办法首次明确规定“区管副处级以下（含副处级）领导干部在同一岗位同一职级上连续任职满10年的，应当进行交流”。

【加强干部日常精细化管理】 按照从严管理的原则，加强全区领导班子和领导干部的日常监督和管理，落实谈心谈话、年度述职述廉、民主评议、班子巡查、经济责任审计、干部个人重大事项报告等工作。健全完善新提拔区管副处级干部“导师制”和跟踪管理制度，通过新提拔区管干部与区领导结对、跟踪管理、任职评价、成果运用等方法，加强对新提拔干部的关心、关爱和管理、培养。

【深化“片组户”工作机制】 进一步深化“5A”型目标、网格化管理、组团式服务、片组户联系工作机制，望江街道东园社区被列为市委党校“片组户”工作现场教学点。2010年，全区共建有服务团队598支，覆盖1070家党组织，5680名党员。

【开展建党89周年纪念活动】 7月1日，在区党员服务中心举行“万名党员网上学活动启动仪式”，在“e学网”开辟党员学习专栏，并发放10000张“e学卡”；组织党龄超过50周年的老党员过一个“奉献五十载，展望一百年”的集体生日，重温入党誓言，并颁发50年党龄荣誉证书和生日礼物；开展“‘网格化’现场咨询、服务、展示”活动，为居民群众提供品质生活服务、低碳生活指导、网格服务受理等；邀请市委党校教授为党员干部群众上党课，深入剖析当前热点、难点、焦点问题。组织开展“网格民情大比武”活动，进一步推动服务型党组织建设，活动采用综艺比赛的形式，共6支代表队参加，历时150分钟，参与党员干部近千人，并通过网络视频进行现场直播。

【非公企业和新社会组织党建实现“两个覆盖”】 进一步推进非公企业和新社会组织创先争优活动，扩大、延伸党的组织覆盖和工作覆盖，在抓好杭州娃哈哈集团有限公司等龙头企业、大企业“双品牌”建设的同时，抓好思美传媒、中瑞思创、海兴电力科技有限公司等单位的创建，指导全区其他50多家重点目标单位抓好创建，实现了两个覆盖。

【区域化大党建工作格局逐步成熟】 按照“区域统筹、资源共享、优势互补、共驻共建”的工作目标，重点推进“四圈二区”、吴山商圈以及玉皇山南创意园、复兴国际商务广场等4个城市综合体内机关（事业）单位、社区、企业之间的共建联建，构筑“上下相通、左右联动，纵向到底、横向到边”的城市区域化大党建工作格局。

7月1日，开展“庆七一·民情大比武”活动。（区委组织部 提供）

【加快人才引进步伐】 充分发挥企业集群、科创中心、文化创意和大学生创业园的作用,大力引进各类人才。全区引进各类人才1719人,其中,研究生及高级职称人才43人,留学回国人员19人,外国专家4人。柔性引进中科院院士孙钧。

【推进大学生创业】 完善《上城区大学生自主创业专项资金使用管理办法》,大学生创业园二期正式挂牌。2010年,有大学生创办企业156家,累计注册资金达5420万元,销售营业额达2200万元,30家企业已获杭州市大学生创业资助122万元,156家创业企业直接带动就业810人。

【制定"十二五"期间人才发展规划】 通过前期调研、专家咨询、召开座谈会、征求意见等步骤,制定出台了《上城区"十二五"人才发展规划》,为上城区的人才发展指明方向。

【举行组织部长网上恳谈会】 9月9日,区委常委、组织部长黄爱芳做客上城党建网,围绕"深化干部人事制度改革、推进创先争优活动"这一主题,与广大网友交流、对话,着力打造"阳光组工"。 (周才娇)

【加强理论武装工作】 上城区两级党委理论学习中心组根据区委宣传部拟定的学习计划,每月确保一次学习,开展以推进学习型党组织为龙头的主题教育,党的十七大和十七届五中全会精神,国际、国内经济形势知识,中央经济工作会议精神,中国共产党中央委员会总书记胡锦涛在中纪委十七届五次全会上的重要讲话,全区党风廉政建设大会精神,省、市、区委全会精神等专题学习。上城区委中心组集中学习14次,举办4期领导干部学法日活动,23个中层党委中心组学习200次,刊发中心组学习情况通报12期。全区18所基层党委党校共办班200多期,主要学习内容有党的十七大和十七届五中全会精神、《政府工作报告》、《中华人民共和国侵权责任法》、《中华人民共和国保守国家秘密法》和《中华人民共和国国防动员法》、中央经济工作会议精神、经济政策等,10000人次受到教育。湖滨街道"品质湖滨民间宣传团"被评为2010年度浙江省优秀宣讲团;湖滨街道"湖滨论坛"在浙江省建设学习型党组织典型案例评选活动中被评为优秀案例。

【加强对外宣传工作】 上城区委报道组围绕区委、区政府中心工作,以促进经济转型升级为重点,加强舆论宣传。精心策划,利用上城区有效品牌资源和当前发展重点,做好主题宣传。国庆前夕重点推出中东河贯通、中山南路美食夜市一条街以及五柳巷历史街区整治工程的系列报道;围绕经济转型升级,《杭州日报》对"涌金池里做出大文章,上城集聚金融产业助推转型升级"、"上城加快'五主多副'现代产业体系建设"、"'商贸'、'旅游'双轮驱动,上城特色街转型升级之路越走越高"等进行系列报道。在区"两会"期间,制作了一系列宣传图板,内容包括"2009年政府工作亮点"、"深入实施八大工程,全面建设具有国际水准的高品质中心城区"、"树立低碳理念,建设低碳城区"等,向代表、委员进行展示,赴6个街道进行了一个多月的巡展。世博会期间,在《杭州年刊》、《城市漫步》英文版及《杭州日报》"最杭州"等世博会特刊里做了"杭州西湖,休闲上城"、"荟萃人文精华、凸显高端品质"等专题报道。利用"2010杭州国际体验日"在上城活动的契机,在上城区设立了5条特色采访线,联系省、市有关新

9月9日,开展组织部长在线访谈活动。 (区委组织部 提供)

闻媒体记者进行了体验、采访、报道。区委报道组全年在各大主要媒体、杂志上完成专版、专题报道8个，重点稿件300篇，其中《杭州日报》头版报道53篇。

【区域媒体加强整合升级】 对《上城报》各个版面的报道重心进行调整，在继续做好区委、区政府中心工作宣传报道的同时，加大对区域经济发展的深度宣传报道，并对报道的时效性与文字的质量做进一步提升要求。全年《上城报》出报97期，其中专版、特刊42期，发表评论员文章10多篇。2010年“上城报”各类题材的重点稿、新闻稿被《杭州日报》等新闻媒体转载、采编报道100多篇。“上城网”办网质量不断提升，新闻更新及时，专题报道突出，上城视频制作上城新闻播放43期。整合全区宣传资源，实施全区电子屏幕普查，全区有83处可供利用的电子屏幕纳入社会宣传阵地。 （丰宗华）

【统战工作概况】 2010年，上城区统一战线工作在区委的领导下，在市统战系统各部门的指导下，坚持以科学发展观为指导，以深入开展“创先争优”活动为总抓手，按照“四有”（有主题、有内容、有氛围、有效果）的工作要求，围绕区委、区政府的中心工作，服务大局，正确定位，突出重点，求真务实，整体推进，为构建和谐上城、建设“具有国际水准的高品质中心城区”作出了新的贡献。

【充实完善新的社会阶层人士信息库】 4~6月，区委统战部在全区开展新的社会阶层人士调查工作，主要调查私营科技企业的创业人员和技术人员、受聘于外资企业的管理技术人员、个体户、私营企业主、中介组织的从业人员、自由职业人员等。在调查摸底的基础上，充实完善了新的社会阶层代表人士信息库，建立了区一级新阶层代表人士120名，为下一步开展工作打好基础。继续在非公有制经济人士中开展争做“优秀社会主义建设者”活动。

【做好聘请党外人士担任政府部门特约员工作】 5月14日，中共上城区委转发《〈中共上城区委统战部关于建立完善民主党派和无党派人士特约人员工作制度的意见〉的通知》。明确了特约人员的基本条件、职责、权利和义务。区委统战部从各民主党派、无党派人士的优秀成员中，根据专业特长，举荐16名成员担任上城区卫生局、区民政局、区建设局、区劳动和社会保障局、区财政局、区教育局、区科技局和杭州市食品药品监督管理局上城分局的特约人员。7月27日，区委统战部组织召开了政府部门聘请党外人士担任特约人员大会暨民主党派与政府部门对口联系签约仪式。会上，区委副书记朱履林对政府有关部门聘请特约人员工作提出了要求。

【举办全区党外干部培训班】 6月23~25日，区委统战部对全区48名党外干部集中培训。培训班采取集中授课和交流考察相结合的方式，邀请原省政协副主席、农工党省委会主委徐鸿道就坚持中国共产党领导的多党合作和政治协商制度，坚持走中国特色社会主义政治发展道路等有关内容进行讲解辅导；邀请致公党杭州市委会副主委胡小平作《当前我国经济形势分析》的专题讲座，并到上海世博会考察。

【开展“爱心社区行”广场公益服务活动】 8~9月，区委统战部开展“爱心社区行”广场公益服务活动。活动期间，得到了统一战线各界人士的支持和捐助，收到上城区各民主党派无偿捐赠的书画作品42件，拍得善款2.2万元，捐赠给41户上城区困难家庭；向居民发放法律、科技、医疗、教育等各类宣传资料492份，为381名居民开展教育咨询、医疗义诊、法律咨询等服务，10名医疗专家开展义诊咨询接待群众计368人次。

【举行“笑迎中秋国庆 喜看上城新貌”活动】 9月15日，区委统战部举行上城统一战线各界人士“笑迎中秋国庆 喜看上城新貌”活动。活动以“同庆同贺中秋国庆，同欢同乐品质上城”为主题，邀请上城区各界人士代表参观杭州山南国际设计创意产业园、湖滨地区建设新貌，感受上城“生活品质国际体验区”建设日新月异的变化。活动结束后，全体代表参加了喜迎中秋国庆招待会。

【举办全区基层统战干部培训班】 10月13日，举办全区基层统战工作培训班，对全区6个街道、52个社区的统战干部进行了当前国际、国内政治及新统战工作的形势、任务、内容和特点等相关内容辅导。浙江省委统战部研究室主任杨卫敏作了讲座。

【增设内设机构党派科】 12月7日,上城区机构编制委员会下发《关于同意区委统战部增设党派科的批复》,同意增设内设机构党派科,明确党派科的主要职责,同意核增机关行政编制1名,增加党派科科级领导职数1名。

【做好党外知识分子工作】 2010年,重点做好有代表性、有影响的党外知识分子工作,主要是反映情况、掌握政策、协调关系、举荐人才。各级党委坚持尊重知识、尊重人才的方针,按照培养人才、用好人才、吸引人才的要求,为在上城创业发挥作用创造条件;切实加强科教文卫等部门的党外知识分子工作,将自由择业的党外知识分子纳入统战工作范围,建立相应的工作机制,注意发挥各民主党派和人民团体的作用,共同做好党外知识分子工作。 (毛健儿)

【老干部工作概况】 2010年,全区有离休干部220人,离休干部党支部10个,离休老同志平均年龄在82岁以上。区委老干部局贯彻落实中央、省、市、区关于老干部工作的方针、政策,坚持"以人为本,服务为先",落实离休干部政治、生活待遇;加强老干部思想政治工作,开展形式多样的学习教育活动;改进离退休干部党支部组织和制度建设;宣传党的老干部政策和工作中的先进典型,总结推广老干部工作经验,协同有关部门关心、支持老干部工作;做好老干部的来信、来访工作;改善离休干部的生活待遇,落实"两费"(离休费、医药费)保障制度;坚持对重病、住院的老干部上门走访慰问;做好老干部服务保健工作,配合老干部单位和家属做好老干部的丧葬事宜;组织多种活动,满足不同层次老干部的需求;抓好老年大学和老年活动中心两个阵地建设;尽力帮助易地离休干部解决实际困难;承办上级部门交办的老干部工作相关事宜。

老干部参加理论学习 (区委老干部局 提供)

【加强老干部思想政治建设】 区委老干部局根据老同志身体情况各异的特点,有针对性地开展经济、时事方面的个人自学和集中辅导,加强老干部政治理论学习,进一步发挥老干部在和谐社会建设中的作用。全年为老干部发放《城市论》、《走读中山路》、《人间天堂 品质杭州》、《中国社区建设展示中心》、《上城区组织史》等学习资料。分别举办了离休支部书记"学习会"、"老领导读书会"、全区离休干部"低碳科普知识讲座"等学习活动。

【情况通报会】 经区委、区政府研究同意,2010年每季度的情况通报会,都由分管上城各条战线的区级领导作为宣讲人。4月26日,区委常委、常务副区长袁建祥就上城区的经济发展情况及区"两会"主要精神向老同志作传达;5月26日,分管城市管理的副区长管光尧,为全区离休老同志介绍上城道路管控、城市绿化、河道治理、庭院改造等情况;9月26日,副区长宜金元为离休老干部通报上城文教、卫生等方面的工作及发展情况;11月26日,副区长刘志安为离休老同志通报传达上城区的城建发展情况。这些情况通报会的举办,让老同志更多地了解区情,激发老干部发挥余热,为构建高品质中心城区贡献力量。

【开展"五好"离退休党支部创建】 区委老干部局联合区委组织部下发文件

《关于在全区离退休干部党支部中开展争创“五好党支部”活动的通知》。成立了领导小组，由区委常委、区委组织部部长黄爱芳任组长，组织部副部长周朝星、区委老干部局局长杨敏、区直机关党工委书记周忠诚任副组长，下设办公室（办公室设在区委老干部局），杨敏兼任主任，区委老干部局副局长张卫平兼任办公室副主任。领导小组及时召开会议，就市、区两级“五好”离退休干部党支部争创的方法、步骤、评比等内容进一步规范。办公室对参与争创“五好党支部”的支部书记培训指导3场次。形成了以区委组织部、区委老干部局、区直机关党工委齐抓共管，各离退休干部党支部参与市、区联创的机制。2010年有6个离退休支部上报市委组织部、市委老干部局参加市级“五好”离退休干部党支部评比。

【完善居家养老工作】 区离休干部居家养老服务工作依托社区资源，围绕“离休干部就近学习、就近活动、就近服务、就近发挥作用”精神，结合老干部实际，做到“真正重视、真情关怀、真心爱护”每一位离休干部。经过实践和探索，形成以家庭为主体，街道、社区为依托，对老干部局和区有关部门为枢纽的“四位一体”工作机制和服务网络。各类档案、服务队伍、服务制度更加完善，形成了对老干部局牵头、街道党工委负责、各相关部门参与、社区落实的多层次、全覆盖的工作机制。开展居家养老学习交流活动，对居家养老助老员队伍进行培训，增强助老员对老干部居家养老工作的服务意识。各街道社区居家养老工作已呈现出许多特色亮点，湖滨街道青年路社区、紫阳街道凤凰社区、小营街道茅廊巷社区、清波街道清河坊社区被评为“服务离休干部居家养老工作先进社区”。

【关心慰问老干部】 春节前夕，慰问全区64位85岁以上高龄的老同志，38位重病住院、生活困难的老同志，以及10位离休干部遗属，带着慰问金、慰问品逐一上门、去医院送上祝福和亲切的慰问。举行离休支部书记团拜会、地专两项待遇老同志团拜会、机关离休干部团拜会等。及时解决生病住院、家有变故、严寒酷暑、生活困难等问题。与老干部工作者、离休支部书记经常保持联系，随时掌握每一位老干部的身体健康状况。

【为老干部办实事解难事】 2010年为全区离休干部发放华数有线电视充值卡共208张，价值52416元。给予重病、生活困难离休干部及老干部遗属困难补助近15万元。为全区离休干部统一换发优待证，及时享受乘车、游杭州景点全免费政策。为所有离休干部统一换发新的病历本；协调解决离休干部跨区域报销医疗费用问题，较好解决了“双高期”（高龄、高发病）老干部就近看病难题。

【做好服务保健工作】 老干部普遍处于高龄、高发病的“双高期”，区委老干部局高度关注老干部的健康，着力为老同志掌握健康知识寻找途径，为老同志服务保健搭建平台。定期为老同志做健康体检。邀请疗养院的专家给老干部作保健讲座。联系浙江中医药大学毕业学生为老同志讲解穴位、针灸等知识，讲解老年人易发疾病的预防。发放老年太极书籍和光盘，发放老年电大教材，为每一位老同志订阅老年健康报。分批次组织离休干部赴五云山疗养院、富阳新疆疗养院进行体检休养。对未及时参加体检休养老干部另行安排到浙一医院的健康体检，及时将体检报告送到每一位老同志手中。使老年人易发的糖尿病、高血压、心脑

5月21日，召开上城区居家养老工作现场会。 （区委老干部局 提供）

血管等疾病，做到早预防、早发现、早诊治。

【丰富老干部文化生活】 区委老干部局利用杭州旅游资源优势和传统佳节，为老同志开展丰富多彩的旅游休闲文化活动，提高老同志晚年生活质量。春节前夕，在活动中心组织全区离休干部游园娱乐迎新年活动，安排各种适合老年人的游戏，老同志踊跃参加。组织女离休老干部以倡导低碳生活，步行游西湖。组织离休干部代表参加市委老干部局的“喜看杭城新变化”活动。组织机关、中层离休干部参观香积寺；体验沪杭“高铁”。组织全区离休干部重阳节秋游活动。组织区级以上领导职务的离退休干部参加“庆祝建党 89 周年”纪念活动。组织原区四套班子老领导前往杭州“龙井八景”开展品茶活动、参观江洋畔生态公园、玉皇山南指挥部、南宋御街中华美食夜市一条街，赴东北学习考察等。

【发挥“两个阵地”作用】 上城区老年活动中心活动室常年开放，为每天前来活动的老干部提供服务。2010 年，老年活动中心组织离休老同志参加省、市各类比赛活动 5 场次，在市“庆祝抗战胜利 65 周年暨世博会召开中国象棋比赛”活动中，区委老干部局荣获团体第二名。进一步改善老年大学教学条件，完善硬件设施，规范教学秩序，创造新的教学环境。加大投入对上城区老年大学的办学条件，办公桌、课桌椅全部换新，购置办公电脑及教学投影仪等设备，设置文史、书画、文艺、乐器四大类 14 个专业，24 个班级，吸引更多的离退休老同志前来参加学习。

【自身队伍建设】 加强领导班子、党风廉政建设，切实加强机关效能建设。针对作风“松、散、闲”的苗头，加强老干部局勤政、廉政、善政建设。通过民主生活会、局务会形式，开展批评与自我批评，及时纠正存在问题，切实强化执行意识，提升执行能力。开展多种形式的学习教育方法，不断提高全局干部党风廉政建设自觉性，使全局党员干部的事业心和责任感明显增强，使全区离退休老同志对老干部局各项工作的满意度得到明显提高。

按照区委创先争优活动要求，及时召开会议，列计划、提要求。制定支部创先争优承诺书，每名党员上墙公布承诺书。结合创先争优活动，积极开展以打造“上城先锋”为主要内容的离退休干部“五好党支部”创建活动，以推动全区离退休干部党支部的规范化建设。结合离休老同志孙存智勇救西湖落水者的感人事迹，号召全局党员同志、老干部工作者们向孙老看齐，把这种精神融入到创先争优工作中去，提高老干部局党支部党员干部队伍素质。

2010 年，省、市委老干部局转发了中组部《关于开展老干部工作政策业务知识竞赛活动的通知》，为提高局机关干部业务水平，结合这次业务知识竞赛活动，区委老干部局加强组织和动员，调动全局干部学习政策、业务知识积极性。采取人人参与学习，人人都有学习资料、学习手册，利用八小时以外的业余时间自觉学习。在杭州 13 个县、市、区知识竞赛中，上城区荣获总分第二的好成绩。个人笔试杭州市第一名、第二名全部由上城区队员摘夺。 (周云华)

组织老干部春游 (区委老干部局 提供)

【关心下一代工作概况】 杭州市上城区关心下一代工作委员会(以下简称区关工委)成立于 1989 年 7 月 1 日。全区有关工委组织 135 个，分区、街道(局)、社区(学校、企事业单位)三级网络。有 5622 名老同志活跃在关心下一代工作战线上，其中，顾问团 27

3 月 12 日，上城区在吴山铭楼召开关心下一代工作会议。

（区关工委　提供）

人，关爱团 411 人，讲师团 489 人，科技服务团 332 人，网吧义务监督员 86 人。区关爱工作团(组)深入基层，开展调查研究，成绩突出。《未成年人犯罪剖析》、《上城区未成年人犯罪明显下降》、《四项措施并举，撑起青少年成长保护伞》、《预防未成年人犯罪，建议在社区推行建立“四不犯”工作机制》等 4 篇调研文章分别在省新星网，杭州市关工委网站上刊登。区关工委连续 10 次被评为杭州市关心下一代工作先进集体，连续 6 次被评为浙江省关心下一代工作先进集体。

【充实调整领导班子】　由于区关工委班子中部分领导工作调动和退休，上委办〔2010〕第 104 号《关于调整上城区关心下一代工作委员会组成人员的通知》对区关工委领导班子进行了调整和充实。在原有一名老同志担任常务副主任的前提下，又增设一名在职干部(区委老干部局局长杨敏)担任常务副主任，加强了领导班子的力量。

【开展爱国主义教育活动】　2010 年，区关工委围绕市、区中心工作，开展了“倡导低碳，拥抱世博——我是 90 后”主题教育活动 1180 项。参与活动的青少年达 6.5 万人次。为加强社会主义核心价值体系教育，区关工委讲师团围绕民族精神和时代精神的教育，到街道、社区和学校开展主题教育宣讲，全年讲课 27 场次，2980 余名青少年和家长、隔代家长受益。暑期，通过“上城品质生活大讲坛”这个平台，组织 180 名社区文教和青少年开展“倡导低碳生活，保护生存环境”大型宣讲活动。本着就近就地的原则，发挥辖区或社区第二课堂资源功能，突出实践性、趣味性和思想性，自觉参与道德实践活动的青少年达 6 万人次。

【建立民营企业关工委组织】　2010 年，为了充分发挥企业的优势和作用，关怀和关爱民营企业中的青年，特别是外来务工青年以及随迁子女的学习和生活，使全区关心下一代组织建设工作横向到边，纵向到底，区关工委探索在民营企业中建立关工委组织。一个是大型企业的代表——杭州东箭集团东箭贸易有限公司关工委；一个是小企业的代表，汇集了 13 家个体工商户的精英——北落马营社区民营企业关工委。

【开展主题读书活动】　读书活动一直是上城区主题教育的有效载体。区关工委为了挑战和创新读书方

5 月 14 日，北落马营社区民营企业关工委成立。　　（区关工委　提供）

法，根据浙江省关心下一代工作委员会《关于清明期间在全省青少年中开展“缅怀革命先烈，歌颂伟大祖国——暨首届绿网空间应用年”主题活动的通知》精神，2010年4~8月，区关工委组织青少年开展绿网能手的评选活动，整合纸质阅读与网络阅读的互动。通过学习革命先烈英勇事迹和中华民族传统美德，建设绿网空间，占领网络阵地，发挥典型示范，净化和优化互联网文化环境，弘扬时代主旋律。区教育局与区关工委密切配合，有43名中学生报名，省新星网审核通过26人（按规定每个区、县（市）限定20人）。这些孩子率先接受“绿网工程”理念的指导，参与挑战，引领网络学习、提高技能。清泰实验学校的熊旭萍等5名学生分别获“红色记忆”博客和“我的祖国·我的家”网络相册等8个奖项。

【为青少年办实事、解难事】 2010年，全区有特困生169名，其中，中学生78人，小学生91人；低保家庭学生81人，困难家庭学生87人，残疾家庭学生1人。区关工委与有关部门取得联系，融合社会力量，开展帮困助学，为孩子们牵线搭桥。温州乐清商会、区工商联等企事业单位和个人踊献大爱，结对助学。全区119名学生得到资助，46名优秀特困生在杭州市第十届、上城区第九届“奋飞奖”上受到表彰和奖励，60名学生分别在六一、暑期、春节得到慰问，全年助学金达10.03万元。名誉主任吕建恩心系困难学生，个人捐款3000元表爱心。

【关爱外来务工子女成长】 望江街道兴隆地块是上城区外来人员集居的地方。建立“上城区外来人员公寓”是区委、区政府打造现代、精致、和谐的美丽新杭州赋予的重任，更是为外来务工人员的城市生活创造条件。“外来公寓青少年活动基地”（以下简称基地）是为随迁子女开展课外学习和活动的场所。望江街道党政领导十分重视基地建设。基地已经成为新生代农民工和随迁子女的精神家园，在这里感受他乡温暖，体验父母亲情，享受公平教育，提高综合素质，树立理想信念，也成为随迁子女家庭教育和校外教育的主阵地。5月和10月，浙江省关工委主任徐宏俊，杭州市关工委常务副主任金裕松、基金会会长缪开寿等领导分别前来调研、指导。基地从建设到发展，凝聚着各级领导的关心、支持和重视，也赋予了新生代农民工以及随迁子女更多的公平权利。

【开展创建市“五好关工委”活动】 2010年，区关工委以“五好关工委”创建为契机，全面推进基层关工委组织建设工作。区关工委在“五好关工委”三级联创活动中发挥龙头作用，带动并指导基层关工委的创先争优工作。以增强凝聚力和战斗力为目标，加强街道和社区关工委的组织和队伍建设。9月，杭州市关工委常务副主任金裕松一行到上城区检查考核“五好关工委”的创建活动。小营街道关工委、小营巷社区关工委配合“三级联动”的考核工作。区教育局关工委和小营街道关工委被评为杭州市关心下一代工作先进集体（市级“五好关工委”）；吕建恩荣获杭州市关心下一代工作突出贡献奖；邵美英等13人获得杭州市关心下一代工作先进个人称号。区关工委被评为浙江省关心下一代工作先进集体。 （樊丽英）

5月28日，召开上城区庆“六一”暨第九届“奋飞奖”表彰大会。
（区关工委 提供）

【落实党员干部理论学习】 组织机关党员干部研读中共十七届五中全会报告和新《中国共产党章程》，学习市、区党代会精神和区委八届八次、九次全会精神，通过专题学习讨论、辅导讲座、中心发言、撰写心得体会等多种形式开展学习活动，使党员干部的政治理论素质明显提高。2010年，区直机关党员干部参学人数达4000人次，撰写心得体会1500余篇，发放党员《先锋日记》2000余册，各类党员读物、书籍6000余册。

【深化“学习型机关”建设】 按照区创建学习型机关五年规划，2010年是创建学习型机关的冲刺之年，也是实现区直机关学习型机关全覆盖的关键之年。区直机关党工委分组对53家单位逐一上门检查验收。通过看台账、听汇报、比成绩，发现大部分单位在连续几年的创建活动中更加注重学用结合、相互促进。经区创建学习型机关领导小组讨论决定，表彰了2009年度学习型机关24个，学习型机关先进集体19个，学习型机关先进个人28人。

【加强机关党建设理论研究】 2010年是全面贯彻落实科学发展观的重要一年。按照省、市机关党建研究会的课题要求，结合区直机关党建工作实际和工作重点，制订了《2010年机关党建理论研究课题实施方案》，组织开展机关党建理论研究优秀调研报告征集、评选活动。各团体会员单位坚持以科学发展观为统领，紧扣党的十七届四中、五中全会和区八届八次、九次全会精神，联系本单位工作实际和基层党组织建设，广泛的开展调查研究，共上报调研论文58篇。经党建研究会秘书处评定，评选表彰了18篇获奖论文。

【开展“亲情”党课征文宣讲比赛】 区直机关党工委开展“亲情”党课征文宣讲比赛，共收到反映先进个人、集体典型事迹的征文50篇。经过层层筛选，8名参赛人员获得党课宣讲比赛的前三名，同时这些先进人物和集体的感人事迹也给广大党员干部留下了深刻印象。

【开展党员志愿者“创先争优、服务民生”服务活动】10月21日，区直机关党工委召集20多家职能单位、部门，近百名党员干部在吴山广场开展法律咨询、政策咨询、现场办公等现场送服务活动。要求区直单位主动与挂包社区联系，了解社区存在的困难与具体要求。开展小分队送服务活动。由区直机关妇工委和团工委派出小分队为辖区企业服务，了解其在生产经营状况、发展瓶颈及具体困难，结合自身管理职能，努力为企业排忧解难。活动现场共接受咨询2800人次，解决市民实际问题或困难182项，为挂包社区服务106次，解决社区实际困难达36项；走访辖区企业89家，帮助企业解决困难达28项。

【完成区委、区政府交付的任务】 组织机关党员干部参加烟花大会安保维稳工作。区直机关300名党员干部深入街道，协助街道工作人员做好各项工作。组织机关党员干部参加全国公共文明指数测评迎检工作。36个基层党组织200名党员在辖区内的重要路口协助交警开展文明劝导服务。组织机关党员干部参加“我为‘七一’献热血”活动，有150名机关党员干部参加，累计献血量达3万多毫升。组织机关党员干部为玉树地震和舟曲泥石流灾区捐款，3000名区直机关党员捐款100万元。组织机关党员干部体验杭州市爱心教育基地，为残疾儿童送温暖。

【组织开展市、区综合考评工作】 2009年度，区直机关党工委对区直单位综合考评，评选出区综合考评的优胜单位(满意单位)6个，先进单位8个；综合考核成绩显著的单位是区委办，先进单位为区政协机关；没有未达标单位。中共杭州市委对上城区的综合考评结果在13个区县市中名列第四，和2009年相比前进两位。考评工作结束后，按照《上城区综合考评意见建议整改落实制度》的要求，对社会评价收集到的涉及40个单位、123条意见建议以抄告单的形式通知相关职能单位，切实解决群众反映强烈的难点、热点问题。

【开展全区结对帮扶活动】 要求党员干部自觉将帮扶工作与破解“七难”结合起来，通过电话问一问，上门看一看，有事跑一跑的形式，将帮扶工作真正做到深入人心。同时还组织部分单位开展“1+X”社会结对帮扶活动，与建德市的百户困难家庭结对，与桐庐合村乡80户农户结对。经统计，在元旦、春节等重大节日期间，全区结对党员干部走访困难家庭2300次，发放慰问金100万元，实物折价20万元。

资料　“1+X”社会结对帮扶：即一家企事业单位结对帮扶X户家庭。

【完善支部建设】 建立健全了理论学习、党员教育和管理、党风廉政责任制等规章制度、制定了《党组织思想作风建设活动日制度》和《党员记载“先锋日记”》制度》,执行党费收缴、组织关系接转、党务信息统计、流动党员管理等制度,使党组织的各项工作有章可循。2010年,按期换届调整党委1个,党总支3个,党支部5个,新成立党委和总支各1个,支部两个。发展新党员15名,预备党员转正15名。举办了一期入党积极分子培训班,有36名入党积极分子参加了培训。

【完善考核制度】 区直机关58个基层党组织按要求对1496名党员进行民主评议。通过各级党组织和全体党员层层推荐评比和考核、考察,评选出先进党组织20个、优秀党务工作者31名、党员积极分子70名,并于“七一”前夕进行了表彰。进一步加强先锋意识。通过岗位申报、群众测评、基层党组织推荐、公示和党委审批,评出7个优秀共产党员先锋岗,复检20个通过20个。

【成立机关党员志愿者队伍】 2010年6月,在区直机关成立了机关党员志愿者服务组织。提高党员的公民素质,增强机关党员执政为民意识,转变机关作风。自组织成立以来,在全国文明指数测评、西博会安保工作、为挂包社区服务等多项工作中发挥了积极的作用。

【落实党风廉政建设责任制】 学习贯彻《实施纲要》,将反腐倡廉宣传教育纳入党委宣传工作总体规划,通过组织参观展览、观看警示教育片《警钟长鸣》、组织参加廉政准则知识测试等,深入开展党风廉政教育。在区直机关组织开展“加强领导干部党风廉政建设”等重点课题调研。

【开展岗位廉政教育活动】 组织开展区直机关廉政展板和廉政PPT展评活动。53家单位参与展评,内容除了传统廉政教育外,还涉及与机关工作岗位密切相关的廉政风险点,通过图片、漫画和PPT情景案列的方式,教育广大党员干部要洁身自好,坚守岗位。经公开评选,34家单位分别获得廉政展板和廉政PPT的一、二、三等奖。

【加强党内监督力度】 组织机关党员干部重点加强对《中国共产党党内监督条例》和《中国共产党和国家机关基层组织工作条例》有关规定的学习,切实加强党内监督的力度,着重从监督制度建设入手,建立完善机关党内监督各项制度,如民主评议党员制度、行风监督员、党员思想作风建设活动日制度等,探索党内监督制约机制,不断加强党风廉政建设和反腐败斗争的工作力度。

【开展机关各类活动】 5~6月,区直机关工会组织党员干部参加上城区第七届全民运动会并获得团体第八名的好成绩和多枚奖牌;5月,组织开展环湖健身走、登山等活动,丰富机关业余文化生活;举办了迎春联欢会,区直机关15个单位的100名党员干部参加了以歌舞、小品、独唱等形式为主的表演。区直团工委开展“学雷锋活动周”的系列活动,组织青年志愿者举行便民活动,烟花大会安全保障工作、走访结对贫困户等活动,引导和培养广大青年树立追求知识的创新精神和文明高尚的思想道德情操。区直妇工委开展素质提升行动,4月,举办“品质女性大讲堂”,参与“万户家庭网上学”活动,在机关发出“低碳生活,绿色办公”倡议,推进机关女性素质提升;深化“巾帼建功”活动,继续开展“巾帼文明岗”创评(2010年新创1个省级岗,两个市级岗和1个区级岗);开展巾帼文明岗志愿服务活动,到企业、社区、学校上门服务15次。深化“姐妹帮扶”活动,做好慰问淳安文昌镇结对困难妇女工作。

(祝　端)

【信访工作概况】 2010年,上城区信访、来电总量12405件次,信访总量比上年(指2009年,下同)下降31.1%,来电总量与上年基本持平;其中来信850件、4419人次,比上年件次下降33.6%,人次上升20.7%;来访507批、1533人次,比上年批次和人次分别下降27.4%和55.3%;来电11048件,其中受理市长公开电话6465件,区长公开电话4583件,全年有10个月的反馈率、办结率、满意率均达到100%。

【省、市领导慰问信访干部】 2月4日,省委副书记夏宝龙,省委常委、副省长葛慧君,市委副书记叶明,市委常委、常务副市长杨戌标率省、市有关部门负责人在区委书记徐祖尊、区领导余勇陪同下向战斗在一线的信访干部表示亲切慰问，肯定紫阳街道信访工作并题词。区政法委副书记尉杭新、区信访局局长高燕东参加。2月10日，市委常委、副市长沈坚，副市长张建庭，市政协副主席朱祖德率市相关部门领导，在副区长管光尧、区政协副主席戴晓军、区长助理许东航陪同下到区信访局向信访干部表示亲切慰问。

【市信访局领导赴上城指导积案化解工作】 5月20日，市政府副秘书长、市信访局局长施增富专程到上城区听取信访积案化解工作情况汇报，并就部分积案提出解决问题的思路，商讨解决方法。会上，施增富充分肯定上城区积案化解工作所取得的成绩，对上城区领导亲自带队深入每个街道，召集相关单位对省、市、区三级积案一件一件地进行会商，寻找化解方法的做法更是给予了高度评价。希望上城区能再接再厉，继续加大力度，创新思路，完成市委书记黄坤明提出的两年内化解所有信访积案的工作要求。他还强调，要着力做好上海"世博会"期间安保工作，特别是几个重要节点时期，更要引起高度重视，要通过各种有效的方法和措施，努力实现"三无"目标。

【市领导赴上城区下访接待群众】 7月2日，市政协主席孙忠焕到上城区下访接待群众，现场解决群众生活中的难题。市人大常委副主任、区委书记徐祖尊，市政府副秘书长、市信访局局长施增富，市政协副秘书长、办公厅主任孙跃，区委副书记、区长陈红英，区政协主席余勇，区委常委、常务副区长袁建祥，区委常委、上城公安分局局长刘一明等参加。7月9日，副市长陈小平在市信访局副局长许云龙的陪同下到上城区下访接待群众，现场解决疑难信访问题，区委常委、副区长顾文友主持会议，副区长宦金元参加。

【区领导赴区信访局调研信访工作】 7月30日，代区长缪承潮在副区长管光尧、区委组织部副部长朱何芳陪同下，亲切看望区信访局全体工作人员，在听取局长高燕东工作情况汇报后，高度评价区信访局的工作成绩，并就做好下阶段工作提出要求。缪承潮指出，信访工作是党和政府的桥梁，是群众反映诉求的重要渠道，全区上下都应高度重视；要总结好的经验并广泛推广，打造一支政治好、责任强、业务精、群众信得过的干部队伍；针对可能产生群体性上访的不稳定因素，要早介入、早化解，抓住时间节点，力争处置在萌芽状态；面对硬件较差，人员不足等现实情况，要发挥主观能动性，创造条件更上一层楼；要狠下功夫不断充实信访工作所具备的各项知识；要抓源头、抓基层，责任单位和属地街道要层层落实责任，确保工作落到实处。

【市信访局领导赴上城区调研"三色预警"工作】 11月9日，市信访局副局长陈立军、复查复核处处长郝慧在区信访局召开"三色预警"工作座谈会，听取了劳动路、清波门、太庙、新工社区4位书记对妥善解决老访户工作的做法及存在的问题，肯定上城区街道、社区所取得的成绩，并表示如遇到需市信访局帮助解决信访问题时，可及时反映，以便更快更好地落实信访化解事宜，切实维护百姓权益，促进社会和谐稳定。区信访局局长高燕东、副局长陈钢参加。

【市信访局副局长赴上城区听取社区代表对市信访局工作的意见和建议】 9月17日，市信访局副局长许云龙携办理信件督查处处长胡非凡一行4人专程到上城区专题听取社区代表对市信访局工作的意见和建议，许云龙在会上感谢社区对市信访局工作的大力支持，并通报了上半年市信访局工作情况和下半年重点工作。对社区代表提出的意见和建议表示将认真加以研究并改进，以更务实的工作作风，更高效的工作实绩，切切实实维护百姓合法权益，促进社会和谐稳定。副区长管光尧、区信访局副局长杨艳萍参加。

【区领导下访接待来访群众】 2010年11月，区委书记陈红英等区四套班子领导成员分别赴南星街道接待6批、12人次，赴望江街道接待4批、8人次，赴小营街道接待4批、6人次，赴湖滨街道接待4批、8人次，赴紫阳街道接待3批、6人次来访群众。

【举办信访干部培训班】 6月10日，区信访局举办2010年度信访干部培训班，副区长管光尧作动员，区信访局局长高燕东、副局长陈钢作了辅导，区直有关部门、指挥部、街道共46名信访干部参加培训。

【举办信访干部读书会】 为进一步做好新时期信访工作,大力推进"深化作风建设年"活动,全面提高信访干部业务水平和工作能力,根据区委、区政府主要领导意见,7月、10月、12月分别举办了全区信访干部读书会,邀请各职能部门的专家对信访干部进行法律、法规方面的培训,不断提高信访工作人员业务素质。区信访局全体工作人员及各部门、街道、社区、指挥部共155人参加。

【区信访局领导走访全区街道和社区】 为进一步"深化作风建设年"活动,加强领导班子和干部队伍作风建设,推动全区信访工作更好的发展。8月,区信访局领导班子分批走访了全区6个街道和52个社区,就信访"五个一工程"落实情况和"三无"街道(社区)创建情况进行了解,交流了社区"12345"投诉的热点和难点问题,听取了街道和社区信访工作者对区信访局工作的意见和建议。

资料 **"五个一工程":** 一个完善的信访工作组织网络、一支健全的信访员队伍、一套完整的信访工作机制、一个固定的办公场所、一笔相应的信访工作经费。

"三无":无进京上访、无去省集体上访及到市大规模集体上访、无信访积案。

(叶　敏)

区人大

【区十三届人大四次会议】 3月2~5日举行。区十三届人大代表名额200名,实有代表197名。应出席会议代表197名,实际出席会议代表178名,部分市人大代表及区政府各部门、机关团体负责人和离退休老干部共102人列席会议,20名公民应邀旁听会议。

会议听取和审查区政府工作报告;审查区2009年国民经济和社会发展计划执行情况与2010年国民经济和社会发展计划草案的报告(书面),审查、批准区2009年国民经济和社会发展计划执行情况的报告与2010年国民经济和社会发展计划;审查区2009年财政预算执行情况和2010年财政预算草案的报告(书面),审查、批准区2009年财政预算执行情况的报告和2010年财政预算;听取和审查区十三届人大常委会工作报告、区人民法院工作报告、区人民检察院工作报告,并通过相关决议。审议区政府贯彻执行《关于实施上城区第五个依法治区(2008~2010年)规划的决议》情况的报告(书面);审议区政府贯彻执行《关于全面推进"建设具有国际水准的高品质中心城区"战略目标实施的决议》情况的报告(书面)。

会议期间,举行3次全体会议,4次主席团会议,1次财政预算审查委员会会议。

会议收到代表10人以上联名提出的议事原案33件。大会主席团经研究决定,作为代表建议、批评和意见处理,连同83件代表提交的建议、批评和意见,皆由区人大常委会办事机构依法交有关机关和组织研究处理,负责答复代表,并报告区人大常委会。

【区十三届人大常委会第二十三次会议】 1月8日举行。会议审议通过区人大常委会《关于召开上城区第十三届人民代表大会第四次会议的决定》;听取和审议区政府《关于"建设具有国际水准的高品质中心城区"战略目标实施情况的报告》;以无记名投票表决方式,补选于金镒、陈星豪为杭州市第十一届人民代表大会代表。区人大常委会组成人员共18人出席会议。区政府、区人民检察院及区人大常委会办事机构和工作机构、区政府办公室负责人列席会议。区政协和团区委有关负责人应邀参加会议。

【区十三届人大常委会第二十四次会议】 2月2日举行。会议听取和审议区政府关于2009年国民经济和社会发展计划执行情况及2010年初步安排的汇报、2009年财政预算执行情况和2010年初步安排的汇报;审议讨论区人大常委会工作报告(稿);审议并通过区人大常委会2010年工作要点;听取和审议区十三届人大四次会议筹备工作情况报告;分别对区十三届人大四次会议代表资格审查报告、各项建议名单及有关提请事项进行审议和表决。区人大常委会组成人员共16人出席会议。区政府、区人民法院、区人民检察院及区人大常委会办事机构和工作机构、区政府办、区发改局、区财政局负责人列席会议。区政协、团区委有关负责人应邀参加会议。

【区十三届人大常委会第二十五次会议】 3月18日举行。会议传达十一届全国人民代表大会第三次会议精神;组织学习《杭州市居住区配套设施建设管理条例》;举手表决通过区人民检察院提请的有关人事任免事项。区人大常委会组成人员共16人出席会议。区政府、区人民法院、区人民检察院及区人大常委会办事机构和工作机构负责人列席会议。团区委、区妇联有关负责人应邀参加会议。

【区十三届人大常委会第二十六次会议】 5月28日举行。会议听取和审议区法院关于刑事审判工作的报告;听取和审议区政府关于区安置房建设管理平台运作情况的报告、关于区建设资金集中管理工作情况的报告;举手表决通过任命36名区人民法院人民陪审员。区人大常委会组成人员共19人出席会议。区政府、区人民法院、区人民检察院及区人大常委会办事机构和工作机构负责人,区财政局、区建设局负责人列席会议。团区委、区妇联有关负责人应邀参加会议。区人民法院中层干部旁听会议对区人民法院刑事审判工作的审议。

【区十三届人大常委会第二十七次会议】 7月27日举行。会议听取和审议区政府关于2010年国民经济计划上半年执行情况的报告、关于2009年财政决算(草案)和2010年财政预算上半年执行情况的报告、关于2009年度财政预算执行及其他财政收支情况的审计工作报告;听取和审议区司法局、区劳动和社会保障局2009年部门预算执行情况的报告;听取和审议区政府关于社会化养老事业发展情况的报告。会议通过了《关于批准上城区2010年财政决算的决议》。会议根据区长陈红英的提请,以无记名投票表决方式决定任命缪承潮为杭州市上城区人民政府副区长;会议根据陈红英的提请,以无记名投票表决方式,决定任命陈洪涛为杭州市上城区人民政府副区长、决定免去高波杭州市上城区人民政府副区长的职务;会议以无记名投票表决方式,决定接受陈红英辞去杭州市上城区人民政府区长职务的请求,报杭州市上城区第十三届人民代表大会第五次会议备案;根据区人大常委会主任会议的提请,以无记名投票表决方式决定由副区长缪承潮代理杭州市上城区人民政府区长职务,报杭州市上城区第十三届人民代表大会第五次会议备案;举手表决通过区人民检察院提请的人事任免事项。区人大常委会组成人员共20人出席会议。区政府、区人民法院、区人民检察院及区人大常委会办事机构和工作机构负责人,区政府办公室、区发改局、区财政局、区审计局、区民政局、区司法局、区劳动和社会保障局负责人列席会议。部分区人大代表和法制工委、财经工委委员,团区委、区妇联有关负责人应邀参加会议。

【区十三届人大常委会第二十八次会议】 9月28日举行。会议组织学习《杭州市物业管理条例》;听取和审议区政府关于区十三届人大四次会议代表意见、建议办理情况的报告;听取区人大常委会代表工委关于区十三届人大四次会议代表建议处理情况的报告;听取和审议区政府关于住宅小区物业管理改善三年计划实施情况的报告;听取和审议区人大常委会执法检查组关于区贯彻执行《中华人民共和国安全生产法》情况的执法检查报告;审议通过区人大常委会《关于对区司法局、区卫生局进行工作评议的实施意见》;以无记名投票方式表决通过区人民检察院检察长提请的人事任免事项。区人大常委会组成人员共20人出席会议。区政府、区人民法院、区人民检察院及区人大常委会办事机构和工作机构负责人,区政府办公室、区建设局、区安监局等负责人列席会议。部分区人大代表和法制工委、城建环保工委委员应邀参加会议。

【区十三届人大常委会第二十九次会议】 11月2日举行。会议根据区政府代区长缪承潮的提请,以无记名投票方式表决通过,决定任命陶晓亮为杭州市上城区人民政府办公室主任,林国平为杭州市上城区人民政府城市管理办公室主任,决定免去曹兢业的杭州市上城区人民政府城市管理办公室主任职务。区人大常委会组成人员共18人出席会议。区政府、区人民法院、区人民检察院及区人大常委会办事机构和工作机构负责人列席会议。团区委、区妇联有关负责人应邀参加会议。

【区十三届人大常委会第三十次会议】 11月30日举行。会议对区司法局、区卫生局进行工作评议;听取和审议区政府关于2010年为民办实事项目实施情况的报告、关于调整2010年度区本级财政收支预算的报告;审议通过《杭州市上城区省级可持续发展实验区建设规划(2011~2015年)》;审议通过《杭州市上城区第十三届人民代表大会常务委员会关于补选出缺的区十三届人大代表的决定》、《关于调整我区2010年度财政收支预算的决定》、《关于召开上城区第十三届人民代表大会第五次会议的决定》、《杭州市上城区人民代表大会常务委员会关于讨论决定重大事项的规定》和《杭州市上城区人民代表大会常务委员会工作评议暂行办法》。区人大常委会组成人员共19人出席会议。区政府、区人民法院、区人民检察院及区人大常委会办事机构和工作机构负责人,区政府组成部门负责人,区人大常委会评议工作小组成员,区司法局、区卫生局领导班子成员及部分区人大代表列席会议。区政协、团区委有关负责人应邀参加会议。

【区十三届人大常委会第三十一次会议】 12月30日举行。会议听取和审议区政府关于上城区国民经济和社会发展第十二个五年规划纲要草案及其说明、关于2010年国民经济和社会发展计划执行情况和2011年初步安排的汇报、关于2010年财政预算执行情况和2011年初步安排的汇报;听取和审议区人大常委会工作报告(稿);审议通过区人大常委会2011年工作要点;审议通过区十三届人大常委会代表资格审查委员会关于补选代表的代表资格审查报告、区十三届人大五次会议代表资格审查报告;听取和审议区十三届人大五次会议筹备工作情况报告;审议区十三届人大五次会议各项建议名单(草案);审议和表决区十三届人大五次会议有关提请事项;表决通过区人民法院院长、区人民检察院检察长提请的人事任免事项。区人大常委会组成人员共17人出席会议。区政府、区人民法院、区人民检察院及区人大常委会办事机构和工作机构负责人,区政府办公室、区发改局、区财政局等负责人列席会议。区妇联有关负责人应邀参加会议。

【工作监督】 重视经济健康稳步发展,听取和审议区政府关于国民经济计划上半年执行情况的报告、关于财政决算(草案)报告、预算执行和其他财政收支情况的审计报告等;听取"十二五"规划纲要编制、招商引资、商贸旅游经济、创意产业发展、国有资产经营管理等工作汇报,重点审查上年度审计报告反映问题的整改落实情况、超收收入和预算稳定资金的使用情况,审查区司法局、区劳动和社会保障局2009年度部门预算执行情况,中期督查区统计局、区城管办2010年部门预算执行情况,部门预算全部上人代会接受审查,依法批准区2009年财政决算和2010年预算调整报告,审议批准省级可持续发展实验区建设规划。重视重点项目建设和民生改善,先后组织视察中山路综保工程、玉皇山南综合整治、南宋御街中华美食夜市一条街建设、新中东河综保工程、五柳巷历史文化街区保护、湖滨二期工程、望江地区改造建设等重点项目,实地视察垃圾分类工作情况,跟踪督查历年结转的实事项目办理,专题审议区政府建设资金集中管理、安置房建设和使用管理平台运行及旧小区物业管理工作,结合区民政局落实常委会评议意见再审议并测评社会化养老工作。重视社会事业进步,专门听取教育管理体制改革、计划生育"优生优育优教"促进、食品药品卫生监管、事业单位绩效工资实施等工作汇报,专题视察社区卫生服务站建设、非物质文化遗产保护、全民健身等工作,推进社会事业与经济同步发展。

【法律监督】 着力推进依法行政和公正司法,先后对《中华人民共和国安全生产法》、《中华人民共和国环境保护法》、《中华人民共和国禁毒法》、《浙江省安全生产条例》、《杭州市环境噪声管理条例》等执法情况开展检查,参加省、市、区环境保护"一法一条例"的联动执法检查,不断推动法律法规在上城区的贯彻实施。常委会会议专题审议区人民法院刑事审判工作,主任会议分别听取区人民检察院创新社会管理、区人民法院执行人民陪审员制度和市工商管理局上城分局依法行政情况等工作汇报,专项视察全区普法工作和上城公安分局社区警务工作,依法对《上城区规范行政合同和民商事合同管理指导规则(试行)》等两件规范性文件备案审查,打造和谐稳定的法治环境。重视信访工作,全年接待处理群众信访50件次,有效化解社会矛盾。

3月31日，区人大常委会主任丁晓芳（右三）一行到联华超市江城店视察食品安全工作。（区人大 提供）

【任免工作】 坚持干部拟任前的法律考试和法律职务任职资格审查，依法任免30名国家机关工作人员职务，任命人民陪审员36名，选举出缺的区人大代表1名。开展对区司法局、区卫生局工作评议，加强对任命干部的依法监督。

【代表工作】 重视议案建议交办督办和每月办理情况的通报，尝试召开由提建议代表、督办领导、分管副区长和建议办理方参加的“建议办理沟通会”，改进重点建议的主任督办，116件区属职能范围的区十三届人大四次会议代表建议的办结率和面商率100%、满意率99.11%、解决率53.45%，跟踪督查历年结转的“正在解决”建议40件，其中已解决23件、部分解决4件。全面实施《上城区人大代表进社区接待选民与群众工作规则》，编印代表接待站工作手册，全年参加接待的各级代表470人次，接待群众1375人次，向有关部门反映问题692个，其中解决581个。《人民代表报》头版报道上城区“代表进社区”活动，全市“人大代表进社区”工作现场观摩会暨经验交流会在上城区召开。坚持双月代表活动日、定向视察、政情通报、人大街道工委例会、代表述职评议和邀请代表参加执法检查及列席常委会会议等制度，每单月安排1名副区长参加“主任接待代表日”活动以促问题解决。组织代表推荐和圈选政府2011年实事项目，先后就“无证无照经营”整治和社区卫生服务工作开展代表约见国家机关负责人活动，组织省、市人大代表小组活动18次，有效发挥代表的职能作用。

【自身建设】 贯彻落实区委人大工作会议精神，制定出台《关于讨论决定重大事项的规定》和《关于开展工作评议的实施办法》，增设常委会研究室。开展纪念区人大常委会设立30周年的知识竞赛、作品征集、座谈研讨、“上城区人大网”专版网页增设、《上城报》专版刊登和纪念文集编印等系列活动，总结宣传人大工作。2010年，区人大机关在市级以上各类信息媒体录稿450篇，获省、市信息工作先进集体，12万人次浏览“上城区人大网”。优化机关工作作风，常委会领导携机关干部走访企业单位29家，帮助其排忧解难。围绕社会化养老服务、都市型工业经济发展等议题课题深入调研并形成报告18篇，推动科学决策。

12月2日，区人大常委会组织开展“人大代表约见政府负责人”活动。（区人大 提供）

表 35　　2010 年度上城区人大常委会文件索引

文件号	发文日期	文件标题
上人大〔2010〕第 1 号	2010-01-08	关于表彰 2009 年度先进代表小组、代表工作积极分子、"代表进社区"工作积极分子和区人大代表优秀议案的通报
上人大〔2010〕第 2 号	2010-01-08	关于表彰 2009 年度全区人大信息宣传工作先进集体和先进个人的通报
上人大〔2010〕第 3 号	2010-01-08	关于补选杭州市第十一届人民代表大会代表的报告
上人大〔2010〕第 4 号	2010-01-11	杭州市上城区人民代表大会常务委员会关于召开上城区第十三届人民代表大会第四次会议的决定
上人大〔2010〕第 5 号	2010-01-27	关于出席杭州市上城区第十三届人民代表大会第四次会议的通知
上人大〔2010〕第 6 号	2010-02-08	关于列席杭州市上城区第十三届人民代表大会第四次会议的通知
上人大〔2010〕第 7 号	2010-02-08	关于旁听杭州市上城区第十三届人民代表大会第四次会议的通知
上人大〔2010〕第 8 号	2010-02-09	杭州市上城区第十三届人民代表大会常务委员会 2010 年工作要点
上人大〔2010〕第 9 号	2010-03-18	关于免去吴修忠同志职务的通知
上人大〔2010〕第 10 号	2010-05-31	关于任命王志红等同志人民陪审员职务的通知
上人大〔2010〕第 11 号	2010-07-27	关于决定任命缪承潮同志职务的通知
上人大〔2010〕第 12 号	2010-07-27	关于决定陈洪涛等同志职务任免的通知
上人大〔2010〕第 13 号	2010-07-27	关于接受陈红英同志辞去杭州市上城区人民政府区长职务请求的决定
上人大〔2010〕第 14 号	2010-07-27	关于缪承潮副区长代理杭州市上城区人民政府区长职务的决定
上人大〔2010〕第 15 号	2010-07-27	关于任命董伟海同志职务的通知
上人大〔2010〕第 16 号	2010-07-29	杭州市上城区人民代表大会常务委员会关于批准上城区 2009 年财政决算的决议
上人大〔2010〕第 17 号	2010-10-08	关于任命林永虎同志职务的通知
上人大〔2010〕第 18 号	2010-10-08	关于组织开展工作评议的通知
上人大〔2010〕第 19 号	2010-11-02	关于决定陶晓亮等同志职务任免的通知
上人大〔2010〕第 20 号	2010-12-02	杭州市上城区第十三届人民代表大会常务委员会关于补选出缺的区十三届人大代表的决定
上人大〔2010〕第 21 号	2010-12-02	杭州市上城区人民代表大会常务委员会关于调整上城区 2010 年度财政收支预算的决定
上人大〔2010〕第 22 号	2010-12-02	杭州市上城区人民代表大会常务委员会关于召开上城区第十三届人民代表大会第五次会议的决定
上人大〔2010〕第 23 号	2010-12-02	杭州市上城区人民代表大会常务委员会关于批准《杭州市上城区省级可持续发展实验区建设规划(2011-2015 年)》的决定
上人大〔2010〕第 24 号	2010-12-02	关于印发《杭州市上城区人民代表大会常务委员会关于讨论决定重大事项的规定》、《杭州市上城区人民代表大会常务委员会关于开展工作评议的实施办法》等工作制度的通知
上人大〔2010〕第 25 号	2010-12-23	关于出席杭州市上城区第十三届人民代表大会第五次会议的通知
上人大〔2010〕第 26 号	2010-12-30	关于表彰 2010 年度先进代表小组、代表工作积极分子、"代表进社区"工作积极分子和代表优秀议案的通报
上人大〔2010〕第 27 号	2010-12-31	关于魏航等同志职务任免的通知
上人大〔2010〕第 28 号	2010-12-31	关于胡青等同志职务任免的通知
上人大〔2010〕第 29 号	2010-12-31	关于列席杭州市上城区第十三届人民代表大会第五次会议的通知
上人大〔2010〕第 30 号	2010-12-31	关于旁听杭州市上城区第十三届人民代表大会第五次会议的通知

(顾　蕾)

区政府

【区政府常务会议】 2010年，区政府举行常务会议7次。

4月1日会议，会议听取了区民政局关于《上城区2010年度和谐社区考评办法》修改情况的汇报，并进行了认真研究。会议听取了区招商局关于《上城区2010年经济发展考核办法》修改情况的汇报，听取了区政府办关于《2010年度"六型"政府考核细则》修改情况的汇报，听取了区信访局关于一季度市长公开电话交办件重复办理情况的分析汇报，并进行了认真研究。会议听取了区法制办关于《上城区行政机关制定规范性文件指导规则》的汇报，并进行了认真研究。会议研究了《2010年"生活品质国际体验区"工作计划》、《上城区目标管理控制及重点工作督办系统应用管理办法》、《2010年上城区争先创优项目计划》和《2010年上城区创新项目计划》。

5月4日，举行第三十四次区政府常务会议。会议听取了区劳动和社会保障局关于《上城区劳动保障行政联动机制实施办法》相关情况汇报，听取了区监察局关于《2010年杭州市上城区人民政府关于开展深化两个"建设年"活动实施方案》有关情况汇报，听取了区政府办公室关于《进一步推进无纸化办公有关事项的实施办法》有关情况汇报，听取了区政府办公室关于《上城区政府管理与公共服务标准化2010年度工作计划》有关汇报，听取了区政府办公室关于上城区重点工作4月份进度有关情况汇报。

6月4日，举行第三十五次区政府常务会议。会议听取了区法制办关于《上城区政府规范行政合同和民商事合同管理指导规则》相关情况汇报，并进行了认真研究。会议听取了区政府办公室关于上城区重点工作5月份进度有关情况汇报，并进行了认真研究。

7月5日，举行第三十六次区政府常务会议。会议听取了区民政局关于《社会化养老服务工作汇报》相关情况汇报，并进行了认真研究。会议听取了区发改局关于《上城区2010年国民经济计划上半年执行情况的报告》相关情况汇报，并进行了认真研究。会议听取了区发改局关于《发展"五主多副"，促进转型升级——上城区经济转型升级指导意见》的汇报，并进行了认真研究。会议听取了区科技局关于《上城区"十二五"科技发展规划》的汇报，并进行了认真研究。会议听取了区法制办关于《上城区规范行政合同、民商事合同管理试点工作的实施意见》的汇报，并进行了认真研究。会议听取了区政府办公室关于上城区重点工作六月份进度有关情况汇报，要求对滞后项目，抓好进度推进和督查。

8月6日，举行第三十七次区政府常务会议。会议听取了望江指挥部关于《进一步加快〈决战望江三年行动计划〉拆迁工作实施意见》的汇报，并进行了认真研究。会议听取了区民政局关于《上城区养老服务事业发展五年规划》制定情况的汇报，并进行了认真研究。会议听取了区商贸旅游局关于《上城区"十二五"服务业发展规划》制定情况的汇报，并进行了认真研究。会议听取了区卫生局《上城区卫生事业"十二五"发展规划》的汇报，并进行了认真研究。会议听取了区文广新局关于《上城区文化体育事业发展"十二五"规划》的汇报，并进行了认真研究。

9月3日，举行第三十八次区政府常务会议。会议听取了区重点办关于《上城区重点建设项目五年发展规划》的汇报，并进行了认真研究。会议听取了区文创办关于《上城区文化创意产业五年发展规划》的汇报，并进行了认真研究。会议听取了区城管办关于《上城区城市管理五年规划》制定情况的汇报，并进行了认真研究。会议听取了区民政局《上城区居家养老"全覆盖"工程实施意见》的汇报，并进行了认真研究。会议听取了区城管执法局关于《上城区城市管理智能管控中心建设方案》的汇报，并进行了认真研究。

10月28日，举行第三十九次区政府常务会议。会议听取了区政府办公室关于2010年《政府工作报告》中完成有困难的重点项目以及实事项目完成情况的汇报，并对完成有困难的重点项目逐一进行分析研究。会议听取了区重点办关于《上城区2011年建设项目计划编制基本情况》的汇报，并进行了认真研究。会议听取了区科技局关于《上城区科技创新大会筹备工作》的汇报。

【表彰与奖励】 1月，区委、区政府决定，授予湖滨、清波、小营、望江、南星、紫阳6个街道为"平安街道"称号；授予区政协办、区委宣传部等12家单位和杨永清等36人为《上城年鉴》工作先进集体和先进个人称号，并予以通报表彰。授予小营街道小营巷社区等9个社区为和谐社区建设示范社区，清波街道清波门社区等13个社区为和谐社区建设先进社区，南星街道玉皇山社区等10个社区为十佳满意社区，授予裘影等31人为优秀社区工作者。

2月，区委、区政府决定，授予区城管执法局等7家单位"2009年度打造'最清洁城区'暨城市管理优胜单位"荣誉称号、授予小营街道等5家单位"2009年度打造'最清洁城区'暨城市管理先进单位"荣誉称号，区政府决定，授予区财政局等5家单位"2009年度打造'最清洁城区'暨城市管理最佳保障单位"荣誉称号，授予区民政局等8家单位"2009年度打造'最清洁城区'暨城市管理最佳配合单位"荣誉称号。区委、区政府决定，授予区信访局等10家单位和黄建民等20人为2009年度上城区维护稳定先进集体和先进个人，并予以表彰。区政府决定，授予杭州市工人文化宫等120家单位和张卫平等81人"2009年度上城区社会治安综合治理"先进集体和先进个人荣誉称号。

3月，区政府决定，授予浙江大学医学院附属妇产科医院等70家单位"上城区2009年度人口和计划生育工作先进单位"称号；区政府决定，授予湖滨街道东平巷社区居民委员会等10个社区居委会"上城区2009年度人口和计划生育工作先进社区居委会"称号；授予罗宏等50人为"上城区2009年度人口和计划生育先进工作者"；钱丽华等10人为"上城区2009年度先进社区计生工作者"；戴莉萍等10人为"上城区2009年度优秀流动人口协管员"并予以表彰。区政府决定，授予湖滨街道等3家"六型"政府建设优秀单位，南星街道等5家"六型"政府建设先进单位，并予以表彰。区政府决定，授予区委政法委等12家单位和李云桃等17人为"2009年度信访和区长公开电话工作"先进单位和先进个人并予以表彰。

4月，区委、区政府决定，授予阮建民等22名连续3年考核为优秀等次的公务员记三等功。授予计亚平等24人为"上城区劳动模范"称号，并予以通报表彰。区委、区政府决定，授予区建设局等5家单位"2009年度上城区生态建设与环境保护目标责任制考核"突出贡献单位、区教育局等8家先进单位、区安监局等9家优胜单位、区委宣传部等3家最佳配合单位和施惠民等34人先进个人称号，并予以通报表彰。

5月，区政府决定，授予小营街道等3个"民间庭改办"为先进集体、金周铭等15人为先进个人，并予以表彰。对2009年度在上缴地方税收、争优创先和综合治理等方面综合表现突出的浙江银力建设集团有限公司等16家上城区建筑行业先进企业予以表彰。

6月，区政府决定，授予区委办公室等19家单位为"2009年度建设学习型机关先进单位"、苗丹丹等28人为"2009年度建设学习型机关先进个人"，并予以表彰。

10月，区政府决定，授予湖滨等6个街道"上城区居家养老服务先进单位"荣誉称号，授予湖滨街道居家养老服务站等3家养老服务机构"上城区居家养老示范服务站"荣誉称号，对沈建萍等20名"上城区居家养老优秀服务员"予以通报表彰。授予杭州市房产档案馆等25家单位"上城区社区教育资源共享先进单位"荣誉称号；对贺晓卿等21名"上城区社区教育资源共享先进个人"予以通报表彰。区政府决定，授予赵文秀等22人为"2010年度上城区'优秀城市美容师'"，并予以通报表彰。

11月，区政府决定，授予杭州娃哈哈集团有限公司等11家企业"上城区创新型企业"荣誉称号；授予杭州娃哈哈集团有限公司楼向明等3人为"上城区科技创新特别贡献奖"；授予"高速搬运机器人及其物流生产线关键技术与示范应用"等15项科技成果为"上城区科技进步奖"；授予杭州北斗星色彩研究有限公司等14家企业"上城区优秀文化创意企业"荣誉称号；授予"一种多媒体电脑冰箱"等10项专利产品为"上城区优秀专利奖"；授予"杭州中山中路环保节能夜景照明集成系统应用"等6个项目为"上城区节能减排优秀示范项目"；对许斌等16名"上城区优秀科技工作者"予以通报表彰。授予湖滨街道东坡路社区等8家单位"上城区科普工作先进单位"荣誉称号。区政府决定，授予湖滨街道东平巷社区等3家单位"上城区低碳社区"荣誉称号；对金海燕等10名"上城区社区科普先进工作者"予以通报表彰。区政府决定，授予杭州娃哈哈集团有限公司等6家企业"上城区科技创新平台先进企业"荣誉称号。区政府决定，对杭州中瑞思创科技股份有限公司、浙江华策影视股份有限公司两家企业上市成功予以通报表彰，奖励人民币各100万元整。区政府决定，授予上城区禁毒志愿服务大队等20支队伍为“平安上城”志愿者世博安保先进集体；授予王潞等50人为“平安上城”志愿者世博安保先进个人荣誉称号。区政府决定，授予胜利学前教育集团等5家单位为名校集团先进单位；天艺学前教育集团等5家单位为名校集团达标单位；杭州市饮马井巷小学等5家单位为城乡学校互助共同体先进单位；杭州第六中学等5家单位为城乡学校互助共同体达标单位。

12月，区政府决定，授予小营街道上城区数字化学习先进街道，授予小营街道姚园寺巷社区等10个社区为上城区数字化学习先进社区。

（年鉴编辑部）

表36　2010年度上城区人民政府文件索引

文件号	发文日期	标　　题
上政发〔2010〕第1号	2010-01-13	上城区人民政府关于要求将复兴15-3号地块调整为住宅及配套公建用地性质的请示
上政发〔2010〕第2号	2010-01-21	上城区人民政府关于要求对国有房产补缴土地出让金给予返还的请示
上政发〔2010〕第3号	2010-01-21	上城区人民政府关于要求对吴山广场地下配套公建项目给予支持的请示
上政发〔2010〕第4号	2010-02-01	上城区人民政府关于要求协调西湖天地二期工程(留华巷地块)动迁经费问题的请示
上政发〔2010〕第5号	2010-02-21	上城区人民政府关于要求同意南宋御街·中山路步行街段设置户外广告的请示
上政发〔2010〕第6号	2010-03-05	上城区人民政府关于要求协调杭政储出〔2010〕11号地块(湖滨单元E02、03地块)有关问题的请示
上政发〔2010〕第7号	2010-03-17	上城区人民政府关于要求确认樱桃山生态公园及甘水巷东西二地块环境整治工程项目地下空间建设指标的请示
上政发〔2010〕第8号	2010-03-17	上城区人民政府关于要求办理八卦田南入口综合整治工程土地及房产手续的请示
上政发〔2010〕第9号	2010-03-29	上城区人民政府关于要求解决上城科技工业基地余杭一期226亩存量土地项目建设中若干问题的请示
上政发〔2010〕第10号	2010-03-29	上城区人民政府关于要求全额返还望江地区近江单元B-C2-03-1土地出让款的请示
上政发〔2010〕第11号	2010-03-31	杭州市上城区人民政府关于要求调整勾山里B地块方案设计的请示
上政发〔2010〕第12号	2010-04-09	杭州市上城区人民政府关于要求取缔衢江路、望江路夜市的请示
上政发〔2010〕第13号	2010-04-26	杭州市上城区人民政府关于要求免于缴纳龙翔里宗地滞纳金的请示
上政发〔2010〕第14号	2010-05-05	杭州市上城区人民政府关于要求调整江城路东侧平安里地块(含江城文化宫)危旧房重建改善项目部分住宅户型的请示
上政发〔2010〕第15号	2010-05-11	杭州市上城区人民政府关于要求同意杭州市建兰中学(抚宁巷校区)改扩建工程及上城区102人防工程邀请招标的请示
上政发〔2010〕第16号	2010-05-24	杭州市上城区人民政府关于要求注销清河坊历史街区二、三期强迁户权证的请示
上政发〔2010〕第17号	2010-05-31	上城区人民政府、滨江区人民政府关于上滨线行政区域界线联合检查工作情况的报告
上政发〔2010〕第18号	2010-06-08	杭州市上城区人民政府关于要求同意2010年商品专业市场整合改造提升任务的请示
上政发〔2010〕第19号	2010-06-08	杭州市上城区人民政府关于要求办理上城区棚桥农贸市场市场名称登记证的请示
上政发〔2010〕第20号	2010-06-24	杭州市上城区人民政府关于要求办理三里亭四区安置房产权的请示
上政发〔2010〕第21号	2010-06-28	杭州市上城区人民政府关于要求协调地铁1号线龙翔桥站上盖物业二期建设有关问题的请示
上政发〔2010〕第22号	2010-07-05	杭州市上城区人民政府关于徐祖蓴同志率团赴台进行经贸活动的请示
上政发〔2010〕第23号	2010-07-06	杭州市上城区人民政府关于申报建设耀华社区公共停车场的请示
上政发〔2010〕第24号	2010-07-12	杭州市上城区人民政府关于上城区历史文化遗产保护开发考察团访问肯尼亚、毛里求斯和南非的请示
上政发〔2010〕第25号	2010-07-26	杭州市上城区人民政府关于要求解决望南地区原红星化工厂铬渣污染土壤修复补助资金的请示
上政发〔2010〕第26号	2010-08-05	杭州市上城区人民政府关于要求审定新侨饭店周边屋顶绿化方案的请示

续表

文件号	发文日期	标题
上政发〔2010〕第27号	2010-08-13	上城区人民政府关于要求危旧房改善搬迁项目参照历史街区、历史建筑保护相关政策执行的请示
上政发〔2010〕第28号	2010-08-13	上城区人民政府、杭州商业资产经营公司关于要求协调解决地铁延安路地下通道工程涉及的杭州海丰西餐社历史遗留问题的请示
上政发〔2010〕第29号	2010-08-13	上城区人民政府关于要求明确六圣堂24、25号房屋结构安全鉴定委托主体的请示
上政发〔2010〕第30号	2010-08-17	上城区人民政府关于准许浙江凯创能源科技有限公司开展甲醇汽(柴)油试点工作的请示
上政发〔2010〕第31号	2010-09-08	杭州市上城区人民政府关于要求协调整改客运汽车南站区域交通现状的请示
上政发〔2010〕第32号	2010-09-29	上城区人民政府关于申报全国社区教育示范区的请示
上政发〔2010〕第33号	2010-09-30	杭州市上城区人民政府关于要求调整工具厂地块户型比例的请示
上政发〔2010〕第34号	2010-10-12	上城区人民政府关于要求同意对望江新园已交付拆迁安置房确权发证的请示
上政发〔2010〕第35号	2010-10-14	上城区人民政府关于杭州市上城区争创浙江省体育强区若干情况的报告
上政发〔2010〕第36号	2010-10-14	杭州市上城区人民政府关于上报上城区规范性文件清理工作的报告
上政发〔2010〕第37号	2010-10-15	上城区人民政府关于上城区历史文化大遗址保护开发考察团因公出境的请示
上政发〔2010〕第38号	2010-10-22	杭州市上城区人民政府关于创建省级文化先进区有关问题的请示
上政发〔2010〕第39号	2010-10-25	杭州市上城区人民政府关于要求调整勾山里B地块方案设计的请示
上政发〔2010〕第40号	2010-10-25	杭州市上城区人民政府关于要求增设玉皇山南地区地下停车场的请示
上政发〔2010〕第41号	2010-10-28	上城区人民政府关于暂缓对明珠百货市场出租的请示
上政发〔2010〕第42号	2010-10-28	上城区人民政府关于要求协调上城工业功能区余杭区块企业能耗指标统计问题的请示
上政发〔2010〕第43号	2010-11-02	上城区人民政府关于要求同意玉皇经联社天龙寺仓库排危翻建的请示
上政发〔2010〕第44号	2010-11-04	上城区人民政府关于要求协调湖滨南山特色街区综合体建设有关问题的请示
上政发〔2010〕第45号	2010-11-05	上城区人民政府关于要求办理南山路176-1、2、3号建筑物产权证的请示
上政发〔2010〕第46号	2010-11-28	上城区人民政府关于要求同意“万源绸庄”旧址修复建项目先行办理土地复验的请示
上政发〔2010〕第47号	2010-11-28	上城区人民政府关于近江小区社区及物业用房与小区商业用房调换的请示
上政发〔2010〕第48号	2010-12-23	上城区人民政府关于置换安置用房的请示
上政发〔2010〕第49号	2010-12-28	上城区人民政府关于要求创建浙江省可持续发展实验区的请示
上政发〔2010〕第50号	2010-12-28	杭州市上城区人民政府关于要求延长用地预审意见时效的请示
上政发〔2010〕第51号	2010-12-30	杭州市上城区人民政府关于加快中山南路双面街东侧控规调整的请示
上政发〔2010〕第52号	2010-12-30	杭州市上城区人民政府关于吴山广场绿地地下停车场建设不列入考核的请示

表37 上城区2010年度调研项目申报汇总情况

经济发展类调研项目(一级项目)				
序号	项目名称	负责人	牵头单位	参加单位
1	转变发展方式,实现转型升级	陈红英	区政府办	区发改局、区统计局、区科技局、区工业基地管委会
2	加强物联网发展对上城经济社会带来的影响和机遇研究	顾文友　卢　江	区科技局	
3	关于区都市型工业发展状况调研	丁晓芳　王国民	区人大常委会财经工委	
4	发展区物联网产业的若干建议	王朗晨	区政协经济科技委员会	

续表一

序号	项目名称	负责人	牵头单位	参加单位
城市建设(规划)管理类调研项目(一级项目)				
5	关于打造南宋御街·中山路–清河坊5A景区的思考	顾文友 徐鸿华	区商贸旅游局	河坊街管委会、吴山指挥部、南宋御街商业管理公司
6	市容秩序非现场管控视频指挥系统	管光尧 张伟农	区城管执法局	华数公司、天尊信息技术有限公司
7	杭州市上城区都市空间规划统筹管理研究	黄爱芳 刘志安 任锦伟	上城规划分局	区委办、区府办
8	湖滨商圈空间发展规划研究	刘志安 任锦伟	上城规划分局	区府办
9	关于打造低碳城区的建议	陈小玲	区政协城建和人口资源环境专门委员会	
10	市、区联动解决交通两难问题的思考	戴晓军 曹兢业	区政协社会法制委员会	区府办、交警大队、区城管办
11	关于中东河综保工程历史文化遗存的调研建议	方 莉 陈星豪	区政协	区建设局、河道建设工程指挥部
民生保障类调研项目(一级项目)				
序号	项目名称	负责人	牵头单位	参加单位
12	关于"人大代表接待站"规范化建设的调研	叶洪泉	区人大常委会代表工委	
13	上城区社会化养老服务事业发展情况调研	王文成	区人大常委会办公室	区民政局
14	关于"十二五"规划民生问题的思考和建议	戴晓军 金水根 方本成	区政协社会法制委员会	区民政局、区劳动局、区残联
15	流动人口生殖健康管理模式探索——以上城区为例	宦金元 夏 勤 薛迓冰	区人口计生局	浙江长三角发展研究会
16	上城区新生儿出生缺陷干预调研报告——"优生两免"的视角	宦金元 夏 勤 薛迓冰	区人口计生局	浙江长三角发展研究会
17	加强面上巡访、挤压犯罪专业队建设，提升"平安建设"实效	刘一明 章 强 方 宏 何国新	上城公安分局	
党群、人大和政府建设类调研项目(一级项目)				
序号	项目名称	负责人	牵头单位	参加单位
18	关于"强化制度执行 打造廉洁上城"的探索与研究	朱履林 谢 宁 杜秀芬	区纪委(监察局)	
19	上城区建立在职党员"假日党支部"模式	占仁义 周朝星	区委组织部	
20	关于进一步推进信访工作规范化建设的调研	刘一明 管光尧 高燕东	上城区信访局	
21	关于进一步推进学习型、创新性城区建设的思考	王越剑 陈宏萍	区委宣传部	
22	上城区文化事业繁荣发展研究	宦金元 丁建华	区文广新局	
23	关于矛盾纠纷多元化调解机制的实践与探索	高万洋	区人大常委会法工委	
24	关于区教育管理体制改革情况调研	韦 云	区人大常委会教科卫文体工委	区教育局
25	信息化城市管理应用与研究	丁晓芳 李 静	区人大常委会城建环保工委	
26	强化规划引领与实施的思考	李 静	区人大常委会城建环保工委	

续表二

经济发展类调研项目(二级项目)				
序号	项目名称	负责人	牵头单位	参加单位
27	上城区现代服务业的发展现状及对策研究	陈浩然　胡　勇	区发展和改革局	
28	从二次经普数据比较看上城区产业结构变化(初定)	周建康	区统计局	
29	关于物业纠纷案件的审理及法律适用问题的调研	黄小勤	区人民法院	
30	以南宋皇城大遗址综合保护工程为契机推动紫阳地区经济社会发展	沈杏荣	紫阳街道	
31	以“三个子”理论为指导,推进区科学化精细化预算管理的实践与探索	来剑波	上城区财政局	
城市建设(规划)管理类调研项目(二级项目)				
序号	项目名称	负责人	牵头单位	参加单位
32	关于“四纵五横”道路业态调整与提升的意见	徐鸿华	区商贸旅游局	浙江大学经济学院、湖滨街道、小营街道、南星街道、紫阳街道
33	加快推进低碳型城区建设的对策研究	陈浩然　何友海	区发展和改革局	
34	加强老小区物业管理工作的研究	陈星豪　张　敏	区建设局	区庭改办
35	浅谈杭州垃圾分类、直运系统	曹兢业	区城管办	
民生保障类调研项目(二级项目)				
序号	项目名称	负责人	牵头单位	参加单位
36	上城区民营企业家健康调查报告	陈砚菁	区工商联	
37	落实企业安全主体责任　打造平安和谐品质上城	许建生	区安监局	区政府各安全生产签约单位
38	中小企业用工风险防范及劳资纠纷应对机制的建立——以《劳动合同法》“双保护”的立法宗旨为切入点	黄小勤	区人民法院	
39	上城区实施国家基本药物制度的对策研究	马　彦　方秋萍	区卫生局	
40	建立精神残疾人托养中心的建议研究	陈永权	区卫生局	
41	居家就业状况调研	方本成	区劳动和社会保障局	各街道劳动保障管理站
42	环境生态化　管理科学化——来自湖滨的城市管理基层实践与探索	毛素云	湖滨街道	
43	“湖滨晴雨”社区民主促民生复合体探索与实践	叶　榕	湖滨街道	
44	以淘宝楼模式,研究金融危机背景下的大学生创业之路	余德利	望江街道	
45	街道计划生育优生优育优教模式研究	陈少华	南星街道	
46	社会化维权工作的研究	韩丽华　陈小明	区总工会	
47	上城区公务员津补贴清理规范实施效果调查与分析	薛鸿翔	区人事局	
48	筹建社区青少年俱乐部构筑青少年精神家园	金孝伟	紫阳街道	
49	青少年法治文化建设及路径探析	钱国平	区司法局	

续表三

党群、人大和政府建设类调研项目(二级项目)				
序号	项目名称	负责人	牵头单位	参加单位
50	关于基层法院年轻法官培养的调研	钟　黎	区人民院	
51	关于加强政府投资建设项目工程变更管理的实践与研究	谢　宁　来剑波 陈星豪　胡建宏	区纪委(监察局)	区财政局、区建设局、区审计局
52	探索“管办助评”服务型教育机构变革研究	蒋　莉　肖　斌	区教育局	
53	上城教育内涵发展路径研究	周常生	区教育局	
54	上城教育体制改革政策研究	项海刚	区教育局	区财政局、区人事局等
55	国家审计对内部审计升级转型的监督指导研究	胡建宏	区审计局	杭州电子科技大学
56	关于上城区建设资金集中收付管理的思考	来剑波	区财政局	
57	立足区情　创新机制　推进文体资源的共享工程,满足人民群众的文化体育需求	丁建华　吕振团 刘　宏	区文广新局	
58	街道政府绩效考核与公共参与	任　平	小营街道	
59	六型街道考核运行机制研究	陈少华	南星街道	
60	人文历史链中的区“南宋御文化”建设	陈少华	南星街道	
61	把“平衡记分卡”引入社工管理的思考	叶　素	清波街道	
62	以商圈为载体,开展区域党建共建的思考与实践	叶　素	清波街道	

(黄菊梅)

【为民办好十件实事】 2010年,上城区为民办好老旧小区房屋庭院改善、安置房建设、社区卫生服务站改扩建、停车场建设、学校改扩建、小区安全设施、生态环境建设、再就业、地质灾害治理、专业市场改造等10件涵盖老百姓生活的实事。完成项目带动地块的老旧房屋庭院改善225幢,包括茶亭弄、光复路小区、始版桥新村8号等一批老旧小区;引九路(引渠路—樱桃山路)等30处实施截污纳管;飞云江路(秋涛路—之江路)、高银巷(中山中路至后市街)等10条背街小巷实施改善;完成凤凰泉、大井巷24号等34口水井修缮保护。新开工安置房15万平方米,竣工28万平方米,主要在玉皇山南地区和望江地区。完善社区卫生服务设施,优化社区卫生服务机构布局,改扩建8家社区卫生服务站, 分别为木场巷社区卫生服务站、清泰门社区卫生服务站、东坡路社区卫生服务站、岳王路社区卫生服务站、大学路社区卫生服务站、梅花碑社区卫生服务站、美政桥社区卫生服务站、金钱巷社区卫生服务站,改扩建完成后,社区卫生服务站面积均达到150平方米,方便社区居民看病。新建4处停车场,分别是打铜巷东地下停车库、赞成林枫配套小学地下停车库、光复路49号地下停车库和玉皇公交停保场地块地下停车库。全年新增停车泊位800个。2010年,建兰中学改扩建工程开工建设,完成校舍安全加固工程5600平方米。对没有安全设施的老旧小区,增设小区安全门300扇、治安监控300处。完成环保主题公园建设,全年扩(补)绿地8万平方米。提升改造生态垃圾房100座。坚持以社区公共服务工作站为平台, 深入创建充分就业社区和充分就业街道,通过岗位银行、公益性岗位安置、居家就业等促进就业手段,帮助2550位就业困难人员实现再就业。完成里太祖湾157号至箬帚湾1-1号金家山采石场边坡地质灾害治理。完成3家专业市场改造提升,对已完成提升的11家农贸市场、19家专业市场强化长效管理。

【打造生态城区】 上城区开展生态文明创建,重点抓好“生态文明示范社区”和“生态文明建设示范基地”这两项创新载体;深化“以民主促民生”活动,让居民参与生态文明建设;建设并改善“街道—社区—会所”

等多层次、多样化、复合式的全民健身系列工程,提高全民健康素质。推行政府绿色采购、绿色办公制度,在机关事业单位率先实现低碳生活转型。推广垃圾分类回收制度,努力实现垃圾的资源化、减量化和无害化。出台《关于推进上城区生态文明建设的决定》(以下简称《决定》)。《决定》明确提出,要将上城区打造成为以生态经济之区、品质生活之区、生态文化之区为基础,全市率先、全省领先、全国示范的生态文明城区,并提出了创建生态文明试点城区的具体措施。《决定》提出以特色品牌建设为核心、“五主多副”为引领,促进经济转型升级,把上城区建成现代产业发达的生态经济之区。《决定》还明确了人员与资金配备等保障机制。将生态文明试点城区建设列入政府目标责任制,相关指标纳入各级党政领导班子和领导干部综合考核评价体系和离任审计范围,考评结果作为干部任免的重要依据。确保区级财政每年在生态文明建设专项资金在600万元以上,并逐年增加;鼓励社会力量参与生态项目建设。

【加快“五主多副”现代产业体系建设】 2010年,上城区审时度势,坚持走差异化发展道路,以招强引优为抓手,以高端楼宇为主阵地,以技术创新为动力,着力搭建以文化创意产业、金融及衍生产业、现代商贸服务业、大旅游业和精品房地产业等高端产业为主,都市型工业、高新技术产业和建筑业等为辅的“五主多副”产业体系,加快建设具有国际水准的高品质中心城区。加快发展金融服务业、商贸旅游业、精品房地产业和文化创意产业发展,其中,文化创意产业领域将发挥“西湖创意谷”品牌效应,建设“开元·198”、时尚创意园、天工艺苑、LOMO创意谷和玉皇山南国际设计创意产业园等创意产业集聚区建设,以市广电中心迁入为契机,打造沿江时尚传媒创意产业带,不断扩宽“一谷多点”发展新平台。南宋御街·中山路国际旅游综合体于2009年实现开街的基础上,2010年将完善中山路综合整治,实施中山南路(万松岭—鼓楼)双边街建设、坊巷整治、历史保护建筑修缮等共10个项目,打造一个具有传统坊巷结构的城市综合体。

湖滨南山路是“西湖门厅”,上城区将按照“完成一期提升,加快二期建设,启动三期整合”的步骤,将湖滨南山路打造成集旅游、休闲、商贸、办公、宾馆等为一体的城市综合体、历史保护和商贸旅游示范街区。

建设玉皇山南城市综合体是上城区2010年的工作重点。“五一”前,凤凰山东路和万松岭路实现贯通,玉皇山南地区公交停保场地块安置房国庆节前一期竣工,山南仓库地块安置房年底基本竣工,安家塘历史地段古村落、大畈鱼塘公园、山南国际设计创意园也将按计划推进。

2010年,上城区加快整合提升工业功能区、科创中心两大基地的创新资源,发展高新技术产业,提升工业发展质量。全年组织实施新产品开发项目70项,专利成果产业化项目10项,省、市级科技计划项目40项,技术改造项目6项。

完成科技孵化大楼建设,启动杭州烟草物流配送中心、捷尔思阻燃、亚卫通科技等5家企业及二期标准厂房和创业人才公寓项目建设。

引进和发展3G网络应用系统平台、集约化网络商务应用平台、数字出版、版权游戏、节能减排系统集成平台等软件和信息服务业,力争两个基地税收突破1000万元;力争新培育软件企业10~15家,软件著作权及软件产品30件。同时,利用中部软件园的影响力,对周边的楼宇如航天通信大厦、国贸大厦进行整合与合作开发,打造软件与信息服务业楼宇。

【全力打造创新型和智慧型城区】 11月5日,上城区召开科技创新和人才工作会议。区领导陈红英、缪承潮、袁建祥、黄爱芳、刘一明、叶洪泉、王朗晨等出席会议。会议由区委副书记、代区长缪承潮主持。区委常委、副区长顾文友宣读《关于表彰上城区科技进步先进单位和个人的通告》和《关于表彰2010年度上城区上市企业的决定》。区政府对2010年上市的中瑞思创和华策影视两家公司各奖励100万元。区委书记陈红英充分肯定了全区科技和人才工作所取得的成绩,并对下一步工作提出三点要求。认清工作形势。构建创新型城区,实施“人才强区”是区委、区政府着眼于全区发展大局作出的战略决策,是创新发展模式、推动区域经济转型发展的现实选择。明确工作思路。科技创新工作要发挥好政府规划引领、企业创新主体、市场导向三个作用,构建好孵化平台、公共科技条件平台、企业自主创新平台和科技中介服务平台;人才工作要实施高素质干部培养、经营管理人才素质提升、专技人才提升、高级蓝领培养、社工人才培养五大工程；强化工作保障。科技与人才工作是一项社会系统工程，要建立统分结合、上下联动、协调高效、整体推进的运行机制，通过服务创新和配套完善，不断强化科技与人才工作保障。

【稳步推进残疾人就业工作】 加强残疾人就业培训。2010年，举办残疾人技能技术培训班25期，开设残疾人电脑、缝纫、家电维修、手工编织、盲人按摩培训等课程。参加培训残疾人750人次，选送残疾人参加省、市电脑、盲人按摩培训58人次。培训后85%的残疾人实现稳定就业。加大政策法规宣传实施力度。加强《残疾人保障法》宣传，在机关、企事业单位严格执行"按不低于本单位在职职工总数1.5%的比例安排残疾人就业"的规定，安置312名残疾人就业。对未能按比例安置残疾人就业的单位，按规定收取残疾人就业保障金。抓好残疾人就业基地建设。建立街道残疾人就业基地，让他们就近或不出家门就能做一些简单劳动，自食其力。在就业基地安置残疾人120名。引导残疾人转变就业观念。倡导和鼓励残疾人自愿组织起来就业和个体创业，扶持28名残疾人实现了个体开业和个体从业。全区有盲人保健按摩机构9家，从业人员48人，具备中级技术等级的有5人，初级技术等级的有43人。

【实施居家养老全覆盖工程】 10月29日，上城区隆重召开推进居家养老服务全覆盖工程动员大会，区四套班子领导陈红英、缪承潮、袁建祥、黄爱芳、王文成、戴晓军，各部门、各街道负责人参加会议。会议由区委副书记、代区长缪承潮主持。区委常委、常务副区长袁建祥宣读了"居家养老服务先进单位、示范服务站和优秀服务员"的表彰决定。南星街道、在水一方老年事务发展中心代表获奖单位做了交流发言。区委书记陈红英对推进居家养老服务全覆盖工程提出了三点要求。提高认识，增强信心。进一步增强工作的责任感和紧迫感，拉高工作标杆，促进居家养老服务"全民共享、全面覆盖"，提高老年人的生活品质。突出重点、开拓创新。要兼顾全面，突出重点，建立科学系统的养老服务对象数据库和完善的居家养老社会化服务平台，为60岁以上老人提供菜单式服务，满足老年人的个性化养老需求，实现居家养老服务由"特惠型"向适度"普惠型"的转变。齐抓共管，形成合力。要以"求创新、全覆盖"为目标，按照"保基本、补不足、促发展、强监管"的工作思路，坚持"政府引导、社会参与、市场运作"的工作方针，齐抓共管，形成合力，促进全区养老服务事业又好又快发展。会上，区民政局与在水一方老年事务发展中心和区养老服务信息处理中心签署了合作意向书，陈红英亲自为区养老服务信息处理中心成立授牌。

【双管齐下为老人"保驾护航"】 2010年，上城区在养老事业上的加大投入，提高居家养老服务价格，政府买单投入600万元扩大的居家养老服务范围，由原先的困难独居空巢老人扩大到所有独居空巢老人。只要提出申请，全区3万户60岁以上空巢、独居老人都可享受居家养老服务。其中，60岁至69岁，不够困难家庭标准的空巢、独居老人，每小时只需出15元就可享受居家养老服务(市场价每小时18到20元)；70岁至79岁，不够困难家庭标准的空巢、独居老人，政府每小时补贴5元，每月最多补贴30小时，老人每小时只需出10元；80岁以上的空巢、独居老人，不够困难家庭标准的，政府每小时补贴7.5元，每月最多补贴30小时，老人每小时仅需出7.5元。随着政府买单居家养老覆盖人群的扩大，居家养老服务人员队伍也亟待壮大，上城区全年新招居家养老服务人员400多名，经培训合格持证上岗服务。扶持民办养老机构发展，全年新增民办养老机构床位400张以上，争取5年后全区机构养老床位数达到2400张，基本满足老人的社会化养老需求。双管齐下保障老人老有所养。

【开发软件登记安置房信息】 上城区有880套安置房空置，为了处理好这批空置房，上城区政府先后出台《上城区安置房建设和使用管理暂订办法》、《上城区安置房管理调拨补充规定》，请宁波一家网络公司制作了一套管理系统，登记所有空置的安置房，进行统一安排。该安置房信息管理系统对安置房建设项目进行全程管理，包括整个建设项目立项情况、用地情况、拆迁面积、安置面积；统计拆迁过程中不同产权性质的房屋以及拆除房屋的情况；统计已完工的建设工程或货币购买的房源多少用于安置。2010年,上城区各建设指挥部,将安置房源和拆迁户资料输入信息管理系统。有关部门和领导能及时了解安置房的建设、使用、存量情况,增加工作透明度,有助合理调配资源,对上城区的安置房建设和使用起到规范管理作用。

【加快背街小巷建设改造力度】 2010年,上城区完成77条背街小巷的改造任务,总长2.1万米,面积13.5万平方米,投资5170万元。以"拾遗补缺"为手段,对前5年未整治的"零星"项目启动对接计划,平衡协调好百姓需求与地块发展,力求做到计划全面到位、内容不遗不缺,抓好统筹改善。在"尽"字上下好功夫。围绕城管数字监管中心统计的改造街巷,做好计划安排,努力通过箱变安置,把缸儿巷、光复路等23条街巷杆线整改到位;对18条街巷管线进行更新提升,解决了相关区域自来水进不来或污水出不去的状况。在"谋"字上凸显宗旨。坚持开展调查阶段问需于民,设计阶段问计于民,施工阶段问情于民,验收阶段问绩于民等"民主改善四部曲"。在"细"字上做好文章。在调查、设计、公示、施工等全过程,坚持严格把关,确保在细节上一抓到底,抓出成效。

【多措并举牢筑校园安全保卫防线】 2010年,全区共投入300万元落实各项校园安保措施。在全区81家学校、幼儿园门口安装公安联网监控探头81个,安装"110"联网报警装置240只,监控和报警装置已投入使用。区教育局利用暑期,对部分学校幼儿园的校舍、围栏、大门进行加固修缮,及时维护和增加内部监控设施。协调联动,加强周边治安防控。区公安、交警、工商、城管、文化及各街道综治工作中心密切配合,联勤联动,有效维护校园周边秩序。进一步加强学校周边黄、赌、毒场所、交通标志、标识、无证设摊、游戏厅、网吧、书刊杂志点的联合整治行动,及时取缔查处各类违法、违规行为。深入排查,消除各类隐患。坚持条块结合,组织开展学校及周边隐患大排查力度,对影响学校及周边安全稳定的治安隐患、交通隐患、消防隐患、食品卫生隐患实施滚动排摸,实施"一校一方案"落实整改。对辖区内可能造成现实危害的16名精神病人及时送安康医院和精神病院进行治疗。堵疏结合,妥善解决难点问题。进一步加大无证幼儿园整治力度,不符合要求的3家幼儿园已于6月底前取缔。在整治的同时,结合学前教育建设规划,进一步加快幼儿园建设进度,重点解决望江、紫阳地区周边外来务工人员子女入园问题。

【开展"馆社共建、资源共享、品牌共创"活动】 上城区围绕"大文化、大发展、大繁荣"主题,以"文化东坡"品牌为抓手,开展"馆社共建、资源共享、品牌共创"活动,推广东坡路社区与苏东坡纪念馆共建文化品牌经验,丰富社区群众文化生活。强化领导,加强"馆社共建"。成立基层文化共建领导小组,加强对共建活动的组织领导,定期沟通信息、交流活动情况,确保共建目标的实施,有13个社区分别与岳庙、孔庙、龚自珍纪念馆、于谦故居、南宋太庙遗址博物馆等场馆签订共建协议。发动群众,挖掘历史文化。进一步提炼和提升东坡路社区、长明寺巷社区等主题文化思想内涵,以"一社一品"主题文化建设为抓手,有规划、有管理、有计划地建设一批各具社区本土特色的"文化品牌社区"。加强宣传,营造浓厚氛围。大力推广"文化东坡"品牌,引起社会广泛关注,杭州市旅游委员会、杭州市品牌办公室把"东坡文化园"列入最具生活品质体验点和杭州市社会资源国际旅游访问点之一,《中国文化报》、《钱江晚报》、《杭州日报》、《都市快报》等媒体多次报道,杭州电视台专门拍摄了专题节目,东坡路社区的做法得到了杭州市委副书记叶明、市委常委、宣传部长翁卫军等领导肯定,并在全市推广。

【在全市首发《社区居民手册》】 7月16日,上城区在小营巷社区隆重举行《社区居民手册》发放启动仪式,区领导袁建祥、魏汉昆、王文成、戴晓军,以及区委宣传部、区文明办、区民政局、各街道、部分社区负责人、居民代表100人参加首发仪式。会上,区委常委、常务副区长袁建祥对全面推广《社区居民手册》提出了三点要求。做好信息收集基础文章。各有关部门、街道和社区要密切配合,整合资源,抓好信息收集工作,让手册信息更加全面,更加实用、便民。要做好宣传推广核心文章。采取新颖多样、切实有效的措施,多渠道进行宣传推广。各社区要落实人员,上门发放,落实到每一户居民。同时,在区政府门户网站、上城网、社区"e家人”网等信息平台上开辟专栏，同步刊登居民手册网络版，便于在线浏览，使手册的使用更加方便、快捷。做好统分结合深化。按照统一要求，将各类便民服务信息作为编制的主要内容，充分听取居民群众的意见和建议，满足社区居民多层次、多样化的服务需求。

【央视拍摄社区矫正大型电视教育宣传片】 反映中国社区矫正工作发展历程的大型电视教育宣传片由中央电视台摄制组在省矫正办副主任徐祖华的陪同下到上城区采访拍摄。摄制组对浙江省司法行政系统“十大最具影响力人物”、“十佳社区矫正工作者”、杭州市首届“十大金剑人物”——望江司法所司法助理员沈寅弟进行了专访，并深入社区采访了一线帮教人员和两名社区服刑人员。区司法局局长钱国平向摄制组详细介绍了上城区自开展社区矫正试点工作以来的一些做法与经验及面临的困难。2010年，为进一步加强社区矫正工作制度化、标准化、规范化建设，区司法局制订出台了全省乃至全国第一个社区矫正工作地方标准——《社区矫正工作规范》，获杭州市质量技术监督局批准。该标准列入了社区矫正工作任务、相关部门职责、社区矫正工作者职责、社区矫正工作流程符合对社区服刑人员的有关法律法规及政策文件要求和上城工作实际，具有适用性、指导性和可操作性强等特点。《社区矫正工作规范》于2010年3月21日起实施。

【获全省基层低保规范化建设示范城区称号】 上城区在区、街、社区三级开展基层低保规范化建设示范单位创建活动，健全完善了分类施保、动态管理、规范操作、阳光运作、网上审批、档案管理等一系列制度，做到低保全覆盖，关怀零距离。以脱贫为标准，对救助对象实施A、B证分类管理。对无生活来源、无劳动能力、无法定赡养人的保障对象进行A证管理，无须办理续保手续，只需进行年度审核、验证；对除“三无”对象外的其他一般家庭发放B证，享受期为6个月，期满后须重新办理申报、审批手续；健全救助进退机制，做到“应保尽保，应退尽退”。为了实现救助过程的公开透明，上城区还将救助政策、申请条件、申报手续、审批程序和审批结果向群众公开，对扩面困难家庭、“零贫困家庭”、“安居工程”救助家庭在内的所有救助申请，在全市率先实现网上“一站式”办理。申请对象只要登录“上城区一站式服务平台”，就能在网上办理救助申请和审批。2010年，浙江省人民政府表彰11个全省基层低保规范化建设示范区，上城区是杭州市唯一获此殊荣的城区。 （年鉴编辑部）

【公务员培训与激励】 区人事局结合公务员法相关配套政策的出台和新制度入轨运行的需要，创新公务员培训渠道和激励手段，为建设一支政治坚定、业务精湛、作风过硬、人民满意的公务员队伍做好各项基础性工作。在公务员激励方面，在开展好公务员年度考核工作的基础上，严格兑现考核结果，奖优罚劣，为符合条件的人员晋升工资档次；组织连续三年考核优秀的公务员参加疗、休养；根据《公务员奖励规定（试行）》，对22名近三年来连续考核优秀的公务员记“三等功”，对全区当年优秀等次的公务员给予嘉奖；对4名考核基本称职人员按规定扣发奖金，并组织参加了离岗培训。在公务员培训方面，依托“干部学习新干线”实行学分制管理，组织全区公务员参加网上培训考试，督促指导完成全年必修48学分，选修24学分。对原有的培训制度进行修订，明确公务员未完成培训任务，年度考核不得评“称职”这项举措成为全市第一个将培训结果与个人职务晋升挂钩的城区。

【机关事业单位人才队伍建设】 区人事局以日常管理为依托，优化公务员队伍结构。在兼顾区财政的承受能力和区行政编制资源基础上，系统分析各系统、各部门人员结构，科学合理制定考试录用公务员计划。严把公务员入口关，坚持“公开、平等、竞争、择优”的原则，精心组织、严密实施，通过网上报名、资格审查、笔试面试和体检政审，面向社会招考公务员（参公人员）30名，重点充实到基层一线，现已全部到位。认真调研、合理制定方案，顺利完成2009年军转安置任务，安置营以下军转干部15人，努力做到适才适所。根据省、市布置，稳慎推进参照公务员法管理工作。组织职务任免、交流工作，严格按规定职数审核科以下非领导职务55人次，把好职务升降任免审核关；办理好70名公务员的转任手续。参与区委组织部起草并提请区委出台了《关于进一步加强高素质干部队伍建设的意见》，贯彻干部队伍革命化、年轻化、知识化、专业化的方针和德才兼备的原则，深化干部人事制度改革，努力建设一支高素质、能够担当重任、经得起风浪考验并能带领上城人民“再干一个20年”的干部队伍。

在区属事业单位进人方面，遵照人事部《事业单位公开招聘人员暂行规定》和杭州市《实施办法》的要求，坚持公开、公平、竞争、择优原则，有序开展公开招考工作。2010年初，组织涉及教育、卫生、城管等多个部门所属事业单位公开招聘工作人员67名，有效改善了区事业单位工作人员的年龄、知识和专业结构。为拓宽区社会工作人才发展空间，在事业单位招考中再次推出了面向社工加分政策和定向招考岗位，招用效果良好。区人事局在质监部门的支持下，以区公开招考多年实践经验的综合成果为基础，制定了《事业单位公开招聘人员面试规范》，在杭州市地方标准规范专家审定组审定环节中得到了较高评价，经市质量技术监督局批准正式对外发布，成为浙江省范围内人事系统第一个正式出台的地方性规范，对全省事业单位招考面试工作将起到很大的指导意义。

【政府机构改革】 政府机构改革是2010年的重点工作，按照建设服务型政府的需要，上城区率先开展了行政审批制度改革，在清理审批事项的基础上，各政府部门设置行政审批科，实行“一门受理，并联审批，限时办结”的审批模式，方便群众办事，提高办事效率。根据浙江省、市、县政府机构改革的要求，深入开展了大部制体制下区级机关机构设置和人员编制情况调研工作，认真摸清底数，梳理存在问题。对照中央、省和各地改革重点，综合考虑区政府履职特点和“五主多副”产业结构重点，把握导向，增强前瞻性研究，拟订有利于更好推进区经济社会发展需要的区级政府机构改革方案，重点在于转变政府职能和方便政策施行，避免机构简单的分合，从源头上理顺职权关系，推动行政管理体制改革。继续严格贯彻执行机构编制管理各项规定，通过多年的严格管理，上城区在2010年初全市率先实现行政编制数和实有人数一一对应的实名制管理目标，提前完成消化行政编制超编任务，为新一轮政府机构改革奠定基础。区《上城区创新优化机构编制管理服务新模式》一文在省市机构编制核心刊物上刊发，并作了经验介绍。

【事业单位改革】 推进事业单位分类工作，对照省、市分类标准和梳理法律法规依据，经报市编办审批，明确承担行政职能事业单位12家。稳步实施事业单位人员聘用制度，对教育、卫生等系统的1000余名职工签订的聘用合同全部进行了审核鉴证，把好质量关；加强聘用制度实施过程中的指导和协调，严格落实政策，及时化解矛盾，确保尊重单位的用人自主权，保护职工个人权利。开展了全区事业单位岗位设置管理有关情况摸底调查，全面摸底专业技术人员和管理人员基本情况，为岗位设置管理工作做好准备。平稳实施了义务教育绩效工资，配合上级部门做好公共卫生和基层医疗卫生事业单位实施绩效工资的前期调研，完成卫生系统退休费的归并工作，做好全区事业单位收入摸底调查，为事业单位绩效工资制度改革做好准备。高标准、严要求做好事业单位登记、法人年度检验和材料的整理归档工作。落实好受理、审核、核准的三级年检工作程序，对全区181家事业单位按要求实施年度检验，及时办理事业单位法人变更登记33家，设立和注销登记各两家。9月，组织全区事业单位开展网上登记培训，全面实施事业单位登记在线申请、协商、受理、审核、核准和反馈，真正实现登记管理机关与事业单位的网上双向互动。

【加强机关事业单位编外用工管理】 在加强机关事业单位机构编制管理和编内进人管理的同时，2010年更加注重完善了编内管理与编外用工统筹机制。1月，对全区机关事业单位编外用工进行督查，全面开展用工审核和2010年计划申报工作。2月，区人事局与区劳动局、区财政局三部门首次就编外用工管理联合发文，明确全区机关事业单位编外用工计划3279名，重申未经核准用工计划，各机关事业单位不得自行招用编外人员；除公益性岗位用工、服务外包、社区工作人员外，其他岗位全部纳入劳务派遣实施范围。截至年底，由区人力资源公司统一实施劳务派遣的编外用工总数为900名，其余人员待合同到期后按规定做好原有劳动合同的终止和经济补偿工作，确保平稳过渡。在日常工作中，区人事局积极宣传政策，主动帮助单位做好工作过渡；严格控制编外用工计划增长，防止财政供养人员数的增长，努力做好部门间的工作协调，在确保政策落实的同时尽量方便用工单位；注重加强对编外用工单位的跟踪服务，及时协调、解决编外用工管理中发生的问题，确保用工双方的合法权益。

【创新政府绩效管理机制】 作为负责全区机关目标管理考核工作的主要职能部门，区人事局积极调研，努力探索阳光工资后新的激励机制，为打造"行为规范、运转协调、公正透明、廉洁高效"的现代服务型政府做好保障。在全市五城区率先实施机关在职人员津贴、补贴清理规范工作，并同步对列入目标管理考核的事业单位收入分配制度进行清理规范，切实规范收入分配秩序，在效果上尽可能兼顾公平和效率。坚持突出重点、公平公正、奖优罚劣的原则，做好年度目标考核工作，努力促进全区经济和社会的全面发展。针对新形势发展需要，在反复调研基础上对目标考核体系进行改革，拟订了《2010年上城区区级机关目标管理考核办法》，将区委、区政府中心工作，群众关心的热点、难点和行政服务中心工作、大学生创业等公共服务项目纳入并加大奖罚力度。通过信息化手段改良传统考核模式，率先建立起实时高效、阳光透明的网上考核系统，强调量化管理和过程管理，逐步实现精细化管理模式，力求更好体现考核的公开、公正以及对单位和个人的激励作用。做好《上城区政府管理创新发展规划(2010~2015)》的起草工作，总结上城区近年来政府管理创新成果，明确"十二五"期间区政府管理创新方向和任务，在部门调研、专家论证基础上不断提升规划的针对性、前瞻性和指导性。

【军转干部管理服务】 企业军转干部的解困工作是维护稳定的一项重要内容。2010年，根据省、市专题会议精神，区人事局开展军转干部档案审查和身份确认，为符合条件的人员按时申报生活补贴，对不符合条件的人员耐心做好政策的宣传解释，对确属生活困难的人员，联络所在街道社区，尽可能以其他补助形式帮助他们。平时注意加强与街道、社区和其他有关部门的联系与协作，及时掌握企业军转干部的思想动态和上访动向，落实专人接待企业军转干部来访，有针对性地做好思想政治工作。针对新形势下事业单位改革、工资制度改革过程中出现的热点、难点问题，加强调研，勇于走进矛盾，主动及时释疑解惑，努力寻求人事政策法规和群众诉求的结合点。全年接待了教育、卫生、房管等系统人员来访咨询人员27批(次)共68人(次)，办理各类来信(交办件)14件，全部及时妥善得到处理，各项改革的实施均较平稳。

【退休干部管理服务】 "落实退休干部政策，让退休干部满意"是退休干部管理服务工作的奋斗目标。全年按时为到龄的30名机关和57名事业单位工作人员办理了退休手续，做好了城管系统因实施垃圾直运改革50名提前退休人员的审批工作。落实退休干部的"两项待遇"，定期向机关退休干部编发《养老保健手册》，开设健康讲座，举办情况通报会，办理换发公园IC卡，组织退休老干部到舟山朱家尖、德清下渚湖等地游览，丰富退休干部的保健常识和业余生活。在日常工作中，区人事局坚持做好对机关患病老干部的上门或上医院探望慰问制度，尽力帮助解决老同志的实际困难，及时送去党和政府的关心与关怀，做到政治上尊重，生活上关心。

【人事部门自身建设】 区人事局以进一步构建权力阳光运行机制为契机，制定依法行政三项制度，依法清理和规范各项权力，理顺各科室职能，简化办事程序，接受社会监督，倾力打造法治人事。完善局机关"学法日"制度，通过法律知识宣讲、案例分析、选送参加培训、以会代训等形式，组织局机关干部和全区人事干部学习人事政策和各项法律法规，进一步提升人事干部队伍素质。注重人事编制工作的前瞻性、基础性研究，创新工作思路，及时总结经验，不断提高常规工作的效率和质量，切实增强部门执行力。针对贯彻实施公务员法、工资制度改革等热点、难点问题，围绕构建和谐人事深入了解和分析，集思广益，多方论证，不断提高决策的科学化、民主化、法制化水平。 (朱乐娟)

【档案工作概况】 2010年，区档案局坚持以科学发展观为指导，以档案为经济建设服务为目标，完成年度工作目标任务。接收文档2624件、562卷，接收24个单位现行文件2234件，重大活动电子光盘197张、荣誉实物档案64件，历年新闻照片841张、便民服务手册99册，李忠杰、夏宝龙、黄坤明等领导题词5幅。全年利用接待1506人、1817卷(件)，复印2187页。接收寄存破产企业档案1家。接收区婚姻登记处2007~2009年婚姻和收养档案,方便群众查阅。2010年,区档案局获全省档案系统推进“平安浙江”建设先进单位、全省档案部门第十次优秀编研成果三等奖、杭州市档案部门优秀编研成果二等奖、上城区“巾帼文明岗”等荣誉。2010年,区档案局依法行政(行政执法责任制)工作以93分通过区法制办考核。

配合全区各项重大活动,2010年,拍摄全国人大调研组、全国党史部门资政工作研讨会、中央党校考察组、中央电视台摄制组、杭州市第一届社工节等活动。中共浙江省省委书记赵洪祝、副书记夏宝龙、副省长陈敏尔,民政部副部长窦玉沛一行,杭州市委书记黄坤明、代市长邵占维等调研上城经济社会发展情况,法国前总理拉法兰等参观影像资料千余张。

【档案服务民生】 2010年,上城区52个社区开展党组织、居委会换届。为确保社区换届选举档案如期归档,业务指导人员下基层指导材料收集方法。7月,组织社工进行换届选举档案培训,明确换届选举档案的归档责任,加强换届档案资料的收集管理,确保换届工作的完整性和后继性。确定居委会和党组织选举材料移交时间及材料的收集,公告、选票、工作报告、会议纪要、选民名单和照片音像等,为社区组织换届选举规范档案管理。关注第六次人口普查资料,与区统计局联合发文就人普资料归档提出要求。每天收集舆情信息,分类整理上传网络,供需要部门参阅,2010年上传各类信息5939条。

【完善工程档案管理】 2010年,区档案局联合区重点工程协调办公室联合下发了《上城区重点建设项目档案登记备份办法》。6月,对湖滨、吴山、危改、庭改等6个指挥部的重点工程档案进行专项检查。整理吴山指挥部73项工程档案,对存在的问题提出整改意见。7月中旬,《杭州日报》公布上城区104处历史文物保护建筑保护方案,区档案局立即安排两人拍摄上城所有文保点照片。12月中旬,冒雪拍摄文保建筑雪景,共拍摄照片1152张,录像资料99分钟。12月底,参加区纪委(监察局)对2010年新建、修缮、装修项目前期、立项、招标、施工、监理、竣工及归档等联合执法检查。明确政府投资或使用财政资金的重点建设项目都应列入档案登记备份范围,由区档案局依法对全区新建、在建重点建设项目实施登记备份。

【档案开放利用】 2010年,区档案局提供馆藏的中山中路、湖滨路、复兴路新老照片34幅,用作中国浙江展区创作组为上海世博会创作的浙江馆“最浙江家庭”展示。11月,为浙江工业大学建筑工程学院调研清河坊“四拐角”提供《清河坊》、《民国时期的杭州》、《走读中山路》等照片和资料。

【落实档案接收管理】 2010年,上城档案部门结合实际,按照统筹规划、突出重点、安全保密的原则,贯彻落实《关于做好电子文件和数字档案登记备份工作的通知》,扎实有序开展登记备份工作。与各单位沟通协调,接收区民政局、区劳动和社会保障局、上城国土分局、服装职高等10家单位的婚姻、收养、招工、知青、调动、地籍和学籍等档案。安排人力对接收档案全文数字化,全年扫描档案全文279733页,条目166157条。接收区教育局电子业务数据5.17GB,区信息中心电子业务数据0.3GB,区危旧房改善指挥部工程项目声像档案(光盘)112件。全文数据库和目录数据库双机热备,硬盘异地保存。为杭州娃哈哈集团有限公司档案数据异质异地登记备份到省、市档案局。

【开展档案年检】 7月底,各单位开展档案年检,以自查为主,协作互查。11月1日,区档案局对区委办、区人大办等12家单位档案进行抽查。检查贯彻落实《组织机构档案管理规范》情况,档案为中心工作服务、档案数字化进程和民生档案登记备份等。要求受检单位有序实施档案管理规范,提升单位档案现代化水平。

【促进档案事业发展】 2010年,实施《社区档案管理规范》。全区5个社区达到省级示范档案室,18个社区达到省级规范化档案室,43个社区达到市级规范化档案室。上城国土分局、服装职高等10多家单位档案工作通过省、市目标管理认定。《数字档案室管理规范》的贯彻实施,厘清了电子文件、电子文书和档案数字化关系,落实了电子文件和数字档案、重点工程建设档案登记备份,明确了立档单位责任,将推动上城档案工作迈上一个新台阶。

【开展档案业务培训】 4月12~13日，区档案局在上城区社区学院举办全区档案员业务培训，区机关团体、企事业单位、学校社区近90名档案员参加培训。邀请省档案局专家针对数字档案室的建设、档案法规规范以及档案登记备份工作展开讲评，对全区的档案保密与安全工作提出要提高档案安全与档案管理人员的保密意识；档案库房必须具备必要防盗、防火、防潮设施，并制定应急预案；确保公开的档案安全，加大档案保密工作的力度；重视档案信息管理系统的安全与保密，做好档案登记备份工作。

4月12~13日，区档案局在上城区社区学院举办全区档案员业务培训。

（区档案局　提供）

【《数字档案室建设管理规范》通过审定】 由区档案局起草的《数字档案室建设管理规范》申报杭州市地方标准。11月26日，市质量技术监督局组织专家论证会，省档案局信息科技处，市档案局技术处，区人大、政协领导参加论证会，区档案局汇报规范背景及规范生效执行规划，专家对规范提出修改意见并通过审定。该标准针对数字档案工作提出具体办法，档案除了传承文明，更要体现服务功能，造福民众。该项地方标准为全省首创，对全省数字档案工作标准化有一定的示范和推动作用。（马黎宪）

11月16日，召开上城区《数字档案管理规范》专家审定会。

（区档案局　提供）

区政协

【区政协三届五次会议】 中国人民政治协商会议第三届杭州市上城区委员会第五次会议，于2011年1月9~13日举行。会议审议通过了区政协主席余勇代表区政协常务委员会所作的工作报告和区政协副主席袁巧玲所作的提案工作情况报告。委员们列席了区十三届人民代表大会第五次会议，讨论并赞同上城区代区长缪承潮所作的《政府工作报告》及其他报告，审议通过了区政协三届五次会议提案审查情况的报告和区政协三届五次会议决议。会议期间，共收到委员提案180件，立案152件。4个党派、两个专委会和5名委员上台作了大会发言；4个党派、团区委、两个专委会和两名委员作了大会发言(书面)。

【区政协三届常委会第十四次会议】 1月15日，召开区政协三届十四次常委会议。会议审议通过了关于召开政协第三届杭州市上城区委员会第四次会议的决定；审议通过了政协第三届杭州市上城区委员会第四次会议议程(草案)和日程；审议通过了提交政协第三届杭州市上城区委员会第四次会议审议的常务委员会工作报告和政协三届三次会议以来提案工作情况的报告;审议通过了政协第三届杭州市上城区委员会第四次会议副秘书长名单;同意金芳同志辞去政协第三届杭州市上城区委员会常务委员、委员职务请求的决定;通过了关于撤销徐江波政协第三届杭州市上城区委员会委员资格的决定;审议通过了增补政协第三届杭州市上城区委员会委员的决定,增补余勇、张璐、许莅、时永生、吴韵、牟晓军、邵国华、褚梅云、申屠宇星、高静、俞富根等11名同志为政协第三届杭州市上城区委员会委员;审议通过关于设立政协杭州市上城区委员会委员学习和工作联络委员会的决定;审议通过了张璐同志任职的决定,任命张璐同志为政协杭州市上城区委员会委员学习和工作联络委员会主任;审议通过了区政协各专门委员会2009年度工作总结(书面);通报了《关于表彰2009年度区政协"先进专委会"、"先进委员小组"、"委员积极分子"和"优秀提案"的决定》。

【区政协三届常委会第十五次会议】 3月2日,召开区政协三届十五次常委会第一次会议。会议审议通过《杭州市上城区政协三届四次会议关于同意杨全岁辞去政协第三届杭州市上城区委员会主席职务的决定(草案)》;协商《政协第三届杭州市上城区委员会第四次会议选举办法(草案)》;协商补选政协第三届杭州市上城区委员会主席候选人建议名单(草案);协商增补政协第三届杭州市上城区委员会常务委员候选人建议名单(草案);协商政协第三届杭州市上城区委员会第四次会议总监票人、副总监票人建议名单(草案)。

3月3日,召开区政协三届十五次常委会第二次会议。会议听取了对各工作报告讨论情况的汇报;听取了各委员小组有关选举事项讨论情况的汇报;讨论并提出了会议决议(草案)。

3月4日,召开区政协三届十五次常委会第三次会议。会议听取并审议了提案委关于大会提案审查情况的报告(草案);表决了《选举办法(草案)》、总监票人、副总监票人名单(草案),通过了监票人名单,确定了正式候选人名单;审议并通过了会议决议(草案)。

【区政协三届常委会第十六次会议】 3月31日,召开区政协三届十六次常委会议。会议邀请全国政协委员、华日实业投资有限公司董事长陈励君传达全国"两会"精神;协商通过了区政协2010年工作要点;通过了《关于提请任命杨琳为区政协委员学习和工作联络委员会兼职副主任的建议案》。

【区政协三届常委会第十七次会议】 6月25日,召开区政协三届十七次常委会议。会议通过了区政协2010年度委员暑期读书会方案;审议通过了《关于部分修订〈评选区政协先进专委会、先进委员小组和委员积极分子〉的建议》;审议通过了区政协经济科技委员会《发展上城区物联网产业的若干建议》;审议通过了区政协社会法制和港澳台侨委员会《缓解上城区行路难、停车难问题的思考与建议》调研报告。

【区政协三届常委会第十八次会议】 9月28日,召开区政协三届十八次常委会议。会议专题协商了上城区"十二五"规划纲要;听取了区政府办通报区政协三届四次会议提案办理情况、区政协提案委员会关于三届四次会议以来提案办理情况的报告;书面通报了区政协信息工作。

【区政协三届常委会第十九次会议】 12月15日,召开区政协三届十九次常委会议。会议审议通过了关于召开政协第三届杭州市上城区委员会第五次会议的决定;审议通过了政协第三届杭州市上城区委员会第五次会议议程(草案)和日程;审议通过了提交政协第三届杭州市上城区委员会第五次会议审议的常务委员会工作报告和政协三届四次会议以来提案工作情况的报告;协商通过了政协第三届杭州市上城区委员会第五次会议副秘书长名单;审议通过了区政协各专门委员会2010年度工作总结(书面)。

【举办委员暑期读书会】 7月28~29日,区政协举办了委员暑期读书会。邀请浙江省社会科学院副院长葛立成作了"当前经济形势与热点问题分析"的专题讲座;举办了政情通报与交流会,副区长袁建祥通报了上半年全区经济社会发展情况及下半年政府主要工作思路,副区长袁建祥、顾文友、宦金元、管光尧,以及区发改局、区商贸旅游局、区科技局、区建设局、区教育局、区卫生局、区劳动和社会保障局、区民政局、区文广新局、区行政执法局、区城管办、吴山指挥部等职能部门的负责人与委员们就“经济发展与城市建设”、“社会事业与民生保障”两个专题进行了面对面交流；区政协提案委主任来国良通报了三届四次全会提案办理情况，并就“运用上城区政协协同电子政务系统，做好提案工作”进行了业务辅导；委员赵毓芳、郑凌交流了自己的履职经验与体会。

【政治协商取得新成绩】 政治协商是政协履职的首要职能。2010年，常委会围绕全区政治、经济、文化和社会生活中的重大问题，开展政治协商活动，形成了全体会议全面协商、常委会议专题协商、主席会议重点协商、专委会对口协商的多层次协商格局，促进党委、政府科学民主决策。

完善政治协商制度，规范政治协商工作。常委会协助区委制定政治协商计划，规范政治协商有关规程。5月27日，区委上委办〔2010〕53号《关于印发〈2010年中共上城区委、上城区人民政府政治协商工作计划〉的通知》，明确了年度党委、政府与政协政治协商的重点工作，规范了政治协商的基本方式、主要内容和形式程序。

组织开好全体会议，对关系全局性的重要问题进行集中协商。三届四次会议期间，委员们通过大会发言、小组讨论和提交提案等形式，共商上城建设发展大计。各民主党派和委员就进一步完善上城区养老服务体系、加强坊巷历史文化保护、打造“网上政府”等主题进行大会发言，区委、区政府领导到会聆听，会上所提意见、建议得到了很好采纳。常委会议、主席会议进行专题协商。邀请区委、区政府领导出席会议，逐步形成了高层次、面对面、民主和谐的协商形式。

为制定“十二五”发展规划协商建言。协助区委、区政府科学制定“十二五”发展规划，整理形成《“十二五”规划纲要编制协商会议纪要》，就总规划纲要的整体结构、布局框架、基本原则、定位提法及12个“专项子规划”的有关具体内容，提出9方面42条意见建议，为区委、区政府科学谋划上城区“十二五”发展提供参考和依据。

【民主监督取得新进展】 常委会把加强和推进民主监督放在重要位置，畅通监督渠道，反映社情民意，进一步完善民主监督机制。

建立健全“点”、“线”、“面”相结合的视察工作机制。围绕城市有机更新就中东河贯通、五柳巷、大资福庙、望江地区拆迁地块等重点工程项目进行视察；围绕党委、政府重点工作就“五五”普法、安全生产工作、食品药品监管、国家基本药物制度实施情况等工作开展专题视察，重点视察活动并形成视察报告，提出改进意见，报送区委、区政府及相关部门，使政协的监督意见较好地推动相关工作落实。

把了解和反映社情民意作为民主监督的重要基础和关键环节。通过加强与委员的联系、委员小组活动、委员走访约谈、信息工作例会等途径，及时把社会各界人士的意见系统、综合、直接地反映给党政领导及部门。全年共向全国政协、省、市政协报送信息210篇，上级政协采用17篇，其中全国政协采用6篇。

提案是促进党和政府科学民主决策的重要渠道，也是民主监督的重要途径。三届四次会议共立提案162件，已全部办复，许多有价值的意见、建议已转化为党政部门的决策参考和工作措施。《上城区政协协同电子政务系统》的研发成功和正式运行，为加强政协信息化建设，提高提案工作科学化水平，起到推动作用。

探索统一委派特邀监督员的工作机制。统一委派5名政协委员担任区人民法院“特邀听证员”、上城质监分局“行风监督员”。每月组织10名委员对清河坊等7个杭州市打造“国内最清洁城市”示范点进行暗访，对发现的问题及时督促整改。推荐政协委员参加市政府有关职能部门的“公述民评”活动，组织委员参与行政强制拆迁听证工作，全年参与85场次，为促进社会稳定和谐发挥了作用。

【参政议政取得新突破】 参政议政是人民政协主动服务大局的重要途径。常委会组织调查研究，积极建言献策。12月3日，《人民政协报》在头版头条发表《“智”塑特色文化街区——杭州上城区政协推动历史文化保护小记》纪实文章，对区政协参政、议政进行广泛宣传，产生了较大的影响。

建言南宋皇城大遗址综保工程。区政协积极参与这项重点工程，着重就中山南路动静态交通组织工作进行调研,形成《完善中山南路动静态交通组织,打造“中国美食第一街”》的调研报告,就解决中山南路停车难问题提出新建中河高架路匝道下方停车场、打造交通循环体系、做好交通衔接和设置公共交通设施等建议,得到市、区领导肯定,市人大常委会主任王国平对报告作出批示:“为新中东河综保工程献计出力”。常委会组织专家学者对中东河历史文化碎片考察调研,形成《关于中东河综保工程历史文化遗存挖掘展示的建议案》提交区政府。区政府对建议案做了回复,肯定区政协对于打造好这一工程所起到的推动作用。

为产业结构调整献策。重点就培育和发展物联网产业开展调研,形成《发展上城区物联网产业的若干建议》调研报告,提出制定《上城区加快物联网应用与产业发展行动计划》、加大对物联网产业相关重点企业扶持、建设应用示范工程等若干建议。对上城区发展“五主多副”产业空间布局进行调研,召开专题约谈会,听取委员对《上城区“五主多副”空间结构优化指导意见》的建议,形成约谈会议纪要报送区政府,推动了相关工作的进展。

为环境建设出力。常委会将低碳城区建设列为重点调研课题,形成《关于对上城区打造“低碳城区”的建议案》提交区政府,为区委、区政府出台低碳新政提供了参考。

围绕党委、政府关注的重点课题参政议政。就上城区“交通两难”问题开展视察调研,形成《缓解上城区行路难、停车难的若干建议》调研报告,提出相关建议措施。就国有资产安全运营工作进行专项调研,提出有关加强全区国有资产安全运营工作的意见、建议。专题研究历史建筑保护、开发与利用工作,组织力量对区历史文化遗产现状进行调研,提出对历史建筑合理利用、有机更新的意见、建议,得到区委、区政府的重视和肯定。

【民主促民生工作取得新成效】 常委会把以民主促民生工作放在更加突出的位置,不断提高以民主促民生的实效。健全政协领导参加党委、政府有关重要会议和活动的机制,健全政协委员参加政府常务会议工作机制,全年有14人次委员参加7次政府常务会议,围绕会议确定的民生议题为老百姓建言,推动有关民生议题的民主决策。把关系人民群众切身利益的重要问题列入政协协商讨论的内容,全年召开协商会议20余次,发挥较好成效。围绕破解“7+X”(由原市委书记王国平提出)难题这一总抓手,高度关注劳动就业、社会保障、医疗教育、收入分配等民生问题,把促进民生问题的解决作为以民主促民生的根本着力点。对校园安全、发展养老事业、加强城市应急管理、食品安全整治、司法公正、保障残疾人权益、生态城区建设等工作,运用视察、调研、专题协商等多种履职形式,提出了许多有价值的意见。

【广泛开展联谊活动】 政协领导坚持走访委员制度,听取委员们对经济社会发展和政协工作的意见。加强与台侨、少数民族等各界人士的对话磋商,重视发挥他们的作用。做好新形势下民族宗教工作。贯彻党的民族宗教政策,上门听取宗教界委员的意见建议,加强与有关部门的沟通协调,帮助解决实际问题。加强与新的社会阶层人士的联系,宣传党的有关政策,鼓励他们积极投身社会主义建设。为女政协委员举办女性养生专题讲座,受到女委员们的欢迎。开展对外交往,增进沟通与了解。

【发挥政协文史资料作用】 编辑出版了《刘江西湖诗词篆刻选集》、《漫游中东河》、《小天地大飞跃》三亲文史资料。开展征集撰写大资福庙楹联、匾额活动;完成了4期《上城文史》报;与清波街道、吴山书画院联合举办“2010(第二届)科学与艺术·院士与书画家作品联展”;与台州市椒江区政协联合在唐云艺术馆举办“相聚西湖——上城区政协和椒江区政协书画联展”,征集展出了50多幅两地政协委员的书画作品,《联谊报》、《杭州日报》等媒体对活动作了专题报道。

【加强政协自身建设】 常委会主动适应新形势新任务的要求,注重理论学习,突出界别、委员、机关、小组“四位一体”的自身建设,不断提高履职能力。夯实政协工作基础。深入学习中共十七届四中、五中全会和市委政协工作会议,区委八届八次、九次全会精神,进一步加深对党的方针政策的理解,提高服务大局、建言献策的能力。组织委员参加区直单位综合考评、行风评议等工作,充分发挥委员的主体作用。

加强政协专委会建设,成立委员学习和工作联络委员会,充分发挥专委会在专题调研、视察、考察等履职活动中的基础性作用。开展创先争优活动,加强政协机关信息化建设。探索推进政协街道基层组织建设,区委原则同意组建政协街道工委。委员小组履职能力加强,开展了形式多样的活动。

贯彻市委政协工作会议和有关文件精神。制定和完善了上政协办〔2010〕10 号《政协机关公文处理办法》、上政协〔2010〕13 号《关于开展评选区政协先进专委会、先进委员小组和委员积极分子活动的实施意见》等规章制度。协助区委制定下发上委办〔2010〕11 号《对中共杭州市上城区委关于进一步加强人民政协工作的意见进行责任分解的通知》, 为落实好区委政协工作会议和有关文件精神提供了保障。

表 38　　2010 年度政协上城区委员会文件索引

文件号	发文日期	标　　题
上政协〔2010〕第 1 号	2010-01-13	关于表彰 2009 年度区政协“先进专委会”、“先进委员小组”、“委员积极分子”和“优秀提案”的决定
上政协〔2010〕第 2 号	2010-01-22	关于设立政协杭州市上城区委员会委员学习和工作联络委员会的决定
上政协〔2010〕第 3 号	2010-01-22	关于增补余勇等十一位同志为政协第三届杭州市上城区委员会委员的通知
上政协〔2010〕第 4 号	2010-01-22	关于张璐同志任职的通知
上政协〔2010〕第 5 号	2010-03-04	关于印发中国人民政治协商会议第三届杭州市上城区委员会第四次会议审议通过的有关人事事项的通知
上政协〔2010〕第 6 号	2010-03-25	关于调整区政协主席、部分副主席工作分工的通知
上政协〔2010〕第 7 号	2010-04-01	关于杨琳同志任职的通知
上政协〔2010〕第 8 号	2010-03-31	政协杭州市上城区委员会 2010 年工作要点
上政协〔2010〕第 9 号	2010-04-29	政协第三届杭州市上城区委员会委员学习和工作联络委员会组成人员名单
上政协〔2010〕第 10 号	2010-05-27	关于对上城区打造“低碳城区”的建议案
上政协〔2010〕第 11 号	2010-06-01	关于中东河综保工程历史文化遗存挖掘展示的建议案
上政协〔2010〕第 12 号	2010-06-07	上城区政协委员学习和工作联络委员会工作规则(试行)
上政协〔2010〕第 13 号	2010-06-29	关于修订《开展评选区政协先进专委会、先进委员小组和委员积极分子活动的实施意见》的通知
上政协〔2010〕第 14 号	2010-10-14	“十二五”规划纲要编制协商会议纪要
上政协〔2010〕第 15 号	2010-12-16	关于召开中国人民政治协商会议第三届杭州市上城区委员会第五次会议的决定

(宋　燕)

区纪委(区监察局)

【概况】 2010 年, 全区各级纪检监察组织在区委、区政府和上级纪检监察机关的正确领导下,以邓小平理论和"三个代表“重要思想为指导,深入贯彻落实科学发展观,紧紧围绕建设”具有国际水准的高品质中心城区"的中心任务,以打造"廉洁上城"为目标,以加快完善惩防体系为主线,坚持标本兼治、综合治理、惩防并举、注重预防的方针,狠抓反腐倡廉各项任务的落实, 全区党风廉政建设和反腐败工作取得了新进展、新成效。

【督查中央、省、市、区委重大决策部署的贯彻落实】 坚持围绕中心,服务大局,加强扩内需促增长、加快产业转型升级、提升城市有机更新、破解民生“七难”、推进生态文明建设、节能减排等执行情况的督查检查,确保中央和省、市、区委重大决策部署贯彻落实。不断完善《上城区目标管理控制及重点工作督办系统》,对区委、区政府的重点工作完成进度和落实情况实施目标管理,有力保障了全区经济社会平稳较快发展。以政府性投资和使用国有资金项目为重点,开展工程建设领域突出问题专项治理、建设指挥部的资产清查、安置房分配情况调查、工程建设制度执行情况专项检查等工作,确保政府投资安全高效。积极探索效能监察的方式和途径,对全区“奋战60天”七大建设工程进行效能评估,全面推进建设的工作效率和管理水平。

【推进惩防体系建设】 贯彻落实《完善惩防体系、打造“廉洁上城”2008~2012年工作意见》,制定《2010年党风廉政建设和反腐败工作的组织领导和责任分工》,严格执行“三书两被告”制度,及时下发责任分工报告书、牵头任务函告书、落实责任建议书,不断完善反腐倡廉责任机制。以学习宣传《廉政准则》为重点,深化示范教育、警示教育和岗位廉政教育,推进廉政文化建设,不断完善反腐倡廉教育机制。全面开展权力阳光运行机制工作,推进政府管理与公共服务标准体系建设,发挥民情信息联络站和网络舆情监督员作用,建立健全腐败风险预警机制,不断完善反腐倡廉预防机制。探索"科技制权"有效途径,加强公职人员招聘、干部选拔任用、工程建设、政府采购等重点领域和关键环节监督管理,不断完善反腐倡廉考核机制。认真修订党风廉政建设责任制考核标准,加大对党风廉政建设责任制、推进惩防体系建设情况的监督检查力度,不断完善反腐倡廉考核机制。2010年,在全市推进惩防体系建设和落实党风廉政建设责任制检查考核中,上城区获得考核满分的优异成绩。

资料　“三书两报告”:“三书”指责任分工报告书、牵头任务函告书和落实责任制建议书。“两报告”指责任领导和牵头单位的报告制度。

【深化作风建设和执行力建设】 开展“深化作风建设年”和“深化执行力建设年”活动,以“治庸治懒、提能增效、狠抓落实”为重点,以整治办事不用心、工作不主动、服务不到位、办事不公正、公务不节俭、形象不端正等“六不”问题为主要内容,通过创建学习型党组织、建设“六型”政府、“上城先锋”创先争优等活动,以作风建设的深化促进执行力的提升,以执行力的提升带动工作作风的改进,认真做好《民情热线》“区长谈民生”工作,协调解决涉及民政、劳动、教育、卫生等重点部门的投诉问题20余个。组织开展工商、教育、卫生等系统的民主评议行风活动,召开“公述民评”述评大会20个,67名评议对象进行了述职述廉,落实整改意见32条。组织开展“五查五看”机关作风建设明查暗访等活动,进一步加大对作风和效能状况监督检查的力度,使群众对机关作风和效能的满意度有新的提高。2010年,区效能办共受理效能投诉128件,限时办结率达100%,对4名工作人员进行批评教育,对2名工作人员通报批评。

资料　“六型”政府:创新型、责任型、节约型、服务型、法制型、廉洁型。

“五查五看”:查思想、看信念;查行为、看言行;查效率、看作为;查制度、看执行;查纪律、看守规。

【解决群众反映强烈的问题】 组织开展“千局万站优化发展环境”活动,努力提高政府部门“服务发展、服务民生、服务基层”的能力和水平。制定《上城区基层站所(服务窗口)规范化建设三年实施方案(2010~2012年)》,开展第一轮区级“人民满意基层站所(办事窗口)”评选活动,进一步提高基层站所服务水平和服务质量。组织开展“倡导勤俭节约、反对铺张浪费、惩治奢靡之风”专项整治行动,认真落实党政机关厉行节约各项要求,加强领导干部国内考察和出国(境)管理,规范公务用车和公务接待。深入开展工程建设领域突出问题专项整治活动,重点排查政府投资和使用国有资金500万元以上项目81个,对270个政府投资项目进行了国家审核,核减工程造价4646.82万元,落实整改问题32个。完成经济责任审计项目9个,查出违规金额共计282万元,管理不规范金额817万元,落实改进管理建议13条。

【拓展反腐倡廉宣传教育】 深化“打造廉洁上城、建设品质示范区”主题教育活动,利用党风廉政建设大会、反腐倡廉情况通报会、理论中心组学习会、先进事迹巡回报告会、廉政宣传橱窗、网上廉政知识测试等形式,加强对党员干部的党性、党风、党纪教育。开展学习宣传《廉政准则》、“勤政、廉政好公仆”候选人推荐、“读书思廉”征文、观看警示教育片等活动,提高广大党员干部拒腐防变意识。严格执行廉政谈话、廉情通报、党员领导干部重大事项报告等制度、延伸拓展“一报告两评议”范围，增强全区领导干部廉洁从政意识。2010年，全区党员干部主动上交礼金、礼卡折合人民币14万元。推进公职人员岗位廉政教育。组织召开全区岗位风险廉政教育工作推进会，总结经验做法，创新教育形式，促进岗位廉政教育全覆盖。全区共有5942名公职人员参加了岗位廉政教育工作，制定廉政行为规范1195条，查找岗位风险点2139个，编写情景案例1232个，编写岗位廉政教育情景案例汇编11本。区建设局编写的《清风城建》获杭州市岗位廉政教育优秀教案评选三等奖。加大廉政文化示范点创建力度，打造基层廉政文化品牌。美政桥社区和建兰中学被命名为首批省级廉政文化示范点，望江街道在水一方社区等3家单位被命名为市第三批廉政文化示范点。开展全区反腐倡廉建设优秀创新成果评选活动，总结推广了“吴山清风·修身之旅”等一批创新思路清晰、方法措施有力、实际成效明显、社会评价良好的经验做法。

【严肃查处违纪违法案件】 2010年，全区各级纪检监察组织受理信访举报80件(次)，立案查处违纪案件14件，其中“行为不廉洁、作风不检点”案件7起，共处分党员干部13人，开除党籍8人，追究刑事责任6人，挽回直接经济损失36万余元。强化信访监督、教育职能，对4个单位的主要负责人进行了信访谈话，为27名党员干部澄清了问题。不断加大行政监察力度，依法查处不公开招标案件2起。坚持信访首办责任制，注重查处苗头性、倾向性问题，妥善处理涉及群众切身利益的矛盾和问题。坚持部门协作的联合办案模式，严格依纪依法、安全文明办案，认真做好案件审理和申诉复查工作，切实保障党员干部利益。积极做好查办案件后半篇文章，深入剖析典型案件，研究发案规律，以查促教、以查促管、以查促防，积极发挥办案功能和防控效应。

【推进源头治理工作】 全区各级纪检监察组织以改革的精神、创新的思路、发展的办法，着力解决滋生腐败的深层次矛盾和问题。全面推进构建权力阳光运行机制工作，在成功打造全市首家城区“网上行政服务中心”的基础上建立行政权力运行全程监督系统，加强对行政权力运行的制约和监督。2010年5月，在全市城区进一步构建权力阳光运行机制工作现场会上进行经验介绍。推进政府管理标准化建设。逐步建立用制度管权、按制度办事、靠制度管人的有效机制，进一步提高反腐倡廉制度化、规范化水平。深化建设资金统筹和基建概(预)算管理，2010年节约银行贷款利息6000多万元。深化财政预算编制、国库集中支付、绩效监督评价三分离改革，加强国有资金运行的监督管理。制定《竞争性选拔干部工作实施办法》和《干部跨部门竞岗交流工作实施办法》，建立区管干部选拔任用初始提名库，完善领导干部德的考核评价办法，提高干部选拔任用工作的科学化水平。

【加强纪检监察组织自身建设】 开展“做党的忠诚卫士、当群众的贴心人”主题实践活动，以全面实施“素质提升工程”为载体，积极开展创先争优活动。开展“学习型党组织”和“学习型机关”创建活动，积极参加中央、省、市纪委组织的业务培训班，认真组织理论研讨活动，进一步提高纪检监察干部理论水平和履职能力。《关于探索“科技制权”有效途径的实践与思考》在全国权力制约和监督理论研讨会暨第三届西湖·廉政论坛进行经验交流。《加强执行力建设的研究》获全市纪检监察系统优秀调研成果(论文)一等奖。加强机关纪委建设，在设立机关党委的单位建立机关纪委，形成机关纪检工作网络。制定《关于上城区纪检监察派驻机构统一管理试点工作的实施意见》，积极推进纪检监察派驻体制改革，切实加强基层纪检组织建设。通过“公推直选”完成52个社区纪委换届选举，社区纪检干部平均年龄34.7岁，98%为大专以上学历。开展对基层纪检监察工作的指导，完善落实基层党风廉政建设有关制度，对社区纪委书记和纪检干部进行专题培训。注重开展健康有益的文体活动，提高纪检监察干部队伍的凝聚力。

【美政桥社区落实“三抓”措施推进党风廉政建设】 抓文化，以“一亭一墙一公园”等廉政景观为特色，发挥“杭州市廉政文化示范点”和市“清风之旅”廉洁教育专线首批参观点的优势，营造崇廉耻贪的崇廉氛围。抓教育，通过开辟“廉政图书角”、建立社区民情信息阵地、开展“人人争做廉风监督员”活动，强化对社区党员的教育。抓监督，充分发挥社区纪委的监督作用，通过成立“民间庭改办”，推行政务、事务、财务、服务“四公开”,完善居民事务听证会、社区事务协调会、社区民情恳谈会、社区成效评议会“四会”制度,完善社区自我教育、自我管理、自我服务、自我监督的运作机制。

【召开纪委全会暨党风廉政建设大会】 3月24日,上城区召开纪委八届五次全体(扩大)会议暨全区党风廉政建设大会,对2010年党风廉政建设和反腐败工作进行了布署。深化“执行力建设年”活动,积极创建决策、执行、督导“三位一体”的执行力建设新机制。坚持惩防并举、注重预防,加大反腐倡廉制度建设和制度执行力度,不断完善惩治和预防腐败体系。坚持有案必查、一查到底,严格落实“一案两报告”制度。坚持预防在先、关口前移,深入推进反腐倡廉教育。坚持心系群众、服务基层,深入开展作风建设。开展“深化作风建设年”、“公述民评”、工程建设领域突出问题和“小金库”等专项治理活动,加强对破“七难”等群众反映强烈的突出问题的监督检查。坚持拓宽渠道、增强合力,加强对领导干部的权力监督制约,强化国有资产授权经营和委托监管平台等“五大平台”的监督管理。坚持改革统揽、开拓创新,深化构建权力阳光运行机制工作,推进行政审批制度、干部人事制度等的改革。

【建立三项机制化解矛盾纠纷】 建立健全纪检信访问题排查化解机制。对容易产生矛盾纠纷问题的重要领域和环节,尤其是在“两会”、“世博会”等重大时期,加大排查力度,及时化解矛盾纠纷。建立领导包案疑难信访问题机制。对疑难、复杂信访件进行筛选,落实包案领导。建立组织协调机制。对情况复杂、涉及部门较多的重复访、越级访问题,及时与有关部门、单位交流、沟通情况,共同研究化解。

【启动构建权力阳光运行机制第三批试点工程】 2010年,上城区全面启动构建权力阳光运行机制第三批试点工程。区教育局、上城公安分局、区文广新局等9家单位被列为试点单位,50余项行政许可项目、40余项非行政许可项目被列入试点工程。各试点单位将通过清理行政权力、规范权力运行流程、建立权力运行平台等一系列活动,于年底前完成试点工作,促进权力透明、阳光运行。

【“三个注重”扎实推进腐败风险预警机制建设】 注重廉政信息的收集。定期组织反腐倡廉工作调研、专题调查,加强信访举报案件的分析排查,收集反腐倡廉各类信息。注重民情、社情的掌握。街道、社区建立各种形式的民情信息联络站,以民情信箱、民情热线、民情恳谈会等多途径及时了解、掌握民情和社情。注重网络舆论监控。区纪委(监察局)组织网评员定期上各大论坛查看廉政舆情,掌握第一手信息。

【建立“四个平台”推进权力监督制约工作】 建立数字监察平台,强化行政审批权的监督,整合网络信息资源。建立覆盖全区的网上行政服务中心,研发行政权力全程实时监督系统,促进行政审批权依法依规运行。建立智能管控平台,强化行政处罚权的监督。利用3S技术、智能报警等多项数字技术,建立城市管理智能管控平台,实现执法过程全程实时监督。建立公共资金电子监察平台,强化公共资金管理使用权监督。研发财政专项资金审批拨付业务系统,实现全区财政专项资金网上审批、直接拨付和网上监督。建立重点领域监督平台,加强建设资金专户管理,完善工程变更(联系单)网上备案,强化安置房信息管理等,促进关键环节权力规范运行。

(杨金娥)

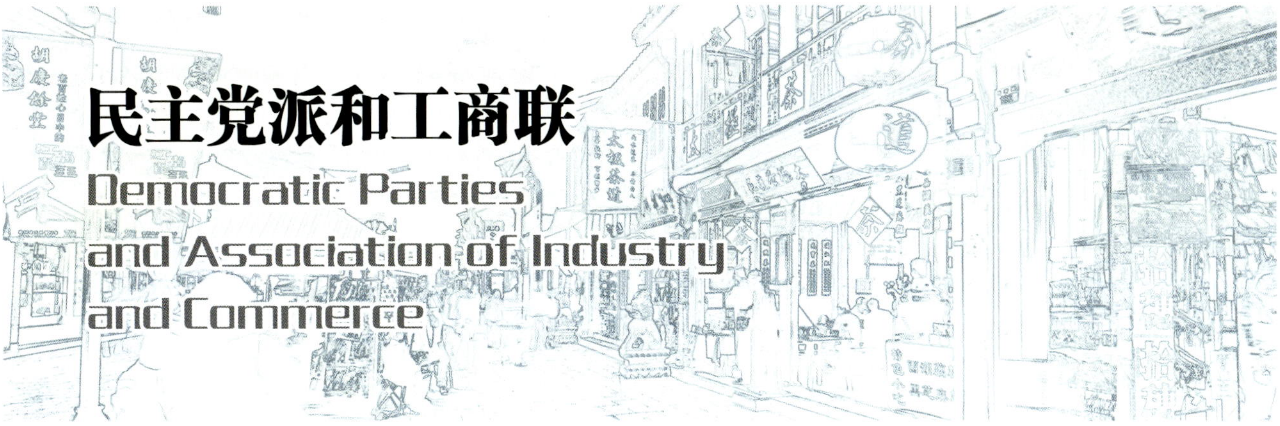

民主党派和工商联

Democratic Parties and Association of Industry and Commerce

民主党派

【概况】 上城区有7个民主党派基层组织，均隶属民主党派杭州市委会，有总支6个、支部36个、成员683名。2010年，新发展成员25名。全年撰写提议案和社情民意159（件）篇，开展社会服务43次，捐款（物）37.1万元。区各民主党派总支（支部）按照科学发展观的要求，围绕区委、区政府的中心工作，充分发挥各自的特点和优势，为构建和谐上城、建设“具有国际水准的高品质中心城区”作出了新的贡献。

【民革杭州市委会上城总支】 中国国民党革命委员会（简称民革）。现有民革上城支部2个，成员39名。2010年，发展新党员1名，已故老党员1名。递交涉及经济建设和社会生活、城市管理等方面的议案、提案和建议5件，信息6篇，完成《关于老城区功能布局改造调整模式的建议》的调研课题。在帮困求助工作中捐款8500元，衣物32件；张跃迅和高静与两名困难家庭的孩子结对助学。全年接待台、港、澳及海外亲友16人。

【民盟杭州市委会上城总支】 中国民主同盟（简称民盟）。民盟上城总支现有支部11个、成员194人。2010年，新发展盟员10名，增补王双林为总支副主任，组织专题讲座1次，专题调研5项、反映社情民意38篇、报送各类信息26篇，其中《关于进一步完善我区养老服务体系》、《国有民办学校转为民办学校后存在的问题及对策》被列入区政协2010年专送报告和大会发言材料。全年组织和参与各项社会服务活动9次。民盟上城总支被推荐为省级先进支部，周常生、钟荣川被推荐为省级先进盟务工作者。

【募集资金助教】 2010年，民盟上城总支继续组织力量深入桐庐新合乡小学，送教下乡，开展教育交流活动。筹集资金和财物价值30万元，建成了一流的图书室、配备了12个乒乓球桌、更新了办公条件、设立了教师奖励项目；利用区域教育资源，牵头桐庐新合乡小学与杭州市胜利小学结对，选拔5名年轻教师与杭州市胜利小学5名名师结对，为青年教师的成长提供支持。

【民建杭州市委会上城总支】 中国民主建国会（简称民建）在上城现有5个支部、会员142人，有市人大代表1人、区人大代表1人、区政协委员6人。2010年，发展新会员8名，开展组织活动5次，在三届四次政协会议上递交集体提案4件，个人提案16件。申屠宇星就《关于加强对光复路一带坊巷规划的建议》作了大会发言，吴美萍撰写的《关于深度打造玉皇山南旅游休闲体验区的建议》及闵涛撰写的《打造及整合上城区地下空间的建议》获民建杭州市委会参政议政成果二等奖，贾元元、闵涛撰写的《关于打造杭州街巷经济的建议》获民建杭州市委会2010年课题立项，贾元元获市人民政府办公厅颁发的市场整合改造提升工作先进个人荣誉称号，麻侃《浅析行政补偿的救济途径》的调研文章获浙江省直律师协会实务理论研讨会三等奖。王一心获信息工作先进个人，闵涛获区政协委员积极分子称号；全年组织社会服务两次，受理咨询51件。

【民建杭州市上城区企业家联谊工作委员会正式成立】 6月29日，组织23位担任企业高层领导职务的民建会员成立了企业家联谊工作委员会，召开民建杭州市上城区企业家联谊工作委员会会议。会上介绍了委员会的筹备情况，通过了《民建杭州市上城区企业家联谊工作委员会规则》。民建上城区总支向工作委员会授牌，新当选的会长王理顺作了表态发言。全国政协委员、民建省委会副主委卢步东，民建省委会专职副主委郭吉丰，市政协副秘书长、民建市委会副主委郭清晔，民建市委会秘书长吴彦参加了成立大会并讲话，中共上城区委统战部部长袁巧玲应邀出席了会议，上城区工商联主席陈砚菁、副主席陈玉珍到会祝贺。上城区企业家联谊工作委员会旨在充分发挥民建联系企业家这一特色，为如何面对经济转型升级、更好地服务企业社会献计献策。

【民进杭州市委会上城总支】 中国民主促进会(简称民进)。民进上城总支现有支部11个、成员174人。2010年，新发展会员4人，支部开展组织活动6次，服务社区活动12次。以民进中央《创建全国先进基层组织活动》活动为契机，撰写调研文章56篇，其中徐敏的《关于张小泉历史文化遗产保护的建议》获中共中央政治局常委李长春批示；3件被省委常委、市委书记黄坤明批示；15件分别被省委办公厅、省委宣传部、省办公厅《民情综合热线》、省委宣传部、省民进、省政协采用；32件分别被市委宣传部、市委统战部、市委办、市民进采用；5件有关“三保建议”的文章在《联谊报》、《杭州日报》转载刊登。年内捐资助学、帮助困难家庭款(物)2.1万元，下乡支教、送法、义诊等31次。

【农工党杭州市委会上城总支】 中国农工民主党(简称农工党)。农工党上城总支现有支部3个、成员66名，有区人大代表2人、区政协委员5人、政协常委两人。2010年新发展党员两人，市委会下放党员5人。开展组织活动4次，开展大型调研活动两次，撰写提案、议案及社情民意12条，郑丽芳撰写的《关于落实公共场所集中式中央空调通风系统定期清洗监测的建议》受到杭州市市长蔡奇和副市长陈小平的批示；组织和参加社会服务活动3次。

【致公党杭州市委会上城总支】 中国致公党（简称致公党）。致公党上城总支现有支部3个，党员45名，市政协委员4人，区人大代表3人、区政协委员3人。2010年，总支组织活动两次，提交提案、议案25件，张虹撰写的《国家基本药物制度试行工作中出现的问题应引起重视》信息被致公党中央、全国政协及杭州市政协采用，并得到卫生部长陈竺的批示；杨帆撰写的《建议对公共场所中央空调通风系统定期清洗监测》、《关于在南宋御街建设无障碍通道的建议》信息被市政府采纳录用，丘永宁撰写的《让景观排名名副其实》信息被市政府采纳录用；杨帆撰写的《关于打造国际金融服务外包基地的建议》被列为市重点提案，由副市长佟桂丽领办，政协副主席董建平督办；陶群撰写的“提倡低碳生活模式，打造低碳生活社区”的议案受到中共上城区委书记陈红英的批示，王容峰撰写的《关于加大社区服务业的建议》被列为上城区重点议案。区“两会”期间，由杨帆执笔，吴韵代表总支作了题为《我区发展物联网产业面临的机遇及建议》的大会发言，并被区政协列为2010年重点提案；张虹撰写的《推进美食街可持续发展所面临的几点问题和建议》作了大会发言。全年组织社会服务活动5次，捐献款物4.15万元，向建德贫困山村签订每年定向捐赠3万元的协定一个。致公党上城总支获中共杭州市委统战部“社会服务先进集体”，王容峰再次当选杭州市第四届优秀社会主义建设者，入选“2010杭州成长型行业品牌新锐企业和青年领军人物80强”，陶群代表总支参加市委会举办的“爱家庭、爱杭州、爱致公党”演讲比赛，获得三等奖。

【九三学社上城支社】 九三学社(简称九三)在上城现有成员23人，其中市人大代表1人、区人大代表4人，区政协委员3人。2010年，发展新社员两名，开展组织活动5次。区“两会”期间，支社的《打造“网上政府”推进管提案理创新》，徐志忠的《关于加强改革性事项监督管理的建议》分别得到区委、区政府主要领导的批示，并亲自督办；张平良的《关于同步开发凤凰山的建议》作了大会发言。

【九三学社上城支社换届】 九三学社上城支社于11月28日进行了换届选举活动，主任张平良作支社工作总结报告，选举产生了以徐志忠为主任，马彦、叶俊杰为副主任，俞蒙为组织委员，方顾为宣传委员的支社新一届支委班子，徐志忠代表新一届班子作了表态发言。市政协副主席、社市委主委朱祖德，社市委副主委杨金南、秘书长罗苑，区政协副主席、区委统战部部长袁巧玲、副部长周晓露等领导出席换届选举会议。中共上城区委副书记朱履林作了讲话。（毛健儿）

工商联

【概况】 2010年，上城区工商联围绕《关于深入贯彻全省工商联工作会议精神全面实施“223工作计划”的意见》，以及区委九届八次会议精神，根据上城非公经济实际情况，成立“223工作计划”（实施“两项工程”，创建“两个品牌”，搭建“三大平台”）实施小组，讨论制定了《上城区工商联“223工作计划”实施方案》，明确分工，各项工作任务确定责任人。利用秘书长例会组织各基层秘书长学习，传达浙江省工商联工作会议精神和浙江省工商联“223工作计划”的实施要则，完善了基层商会年终考核机制。充分利用商会网站和《上城商会》报刊，对“223工作计划”进行报道和宣传，营造良好氛围。

【实施非公有制经济人士素质提升工程】 区工商联根据《关于加强2010年非公有制经济人士培训工作的通知》要求，加强非公企业家思想政治工作和教育培训工作力度，主要领导亲自抓，将现场培训与网上学习相结合，老板培训与员工内训两手抓，引导非公经济人士不断提高综合素质。

【加大非公经济人才的培养】 为保证各个层次的会员企业家得到教育培训，针对企业的劳资关系及企业管理层面存在的普遍问题，研制了一系列的PPT教育题材，每个季度推出主题培训活动。3月，区工商联对执委以上的会员企业家进行了以“感恩·责任·人生规划”为主题的非公经济人才培训，引导民营企业健康发展和企业家健康成长。5月12日，邀请浙江省工商联副会长、正厅级巡视员、浙江大学客座教授郑明治给企业家兼职副主席（副会长）及部分常委作了“新形势下的商会工作与浙商修炼”专题讲座。6月，组织以“健康养生·和谐创业”为主题的会员培训活动，邀请健康营养学老师给会员作专业指导，并在浙江省总工会疗养院为80名会员企业家安排了体检服务。9月，开展法律服务周活动，邀请浙江泰杭律师事务所的律师汪政给企业家们做法律专题讲座，提高非公经济人士风险防范意识。10月，区工商联领导走进企业，对南星商会的会员企业员工开展“员工五爱守则”的素质培训。组织会员参加省、市工商联等有关部门单位组织的非公经济发展论坛和培训活动。12月7日，借助区工商联七届七次常委会和七届四次执委会的召开，副主席南华期货经纪有限公司总经理罗旭峰给与会执委们作《复杂的形式　不同的道路》的经济形势分析专题讲座，为企业家投资发展指明了方向。

【引导非公经济党组织开展创先争优活动】 按照市委统战部的统一要求，创建上城区非公有制经济党组织创先争优活动指导小组。区工商联主席、党组书记陈砚菁兼任领导小组组长，区工商局纪委书记周广友任副组长，建立领导小组创先争优示范联系点制度，配合区委组织部展开创先争优活动，指导全区非公有制企业“发展、党建”双品牌的建设，在创先争优活动

3月12人，举办“感恩·责任·人生规划”非公经济人才培训班。
（区工商联　提供）

中开展“学《弟子规》,做文明人”活动,引导非公有制企业加强企业文化建设。11月,组织杭州娃哈哈集团有限公司、广宇集团股份有限公司、杭州绿盛集团、浙江华日集体等企业的党务工作者参加浙江省非公有制经济组织创先争优理论研讨班学习,提高党务工作能力水平。

【创建参政议政品牌】 关注会员心声,畅通诉求渠道,提高非公经济人士思想政治觉悟,引导和帮助非公经济人士参政议政,是工商联的职责,也是工商联的优势。以“政企连心沙龙”为平台,为企业家提供与政府职能部门面对面交流、提出问题、解决困难的机会。6月,区工商联领导携同会员企业北海信息系统有限公司董事长沈国民参加浙江省“双服务”专项组赴上城对接服务工作座谈会,代表上城民营企业向上级提交加大对民企转型、科技、创新工作等扶持力度的建议,履行区工商联作为政企沟通桥梁的职能。7月,区工商联举办《第19次政企连心沙龙暨重点工程项目介绍》,区发改局副局长胡勇向会员企业家介绍市区级重点工程项目,让民营企业家了解政府投资开发项目管理,以便企业家参政议政,以及为民企提供经济发展的政策信息。

【搭建平台服务企业】 发挥“政企连心沙龙”的平台,把政府机关服务企业、关心企业落到实处,当好民营企业的娘家人,打响工商联服务的品牌。提高机关干部的综合素质和服务意识,发挥机关部门间合作资源,利用区发改局、区教育局、区科技局等20多个特约顾问的专业资源和资讯,为企业提供全面的、有效能的服务。与区委组织部合作的非公经济人才培训,从国学到家庭教育、从法律到养身保健、从资本运作到团队建设,提高上城非公经济人士素质的成效明显。与团区委联合组织“创业导师带徒弟”见面会活动,区工商联导师团导师林东、李国平等12名企业家对创业大学生进行一对一专业创业指导,对鼓励年轻人投身创业、以创业带动就业起了促进作用。与区总工会、区劳动和社会保障局等部门合作,帮助解决企业劳资问题,维护企业家和职工合法权利,以开展企业家爱员工、员工爱企业家的“双爱双评”评选表彰活动为契机,推动企业劳动关系和谐发展。聘请区各职能部门领导、经济管理行业专家、大学教授等人才组成顾问团,依托“政企连心沙龙”活动,为企业家打造一个有专家后台、有资讯平台的“娘家”。搭建企业家交流平台。以会长轮值制形式,企业家相互分享工作经验与心得,增长会员知识,开拓眼界,增进会员间友谊。担保中心把解决中小企业融资难问题,扶持中小企业发展作为工作重心。2010年,新增融资贷款担保额1180万元,在保额为840万元。

7月19日,开展第19次“政企连心沙龙”活动。 (区工商联 提供)

【组织会员企业参加各类推介会】 5月21日,组织杭州乌屋实业有限公司董事长董国华等5家会员企业家参加“哈尔滨市(杭州)投资环境推介会”。6月16日,组织广宇集团股份有限公司参加由杭州市人民政府举办的“2010年海外华商杭州投资洽谈会”。6月22日,组织杭州华东家具市场等8家会员企业的老总参加山东菏泽在浙江宾馆召开的经贸洽谈会。7月6日,组织杭州晨光塑料化工有限公司等5家会员企业的老总参加长沙岳麓在杭举行的“长沙岳麓(杭州)投资推介会”。8月27日,组织杭州陶都实业有限公司等会员企业老总参加由中国侨联和杭州市人民政府联合举办的“感知中国·牵手杭州——2010侨界海外精英创业创新峰会”,帮助企业达成项目洽谈。各基层商会充分发挥企业会员优势，采取以商引商、以商引资方式，扩大街道辖区招商引资项目。截至10月，6个街道商会招商引资数额超过17.5亿元。

【促进两地商会交流】 工商联系统的横向、纵向交流合作能帮助系统内资源的整合，特色经验相互学习、相互促进，从而保证整个系统的发展。4月，区工商联组织各街道商会和特色街区商会会长、秘书长赴扬州广陵区工商联进行学习考察。河坊街历史街区商会分管领导参观考察了东圈门古街，双方进行了友好交流，并拟结为友好街区，为老街区进一步发展开阔了思路。5月，山东台儿庄区工商联来杭考察上城区南星街道商会工作中的特色举措，促进了两地商会交流，同时也提出了台儿庄历史街区与清河坊历史街区建立友好街区关系的意向。兄弟商会、异地商会的交流有效地促进两地商会工作交流，增加企业间业务合作与往来的机会。

【打造上城区工商联会员之家平台】 以常执委会议、会员活动等实体活动为基本方式，借助于网络拓展交流平台，真正实现会员资源共享、信息通畅的局面。与浙江万思计算机制造有限公司合作重新打造商会网站——“上城区工商联会员之家平台”，新网站包含的产品商城、专家咨询、网络学堂、办事通道、我的企业之家等多项网络沟通项目板块，更显服务企业的灵活性、便利性和实用性，将在2011年初正式运行。利用“杭州市民营企业家学习新干线”和杭州市“356工程”网络学习平台，为会员提供网络学习、交流平台。

【编纂《杭州市上城区工商业联合会(商会)志》】 为全面回顾总结区工商联(商会)的历史，以史为鉴，继往开来，3月，2010年度第一次主席(会长)会议研究决定组织开展《杭州市上城区工商业联合会（商会）志》(简称《工商联志》)的编纂工作；3月底召开《工商联志》办公室第一次会议；4月，正式启动《工商联志》的编纂工作；预计2012年12月出版发行。（俞玉静）

群众团体

Mass Organizations

工会

【概况】 2010年,全区各级工会组织在区委的正确领导和上级工会的指导下,按照全年工作的总体思路,围绕中心、服务大局,以"党工共建、争先创优"活动为契机,以构筑六大平台(构筑工会效能平台、职工技能竞赛平台、职工权益保障平台、困难职工救助平台、职工文化娱乐平台、工会干部培训平台),以五大活动一建设为载体,扎实推进各项工作,全区工会工作呈现出蓬勃发展的良好态势。上城区总工会下辖6个街道总工会、12个系统(局)工会工作委员会,现有基层工会934家,会员87736人,创建劳动关系和谐企业活动的企业参与率达100%;与企业签订集体合同(工资集体协议)累计462份,其中规模企业签订率为100%。区总工会被省委组织部、省总工会评为党建带工建"三级联创"先进单位。工会工作不断开拓、创新,圆满完成了上级工会下达的各项工作任务,职工维权、民主管理(职代会、厂务公开)、扶贫帮困、职工文化建设等工作成效明显,工会整体建设水平不断提高,逐步形成具有上城特色的工会工作新格局。

【深化工会组织建设】 按照上级工会工作要求,结合自身实际开展工会组织建设,全年新建工会216家。其中,街道所属规模以上企业建会率达到了95%,已建工会企业职工入会率达到了98%;系统(局)所属企业建会率为100%,职工入会率为98%;行业工会中出租车从业人员入会率达到80%。工会会员评家建制率达到30%,初步试点推行企业工会主席直选,为普遍开展工会主席直接选举做了有益探索;街道总工会推行建立会员代表常任制。

【开展劳动关系和谐企业创建活动】 2010年,区总工会开展劳动关系和谐企业创建活动和"企业社会责任建设"的试点工作。已建工会企业积极参与和谐企业创建活动,创建率达到91.2%。确定了11家"企业社会责任建设"试点企业。其中,工业园区等9家单位和企业受到市政府表彰。在非公企业中积极开展企业工资集体协商工作。进一步规范工会组织建设,提高职代会、厂务公开制度的建制率和质量,进一步保障职工的监督权、参与权、评议权。

【创新帮扶网络】 以三级帮扶网络为工作构架,以职工维权帮扶中心为平台,进一步夯实了困难职工帮扶工作。2010年,全区各级工会深入开展"春风行动"、"夏送清凉"、"金秋助学"、"冬送温暖"等系列活动,把党和政府的温暖送到困难群众手中。区总工会创新服务女职工的工作方式,设立服务女职工的"五心家园"。形成了区、街道、社区工会的女职工服务中心、站、点三级联动运作的工作格局。此项活动获得市总工会女职委2010年工作创新奖。街道各级女职工组织通过"五心家园"将"爱心"、"信心"、"诚心"、"关心"、"知心"惠及全区每一位女职工。望江街道、湖滨街道的场所规范建设、小营街道的"四定向"服务等创新载体为女职工的服务工作做了有益的努力和探索,为推进下一步工作夯实了基础。

【情系外来务工者】 2010年,区总工会加大力度开展"情系农民工冷暖"系列活动,通过动态管理、制定举措、团拜联欢、上门慰问等有效形式，使全区外来务工人员，特别是困难人员得到及时的帮扶和关爱。春节前，组织平安返乡活动，为119名困难外来务工人员解决了返乡车票的难题；开展共进年夜饭活动，让近万名坚守岗位的外来务工人员感受到工会“大家庭”的温暖；举办技能大赛，提高了他们的技能素质；举办外来务工者声乐大赛，丰富了他们的精神文化生活；联合团区委举办“新杭州人”集中服务月活动，让他们切身体会到了“新杭州人文化家园”的浓情厚意。

【关爱困难学子】 2010年，上城区继续推进因学致困家庭就读全日制普通高校子女的“春风行动”助学援助工作。根据规定，对持有杭州市市区户籍(不含萧山区、余杭区)并在市区实际居住一年及以上，其子女在全日制普通高校(高职学院)就读本科或专科学业，家庭成员年总收入(申请前12个月)减去高校学费(凭就读高校开具的学费收据，每个学生每学年按6000元计算，不足6000元的按实际计算)后，其共同生活的家庭成员人均月收入在杭州市区城镇(农村)居民最低生活保障标准1.2倍以下的家庭，给予每名学生5500元的援助。区总工会以“三细致一严格”标准开展工作，让助学援助的惠民政策真正落实到因学致困的每一户家庭。2010年共有203户困难家庭受益，205名学子得到关爱。

【提升职工素质】 深入开展“创建学习型组织，争做知识型职工”活动。2010年，全区已创建学习型组织341个、学习型班组810个、知识型职工1491名。全区各级工会共同努力着重“加强三项建设、开展三项活动”，进一步激发全区广大职工的工作热情和工作干劲。全力打造“新杭州人文化家园”。推进职工学校、职工俱乐部、职工书屋三项建设，全面构筑职工精神家园和文化阵地。全区已经创建了“文化共享工程进企业职工电子书屋”51家，其中清波街道总工会新杭州人“六心家园”和小营街道图书阅览室2家为市级示范点，湖滨市容环卫所等6家为区级示范点，杭州多瑙河假日酒店有限公司等43家为建设点。活动的开展既促进了职工文化素质的提高，又满足了职工文化学习和精神生活的需求。

【举办技能大赛】 7月21日，由区总工会、区劳动和社会保障局、区商贸旅游局、区科协、湖滨街道联合主办“华辰杯”2010上城区第五届现代服务业技能大赛。43家企业、183名选手组成71支代表队参赛，是历年来规模最大、人数最多的一次。本届大赛设餐厅服务、客房服务、前厅服务三项比赛项目，按照现行的国家职业技能标准命题，分理论知识和操作技能两部分，聘请杭州市资深专家担任评委。邵莹等3人获金奖并取得高级职业资格证书，钟冉等21人获得银奖并取得中级职业资格证书。季咱琴等30人被选聘为“上城区职工职业技能带头人”。选送了7个工种的71名参赛选手参加市级职工技能比赛，分别在茶艺师、饭店旅游、钳工、足部按摩等项目上取得优秀成绩，其中有8名选手进入市级单项前十名。

【开展女职工系列活动】 2010年，区总工会以“特别关爱行动”为载体，重点向全区女职工开展“送技能、送岗位、送健康”三送活动。利用工会流动课堂，聘请专家教授举办“女职工预防妇科病知识及预防两癌知识讲座”18次，1000名女职工参加；发动组织女职工参加“女职工安康保险”，为5000名女职工投了保；开展以“关爱女性、关注健康”为主题的女职工免费体检

1月27日，召开上城区总工会六届三次全委(扩大)会议。 (区总工会 提供)

7月21日，举办“华辰杯”2010上城区第五届现代服务业技能大赛。

(区总工会　提供)

活动等。4月14日，区总工会在全区范围内开展以“关爱女性、关注健康”为主题的女职工免费体检活动，为300名外来困难家庭女性、困难单亲女职工、外来困难女职工实行了免费检查，并建立了健康档案。

【举办专场讲座】 2010年，区总工会开设了工会大讲堂，聘请浙江大学教授孙家良讲授《后危机时代中国经济的若干问题》，全区各街道总工会、系统(局)工委、直属工会干部100人参加。聘请浙江大学工会心理工作室老师王晓梅讲授《与社区工会干部谈人际关系》，52个社区书记、主任、工会主席及6个街道工会工作者、区机关全体工作人员共120人参加培训。2010年，区总工会利用市总工会讲师团的资源，为辖区工会单位组织举办了9场职工心理健康讲座，给广大的工会干部和职工群众提供了一个良好的解压方式，进一步提升了干部职工的工作、生活幸福感。

【开展文体活动】 广泛开展群众性文体活动。组织上城区“放歌天堂”职工(外来创业者)声乐大赛，组织参加市总工会举办的首届“杭州市企(事)业歌咏比赛”。送文化下基层，送电影26场、送文艺演出3场，邀请市总工会职工文化艺术团到上城区工业基地等处演出，将丰富多彩的文艺节目送到广大职工中。通过各种文体活动，丰富职工群众的精神文化生活，展示全区广大职工的精神风貌和艺术才华。

(刘振华)

团区委

【概况】 上城区有14~28周岁青年3763人。基层团委37个、基层团工委8个、基层团总支21个、基层团支部338个。全区共青团工作以建设“生活品质国际体验区”为统领，统筹推进基层团建、服务青年就业创业以及志愿服务等工作，全面提升上城团建工作的整体水平，2010年，被授予省级优秀志愿服务集体、2010年度杭州市先进团委、市级世博安保志愿服务先进集体等荣誉。开展“基层团建百日攻坚行动”，新增非公企业团组织76家，新社会组织建团总数达到19家；建立健全“区、街道、产业园”三个层面的服务青年就业创业组织体系；通过编制《青春优品——2010上城区青年创业项目推荐手册》，帮助创业者拓宽市场；通过举办政企对接会、银企对接会，做好政策资源、小额贷款等宣传对接；建立44家青年就业创业见习基地，提供岗位1588个，招收见习生1143人，带动就业532人；统筹全区志愿服务工作，围绕世博安保、低碳环保、服务外来务工人员及其子女、旅游讲解等重点，开展志愿服务13000小时；着力打造“鼓楼微笑亭”志愿服务阵地，组织1500人次志愿者为国内外游客提供旅游咨询、应急等服务，共计时数9000小时，被服务2.4万人次。

【推动共青团信息发布与互动交流体系建设】 4月8日，《上城团讯》手机报创刊，每月两期，定期编发。以展现青年生态、宣传时尚文化、服务青年民生为主旨，发送对象为团(省、市)委领导、区各级党政负责人、区党代表、人大代表、政协委员、基层团干和媒体记者等600人。同时，建立“上城区青年创业俱乐部博客”和“上城团区委”新浪微博，在网上发布相关政策信息和手机报，切实加强青年工作的外向型和社会性。

8 月 13 日，召开上城区大学生创业就业俱乐部联席会议。 （团区委 提供）

【开展“新生代农民工生存现状和身份认同”课题调研】 联合浙江理工大学法政学院社会工作系开展“上城区新生代农民工生存情况及身份认同”为主题的课题调研。在上城工业基地、望江街道外来务工人员公寓、杭州娃哈哈集团有限公司、杭州华日电冰箱股份有限公司和紫阳街道海潮社区发放问卷 300 份，形成调研报告，并被评为 2010 年度杭州市共青团优秀调研论文一等奖。

【成立环玉皇山文创产业联合团总支及南宋御文化创意志愿服务基地】 依托南星街道，以环玉皇山地区 5 家创意园为阵地，成立了文创产业联合团总支，并在LOMO 大学生创业园挂牌成立了南宋御文化创意志愿服务基地，联合 30 家青年创业企业，建立一支“青年创意志愿服务队”，有来自广告设计、摄影摄像、雕塑制作、装饰装潢、青少年艺术教学等 10 种创业类别的 50 名青年成为了志愿者。基地开展御文化教育、体验和宣传活动。

【举办基层团干培训班】 结合“团干部资格认证”制度的推出，于 7 月中旬对 90 名基层团干部进行了集中培训，采用了集中授课、讨论交流、素质拓展等多种方式，并通过卷面考试实现了对社区团干部 100%的资格认证。

【联合广宇集团设立关爱外来务工人员子女爱心基金】 由上城区志愿者工作指导中心发起，广宇集团一次性捐赠 10 万元共同设立的关爱外来务工人员子女爱心基金，以“帮困助学、爱心传递、共享品质”为宗旨，帮助解决上城区的外来务工人员子女的就学困难、家庭困难等问题。

【开展基层组织格局创新工作】 实现清波街道、南星街道和湖滨街道的基层共青团组织格局创新，将南华期货、中国美院、工商银行众安支行、解百集团、新开元大酒店、省中医院、东箭集团、大学生创业园等辖区单位 12 名青年中层骨干纳入团工作体系，为街道团工作的开展注入优质资源。

【与四所在杭高校签订校地志愿服务战略合作协议】 1 月 7 日，团区委与浙江理工大学、杭州师范大学、浙江教育学院、浙江大学城市学院四所高校签订了战略合作协议，推动志愿服务工作资源互补、合力共进。

【启动“高校社团进社区”志愿服务项目】 以湖滨街道为试点，引进浙江工业大学的 20 个精品社团与社区志愿服务站合作。从项目对接(引进高校社团项目的同时，培育一社一品志愿服务品牌)、人才引进(聘高校社团负责人为社区志愿服务站站长助理)、阵地建设(在街道挂牌成立浙江工业大学学生社团实践基地)三方面共同推进。

【开展“新杭州人”集中服务月活动】 联合杭州市建委团工委、区总工会，在区科技工业园区和太和广场组织大型现场政策咨询活动，举办各类活动 30 场，包括职业青年身心健康、就业创业培训指导、文体生活、婚恋交友、权益维护等五大方面，服务“新杭州人”5300 人次。

【与市人防办联合启动“品质生活 你我共享”主题活动】 8 月 16~21 日，每天 9:30~11:30 在吴山游艺场市民避暑纳凉点提供便民、利民、为民服务。针对纳凉人群以中老年及外来务工人员为主、人口集中等特点，

10月30日,举行青少年创意绘画大赛暨环保艺术游园会。 (团区委 提供)

采取服务和演出相结合形式,丰富市民纳凉生活。

【开展"低碳生活 从我做起"志愿服务活动】 以鼓楼广场为主阵地,在52个社区开展低碳志愿服务活动。"3·5"当天开展各种低碳宣传、节能减排金点子、废物回收利用小技巧展示项目共计16个,参与服务志愿者达100人。

【联合"小强热线"栏目开展"靠近你温暖我"志愿者自荐活动】 4月,共青团上城区委联合浙江电视台教育频道"小强热线"栏目共同开展"靠近你温暖我"志愿者自荐活动。组织上城区志愿者参加小强热线留言板栏目,在镜头上进行自我介绍和特长展示,并留下联系方式以便有需要的群众和其联系。"减碳妙招"、"抗癌热线"、"小状元之家"等7个项目受到市民的追捧。

【成立志愿者减碳会所】 以"低碳减排,绿色生活"为主题,在"鼓楼微笑亭"成立了上城区志愿者减碳会所,先后开展了"保护母亲河"、"低碳妙招秀"等主题活动。在世界环境日当天,开展了水质监测,禁烟宣传,节水、节电小技巧传授等一系列社区减碳志愿服务活动。已有近百名志愿者加盟了该会所。

【开展"平安上城"志愿者世博安保行动】 世博会期间,组建了"街道平安志愿服务大队"、"消防志愿服务大队"、"社区矫正志愿服务大队"、"禁毒志愿服务大队"、"巾帼志愿服务大队"等16支专业队伍,服务于辖区11条主要街道、52个社区、各公共场所、企业等,承担了长达184天的安保志愿服务,共开展志愿者治安巡防20万人次,排查整治各类隐患近百项;组织路口文明劝导志愿者服务5302人次,"鼓楼微笑亭"志愿者服务350人次,参与西博会烟花节安保工作240人次;心理咨询服务志愿者通过现场、网络交流等形式,开展心理咨询服务百余人次,服务时数达14604小时。

【制作发放《青春优品——2010上城区青年创业项目推荐手册》】 5月,上城区共制作、发放1000册《青春优品——2010上城区青年创业项目推荐手册》,通过文字和图片的形式展示、介绍区大学生创业就业俱乐部中的36家青年创业企业的业务内容,包括广告设计、时尚相关、原创设计、装饰装璜、贸易销售和服务业相关等五个板块,并附上各家企业的联系方式。

【举办银企对接会暨中秋联谊活动】 9月17日,区大学生创业就业俱乐部中会员企业老板及员工共50人参加,邀请到了泰隆银行、杭州银行、邮储银行、杭州联合银行的负责人介绍小额贷款业务。邀请区劳动和社会保障局就杭州市小额担保贷款政策解疑释惑,有15家企业达成近200万的贷款意向。

【组织举办"给力2011·缘聚共青"新年联欢活动】 活动前夕开通"给力2011"微博,将活动进展等相关情况对外发布,形成线上活动传递。12月29日,活动现场设有乐队表演、新年祈福、兔屋寻宝节目,有来自各街道、社区、局系统等70多家单位的200位团员青年参与了活动。

(许晓磊)

妇 联

【概况】 围绕"纪念百年三八,飞扬巾帼风采,共创品质生活"主题,区妇联组织策划系列活动,宣传展示上城妇女积极向上的精神风貌。召开全区“三八”国际劳动妇女节100周年纪念大会，表彰优秀基层妇联组织和妇女干部，为获省、市“巾帼文明岗”荣誉称号的单位授牌。组织“携手妇女姐妹，推进科学发展”座谈会，邀请区四套领导班子中女领导、各级“三八”红旗手代表、热心妇女事业的企业家代表及部分区妇联老领导，共同回顾上城妇女自强不息、勇于拼搏的历程，畅谈妇女事业发展前景。联合区直机关妇工委举办“品质女性大讲堂”，开设女性中医保健专题讲座，帮助机关女干部了解预防亚健康，提高健康意识。举办“倡导低碳生活，共创健康家庭”大型广场宣传展示活动，通过“低碳健康生活秀”、“小帕客”创意秀、“巧手翻新”现场秀、家庭成员自编自导自演文艺节目、低碳生活知识问答、旧物改造观众互动环节，展现家庭成员低碳生活理念，倡导科学生活方式。围绕“性别与烟草——抵制针对女性的市场营销”主题，在第23个世界无烟日，与区健康办联合组织《烟草控制框架公约》和《杭州市公共场所控制吸烟条例》宣传咨询活动，向市民、机关干部和家庭成员发出控烟倡议，营造控烟、禁烟良好氛围。制作宣传片，宣传上城区第一个全国“巾帼文明岗”——吴山清扫班先进事迹。组织“巾帼文明岗”负责人，参观学习全国巾帼文明岗、省巾帼文明岗工作特色和创岗经验。指导区妇幼保健院争创全国“巾帼文明岗”。推荐区劳动就业管理处和杭十中语文教研组申报省、市级“巾帼文明岗”。为保障世博会顺利举办，成立“平安上城”巾帼志愿服务大队，参与世博期间全区治安秩序维护、矛盾纠纷化解、法制宣传工作。继续实施“姐妹帮扶三年行动”，春节、“三八”节、母亲节期间，组织巾帼文明岗以不同形式与区域内困难妇女家庭结对；为淳安25户低收入困难农妇家庭送温暖。春节期间，组织区妇联干部走访慰问54户困难妇女家庭。

【开展纪念“三八”国际劳动妇女节100周年系列活动】 区妇联围绕“纪念百年三八，飞扬巾帼风采，共创品质生活”主题，于3月8日在吴山广场举办了纪念“三八”国际劳动妇女节100周年大型展示宣传活动，表彰2009年度区优秀基层妇联组织、优秀基层妇联干部，为获得省、市“巾帼文明岗”荣誉称号的单位授牌；并提供广场咨询服务，开展为妇女送培训、送科技、送政策、送信息、送法律、送健康的“六送”活动。3月10日，区妇联举行主题为“携手妇女姐妹 推进科学发展”纪念“三八”国际劳动妇女节100周年座谈会。区长陈红英到会并作重要讲话，区委常委黄爱芳，区人大副主任李静、韦云，区政协副主席方莉参加座谈会。全区各级“三八”红旗手代表、部分热心妇女事业的企业家以及部分区妇联老领导参加座谈会。此外，还举行“三八”维权周、“巾帼建功”20周年成果展示、“品质女性大讲堂”、“好婆媳” 一日游等丰富多彩的纪念活动。

【上城区姐妹手工坊挂牌】 6月9日，在紫阳街道挂牌成立来料加工生产基地——上城区“姐妹手工坊”，以手工制作旅游纪念品为特色，搭建妇女创业新平台。举办区姐妹手工制作创意大赛，促进手工制作水平不断提升。9月14日，省妇联主席厉月姿陪同约旦妇女代表团到“姐妹手工坊”参观考察，对区来料加工工作给予高度评价。组织辖区来料加工经纪人参加义乌博览会，开拓视野、了解信息，为争取订单提供服务。清波街道劳动路姐妹编织社通过改造提升，以格子铺为特色，在解决“4050”妇女就业同时，拓宽渠道，帮助女大学生实现创业目标。

6月9日，上城区“姐妹手工坊”在紫阳街道挂牌成立。 （区妇联　提供）

11 月,召开上城区第五届"万户家庭网上学"活动现场展示暨颁奖大会。(区妇联 提供)

【举办第五届"万户家庭网上学"活动】 区妇联牵头联合13个部门和单位举办为期半年(4~9月)的第五届"万户家庭网上学"暨低碳家庭科学生活大赛,倡导"低碳生活"理念,普及节能减排知识。本次活动网上点击率20万人次,超过历届。新注册用户7238个,4588人参加网上答题,收到自拍低碳生活"家庭秀"视频28个,入选展示13个。根据活动规则,组办单位随机抽取活动参与奖100个家庭,通过现场展示和PK赛,授予张雨蕙等10户家庭一、二、三等奖。根据组织力度和参与活动人数综合评定,授予紫阳街道等3家单位为本次活动优秀组织奖。

【注重家教抓指导】 召开全区家庭教育工作领导小组会议,组织家庭教育指导优秀项目评选和"十一五"期间示范家长学校(家庭教育指导中心)评选工作,全面总结5年来全区家庭教育工作经验,为科学制定"十二五"规划提供参考依据。天艺幼儿园家长学校等3家单位顺利通过市级示范家长学校考核,紫阳街道上羊市街社区、清波街道劳动路社区被全国妇联、民政部等单位联合命名为全国学习型示范社区。

【推进平安家庭创建】 召开区"平安家庭"创建推进现场会,评选表彰区100个"平安家庭"模范户,10个"平安家庭"创建活动示范社区,52户"和谐家庭"。紫阳街道婆媳梁尧芬、徐月经全市公众投票,获杭州"十佳好婆媳"称号;区妇联撰写的《城市新型和谐婆媳关系探究》调研文章在杭州市"婆媳文化节"交流发言;吴山天风腰鼓队获"全国妇女健身示范点"荣誉称号。

【成立"上城区妇女心灵驿站"】 开通专用咨询热线,请专业心理咨询师对需要帮助的妇女进行电话和面对面心理疏导。组织学习讲座,为街道、社区妇联、各系统妇工委干部解读分析《杭州市预防和制止家庭暴力条例》。发挥妇联各级维权网络作用,全年接待来信、来访39件(次),通过街道、社区妇女维权站协助解决8件(次),介绍专业律师咨询服务11件(次)。

【推进妇女儿童规划实施】 召开妇儿工委全体成员会议,针对2006~2009年度监测统计中出现的未达标的指标和重点、难点指标进行通报,协调督促相关责任部门制定整改措施,确保各项指标如期达标。开展妇女儿童发展状况调研,召开各界人士、妇女、儿童和家长四个层面参加的"十一五"规划实施和"十二五"规划编制调研座谈会,抽取样本进行妇女社会地位调查,为"十一五"规划攻坚克难和"十二五"规划科学编制提供理论基础和实践依据。

【完成两个规划评估报告和新规划初稿编制工作】 成立"十一五"妇女儿童发展规划终期监测评估报告和"十二五"妇女儿童发展规划编制领导小组,制定出台区《"十一五"妇女儿童发展规划终期监测评估工作方案》和《"十二五"妇女儿童发展规划编制工作方案》,完成"十一五"妇女儿童发展规划终期评估报告和"十二五"妇女儿童发展规划的初稿,顺利通过杭州市妇儿工委督查组对上城区督查验收。

【为妇女儿童办实事】 杭州市首批全国儿童基金会"安全应急体验教室"项目落户娃哈哈小学,已建成投入使用。应急教室由急救互救、消防安全、自然灾害、交通安全、卫生健康、互动体验6个展示区组成，通过多媒体演示、情景体验、游戏互动等模式，帮助少年儿童了解掌握自然灾害、交通安全、消防安全等应急知识，提高应对突发事件能力。开展流动留守妇女儿童关爱行动，举办各类培训30次，开设讲座18场次，组织各种宣传咨询80场，惠及流动留守妇女儿童1万人。协调区计生局、区卫生局开展常见妇科疾病免费检查，推进“妇女健康促进工程”，全年共检查92983人，查出妇科疾病28628人。

1月14日，召开上城区第十三次妇女代表大会。 （区妇联 提供）

【协调“六一”庆祝活动】 统筹协调全区“六一”庆祝慰问活动，区四套班子领导走访慰问学校7所，送慰问金3.5万元。启用“儿童爱心救助金”3万元，300名困难家庭孩子受益。开展“商界姐妹献爱心，结对帮扶送温暖”活动，首批来自乐清商会妇联的9位女企业家与区9位困难儿童结对帮扶，女企业家们为每位孩子送上1000元慰问金。与区关工委等单位联合开展庆“六一”暨第八届奋飞奖评选表彰活动。

【举办妇女干部读书会】 邀请专家给区妇联执委、街道妇联主席、局系统妇工委主任授课，学习业务、交流思想。选送部分妇女干部到北京大学、上海妇女干部学校学习考察。组织参加香港中文大学社会工作实务教育在杭举办的培训班及省、市妇联各类学习培训活动，提高妇联干部政治理论和业务工作水平。

【召开上城区第十三次妇女代表大会】 上城区第十三次妇女代表大会于1月14~15日在区政府会务中心礼堂召开。参加代表191名，其中正式代表178名，列席、特邀代表13名。区领导徐祖蕚、陈红英、丁晓芳、杨全岁、余勇、袁建祥、占仁义、黄爱芳、高万洋、管光尧、戴晓军以及区群众团体负责人、七个姐妹城区妇联主席出席开幕式。区委书记徐祖蕚、市妇联主席陈建华分别讲话，区总工会代表群众团体致贺词。区妇联主席周莹代表区妇联第十二届执行委员会作题为《携手全区妇女，推进科学发展，为共建共享“具有国际水准的高品质中心城区”努力奋斗》的工作报告，提出未来五年区妇女工作的主要目标和各项任务。大会选举产生新一届执委和主席、副主席，周莹当选为区妇联主席，杨琳为副主席。

【加强基层指导】 制定下发《上城区第四次社区妇联换届选举工作意见》，指导社区妇联完成换届工作。举办一期培训班，对新一届社区妇联干部进行业务培训。指导清波街道妇联成立清河坊历史街区妇代会。做好配合衔接工作，圆满完成市委对区“党建带妇建”工作督查考评。 （陈晓娅）

侨务 涉台事务

Overseas Chinese Affairs and Taiwan Affairs

侨务(侨办、侨联)

【概况】 2010年，上城区侨务工作在中共上城区委、区政府的正确领导下，在市侨办、侨联的具体指导下，坚持以邓小平理论和“三个代表”重要思想为指导，学习党的十七大和十七届五中全会精神，深入贯彻落实科学发展观，以构建和谐侨界为目标，以为侨服务为宗旨，围绕中心、服务大局、认真谋划，主动作为，确保了侨务工作上新台阶。2010年，区侨联被杭州市侨联评为信息宣传工作先进单位。

【落实“双向服务”工作】 2010年，上城区各级侨务干部共走访慰问侨界家庭327户，发放慰问款（物）计8.82万元。各街道党委发挥工、青、妇等群团组织的作用，通过开展“结对帮扶”、“志愿者行动日”等活动，为侨界人士排忧解难192件(次)。区侨务部门引导广大海外侨胞、侨资(涉侨)企业和侨界群众开展侨为社会作贡献活动。据不完全统计，在“春风行动”、为西南旱灾地区和玉树地震款赈灾等慈善捐款活动中，侨界捐款(物)计76.09万元.

【增补侨联界别政协委员】 1月11日，政协上城区第三届委员会召开常务会议，恒生银行(中国)有限公司杭州分行行长谢世锵，区侨联常委、杭州中弘旅行社有限公司总经理吴韵增补为区三届政协侨联界别委员。侨联界别委员人数由7名增加到9名。

【参政议政】 区“两会”期间，侨界9名人大代表、9名政协委员，向大会提交提议案共33件。其中，区侨联副主席、人大代表王容峰《关于大力发展区内社区服务业》的议案都得到区政府主要领导的批示，落实专人督办。

【举办全国“两会”精神报告会】 3月31日，上城区侨务部门组织32名区侨联委员、留联会理事和街道侨务干部，举办全国“两会”精神报告会。听取了十一届全国政协委员、中国侨联常委、区侨联主席陈励君对全国“两会”的盛况、主要精神、全国政协委员审议讨论大会工作报告的情况以及代表、委员们所关注的热点问题和意见建议、侨界全国政协委员参政、议政建言献策的情况及自己与会的亲身感受。

【落实侨法宣传和维护侨益工作】 5月22日，组织55名侨界人士和侨务干部参加杭州市人大民宗侨委、市政府侨办、市政协港澳台侨委、致公党杭州市委会、市侨联、市司法局在运河广场共同举办杭州市侨法集中宣传启动仪式。6月，区侨务部门和各街道、社区开展涉侨法律法规咨询、专题法制讲座、侨法培训班、侨法知识竞赛等活动21次，在人口集中的位置悬挂横幅标语39条、设侨法宣传园地9个、发放侨法宣传资料1500份，走访50户侨界人士家庭，了解掌握6户侨眷所反映的问题和困难，及时处理解决。全年共接待来信、来访、来电17件，做到件件有回复，有专人跟进落实，办结率100%。

【全省村居(社区)星级“侨界之家”命名申报工作】 6月17日，区侨联下发了《关于开展创建省侨联组织的全省星级村居(社区)“侨界之家”活动的通知》，召开专题会议部署工作,到社区侨联分会具体指导。“侨界之家”命名活动由省侨联统一组织,分级实施,严格标准,共分五星级、四星级、三星级三个等次。7月21日,通过省、市侨联检查验收,上城区柳翠井巷、老浙大、美政桥社区侨联分会被命名为五星级村居(社区)“侨界之家”,东平巷等7家社区侨联分会被命名为四星级村居(社区)“侨界之家”,涌金门等11家社区侨联分会被命名为三星级村居(社区)“侨界之家”,创建数位于全省第二。

【探索建立“一链四定向”为侨服务新模式】 2010年,区侨务部门探索建立了“一链四定向”服务为侨服务新模式,即建立一个长效定向服务网络,开展定向捐岗、定向上门、定向帮扶、定向活动。各基层单位举办招聘会9场,技能培训12次,为侨界人士排忧解难192件(次),为全区归侨、侨眷老人建立“一人一档”健康档案,组织活动51次。

【留联会参加“书画怡情、品位生活”书画比赛】 10月,上城区留学人员和家属联谊会组织书画人才参加浙江省侨务系统举办的“书画怡情、品位生活”书画比赛,留学生家属赏竹(笔名)参赛的绘画作品荣获二等奖。

【侨务信息调研工作】 2010年,区侨务部门向上发稿116篇(次),其中国家级录用7篇(次)、省级录用48篇(次)。区侨联被杭州市侨联评为2010年度宣传信息工作先进单位。

涉台事务

【概况】 区台办在区委、区政府的领导和上级台办的具体指导下,以科学发展观为指导,深入贯彻胡锦涛总书记“12·31”重要讲话精神和省、市委有关对台工作的指示精神,牢固树立大局观念,扎实有效地推进对台各项工作。慎重处理台胞台属的信访,共受理来信、来电、来访13件,办结率100%。做好为台资、台胞(台属)的服务工作,深入台资企业进行走访调研,解决落实31件次,解决台商、台属子女入学5人,走访台胞、台属家庭91家(次),送上现金及慰问品3万元。

【2010年“杭台邻里节——上城·高雄”活动】 8月25~28日,由国台办、省台办和杭州市政府主办,市台办承办,区台办协办,以“情牵两岸邻里,共谱和谐篇章”为主题,“杭台邻里节”为载体,通过开展文化交融、结对互访、邻里互动等活动,构建上城与高雄两地社区居民的交流交往平台,增进两地基层民众之间的友好往来,促进双方的相识、相知和相助,加强两岸同胞的感情纽带,共同弘扬中华民族的传统美德。在2010年“杭台邻里节——上城·高雄”活动中上城区清波街道的3户家庭与结对的高雄市14位家庭成员,听取了社区的情况介绍,进行了交流,签订《两岸社区结对协议书》,开展邻里大串门、共载友谊树、填写亲情联系卡、特色街区行等活动;区委副书记朱履林、副区长宦金元、清波街道党工委等相关领导出席了部分活动。

【交流与互动】 4月27日,43名台湾来宾参加杭州市2010年第二届“两湖论坛”(西湖与日月潭),同时到南宋御街和河坊街参观、考察。 (毛健儿)

政 法

Political and Legislative Affairs

政法综述

【推进最安全城区建设】 2010年，全区紧紧围绕上海世博会“护城河”安保工作，深入推进“社会矛盾化解、社会管理创新、公正廉洁执法”三项重点工作，着力完善维稳工作机制建设，切实加强综治基层基础工作，深化社会公共安全治理，扎实推进“平安上城”、“法治上城”创建，实现了刑事发案下降、信访总量下降、各类安全生产事故下降、人民群众安全感满意率上升的“三降一升”平安创建目标，为打造“具有国际水准的高品质中心城区”提供了和谐稳定的发展环境。落实“一岗双责”，圆满完成上海世博会、广州亚运会、全国“两会”、中共十七届五中全会等重要时期的维稳任务，有力维护全区社会稳定，全年区信访总量下降31.1%。坚持多元化解矛盾法，减少社会不稳定因素，调解纠纷2936起，成功率达99.8%，无因民间纠纷调处不及时或调处不当引发的群体性上访和群体性械斗、民转刑案件和非正常死亡。强化人民调解、行政调解、诉讼调解的互动衔接，各级物业纠纷调解组织受理、调解物业纠纷1500多件，法院人民调解工作室调解成功249件。全年民商事案件调撤率达47.5%，执行和解和自动履行率为28.8%。稳步推进“最安全城区”建设，群众安全感满意率持续上升，达到98.75%。精心组织治安突出问题集中整治，保持对各类犯罪的严打高压态势，有效遏制刑事案件高发势头，共立刑事案件4224起，比上年(指2009年，下同)下降0.14%，破刑事案件1748起，破案率41.4%，比上年上升1.63%，逮捕490人，移诉684人，共抓获各类逃犯164人，其中命案逃犯9人。严厉打击恶性案件、侵财性犯罪和涉众型经济犯罪，命案发7破7，“五类恶性案件”发5破5，侦破率均为100%。全年组织1300次联合治理，市、区两级治安重点整治区域实现“报警下降，发案下降”。安全生产形势保持良好稳定，各类安全生产事故起数比上年下降29.6%，死亡人数在控制指标内；其中交通安全事故数、受伤人数、死亡数、直接经济损失比上年分别下降27%、22%、66.6%和83%；火灾事故零伤亡。开展创先争优活动，推进政法干部队伍建设。2010年，区政法部门共有1个集体荣立二等功，3个集体荣立三等功；1名个人荣立一等功，两名个人荣立二等功，40名个人荣立三等

4月16日，上城区启动世博安保平安志愿者行动。 （区委政法委 提供）

功，41 名个人受到嘉奖。

【完成世博安保维稳任务】 世博期间围绕坚决防止“重点人、危险物”从上城区流入上海，坚决防止发生危害国家安全和上海世博会安全的重大政治事件，坚决防止发生涉及上城区的暴力恐怖事件，坚决防止发生影响社会稳定的重大群体性事件和个人极端事件，坚决防止发生影响恶劣的重大刑事案件和重大交通、火灾等治安灾害事故的“五个坚决防止”的目标，全面部署落实上海世博会“环沪护城河”安保工作。通过签订责任状、组建劝访应急分队、开展不稳定因素排摸、落实肇事肇祸精神病人管控，严密重点人员稳控、完善应急处置预案等有效措施，密切关注重点领域、重点行业、重点群体、重点人员情况，积极应对和及时处置各类涉稳事件，实现了世博会期间全区无失控人员、无进沪信访滋事人员、无恶性案件、无重大群体性事件的安保维稳任务。

【推进应急处置机制建设】 按照“属地管理”和“谁主管、谁负责”的工作原则，深入开展矛盾纠纷排查调处，把各种矛盾化解在基层，消灭在萌芽状态。制定实施《上城区重大事项社会稳定风险评估实施细则》，全面推进重大事项风险评估工作，对南宋御街中华美食夜市一条街等 15 件重大事项进行了风险评估，有效减少和化解因重大事项的出台和建设而引发的各类矛盾纠纷，促进建设项目的科学决策和顺利实施。推进应急处置机制建设，制定《上城区群体性事件应急处置工作总体预案》和《实施纲要》，组织各街道、各相关部门制定、完善了本区域、本行业群体性事件的应急处置子预案、分预案，提高了全区各单位、各部门处置突发群体性事件的能力。

【落实社会治安综合治理领导责任制】 落实社会治安综合治理目标管理责任制，全面推进社会治安综合治理工作。区委、区政府与 25 个部门、两个区属企业和 6 个街道签订年度综治责任书，各街道与 659 家地区单位和 52 个社区签订综治责任书，确保责任到位。定期召开综治委全会、五部委联席会议，加强对全区综治工作研究指导。开展综治委成员单位述职和联系点制度，认真组织年度综治工作检查考评，切实提升综治工作指导考核力度。在年度检查考核中，平安街道、平安社区的达标率均为 100%，33 家综治签约单位均达标。

【优化基层综治维稳队伍】 开展“基层基础建设年”活动，扎实推进综治工作示范街道、示范中心和示范工作站争创活动，努力提升综治工作中心和综治工作站规范化建设水平。2010 年，新建成的紫阳街道综治工作中心规范化建设走在全市前列。6 个街道综治工作中心总人数达 93 人，各街道专职综治工作人员 3 人。首批新录用的综治维稳社工充实到各社区，平均年龄 26.3 岁，本科以上学历占 69%以上，有效壮大和优化基层综治维稳队伍。

【推进基层平安创建】 推进以“平安街道”、“平安社区”为重点的面上平安创建、以及以“平安学校”、“平安医院”、“平安企业”、“平安金融单位”、“平安建筑企业”、“平安商场(市场)”、“平安宾馆(饭店)”、“平安旅行社”和“平安景区”为载体的平安创建。经检查考核，表彰命名 286 家“平安单位”。评选表彰“平安家庭”创建活动示范社区、模范户和区级“和谐家庭”。加快动态视频监控点推进力度，完成 272 个点位建设，完成三年(2009~2011 年)任务数的 92.8%。深化平安巡防

7 月 29 日，召开“平安上城”创建工作会议。 (区委政法委 提供)

11 月 24 日，召开上城区优秀法制副校长表彰会议。（区委政法委　提供）

工作，有效组织各巡防队伍参与社会治安防控，通过巡逻盘查、外来人口检查等措施，协助公安机关抓获违法犯罪嫌疑人，震慑违法犯罪。开展“平安上城”志愿者服务世博安保行动，组建 16 支志愿者服务大队，志愿者人数达 1.5 万人(各社区 200 名志愿者)。世博期间，“平安上城”志愿者共开展治安巡防 20 万人次，排查整治各类隐患近百项，收集治安信息千余条。南星街道残疾人志愿者喊潮服务队获杰出“平安志愿服务队”，小营街道社区青少年事务管理“阳光使者”志愿服务队获优秀“平安志愿服务队”。

【强化校园安全保卫工作】 围绕校园安保工作，全面组织开展校园安全隐患排查，安全保卫检查、难点问题整治，优秀法制副校长评比等工作，推进校园安全工作。加大学校技防投入，在各中、小学校、幼儿园门口安装公安联网监控探头 81 个，新增“110”联网报警装置 240 只。实施“五力合一”护校行动，组织公安、交警、城管、学校、志愿者五支力量，对每所学校、幼儿园定岗、定路段、定责任、定人，坚持开展护校行动，切实维护学校、幼儿园及周边治安安全、交通安全和城管秩序，确保校园及周边安全稳定。

【完善司法救助】 2010 年，共办理司法救助案件 20 件，救助金额 41 万元，其中对 3 件刑事案件被害人给予了救助，合计 12 万元。区人民法院开展诉讼费缓、减、免工作，切实保护弱势群体诉权，对 22 件民商事案件缓交、免交诉讼费 9.67 万元，对 10 件执行案件发放司法救助金 14.5 万元。区司法局拓宽援助范围，努力实现“应援尽援”，全年受理法律援助 58 件，法律服务热线接待来电、来访 1367 件。

【开展平安宣传】 深入实施“五五”普法宣传教育活动，推动法律进机关、进社区、进工地、进学校、进企业、进单位，深化流动普法、列车普法、雏鹰普法等系列活动，广泛开展综治平安宣传月、反邪教宣传月、安全生产宣传月、“6·26”禁毒宣传、“12·4”法制宣传等主题宣传教育活动，充分调动社会各界和广大人民群众参与平安创建的积极性，努力营造群防群治、共创平安的宣传舆论氛围。

【获浙江省平安铁路示范县(市、区)】 区综治委铁路护路联防工作领导小组围绕“打防结合、预防为主、专群结合、依靠群众”的铁路护路联防工作方针，实施《浙江省“平安铁路区”创建活动意见》，大力开展护路联防宣传教育和铁路沿线周边矛盾纠纷排查化解工作，全面推进铁路沿线社会治安综合治理，确保铁路运输安全稳定，扎实推进“平安上城”创建。2010 年，上城区被省综治委铁路护路联防工作小组命名为浙江省平安铁路示范县(市、区)。（毛明秀）

公安

【概况】 2010 年，杭州市公安局上城公安分局(以下简称上城公安分局)按照“保增长、保民生、保稳定”的总要求，立足“打造最安全城区、建设最满意警队”的总目标，始终坚持一手抓稳定，一手抓防范打击，突出世博安保中心工作，组织实施“一查二打三整四建”综合行动，努力建设“敬业、专业、公正、廉洁”的民警队伍，构建和谐警民关系，为全区经济社会发展和人民群众安居乐业，打造“生活品质国际体验区”作出了不懈努力，实现全区政治稳定和社会治安秩序良好面貌。

表 39　　上城公安分局派出所基本信息一览

派出所	地址	邮编	电话
上城公安分局	中河中路 88 号	310009	87281110
清波派出所	四宜路 61 号	310002	87780213
湖滨派出所	邮电路 22 号	310006	87065709
望江派出所	海潮路 53 号	310016	86063837
紫阳派出所	南瓦坊 3 幢	310008	86061709
南星派出所	洋泮路 85 号	310008	86081143
小营派出所	翰林街 107 号	310009	87800209
站前派出所	邮驿路 12-1 号	310009	87810680

突出世博安保重中之重。在区世博安保工作领导小组的统一领导下，做好重点人、事、物、场所的排查管控，确保了全区社会政治稳定和社会治安秩序良好，没有发生影响大局稳定的案、事件及火灾、安全责任事故。突出社会治安管控。以减少犯罪主体存量为导向，综合运用打防控手段，维护社会治安。突出管理创新探索。务实创新，探索出一批符合上城实际，体现上城特色的有效工作措施。治安管理行业协会、社区主动警务、"五力合一"绿色护校以及外国人优质管理服务等受到浙江省公安厅、杭州市公安局的充分肯定。突出执法规范化建设。观摩学习与因地制宜有机结合，软硬件建设同步推进。完成了 7 个派出所功能分区硬件改造，湖滨派出所成为全市执法规范化建设参观点，接待各级别参观考察 51 批次。不断健全完善以标准化、流程化、精细化为重点的执法、执勤管理体系。杭州市公安局强制入轨第一、第二批项目按期推进；探索出候问室待审人员分级分类管理、警车钥匙智能管理箱等自选动作。此外，刑侦大队、看守所等部门的硬件改造已全面展开，上城公安分局大楼公共办案区已建成投入使用。突出队伍素质建设。按照杭州市公安局"敬业、专业、公正、廉洁"队伍建设指导意见，立足"实战、实用、实效"，实行"战训合一"和专业实战培训有机结合的"7+X"训练模式，提高民警执法执勤水平。着力破解制约上城区公安工作发展的源头性、根本性、基础性问题，治安管理协会、社区主动警务、构建校园绿色安全网及外国人管理等相关工作得到浙江省公安厅、杭州市公安局的充分肯定。全年共有 1 个集体荣立二等功，3 个集体荣立三等功；1 人荣立一等功，1 人荣立二等功，34 人荣立三等功，28 人受到嘉奖，105 人被评为"优秀公务员"；上城公安分局连续 8 年被评为全市社会治安综合治理先进单位，湖滨派出所被评为全市优秀公安基层单位，清波派出所副所长陈全江同志被评为"全国公安机关爱民模范"。

资料　"7+X"训练模式："7"指"战训合一，轮训轮值"封闭式集中训练时间不少于 7 天；"X"指各警种组织针对性的专业实战训练，训练时间不少于 8 天。

【重点人员管控到位】　维护治安秩序良好，做到重点人员管控到位。将确保世博会安保安全作为全年中心工作和首要政治任务，及早启动，从严要求，狠抓落实。按照"确保从杭州去上海的人不惹事，从上海来杭州的人不出事，面上少出事、力争不出大事"的工作总目标，严管控、强防范、保安全。把严密管控各类可能影响世博会安全的重点人作为世博安保工作的关键环节，主动出击，全面排查，强化管控，确保不漏管、不失控。组织开展贯穿全年的以实有人口为重点的基础大排查工作，通过集中排摸和滚动排摸，全面摸清重点人、重点事、重点物、重点部位、重点区域等基本情况，动态掌握各类可能影响世博会安全顺利举办的不稳定因素。没有发生漏管失控或重点人员入沪、入京滋事情况或重大的精神病人肇事、肇祸案件。有效管控全区 52 名等级重点人员，及时稳控 90 起涉稳、突发事件，有力监管 207 家危化物品经营使用单位，重点场所区域确保绝对安全。

【重点事件排查到位】 从维护社会稳定的实际需要出发，做深、做实排查，全面梳理上城区因拆迁、企业转制、旧城改造、医院纠纷等引发的不稳定事件线索，立足"抓早、抓小、抓苗头"，深入走访，做好登记整理，关注其动态。制定了专门的应急处置预案，每天30名警力定人、定岗组成应急机动备勤队，全面提升应急事件处置能力；会同有关部门开展调处化解，避免各种矛盾纠纷的升级蔓延。妥善处置了方正证券内退职工待遇问题讨说法、部分淘宝卖家聚集争权利、"五八城迁"人员欲集中上访等90起涉稳、突发事件。全区未发生因处置不及时、不到位引发的重大涉稳事件和失控情况。

【重点物品监管到位】 严密对爆炸物品、枪支弹药、放射性、剧毒性化学品等重点物品的排查管控，并按照"一家一档"的要求有效监管207家从业单位，实行"购买审批制、购买实名制、流向登记制"等制度，掌握物品流向和流量，没有发生因管理不到位引发的安全责任事故。

【重点部位防范到位】 启动了反恐怖实战工作机制，确保省、市、区三级共计31处反恐重点目标的安全；推进全民消防安全"防火墙"工程和社会单位"四个能力"建设，落实公众聚集场所"八条常态严管措施"，全区没有发生重特大火灾事故。

开展电动自行车专项整治行动 （上城公安分局 提供）

【重点安保措施到位】 按照"定人、定岗、定任务"原则，层层落实责任，严密保卫措施，完成等级以上警卫任务116批次，"两会"、除夕夜、元宵、三河贯通、观潮、烟花大会等15次重大节庆活动，以及154场次各类大型群众活动，均安全有序。全年发生火灾73起，比上年下降42.97%，抢救被困人员97人，疏散被困人员121人，为群众挽回损失44.13万元。

【打击各类刑事犯罪活动】 综合运用打击、管理、整治、防控手段，全力挤压犯罪。全区共立刑事案件4224起，比上年下降0.14%，破刑事案件1748起，破案率41.4%，比上年上升1.63%，逮捕490人，移诉684人，共抓获各类逃犯164人，其中命案逃犯9人。做强打击，紧盯恶性案件、侵财性犯罪和涉众型经济犯罪，命案发6破6，"五类恶性案件" 发5破5，侦破率均为100%；侦破抢劫、抢夺、盗窃、诈骗等多发性侵财案件1122起，移诉侵财类犯罪嫌疑人255名，打掉移送起诉以上团伙71个。

【开展打击盗窃电动车行动】 3月14日，上城公安分局推进打击工作暨打击盗窃电动自行车专项行动部署会。对行动目标、任务分解以及行动纪律等作细致部署，确保高效有序。截至年底，该专项行动中共出动警力350人次，检查旅馆、出租房、工地、车站、娱乐场所486家，查获各类嫌疑人员29名，侦破相关案件9起，缴获被盗电动自行车7辆。

【严打涉毒犯罪活动】 10月23日，区禁毒大队在吴山广场招募禁毒志愿者，300人报名参加，择优录取100名。志愿者主要工作是戒毒服务、禁毒宣传和开展青少年预防教育，向公安机关举报涉毒违法犯罪活动，协助公安机关查破贩毒案。2010年，全区共查处涉毒案件199起，查获各类涉毒违法犯罪嫌疑人员280名。缴获毒品海洛因412.65克、冰毒2034.52克、麻古3903粒、氯胺酮1077.95克、大麻73.36克、其他毒品473.13克。社区戒毒工作受到浙江省公安厅、杭州市公安局充分肯定，6月，省委常委、原政法委书记、浙江省公安厅厅长王辉忠带队到上城区视察指导。

【打击经济犯罪活动】 严厉打击经济领域犯罪，组织开展打击假发票、信用卡犯罪专项斗争，加大涉众型经济犯罪打击力度，全年共为国家、集体、个人挽回经济损失1594.93万元，侦破了案值1100万元的应某、黄某非法吸收公众存款案等一批重大案件。

【落实“3+X”双层架构巡控打击体系】 认真组织“一查二打三整四建”综合行动，以减少犯罪主体存量为导向，依托双层架构巡控打击体系，统筹兼顾形成全区合力，做好“打”、“巡”、“管”三篇文章，形成“打掉一批，赶走一批，震慑一批”的强力挤压犯罪局面。以便衣反扒队、便衣夜巡队、御街巡逻队三支常设专业队为骨干，派出所面上巡防力量为枝干，各类专项攻坚小组为补充，做精、做强“3+X”双层架构巡控打击体系。2010年，两支便衣队已抓获各类违法犯罪嫌疑人330人，其中刑拘47人、劳教10人、行政拘留63人、强制戒毒3人；破获各类街面、入室盗窃案件180起；打掉团伙、系列16个(串)。御街巡逻队确保了御街及周边的刑事发案保持低位运作，没有发生产生负面影响的事件和安全事故。DNA实验室保质保量地完成各类检案和信息采集任务，为侦查破案和基础信息积累提供有力技术支撑，顺利通过浙江省公安厅、杭州市公安局多次盲测。共检验检材730份，其中高危人群DNA样本60份；为80起案件提供专业支撑，直接突破案件41起，其中重特大案件5起，认定犯罪嫌疑人29人。

资料 “3+X”双层架构巡控打击体系：“3”指便衣反扒队、便衣夜巡队、御街巡逻队三支常设专业队；“X”指特定的某个阶段开展的专项行动，如电动自行车专项整治行动等。

【强化治安管理和重点整治】 以整治“涉黄”重点行业为龙头，深入推进重点整治，查破“涉黄”案件104起，捣毁卖淫窝点25个，关停各类涉黄场所274家，成功破获公安部、浙江省公安厅督办的“8·4”家族型组织卖淫团伙案等一批典型案件。以城站广场及周边为重点推进区域挂牌整治，共组织突击整治、集中清查、联合治理等1300次，市、区、派出所三级挂牌整治区域基本实现“报警下降，发案下降”的预期目标。

【治安行业协会促成管理双赢】 按照公安机关管理与行业内部自律双轨并进的工作思路，通过发展行业协会等自律组织，率先进行“行业协会自治模式”的社会管理创新探索，实现确保场所安定有序和激发社会创造活力的双赢，浙江省公安厅对此予以充分肯定，并在门户网刊文介绍。2010年，全区旅馆、娱乐场所内刑事、治安案件发案比上年下降23.4%。旅馆、场所内部抓获网上逃犯62名，成绩列全市第二名。

【打造“老百姓身边警务站”】 从警务模式、运作机制、职责定位、考核评价、警务构建等方面入手，着力破解警力“沉不下去”和“沉下去以后干什么，怎么干”的问题。在区财政和相关街道支持下，落实了资金保障。警务室科学划分功能区域，统一配设公安内网电脑，推出《关于深化上城区社区主动警务工作的意见》等工作规范，明确社区主动警务各个环节的具体要求，并实行社区民警单列考核，量化社区民警日常工作。通过科学合理划分警务区，建立社区、刑侦、治安

为民服务　　(上城公安分局　提供)

多警种联动运作模式，强化社区民警作为社区副主任的职责，拓展社区层面社会矛盾排查化解工作途径。

举办"相约警务室"与外国人欢度中秋活动 (上城公安分局 提供)

【"五力合一"构建校园绿色安全网】 与教育、交警、城管及志愿者组织密切协作，通过细致深入的安全排查，严密有序的值守巡护，专业实用的指导培训，联网运作的校门监控以及群众参与的志愿护校等一系列行之有效的措施，未发生影响校园安全的重大案事件和责任事故。

【规范境外人员居留管理】 挖掘社会资源，延伸管理触角。与有外国人聚居的小区物业公司建立良性协作机制，建立境外人员居留的动态管理体系；利用中介服务企业资源，畅通信息渠道；通过组建义务"翻译队"等公益性措施，提升管理外国人服务水平。

【执法规范化建设】 完成上城公安分局7个派出所的功能分区改造，湖滨派出所成为全市执法规范化建设参观点，累计接待各级参观访问51次。上城公安分局大楼公用办案场所建成投入使用，刑侦大队、看守所的硬件改造也已经全面启动。如湖滨派出所、小营派出所单设了包括人身检查室、信息采集室、辨认室、待询室、讯(询)问室、醒酒室在内的独立办案区域。出台《上城公安分局监控与警情同步制度》、《上城公安分局警车管理制度》、《派出所领导坐堂值班制度》、《派出所待询人员出室离所操作规定》、《派出所现场尿检须知》等一系规范文件。湖滨派出所推出了候问室待审人员分级分类管理，设置有机玻璃隔离的传染病专用询（讯）问室和专门的吸毒检测室，警车钥匙智能管理箱等。全力推行接处警现场监控同步机制，加强对执法活动起始阶段的过程监控和质量把关；上城公安分局领导实施坐堂值班，第一时间掌握治安大局，实时指令。派出所值班领导负责接处警的调度指挥，随时对案件笔录材料进行审核把关。通过"战训合一、轮值轮训"课堂对11类常发案件取证标准、"设卡盘查规范"等执法制度以及接处警工作规范作了集中培训；各派出所每周至少进行一次案(事)例点评，实时开展法律法规和执法技能培训；组织尚未取得初级岗位执法资格的94名民警进行了书面考试，对已经取得初级岗位执法资格的464名民警，在系统培训的基础上，组织基础较好的民警参加中级岗位执法资格考试。

省、市、区领导督查湖滨派出所执法规范化工作

(上城公安分局 提供)

【完善教育训练体系】 融合思想政治教育、执法理念培育、业务素质培训及人才培养选拔，探索系统、全面的民警成长机制。立足“实战、实用、实效”，实行“战训合一”和专业实战培训有机结合的“7+X”训练模式，组织培训民警16批、480人次，提高民警执法执勤水平。结合部门、警种和岗位特点，细化训练课程设置，抓好法律练兵、技能练兵、信息应用练兵、群众工作练兵，强化体能、武器警械训练，提高了实战应用训练水平。

【提升队伍动态管理水平】 完善和鼓励民警下基层的激励机制，促使警力下沉，充实一线执法执勤岗位。落实基层所队“日查、周评、月考”制度，做到检查经常化，点评制度化。抓好涉案财物管理，内部安全管理，警容、警纪等工作规范，强化民警日常养成教育，抓好《内务条令》、《公安机关人民警察着装管理规定》、“五条禁令”的贯彻落实。总结上城公安分局历年整体工作综合考评的经验，健全以等级化动态绩效考核为重点的队伍和业务管理长效机制，使考评更加科学，能更加准确评估民警工作实绩，客观反映各单位在业务工作和队伍管理等方面的成效。

资料 “五条禁令”：指严禁违反枪支管理使用规定，违者予以纪律处分，造成严重后果的，予以辞退或者开除；严禁携带枪支饮酒，违者予以辞退，造成严重后果的，予以开除；严禁酒后驾驶机动车，违者予以辞退，造成严重后果的，予以开除；严禁在工作时间饮酒，违者予以纪律处分，造成严重后果的，予以辞退或者开除；严禁参与赌博，违者予以辞退，情节严重的，予以开除。

【提升舆论引导能力】 借助电视、电台、报纸、网络等公共媒体和《上城警务》、《政工简报》等内部媒介开展打击犯罪、治安防范的宣传。通过建立、健全上城公安分局新闻发言人机制，建立、健全新闻发言人机制，组织培训53名民警成为网络评论员，完善涉警舆情应对善后机制，提高突发舆情应对能力。以“警民恳谈”、“相约派出所”、警媒联调等为载体，以组织参观、座谈交流、邀请群众参与路面巡逻等形式，夯实和谐警民关系建设，实现警民沟通常态化。1~11月，征求意见135条，已整改118条，占87.4%，通过运用警媒联调工作机制，解决纠纷10起。 （顾 宁）

【民警陈全江获“全国公安机关爱民模范”称号】 2010年，上城区清波派出所副所长陈全江被授予“全国公安机关爱民模范”称号。陈全江担任兴隆社区民警时，兴隆社区刑事案件发案率比上年下降33%，各类矛盾纠纷及时干预率达100%，社区警务室被评为“省十个老百姓满意社区警务室”之一。陈全江在实际工作中探索出“警民联系年历”、“黄哨子、红袖标”等特色警务工作被各大媒体广泛报道。2007~2009年度，先后被评为杭州市优秀人民警察、全省三基工程建设先进个人等，并分别荣立二等功、三等功各1次，共收到各类表扬44次、锦旗27面、表扬信11封、铜匾1块。

（毛明秀）

公安案例

【侦破故意伤害致死案】 3月6日凌晨，紫阳地区发生一起故意伤害案，伤者赵某经抢救无效死亡。上城公安分局领导第一时间成立专案组，展开全面侦查。经12小时连续奋战，专案组在杭州市公安局网络警察分局以及杭州市公安局技侦支队的协助下，成功锁定犯罪嫌疑人及其踪迹。3月6日下午15时，专案组在文三路某酒店419房内抓获本案全部嫌疑人。经审查，李某(男，24岁，吉林梅河口市人)等3人对3月6日凌晨将因口角纷争而结怨的赵某刺伤致其死亡的犯罪事实供认不讳。3人已被刑事拘留。

【侦破拦路强奸系列案件】 1月17日凌晨和2月16日凌晨，复兴路附近分别发生两起强奸案。上城公安分局专案组根据对受害者的调查访问，结合现场勘察，发现两起恶性案件发生时间相隔一个月，发案地点相距200米，从作案手段和受害人描述来看，系同一人所为的可能性极大。专案组一方面通过对路面监控系统反映出的两起案件犯罪嫌疑人的逃跑路线分析，其极有可能落脚或作案后藏匿于复兴东苑一带；一方面扩大排查范围，广泛发动社区干部、协管员等力量，会同专案民警，在全面排查的基础上实施重点排查、滚动排查。连续20多天实施蹲点守候，守候时间自夜间22时至次日天亮。3月9日晚，南星派出所民警及协辅警在小诸桥一带进行专案蹲守巡查时,发现一名身材与嫌疑人相近的单身男子游荡张望,行迹十分可疑,遂进行秘密跟踪盯梢。10分钟后,正当该男子对一途经小诸桥河边花园处的女子发动突然袭击时,专案民警立即组织抓捕。嫌疑人在反抗逃窜中被其他执行蹲伏任务的队员们合围捕获。经审查,嫌疑人赵某对3起强奸案件供认不讳。

【成功侦破省督台湾籍特大系列固话诈骗案】 4月初,上城公安分局接浙江省公安厅刑侦总队线索,疑有两名系列固话诈骗犯罪嫌疑人在上城区出没。对此,上城公安分局立即组建专案组,展开侦查,并在嫌疑人出没的重点场所、部位开展侦控,寻找有利的抓捕时机。4月7日,专案组在辖区某酒店内抓获台湾籍诈骗犯罪嫌疑人廖某甲(男,25岁,台湾省桃园县人)、廖某乙(男,17岁,台湾省桃园县人),并当场缴获赃款34.6万元,缴获作案使用的银行信用卡154张。经审查,两名犯罪嫌疑人对利用固话实施诈骗犯罪的事实供认不讳。但在具体案情、涉案案值方面均不肯如实交代,避重就轻,企图蒙混过关。本着对案件"深查、细查、查实"的理念,专案组克服种种不利因素,在1个月时间内,连续辗转浙江、湖南、福建、广东等省市,以现场查获的154张信用卡为切入口,通过异地查证获取了大量信息资料,为查清案件事实奠定了坚实基础。专案组已查找到浙江、上海、广东、福建、云南、湖南、湖北、江西、重庆等地相关被害人40名,查证涉案总价值高达200万元,并与27名被害人取得实质性联系,追回赃款36万元。两名犯罪嫌疑人已被依法逮捕。

【破获特大贩毒案】 6月18日,上城公安分局禁毒大队会同湖滨派出所民警依据线索,在江干区景芳六区一亭子内当场抓获涉嫌贩卖毒品海洛因的两名新疆籍犯罪嫌疑人,并当场查获毒资7500元及疑似毒品海洛因的粉末3包。后对江干区景芳六区某室该两人的暂住地进行搜查,共查获各种疑似毒品约300克。

【成功破获特大家族型组织卖淫团伙案】 8月3日晚,经过长达两个月的专案侦查,在杭州市公安局行动技术支队、治安支队的协助下,上城公安分局巡特警大队、治安一大队及望江派出所等采取集中突击行动,一举摧毁了一个由温州永嘉籍人员组成的家族型组织卖淫团伙,成功捣毁位于近江九园、钱江路、徐家埠一带6处涉案卖淫窝点。该团伙成员有9人被刑事拘留,8人被治安处罚,12名卖淫女被审查。

【奋战一昼夜速破"10·19"绑架学生案】 10月20日上午8时,上城公安分局在杭州市公安局刑侦、技侦、网监等部门以及湖州长兴县公安局的协助下,仅用16小时,破获了以勒索钱财为目的的"10·19"绑架学生案件。两名犯罪嫌疑人王某某(男,38岁)、朱某(男,20岁)被抓获归案,被绑架的滕某(男,15岁,上城区某中学初二学生)被成功解救。

【侦破一起伤害致死案】 10月25日,上城公安分局通过组织精干警力专案攻坚,在杭州市公安局刑侦支队、行动技术支队、网警分局、交通治安分局的协助下,破获城站广场"10·21"伤害致死案,并成功抓获本案两名犯罪嫌疑人。经审查,两名嫌疑人交代了10月21日22时,因涉嫌违规运营,邓某驾驶的出租车在环城东路188路公交车站附近被运管执法人员截停。邓某欲驾车逃离,规避处罚,但发现一骑自行车男子(即受害人来某)挡住去路,于是叫同坐一车的朋友黄某将来某赶走。黄某下车要求来某走开,双方发生争执,黄某在邓某的怂恿下追打来某至城站加油站某超市内,并持刀将来某捅伤(未死亡)。现两名嫌疑人已被刑拘,案件正在进一步审查中。

【侦破湖滨辖区一故意伤害致死案】 11月27日凌晨,湖滨辖区某酒吧门口发生一起故意伤害案件,被害人奚某被刀砍伤,经抢救无效死亡。杭州市公安局、上城公安分局对此高度重视,迅速组织刑侦大队、湖滨派出所精干力量,成立专案组,全力攻坚。在杭州市公安局指挥中心、刑侦支队、行动技术支队、网监分局、交警支队等的协助下,连续奋战13小时,成功破获该起故意伤害致死案,抓获邱某(男,28岁,江西玉山县)等3名犯罪嫌疑人。经审查,3名嫌疑人交代了27日凌晨,在湖滨某酒吧内喝酒,与被害人奚某等人因琐事发生纠纷,并在酒吧门口发生冲突。期间,付某

持刀砍伤对方3人,其中奚某经医院抢救无效死亡的犯罪事实。此案还在进一步审查中。（顾　宁）

交通管理

【交通事故概况】 2010年，上城区共发生交通事故14778起，其中使用简易程序处理的轻微交通事故有14710起,3228人轻微伤、直接损失381.3万元。上报交通事故67起,造成6人死亡、63人受伤、直接财产损失23.4万元。非统计死亡交通事故4起（死亡4人），其中1起为路外事故,3起为当事人交通事故(7日后死亡)。交通事故总数比2009年下降33.41%,上报交通事故数下降29.21%,死亡人数下降33.33%,受伤人数下降43.41%,直接财产损失下降28.54%。

【注重交通整治长效机制建设】 杭州市公安局交通警察支队上城大队(简称上城交警大队)结合杭州市公安局"一查二打三整四建"工作总体要求,深入推进交通秩序"1+X"长效整治工作,加大对酒驾、违法变道、"四小车"等各类重点交通违法行为的查处力度,维护良好的道路交通安全环境。先后组织开展了世博安保"环沪护城河"系列整治,"迎世博、创文明、保平安"交通秩序专项整治,涉酒、涉牌涉证等集中整治统一行动。全年共查处各类交通违法行为133197起,其中查获酒后驾驶1445起,醉酒驾驶82起,查扣残疾车、"摩的"等非法"四小车"2620辆,5次以上违法未处理车辆5776辆,道路交通秩序得到进一步改善。

资料　交通秩序"1+X":"1"是指涉酒交通违法行为;"X"是指除涉酒交通违法行为以外的,严重扰乱道路交通秩序,容易引发重特大交通事故,人民群众反响强烈的道路交通违法行为。

【缓解交通"两难"问题】 上城区自2009年被评为"部级平安畅通县区"荣誉称号的城区后,2010年继续抢抓机遇,高点定位,在区委、区政府的支持下,成立了杭州市首个城区缓解交通"两难"问题协调领导小组,为缓解"两难"出谋划策。上城交警大队以区"两难"办的名义,牵头制定全年工作思路,推动缓解交通"两难"工作成为政府重要议事日程。及早预测机动车快速增长的新趋势,及时向区委、区政府递交缓解城市道路交通拥堵问题的对策、建议,开展早晚高峰交通拥堵状况分析与对策等相关课题研究。为确保道路畅通,2010年11月19日晚9点开始对浙医一院、浙医二院周边4条道路实施单向通行,马市街、佑圣观路、直大方伯、金鸡岭路等4条道路机动车实行单行，直大方伯庆春路路口——金鸡岭路清泰街路口机动车实行由北向南单向通行,马市街庆春路路口——佑圣观路清泰街路口机动车实行由南向北单向通行。

【优化交通组织措施】 提出"平面交通立体化"的概念,将单行线、可变车道、潮汐车道、禁左等一系列交通组织和工程手段,因地制宜地组合在一起。组织开展了"时空一体化"项目的研究,通过对交通组织渠化、信号配时优化、交通科技应用、路面一线管理、公交优先等措施的综合协调,"以信号时间换取道路空间,以道路空间争取通行时间",努力实现道路资源利用和通行效益的最大化。11月19日,辖区直大方伯、马市街、金鸡岭和佑圣观路区域实行单向交通组织措施,道路通行状况得到进一步改观。

6月13日,区长陈红英、杭州市公安局副局长赵野松参加上城交警大队营房改建启用仪式。
（上城交警大队　提供）

【落实车辆与驾驶人管理工作】 上城交警大队始终将抓好车辆及驾驶人管理作为预防和减少交通事故的重要环节，切实把紧、把牢源头管理关。世博交通安保工作期间，上城交警大队以“迎世博、创文明、保平安”交通安全宣传工作为重点，严格审核把关进沪车辆，对辖区所有企业开展的“环沪护城河”安全大检查中，6名驾驶员因不符合驾驶资质停止驾车。做好重点违法行为追处和醉酒拘留的执行工作，2010年两项工作的执行率均达到100%。

【强化交通安全宣传工作】 2010年，开展专题交通安全宣传250场，现场接待群众咨询4.5万人(次)，设立交通安全宣传橱窗60个，张贴宣传画500张，制作横幅标语150条，制作各类展板200块，发放交通安全宣传资料25000份，发放交通安全宣传光盘300张、播放交通安全宣传光盘2500次，进学校上交通安全宣传课390次，交通安全宣传形式多样，效果显著。

【推动交通管理服务站建设】 2010年恰逢交通管理服务站建设两周年，为广泛宣传交通管理服务站建设成效，进一步推进服务站建设，4月28日，上城交警大队在高银巷小学和东平巷社区组织开展了以“今天我两岁了”为主题的交通管理服务站两周年主题宣传活动，努力提升交通管理服务站知名度。根据辖区交通人流量特点，上城交警大队与浙江大学医院附属第二医院(简称浙医二院)联系，并在市交警支队的支持下，在浙医二院建立了全市首个驻医院的交通管理服务站，延伸了交通管理服务站功能。

【推动勤务机制更新】 上城交警大队改革路面勤务模式，通过不断探索实践，形成了以“信息引导勤务布局、精打细算用足警力、数字勤务服务实战、警协联动扩大管控”为原则，以两级固定岗定点防控为核心，主要路口定点防控为基点，主要道路联动管理为网络的主动防控型警务模式，提高了路面管控效率。路面民警出勤比例由原来的平均每天49.28%提高到61.14%；路面交通违法行为查处数比上年上升了1.2%。同时，4个执勤中队均建立了交通管理数字勤务室，将交通科技信息整合并深度应用到一线执勤中队，在主动发现警情、查处交通违法、数据分析研判、路面警力调度、宣传服务群众上初见成效。

【推进交通信息化建设】 2010年，上城交警大队对辖区40个路口进行排查梳理，从信号灯技术、交通设施、安全设施、标志标线等入手，分期、分批对行人信号灯与机动车信号灯不匹配的情况进行优化和设置工作，以彻底解决群众关注的路口行人“过街难”问题，并将此作为规范路口交通秩序、保障行人通行权利的一项基础性、综合性工作来抓。制定了“SCATS”相位设置和信号配时指导意见，加强信号配时控制策略研究，完成市区道路的绿波带优化设计，并广泛建设绿波带与情报板联动控制系统。

资料 **“SCATS”：** 悉尼自适应交通控制系统(Sydney Coordinated Adaptive Traffic System，简称SCATS，或简称SCATS系统)，是目前世界上少有的几个先进的城市信号交通控制系统之一。

【推行文明交通出行计划】 从增强全民交通文明素质出发，会同市、区文明办，以“文明出行”为主线，组织开展“礼让斑马线”、“开车不加塞‘我不是塞子’”、“违法变道曝光·全城大动员”等系列交通安全文明出行活动，加强交通安全宣传教育，强化交通安全管理，着力提高全民交通法制意识、安全意识和文明素质，营造安全、文明、有序、畅通、和谐、礼让的出行环境，进一步巩固“车让人、人让车，车让车、人让人”的良好氛围，确保为打造“全国交通文明示范城市”开好局、起好步。

【落实执法规范化建设】 坚持“实战、实用、实效”为根本导向，按照“标准化、流程化、精细化”的核心要求，做到软硬并举、内外兼修。合理调整基层所队的功能布局，统一形成“办事、办案、办公和生活”四个功能划分的营房硬件布局，并对各个功能区进行定岗、定设备、定标准，做到整齐划一、功能完备、互不影响。抓住执法突出问题，坚持以标准化促进规范化。通过学习岗位民警的《每日必须》、《工作职责》、《执勤交警现场执法“五必查”工作规范》等相关规定，明确“上岗前四必查”、“上岗后四必巡”、“执勤时六必须六不准”、“执勤后四必做”等制度，全面深入推进公安交警系统

的执法规范化建设。 （康 奕）

检 察

【概况】 2010年，区人民检察院依法打击犯罪，维护社会和谐稳定，全年共受理提请审查逮捕案件372件、559人，批准逮捕342件、501人；受理移送审查起诉案件428件、650人，提起公诉382件、607人。开展职务犯罪预防工作，加强反腐倡廉建设，立案查处贪污贿赂犯罪、渎职侵权犯罪9件、17人。履行刑事诉讼、民事审判、行政诉讼和刑罚执行活动的法律监督职能，维护社会公平正义。

【打击和防控刑事犯罪】 打击严重暴力犯罪、多发性侵财犯罪等刑事犯罪和破坏市场经济秩序犯罪，批捕故意杀人、故意伤害、绑架案件24件、29人，起诉20件、28人；批捕"两抢一盗"案件170件、232人，起诉189件、258人；批捕非法吸收公众存款以及金融诈骗、非法制造发票罪等经济犯罪案件29件、37人，起诉26件、38人。贯彻宽严相济刑事政策，对认为无逮捕、起诉必要的轻微犯罪不批捕15人、不起诉15人。注重延伸批捕、公诉职能，开展刑事和解、司法救助工作，化解社会矛盾，最大限度减少社会不和谐因素。

【查办和预防职务犯罪】 突出打击重点，严肃查办发生在民生领域的职务犯罪。深入研究医院计算机中心工作人员利用所掌握的"统方"信息进行交易牟利的贿赂犯罪，成功查办了此类贿赂案件3件、7人，并向其他检察院移送成案线索1件、2人。查办浙江省人民检察院督办、杭州市人民检察院交办的杭州花都园艺市场渎职案件，最终查明国家机关工作人员宫某某、甘某某滥用职权的犯罪事实，两人已分别被法院判处有期徒刑缓刑。运用警示教育、案例剖析、预防建议等多种措施，深入教育、医疗卫生、工程建设等重点系统、行业进行针对性预防。结合案件查办向有关单位提出预防建议68件，提供预防咨询90次，开展预防法制教育155次，提供行贿档案查询633批次。

【推进诉讼监督改革创新】 与公安、法院、司法磋商，加强配合协作，形成加强法律监督工作的长效机制，促进公正廉洁执法。监督派出所工作在前期试行实现公安、检察双方工作共赢的基础上，围绕监督的方法模式、信息共享等方面加强研究，从规范性机制构建等入手，促进公安派出所执法行为规范。共提前介入侦查案件21件，巡查监督60次，召开联席会议探讨共性问题8次，常态工作联系、沟通、开展业务交流50次。试行工作受到省、市检察院领导的肯定。

【对接街道实行检务联络员制度】 立足区情，研究制定了《对接街道实行检务联络员制度化解社会矛盾参与社会管理工作的实施意见》，由6名科室负责人担任检务联络员，在全区6个街道开展涉检信访矛盾排查化解、社情案情信息互通、社区矫正监督管理、涉罪未成年人观护帮教、法制宣传教育等工作。自6月实行该制度以来，共联系街道、社区38次，开展法制宣传、组织青少年模拟法庭、指导开展职务犯罪预防工作30次，开展社区矫正检察监督、帮助开展社区矫正工作33次，化解矛盾纠纷两起，取得良好的社会反响。

【推进未成年人刑事检察制度】 坚持判后赠言、检察官节假日狱内探访、家属会见在押未成年人等举措，与区司法局联合出台《关于在检察阶段对未成年人实施刑事法律援助工作的办法》，加强对特殊群体的司法保护。开展预防未成年人犯罪的暑期系列活动，制作未成年人犯罪案例法制教育图板25块，开展法制宣传活动25次，发放《啄木鸟》法制宣传册、未成年刑事检察工作简报2000份，受教育人数2万人。通过联合区司法局，组织社区矫正对象到监管场所与服刑人员面对面交流等举措，加强对服刑人员特别是社区矫正对象、轻微犯罪被不起诉人等特殊人群的帮教管理，提高社区矫正效果。

【建立检察官点评岗位廉政风险点制度】 创新预防职务犯罪的新举措，建立检察官点评制度，帮助公职人员防范职务犯罪。运用情景模拟帮助准确查找岗位廉政风险点，共指导相关单位、部门形成各种典型情景案例180例。在建设、环保、水业等多个系统开展查找行业风险点、检察官点评活动，结合办案经验和地方实际，总结出易发职务犯罪的10个环节，重点针对

对接街道检务联络员深入社区，耐心教育缓刑考察期内的“高危”未成年人。

（区人民检察院　提供）

工程变更审核管理、招投标管理、工程采购招标、安全监督管理以及财务管理等多个岗位风险情景案例进行点评和剖析，共点评典型案例100件，受教育人数1000人。这一做法被《检察日报》等媒体报道，并被最高人民检察院《检察工作简报》介绍交流。

检察案例

【批捕重大组织卖淫团伙】 2009年5月，郑某姐弟等4人在上城区开设了5家休闲店从事组织卖淫活动，并委托陈某、俞某等人管理店内事务，李某购买避孕物品及药物等。对卖淫女进行集中管理，限制卖淫女的人身自由，不顾卖淫女的健康，长期多次组织卖淫。该团伙组织严密，案件性质恶劣，涉案金额大。2010年9月10日，区人民检察院以涉嫌组织卖淫罪、协助组织卖淫罪，依法对组织卖淫团伙案件中的10名犯罪嫌疑人作出批捕决定。

【起诉非法吸收公众存款1000余万元案件】 2007~2009年，应某某作为杭州杰姆餐饮管理有限公司与浙江思得客餐饮管理有限公司法人代表，经与杭州杰姆餐饮管理有限公司股东即被告人黄某某共谋，在不具备存款业务资格的情况下，采取书面或口头承诺还本付息的方式，以需要扩大经营、资金周转等为由，向不特定人员金某某、毛某某、吕某、范某某、金某某等13人累计变相吸收公众存款1128.5万元。上述资金均入两家公司财务账目，除小部分用于公司经营外，其余大部分用于偿还本金及支付高额利息。至案发，其变相吸收公众存款的行为给上述被吸储人员造成损失共计598.16万元，已严重扰乱国家金融管理秩序。区人民检察院审查后认为，被告人应某某、黄某某以扩大经营为由，在未经中国人民银行批准，向不特定对象吸收资金并承诺在一定期限内还款付息，数额巨大，后因高额利息而无法偿还被害人本金，致使被害人利益遭受重大损失，同时也严重扰乱了国家金融管理秩序，社会影响恶劣，应以非法吸收公众存款罪追究其刑事责任。2010年11月30日，区人民检察院对应某某、黄某某提起公诉。

（张　雯）

审判

【概况】 2010年，区人民法院围绕“为大局服务、为人民司法”的工作主题，坚持“制度治院、人才兴院、科技强院”的工作思路，全力服务发展大局，全面落实司法为民，打造“7216”信息化工程，创新法院规范化管理，努力提升司法公信力，为促进上城区经济社会协调发展提供有力司法保障。2010年，新收各类案件5655件，2009年旧存496件；审结5695件，未结案456件，收结案分别比上年（指2009年，下同）上升13.1%和12.6%，结案率为92.6%，审判、执行保持了良好的运行态势。区人民法院被浙江省高级人民法院评为破解“执行难”优秀法院，区人民法院执行局被浙江省高级人民法院批准荣立集体二等功。区人民法院法警队被浙江省高级人民法院授予“优秀司法警察队”荣誉称号。

【能动司法服务区域经济发展】 不断创新调解模式，加强涉企案件矛盾化解，坚持平等保护原则，审慎审理涉及公司治理结构、中小企业发展等方面的案件。针对信用卡纠纷案件激增的新情况，在提高审判针对性和高效性的同时，及时向有关银行提出信用卡管理、风险防范的司法建议，从源头上预防和减少信用卡领域的金融风险。共受理各类商事案件2232件，审结2221件，分别比上年上升40.7%和36.1%；解决诉讼标的额10.8亿元。

【惩治刑事犯罪保障平安建设】 刑事审判准确适用宽严相济刑事政策，始终把严重暴力犯罪、多发性侵财型犯罪等严重危害社会治安犯罪作为打击的重中之重，坚决予以惩处；严厉惩治贪污贿赂、严重渎职犯罪和金融诈骗、非法经营等经济犯罪，有力震慑犯罪。共受理各类刑事案件393件，审结394件，分别比上年下降3.2%和3.4%；判处被告人594名，其中判处三年以上有期徒刑的195人，依法适用缓刑的84人。重视未成年人犯罪案件的审理，参与法制副校长工作，开展送法进社区、进学校等法制宣传活动，对整治校园周边环境、建立重点学生管理档案等提出司法建议和意见，推进平安创建、社区矫正和社会治安综合治理。

【化解民事纠纷促进社会和谐】 民事审判贯彻"调解优先、调判结合"的原则，正确适用《侵权责任法》，妥善调处交通事故、医疗损害等侵权赔偿案件；依据房产市场和政策新变化，依法审理房屋买卖、物业管理等案件；在审理婚姻家庭、劳动争议、民间借贷等案件中，加大对案件事实和证据的审查力度，防范和查处借诉讼手段牟取非法利益的虚假诉讼行为。共受理各类民事案件1522件，审结1511件，分别比上年上升11.4%和7.4%。查获了陈某某等23人诉杭州长宝置业有限公司追索劳动报酬，张某诉阮某某、周某某民间借贷等5件虚假诉讼案件，并对相关责任人司法拘留或移送公安机关侦查处理。

【加大协调解决行政争议工作力度】 探索协调解决行政争议工作机制，对因房屋拆迁、城市管理、社会保障等社会热点问题引发的案件，加强辨法析理和教育疏导，尽力从实质上化解各类行政纠纷。共受理各类行政案件102件，审结103件，分别比上年上升9.7%和13.2%；依法审查行政非诉案件39件，比上年下降35%。为纪念《中华人民共和国行政诉讼法》实施20周年，邀请人大代表、政协委员、区属各行政机关和法制部门负责人旁听庭审、召开座谈会；对审理房屋拆迁裁决和政府信息公开、履行法定职责等案件中发现的问题，及时进行反馈，提出司法建议，形成共同预防和化解行政争议的工作合力。

【加大执行工作力度破解执行难】 开展重点案件集中清理活动，对有履行能力拒不履行者，强化被执行人财产申报、特殊主体通报、限制出入境、限制高消费等强制措施的运用，对矛盾易激化的房屋腾退案件和拖欠工资等群体性案件，加大执行调解力度，提高执行工作效率。共受理各类执行案件1364件，比上年下降4%；办结1421件，比上年上升2.6%。落实综合治理执行难工作机制，配合区综治委出台《破解执行难推进和谐新上城建设实施意见》，实行"执行公告进社区"的执行新措施，利用新闻媒体对拖延、逃避执行行为予以曝光，加强与公安、金融、房管等部门的信息沟通和协调配合，加大对被执行人信息与财产的查控力度，推动全区建立由执行强制、执行惩戒、执行监督和执行保障机制组成的工作体系。

法律咨询活动进社区　　（区人民法院　提供）

【加强信息化建设创新审判管理】 每月对收结案件、存案工作量、改判发回率、实际执行率等26项审判、执行数据进行分析评估，建立审判、执行运行态势分析机制。改进审判、执行案件节点管理系统，严格规范案件程序的管理和运作。发挥数字法庭、远程审判系统全程录音录象的效能，开展法官庭审评议、书记员速录考核。研发电子档案系统和网上审委会系统，强化审判委员会和院、庭长监督指导办案的管理职能，构建了以案件节点管理为核心，覆盖审判执行全过程、提升案件质量效率、促进均衡结案的审判管理体系。截至2010年底，结案率比上年上升1.5个百分点，未结案率比上年下降8.1个百分点，存案工作量0.96个月；一线审判法官人均办案163.4件，个人办案最高为480件。

【健全审判监督机制提高案件质量效率】 强化审判监督职能，根据中央政法委《关于开展“百万案件评查”活动的工作方案》，采取常规评查、重点评查和专项评查相结合的方式，开展案件质量评查工作，将改判、发回重审、涉诉信访案件全部纳入监督范围。扩大对案件质量监督和通报的范围，加强对案件信息录入、案件节点管理、二审改判发回情况的督查，加强对各部门存案工作量、超过12个月和18个月以上未结案、案件平均审理天数、审委会成员参加会议等情况的通报，案件评查、督查结果存入个人业绩档案，纳入绩效考核之中。

【优化立案接待大厅诉讼服务功能】 做好各类案件立案审查工作，开展诉讼费缓、减、免工作；开通网上立案、咨询信箱，落实诉讼指导、信访接待、案件咨询查询等各项便民举措。开展诉前调解工作，将案件事实清楚、标的额较小的案件，引导到人民调解室处理；坚持巡回办案制度，开展好道路交通事故巡回法庭、维护消费者权益巡回法庭的工作，拓宽群众表达诉求的渠道。共审查立案5655件，对22件民商事案件缓交、免交诉讼费9.67万元，对10件执行案件发放司法救助金14.5万元。通过诉前调解程序快速调解案件287件，委托人民调解室调解案件249件。

【做好涉诉信访工作】 按照中央政法委和浙江省最高人民法院统一部署，结合世博会期间维稳工作，开展集中清理涉法、涉诉信访积案工作，对2009年前发生且至今尚未息诉罢访的涉诉来信、来访进行排查，对16件信访积案按照“五个一”的工作要求落实责任领导、责任人员，运用教育、救济、协调、听证等方法，办结了15件涉诉信访积案，结案率93.7%。同时，落实信访信息报送制度，对审判、执行中可能引发的突发性或群体性事件进行预测和排查，抓好庭审释明、裁判说理、判后答疑、申诉听证等工作，防止新的信访案件又演化为上访老案。

参加第二届长三角地区人民法院司法协作和发展论坛

（区人民法院 提供）

【深化学习教育提高能力素质】 开展“人民法官为人民”主题实践活动，重点解决审判、执行工作中的服务大局、促进和谐、改进管理、廉洁司法等问题；开展“上城先锋”创先争优活动，在全院营造“学先进、赶先进、作贡献、当表率”的浓厚氛围。通过公开竞岗机制，充实和调整中层干部队伍，提高团结协作、民主决策和科学管理水平。有计划、分层次开展各类业务培训，并通过开展司法之星评选、庭审评议、优秀裁判文书评选等活动，提高干警业务素质和办案能力。针对审判、执行中出现的新情况、新问题,加强调查研究。共承担或参与了8个省、市、区调研课题,有38篇调研文章发表或获奖,其中,《对上城区法院案件节点管理系统运行情况的调查》获得了全省法院系统征文比赛一等奖。

【加强廉政建设规范司法行为】 制定实施《关于进一步推进法院司法规范化建设实施意见》,建立提高司法能力、规范司法行为、强化司法管理、加强司法监督的管理规程;修订《绩效考核实施办法》和《书记员考核管理办法》,加强对审判绩效和工作业绩的考评。制定实施《岗位廉政教育工作实施方案》,建立廉政风险点排查评估制度;组织干警旁听职务犯罪案件的开庭审理,每月4次以手机短信形式向干警发送廉政格言警句,提高干警公正司法的意识和防腐拒变的能力。

【推进阳光司法自觉接受监督】 主动向区委、区人大报告审判、执行工作、重大案件审判情况,落实区人大常委会对刑事审判、人民陪审员等工作的审议意见。印制《尚法》宣传册,走访省、市、区三级人大代表,通过召开座谈会、邀请旁听庭审、参加无理访甄别听证会等形式,听取人大代表、政协委员对法院工作的意见和建议。向区人大常委会提请调整和充实人民陪审员36名,推动人民陪审员参与审判、调解和执行工作。人民陪审员参审案件1817件,参审率99.2%。开展"公众开放日"活动,主动联系各新闻媒体报道法院工作重点、群众关注的典型案件。法制宣传报道859篇。

(宋慧娟)

司 法

【概况】 2010年,区司法局进一步发挥法律服务、法律保障、法制宣传职能,在化解社会矛盾纠纷、维护社会稳定、服务保障民生上下功夫,扎实推进"平安上城"、"法治上城"建设,圆满完成全年工作任务。在做好法制宣传教育、社区矫正、人民调解、司法所建设、律师管理和法律援助等职能工作的同时,开拓创新,开展"向身边的先进典型学习"等"创先争优"活动,着力加强干部队伍建设,落实司法助理员岗位津贴,提升司法助理员待遇水平,稳定司法行政干部队伍。2010年,区司法局获全省律师公证服务企业巡回宣讲活动组织工作优秀单位、2009年度全省"社区矫正规范落实年"活动先进集体、社会治安综合治理先进单位等荣誉。望江司法所、湖滨司法所、南星司法所被命名为省级规范化司法所。全区省级规范化司法所创建成功率50%。涌现出浙江省司法行政系统第二届"百名优秀人物"、杭州市"十大金剑人物"、杭州市首届"十大金牌和事佬"等先进个人。

【加强法制宣传教育】 区司法局围绕"三个进一步、三个提高"和"一学三讲、法律六进"开展法制宣传教育,加强重点对象法制宣传教育,坚持领导干部学法日制度,每季度举办领导干部法律知识专题讲座,学习《中华人民共和国统计法》、《中华人民共和国侵权责任法》、《中华人民共和国保密法》、《中华人民共和国国防动员法》等法律法规。加强公务员学法用法,深入开展"雏鹰普法"系列活动,组织企业经营管理人员、社区干部、居民和外来创业者学法,提高学法、守法、护法的意识和能力。利用社区"1+2"普法信息化网络等普法平台,抓住"12·4"全国法制宣传日、法治文化节等契机,营造全区上下人人学法、人人普法的良好氛围。

资料 社区"1+2"普法信息化模式:"1"是指依托区政府一站式信息服务平台,创建"e家人"社区事务管理网。"2"是指依托互联网开通社区法治论坛和依托数字电视开辟"社区是我家"频道,宣传法律法规和法治精神,营造法制宣传氛围。

【流动普法系列活动】 利用城站广场客流大的特点,通过普法电子屏、法制公益广播、城站广场普法志愿者队伍,不定期地在城站广场开展法治文化活动、法制宣传、法律咨询与法律服务活动,为过往旅客答疑解惑。同时,普法列车北上和西进,在杭州——北京和杭州——西安的列车上开展律师上车释法、万本刊物送法、法制喇叭讲法、法治问卷普法和法制纪念品传法等活动。2010年,在普法列车上发放法制宣传手册5000份,法制宣传环保袋5500个,法制宣传圆珠笔、雨伞等法制纪念品4300份,法治问卷3800份。活动开展以来,共计发放法制问卷13000份,法制宣传手册20000份,法制宣传环保袋、法制宣传圆珠笔等法制纪念品20000份,750000人受到了法制宣传教育和法律服务。流动普法活动获得了杭州市“五五”普法创新成果活动类一等奖。

5月11日,在列车上开展流动普法系列活动。　(区司法局　提供)

【深化人民调解工作】 发挥人民调解“保稳定、促和谐”的作用,坚持抓早、抓小、抓苗头,做到早布置、早排查、早化解,把矛盾纠纷和社会不安定因素化解在基层, 化解在萌芽状态。开展人民调解专项攻坚活动,重点调处长期未得到有效解决的疑难纠纷、人民群众十分关注的热点、难点纠纷和容易引发群体性事件及群体性上访的矛盾纠纷,化解了南星海月花园小区物业公司撤出纠纷、工人工地坠亡和医疗死亡导致的赔偿纠纷等一批影响重大、可能引发集体上访的纠纷,做到了对重点纠纷的预知、预判和预防,保障了辖区的和谐稳定。完善“大调解”机制,进一步加强人民调解、行政调解、诉讼调解互动衔接,加强行业性专业化调解组织建设。2010年,在上城交警大队设立了交通事故人民调解工作室,深化警民联调工作,拓展治安纠纷调解范围。全年共受理人民调解纠纷3106起(其中“简易”调解2702起、“疑难”调解168起、法院调解室调解236起),成功调解3106起,调解成功率100%,共排查化解重大疑难纠纷和社会不安定因素46起,防止纠纷激化35起,化解群体上访28起。无因民间纠纷调处不及时或调处不当引发的群体性上访和群体性械斗、民转刑案件和非正常死亡,促进了社会和谐与稳定。

【出台上城区《社区矫正工作规范》】 区司法局制定出台的《上城区社区矫正工作规范》将社区矫正工作的有关定义、范围、程序与基本操作流程等以书面规范的形式予以明确,有利于加强社区矫正工作的制度化、标准化、规范化建设。2010年4月,经过专家组的评审, 该规范获杭州市质量技术监督局批准通过,成为全国首个社区矫正工作地方标准,保持了上城区在全省社区矫正工作中的示范引领作用。社区矫正工作规范被杭州市城市品牌促进会主办的2010杭州生活品质系列点评为年度平安区块。

1月29日,召开上城区《社区矫正工作规范》审定会。　(区司法局　提供)

【加强社区矫正和安置帮教工作】 开展社区矫正“护城河工程”,做到早谋划、早动员、早实施、早防范,落实“十个一”,建立信息每日“零报告”和“每周巡查”制度;落实“管控升级”措施,对14名重点矫正对象建立“包案责任”制度,深入推进“十必访十必谈”活动,加大社区矫正对象管控和帮扶力度,切实保障上海世博会安全稳定。区司法局联合区检察院每季度开展一次社区矫正联合执法大检查，依法纠正了社区矫正工作中个别因衔接不及时、监管不到位而产生的矫正对象脱漏管问题，规范社区矫正执法工作。建立社区矫正心理健康教育基地，发挥社区矫正心理专家库和心理健康教育志愿者队伍的作用，健全完善社区服刑人员心理干预和疏导机制。实施“导航工程”，落实归正人员回归衔接、信息通报、定期排查等制度，加强过渡性安置基地建设，帮助10名符合条件的归正人员解决落户、住房、办理低保等实际困难，联合劳动保障部门，做好归正人员的就业技能培训和就业援助工作，最大限度预防和减少归正人员重新犯罪。

6月25日，举行上城区“律师进社区”活动对接仪式。（区司法局 提供）

资料 “十个一”：“十个一”即从十个方面落实好社区矫正“护城河工程”前期工作：制定好一个实施方案；成立一个组织；开好一个动员部署会；开展一次全面走访排查；开展一次集中教育活动；签订一份自律承诺书；开展一次清明扫墓活动；开展一次警示教育活动；组织一次联合检查；对双列管人员（有户无人）落实情况进行一次回头看；开发建立一个安全信息管理系统。

“十必访十必谈”：重大节日时必访必谈、重点时段时必访必谈、重要时期时必访必谈、受到奖惩时必访必谈、有思想问题时必访必谈、入矫解矫时必访必谈、遇到困难问题时必访必谈、违反矫正规定纪律时必访必谈、与家庭（邻里）发生矛盾纠纷时必访必谈、发生工作变动时必访必谈。

【推进“律师进社区”活动】 “律师进社区”工作启动后，先在18个社区进行试点，6月起在全区52个社区全面推广。通过《上城报》、社区广播系统、宣传栏、QQ群等方式广泛发布和宣传，将驻点律师的基本情况及律师值班工作时间公布，发放《社区便民联系卡》，设立专门法律服务热线；实现场地、人员、经费和制度“四落实”，实行社区法律服务“四免费”和民事案件代理“三优惠”，建立驻点律师会诊矛盾纠纷机制，主动介入纠纷调解，控制事态发展，把矛盾化解在萌芽状态。“律师进社区”工作开展以来，社区律师值班1350次，接待咨询2101次，举办法律知识讲座84场，参与调解388起，化解矛盾368起。参与处理多起涉及征地拆迁、企业改制等工作而引发的矛盾纠纷，为驻点社区提供了许多与社区管理相关的法律意见。在推进“律师进社区”的同时，加强律师队伍“警示教育”，坚持安排律师定期信访值班，法律顾问团成员参与区政府领导下访和信访接待工作，随区领导下访5次，接待涉法涉诉信访21批次、71人次。

资料 社区法律服务“四免费”：免费为结对社区提供优质的法律咨询；免费为结对社区举办法律讲座；免费为社区重大决策提供法律意见；免费为社区内的烈属、伤残军人和经济困难的人群提供法律服务和诉讼代理。

民事案件代理“三优惠”：为社区居民代理的民事案件，给予代理费20%的优惠；为社区军属代理的民事案件，给予代理费30%的优惠；为社区年满60岁以上的居民代理的民事案件，给予代理费30%的优惠。

【拓宽法律援助范围】 开展《法律援助条例》等法律法规的宣传，扩大法律援助知晓面；拓宽援助范围，加大案件承办力度；严格执行各项规章制度，做到“一案一检一结”，加强法律援助规范化建设以及援助案件的质量监督；针对弱势群体开展法律援助专项行动，努力实现“应援尽援”。2月，与区人民检察院联合下发《关于在检察阶段对未成年人实施刑事法律援助工作的办法(试行)》(以下简称《办法》)。《办法》共23条，从援助对象、申请程序、工作制度、律师职责权利等方面对检察阶段未成年人法律援助工作作出了具体规定。12月，浙江省唯一一家经财政部、司法部中国法律援助基金会批准的中央专项彩票公益金法律援助工作站，在上城区直属的浙江劳动律师事务所正式成立，旨在由专职律师对外来务工着、妇女、未成年人、老年人、残疾人等经济困难群体相关劳动仲裁、刑、民事案件进行免费代理，切实维护弱势群体的合法权益。2010年，共受理法律援助64件，刑事35件，民事29件，接待来电、来访787件，其中来电261件，来访526件。

【第五届法制文化节开幕】 12月1日，区第五届法治文化节开幕。此次活动以“弘扬法治精神、促进社会和谐”为主题，通过法制文艺演出、法制书画作品展、法律咨询等活动，增强法治文化的影响力和渗透力，推动普法依法治理工作深入开展。

【优化民间“和事佬”队伍】 杭州市司法局与杭州明珠频道联合举办十大金牌“和事佬”评选活动，东平巷社区选手孙新宝进入30强。“和事佬” 拍摄基地在东平巷社区挂牌，成为杭州市“和事佬”工作的亮点。10月9日，孙新宝奔赴临安进行实地调解，展示东平巷社区“和事佬”风采。望江街道司法所沈寅弟成功入选老百姓心中最有人气的10名 “金牌和事佬”。望江街道立足沈寅弟“阳光心语工作室”品牌效应，集中培养了一批民间“和事佬”，通过“和事佬”进家门活动，加大民间纠纷调解力度，民间“和事佬”队伍已成功调解各类纠纷120起。 (俞　丹)

国防建设
National Defense

人民武装

【概况】 2010年，区人武部坚持抓班子、强队伍、正风气、保安全，组织开展了“强化战斗精神，有效履行使命”等7项专题教育。调整充实了国动委、国教会、军民共建领导小组、维护国防利益领导小组和征兵领导小组等机构。着眼应急作战要求，修订完善防卫作战、战场管制和国防动员“三结合”方案及抢险救灾、国防动员、防卫作战、支前保障等应急行动预案。抓好首长机关训练和岗位练兵及专武干部、民兵骨干集训，完成民兵整组和征兵工作，完成省军区赋予的重大训练任务，协调开展参建共建双拥工作，军事斗争准备常态化得到进一步深化，被省军区评为“十一五”期间全省民兵预备役部队军事训练先进团单位。7月9日，省军区司令员傅怡率工作组到上城区人武部检查整组工作情况并进行武装工作调研。区人武部部长郑平详细介绍了辖区兵要地志和武装工作各方面情况，省军区首长对部机关的工作给予肯定，并对进一步加强后备力量建设提出了更高要求。

【党管武装得到进一步落实】 坚持党管武装工作的各项制度，落实党委议军、武装工作述职和考评制度。10月，分别召开了区委议军会、区委武装工作暨国动委会议。区委、区政府主要领导调整后，区委书记陈红英、代区长缪承潮专程到区人武部调研、检查，现场办公解决问题。12月，区委、区政府、区人武部联合对基层武装工作进行考评，将落实党管武装制度情况、街道党工委书记履职情况、街道专武干部履职尽职情况、年度武装工作任务完成情况、基层人武部正规化建设情况，纳入各街道年度考评。协调中国美院建立了人民武装部，开展创先争优活动，探索紧贴区域性党建、拓展民兵组织、提高民兵应急分队维稳处突能力等创新性举措。

【民兵整组工作扎实】 3月中旬开始，区人武部按照组织准备、编组实施、调配干部、集结点验、规范资料、总结验收6个步骤，组织了民兵整组，按照“两个一遍”（街道武装部要把每个兵员、每件装备过一遍；区人武部对每支队伍、每个编兵单位过一遍）要求进行

5月7日，区委书记徐祖萼（右三）、区长陈红英（右二）参加领导视察人武部工作会议。
（区人武部　提供）

5月11日,区人武部在萧山承担双25高炮跨区联训。(区人武部 提供)

检查。整顿4类民兵组织、15支分队,共2017人。省军区司令员傅怡带工作组对区民兵整组工作进行了检查指导。整组期间,上城区还承担了杭州市民兵组织整顿改革试点。区人武部领导分别到17个民兵单位调研,掌握整组的规模大小,如何编配人员更加合理,专业分类如何配置等问题,并5次召开调研会,听取基层和民兵单位的意见,形成具有上城区特色的民兵整组改革的经验材料,受到警备区领导的高度赞扬。

【完成专业民兵骨干跨区联训任务】 省军区着眼巩固和提高民兵防空作战能力需要,突出"提高快速反应和精确射击能力"主题,指定区人武部负责组织实施浙江省军区双25高炮专业民兵骨干跨区联训。对象为杭州、金华、嘉兴双25高炮营战炮班、雷达火控班,共计60人。3月下旬,区人武部组织12名民兵高炮骨干进行集训,邀请6名高炮专家现场讲解和授课,培养高炮骨干队伍。5月12~20日,依托杭州高炮指挥训练中心,组织了跨区联训,训练重点突出炮班队形、炮手基本操作、班长基本技能、雷达火控系统与使用、雷达火控系统与战炮班协同等高炮专业和编组训练,得到了省军区、警备区首长的充分肯定。区人武部被杭州警备区评为装备管理先进单位、军事科被评为先进军事科。

【圆满完成民兵双25高炮实弹射击】 7月8~30日,区人武部先后在萧山、舟山和省人武学校等地组织完成了省军区、警备区赋予区民兵应急分队遂行多样化任务训练、民兵双25高炮训练、民兵双25高炮实弹射击和为省领导"军事日"民兵双25高炮作战能力展示等任务。前后23昼夜,转场行程近1000公里,安全无事故,实现了警备区首长提出的实弹射击拿第一、课题演示出精品的目标。省军区副司令员徐乃飞、副司令员王海涛、参谋长高幼苏、副参谋长魏志军、杭州警备区司令李大清、政委陈必凯、参谋长张刚对训练和活动进行了检查指导。

【实现连续31年无责任退兵】 2010年,围绕实现"连续31年无责任退兵"这一目标,区人武部严格落实征兵工作政策规定和责任制,多次召开征兵领导小组、征兵宣传工作会议,研究征兵形势、安排部署工作任务。区政府与各街道、公安、卫生等部门负责人签订了征兵工作责任书,落实"谁签字、谁负责",确保责任到人。各社区张贴了征兵公告,下发了宣传单、宣传画报,印制《征兵政策法规宣传手册》、《致适龄青年和家长一封信》和《当兵优抚待遇对照表》,确保应征青年人手一份;在区政府网上开设了国防教育专栏,组织了兵役法规常识教育,下发宣传手册1600份、宣传画报150套,发布公告2200份,悬挂横幅200条,张贴标语1000条。对街道人武部部长、体检医生、政审干警进行了新政策、新规定的培训教育,提高他们的工作责任心,切实把好兵役登记关、基层送检关、体格检查关、政审关、联合走访关、定兵关,坚持公开、公平、廉洁征兵。2010年,征集新兵中,党团员占总人数的58.1%,高中以上文化程度比例达到100%,大专以上24人(其中本科生3人)占总人数的25.8%,至12月14日圆满完成新兵输送与交接任务。

【国防教育常抓不懈】 上城区国防教育委员会(以下简称区国教委)被杭州市国防教育委员会评为2010年度国防教育先进单位。结合第十个全民国防教育日,区国教委协调区委宣传部在各新闻媒体开辟宣传专栏,在辖区内各学校组织开展国防教育活动。先后

12月7日，举行上城区新兵入伍前法制教育。　　（区人武部　提供）

组织了6场国防教育课，宣传《中华人民共和国国防法》、《中华人民共和国兵役法》等法规制度，提高辖区群众的国防意识。就本地区的民兵训练、征兵等武装工作向新闻媒体投稿50篇，其中《解放军报》、《中国国防报》、《东海民兵》、《浙江日报》、《杭州日报》等先后进行了报道，被杭州警备区评为新闻报道先进单位。上城区少年军校2010年被评为浙江省全民国防教育先进单位。少年军校历年来国防教育活动开展有声有色，完善修订了一套完整的适合五年级学生的一周国防教育实践活动方案，安排了以国防知识、军事基础、军事训练、文化活动为主的四大类活动，努力做到活动有目标、有方案、有准备、有交流、有延伸，组织各军校分校参加各类国防教育、新四军革命传统教育和秋假国防基地军事实践营活动，八一建军节、国庆节组织少年宫艺术团和各少年分校学员和军民共建挂钩单位开展联欢活动。在老兵退伍的日子，组织少年军校老师、学员为老兵最后一日部队生活摄像，制作成光盘赠送给每位退伍老兵。

【开源节流促保障】　区人武部党委坚持把财物规范化管理作为全面建设的一项重要内容，坚持开源节流促保障。在一保战备、二保生活的前提下，注重抓物资的集中采购，对各类办公用品和生活用品等落实了集中统一采购制度，有效控制了浪费现象。严格落实党委理财制度，坚持重大经费开支经党委讨论研究决定，从严预算外收入的管理使用，继续推行部务公开制度，增强经费物资使用的透明度。严格对资金、财产、账户和票据集中管理，杜绝了违纪问题和经济案件的发生，被省军区评为资源节约工作先进单位。

【安全管理进一步规范】　每月召开安全形势分析会，分析查找安全隐患，搞好经常性安全教育，突出抓好“人、车、枪、弹、密”为重点的安全管理工作，层层签订安全工作责任书；以条令学习月为契机，深入开展学条令、严军纪、树形象活动，提高全体干部职工的安全意识、条令意识和纪律意识，杜绝违规上国际互联网、干部私自开公车、参与赌博等现象。严格落实上海世博安保的各项规定。针对8小时以外管理难的问题，建立了电话抽查制度，确保了人人、时时在管理之下。针对炮库存在的安全隐患，向区政府申请16万元，完善了炮库安全设施。
（叶丽娟）

9月17日，上城区举行第十个全民国防教育日暨领导干部法制讲座。
（区人武部　提供）

人民防空

【概况】 2010年，上城区人民防空办公室(简称区人防办)完成“5·12”年度警报试鸣任务和社区人员疏散演练工作。做好民防建设进社区试点工作。依据规定修订完善人防工程拆除改造等四项行政许可事项办事程序，开展构建权力阳光运行机制工作。完成人防专业队整组和专业训练，成立有179人参加的民防志愿者队伍。抓好人防工程监督管理，对82处早期人防工程和2010年新增的8处结建工程进行普查，并与管理单位签订管理协议。7~8月，开放白马庙巷避暑纳凉点，共接待纳凉市民19957人。

【社区人员防护演练】 5月12日，上城区组织清波街道清河坊、定安路、劳动路、惠民路、清波门等5个社区居民220人，在中大吴庄小区进行了人员防护演练。区公安、交警部门安排警力提供治安、交通保障；区卫生局派出一辆医疗急救车，配备医生、护士和医护用品共同参演。浙江经济卫视“新闻”栏目、杭州电视1套“新闻60分”栏目、杭州电视3套“我与你说”栏目、杭州电视4套“新闻搜搜看”栏目全程拍摄并于当晚报道演练活动。市人防办副主任张忠明、副区长刘志安、区人武部部长郑平和区政府办、区人防办领导及区属各街道人防工作部长(人武部长)现场观摩了演练活动的整个过程。

5月12日，组织社区人员应急疏散演练。 (区人防办 提供)

【庆祝人防创立60周年】 2010年是中国人民防空创立60周年，区人防办以此为契机，开展形式多样的宣传教育活动，在区政府机关、人防部门办公地、吴山广场等重要场所悬挂防空防灾宣传横幅11条；在吴山广场大型电子屏幕专题播放人防宣传教育片；制作防空防灾宣传图板24块，到社区、学校、企业、避暑纳凉点、广场等场所进行巡回展出，发放人防(民防)宣传资料8000份。10月31日，区委书记陈红英、代区长缪承潮等区四套班子领导和清波街道150名居民参加了在吴山广场举行的浙江省暨杭州市庆祝中国人民防空创立60周年大型纪念活动。

【召开上城区人民防空工作会议】 5月7日，上城区人民防空工作会议召开。会议总结2009年度人防工作，研究部署2010年全区人防工作。市人防办党组成员、纪检组长张景秋、副区长刘志安、区人武部部长郑平和上城公安分局、区教育局、区卫生局的相关领导及区属6个街道人防工作部长(人武部长)出席了会议。区人防办副主任、建设局副局长郑社来作题为“抓重点、打基础、强管理、求发展，努力实现‘灾有所防’体系建设新局面”的报告。郑平就如何扎实做好基层人防工作提出要求：作为人防工作者，要有使命感和责任感；要加强学习，提高人防组织协调能力和相关业务水平；要尽心尽职，提升服务效能。刘志安提出新时期人防工作要求：抓创新，要有自己的亮点；抓工程建设，要结合城市改建的契机；抓队伍建设，要成为行家里手。市人防办党组成员、纪检组长张景秋指出：人防工作使命光荣、责任重大，上城区的人防工作在各级领导的重视下，一定能在公共服务和社会管理上发挥积极作用；在工程建设、宣传教育、平战结合上有新拓展；成为一支学习型、实干型、廉洁型的新人防队伍。

【基层民防工作深入开展】 根据“五进、五面向”要求，深入抓好基层人(民)防工作的开展。重点抓好民防进社区工作，按照社区民防工作建设标准，在望江街道在水一方社区开展民防进社区工作试点，从组织机构、工作职责、应急管理、救援器材等方面规范了社区民防工作；全区32个社区完成人员应急疏散标识标牌设置工作；按正规程序成立了一支由区人防办、街道、社区工作人员和辖区人防工程管理员组成的、179人参加的民防志愿者队伍，组织民防志愿者队伍在人（民）防知识宣传、工程管理、应急疏散演习中开展工作。

5月7日，召开上城区人民防空工作会议。　（区人防办　提供）

【开展人（民）防宣传教育】 9月26日，区人防办在上城区吴山花鸟城开展人防知识进企业宣传活动，发放了《中华人民共和国人民防空法》、《杭州市人民防空工程管理规定》及《市民防灾手册》等宣传资料，进行现场咨询和人（民）防知识有奖竞答。全年在辖区8所中学开展人（民）防知识普及教育，2590名学生接受了普及教育，受教育率100%，对杭州市江城中学、杭州市清泰实验学校、杭州市建兰中学（分校）3个民防工作先进集体和钟寅、周天蓉、殷荣民、陆国梅、徐怡民5名先进个人进行通报表彰。5月25日，在紫阳街道太庙广场举办以“防灾减灾、节能环保、创建低碳生活”为主题的人防科普知识宣传活动，发放《上城区低碳生活指导手册》、《杭州民防报》、《公民防灾手册》等宣传资料1500份。

【人防管理协会活动丰富】 2010年，上城区人防管理协会开展多项活动，以增强协会成员的凝聚力，发挥协会成员在人民防空工作，特别是人防设施维护管理中的主导作用。7月30日，组织部分协会成员开展了主题为“低碳健康，从你我开始”的为民服务活动。活动以宣传低碳生活、科学生活和健康生活为主要内容，向纳凉市民发放了《远离眼睛干涩红肿》、《脑血管疾病》、《骨质疏松症的防治》、《手足口病的预防》、《变应性鼻炎》等健康教育处方，还特邀杭州市第一人民医院保健科主任医师为纳凉市民免费测量血压和解答一些常见的生活类健康咨询。向纳凉市民介绍绿色植物避蚊草，能驱蚊、净化空气，还没有污染，是一种既经济又环保的绿草，在家里放上几盆还能美化环境。还向纳凉市民就最近雷雨多发天气，如何做好防雷避雷等防灾救护知识的宣传，同时发放《市民防灾手册》等宣传资料。整个活动有近百名市民参与，共发放资料600份。9月17日，组织全体协会理事，到普陀作生态体验游。11月4日，组织全体会员，开展运河（南段——杭州至塘栖）文化考察活动。考察队一行71人，从武林门码头出发，沿京杭大运河北上，途经潮王桥、江涨桥、大关桥、拱宸桥，至塘栖广济桥，开展对乾隆御碑码头、水北粮店及塘栖古镇明清建筑

5月25日，在太庙广场举行民防知识宣传。　（区人防办　提供）

群的参观考察。 (孙晓东)

【防灾减灾日居民、学生应急演练】 5月12日10时至11时04分,杭州拉响防空防灾警报,上城区57家中小学、幼儿园和清波街道5个社区部分居民,约3.2万人,参加防空防灾应急疏散掩蔽防护演练。演练主要内容包括社区居民撤离住宅疏散到指定掩蔽场所,中、小学和幼儿园学生撤离教学楼到操场等空旷地带集中。

【试点"三一、五小"民防教学的新模式】 2010年,区人防办对辖区中学生的人(民)防知识教学模式进行规范,在开设理论课的基础上,创新推出"三一、五小"的辅助教学模式。"三一"是指一个专题讲座、一次应急疏散演练、一堂主题班会,"五小"即小广播、小画报、小手册、小橱窗、小网络,在校与校之间、校与社区之间,建立以小手拉大手式的外延宣传网(如在社区宣传橱窗中展览学生的人防小报等科普宣传资料),多载体、多形式、多渠道地重宣传、重普及。此次人(民)防知识教学模式规范,在上城区民防试点学校——杭州市江城中学先行试点,逐年推广。

【避暑纳凉人数再创新高】 8月31日,上城区白马庙巷、四牌楼和吴山游艺场纳凉点完成了为市民避暑纳凉的使命,正式关闭。2010年的避暑纳凉工作自7月1日启动,历时62天,仅白马庙巷纳凉点就有19957人次到防空洞纳凉,相比上年的8615人次,超出132%,再创历史新高。以白马庙巷防空洞为例,其常年气温低于23℃,是杭城夏季避暑纳凉点之一,但湿气偏重。为此,区人防办投入4万元对其进行"大改造",增添除湿机、DVD播放机和应急疏散照明灯,更换照明线路和照明器材,增添灭火器材,安装移动通信设备,添置了座椅板凳和塑料地毯,基本上解决了地面潮湿的问题,并组织开展空气检测、低碳健康宣传、岗前培训等活动,给避暑纳凉活动带来了不一样的气息。 (倪佳佳)

消　防

【概况】 上城区公安分局消防大队(以下简称上城消防大队)隶属于公安武警序列,是一支公安武警现役部队,主要职责是:担负全区消防安全监督管理和灭火救援等保卫经济建设、维护社会稳定的工作任务。大队下辖湖滨、鼓楼、近江、复兴4个消防站;共有159人,其中,干部25人,士官48名,义务兵56名,合同制队员18名,文职9人,外聘3人。2010年,上城消防大队以构建"和谐上城,平安上城"为目标,以中国共产党中央委员会总书记胡锦涛"三句话"总要求为指引,深入贯彻落实《中华人民共和国消防法》,以打造消防铁军和筑牢"防火墙"工程为抓手,全体官兵攻坚克难,竭诚奉献,在消防工作和部队建设保持了良好的发展势头,圆满完成以世博会"环沪护城河"消防安全保卫工作为重点的各项工作任务。

【开展火灾隐患"大排查大整治"】 上海"11·15"特大火灾事故发生后,上城消防大队迅速反应,积极应对。在全区范围内,针对商场市场、宾馆饭店、学校医院、高层建筑、地下工程和公共娱乐场所等人员密集地点,开展消防安全专项整治,强化隐患整改落实,抓好建立健全组织、明确目标责任、完善工作机制、加大整治力度等4个环节的联动,发挥公安、安监、工商、文化等部门职能作用,有效形成了专项整治工作合力。消除了大批火灾隐患,促进社会单位消防安全"四个能力"的全面提升。2010年,共检查单位864家,发现隐患609处,发出"责令改正通知书"303份,办理行政处罚案件137起,罚款96.38万元,临时查封单位12家。从根本上遏制了火灾事故,有效地维护了全区火灾形势的稳定。

资料　"四个能力": 提高检查消除火灾隐患能力;提高组织扑救初起火灾能力;提高组织人员疏散逃生能力;提高消防宣传教育培训能力。

【开展施工工地消防安全大检查】 一些地方建筑工程施工现场接连发生火灾,给国家和人民生命财产带来了严重损失,造成了重大的社会影响。上城消防大队联合公安、安监、建设部门对辖区在建工地开展了消防安全专项检查。重点对施工现场消防安全责任制的落实情况,是否制定动火审批制度,施工现场是否存在违章用火、用电、用气现象,现场动火作业防护措施,特殊工种操作人员是否持证上岗,临时搭建的工棚、施工用的脚手架和安全防护物的存放点以及施工用的油毡、油漆、塑料制品等可燃易燃物品的防火措施等情况进行了检查。对检查过程中发现部分单位消防安全规章制度未制定或不落实,安全标识张贴不到位,个别工地出现了随意吸烟等现象,当场作出严厉批评,并督促施工单位当场改正。同时,检查组对现场工作人员进行了消防安全知识的普及宣传,要求施工单位抓好施工现场的防火工作,进一步提高施工人员的消防安全意识,将建筑工地消防工作落到实处。

开展施工工地消防安全大检查　(上城消防大队　提供)

【开展社会单位"四个能力"建设工作】　为进一步提高社会火灾防控水平,遏制重、特大火灾尤其是群死、群伤火灾事故发生,确保全国火灾形势稳定,公安部决定从2010年至2012年,在全国实施构筑社会消防安全"防火墙"工程。自构筑社会消防安全"防火墙"工程以来,上城消防大队始终将推进社会单位"四个能力"建设作为防火工作的中心任务来抓,牢牢把握"广泛动员、借力施力"的原则,按"部署、试点、推广、达标"的实施步骤,通过指导试点单位明确目标、统一标识、完善管理等措施,开展单位"四个能力"建设。大队组织人员专门对社会单位"四个能力"建设标准进行细致研究,统一制作了"四个能力"建设培训课件,重点培训"四个能力"建设辅导员队伍。上城消防大队辅导员与民警分工协作,组织辖区单位人员进行分片培训,不断积累各领域、各层次的"四个能力"建设力量。同时,全区分类开展典型培训。确定了12家各类单位的"四个能力"建设试点。以点带面、逐步推广社会单位"四个能力"建设,基本形成"典型引路"的良好局面。2010年,全区共培训人员4766名,已有208家单位基本完成"四个能力"建设工作。

【开展出租房整改工作】　上城区作为老城区,出租房是一块重要的组成部分,一些常见的通病也在这里显现。区委、区政府高度重视居住出租房现象所带来的社会安全问题,在全区6个街道开展居住出租房消防安全示范点创建活动。为使居住出租房消防安全示范点创建活动及"防火墙"工程能够取得成效,上城消防大队全力推进示范点工程建设的技术改造和宣传教育,力争使每个示范点能够逐步形成可防、可控、可灭的自防自救体系。同时,将居住出租房示范点创建工作落到实处,按前期发现的火灾隐患逐一告知街道、派出所、业主等,要求其限期整改,已取得初步成效。市政府出租房专项检查组对上城区出租房整治及消防安全工作进行实地检查,副市长俞志宏给予了肯定。

【深入开展各类消防宣传活动】　上城消防大队依托街道、派出所基层工作优势,以"全民消防,生命至上"为主题,开展了形式多样、内容活泼、手段新颖的系列宣传活动,营造了"铺天盖地"和"全民参与"的社会舆论氛围和强大声势。做好消防站开放工作,加大家庭安全用火、用电和逃生自救知识的宣传力度,广泛组织社区居民、单位职工参观、体验。走进学校开展消防知识宣传,通过讲座、演练的方式提高学生自防自救能力。2010年,大队举办大型宣传活动6场,开展《浙江省消防条例》专题知识宣讲、培训35场,组织志愿者活动13次。消防站对外开放35次,完成消防安全培训62次,发放消防资料23000份,受益人数达5万人。上城消防大队进一步推广落实"四个一"活动,即"单位火患自查不少于一次,自行组织灭火应急疏散演练不少于一次,全体员工接受消防安全教育培训不少于一次,消防部门培训指导不少于一次",大力提升

开展各类消防宣传活动　　(上城消防大队　提供)

单位员工查改火患能力和灭火逃生技能。2010年,上城消防大队共培训"建构筑消防员"25人,四类人员906人,从业人员4540人。

资料　建构筑消防员:从事建筑物、构筑物消防安全管理,消防安全检查和建筑消防设施操作与维护等工作的人员。

【开展"11·9"消防日宣传活动】　11月9日,上城消防大队在吴山广场举行"11·9"消防日宣传活动,200名官兵和群众参与此次活动。活动分为灭火演习、大型图片展览、消防装备展示表演、消防知识咨询宣传等内容,让民众接触了解和掌握消防安全知识。通过近3小时的宣传,共发放宣传册1000份,现场有200名群众询问消防相关知识,受教育群众5000人,参与市民表示,这是一次学习消防知识很好的机会,能更直接的关注消防、了解消防、提高对消防安全与生命财产密切关系的认识。

【坚持练兵强警】　针对当前严峻的火灾形势,上城消防大队在巩固前阶段打造铁军建设成果的基础上,依托岗位练兵为载体,立足服务实战需要,扎实推动"大练兵"活动,确保部队各项灭火救援任务的圆满完成。组织官兵开展熟悉活动,加强对辖区情况的掌握,及时修订重点单位和重大灾害事故处置预案,并结合近期发生火灾特点,从严、从难、从实战需要出发,强化技战术训练,以公众聚集场所、高层住宅、高层在建建筑为重点,组织官兵开展实战演练活动,全面提高全区消防部队灭火和抢险救援的实战水平。2010年,所辖3个中队共接警出动997次(其中,扑救火灾132起,参与抢险救援处置610次),出动车辆2058辆次,出动警力11984人次,抢救被困人员97人,疏散被困群众121人,抢救财产40万元,圆满完成了世博会、浙江省十一届人大会议与浙江省政协十届三次会议、西博会、烟花大会等大型活动的消防安全保卫任务。

【完成政府挂牌督办重大火灾隐患单位整改】　2010年,辖区两家单位被列为区级重大火灾隐患单位。上城消防大队多次牵头召开联席会议,落实蹲点指导、现场办公,帮助制定科学、合理的整改方案,并通过签订整改责任书、发函公示、挂牌、专项检查等形式,督促整改。两家重大火灾隐患单位按期保质保量完成整改任务,全部摘牌销案。　　(李雅倩)

教育

Education

教育综述

2010年，全区共有幼儿园20所，在园幼儿7878人，学龄前儿童入园率为100%。小学19所，在校学生16624人，特殊教育学校1所，在校学生238人。中学9所，在校学生7779人。职高1所，在校学生738人。高中1所，在校学生889人。全区拥有在职教职员工2461人，其中专职教师2246人。全区九年制义务教育入学率100%。义务教育阶段生均公用经费定额标准在2009年基础上提高10元，即小学生均公用经费定额标准为510元，初中为610元。学前教育生均公用经费继续实行“全覆盖”，并提高到生均180元。2010年11月，上城区教育局搬迁至水亭址3号办公。

2010年，上城区获得“全国社区教育示范区”荣誉称号，上城区教育基金会获中国社会组织评估AAAA等级，上城区教育局获得杭州市教育系统“五五”普法先进单位、2009年杭州教育好新闻，第九届杭州市中学生社团文化节优秀组织奖、三球(足球、排球和篮球)比赛组织奖等荣誉。

幼儿教育

【概况】 2010年，上城区共有幼儿园20所，分布在37个园区。其中浙江省一级园区10个，省二级园区15个；杭州市特级园区2个，市甲级园区22个，市乙级园区9个。全区等级幼儿园覆盖率100%，规范幼儿园覆盖率100%，网片组织（互助共同体）参与面100%。全区共有650名幼儿教师，教师资格证持有率为93.1%。学历合格率100%，大专及以上学历616人，占教师总数的94.8%，其中研究生学历4名，本科学历299名。园长上岗培训率100%，幼教高级及以上职称219人，占教师总数的33.7%，其中小中高职称(小学中学高级教师任职资格)11人，占教师总数的1.6%。有省、市教坛新秀40名，区级教坛新秀164名。

在园幼儿7878人，班级数290个。学前三年入园率为100%。探索托幼一体化之路，在原有9个早教基地的基础上，各幼儿园和园区开展3岁前早教探索与研究工作，0~3岁婴幼儿家长和看护人受训率98.5%。

2010年，上城区学前教育事业支出2873.5万元，占统计教育事业经费8.09%，安排学前教育专项经费300万元，学前教育生均公用经费定额标准为180元，覆盖上城区范围内所有幼儿园。

【杭州市教育局调研上城学前教育】 2010年1月29日，杭州市教育局副局长沈建平率人事、计财、教科研等相关人员组成的杭州市学前教育专项调研组到上城区调研。召开各级各类幼儿园园长座谈会，结合杭州市学前教育现有的政策，和市政府出台《关于进一步加快学前教育改革与发展的若干意见(试行)》，了解上城区人民政府和区教育局在“有钱办事、有房办事、有人办事”方面的工作，听取了上城区教育局副局长余向平《实施“八大工程”，推动优质均衡》上城区学前教育工作情况汇报，调研组与教育局相关科室长进行座谈，分别到省卫生厅幼儿园、胜利小营园区、欣欣幼儿园、玉皇幼儿园、行知陶子园区五家幼儿园实地进园调研。

【完成幼儿园升等定级工作】 2010年，为做好升等定级工作，由教育科牵头，在计财科、后管中心支持物质环境和收费财务的规范指导,和计财科、后管中心两次召开专题解决上等级财务培训分析会、硬件急事特办会,同时召集学前教育部、督导室督学及有关幼儿园做好评比材料准备、环境创设评比、台账预检等自查自评项目,确保了上城区新评、转评幼儿园升等定级工作的成功率。2010年,有2所幼儿园新评为杭州市特级幼儿园、7个园区新评为杭州市甲级幼儿园、3个园区新评为省一级幼儿园、7个园区转评为省一级幼儿园、4个园区新评省二级幼儿园、还有4家幼儿园申报省一级幼儿园、8家幼儿园11个园区申报省二级幼儿园。省一级幼儿园4个园区待2011年审定。省二级幼儿园11个园区均通过评估。

资料　升等定级: 指已有等级园区的升等级;没有等级园区的定等级。

【开展后勤人员培训系列活动】 2010年1月,综合教育科对全区幼儿园后勤工作人员进行调研摸底,撰写了《上城区幼儿园后勤人员情况的调研报告》,为培训工作的开展提供了依据,论文同时获杭州市成人教育优秀论文三等奖。联合社区学院技能培训部以"全员培训、专业引领、通识实务、注重实效、整体提升"为培训目标,利用区内培训资源,有针对性地开展后勤人员培训。4月,在社区学院开展全区后勤人员的通识培训,举办安全通识讲座及专业知识讲座;5月29日,在杨绫子学校组织宝宝美食我做主——厨师厨艺大比拼活动;9月29日,在娃哈哈幼儿园赞成园区开展保育员给宝宝讲故事活动;10月27日,在胜利小营园区开展宝宝健康我护航——保健员论坛。通过活动,提升区幼儿园后勤人员对本职工作的认识及服务幼儿的水平,为后勤服务提供了有力支撑和保障。

【起草《幼儿园保育工作规范》】 在幼儿园的日常管理中,由于缺乏保育工作的国家、行业标准规范,保育工作存在随意性。区教育局将《幼儿园保育工作规范》列入区教育局标准化工作计划。在牵头起草的过程中,注意汇集专家、督学、行政部门、教研部门的意见,注意梳理、归纳、提升幼儿园日常保育工作常规,明确基本的保育工作流程,定义基本的标准化操作步骤,指明基本的保育工作要求,将一些正面提倡的和反面禁止的保育工作注意事项以书面规范形式固定下来,最大程度降低差异化因素对保育工作的影响。2010年完成了意见征求阶段工作,待质量技术监督局审核后,即可发布实施。

义务教育

【概况】 2010年,全区义务教育阶段学校总数29所,其中小学19所,初中9所,特教1所。学生总数24606人,其中小学16624人,初中7779人,特教203人。九年制义务教育普及率100%。出台上城区教育局落实《浙江省教育厅关于切实减轻义务教育阶段中小学生过重课业负担的通知》的工作意见,要求全区上下深入学习会议精神,统一办学思想,落实减负精神,切实减轻学生负担,实现轻负高质。创新减负落实措施;制定上城区争创浙江省课外文体活动工程示范区实施方案,成功争创浙江省课外文体活动工程示范区;召开上城区资源教室工作现场会,完善上城区特殊教育架构,明确为有特殊教育需要的孩子提供高品质服务的上城目标;稳步推进区域内4所国有民办小学和两所国有民办初中的体制调整工作;制定《上城区小学校长任期制实施办法》、《上城区公办小学学校发展性评估标准》,在小学全面推行校长任期制;开展初中后1/3学生学业成绩提升项目的实验研究,出台《关于加强初小衔接的若干意见》,不断加强中学预科班工作的研究;与北师大合作,经过多轮调研、分析、协商,完成了上城区教育数据管理平台一期目标——学生信息库,并投入使用。

【推进课外文体活动创建工作】 上城区2007年启动浙江省中小学生课外文体工程创建工作,2010年1月正式将此项工作纳入区政府年度工作,列入区教育局重点工作。2010年7月,申报创建2010年省中小学课外文体活动工程示范区。教育局制定上城区争创浙江省课外文体活动工程示范区实施方案,体育艺术"2+1"工作实施细则等;在娃哈哈小学召开上城区中小学生课外文体活动工程现场会,围绕上城区中小学生课外文体活动工程推进工作,进行工作布置、经验介绍、业务指导和现场观摩;通过健全工作机制、强化师资培训、保障硬件设施、发扬自主精神、开展专项督查等一系列措施，创建工作在全区范围内层层推进，成效显著。截至2010年12月，全区学生参与课外文体活动的普及率100%。2010年12月，通过浙江省课外文体活动工程示范区验收检查。

资料　体育艺术“2+1”：即通过学校组织的课内和课外体育教育和艺术教育活动，让每一个学生在九年制义务教育阶段能够掌握两项体育运动技能和一项艺术特长。

【举办《浙江省义务教育条例》宣传咨询活动】 为做好《浙江省义务教育条例》（简称《条例》）的宣传和实施工作。2月28日，上城区教育局在吴山广场举行浙江省暨杭州市《条例》宣传咨询活动，设立宣传咨询区，免费向公众发放浙江省教育厅统一印制的《条例》宣传册子。浙江省教育厅及杭州市下属8个区教育局在现场设置展板，展示各区在提升素质教育、推进义务教育均衡化等方面的特色与亮点。省教育厅厅长刘希平，副厅长张绪培、韩平，杭州市教育局局长徐一超，区委副书记朱履林等领导和有关教育立法专家，中小学名师、名校长等在现场接受咨询，回答市民针对《条例》的疑问，解答市民关心的义务教育入学、素质教育、家庭教育等问题。

【刘希平调研上城“减负”工作】 2010年9月7日，浙江省教育厅厅长刘希平到上城区惠兴中学调研学生减负工作。上城区教育局党委书记、局长蒋莉就上城区教育局贯彻《浙江省教育厅关于切实减轻义务教育阶段中小学生过重课业负担的通知》精神、执行问责制、落实“六个严格”、“六个督查”等措施作了汇报。惠兴中学汇报了学校在减轻学生负担方面的承诺和有力措施。刘希平就切实减轻学生负担做了重要讲话。“减负”首先要统一思想。教育系统要从自身做起，着眼于持久性做工作，要让每一个老师、每一个校长都有减负的意识。其次要抓好落实。要把六项制度与学校、老师、学生的实际结合起来，一件件落实，一件件完善。提高课堂效率，研究课堂和课后，注重教学质量、教学研究。刘希平希望上城区能把减负工作与发展性评价和绩效工资结合起来，在杭州市乃至全省起到带头示范作用。

资料　“六个严格”：实施学校落实国家课程标准报告制；建立学校学生作业量汇总、平衡、公示、反馈管理机制；严格控制补课；严格规范考试管理；争创课外文体活动示范校；严格规范招生秩序。

“六个督查”：建立课程开设督查通报制度；建立学生作业量监控制度；建立控制补课督查机制；建立规范考试管理、规范招生秩序的督查制度；建立上城区中小学生体质健康情况通报制度；建立课业负担调研通报制度。

【拓展青少年活动空间】 为进一步拓展上城青少年的活动空间，努力构建上城区青少年活动中心“一头多翼，伙伴共赢”的发展局面，实现为上城特殊教育提供优质服务的目标，2010年，上城区教育局在上城区青少年活动中心为主体的基础上成立上城区青少年体育活动中心、上城区青少年艺术活动中心、上城区青少年科技活动中心、上城区青少年国防教育中心，分别设在杭州市始版桥小学、杭州市娃哈哈小学、杭州市抚宁巷小学、杭州市上城区少年军校总校。同时命名杭州市始版桥小学为上城区体育教育基地；杭州市娃哈哈小学为上城区艺术教育基地；杭州市抚宁巷

娃哈哈小学法制副校长对学生进行交通安全知识传授　（区教育局　提供）

小学为上城区科技教育基地。自2010年12月28日起,先后在始版桥小学、抚宁巷小学和娃哈哈小学举行了上城区青少年体育活动中心、科技和艺术活动中心的挂牌仪式,成为全区青少年体育、艺术、科技、国防教育活动的校外活动场所和重要舞台,推进区域艺术、科技、体育教育工作的开展。

高中教育

【概况】 杭州第十中学(简称杭十中)是上城区唯一的普通高中学校。现为省三级重点高中、省现代教育技术实验学校、全国教育科研重点课题实验学校、浙江省百年名校100强。学校现有教学班22个, 学生889人。建构了一支适应学校发展的较稳定的教师队伍,结构合理,专任教师89人,高级教师占34.8%,一级教师占65.2%,35周岁以下教师占42.7%。学校通过培训、分流、转岗、调离等措施,优化了教师队伍,提高了教师的教育教学水平、科研成果。2010年,学校继续坚持以"求实校园"、"科研校园"为特色,认真落实新课程理念,加强教育教学改革,继续开发个性化校本课程,自编分层练习,实行弹性作业,倡导研究性学习,探索减负增效的有效途径。探索班主任管理新模式,举办班主任沙龙活动,使班主任工作提升到一个新的水平。

【高考成绩创历史新高】 杭十中教师本着"适合每位学生的教育就是最有效的教育"的分层教育理念教书育人,在继2008、2009年文理最高分、一本率、本科率、上线率均创历史新高的基础上,再创佳绩,2010年高考中共有270名学生考上本科大学,占所有学生的77.4%。

【学科竞赛成绩喜人】 2010年浙江省高中学生化学竞赛在夏衍中学举行,杭十中在此次化学竞赛中所取得的成绩在二、三级重点中学中名列前茅。其中孙航、程伟、丁浩威3名同学获一等奖,金立书、王哲侃、王程皓、胡琦华4名同学获二等奖,俞文君、胡恋、莫杭强、王小栋、余鹏展、高明渊6名同学获三等奖。2010年浙江省数学竞赛中高明渊获二等奖。在体育竞赛中, 杭十中学生获2010年杭州市中学生男子篮球比赛第五名、女子排球第八名、市中学生田径运动会广播操比赛三等奖。体育老师于德俊被评为2010年杭州市区中学生篮球、足球、排球比赛优秀教练员。

【成为艺术节永久节徽设计者】 吴文婷同学为"中小学艺术节"设计的节徽"蝴蝶"被杭州市教育艺术委员会正式确认为杭州中小学艺术节节徽,吴文婷同学也成为艺术节永久节徽设计者。"美丽的我们向善、向真、向美的追求"这一美好的设计理念也为这一届中小学艺术节增添了一抹亮丽的艺术色彩。

【校园文化活动丰富多彩】 杭十中高一年级举行了《西游记》、《梁祝》、《灰姑娘》、《白雪公主》、《卖火柴的小女孩》等国内外经典的故事英语课本剧的表演活动。高二年级辩论赛显示出高二同学激情飞扬的风采。一年一度的校园吉尼斯活动更有挑战性,除了个人项目外,还安排了集体项目。个人项目有4项:罚球线投篮、定位击球瓶、骑慢车、定位飞镖。集体项目为闭眼单脚立。美术班的绘画作品展也让大家大开眼界,素描、水彩,尽显专业水准。以"给力青春、追求梦想" 为主题的元旦文艺汇演成功举办, 动漫社的"Vocaloid新年祭"作为整场的第一个节目,活跃了气氛。相声"文理不分家"则更幽默地表现了生活中的文科生和理科生。群舞"OH"使整场的气氛再次活跃。话剧社的小品"换位"让学生将心比心,更多地去体谅老师,体会他们对学生的爱。街舞表演以及舞蹈社的三人舞"踩云彩"结合了中西方的特色,赢来了阵阵掌声。歌曲串烧则是由校园十佳歌手中的选手来演唱。剑道社的剑道表演,气势夺人。音乐剧《音乐之声》,则是音乐社的同学对音乐的理解和诠释。歌舞 "青花瓷"、配乐诗朗诵《人间四月天》体现了杭十中学子的才艺。

中等职业教育

【概况】 杭州市服装职业高级中学 (简称服装职高)是上城区唯一的中等职业学校,现为全国服装协作组理事、全国纺织教育学会会员单位、省服装教研大组理事长学校、省服装教育集团副理事长单位、省级服务业服装实训基地。

学校实施制度化、规范化、科学化、民主化管理，在师生共同努力下，成为省服装专业实训基地、市综合治理先进、市行为规范达标学校、市文明学校、市依法治校示范校、区首批“和谐校园”之“成功校园”、人民满意学校、平安校园。

学校设服装设计与工艺、服装设计与表演、服装制作与营销、装潢设计(室内装潢)、会展实务(会展广告与设计)5个专业，其中服装设计与工艺专业为省级示范专业。学校现有25个班级，学生738人；现有教职员工85人，其中高级教师29人，双师型教师占专业教师的97.2%；多名教师主编或参编国家教材。

学校硬件设施先进，总价值超过381.3万元，与企业生产接轨；学校环境幽雅，绿化面积8772.25平方米，是绿色花园学校。

学校开展校企合作，建立了30个校外实训基地；倡导“团结、勤奋、求实、进取”的校风，注重培养复合型专业人才，采用“二加一”分流教学模式，使全体学生都能按意向和特长获得更好发展。

学校拥有多名专业技师资格的双师型教师、高级教师作为教学骨干，专业教学水准在全市、全省乃至全国均处于领先地位，教学成果斐然——学生屡获全国、省、市各级各类比赛大奖；毕业生深受用人单位欢迎，一次就业率达100%；有志升学的学生可报考高等院校，录取率逐年递增。

【警官技能学习班结业】 2010年4月，服装职高与乔司监狱合办的警官技能学习班结业。警官们经过两个多月的学习，通过了考核，拿到了结业证书。服装职高实施校企合作举措，受到了浙江省教育厅、浙江省司法厅的一致好评。

【举行中小学生综合技能实践培训基地揭牌仪式暨第二届技能节开幕式】 2009年12月，上城区教育局批准成立上城区中小学生综合技能实践培训基地，是实现九年义务教育目标基础上为推动上城区素质教育发展，培养中小学生实践能力和创新精神的校外基地。培训基地隶属于上城区职业技能培训中心，设在杭州市服装职业高级中学。其主要职能是为中小学生掌握一定的生产、生活实践技能和初步的职业技能，统筹、指导和完善各中小学生劳动技术课程和学生社团活动，并提供较专业的师资、场地和教学设施设备。2010年5月11日，举行了上城区中小学生综合技能实践基地揭牌仪式暨杭州市服装职业高级中学第二届技能节开幕式。揭牌仪式和开幕式由服装职高副校长王杲哲主持，上城区政协副主席方莉、杭州市教育局高中处处长黄建民、杭州市职教研究室主任张金英、上城区教育局局长蒋莉、上城区教育局副局长余向平、上城区社区学院副院长陈继明以及上城区教育局各科室领导、上城区各中小学领导参加了本次活动。实践培训基地开设金工、木工、电子电工、陶艺、家政、手工、机器人七大类课程，专兼职教师23人。专用教室11间，设施设备总价值80万元。2010年综合技能实践培训基地共接待上城区9所初中学校学生7342人、教师394人，受到了上城区教育局、初中学校教师、学生的一致好评。

【举办毕业设计展示会】 2010年5月13日，服装职高举行了一年一度的毕业设计展示会——“境遇2010”。本次展示作品150款，均为成衣，适合日常生活穿着，在工艺等方面要求较高，这是服装设计与工艺专业教学的方向，符合现代服装产业和企业的要

5月11日，举行上城区中小学生技能实践培训基地揭牌仪式。

（区教育局　提供）

求。150款成衣全部由本届服装设计与工艺专业毕业班学生自行设计、自行制作，并由表演专业学生演出。

【领导视察上城区中小学生综合技能实践培训基地】 2010年11月23日，在上城区教育局局长蒋莉、副局长余向平的陪同下，浙江省教育厅副厅长鲍学军、浙江省职成教处处长胡惠华，上城区副区长宦金元，上城区社区学院副院长陈继明等一行人莅临服装职高，实地视察上城区中小学生技能实践培训基地工作开展情况，服装职高校长吴军汇报上城区中小学生技能实践培训基地开设的背景、师资培训、课程开设、设施设备、组织形式、学习评价及发展近、远期目标。鲍学军对上城区教育局开设中小学生技能实践培训基地这一工作给予了充分的肯定，并就实践基地发展提出了指导性的意见。

【服装专业师生服装技能大赛成绩斐然】 2010年12月10~11日，服装职高承办了杭州市中等职业学校服装专业师生服装技能大赛暨浙江省选拔赛，其组织工作与服务工作获得了上级部门的充分肯定。在2010年12月举行的杭州市中等职业学校服装专业师生服装技能大赛暨浙江省选拔赛中，服装职高来梦舒、陈溢同学获服装设计和立体造型项目学生组一等奖，吴佳琪、钱文飞、章雅丽同学获服装设计和立体造型项目学生组三等奖；章蕾、陈佳纬、刘梦丹同学获服装CAD板型制作和缝制项目学生组二等奖，来超、唐雨获服装CAD板型制作和缝制项目学生组三等奖；教师杨玉灵获服装设计和立体造型项目教师组一等奖；教师孙常胜获服装CAD板型制作和缝制项目教师组二等奖，教师张卓姝、袁方获服装CAD板型制作和缝制项目教师组三等奖。

【承办杭州市职教服装专业指导委员会成立大会】 2010年12月10日，服装职高承办了杭州市职教服装专业指导委员会成立大会，本专业指导委员会由杭州市教育局发起成立，并联合杭州市丝绸与女装产业发展领导小组办公室、杭州市经委、杭州市相关服装协会、在杭服装院校、部分在杭知名服装企业、部分服装专家等部门和人士共同参与。服装职高为本专业指导委员会牵头单位。

特殊教育

【概况】 特殊教育办学二十多年来，杭州市杨绫子学校形成了集纵向"学前康复教育、九年义务教育、职业高中教育"以及横向"教育康复、医疗康复、训练康复"一体化的十二至十五年一贯制的智障教育模式。2010年，学校围绕"尊重生命、以爱育人"的办学理念，以人为本，努力为智障儿童提供无障碍的教育环境和公平的发展机会，让其愉快而有效地学习，开发潜能，建立积极的自我形象，融入社会，创造丰富的人生。稳步发展康复教育，扎实推进医教结合，承办了全国特殊教育学校"医教结合、综合康复"研讨会，全面展示学校"1+X"康复教育模式，同时学校开展《学前智障儿童康复教育体系式的研究》的课题研究，早期干预，最大限度地开发学生潜能。资源中心举行了"全国智障学生随班就读研讨会"，加快随班就读工作的开展，推进特殊教育改革和发展，提高特殊学校和普通学校随班就读工作的质量，同时也为全国的特殊教育学校和普通学校搭建展示和交流的平台。举行精彩纷呈的生活德育活动，展示学生的学习成果，让学生更好地适应、融入社会。

资料　"1+X"康复教育模式：根据让康复课程进入智障儿童早期教育的指导思想，构建了"1+X"的康复教育模式，其内涵如下：从形式上界定："1"指对学前特殊儿童进行的集体教学，"X" 指针对学前特殊儿童的不同障碍类型所展开的多种形式的个别康复教学；从时间上界定："1"是指上午固定的集体教学时间，"X" 是指根据学生的个别需求安排的抽离式的个别教学时间，具有一定的弹性，时间一般安排在下午的第一、二节课；从内容上界定："1"是根据智障儿童的能力提供基础学习技能及常规训练学科教学(认知训练课、语言沟通课、感官知觉课、唱游律动课)、运动康复和社团康复，"X"是指儿童经过评估后需要优先发展的领域。

【特奥活动再结硕果】 2010年9月，全国第五届特奥会在福建福州举行，杭州市杨绫子学校12名特奥运动员参加浙江足球队比赛，取得团体银牌和个人1金

1 银的好成绩。姚郑芳老师带全球特奥信使毕业生陈聪参加了第五届特奥会青少年高峰论坛。

【资源共享爱心辐射】 杭州市杨凌子学校是杭州市国际旅游资源访问点,每年接待来自境内外特殊教育同行,为来访者树立良好的学生风貌、树立特殊教育学校教师的优良风范,展现杭州、浙江乃至中国的特殊教育发展现状,2010 年被评为市优秀旅游资源访问点,全市仅 3 家单位获此殊荣。作为杭州市爱心教育体验基地,2010 年接待各类体验者近 2000 人。5 月 21 日,杭州市万名机关党员干部爱心体验暨爱心人士无障碍设施体验启动仪式在杨凌子学校举行。来自市直各机关党员干部代表、城区机关党员干部代表、市直机关团工委青年服务队、公安干警代表、市残疾人无障碍促进会、新闻工作者、知名书画家代表等 300 人参加体验活动,体验者体会到了残疾人生活的艰辛,表示要更加关心残疾人,进一步做好服务工作,在本职岗位上以实际行动为残疾人献出爱心。

【开展对外教育交流】 2010 年,日本美都香会到杭州市杨凌子学校为孩子们表演"南京玉帘",同时互赠礼物;日本静岗县教委、澳大利亚特校校长、台湾新竹教育大学、台湾师范大学等到校考察,西澳洲安女士到校作报告。

社区教育

【概况】 2010 年,上城区社区教育紧紧围绕全区经济、社会和教育发展的目标,深化社区教育内涵发展,以创建全国社区教育示范区为重点,以满足不同人群对高质量的教育需求为目标,做强"终身教育券"、"终身教育节"、"上城品质生活大讲坛"三大品牌,创建学习型组织,开展了富有特色的上城社区教育工作。2010 年,参加教育培训 276127 人,占社区居民总数的 68.9%。其中,青少年校外素质教育 43541 人,占青少年总数的 93.7%;外来务工人员培训 63786 人,占外来人口总数的 77.6%;下岗失业人员培训 6761 人,占失业总人数的 98.4%;老年人教育培训 70843 人,占老年总数 84.5%。2010 年,评选学习型家庭 10031 个,学习型街道(乡镇)2 个、学习型居委会 15 个。

【全国数字化学习社区先行区】 3 月,全国首批 14 个"全国数字化学习先行区"和 4 个"数字化学习实验街道"中,上城区是浙江省唯一上榜的城区。上城区着力打造数字化学习社区,构建区域公共资源共享和互动的终身学习平台——"e 学网"(网址 www.hzscsj.com)。数字化学习社区"e 学网"项目的建立,真正体现区委、区政府提出的全民参与终身学习的理念。它将提升社区教育的品质,推动着社区教育更快地发展。"e 学网"满足了广大居民多样化的学习需求。学习对象范围广,覆盖从儿童到老年各个年龄阶段、不同层次、不同类型人群;学习内容全面,囊括了早期教育、青少年教育、职业培训、继续教育、老年教育等社区教育的各个领域;功能模块更为优化,包括《汇智文馆》、《小课电影院》、《资源共享广场》、《益智游艺厅》、《天籁艺苑》、《亲子俱乐部》、《生活博物馆》、《网上大贡院》、《公仆学坊》、《职场学堂》十大学习场馆。社区民众可以畅游在"e 学网"上,各取所需,实现自身多样化学习。

【成为全国社区教育示范区】 12 月 4 日,全国社区教育工作座谈会在杭州市召开,上城区被评为全国社区教育示范区。上城区自 2006 年被确定为全国社区教育实验区以来,围绕着市民谋生、乐生等多样化学习的需求,正确处理学校与社区、政府与社会、职业教育与生活教育、成人学习者与青少年儿童等多重关系,实现社区教育的内部要素与外部世界之间的和谐。同时形成社区教育的三级网络体系,基本实现了居民所想、所学、所用皆有场所、皆有师资、皆有效果的目标。

【办好品质生活大讲坛】 上城品质生活大讲坛是直接为市民百姓推出的"文化套餐",大众性、普及性是其一大特色。讲坛定位"贴近实际,贴近大众,雅俗共赏,品位人生"。2010 年,已开办"上城品质生活大讲坛"4 期。杭州师范大学教授魏杭庆与市民朋友谈"科学生活,健康人生"、浙医二院专家张涛与离退休教师谈"健康饮食 快乐长寿"、市民共同参与的"早期教育沙龙"、以及杭州市委党校教授高国舫与社区干部谈"公共服务均等化",深受广大市民的欢迎;受益人数达 500 人。《上城报》等媒体分别作了报道。

【创建杭州市示范社区分院】 根据《关于杭州市开展第二批街道、乡(镇)社区学校（分院）等级评估工作的通知》精神，按照示范社区分院的指标要求，指导各社区分院开展自查、申报工作；在各社区分院自查评估的基础上，梳理、总结、提炼社区教育工作的特色亮点，完成申报工作。2010年，两个社区分院申报了市示范社区分院的等级评估。

3月23日，在社区学院发放终身教育券。 （上城区社区学院 提供）

【完成终身教育券各大工程】 2010年，区社教委审批推出了共同成长工程、有效衔接工程、职工素质工程、帮扶就业工程、优化队伍工程、市民新知识工程、人文素质工程、七彩夕阳工程、阳光品质工程等九大工程，共219个项目，编印《杭州市上城区2010年终身教育券实施指南》，下发各部委及街道社区。

【全民终身学习周】 10月17日，2010上城区全民终身学习周在上城区社区学院开幕。本届全民终身学习周以“传承与创新，让学习融入生活”为主题，有“古训今扬”、“人文寻根”、“心随阅动”、“低碳环保”、“健康生活”、“特色才艺”等六大活动板块。出席开幕式的领导有区委常委、组织部长、区社教委主任黄爱芳，区委常委、宣传部长王越剑，副区长宦金元，政协副主席方莉以及上城社教委的各成员单位领导。上城区已举办七届全民终身学习周暨终身教育节，已成为上城创建学习型城区的重要载体、展示学习成果的舞台、分享学习经验的聚会。全民终身学习周各项活动的开展将学习与生活紧密相连，鼓励广大市民投身到学习中去，体验学习的快乐。

全民终身学习周活动中离退休教师教育培训汇报舞蹈演出

（上城区社区学院 提供）

师资队伍

【概况】 2010年，全区中小学幼儿园拥有在职教师2246人，其中省特级教师19人、区特级教师28人。研究生学历30人，本科学历1731人，大专学历558人，大专以上学历教师比例为96.7%，有高级职称教师310人、中级职称教师1293人，拥有中高级职称教师比例为71.4%。有省、市教坛新秀239名，区级教坛新秀648名。2名教师获省第二十一届“春蚕奖”称号，4名教师被评为杭州市优秀教师，2名教师被评为杭州市优秀教育工作者。

【公职人员岗位廉政教育】 公职人员岗位廉政教育是推进反腐倡廉教育工作制度化、规范化，实现教育模式新突破的具体行动。2010年,区教育局确定教育活动的重点是区教育局机关的工作人员、校级领导干部和其他重要岗位(包括校中层干部、本单位财务、基建、采购、保管、食堂管理等工作人员),把岗位廉政教育与开展学习实践科学发展观、创先争优主题教育活动结合起来,把风险点的查找与构建权力阳光运行机制相结合,与自由裁量权规范相结合,丰富岗位风险廉政教育的内涵。重点开展岗位风险排查工作,根据不同岗位的工作职责,从岗位最基本的廉政制度要求、最容易发生腐败的问题和思想认识最模糊的问题等方面入手,查找存在于思想道德、岗位职责、制度机制、社会环境等方面的风险。组织干部职工对情景案例进行讨论,分析原因,收集各方意见,并根据相关法律、纪律依据,提出预防措施、承诺防范岗位廉政风险,形成了统一汇编的岗位廉政教育教案。

【开展主题式校长(书记)读书会活动】 主题式校长(书记)读书会已成为上城基层干部培训的一个新模式,每一次读书会,都由干部培训小组精心策划,根据教育热点问题确定读书会学习主题,分为好书推荐、专家引领、小组研讨、团队活动、读书心得等环节,让校长(书记)们以读书的方式,思考教育、教学问题,不断提升自身的理论素养和学校管理能力。2010年,区教育局组织“给特殊孩子以适宜的教育”、“全面运用现代教育技术,提升教育教学质量”两次主题式校长(书记)读书会活动。

【小学三年发展规划的修订与完善】 2010年,上城区试行了小学校长竞争上岗制,开展小学三年发展规划制订工作,分前期准备阶段、广泛征求意见阶段、撰写学校发展规划文本阶段、实施学校发展规划阶段和总结评估学校发展规划阶段等5个基本步骤,组织学校发展规划制定专题培训班。召开学校发展规划制定民主生活会。举行教师专项培训方案交流活动。组织开展学校发展规划信息收集、分析方法观摩展示活动,确保小学三年发展规划工作落到实处。上城区16所公办小学参加8月23~24日在富阳月亮湾酒店举行的小学三年发展规划专家论证会。北京师范大学博士张东娇、市教科所所长施光明、市教研室主任曹宝龙等组成专家组。上城区公办小学校长、书记、相关学校班子成员、规划起草小组成员及教育局学校发展规划项目推进工作小组成员列席会议。专家论证会分为4个环节:校长做学校三年发展规划陈述、专家分别评议及提问、学校答辩、专家组意见。专家与校长真诚互动,观点碰撞激烈,专家组组长对各校“规划”给出书面意见,帮助学校找出亮点,指出问题,有效指导小学三年发展规划的修订与完善。

【教师干部培训工作再上台阶】 12月22日,上城区教育学院召开教师干部培训(以下简称师干训)工作专家意见征询会,陈伟光、骆伯巍、刘力、吴卫东、叶哲铭等省、市各级师干训工作的领导和专家应邀参加。征询会上,上城区教育局人事科科长朱惠强作了题为“弘扬精神提升能力——以培训服务导助教师全面发展”的发言,总结了2010年上城教育导助教师发展工作的经验,提出了2011年的工作新思路。省、市各级师干训工作的领导和专家充分肯定了上城区以培训服务导助教师全面发展工作所取得的成绩,希望师干训工作以浙江省“十二五”期间中小学教师专业发展培训试点区为契机,以改革促发展,力争成为全省乃至全国的表率。与会的领导和专家就此提出意见和建议,希望教师专业发展培训尊重教师专业成长规律,建立一整套的制度保障,直面教师需求。“十二五”期间教师培训将实现由被培训向自主培训的转变,为此,要着力构建教师培训服务体系,要加强培训项目开发、课题研究的意识,要充分利用各种培训资源。区教育局副局长肖斌指出,上城区作为浙江省“十二五”期间中小学教师专业发展培训唯一的试点实验城区,任重而道远,将以组织架构、制度保障、教师培训需求等为突破点做好此项工作,创上城品牌,力争成为全省教师培训工作的示范区。

【举办青年教师厨艺大比拼活动】 为丰富团员青年教师的业余生活,提高团员教师的生活品味,2010年1月22日,由区教育局团委主办的“精彩生活我做‘煮’”——上城区青年教师厨艺大赛决赛在杭州市杨绫子学校烹饪教室举行。由各校团干部担任大众评审团,各校青年教师参与啦啦队,现场形成了品美食、赏美食的浓厚氛围。本次活动是上城区教育局团委为团员青年办的又一实事。2010年,区教育局团委努力搭建各种平台,丰富青年教师的业余文化生活,并始终坚持以走进青年的理念深化为团员青年办实事活动,了解青年、平等对待青年、真心帮助青年、充分相信青年,与青年手拉手、情靠情、心贴心,把团组织建设成为真正的"青年之家"。 (张 欢 吕卫萍)

2010中国杭州名师名校长论坛

【概况】 2010中国名师名校长论坛于10月24~28日在杭州大华饭店举行。此次论坛活动由全国教师教育学会和杭州市人民政府主办,杭州市教育局、上城区人民政府共同承办。1500名来自北京、上海、天津、浙江、四川、新疆、青岛、无锡、香港、美国、新西兰、新加坡、日本等国内外的名校长、名教师代表以及教师教育方面的专家参与此次活动。论坛以"当代中小学校长的使命与责任"为主题,同时设立学前教育、社区教育、班主任工作等3个分论坛和小学数学名师风采展示项目,广邀国内的教育行政领导、专家和优秀校长教师代表,进行观点报告、互动交流及项目展示,立足当前,着眼未来,展开战略思考,引领教育潮流,为中国新一轮的基础教育发展献计献策。本次论坛以专题报告、互动交流、课堂展示等活动形式,通过设立论坛项目、展示项目两种形式共5个项目共同探讨教育的有关问题。

【当代中小学校长的使命与责任】 中小学校长既是管理者,又是领导者、经营者和研究者。加快校长的专业成长,有利于提高中国基础教育的管理水平和教育质量,推动教育均衡发展。国家教育发展研究中心主任张力解读了"国家中长期教育改革和发展规划纲要",从教育决策层的宏观角度分析了教育发展的走势;教育部小学校长培训中心主任褚宏启围绕校长如何自身定位、提升教学领导力、提升教育的战略领导力3个话题和与会代表展开了讨论;上海师范大学教育学院院长、教授陈永明分析了国际视野下的中小学校长专业发展;国家督学、北京十一学校校长李希贵阐述了用文化引领学校发展的理念;上海格致中学校长张志敏、香港优才书院校长陈家伟、成都泡桐树小学校长杨昭涛、杭州胜利小学校长张浩强分别就校长理念和办学特色进行了汇报交流,引起了与会代表的广泛关注。

【发展与变化中的学前教育】《国家中长期教育改革和发展规划纲要(2010~2020)》体现了中国政府对学前教育前所未有的重视。未来十年,政府将担负起发展学前教育的责任。加强对学前教育的学术研究,显得尤为必要。上城区教育局党委书记、局长蒋莉在开幕式上作了题为《在同一片蓝天下》的主题发言,从5个方面阐述上城区学前教育均衡发展的实践探索。新西兰基督城坎特伯雷大学学前儿童教师、教育学院副院长教授琳达介绍了新西兰儿童早教的情况以及教学观念和早教方针政策。新加坡环太平洋学前教育分会负责人教授CHristIne Chen和教授Ruth Low分别介绍了新加坡学前教育的进展。日本儿童发展心理学会负责人教授庄严舜哉介绍了日本对儿童情感发展的最新研究。华师大教授朱家雄介绍了中国对幼儿园教育改革的情况和看法,以及未来学前教育的发展走向。美国哈佛大学教授薛烨、华东师范大学学前教育系主任华安华等就如何提高早期儿童教育研究的质量,促进早期儿童研究发展同与会代表进行互动研讨。

【社区读书教育的两岸共识】 2010年中国杭州名师名校长论坛在社区教育学院分论坛暨海峡两岸社区读书活动交流研讨会于7月在上城区召开。两岸社区读书活动交流研讨会是沟通海峡两岸,共同探讨社区读书的大型活动。上城区社区学院副院长陈继明作了题为《徜徉书海 怡情人生》的主题发言,以一种理念,两个文件,三种机制,四类模式,五个结合为主线介绍了上城区社区读书的情况和做法。台湾地区的社区教育活动开展比较早,特别是以读书会的形式开展社区教育。本次论坛邀请了台湾社区教育学会副秘书长、阳昇教育基金会执行长詹明娟,城乡社区文艺工作坊主持人、台北市大安区兰亭社理事长华美玲分别主讲《台湾读书会发展现况》、《台湾高龄者终身学习经验分享——以乐龄读书会为例》,台湾台南市社区大学讲师林美琴向代表们讲了他在工作实践中从"阅读到书写"的做法和体会。台湾社区教育专家从各个方面介绍了台湾社区读书活动的开展情况和读书活动的整个做法,使代表们对读书活动的开展及其形式有了更深的了解，对社区读书活动的开展深受帮助。

【班主任的岗位执行力】 自2009年8月12日，教育部颁发了《中小学班主任工作规定》，班主任的岗位执行力成为当下颇受关注的热议的焦点。它不仅仅是一种教育的观念，更是一种教育者的责任和文化，是学校落实“以人为本、科学发展”教育思想的必由路径。以“减负”为主题的五方论坛邀请了教育专家，教育行政领导、班主任、家长、学生等代表共同围绕“减负后，我们该做什么”的话题展开讨论和交流。学生的期盼，家长的关注，班主任的投入，教育行政领导的坚定，教育专家的引领等一度将讨论推向了高潮，不时有现场的观众参与互动，讨论达到了预期的效果。本次教师论坛创新了会议模式，以“教育问责”为主题，开展了“600秒论坛”、“一地一品”项目展示，多元化、多角度地探讨育人与“减负”、提高课堂教学质量与“减负”以及学校的德育工作、班主任的岗位执行力等教育热点。

【中国小学数学教育峰会2010“西湖有约”主题研讨】 “小学数学教育峰会2010‘西湖有约’主题研讨会”围绕新课标修订后的数学教育最新动向，定位于深度研究，进行具有突破性的新课展示。国家基础教育课程教材专家工作委员会副主任委员史宁中抓住数学思维的两大基本能力，阐述了《数学课程标准》修订的新动向；教育部基础教育课程教材发展研究中心主任助理刘坚结合近十年新课程改革的成绩和问题，大胆设问“课改走向何方”；小学数学教育专家、新思维小学数学教材主编张天孝结合课例，作了《新思维应用问题新体系》的专题报告。北京、江苏、浙江、台湾、上海的华应龙、张齐华、丁杭樱、吕玉英、俞正强、潘小明等6名教师为大家演绎了6节新课改实验课。 （张 欢）

教学与教育科研

【概况】 本着以学生发展为本的理念，以推进上城教育优质均衡发展为目标，上城区教育学院贯彻落实中共十七大精神，坚持以科学发展观统领各项工作，树立教育科学和谐发展理念敏锐感知现代学生的身心变化，敏锐感知基层学校及一线教师的需求，敏锐感知学术前沿的发展，不断优化服务能力，为学生的高质量发展和教师的高质量成长提供指导和支持。

【“轻负高质”全面推进】 2010年3月，上城区成为浙江省区域推进“轻负担高质量”第二批联系县，上城区围绕省教育厅提出的“三条底线，四个转移”的基本思路，开齐、开足开好各门课程，做到校校联动、区域联动、全面推进、不留死角。重视提高校长课程领导力和教师执教力，重视教学新常规的落实，改进教学管理。在全区学校开展“减轻学生第三种负担”推进活动，狠抓课堂效率。全面开展体艺“2+1”和阳光体育活动，创建省中小学生课外文体活动示范区。经过深入区域推进，走出了一条具有上城特色的“轻负高质”之路。《人民教育》、《中国教育报》等全面报道了上城区减负成效，区教育局副局长项海刚、周常生先后在省减负现场会上做经验介绍。

【区域校本教研喜出成果】 自启动区域推进校本教研为主题的研究项目，上城区成为了浙江省区域推进校本教研的基地之一，确立了区域推进校本教研四大目标和三大支柱的研究思路。重视加强校本教研的制度与规范建设，改进教育、教学过程管理，促进校本教研文化形成；重视加强校本教研的管理与引领队伍建设，突破专业引领与管理的瓶颈；重视校本教研的课程开发，打造校本教研示范基地，推出特色教研组群典型，促进优秀教研资源与经验的共享；重视创新校本教研的内容与形式，切实提高校本教研的质量，促进区域教学与研究水平的均衡发展。区域推进校本教研的项目研究取得了显著的效果，形成了一批在省内外有影响力的校本教研示范学校，打造了一支专业引领队伍，出版项目成果专著《给教研组的工作建议》。

【实施上城区教育技术工作督导评估方案】 上城区在教育技术的配备、计算机辅助教学、信息技术与学科整合等方面的教育技术应用研究起步早，在全省乃至全国有一定的影响。2010年11月，出台实施《上城区中小学现代教育技术工作督导评估办法(试行稿)》。重点思考在新的发展时期,如何将现有的教育技术装备更好地加以利用,提高它们的效率,如何进一步提高管理人员、专任教师以及技术人员教育技术应用能力,在区域范围内推广教育技术的应用,发挥好教育技术的功能,有效促进学生全面发展,为教师的专业发展、学校的可持续发展服务。教育技术应用的评估重点关注各校设备的使用率,实验课的开课率,教师教育技术应用的水平等方面。校长及教师的教育技术应用能力的高低直接决定了教育技术应用的水平,而评价学校教育技术工作的成败将主要立足学生发展,从学生的实验能力、信息素养等方面去评估。

【推进督学责任区工作】 区教育局为充分发挥督学人员的督政、督学作用,把督学责任区建设作为转变教育管理方式的突破口,使督学责任区制度建设逐步成为覆盖全区各级各类学校的有效监管机制。从2008年下半年起在全区建立督学责任区制度,区教育局成立了以分管副局长为组长的教育督导责任区领导小组,制定了《杭州市上城区督学责任区管理办法(试行)》。区人民政府教育督导室按照德才兼备的原则选聘好督学队伍,同时按照规范化运行的原则,建立健全各项工作机制,建立每周"督学"通报制度;建立校本督导制度。责任区督学将日常随访督导与全面、专项性的督查相结合,开展各项督导活动。2010年,参与了督导室组织的不同主题的专题督导活动;协助督导室出台《上城区公办小学发展性教育督导评估方案》、《上城区公办幼儿园发展性教育督导评估方案》等方案;各责任区督学参加中小学"减负"专项督查,有效促进了中小学切实执行和落实省厅"减负"文件中各项措施的落实。

【教育科研过程规范管理】 为提升课题管理的水平,区域内实施了课题的网上申报和管理,通过运行,提高了工作效率,能较好地做到过程管理。科研中心连续多年尝试在区级立项课题里采用小组管理的办法,开展以小组形式进行课题论证、互相交流等活动,使各位课题负责人得到有效、针对性的指导和交流。2010年,上城区科研成果获2010年度:浙江省基础教育优秀科研成果奖二等奖3项、三等奖1项;杭州市第七届国家基础教育课程改革优秀研究成果一等奖1项、二等奖3项、三等奖4项;杭州市第二十五届教育科研优秀科研成果一等奖2项、二等奖7项、三等奖4项。

【开发上城区学业评价系统】 2010年6月,上城区学业评价系统顺利开发完成。该系统建立在教学质量监测的实践摸索基础上,集考务管理、质量分析、发展分析和试卷分析功能于一体,提高了学校考务工作的现代化、质量分析的系统化、试卷分析的科学化,体现了发展地看待学生学业水平,发展地评价学校教学质量的观念。系统经过3次大型期末教学质量监测的检验,提高了区域和学校教育质量管理的科学水平。

【深入开展《基于学生发展的区域教育质量提升实验》项目】 继续开展与北师大合作的《基于学生发展的区域教育质量提升实验》项目,2010年4月19日~5月12日期间,就初中教师教育教学行为、职业压力、幸福感、职业认同、职业倦怠和家长学校合作等内容进行了大型的追踪调查。7800多名学生参与了初中教师评价工作,7800多名家长参与了家长学校合作调研。同时,1000名小学教师和2800多名小学三年级学生也首次进行了发展性测评。学生测评内容涉及学生的学业领域(语文、数学)、认知领域(记忆能力、注意能力、空间能力、推理能力)、社会领域(情绪行为、自我和社会认知、道德与价值观、学习自信心等),这些数据的形成,对小学发展性规划起到很好的引领作用,对指导学校开展教育教学研究具有积极意义。

经费设施

【概况】 2010年,上城区共投入基建经费8938万元、校(园)舍维修经费3933万元、校(园)舍绿化经费100万元。列入全国中小学校舍安全工程规划的惠兴中学、紫阳小学、回族穆兴小学整体性加固工程顺利完成并投入使用;学前教育"三个一批"工程全面完成;建兰中学改扩建工程主体结顶;勇进中学新校舍开工奠基。全年新增校(园)舍建筑面积8988平方米,整体改造、装修校舍15880平方米。截至2010年12月,全区累计校舍建筑面积32.8988万平方米,小学生均建筑面积9.78平方米、初中生均建筑面积12.73平方米、普通高中生均建筑面积18.56平方米、职业高中生均建筑面积19.03平方米。

全年共落实教育装备经费2439万元,其中局拨资金1719万元,自筹资金762万元。全年新建、更新中小学电脑房3个,新增电脑788台,新配多媒体教学设备198套,改建实验室6个,实验仪器设备投入110万元。深入贯彻实施《关于办理教育房产"三证"工作的实施办法》,采用自主办理、委托办理等多种方式办理"三证"。自2007~2010年,共办理房产所有权证25所。

【勇进中学新校舍建设工程】 勇进中学新校舍占地45833平方米,建筑面积69322平方米,坐落于钱江新城南星单元D-08地块,是杭州市第一所Ⅱ星级绿色校园、上城区第一所浙江省Ⅰ类标准中学。2010年12月28日,杭州市副市长陈小平、杭州市政府副秘书长王光荣和上城区代区长缪承潮亲自为勇进中学新校舍建设工程开工奠基。

【建兰中学改扩建工程】 建兰中学改扩建工程是2010年上城区"为民办实事工程",地处杭州重要的历史文化街区,北倚胡雪岩故居,南临南宋皇城根下,西望吴山山麓,文史厚积,古风薰香。项目占地30437平方米,建筑面积40812平方米(其中地上29982平方米、地下10540平方米),容积率1.0,总投资约1.3亿元,计划于2011年8月25日投入使用。截至2010年12月,已完成投资6000万元,主体建筑已结顶,为实现建设省内一流、具有国际视野的高品质建兰奠定了基础。

教育行政

【上城区教育系统"五五"普法经验交流会在服装职高举行】 上城区教育系统"五五"普法经验交流会于2010年4月20日在服装职高举行,浙江省司法厅副厅长陈志忠等领导参加了本次交流会。在交流会上,上城区教育局党委书记、局长蒋莉介绍了上城区教育系统"五五"普法情况,以及普法的经验与收获。宗文小营、时代小学、开元中学、服装职高立足于自身实际,介绍了各校"五五"普法工作的重点、亮点、特点,展现了上城教育系统在"五五"普法工作中的探索与实践。交流会上,表彰了2009年度上城区青少年学法标兵、2009年度上城区社区家庭学法先进家庭,体现了上城区教育系统普法工作已经深入学生家庭,深入千家万户。交流会上,上城区人民政府副区长高波、浙江省司法厅副厅长陈志忠进行讲话。对上城区教育系统"五五"普法工作给予了充分的肯定,进一步强调了普法工作的意义和作用,并对上城区教育系统下一阶段的普法工作提出了更高的希望和要求。

【构建上城教育数据库】 2010年,区教育局加强资源建设管理力度,对上城区教育局各种应用平台进行整合,构建一个集学生、教师、学校、国有资产等相关信息于一体的上城教育大型数据库,实现教育信息的共享、交流和处理;按照"管办助评"的模式进行公共教育服务机构改革,提升区域教育管理水平。开展特殊学生发展的服务工作,做好有各种发展需要的学生的信息收集和归类工作,为他们提供专业性、支持性服务或补救工作。开展小学发展性测评工作,同时做好测评结果的综合利用工作,构建具有上城特色的过程性教育质量监测系统,为实现中小学生综合素质评价改革奠定基础。 (张 欢 吕卫萍)

文化体育

Culture and Sports

文　化

【概况】 2010年,上城区召开文化工作会议,首推文体设施资源共享、辖区文体共建,首次举办区“文化之旅”万人游活动,向全区部分低保户、残疾人等弱势群体免费提供文体活动券,举办大型元宵灯会、以“城市一家人”为主题的第五届外来务工者文化艺术节、区文艺团队联合会暨外来务工者俱乐部中秋联欢会、“吴山周末戏剧大舞台”百团百场广场献演活动、“香港、广州、杭州名家书画联展”、百场“送戏、送电影”进社区等活动。举办区机关干部书法、摄影等有关文化培训辅导,组织海燕国标舞队、湖滨街道国标舞队和德国吕纳堡市老年文化旅游团进行了友好交流活动。举办了“南宋古都 经典上城”区群文原创精品汇演,受到了省、市有关领导和与会代表的一致好评,承办了全省城市社区文化建设工作会议。现有群众文化业余团队400余支,队员10000余人。摄影作品《最佳摄影点》获“品味新叶”全国乡土摄影大赛优秀奖;摄影作品《久旱逢甘霖》获2010第二十三届全国摄影艺术展艺术类银质收藏作品奖;摄影作品《僧影》、《北湖》获艺术类优秀作品奖。红舞鞋舞蹈队《天堂走廊》获杭州市首届排舞大赛金奖。杭州市少儿故事演讲比赛,区参赛少儿分获二、三等奖。大型民间舞蹈《吴山香客》参加第五届《风雅颂》杭州市民间艺术展演,获银奖;散文《穿越老街》等10人获区首届文学“金桂奖”,沈仁红等10名作者获提名奖。

区文化馆(龚自珍纪念馆),已连续两次被国家文化部评为“一级文化馆”,同时全区6个街道建有标准化的综合文化站,以及52个社区建有面积不等的文化活动室。群众文化活动常年开展,区辖街道综合文化站已创省级“东海文化明珠”3个,市级“东海文化明珠”在全区实现全覆盖,全国文化先进社区1个,省特级综合文化站和省示范文化社区5个,40个社区达到全国文化信息资源共享工程,6个街道达到市示范文化街道,18个社区达到市示范文化社区。

上城区元宵灯会活动点——近江东园文化广场　　（区文广新局　提供）

【举办元宵灯会】 2月27日~3月1日,区元宵灯会在清河坊历史街区、湖滨街道、南星街道、望江街道举行。清河坊历史街区和南宋御街(中山中路)组织商家挂上传统宫灯和花灯,千余只彩灯亮满街区,现场同时举行特色小吃、民间手工艺品展卖等。湖滨街道灯区设在市工人文化宫广场，设置灯谜区、表演区、赏宝淘宝区、游园区和彩灯观赏区。望江街道灯区设在近江东园文化广场，并分3个主题区域。南星街道灯区设在水澄桥社区中心花园，由“春满家园和谐紫花”、“大红灯笼高高挂”等主题组成。据不完全统计，2010年灯会期间，有40万群众参加了赏灯活动，较好地丰富了群众的业余文化活动。

【召开街道文化站工作会议】 3月19日，区文广新局召开街道文化站工作会议，副局长吕振团出席会议并讲话，局文化科、文化馆负责人及相关人员、各街道文化站长参加会议。会议着重就贯彻落实省、市有关文件精神，对推进省级文化先进区创建、强化基层街道（社区）文化建设进行部署。根据上级部门要求，全区2010年文化信息资源共享工程服务点在基层社区全面普及，着力抓好16个尚无共享服务点社区的建设。按照科学规划、合理布局的目标要求，在市图书馆指导帮助下，推进全区社区图书信息服务“一证通”工程建设。结合年度工作目标任务，宣传学习了《杭州市上城区人民政府办公室关于辖区文化体育设施资源向社区群众开放的意见》，要求各街道对照文件，结合实际，制定具体实施方案上报。围绕文化创先目标，就当前基层街道（社区）文化工作现状及存在问题，以及改进举措等进行了研讨。布置送戏下基层、举办社区文化员业务培训班等日常工作。

【举办社区文体干部业务知识讲座暨品质生活市民大讲堂活动】 3月31日，由区文广新局与区委宣传部等部门联合在社区学院举行社区文体干部业务知识讲座暨品质生活市民大讲堂活动，全区各街道、社区文化干部和市民群众代表等200余人参加。活动以建设国际水准高品质中心城区，提高民众身心、身体素质，推进基层社区文化建设为主导，特邀杭州师范大学教授魏杭庆进行科学健身知识讲座。讲座结合实际生活，提出了合理饮食、戒烟限酒、适量运动、心里平衡等4个方面的健身常识。同时结合社区文化工作实际及文化干部队伍变动较大的情况，进行了社区文化业务知识、文化礼仪和文化市场三级网络监督管理的业务培训，会后举行了联欢活动。

【举行文化工作会议暨“文化之旅”万人游启动仪式】 4月30日，区委、区政府主持召开文化工作会议暨文化之旅万人游启动仪式，区长陈红英致词，区委副书记、区纪委书记朱履林，区人大副主任韦云，副区长宦金元，区政协副主席方莉等区四套班子领导出席会议，区文化创先相关部门主要负责人、各街道党工委书记、分管副书记、文化站长、非遗保护相关单位、辖区单位代表、直属文化事业单位负责人等100人参加会议。会议围绕发展文化事业，推进文化创先，总结了近年来全区文化事业发展成效，表彰了基层文化工作先进集体和先进个人，辖区单位代表在会上作了交流发言。同时围绕创建省级文化先进区目标要求，下发了《上城区人民政府关于加强非物质文化遗产保护工作的意见》、《上城区人民政府办公室关于辖区文化体育设施资源向社区群众开放的意见》及《上城区“文化之旅”万人游实施方案》等文件，同时下发了由区文广新局、区财政局联合制定的《上城区文化市场举报有功人员奖励制度》，会后举行了上城区“文化之旅”万人游启动仪式。

【推进综合文化站达标建设】 6月11日，市委、市政府督查组专程到上城区，就全区综合文化站达标建设

4月30日，举行“文化之旅”万人游启动仪式。 （区文广新局 提供）

情况进行视察和听取汇报，重点就年内全市综合文化站建设实现全部达标进行查看。全区已有5个街道综合文化站建设达到或超过1000平方米标准，文化站设有图书室、培训室、棋牌室、多功能厅、健身房、文化信息共享工程、展览展示等服务功能。对此督查组给予充分肯定，希望上城区进一步拓展思路、整合资源、发挥优势，确保年内综合文化站建设全部达标，创新全区文化事业科学发展。

【开展“文艺表演和电影专场进社区”活动】 8月21日，以创新文化惠民工程，丰富市民群众文化生活为主导，由区文广新局会同各街道(社区)共同组织实施，在南星街道紫花埠社区启动“文艺表演和电影专场进社区”首场演出。活动期为两个月，通过政府买单向52个社区免费提供近百场文艺表演和电影专场。围绕活动的开展，制定活动实施方案，区文广新局机关全体人员轮流参加活动，各街道(社区)做好场地安排、安保、用电等后勤保障工作，以确保社区群众在家门口观看电影、文艺演出，度过一个愉快的夏季，提高广大市民群众的品质文化生活。

【面向部分社区居民试发文体惠民活动券】 9月，由区政府出资购买文体惠民活动券，本着实事办好、好事办实、先予试行、逐步扩大的原则，免费向居民群众发放，试行过程施行实名登记制，并优先发放残疾人、低保户、困难户等弱势群体，活动内容为文化娱乐(KTV)和游泳健身等，使用期限截至2010年底或2011年6月不等，有利于居民群众的参与。

【首推文体设施资源共享新模式】 11月2日，在市工人文化宫举行了上城区辖区首批文体设施资源共享单位的授牌仪式。首批加盟资源共享单位有杭州市工人文化宫、杭州岳王艺术城、上城区社区学院等15家。文体设施资源共享结合区情，结合文体惠民工程，本着不求所有、但求共用原则，统筹整合公益性、公办性，社会单位的文体设施优势，从而在全区形成更为完善的文体设施网络，提供更为丰富、更为多样的群众文化体育活动，更好地营造社会文体社会办，推进上城区国际水准高品质中心城区建设。

【全省城市社区文化建设工作会议在上城区召开】 11月30日，区文广新局承办的全省城市社区文化建设工作会议在浙江赞成宾馆召开。省文化厅副厅长陈瑶出席并讲话，副区长宦金元致词，全省各地的市文广新局分管局长、部分基层代表等参加会议。会议围绕创新发展社区文化建设，完善公共文化服务体系主题，会上杭州市上城区、宁波市、嘉兴市、绍兴市的相关领导(代表)作了典型交流发言，并就巩固发展社区文化建设进行了研讨。陈瑶对全省城市社区文化建设所取得丰硕成果给予充分肯定，并结合实际，强调加强社区文化建设：以邓小平理论和“三个代表”重要思想为指导，坚持“政府主导，社区主办；以人为本，服务居民；因地制宜，注重实效；整合资源，共建共享”的基本原则。加强社区文化设施建设管理，夯实社区公共文化服务基础；加强乡镇综合文化站人才队伍建设，提升社区公共文化服务能力；开展群众喜闻乐见的文化活动，丰富社区居民的精神文化生活。加强组织领导，完善相关经济政策，健全考核评价机制，引入广泛的社会评价和表彰激励机制。

【举办群众文化原创精品节目汇演】 11月30日，上城区首届群众文化原创精品节目汇演在杭州师范学院举行，汇演以“南宋古都 经典上城”为主题，参演节目系区文化馆、文化团队进行创作的原创作品，表现形式有民间舞蹈、传统民歌、戏剧小品等，其中有很多在省、市各类大赛上获奖。省文化厅厅长杨建新、副厅长陈瑶，市文广新局局长陈建一，上城区领导陈红英、缪承潮、朱履林、韦云、方莉等亲临观摩，省、市群艺馆，杭州市13个县、市(区)的文化馆馆长及上城区文化业余团队等观看演出。

【调研上城区基层宣传思想文化建设工作】 12月21日，市委常委、宣传部部长翁卫军调研围绕贯彻落实中共十七届五中全会精神，推进基层宣传思想文化建设为主题的工作汇报会在望江街道近江东园社区办公室举行。区委宣传部、望江街道、区文广新局及区文化馆的相关领导参加调研并作汇报。调研中，翁卫军实地察看了望江街道文化活动中心，听取了望江街道、区文化馆基层文化建设及活动开展情况，给予肯定，同时高度赞赏区文化馆依托文化团队联谊会、民工俱乐部等群众文化组织创新开展多种形式的群众文化活动，希望进一步深化完善，发挥更大作用，力创为全市、全省的基层文化活动品牌。（张雪梅）

体　育

【概况】 2010年，举办了上城区第七届全民运动会，承办了杭州市全民健身月——全国全民健身日居民环湖健身走、杭州市第十三届家庭趣味运动会等健身活动，协办了2010年度杭州国际马拉松比赛。完成780个国民样本量的全国第三次国民体质监测工作任务。被评为"浙江省群众体育先进单位"。承担杭州市参加浙江省首届体育大会轮滑、门球的项目组队、集训和参赛工作，上城区在浙江省首届体育大会上团体总分成绩排90个区、县(市)的第13位。参加全国成人公开水域比赛，获团体第6名。运动员邵依雯在第十六届亚运会上获得女子400米自由泳金牌。参加浙江省第十四届运动会(青少年部)获得金牌48枚，在全省90个区县(市)排行榜中荣列金牌数第一。区体育局向6个社区和部分俱乐部配送乒乓球桌11台，发放体育健身惠民券1400份。更新健身苑点8处，新建两处，继续聘用健身苑点专管员，为各健身苑点购买意外伤害保险。2010年，岳王路等12个社区争创浙江省城市体育先进社区。组织了全区46名体育骨干观摩广州亚运会。

【承办2010年"清河杯"浙江省少儿国际象棋精英赛】 1月1~3日，由浙江省棋类协会主办，上城区体育局、杭州市清河中学承办的"清河杯"浙江省少儿国际象棋精英赛在省委党校举行。全省各地500多名优秀小棋手共聚一堂，展开了一场场精彩的角逐，是近年来浙江省规模最大的国际象棋赛事。上城区清河中学代表队荣获初中组团体第1名。

"清河杯"浙江省少儿国际象棋精英赛现场　（区文广新局　提供）

【上城武协打造太极推手沙龙】 上城区的传统武术一直以来在全市处于"龙头大哥"的位置，选手在省、市各级武术比赛中摘金夺银，为杭城武术的发展作出了巨大的贡献。2010年，上城武协联合青年会携手打造太极推手沙龙，旨在给武术爱好者一个交流学习的平台，让国粹得到更大的发展。每周日上午，太极推手大师们都会在杭州市青年会进行免费教学。

【举办上城区第七届全民运动会】 5月15日~10月24日，举办上城区第七届全民运动会。产生289枚金牌，876枚奖牌。本届区运会共设10个成年部项目和9个青少年部项目，辖区内各单位、学校、企业等纷纷参与。成年部共有25支代表队，青少年部有30支代表队参赛，最终在成年组产生114枚单项金牌、青少年组产生347枚单项金牌，运动会还设立组织奖和体育道德风尚奖。开幕式于6月10日在杭州市体育中心举行，并在7月和10月分别举行成年部和青少年部闭幕式。

【参加第七届浙江省国际传统武术邀请赛】 7月9~12日，为期4天的2010年第七届浙江国际传统武术比赛在杭州拉开序幕。法国、日本、美国、荷兰、意大利等国家和中国大陆15个省、市、自治区及港澳台的258个代表队的4467人参赛。上城区代表队参加40多个单项和集体项目比赛，共获得61金、32银、18铜，其中，集体陈式太极拳和八段锦均获第1名，上城区被大会授予集体优胜奖杯、大会组织贡献奖杯和体育道德风尚奖。

6月10日，在杭州市体育中心举行上城区第七届全民运动会开幕式。

（区文广新局　提供）

【2010年中国水上运动会获佳绩】 8月28日~9月8日，由国家体育总局、山东省人民政府主办，国家体育总局游泳运动管理中心等单位承办的“五征·奥驰汽车杯”2010中国水上运动会在日照市举行。作为全国游泳之乡的上城区体育代表团在参加公开水域游泳比赛中获得男子团体总分第6名、男子25~29岁组2000米公开水域游泳比赛徐玮栋获得第1名、女子40~44岁组2000米公开水域游泳比赛陈效彬获得第2名。

【荣列全省各区县金牌总数第一】 10月15~23日，由浙江省人民政府主办的浙江省第十四届运动会在嘉兴举行。本届运动会设有田径、游泳等26个大项、657个小项。上城区输送的运动员不负众望，最终获得金牌48枚、银牌23.5枚、铜牌7枚，奖牌数78.5枚及总分873分，在全省90个区县（市）排行榜中，荣列金牌数第一、奖牌数第四、总分第三。

【上城区输送的运动员在第十六届亚运会上夺金】 自11月12日第十六届亚运会在广州开赛以来，捷报频传，11月16日，上城区输送的运动员邵依雯代表国家队参赛，获得女子400米自由泳金牌，既为国争光，又为上城区争得荣耀，这是上城区继培养输送杨雨等世界级游泳运动员以后，又一优秀运动员。

（张雪梅）

信息化建设

Information Construction

信息化建设综述

上城区信息化建设工作围绕打造“数字上城”，建设“智慧城区”，把握信息化发展新机遇，整合社会和政府资源，完善覆盖全区的政府行政审批服务网络和数据中心，通过有形平台和信息网络，为居民、法人提供全方位、“一站式”信息服务；加强政府各部门信息资源共享，强化区、街道、社区三级联动；巩固在政务信息快速准确智能搜索定位等方面的国内领先水平，促进了政府管理创新，对面向公众和法人的服务工作起到提升和推动作用。

信息化建设工作始终秉承面向公众、改善民生、提供高效优质服务的理念，利用信息化手段创新政府管理服务模式，进一步构建权力阳光运行机制。上城区是杭州市进一步构建权力阳光运行机制试点单位，在区委、区政府高度重视、精心组织下，在全市范围内率先完成了试点工作。权力阳光运行机制试点项目被杭州市进一步构建权力阳光运行机制办公室（以下简称市阳光办）推荐作为区、县试点典型。2010年5月，市阳光办在上城区组织召开杭州市权力阳光运行机制现场推进会，推广上城区试点经验。

全面推进信息化建设，不断提高信息化水平，在建设“网上政府”方面，完成了杭州市进一步构建权力阳光运行机制的试点及二期项目，为三期项目展开了预研及路演，继续保持走在全市的前列。在完成上级布置任务的同时，通过对上城区政务建设特点的分析和把握，完成了“公务通”平台、区行政执法智能管控平台、区视频会议系统的设计和应用，启动了数字街区项目。2010年，区信息中心结合上城数字应用的实际，启动了数字街区项目（2010年已经完成南宋御街、清河坊的数字街区建立），开发了上城区电子导游系统。

信息化基础设施

【搭建“公务通”平台】 “公务通”平台自2010年2月正式投入运行以来，履行把区电子政务平台从有线到无线延拓的角色作用，提升上城区电子政务应用，实现移动办公。通过“公务通”终端，可以随时随地掌握和处理各种政务信息，既提高工作效率，又节约政府办公成本，是建设服务型、节约型政府的有效工具，是“网上政府”的重要组成部分。

【新建区行政执法智能管控平台】 区行政执法智能管控平台包括区行政执法局的行政执法智能管控软件平台和区城市管理智能管控指挥中心两大部分，项目要求高，难度大。区信息中心作为牵头建设单位，积极筹划，妥善协调、组织各方单位和人员搞好项目实施。抓工期、要质量，于2010年10月按计划建成使用，初步建立起以三维地理信息平台为基础，实现视频监控、GPS、GIS、巡查、应急处理、监督六位一体，实现城市管理的流程再造和信息化。行政执法智能管控平台作为上城区建设“智慧上城”的重要一环，将进一步把现有的综合信息数据库中的事件数据、人口信息数据、企业法人数据通过三维空间将各种信息进行关联、定位，统一管理，实现对国有资产和区情、区况的全面掌握和管理，应急物资储备定位、调动，以及灾害应急、智能交通运输调度管理。中央电视台国际频道（CCTV4）对此进行专题报道。

信息技术推广应用

【建立区视频会议系统】 为完善会议系统、提高政府整体执行效能,运用信息化技术,减少会议传达环节,提高会议质量和效率,建立区视频会议系统。区信息中心组织分析论证,综合专家意见认为该系统应基于区政府政务外网,构建成覆盖区政府和6个街道办事处及区行政执法局的“1+7+X”的视频会议系统网络,即以区会议中心的电子会议室为主会场,在6个街道办事处和区行政执法局设7个分会场,其他人员可以通过PC、手机和固定电话形式加入视频会议系统。该系统于2010年10月建成并投入使用,区视频会议系统的投入使用,进一步扩大会议参与层面,提高工作效率,实现“小会不出门,沟通零距离”。 (黄崇杰)

【召开“数字电视社区信息化”服务推进工作现场会】 12月20日,上城区召开“数字电视社区信息化”服务推进工作现场会,杭州市信息办主任兼上城区委副书记、代区长缪承潮,杭州市信息办副主任毛国锋,杭州市民政局副局长张建涛,上城区副区长陈洪涛,各城区民政局分管领导和社区工作者代表等120人参加会议。会议由陈洪涛主持。会议演示了新版“社区是我家”频道各栏目的服务功能。毛国锋从社区公共服务信息化、基层民主信息化、社区社会组织信息化、社区商业服务信息化、基层电子政务等方面提出要求。张建涛提出推进社区信息化要抓好思想认识,现实运用和部门、基层、企业联动3个环节,结合“十一五”期间经验总结、“十二五”规划编制、和谐社区创建。缪承潮分析了国内外信息化发展趋势,提出要提高认识,从构建服务型政府、提高社会管理效率出发,全面认识推进社区信息化的重要意义;拉高标杆,从夯实平台、完善机制、创新服务着手,将社区信息化作为加强、完善、创新社区服务的最重要渠道;加强领导,全区上下通力合作,锐意进取,共同将社区信息化建设推向新阶段。

【“数字电视社区信息化”建设】 “数字电视社区信息化”项目由杭州市民政局和杭州市信息办牵头,联合“96345”便民服务中心共同开发建设。该项目依托华数数字电视平台,借助三网融合,为社区居民提供各类民生服务。2009年,“新中国第一个居民委员会”上羊市街社区以建设“数字第一居”为契机,在全市率先开展“数字电视社区信息化”建设,并开播新版本的“社区是我家”频道。新版“社区是我家”频道增加了定向信息推送、在线解答等功能,设立了信息定位区、家庭信息服务区、主题活动区等七大功能板块。截至2010年底,上城区有16个社区开通了“数字电视社区信息化”功能。 (陈学军)

【智能城管“直播”违法行为以理服人】 上城区城市管理行政执法局在全国第一个开始使用“智能城管”系统建设。利用卫星遥感技术搭建的“智能城管”可以让违法行为“现场直播”。新创建的非现场管控视频指挥系统(简称SFG系统)整合了区城市管理行政执法局近几年的路面探头、智能监控、车载监控等信息化建设成果,由97个普通监控探头、47个红外线智能报警探头、26辆无线监控执法车和指挥操作后台组成,运用这套系统,可以在上城区80%的主要道路和次要道路上建立行政执法的非现场工作模式,不间断开展全辖区巡查。以往城管和被执法者发生冲突,主要原因之一就是处理事情是面对面的。而现在前方拍摄到的画面、声音即时传输至后台指挥中心,第一时间发现问题,第一时间解决问题,全程信息透明,有凭有据,执法者和违法者都用事实说话,减少矛盾发生。

【“射频识别”智能技术提升上城党建工作效率】 上城区将“射频识别”(RFID)技术应用于党员智能管理系统。在党员随身佩戴的党徽上嵌入RFID标签,通过读写器可以直接在电脑上显示该党员的姓名、相片等资料,可用于党员参加会议时的登记考勤,减少人工签到的繁琐程序,便于创建党员管理数据库,提高党员管理工作效率。 (年鉴编辑部)

医疗卫生

Medical and Health

医疗卫生综述

2010年，上城区卫生局业务收入31249.2万元。改扩建社区卫生服务站8个，全面推行收支两条线改革工作，实行457种常用药品零差率服务；推进社区卫生服务信息化建设，深化社区卫生服务功能；确立公共卫生大融合的工作思路，预防处置公共卫生突发事件，构建区街道协防与省、市、区医院联动的工作机制，整合资源，将区疾控中心健教科与区健康办合署办公，推进健康城区建设；开展爱国卫生运动，除“四害”市场化运行顺畅；广泛宣传疾病防控知识，强化公共卫生体系建设，妇幼保健工作被省妇联、省卫生厅授予“浙江省妇幼保健工作先进集体”，全年婚检率76.2%；7月成功创建为省首批卫生强区，12月顺利通过全国社区中医药工作先进单位的考评。

2010年末，全区拥有各类医疗卫生机构151所，其中，医院18所(包括民营医院和上城妇幼保健院)，社区卫生服务中心(站)40个，门诊部29所，诊所、卫生所及医务室64所。拥有床位9796张，其中医院床位9459张。有各类专业卫生技术人员12886人，其中，执业(助理)医师4802人，注册护士5794人。全年完成卫生服务站改扩建8个；建设规范化达标站33个。突发公共卫生事件处置率达100%。婚检率达76.2%。全面开展药品“零差率”，全年门诊人次增长6.3%。

预防保健

【概况】 全区有6个社区卫生服务中心、34个社区卫生服务站，构建居民出行15分钟的医疗服务圈，形成规划合理、功能完善、覆盖全区的社区卫生服务网络。贯彻新医改政策，开展省级卫生强区创建工作，转变观念，巩固加强公共卫生体系建设，深化社区卫生服

表40　　上城区2010年卫生机构、人员情况一览

指　　标	计量单位	2010年实有
卫生机构	所	151
医院、卫生院	所	18
门诊部	所	29
社区卫生服务中心(站)	个	40
疾病预防控制中心	个	2
卫生监督所	所	2
卫生技术人员	人	12886
执业医生	人	4802
执业助理医生	人	118
注册护士	人	5794

务机构建设,推进收支两条线改革,强化内部管理,探索创新服务模式,在全市率先建立社区卫生服务信息系统平台,开通健康档案网上查询平台,完成社区卫生数据交换平台HIS工程及医生工作站、区卫生局门户网站建设完善了社区卫生服务功能,提升了服务内涵。

【完善社区卫生服务功能】 坚持公共卫生和基本医疗并重,以妇女、儿童、老年人、慢性病人、残疾人、贫困居民等为主要服务对象,改变服务模式,上门服务,以开展健康教育、建立家庭健康档案及实行健康干预为主要措施,使社区卫生服务机构成为居民健康服务的平台。推行中医中药进社区、进家庭活动。做好"绿色医院"回头看工作。上城区各社区服务中心已完成区级、市级"绿色医院"的创建工作。按照区政府责任制的要求,会同上城环保分局对各单位工作的具体落实情况进行检查。

【提升妇幼保健服务】 执行"国家公共卫生服务规范",执行免费孕产妇、免费0~36个月儿童保健服务。婚检—婚登—优生、优育咨询一站式一条龙服务模式更加完备。充分发挥妇幼保健专业机构优势。

上城区妇幼保健院作为浙江省育儿健康教育基地,制定实施计划,稳固发展中、高级儿保医师师资力量,定期将健康教育开课课程、授课内容和授课老师公布在各社区卫生服务中心儿保门诊和妇保院对外网站上,供家长参考。通过每周两次面对面、互动式授课方法,向广大家长宣传婴幼儿喂养、儿童常见病预防、肥胖与婴幼儿喂养方式、儿童意外伤害预防与救治等育儿知识。全年开课94期,育儿学校授课率95.01%。开展孕妇学校,全年开课49堂,4名老师分别主讲孕产期保健、孕期自我监护、孕期运动、营养和预防出生缺陷,孕妇听课率94.61%。

【完成妇幼保健各项工作指标】 全年婚前保健体检率75.01%,比上年(指2009年,下同)同期上升5%,孕产妇系统管理率95.89%,比上年同期上升1.05%,0~3岁儿童系统管理率98.45%;妇女病普查40632人,普查率92.19%,查出妇科疾病患者14647名,书面通知患者及时做临床治疗;儿童健康体检6000人,听力筛查17968人。较好地维护了妇女儿童的健康权益。全年产前筛查2609位孕妇,筛查率90.87%(包括流动人口),比上年86.37%提高4.5个百分点。其中发现高风险245人,进一步做产前诊断104人,诊断率42.45%,100%进行随访,出生21-三体病人1例(产前筛查假阴性)、其他染色体异常1例、未发现18-三体和神经管畸形病例。全年围产儿共2901人,发现出生缺陷28人,出生缺陷发生率9.65‰(上年同期11.34‰),有递减趋势。

开展一年两次的5岁以下儿童死亡漏报调查和新生儿疾病筛查、新生儿听力筛查及儿童保健年报质控调查。全年未发生5岁以下儿童死亡漏报,儿童保健年报数据准确、符合逻辑。2010年4月26~28日和10月18~22日,两次对9家省、市级医院做妇幼卫生年报和四项监测质量调查,年报数据准确,没有漏报现象。完成辖区2822名儿童入托体检工作,其中1人因肝功能检查中丙氨酸氨基转移酶和天门冬氨基转移酶两个指标异常,建议转专科医院进一步诊治,暂不入园。儿童入园体检率100%。对辖区33家托幼机构进行消毒质量监测检查,监测率100%,合格率98%。

卫生监督

【概况】 2010年,上城区卫生局卫生监督所(以下简称区卫生监督所)深入学习实践科学发展观,开展"卫生楷模 创先争优"活动,以"民本卫生、和谐卫生"为发展理念,围绕"卫生监督'十二五'规划",以"创优创新、争创一流"目标,全面启动"争创一流"工程,着重从执法装备、执法队伍、服务管理、品牌形象、工作业绩、信息化水平等6个方面入手,力争达到"执法装备一流、执法队伍一流、服务管理一流、品牌形象一流、工作业绩一流、信息化水平一流",切实维护好公共卫生秩序和医疗服务秩序,为经济建设服务,为群众健康服务。2010年,区卫生监督所现场服务指导1019户次,受理新证508户,受理变更80户,受理延续72户,核准新证508户,核准变更80户,注销245户;全区医师执业注册及变更328人,护士执业注册及变更239人。办证窗口发放满意度调查问卷660份,收回503份,满意率100%,电话回访72人,满意率100%。完成全区1112家餐饮单位中A级23家,B级350家,C级739家卫生等级的核定工作。完成442家公共场所单位的量化分级预评，其中A级13家、B级83家、C级345家、不予评级1家。深入开展中小医疗机构量化分级试点工作，对辖区68家中小医疗机构进行了量化分级，量化分级覆盖率为100%，其中：规范级27家，占39.7%；合格级41家，占60.3%。无不合格的机构。共受理卫生监督投诉举报580件，其中食品卫生投诉487件，公共场所卫生投诉(包括控烟投诉)52件，医疗机构投诉38件，消毒产品投诉2件，放射卫生1件。查办、结案580件，反馈566件，反馈案件群众满意率均为100%，另有14件由于无反馈渠道或联系不上等原因而无法反馈。及时查处率、投诉人满意率均为100%。共查处各类违法案件438起，罚没款32.6万元。未发生因当事人不服行政处罚而提起的行政复议和行政诉讼案。

【卫生监督体系建设】 2010年，区卫生监督所通过政府采购添置数字粉尘测定仪、数字积分声级计、α、β便携式表面污染监测仪等现场检测防护设备17种、20台，总计10万元。添置电脑、打印机、刻录机、碎纸机、数码摄像机、录音笔等办公执法设备9种、31件，总计8万元。执法装备已基本达到卫生部县级卫生监督机构配备标准。

【移动卫生监督执法信息系统】 2010年11月3日，上城区移动卫生监督执法信息系统演示发放仪式在区卫生监督所举行，浙江省卫生厅卫生监督局局长骆侃佼、杭州市卫生局卫生监督所所长蒋辉权现场观摩系统使用演示。移动卫生监督执法信息系统由硬件和软件两部分组成，硬件是笔记本电脑和便携式喷墨打印机，软件是移动执法办公软件。该系统提供两种工作模式，完成不同工作内容。通过互联网与浙江省卫生监督信息系统(以下简称“省系统”)链接，在线模式下进行现场执法数据采集、执法文书编辑打印，实现监管对象基本信息实时下载和现场执法数据的实时上传。在离线模式下进行现场执法数据采集、执法文书编辑打印(外出执法前先将“省系统”监督任务中的被监督单位基本资料下载到笔记本电脑上，离线模式下通过移动执法办公软件使用“省系统”的信息检索、数据录入、各种执法文书打印、法律法规和卫生监督规范用语查询等各项功能，工作结束后在单位将采集的数据信息上传，实时更新“省系统”中数据资料)。该系统的开发和应用解决了监督信息不能随时查询、执法文书不能现场打印、信息报告重复输入等问题，改变了卫生监督执法人员“一张嘴、一支笔、两条腿”的传统执法形象，有效改进工作方式，提高卫生监督执法效率，促进执法工作规范化。2010年12月被杭州市卫生局卫生监督所评为“2010年度杭州卫生监督信息化建设先进集体”。

【开展医疗机构传染病疫情报告监督模式试点工作】 2010年6月，区卫生监督所在浙江省卫生厅卫生监督局传染病管理监督科的指导下，开展卫生部传染病疫情报告监督模式试点工作。以监督机构为主导，结合医疗机构传染病疫情报告，联合疾病预防控制机构，实现“监督、疾控、医疗”三方联动，建立、健全三大机制(实时监控机制、联合工作机制、量化分级评价机制)，探索具有上城特色的工作模式。自试点工作开展后，对18家试点对象实施监控244次，与上城区疾病预防控制中心互通信息10次，联合监督检查3次，发现1家门诊部存在漏报现象，经过指导现已规范报告。

【医院消毒隔离监督监测试点】 2010年5~12月，区卫生监督所根据杭州市卫生局卫生监督所委托开展医院消毒隔离监督监测试点工作专题研究。在杭州市卫生局卫生监督所和杭州市疾病预防控制中心的指导和帮助下，围绕“四个全”(培训全、装备全、监测全、规范采样全)，分别对浙江大学医学院附属第一医院、浙江大学医学院附属第二医院等7家省、市级医院开展医院消毒隔离监督监测，监测的场所涉及洁净手术室、妇产科、消毒供应中心、血透室、检验科等11个重点科室，监测内容包括物体表面、医护人员的手、使用中的消毒液、无菌物品、血液透析液等10个项目。共采集样品267份，合格239份，合格率89.5%。

【重大活动会议保障】 2010年，区卫生监督所承担重大活动会议保障任务有浙江省、杭州市、上城区三级人民代表大会、政治协商会议、品质生活国际体验日、吴山茶文化节、西湖日月潭论坛、西湖国际烟花大会、第十一届国际暨世界文化旅游大会、吴山庙会、2010年海外华商杭州投资洽谈会、第三届海外杭州人联谊会、杭州美术节、2010中国杭州名师名校长论坛、2010杭州国际人才交流大会、2010年商业杯国际城市围棋赛、2010警察与科学国际论坛、杭州市2010科技合作周等32项，共出动卫生监督员500多人次，监管宾馆、饭店80家，服务人数达15000人次以上，未发生一起群体性食物中毒事件，圆满完成“环沪护城河”安全保卫任务，保障中国2010上海世界博览会期间公共卫生安全。

【推出行政许可便民措施】 2010年，区卫生监督所推出四项行政许可便民措施。编印《卫生行政许可申请参考手册》(餐饮服务、公共场所各一册)，将行政许可样板店拍成照片，并配以文字说明，使申请人对经营场所的布局、装修有直观的认识和理解；推行行政指导制，通过行政帮扶、行政预警、行政指示、行政建议等制度，提高行政服务效能；使用新版许可文书，许可受理、决定等文书全部电脑打印，文书整洁、表述规范，依法保障申请人的合法权益；开展评选“每月服务之星”活动，提高窗口办事人员服务意识和水平。

【开展公共场所集中空调通风系统卫生监管】 为客观反映公共场所集中空调通风系统风管内卫生状况，2010年，区卫生监督所邀请浙江省疾病预防控制中心环境与健康监测所实施采样与检测。对辖区内商场、宾馆、医院各两家进行采样监测，采集样品60份，检测项目为冷却水中嗜肺军团菌(嗜肺军团菌是一种有鞭毛，革兰氏阳性，军团菌属多形态性的短小球杆菌)、风管内积尘量、真菌总数、细菌总数。冷却水中嗜肺军团菌和风管内细菌总数，两项指标全部合格。风管内积尘量、真菌总数超标，合格率分别为33.3%和77.8%。邀请杭州电视台综合频道《新闻60分》栏目连续6天对集中空调通风系统现场采样工作进行跟踪现场直播，督促经营单位做好集中空调通风系统管理工作。

【完善投诉举报处理机制】 2010年，区卫生监督所创新使用投诉举报交办与记录单两级制，完善投诉举报处理程序；推行投诉举报四项制度，即二级备案制度、重大案件专案制度、重大案件上报制度、疑难案件集体讨论制；法制稽查科与监督科室共同研究无证小餐饮投诉举报查处工作，下发会议纪要，统一规范无证餐饮经营单位投诉举报处理机制。

【执行《杭州市公共场所控制吸烟条例》】 自2010年3月1日施行《杭州市公共场所控制吸烟条例》，共培训卫生监督员86人次，举办管理相对人培训16期，培训766人，培训控烟监督员455人，发证405人，发放控烟宣传资料2800份，禁烟标志2150份。以医疗机构和学校为重点，与杭州市文化广电新闻出版局、杭州市卫生局卫生监督所、上城区教育局、上城区文化广电新闻出版局、上城区爱国卫生运动委员会办公室、上城区建设健康城区工作领导小组办公室、上城区妇女联合会、上城区疾病预防控制中心等单位开展联合检查。重点加强网吧、足浴休闲娱乐场所专项检查。受理、查处投诉举报34起。共出动卫生监督员2759人次，检查各类事业单位，经营场所3383家次，责令整改442家，开出了《杭州市公共场所控制吸烟条例》实施后警告、罚款两个全市第一单。共计警告106家，罚款31家，罚款金额30900元。

在建筑工地开展控制结核宣教 (区卫生局 提供)

疾病预防

【开展疾病监测】 2010年上城区报告甲、乙类传染病15种，其中甲类传染病1种(霍乱)，乙类传染病肝炎、甲型H1N1流感、麻疹、细菌性痢疾、肺结核、伤寒及副伤寒、猩红热、淋病、梅毒、布病(布鲁氏菌病是一种由布鲁氏菌引起的一种人畜共患的传染病,是国家法定的乙类传染病,简称布病)、疟疾、艾滋病、登革热和出血热14种,报告发病总数1320例,报告发病率336.72/10万,与2009年相比,报告发病率下降10.76%。报告死亡病例2例,报告死亡率0.51/10万;报告丙类传染病6种(流行性感冒、流行性腮腺炎、急性出血性结膜炎、风疹、其他感染性腹泻和手足口病)1996例,报告发病率509.16/10万,无死亡病例报告。与2009年相比,发病数下降29.09%,报告发病率下降30.02%。利用网络平台,实时监测,快速对潜在的突发公共卫生事件作出分析和预警。2010年,共接收预警信息153起,预警起数排名前3位的病种依次为:流行性腮腺炎(45起)、其他感染性腹泻病(26起)、痢疾(25起)。在153起预警事件中,有两起事件初步诊断为疑似事件,其中1起霍乱为疑似事件,已报突发公共卫生事件管理网,并且经过处置已控制疫情;另1起麻疹疑似事件为单病例预警;完成微生物检样10355件,19832项次;理化检样为7301件,19692项次;食物中毒检样350件,856项次;现场检测:2009件,3413项次;HIV共检测了14622人份,其中婚检4057人份,孕检3039人份,初筛HIV病毒携带者阳性病例29例。

开展脊髓灰质炎疫苗强化服苗工作　　(区卫生局　提供)

作为浙江省公共卫生监测区之一,上城区按照《浙江省卫生监测区统计工作手册》开展公共卫生监测工作,全区肿瘤报告发病率530.10/10万;急性冠心病事件报告发病率41.72/10万;脑卒中报告发病率314.74/10万;糖尿病报告发病率237.44/10万。2010年全区出生率7.01‰,死亡率6.06‰,人口自然增长率0.95‰。11月,中心采用多阶段整群随机抽样方法,抽取小营、紫阳等5个街道的小营巷、大学路、新工等10个社区,完成3000户居民漏报调查和250户成人行为危险因素调查。

【开展健康知识宣传】 上城区健康教育科与上城区健康办合署办公。创编《健康上城》,提供交流平台,编发12期、12000份;组织健康教育讲师团,开展健康教育,举办健康知识讲座52期,有3667人次受益;开展无烟日、结核病防治日、消除碘缺乏病日、世界无烟日、世界艾滋病防治日、科技活动周、健康家居宣传,在小营巷社区举行首届"健康节"启动仪式和"健康一二一、环河万步走"宣传活动;打造细胞工程,动员、指导、创建全民健康生活方式行动示范单位9家、健康城市健康单位22家、健康促进医院两家、市民健康学校两家、健康促进学校铜奖5所、健康促进学校银奖两所;打造小营巷社区最健康社区,以点带面推动社区健康教育的发展。

【免疫规划】 全区2010年常规免疫街道级监测报告单位6个,2010年,共接种"五苗"35763剂次。对常住儿童接种率调查的结果"五苗"全程接种率100%,甲肝疫苗接种率98.67%,麻腮风疫苗接种率100%,流脑疫苗接种率100%,乙脑疫苗接种率100%,卡证符合率98.33%。响应省、市统一布署,全面开展0~4岁脊灰强化、甲型H1N1流感疫苗接种流疫苗接种、8个月~4岁的麻疹强化工作。推进全区6个预防接种规范化建设与评审,经市区评审组评定:五星1家、三星2家、规范3家。

【结核病防治】 2010年上城区共发现肺结核病人167人(初治涂阳41人,复治涂阳13人,初治涂阴106人,复治涂阴5人,未查痰2人),查痰率98.82%,

开展职业卫生监测工作　（区卫生局　提供）

阳性检出率为31.74%；结核性胸膜炎19人。落实治疗管理100%，转诊病人167人，结核病防治机构追踪病人59人，追踪到位55人，追踪到位率93.22%，管理符合率95%以上；结合第15个世界防治结核病日展出宣传横幅1幅，宣传画板8块，分发宣传资料3种、2000张，通过组织结核病有奖知识问答活动，发放宣传面巾纸400多份、结核病宣传广告笔100支及宣传便签200本；同时针对学校是结核病易聚集性发生的地点，有针对性地对数千名学生和教职工开展多种形式的健康教育宣传。

【性病、艾滋病防治】　上城区为105个国家级性病监测点之一，全区共报告法定性病5种、880例，报告发病率为270.75/10万，比2009年下降5.80%。2010年，对辖区医疗机构报告的137例艾滋病病人和感染者进行阳性告知和流行病学调查；对27例HIV感染者和17例病人进行随访管理，并对17个病人给予免费抗病毒治疗；接待自愿咨询与受检人员1172人，发现22例HIV感染者；对上城区看守所564名犯人、337名外来婚嫁女、501名娱乐场所服务人员以及5072名外来务工人员进行HIV抗体检测，未发现HIV阳性病例；开展高危人群的干预工作，涉及服务场所218家，健康干预3559人，涉及多家建筑工地、专科性病门诊、男男同性恋场所，健康干预1886人；美沙酮服药点工作开展顺利，日均服药人数稳定在100~110人。

【开展中小学生健康体检工作】　按照省、市监测方案开展市级监测点学校常见病防治与健康状况综合监测工作，学生常见病防治监测覆盖率100%；按照《浙江省中小学生健康体检管理办法》开展中小学生健康体检工作，开展监测点学校的血色素监测工作；学生营养、身高、体重发育评价、常见病矫治、健康教育、传染病管理和指导工作；首次开展省级中小学校学生因病缺课监测试点工作，对11种疾病症状和20种疾病种类进行每周监测报告和网络实时监测与预警。

【开展健康危害因素监测】　2010年，共报告农药中毒病例两例，死亡0例，无尘肺病例、职业病病例及急性职业中毒病例；监测作业场所职业病危害因素监测卡20家，测点数265，合格点数230，合格率为86.79%；监测有毒、有害作业工人健康监护的企业28家，体检1235人，未发现疑似职业病人；完成120人次的放射工作人员个人剂量计换发工作；开展辖区医疗机构医

开展碘营养状况专项调查工作　（区卫生局　提供）

用辐射装置X线设备19台的性能检测及放射机房26个的防护检测；开展医用诊断X射线装置工作用房建设项目职业病危害放射防护评价2项、职业病危害预评价项目3项；开展医院及托幼儿机构消毒质量监测工作，抽查医疗机构8家，对供应室、口腔科等重点科室的空气、物体表面等项目进行监测，总合格率为89.36%；对7家托幼机构消毒质量监测，总合格率为94.69%。

【开展专项调查】 根据市政府、市卫生局下达任务，开展碘营养状况专项调查，9月完成现场采样和体检工作，共采集水样17份、尿样1164份、盐样344份、血样376份，完成B超1118人、调查问卷1131人。受区政府的委托，着手对铬渣存放地周围居民进行健康评估。通过走访、查阅、分析历史监测资料等获得结果：该区域居民的死亡率、肿瘤发病率与全区相比无差别，其健康状况与全区居民健康状况无差别。该区域居民生活用水均来自市政用水，因铬渣可能引起的地表水或地下井水、土壤污染不影响到居民。但由于本次调查无法对存放地周围居民的现场调查，仅限于现场环境察看及历史资料分析，故分析的结论是有限的；上城区疾控中心作为与浙江大学(第一主持人)、杭州市心理卫生中心合作方共同申请的“抑郁管理模式对中国老年抑郁症的效果”研究课题正式获得国际立项，历时4年。已经完成社区老年抑郁症基线调查工作，现正进入第二阶段8个社区卫生服务站的医生、护士进行技能培训工作与发现筛查治疗与管理老年抑郁症患者。

中医中药

【概况】 中医中药是中华民族的传统文化瑰宝，是人类医学的宝贵财富，为中华民族的生息繁衍做出卓越贡献。上城区在6个社区卫生服务中心和34个社区卫生服务站中广泛开展和使用中医中药，尤其是中医适宜技术为广大群众防病、治病。在清河坊历史街区巩固、引进、发展民营中医医疗机构，形成有胡庆余堂、方回春堂、万承志堂、同仁堂等(绍兴震元堂和杭州朱养沁也已在引进中)“百年老店”为中医药特色的杭州市“名中医、名中药”一条街，为群众解决“看病难”、“看名中医难”问题。

各社区卫生服务中心(站)设置了中医科，引进和开展中医适宜技术为广大群众服务；利用宣传栏进行中医药知识，尤其是“治未病”知识的宣传教育，使广大群众从中医药知识的宣传教育中获得防病、治病知识。完成“全国基层中医药特色社区卫生服务先进单位”省级及国家级验收。

【加强中医药人才培养】 组织社区中医师参加中医类别全科医师岗位培训，2010年，报名参加培训人员77人，完成中医住院医师规范化培训16人。组织上城区各社区卫生服务中心中医药人员进行中医中药大比武，选拔队伍参加杭州市中医中药大比武。推荐各社区卫生服务中心中医专家参加“杭州市名中医及杭州市基层名中医”的评选活动，清波社区卫生服务中心的主任医师葛小平被评选为“杭州市名中医”；南星社区卫生服务中心的郑佑君、清波社区卫生服务中心的俞企望、黄华、小营社区卫生服务中心的赵满靖被评选为“杭州市基层名中医”。

医政管理

【概况】 2010年，区卫生局加强医疗机构监管，把好医疗机构准入关。下发了《关于全面实施卫生部2010年“医疗质量万里行”活动方案的通知》。明确了院长(中心主任)为做好这项工作的第一责任人；各单位按照活动内容，制定工作计划，组织人员落实。对活动年工作开展情况分别在医疗机构校验现场审核和年终工作考核中进行督导；通过“医疗质量管理年”活动，加强了医务人员对医疗质量、医疗安全意识的认识，提高了医疗机构主要负责人的管理、教育力度，更新质量安全观念，提高了质量管理水平。提高群众对医疗服务的满意度。按照卫生部《医疗技术临床应用管理办法》的规定，对各医疗机构(主要是各民营医院、相关门诊部、诊所和各社区卫生服务中心)开展一类、二类医疗技术临床应用(无三类)核定、申报的备案管理工作。上半年对各相关医疗机构的申报情况进行检查，从检查情况看各单位情况参差不齐；主要是在一类医疗技术的核定管理上概念界定模糊(二类医疗技术涉及3项，均为医疗美容项目，已按规定于2009年

11 月前报省医学会)。8 月,就此项工作召开会议,要求各医疗机构建立本机构医疗技术管理组织,明确备案的内容,进行备案管理。

【加强医疗质控检查】 按照杭州市卫生局的要求,下发《关于调整上城区医疗质控中心成员名单的通知》、《关于下发 2010 年临床医学质控工作计划的通知》,对医疗质量控制中心人员进行了充实、调整、明确工作任务。2010 年 6 月、11 月,组织医疗质控组人员,邀请杭州市院感质控专家、放射质控专家。对 7 家民营医院和 5 家社区卫生服务中心进行了质控检查,重点对手术室、供应室、输液室的院感控制情况和放射质控进行检查,对发现的问题,逐项提出整改意见;相关医疗机构将整改后的情况以书面形式上报备查并进行了相关的专业知识培训。下发《关于转发卫生部〈病历书写基本规范〉的通知》、《转发卫生部、国家中医药管理局关于印发〈电子病历基本架构与数据标准(试行)〉的通知》。按照杭州市卫生局的工作要求,完成了对各单位相关人员的培训工作;实行病历电子化。做好《中华人民共和国侵权责任法》、《浙江省医疗纠纷预防与处理办法》、《医院投诉管理办法(试行)》的学习、培训、实施工作。组织各单位的负责人,进行多种形式的学习、培训工作。针对日常群众来电、来信反映的情况,建议在诊疗区醒目区域多设置医疗服务投诉电话,改变群众投诉渠道不畅通的情况。2010 年,报送杭州市医学会进行医疗事故鉴定 8 起,其中,1 起被认定为医疗事故。

【完成医疗机构校验工作】 上城区有各级各类医疗机构 149 家,应校验 138 家,已通过校验 128 家,对杭州同仁堂中医门诊部、杭州万承志堂中山路中医门诊部等 5 家违反相关规定,符合法定情形的医疗机构予以暂缓校验 1 个月;注销 5 家,其中 3 家因申请而注销、两家因不参加校验经责令改正,逾期仍不参加校验的依法予以注销。校验情况将按照规定登报公示。执行《浙江省医疗机构不良执业行为记分管理暂行办法》。下发了文件,规定对医疗机构校验审核中发现的;医疗质量控制检查中发现的;卫生监督机构在日常性监督管理中发现的;群众来信、来访经查证属实的,符合《记分管理暂行办法》规定的一律予以记分。2010 年,对 10 家医疗机构的违规行为实施了记分。

【开展医师定期考核】 按照《医师定期考核管理办法》、《浙江省医师定期考核管理办法实施细则》的规定,对上城区发证的各级各类医疗机构医师定期考核工作。共接受四大类考生 184 人。按照《中华人民共和国执业医师法》第十六条第二款的规定,经注册医疗机构申请,应予以注销"医师执业证书"。

【实施国家基本药物制度】 上城区是全国首批实施国家基本药物制度的地区,自 2 月 25 日起,辖区所有社区卫生服务机构、社区卫生服务站配备和使用 457 种基本药物, 其中,307 种为国家基本药物,150 种为省增补药物,所有药品全部实行零差价销售,包括现存药品全部按进价销售,不得高于国家指导价和省采购价。本次基本药物制度的实施将分为 3 个阶段推进:2 月 25 日至 6 月 30 日为过渡阶段;2010 年下半年进入完善阶段;从 2011 年 1 月 1 日开始,进入全面推广阶段。

医教科技

【概况】 上城区医学会结合全国科普周、科技周活动,组织形式多样的学术讲座、咨询服务、义诊等活动,对系统广大专业技术人员、社区干部群众、中小学生进行专业培训、科学思想、科学知识的宣传。2010 年度上城区卫生局所属医疗机构共发表论文 34 篇,其中一级杂志 25 篇、二级杂志 9 篇。2010 年度浙江省公益性技术应用研究计划项目 1 项,杭州市医药卫生科技计划项目 B 类两项, 杭州市上城区科学技术局两项,与省、市单位合作项目 3 项。

【提升社区医务人员医疗水平】 上城区医学会组织上城区卫生局所属各医疗机构的医务人员进行了业务培训,34 名医务人员参加初级继教培训;19 名医师参加全科医师岗位培训,两名医师参加全科医师规范化培训,培训率 98%,合格率 74%。19 名护士参加社区护士岗位培训,培训率 98.6%,合格率 65.5%。3 名全科医师规范化学员到上级医院参加双向轮训; 此外,培训工作结合各社区卫生服务中心工作实际,推进中医药进社区,45 名医师参加“西学中”培训班,83 名医师参加中医全科医师岗位培训。组织辖区内职业医师资格考试报名工作,共计 174 名考生报考。

健康城区建设

【概况】 上城区建设健康城区工作坚持“以人为本,惠及百姓”的工作宗旨,成立建设健康城区领导小组,下设办公室(在上城区爱卫办),全面负责建设健康城区工作。聘请卫生部慢性病防治专家组成员、上海市健康城市顾问顾学琪等 10 名省内外专家顾问指导健康城区建设工作技术;制定领导小组联席会议制度,定期召开联席会议,确保建设工作有序开展。制订了《上城区健康城区建设三年行动计划(2010~2012年)》,为下一阶段继续深入开展健康城区建设工作奠定基础。

2010 年,区卫生局响应杭州市卫生局提出的“大融合”战略,整合爱卫办、健康办、疾控中心、卫生监督所的资源,将区疾控中心健康教育科与区健康办、爱卫办合署办公,优势互补、强强联合形成了以区爱卫办牵头,依托以社区卫生委员为骨干的公共卫生联络员组织,搭建健康教育网、疾病控制网、卫生监督网“三网融合”的新平台,破解了任务重、人手紧、知识年龄结构老化的难题,提升工作效率,加快了区创建省级卫生强区、健康城区建设、除“四害”、健康单位培育和爱国卫生先进单位创建等工作的开展,为实现全年工作目标奠定了基础。

2010 年,上城区将精神卫生工作纳入公共卫生管理中,建立政府领导和社会参与,以社会为基础,社区卫生服务站为康复指导中心,家庭为依托的精神(心理)卫生管理模式。作为全市试点,首创区、街道、社区“五统一,一对接”(统一组织架构、统一人员配备、统一人员培训、统一精卫标识、统一宣传资料,与市七医院建立双向转诊协作机制)的三级网络体系。率先在街道设立心理咨询中心。南星街道的“心灵驿站”作为首家街道级心理咨询中心,开通心理热线,提供网上远程心理服务,选两个社区建立心理减压室,在特殊人群中尝试性开展心理咨询工作,方便有需要的病人在家门口看病咨询,为精神病人康复提供方便快捷平台。

全面推进社区、学校、医院、景点、宾馆、餐馆、市场等 11 类健康场所建设。开展健康社区建设,启动小营巷社区建设“中国最健康社区”工作。落实健康学校建设,对辖区中小学生健康危险行为现状及对策进行研究,采取有效的干预措施。注重健康场所建设。2010 年,上城区新建 22 家市级健康单位(其中 2 家健康市场)。

【开展健康教育】 宣传贯彻《浙江省爱国卫生促进条例》、《杭州市公共场所控制吸烟条例》和市委、市政府《关于建设健康城市的决定》精神,聘请健康技术智囊团、组建健康教育讲师团、设立健康辅导员队伍、招募健康促进员,和市健康办、省社区研究会联合开展“健康进社区”活动,举办健康知识讲座 72 场,推广健身运动 72 场,建立“浙青”社区健康阵地 2 个,重点传授高血压、糖尿病防治知识,中国居民膳食指南,《中国公民健康素养 66 条》,急救知识,科学健身知识等,提高居民的健康知识知晓率与健康行为形成率,直接受惠群众 10000 人。各社区设立健康城区宣传橱窗,张贴健康城市宣传墙报,定期开展面向居民的健康知识宣传工作;由区健康办、区科协主编,方回春堂国药馆协办编印了《中医与养生》和《精神卫生宣传》等健康科普小册子 50000 册,下发到社区、学校、机关和辖区

8 月 5 日,召开全民健康生活方式讲座。 (区卫生局 提供)

单位等,将健康信息更快更广地传入全社会。区健康办和区疾病预防控制中心合作每月编发一期的《健康上城》成为上城区建设健康上城的一个不可或缺的信息交流平台,累计发行数量达10000份;在《上城疾控信息》和"上城区疾病预防控制中心"官方网站两个信息平台上开辟"健康城区"专栏,及时发布每期《健康上城》的相关内容,扩大建设健康城区的受众面和刊物的利用率。制作完成5000份"怎样预防手足口病"宣传单、3000份手足口病健康教育处方,编制"超级细菌的防治"宣传材料,撰写"戊型肝炎防治"宣传资料;编写"登革热"防控宣传材料;并通过街道和社区爱卫办、社区卫生服务中心及幼儿园等途径进行防控知识宣传。开展"健康教育讲师团进社区"系列讲座活动,组织专家深入社区开办健康知识讲座52期,受益群众达5000人次;开展"结核病防治日"、"世界卫生日"、"消除碘缺乏病宣传日"、"世界无烟日"、"世界艾滋病日"、"世界精神卫生日"、"手足口病防治"等宣传活动,对学校、社区居民进行宣传,发放宣传资料33000份,覆盖人群达30000人。与区教育局、杭师大合作开展中小学生健康危险行为干预阶段性调查,将健康知识制成漫画口袋书和动漫光盘发放到各中小学校;组织各街道社区卫生服务中心免费为市民提供检测血压、血糖,进行高血压、糖尿病干预指导,全面开展全区35岁以上常住居民的健康档案建档工作,受到群众的欢迎和称赞。

【开展健康生活知识普及"五个一"活动】 2010年6~12月,区健康办配合市健康办上下联动以健康生活知识普及"五个一"活动为载体,广泛开展市民健康生活知识大奖赛、健康管理知识普及、心理卫生知识宣传、救护知识普及、千场健康知识进社区等活动,提高市民健康知识知晓率、健康行为形成率和健康基本技能掌握率,更好地营造全社会共同参与健康城市建设的良好氛围。11月30日,在"中国人寿杯"浙江省爱国卫生促进条例暨公民健康素养知识大奖赛上,上城区选派的李娜代表杭州市队以第二名的好成绩获得个人"优秀科普讲师"荣誉称号。

【宣传贯彻《杭州市公共场所控制吸烟条例》】 3月1日,《杭州市公共场所控制吸烟条例》正式实施,区健康办召开了上城区贯彻实施《杭州市公共场所控制吸烟条例》会议,制作宣传展板7套,发放宣传资料21万份,协助市健康办在吴山广场举办"实施《杭州市公共场所控制吸烟条例》启动仪式",招募控烟志愿者,培训单位控烟监督员。区卫生监督所严格执法实施全市首例行政罚款。5月31日"世界无烟日",区健康办与区妇联联合向全区妇女和"五好文明家庭"发出控烟倡议书;在紫阳幼儿园开展了"劝阻吸烟——从小做起"的幼儿控烟主题教育活动。中国控制吸烟协会常务副会长兼秘书长许桂华视察上城区控烟工作。

【开展"健康家居环境宣传促进计划"杭州站活动】 6月3日,由中国健康教育中心、卫生部新闻宣传中心主办,杭州市健康办、上城区健康办、小营巷社区和上海家化4家协办的"健康家居环境宣传促进计划"杭州站活动在上城区小营巷社区小营公园举行。本次活动的主题是"关注室内空气健康,警惕空调污染",为小营巷社区首届"健康节"启动增添内涵。

【开展"健康进社区"活动】 7月31日,由杭州市健康办、杭州市卫生局、杭州市体育局、杭州市民政局、杭州市社会和劳动保障局和杭州市红十字会联合主办的杭州市"健康进社区"活动启动仪式在小营巷社区小营公园举行,杭州市第一人民医院院长高炎在小营巷社区花厅给社区群众作了"失眠与心血管疾病"的专题讲座,受到社区群众好评。

【开展"健康一二一,环河万步走"艾滋病防治宣传活动】 2010年12月1日是第23个世界艾滋病日,也是全民健康生活方式行动中"健康一二一"的谐音。区健康办、区卫生局、区人口和计划生育局、团区委在南宋御街鼓楼小广场共同携手,以第23个世界艾滋病日为契机,发起了一场主题为"健康一二一,环河万步走"的艾滋病防治宣传活动。以开展环河走的形式,将全民健康生活方式行动的内涵同"遏制艾滋,履行承诺"这一艾滋病防治口号结合起来。既推广了全民健康生活方式行动,强化居民的健康行为意识,又宣传了艾滋病防治的相关知识,使众多人从中受益。

【推出全程式区域共享电子健康档案（EHR）】 2010年，区卫生局将集合医院信息系统(HIS)、医院检验信息系统(LIS)、医院影像信息系统(PACS)、医院体检信息系统、健康管理系统和全科医生工作站系统于一体的信息系统运用到社区卫生服务中。通过建立全区统一的居民电子健康档案，存储居民健康信息和健康信息索引，将居民散布在社区卫生服务中心、妇幼保健院、免疫接种站点及卫生机构的各类健康活动数据串联起来，构成连续、动态、全方位的个人健康档案。居民通过市民卡即可获得挂号、就诊、交费、妇幼保健、健康体检、免疫规划、慢性病管理、社区康复等方便有效连续性的健康管理和疾病管理服务。此次推出的全程式区域共享电子健康档案不仅涵盖了全区所有社区卫生服务中心和卫生服务站，还联结了区妇幼保健院、免疫接种站点等8个区下属医疗机构。

爱国卫生

【概况】 上城区爱国卫生运动委员会办公室(以下简称区爱卫办)根据区委、区政府打造“杭州市最清洁城区”目标及建设健康城区工作的要求，进一步加强爱国卫生工作督查力度，街道爱卫办每月一次对社区公共环境进行自查，区爱卫办每两月一次进行抽查，发现问题及时整改，每季对公共环境除“四害”工作进行考核并作民意调查测定群众满意度；同时，会同区商贸旅游局、区城管办、区清洁办、上城质监分局、上城工商分局、区行政执法局和区卫生监督所8个部门每月联合对农贸市场进行督查和评分；会同区建设局对辖区的建筑工地进行督查，加强对工地环境、民工食堂、宿舍、厕所的卫生管理；通过各部门指导、督查，街道和社区环境卫生自查能力不断加强，进一步提升城区卫生管理水平。依托上城区城市管理公共服务指挥中心，组织力量全面开展环境综合整治，重点实施社区环境、农贸市场、建筑工地、河道卫生、“八小”行业等专项整治。加快农贸市场提升改造，建筑工地文明施工，垃圾中转站日产日清，建设生态垃圾房，垃圾分类收集，不留卫生死角，彻底铲除蚊蝇的孳生场所，有效降低蚊蝇密度。各PCO(有害生物控制)公司定期对公共环境进行巡查和消杀处理，在蚊蝇高发时期，增加消杀次数。春秋季进行大规模灭鼠、夏季灭蚊、蝇工作等。结合杭州市推广“灭鼠屋”试点工作，率先在清波街道清波门社区进行了试点，并扩大到小营、南星街道。区爱卫办和6个街道全部开通针对辖区环境卫生、除“四害”工作的投诉热线电话，接受市民监督。全年共处理省、市、区转发的投诉抄告问题30件，比上年(指2009年，下同)下降40%；市民来电18件，比上年下降55%。自查社区环境584次、农贸市场120次、建筑工地85次，发现有问题42处，比上年下降78%；全部落实整改，整改率达100%。对投诉和自查问题坚持做到实地查看，及时处理和反馈。2010年，全区新创省级卫生先进单位8家，市级卫生先进单位11家；8家省级卫生先进单位（社区），138家市级卫生先进单位通过复查确认，浙江省公安厅、杭师附小、高银巷小学、紫阳街道春江社区、南星街道水澄桥社区等5家单位申报“杭州市最清洁单位”。湖滨、望江街道创建为浙江省卫生街道。

【开展爱国卫生月活动】 2010年4月是第22个爱国卫生月，4月7日是第61个世界卫生日，世界卫生组织将主题定为“城市化与健康”。4月11日，“2010年杭州市世界卫生日暨爱国卫生月宣传活动”在吴山广场举行，上城区积极做好协办工作。爱国卫生月活动期间，共举办健康讲座66次，悬挂横幅130条，印发资料15000份，制作宣传展板262块，办黑板报、健康专栏236期，设置宣传站68个，在新闻媒体发布10条宣传信息。

【开展万名市民清洁城市活动】 4月，开展以“迎动漫、迎世博、迎五一”为主题的万名市民清洁大行动，区领导分赴各街道社区的劳动点，参与清洁行动。区直机关、区属企事业单位干部和职工、街道社区工作人员、居民群众和志愿者共10000人，清理楼道600个，车库(棚)70个，花坛300处，卫生死角65处。清除绿化带杂草5000平方米，清扫街巷90条，清洗橱窗86个，沿街外立面22000平方米，城市家具960处，公共自行车租赁点10处，清运垃圾58吨。对路人进行文明劝导500人次。

【做好清洁宣传工作】 为树立良好社会风貌，献礼祖国61周年华诞，迎接“西博”盛会和《浙江省爱国卫生促进条例》正式施行,上城区开展清洁宣传大行动,组成了环西湖清洁队、商业街清洁队、居住区清洁队。区政府、区委宣传部、区城管办等35个部门的工作人员参加了《浙江省爱国卫生促进条例》宣贯工作的电视电话会议。区委常委、宣传部长王越剑等领导,区直机关党员干部和群众,6个街道、52个社区工作人员、居民群众,辖区各级文明单位、卫生先进单位的干部群众,齐动手、共努力,清洁各大街小巷、楼道、车棚、平台、花坛、绿化带等垃圾,整治周边环境,营造一个"清洁、清静、清水"的"三清"生活环境。

精神心理卫生

【概况】 2010年,上城区精神心理卫生工作重点是上海世博会期间做好"环沪护城河"行动,世博会期间的两大类重要的事,有预防重性精神疾病在世博会期间有重大肇事、肇祸及上访等一些危险因素。区委、区政府十分重视此项工作,成立了肇事、肇祸精神病人排查行动领导小组,和技术指导专家组、区精神卫生工作领导小组在分管领导带领下,联合公安、民政、残联、社区、家访医生等部门,对全区各街道的重性精神病人及有肇事、肇祸倾向的病人进行了地毯式排摸,对45个有肇事、肇祸倾向的重性病人,逐个访视,对病情严重的及无人照顾的病人,由政府出钱住院规范治疗,对其他病人医生做好家访工作,落实监护人并对监护人做好培训工作,指导他们如何监护病人,如何规范病人的治疗和服药,防治病人发生肇事、肇祸,社区干部和警务室民警做到每周汇报病人情况,病情有人监护,发病及时住院。在整个世博会期间,上城区无一例精神病人肇事、肇祸发生,以及上访北京、上海。

【建立"心理矫正"工作基地】 上城区精神卫生协会和区司法局在南星社区卫生服务中心联合挂牌,成立了"心理矫正"工作基地。为提高社区司法调解员的心理疏导能力,对上城区精神卫生办公室(简称区精卫办)调解委员工作人员及家访医师进行"会话艺术"的专题培训。通过培训,提高工作人员与人沟通交流及心理疏导能力。

【开展老年抑郁症研究促进健康老龄化】 上城区是典型的老龄化城区,与浙江大学、杭州市心理卫生中心共同开展历时4年的"抑郁管理模式对中国老年抑郁症的效果"课题研究。已完成社区老年抑郁症基础调查工作。根据老年抑郁患者到精神专科医院就诊率极低的实际,对全区8个社区卫生服务站的医生、护士进行技能培训,规范心理疾病的干预,加强社区卫生服务机构与精神病专科医院的双向交流协作,探索建立社区抑郁症专病管理模式,促进老年人的健康水平,实现健康老龄化。该项目被美国国立卫生所(National Institute of Health,NIH)列为全球发展中国家的6个项目之一,并获得了21.6万美元的课题经费。

【心理素质和心理健康工程】 区政府将上城区心理素质与心理健康工程列入全民科学素质行动规划中。2010年,按照实施方案的工作目标,围绕全民心理素质是全民科学素质建设基础这一出发点,开展公民心理健康教育:办培训班,开展行为训练和心理咨询。提高心理卫生知识的知晓率,区精卫办编制印发了精神卫生宣传手册3万份,发放到在每个街道,每个社区,每个社区服务中心的宣传栏,辖区内居民到社区或服务中心随时都可以得到相关的知识和教育;同时对重点人群如老人、儿童、民警、公务员等不同人群举办不同层次的培训班,进一步提高广大市民对精神(心理)卫生知识的知晓率,以促进全民科学素质的整体提高。

(方关行　王　斌)

社会生活

Social Activity

社会生活综述

截至2010年12月，全区有低保家庭909户，计1402人，全年发放低保金657.93万元；残保家庭773户，计797人，全年发放残保金460.73万元；困难家庭476户，计1100人，扩面家庭58户，计125人。先后7次发放困难家庭物价补贴和水、电、煤补贴330.6万元。完成第十次“春风行动”资金募集工作，募集资金505万元。发放“春风行动”一次性救助款641万元，“送清凉”慰问金111万元，“零贫困家庭工程”、困难群众“安居”工程、教育、医疗等各类救助金225.3万元。各街道“慈善超市”、“爱心银行”全年救助3332人次、82.7万元。组织开展青海玉树地震灾区和舟曲泥石流灾区捐款工作，募集爱心款262万元。

继续实施居家养老服务惠民工程，两万老人享受居家养老服务，政府买单服务经费473万元。全年新增社区照料机构7家，截至2010年底，全区有“星光老人之家”71家，老年食堂、洗衣房等各类社区照料机构63家，为老人“养老在社区”提供支撑，5万老人受益。11月，推出居家养老服务全覆盖工程。养老服务社会化工作接受区人大专项评议，居家养老服务工作接受区财政公共服务绩效评估。

完成第四届社区居委会换届选举工作。363名社工当选新一届社区居委会成员。加大“下评上”力度，增加民生立项考核内容，完善和谐社区考评办法。南星街道被评为浙江省和谐社区建设示范街道，葵巷、近江东园、柳翠井巷、劳动路社区被评为浙江省和谐社区。上羊市街等15个社区获2010年度上城区和谐社区建设示范社区，徐家埠等19个社区获2010年度上城区和谐社区建设先进社区。在紫阳街道上羊市街社区试点开展“333+X”社区大服务体系建设，推进“数字电视社区信息化”建设，16个社区开通“数字电视社区信息化”功能。开展社区服务业登记单位专项清理，截至2010年底，全区有社区服务机构656家。中国社区建设展示中心全年接待国内外参观3万人次，10月23日承办杭州市首届社区工作者节(新中国第一个居民委员会诞生日)活动仪式，是2010杭州生活品质展评会金城标体验点和最具品质体验点、社会资源国际旅游访问点、浙大社会工作硕士、研究生教学实习基地、市委党校第一批现场教学基地和杭州市社工实训基地。

做好社工招聘工作，联合组织、人事、监察两次招聘社区工作者141人，其中，专职社区工作者49人，城管专职员38人，综治专管员54人。344人报名参加2010年全国社会工作者职业水平考试，15名社工取得社会工作师职称，45名社工取得助理社会工作师职称。开发“社区工作者绩效考核系统”，规范社区工作者管理。上羊市街、美政桥社区和中国社区建设展示中心成为杭州市首批社工实训基地。

加大资金投入，全年安排专项扶持经费100万元，对青年路社区草根质监站等230家草根性强、作用发挥明显、诚信服务的社区社会组织，小营街道等7家业务主管单位和张晓虹等20名先进个人予以奖励扶持。截至2010年12月，全区有依法登记的社会团体78家，民办非企业单位90家，备案的社区社会组织512家。强化日常监管，对73家社团、70家民非单位实施年检，年检率、年检合格率在96%以上。区民政局被杭州市民政局授予“杭州市社区社会组织先进登记管理机关"荣誉称号。

对群众反映强烈的流浪乞讨人员聚集地实施集中整治,加强重点路段、重大节日和重要活动期间的救助管理。全年救助1208人次,劝离8271人次,未发生因劝导、救助不及时而造成流浪乞讨人员和露宿街头人员冻死、饿死、病死街头的意外事件。开展第二轮行政区划界线联合检查,完成"上滨线"联检,配合相关城区完成上江线、上西滨三交点确认。修订2004年版区划地名图、社区分布图,出版新版区划地名图、社区分布图。全年审核命名建筑物10处、更名1处,审批编排门号140家、计2363处,制作发放浙江省门牌证(含使用证)5869本,安装各类标牌4170块。全年办理结婚登记3127对、离婚登记696对,补办结(离)婚证610对,出具无婚姻登记记录证明4623件。发放高龄长寿保健补贴1.3万人次、132万元。截至年底,全区有90岁以上老人1308人,其中百岁老人17人。区老龄工作办公室被评为全省优秀县(市、区)老龄工作办公室。

调整各项优抚标准和退伍义务兵自谋职业补助标准,全年发放优抚金684.92万元。做好退伍兵安置工作,接收2009年冬季退伍义务兵128名,全部得到安置,其中复工、复职两名,自谋职业126名,发放退伍义务兵自谋职业补助金392.72万元。

制订养老服务五年发展规划、社区建设"十二五"发展规划、老龄工作管理规范、地名工作管理规范和社区双拥工作规范,居家养老管理与服务标准化项目被确定为2010年度杭州市服务业标准化试点项目。

2010年,上城区被授予全省基层低保规范化建设示范区、全省爱国拥军模范单位、2009年全省民政政务信息工作先进县(市、区)、杭州市第四届社区居委会换届选举"直选"推进示范区等荣誉称号,连续6年蝉联浙江省民政工作先进区;区民政局被授予杭州市社会治安综合治理先进单位、区级机关综合考评优胜(满意)单位等荣誉称号。

社会救助

【开展向玉树地震和舟曲泥石流灾区捐款活动】 4月14日,青海玉树地区发生7.1级地震;8月7日,甘肃舟曲发生特大山洪泥石流灾害。区慈善总会迅速在区政府网站、区民政局网站和社区"e家人"网上发布捐款账号和热线,动员全区干部群众向地震灾区捐款、献爱心。全区募集青海玉树灾区捐款210.22万元,舟曲泥石流灾区捐款51.91万元,两笔专款全部上交杭州市慈善总会。

【开展向困难家庭"送清凉"活动】 7月中旬,区民政局开展向困难家庭"送清凉"活动。向全区2254户困难家庭发放111.38万元"送清凉"慰问金,其中,市级困难家庭每户500元,区级困难家庭每户300元。市级低保、困难家庭通过党员走访和社区上门慰问的形式发放,区级扩面困难家庭由社区上门发放。

【落实第十次"春风行动"一次性救助金发放工作】 向1157户低保家庭,569户困难家庭,591户残保家庭,79户区级扩面困难家庭发放第十次"春风行动"一次性救助金569.17万元。其中,低保、困难家庭1人户每户2000元,2人户每户2800元,3人户每户3300元,4人及4人以上户每户3800元;区级扩面困难家庭1人户每户1000元,2人户每户1400元,3人户每户1650元,4人及4人以上户每户1900元。各社区帮扶救助员通过逐户上门慰问的形式将救助金及时送到困难群众手中。

【做实做细流浪乞讨人员救助管理工作】 由区民政局牵头召集成员单位定期召开例会,编发《情况简报》,对各责任单位的工作情况进行定期督查通报。对全区主要路段、流浪乞讨人员的基本情况、出现时间等进行深入分析,确定重点工作路段,加大巡查力度。坚持耐心劝导,在自愿救助前提下,对不同救助对象实施个性化救助。将老年人、残疾人、未成年人等特殊群体流浪乞讨者,引导、护送至救助站;有生命危险、必须抢救的危重病流浪乞讨者,实施救治性救助,将其送至指定医疗机构予以救治;对诱骗、拐卖、残害流浪未成年人和组织、操纵、唆使未成年人流浪、乞讨等违法犯罪行为,移送公安部门依法处理。2010年,上城区依法救助流浪乞讨人员1208人,劝阻、劝离8271人,依法查处60人,辖区内16条主要道路和两个主要场所流浪乞讨人员明显减少。

【召开推进居家养老服务全覆盖工程动员大会】 10月29日，上城区召开推进居家养老服务全覆盖工程动员大会，区四套班子领导陈红英、缪承潮、袁建祥、黄爱芳、王文成、戴晓军，各街道书记、主任、分管副主任、民政科长，各社区书记、主任和民政、劳动、教育、卫生、文广新、司法、老干部、团区委、残联、总工会等相关职能部门负责人130人参加会议。会议由缪承潮主持。会议表彰了居家养老服务先进单位、示范服务站和优秀服务员，南星街道、在水一方老年事务发展中心代表做交流发言。陈红英作工作部署，提出要提高认识，增强信心，将实现、维护、发展老年人根本利益作为出发点和落脚点，增强工作的责任感和紧迫感，拉高工作标杆，促进居家养老服务"全民共享、全面覆盖"，提高老年人的生活品质；突出重点、开拓创新，探索建立科学系统的养老服务对象数据库和完善的居家养老社会化服务平台，为60岁以上老人提供菜单式服务，满足老年人的个性化养老需求，实现居家养老服务由"特惠型"向适度"普惠型"的转变；以"求创新、全覆盖"为目标，按照"保基本、补不足、促发展、强监管"的工作思路，坚持"政府引导、社会参与、市场运作"的工作方针，齐抓共管，形成合力，促进全区养老服务事业又好又快发展。区民政局与在水一方老年事务发展中心、上城区养老服务信息处理中心签署合作意向书，陈红英为上城区养老服务信息处理中心成立授牌。

【举行"买福彩3D游宝岛台湾"抽奖仪式】 10月21日，杭州市"买福彩3D游宝岛台湾"抽奖仪式暨杭州福彩走进吴山广场公益资助活动在上城区吴山广场举行。省福彩中心副主任宋春松，市民政局局长邵胜，上城区委常委、常务副区长袁建祥和省、市福彩中心有关负责人、部分福彩销售员、彩民和社会公众人士等参加抽奖仪式和公益资助活动。仪式上，袁建祥致辞，邵胜介绍了杭州市近年来福利彩票发行工作取得的成绩和福彩公益金资助的项目，希望社会各界一如既往地支持民政工作，支持福利彩票发行事业的发展。省、市福彩中心向上城区50户特困家庭颁发了每人1000元的福彩公益资助金。活动现场抽取了16名"买福彩3D游宝岛台湾"的幸运彩民。抽奖仪式和公益资助活动结束后，省、市福彩中心组织了赈灾彩票"刮刮乐"现场销售、咨询活动。

【福利彩票销售】 2010年，全区福利彩票实现销售4136万元，其中，"中福在线"3380万元，"刮刮乐"546万元，电脑福利彩票210万元，比2009年增长167%。为国家筹集公益金223.11万元，杭州市返还上城区公益金188.89万元。上城销售厅被评为杭州市"中福在线"销售管理一等奖。截至12月底，"中福在线"上城销售厅有"中福在线"投注机30台，电脑福利彩票投注机1台，"刮刮乐"即开票销售点35个。

资料　中福在线：中福在线即开型彩票由中国福利彩票发行管理中心发行。

中福在线即开型彩票发行销售系统是利用计算机网络技术发行销售福利彩票的热线系统，保证彩票即投、即中、即兑，彩票购买更方便、快捷，投注过程更及时、合理。

中福在线即开型彩票的推出，是我国即开型彩票发行方式的改革，是彩票发行技术的进步；彩票销售无纸化；视频互动，实时性、趣味性、娱乐性相结合。投注信息实行在线集中控制和管理，实时监

10月29日，召开推进居家养老全覆盖工程动员大会。　（区民政局　提供）

10月21日，上城区在吴山广场协办"买福彩3D游宝岛台湾"活动。
（区民政局　提供）

控，系统自动控制和随机派发奖项，确保中奖公正性和出奖准确性，充分体现"公平、公正、公开"的原则。

中福在线即开型彩票采取特许经营管理模式和销售厅集中销售方式，统一发行销售，统一资金结算，统一形象管理，统一服务规范。

中福在线即开型彩票继续秉承"扶老、助残、救孤、济困"的发行宗旨，努力塑造福利彩票品牌形象，筹集更多公益资金，为社会福利和社会保障事业做出更大的贡献。

中福在线即开型彩票特点：

在线投兑——采用计算机网络技术，保证彩票在线即投、即中、即兑。

玩法多样——集中式全热线系统，同时支持多种彩票玩法。

趣味互动——视频互动，实时性、趣味性、娱乐性相结合。

统一彩池——全国联网销售，统一累积彩池。

安全可靠——在线集中控制和管理，实时监控。

管理规范——全热线系统，集中统一管理、联网销售，集约化经营。

低耗高效——无纸化、网络化、经常化，节约发行销售成本。

优抚　双拥　安置

【召开社区双拥工作规范化建设现场会】　7月15日，上城区在清波街道召开社区双拥工作规范化建设现场会，省军区政治部、省、市民政厅（局）有关处室负责人、上城区四套班子领导和6个街道分管主任、民政科长、各社区负责人共80人参加会议。会议由区委常委黄爱芳主持。清波街道介绍了清波门社区双拥工作开展情况。与会人员实地参观了清波门社区"双拥一条街"。省军区、省民政厅领导肯定了上城区社区双拥工作，提出要站在促进驻地经济发展和帮助部队开展思想文化建设的高度推进社区双拥工作，实现部队与地方的良性互动；要围绕发展抓双拥、抓好双拥促发展，做好"互动"、"融合"的文章；双拥工作是民心工程，要做出口碑，做出亮点。区委常委、常务副区长袁建祥提出，要以科学发展观为指导，发挥社区党组织在社区双拥工作规范化建设中的积极作用；充分发动群众，形成全社会参与的新局面；发挥基层民间组织特别是"两新"组织在双拥工作中的作用，推进全区社区双拥工作规范化建设。

【为重点优抚对象提供免费体检】　11月3日，上城区为全区49名重点优抚对象实施免费体检。体检包含生化与肿瘤检验，体检结果存入个人电子医疗档案，便于为优抚对象提供跟踪医疗服务。

【走访慰问驻地部队】　7月23日，区四套领导班子陈红英、丁晓芳、余勇等领导率区教育、人事、劳动、民政、科技等部门负责人分三路走访慰问浙江省军分区司令部、政治部等6家驻地部队和浙江省预备役师等4家共建部队，并向部队赠送了慰问金35万元。

【召开新春军政团拜会】　12月28日，上城区召开新春军政团拜会，市人大常委会副主任徐祖尊，区委书记陈红英，区委副书记、代区长缪承潮等区四套班子领导和省军区副政委蓝荣崇、省军区司令部副参谋长朱耀忠等17个驻地和共建部队的领导，民政、人武等相关部门负责人参加会议。会议由缪承潮主持。党政军领导畅叙军地鱼水深情，共商拥军爱民大计。陈红英指出，上城区围绕建设“具有国际水准的高品质中心城区”发展目标，扎实推进“四区”建设，加快产业转型升级和经济发展方式转变，区域经济在主动转型中再上台阶，2010年获国家、省、市各级荣誉100项。

【检查指导上城区双拥工作】 7月22日，全国双拥办副主任李辉在省军区政治部主任马家利、省双拥办副主任孙国平、杭州警备区政治部主任孟吕岳等领导的陪同下到上城区调研社区双拥工作，区委书记陈红英，区委副书记、代区长缪承潮，区委常委黄爱芳等参加调研。清波街道代表上城区介绍了社区双拥工作开展情况。检查组一行实地视察了清波街道双拥特色街。李辉肯定了上城区双拥工作，提出要巩固已有成绩，进一步推进社区双拥工作，保持全市、全省领先地位。陈红英表示，上城区将以社区为平台，以规范化建设为抓手，标准化推进双拥工作。李辉一行实地视察了清波街道双拥特色街。

【开展优抚对象慰问活动】 “八一”前夕，上城区组织36名重点优抚对象参观中国社区建设展示中心和新中国第一个居民委员会，了解中国基层民主自治建设特别是新中国成立以来社区居委会的发展历程。上门慰问特困重点优抚对象，了解其家庭现状和需要解决的问题。在街道、社区开展向千名一般优抚对象“夏季送清凉”活动，全区发放“送清凉”慰问金(慰问品)15万元。

【被授予“省级爱国拥军模范单位”荣誉称号】 7月30日，在浙江省纪念建军83周年暨双拥模范城(县)命名表彰会上，上城区被省委、省政府、省军区授予全省爱国拥军模范单位称号。上城区双拥工作从制度化、规范化、经常化、社会化着手，依托社区平台，加强规范化建设，加大工作保障和工作力度，促进全区经济社会发展，巩固改革发展稳定大局。

（陈学军）

老龄工作

【概况】 截至2010年12月底，上城区现有总人口326752人。其中：60岁以上老人有77324人，占总人口的23.7%；65岁以上老人为56971人，占总人口的17.42%；70岁以上老人43826，占总人口的13.4%；其中80岁以上高龄老人为16813人，占老年人口的21.7%；100岁以上老人为20人。最高年龄107岁。纯老年人家庭(空巢家庭)人口25887人，占老年人总数的33.48%。人口老龄化(60岁以上)、高龄化(80岁以上)、空巢化(家庭中仅有60岁以上老人户)比率呈逐年上升趋势。因居住环境及生活质量的提高，百岁老人比2009年增加7人。

【加强老龄工作标准化管理】 由杭州市上城区老龄工作委员会提出，老龄工作委员会办公室编制的《上城区老龄工作标准化管理规范》(以下简称《规范》)通过杭州市地方标准审定。《规范》规范老龄工作管理、老龄工作运行，保障老年人老有所养、老有所医、老有所教、老有所学、老有所乐、老有所为，保障老年人的合法权益。《规范》分十大目录，74条子目录，内容涵盖了老龄工作组织架构、管理方式与职责；街道及社区老龄工作的内容和要求；老年人生活保障及维权；老年优待项目及具体标准；老年教育的教学途径、层级设置、教学管理、激励机制；老年文体活动的组织、设施建设、活动内容与方式等。《规范》使老龄工作不仅有法可依、有章可循，且更具操作性，使之逐步走向规范完善，为全省首次制定此项规范标准，得到了省、市老龄委领导的肯定，并将向全省推广。

【完善居家养老服务】 制定《上城区养老服务五年发展规划(2011~2015年)》。把《上城区养老服务五年发展规划》列入区“十二五”经济社会发展规划的重点专项规划之一。由区民政局与浙江理工大学、浙江省委党校合作设立课题组。完成《上城区养老服务五年发展规划》定稿。启动实施养老服务全覆盖工程。在为困难群体提供养老保障的基础上，养老服务由“特惠型”向适度“普惠型”转变，整合养老服务资源，搭建居家养老服务对象全覆盖平台，切实提高老年群体的生活质量，让老人生活得更加便利，更加舒心，更加有尊严。成立养老服务信息处理中心，招标确定信息处理中心为举办主体和两家具有一定服务规模的居家养老上门服务实体，以信息化为支撑，整合社会养老服务资源，搭建居家养老对象全覆盖平台，对60岁以上老人提供个性化、规范化的居家养老上门服务。年底前，完成老人调查、数据库建设、人员培训、"一键通"呼叫终端安装等前期准备工作。做好基本养老保障。先后为1643人办理了城镇老年居民生活保障申报享受手续，为3473名无医保的老人办理了参保、缴费手续，使全区老人的基本生活和医疗保障基本达到了全覆盖。全区6个社区卫生服务中心、34个社区卫生服务站、52个社区责任医师团队和临终关怀、家庭病床、中医中药特色社区服务项目等，构成了设施完善、功能完备、方便周到的社区卫生服务网络。全区60岁老年人健康档案建档率达90%以上。自2006年企业退休人员社会化管理以来，已为全区6.2万企业退休人员进行了三轮免费体检。针对空巢独居老人不断增加，失去生活自理的老人逐渐增多，老人卫生服务问题日渐凸显。慢性非传染性疾病已成为老人死亡的主要原因。与浙江大学、杭州市心理卫生中心共同开展的"抑郁管理模式对中国老年抑郁症的效果"课题研究，已完成社区老年抑郁症基础调查工作。该项目被美国国立卫生所列为全球发展中国家的6个项目之一，并获得了21.6万美元的课题经费。通过这些措施，不断改善老年人的健康、护理、康复能力，以提高老年人的生活质量。

【开展老年教育】 实施好老有所教、所学、所乐。充分发挥好区老年电大分校、区老年学校、区市民学校、社区学院等老年教育载体的作用，开展老年终身教育。区老年电大分校入学学员达10300人，占老年人6.69%。上城区的老年电大分校被评为市老年电大先进单位。着力于提高老年人的科学素养，已在40个社区举办了52个科学素质教学班，对5届老年学员3200人施行了科学素质行动教学。区老年电大分校还开设了环境保护、食品科学、养生保健等科学类课程。通过学习，老年学员学到了相对系统的科学知识，掌握了一些基本的科学方法，了解科学技术相关信息，提高老年人的科学认知水平，有效提升了老年人的科学素质和生活质量。

【切实维护老年人权益】 为维护好老年人合法权益，区司法局开设老年法律咨询绿色通道、老年法律援助、区人民法院对老年诉讼实行"五优先"等措施，以切实的维护老年人权益。全年未出现一例老人侵权案，也未出现老人因侵权导致的非正常死亡事件。全年发放高龄老人长寿保健补贴共计15556人次，其中90~99周岁为15383人次，百岁老人为173人次。共计发放金额160万元，其中90~99周岁发放金额153万余元，百岁老人发放金额5.2万元。

办理、申领老年卡全年共计5142张，其中60周岁以上2823张，70周岁以上2319张。同时还配合市交公司分别到南星、望江、紫阳等离市区较远的几个社区进行上门为老人办理老年卡验证工作。

资料 **"五优先"：**优先接待、优先咨询、优先受理、优先指派、优质服务。

【完成全省老年人口抽样调查工作】 2010年，区老龄委配合浙江省老龄委承担的"2010年中国城乡老年人口状况追踪调查"工作。分别对上城区追踪样本，即2006年"城乡老年人生活状况抽样调查"的70名老年人和替代样本，即抽样新增老年人120名进行了包括老年人口基本状况，经济供养保障、医疗保健、生活照料、家庭关系、社区服务、精神文化生活、参与社会发展及基层组织和管理状况等内容的详尽入户调查。对上城区3个养老机构的相关数据进行调查。此项工作牵涉到12个社区、120名老人，社区干部会同浙江大学参加调查的同学一起按时、按质地完成了全部调查任务，为全国老龄科研中心提供了翔实的第一手资料。

【开展老年文体活动】 2010年，区老龄委先后组织选拔、参加杭州市第七届老年人体育运动会，获得了3个第一，2个第二，2个第三的好成绩，区老年体协还荣获优秀组织奖。区老年体协会同各街道组织开展了门球、象棋等共6个单项比赛。各街道、社区积极配合，组织开展各项节庆活动、特色活动、娱乐活动等，丰富全区老年人的文化体育生活。 (周英红)

【召开庆祝浙江省第23个老人节暨老龄工作表彰大会】 10月15日，上城区召开庆祝浙江省第23个老人节暨老龄工作表彰大会，区委副书记朱履林，区委常委、常务副区长袁建祥，区人大常委会副主任王文成，区政协副主席戴晓军，老龄委成员单位分管领导等和受表彰的单位、个人及老年人代表400人参加会议。会议由袁建祥主持，会上表彰了敬老模范单位、敬老之星、区老年电大分校优秀教学点、区老年电大分校优秀办学工作者和优秀辅导员。朱履林总结了老龄工作取得的成绩，对下一步工作提出展望，并祝老年朋友节日快乐。会后，老年朋友观看了文艺演出。

（陈学军）

社区建设

【召开2009年度和谐社区表彰大会】 1月29日，上城区召开2009年度和谐社区表彰大会，区四套班子领导徐祖荨、陈红英、余勇、袁建祥、王文成、戴晓军出席会议，各街道书记、主任，分管副书记、副主任，民政科长和全区500余名社区工作者参加会议。杭州市民政局党组副书记、副局长张建涛应邀到会并讲话。会议由区委副书记、区长陈红英主持。区委书记徐祖荨回顾了2009年工作，对2010年工作提出了要求。会议表彰了小营巷等9个2009年度和谐社区建设示范社区、清波门等13个和谐社区建设先进社区、玉皇山等10个满意社区和裘影等31名优秀社区工作者。市、区领导向美政桥和上羊市街社区颁发了“全国和谐社区建设示范社区”奖牌。

【社区服务业单位和项目受表彰】 4月16日，杭州市人民政府表彰了2009年度杭州市社区服务业工作先进单位和最受欢迎社区服务业项目，上城区多个社区服务业单位和项目受表彰。其中，紫阳街道上羊市街大管家服务社获杭州市社区服务业十佳先进单位；清波街道为老服务管理社、南星街道为老服务管理社获杭州市社区服务业先进单位；湖滨街道“帮一把”为民服务社、紫阳街道上羊市街社区邻里值班室获杭州市十佳最受欢迎社区服务业项目；望江街道为老服务中心助老助残服务项目、紫阳街道“浴之家”老年洗浴中心为老服务项目获杭州市最受欢迎社区服务业项目。

【完成区社区工作者协会换届】 8月17日，上城区召开第三届社区工作者协会换届大会。19名社工当选为新一届理事会理事，涌金门社区主任陈伟新当选为会长，柳翠井巷社区主任申屠宇星等3位社工当选为副会长，美政桥社区书记、主任陈峰当选为秘书长。区委副书记、代区长缪承潮，区委常委、常务副区长袁建祥，区人大常委会副主任王文成，区政协副主席戴晓军等领导到会祝贺，袁建祥向改选后的协会提出要加强协会自身建设，扩大影响，成为行业表率、沟通纽带和社工之家；加强队伍建设，为社区工作注入新活力；整合各方力量，增强发展动力，促进协会健康发展。协会聘请袁建祥为协会名誉会长，黄爱芳、王文成、戴晓军和傅莉萍为特别顾问。

【调研上城区社区建设工作】 8月28日，杭州市委副书记、代市长邵占维一行在市民政局局长邵胜，区委书记陈红英，区委副书记、代区长缪承潮和区委常委、常务副区长袁建祥等领导陪同下到上城区调研社区建设工作。邵占维一行参观了毛主席视察小营巷纪念

8月28日，杭州市代市长邵占维（中）视察中国社区建设展示中心。

（区民政局 提供）

馆,视察了“新中国第一个居民委员会”和“中国社区建设展示中心”。肯定了上城区社区建设工作,认为有特色、有亮点,并鼓励小营巷社区、上羊市街社区继续发挥“全市一流、全省示范、全国领先”的引导作用。

【参加杭州市首届“社区工作者节”各项比赛】 9月17日,上城区组队参加杭州市首届“社区工作者节”文艺汇演,望江街道选送的集体舞《山丹丹花开红艳艳》和紫阳街道上羊市街社区选送的歌伴舞《和谐中国》获得二等奖,南星街道美政桥社区选送的小品《武大郎外传》获得三等奖。9月26日,组队参加首届“社区工作者节”写作比赛,陈峰、吴丽红获三等奖。9月27日,组队参加首届“社区工作者节”登山比赛,陈峰摘得男子组桂冠,上城代表队获团体第5名。9月29日,组队参加首届“社区工作者节”演讲比赛,管咪虹获二等奖,陈炯、陈峰获三等奖。10月15日,组队参加首届“社区工作者节”社区专职工作者岗位技能大比武,管咪虹获第8名,陈炯、陈峰获优秀奖。经过文艺、写作、登山、演讲、岗位技能等5项比赛,上城区选送的3名社区工作者管咪虹、陈炯、陈峰被授予杭州市社区工作者行业标兵称号,并当选杭州市“全能社工”。

【提升社区工作人才队伍素质】 上城区在全省率先与杭州师范大学合作开设社会工作专业专升本学历班,已招收两批、69名社区工作者入学,并建立轮岗锻炼制度,以新岗位、新工作激发社区工作者的积极性和创造性。8月底,全国2010年社会工作者职业水平考试成绩揭晓,上城区60名社工通过考试,截至2010年底,全区共有初、中级社会工作师169名,社工持证率达28.33%。

民政专项事务管理

【新版《上城区行政区划地名图》出版】 5月,上城区修订出版10年来第三次修订的新版《上城区行政区划地名图》。新版行政区划图标注了2004年以来街道办事处驻地迁移、社区区域调整情况、新开发的住宅区、建筑物、新命名的道路、隧道、新增加的各类文保、学校等信息,内容翔实,增强了地名的实用性,方便单位、个人查找。

【“十月十日”婚姻登记275对】 2010年10月10日因寓意“十全十美”,受到广大新人追捧。全区办理结婚登记275对。区民政局成立领导小组,制定实施方案和应急处置预案,增加工作人员,延长工作时间,分段、分时安排新人前来登记。9月10日至10月8日,231对新人办理网上预约,并在10月9日前让新人提交相关证件,由工作人员验证后输入婚姻登记系统,缩短登记时间。

【牵手“名人名馆”推进社区基层文化品牌建设】 挖掘辖区人文资源,探索“馆社共建、资源共享、品牌共创”模式,开展社区牵手“名人名馆”活动。岳王路、劳动路、长明寺巷等13个社区已分别与岳庙、孔庙、龚自珍纪念馆、于谦故居、南宋太庙遗址博物馆等13个场馆签订共建协议。根据协议,对口共建场馆将免费为社区居民提供讲解、导游服务,为社区开展活动提供场地和设施,并走进共建社区宣讲杭州历史文化名人的生平和轶事,让更多的人了解杭州浓厚的人文历史底蕴。

【评估规范化文件实施效果】 区民政局对《关于实施困难群体“安居”工程的意见》的实施情况实施评估。评估围绕实施绩效、制定内容、制定盲点和制定技术进行。这是上城区首次开展政府规范性文件评估工作。 (陈学军)

人口和计划生育

【概况】 2010年,上城区人口和计划生育工作在省、市人口计生委的指导下,以中共中央《关于全面加强人口和计划生育工作统筹解决人口问题的决定》为指导,围绕“深入实践科学发展观、努力建设生活品质示范区”的目标,以打造“品质上城,和谐计生”为宗旨,坚持统筹解决人口问题,以民本、依法、创新、阳光为核心,以人口素质工程为抓手,不断推进生育文明建设,促进人的全面发展,有效提升了全区人口计生工作的整体水平。出台多项有利于人口计生工作的配套政策,使计生系列保险、“生育关怀”冠名基金等多项优先优惠措施惠及广大计生家庭。立足人性化生育关怀,完善出生缺陷三级干预体制,推进

“三优”促进工作，以街道为阵地打造公益性、专业性、服务性的“三优”指导中心。整合多方资源，开展计划生育宣传技术指导站标准化建设，按照上城区《计划生育技术服务“二次发展”三年行动计划》，创建网络服务途径，为群众提供优质、便捷、温馨的计生服务，在辖区范围内全面推出青春导航站、婚姻加油站、孕育指导站、温馨服务站、关爱接力站“生命旅程”五站式服务，全面提升计生服务质量。强化依法行政，创新优化流动人口管理模式，出台流动人口协管员绩效考核和奖励办法，努力稳定低生育水平。以打造计划生育居民自治示范点为抓手，探索居民自治复合主体等新模式。

截至2010年底，全区户籍人口326766人，其中已婚育龄妇女56073人；外来育龄妇女44247人，其中已婚育龄妇女27362人；出生总数2597人，其中违法生育32例，计划生育符合率98.8%，死亡1953人，人口增长率1.97‰。流动人口管理建档率85%以上，统计误差率小于1%，全员信息管理率达到90%以上。采取各类避孕节育措施46123人，综合避孕率85.6%，已婚育龄妇女避孕方法知情选择率90%以上，群众计划生育知识知晓率达90%以上，新婚和待孕优生咨询指导率96.9%，婚前医学检查率达81.7%，孕前优生检测率达98.7%，全年累计投入人口和计划生育工作经费达到人均25元标准，全区无违反“七不准”的行政侵权行为，无行政诉讼案件及恶性事件发生。

【开展人口素质工程】 继续深化出生缺陷干预工作，完善出生缺陷干预协作机制。大力推进“四免一补”的惠民政策，深化“三三三”出生缺陷干预模式，联合浙江工商大学开展《优生“两免”视角下的新生儿出生干预研究》的专题课题调研，指导全区开展出生缺陷干预工作。这项工作的开展不仅受到了群众的普遍欢迎，还荣获浙江省优生“两免”工作先进单位称号。全面推进“三优”促进工作，构建立体化干预网络。将“三优”(优生、优育、优教)促进工作与出生缺陷干预工作进行有机结合，下发了《关于开展优生优育优教促进工作的实施意见》，成立了由人口计生、卫生、教育、妇联、残联等多个部门共同组成的上城区“三优”促进工作领导小组，将“三优”促进工作正式列为年终目标管理责任制考核，做到横向有部门良性合作，纵向有量化考核标准。截至10月底，上城区6个街道全部建立“三优”指导中心并挂牌。其中，南星街道与浙江省全能教育研究中心合作，在海月桥社区建立街道“三优”指导中心，被省计生委确定为全省“三优”促进工作的示范点。小营街道与区教育局合作，利用社区教育学院打造的“三优”、“四个一”工作模式(一个全过程服务场地、一张亲情联动卡、一套完善的管理体系、一种联动互助的工作氛围)。湖滨街道结合辖区优质资源，探索的“三优”、“四联”工作模式(卫生联手、教育联享、企业联袂、社区联建)均收到了良好的效果。7月3日，区人口计生育局和南星街道共同举行了“三优促进工作”名家访谈活动，邀请妇科、儿科、早教等方面的专家、学者，为百姓现场解读“三优”，并为如何开展这项工作提出了意见和建议。深入实施生殖健康素质工程，全面推出“生命旅程”五站式服务模式，为处于青春期、新婚期、孕产期、更年期等不同年龄阶段的育龄群众及其家庭提供针对性的专业服务，为群众送上各类生殖健康服务、生殖保健小知识，为辖区的育龄人群提供了更加细致、更有针对性的计生服务，打响人口计生优质服务的工作品牌。

3月8日，在吴山广场开展计划生育政策生殖健康知识免费咨询活动。
（区计生局　提供）

资料 **“四免一补”:**免费婚前检查、免费孕前检查、免费产前筛查、免费新生儿疾病筛查和高危人群产前诊断费用补助

“三三三”:三级干预联动。即:一级孕前预防,二级孕期预防,三级产后新生儿预防。三家部门负责。建立了由人口计生、卫生、残联三家为主的部门协作工作机制,由区计生部门牵头总抓并负责一级干预,卫生部门负责二级干预,卫生和残联部门共同负责三级干预。三级干预网络。形成了区、街道、社区三级出生缺陷监测与干预网络。

【推进生育关怀工程】 在全市率先成立“生育关怀”冠名基金。根据统筹管理理念,结合区民政慈善基金,建立计划生育“生育关怀”冠名基金项目,联合宣传、教育、卫生、民政等9个部门下发《关于广泛开展“生育关怀行动”的实施意见》。挖掘辖区内企业回馈社会需求潜力,依托企业计生协会,将企业的经济优势与协会的基层优势结合起来,为计划生育困难家庭的帮扶救助打开一条新路子。10月,上城区“生育关怀”冠名基金正式启动,全区首批10家企业参与募集,冠名金额达到3000万元。强化少生快富项目发展。通过发挥计划生育协会的服务职能,转变原先只输血不造血的单一帮扶模式,组织和带领群众参与“发展经济、少生优生、建设文明幸福和谐新家庭”活动。清波街道劳动路社区的姐妹编织社为7户独生子女困难家庭提供就业机会。紫阳街道和谐家庭手工制作坊也被列为市计生协会“少生快富”项目。稳妥推进计划生育保险工作。扩大保险的人群和范围。为上城区失业家庭和流动人口家庭独生子女和育龄妇女购买保险,全年累计投入7.5万元。南星街道水澄桥社区的一家由于孩子患白血病去世,得到了计生保险的赔付款3万元,这也是上城区自2009年开展计划生育系列保险以来的第一例赔付案例。

5月22日,紫阳街道成立婚姻加油站。 (区计生局 提供)

【优化计生民主自治工作模式】 上城区计生协会利用创建示范协会为契机,依据社区协会现有资源,深化基层计划生育居民自治工作。通过政府推动、社会力量支持、志愿者协助、居民自愿参与四方合作机制,打造基层计划生育居民自治复合体的新模式。组建计生管理服务队、专业计生服务队、计生居民志愿者服务队3支队伍,构建复合体工作流程图,制定计生章程公约,定期开展个性化、针对性服务,实现互助循环服务网络体系。9月27日,区计生协会在紫阳街道上羊市街社区召开了计划生育居民自治复合体现场会,具体介绍了这项复合体的工作流程、队伍建设和实际运用,受到了省、市领导的一致好评。10月,中国人口基金福利会的领导到上羊市街社区参观调研。

【完善流动人口计生管理服务网络】 在进一步推广“五联动一捆绑”、“三制五联合”等流动人口计划生育管理服务创新模式的基础上,引入专家理念,与浙江省长三角地区发展研究中心合作开展《上城区流动人口生殖健康服务与管理模式探究》。建立社区流动人口协管员绩效考评估体系,9月,区政府联合区财政、上城公安、区计生等3个部门共同出台了《关于流动人口协管员绩效考核及奖励的实施办法(试行)》,进一步完善流动人口协管员“统一采集信息、统一录入信息、统一查验证明、统一签责任书、统一考核评估”的“五统一”模式。

资料　“五联动一捆绑”计划生育督查制度：是湖滨街道创新计划生育管理服务机制而推出的一项重要举措，联动部门包括湖滨派出所、湖滨工商所、新声工商所、湖滨行政执法中队、湖滨街道劳动监察中队、湖滨社区卫生服务中心等各职能部门，联动内容为联手管理、联稽合查、联通信息、联名通报、联合服务，目的在于进一步整合地区单位的资源和力量，规范流动人口动态的管理，强化服务的实效。

“三制五联合”：是上城区南星街道探索的流动人口管理新模式：计生、公安、工商、综治密切配合，联合管理的“齐抓共管制”；以街道、社区计生干部为主，以流动人口协管员为辅，定期联系，互通信息的“主管协管制”；流入地与流出地密切配合的“群防群管制”。

（施潇羽）

9月27日，区计生协会在上羊市街社区召开计划生育居民自治现场会。
（区计生局　提供）

劳动保障

【概况】 2010年，上城区新增就业人员24078人，失业人员实现再就业12666人，其中就业困难人员实现就业5270人；再就业培训4447人，其中技能培训1721人、创业培训200人、适应性培训2624人。全区公益性岗位就业人员1467人，市、区财政共申请核发公益性岗位补贴2993万元，其中市级下拨2541万元、区财政下拨452万元。物业服务企业工资补贴2185人次、2204万元；开展新办服务型企业减免税资格审核以及招用持有“杭州市就业援助证”就业困难人员社会保险用工补贴的审批，为661家企业、2695人审核发放社会保险用工补贴1735万元。652人享受了自谋职业（自主创业）社保补贴198万元；组织开展灵活就业管理服务工作。全区共有14928名持就业援助证的灵活就业人员，签订了申报审核协议，共发放灵活就业社保补贴4992万元。

上城区养老保险参保101502人，其中2010年参保15834人；工伤保险参保110513人，其中2010年参保19069人；生育保险参保96695人，其中2010年参保14859人。办理新增社会保险开户881家；个体参保1387人，农民工双低缴费4646人，出租车驾驶员参保6人，个体工商户参保301家。农民工养老金一次性支付176人，个体退休1889人。生育支付1545人，异地基金转入585人、异地基金转出1162人。

区劳动保障监察大队检查用人单位5425家，其中举报投诉案件581件、追讨工资200.8万元、清退押金2.1万元；巡视专查4844家，督促用人单位社会保险开户584家。劳动保障书面审查6500家。行政处罚19起，罚款9.2万元。处理突发事件4起。受理、认定工伤256起。为138家企业办理“特殊工时制”审批。

【居家就业状况调查摸清底数】 从2009年7月出台《上城区居家就业社会保险费补贴办法》至2010年6月20日，全区累计申请居家就业并与街道劳动保障站签订《上城区居家就业社会保险费补贴协议》5932人（男性3375人、女性2557人）。其间，有496人终止协议（133人符合申领“杭州市就业援助证”条件，申报并享受了杭州市灵活就业援助优惠政策；363人办理了招工录用备案），享受居家社保费补贴58.82万元。清波街道677人（男434人、女243人）占总数的11.42%；湖滨街道531人（男341人、女190人）占总数的8.95%；小营街道1312人（男756人、女556人）占总数的22.12%；南星街道891人（男484人、407人）占总数的15.02%；紫阳街道1268人（男723人、女

545 人)占总数的 21.38%;望江街道 1253 人(男 638 人、女 615 人)占总数的 21.12%。20 周岁以下 22 人(男性 8 人、女性 14 人)、占总人数的 0.37%;20~30 周岁 1752 人 (男性 834 人、女性918 人)、占总人数的 29.53%;30~40 周岁 2584 人(男性 990 人、女性 1594 人)、占总人数的 43.56%;40~50 周岁 1547 人 (男性 1516 人、女性 31 人)、占总人数的 26.08%;51 周岁及以上的 27 人(均为男性)、占总人数的 0.46%。失业一年以内 2057 人(男性 997 人、女性 1060 人)、占总人数的 34.68%;失业一年以上 3875 人(男性 2378 人、女性 1497 人)、占总人数的 65.32%。从事网站建设 25 人、占总人数的 0.43%;多媒体网站制作 14 人、占总数的 0.24%;自由创造339 人、占总人数的 5.73%;创意工作室 62 人、占总人数的 1.05%;远程教育 12 人、占总人数的 0.2%; 网络商店营运 489 人、占总人数的 8.26%;生活服务 1754 人、占总人数的 29.61%;手工编织 398 人、占总人数的 6.73%;维修 299 人、占总人数的 5.06%;其他 2528 人、占总人数的 42.69%。博士学历两人(占总数的 0.03%)、硕士学历 6 人(占总数的 0.1%)、大学学历 360 人(占总数的 6.07%)、大专学历 981 人(占总数的 16.54%)、中专学历 56 人(占总数的 0.94%)、高中学历 1312 人(占总数的 22.12%)、职高学历 613 人(占总数的 10.33%)、技校学历 207 人(占总数的 3.49%)、初中中专学历 285 人(占总数的 4.8%)、初中及以下学历 2110 人(占总数的 35.57%)。

【居家就业社保补贴助力就业困难人员再就业】 为全面帮助就业困难人员再就业，区政府决定 2010 年促进就业专项资金不低于 1200 万元，全部用于帮助失业人员、就业困难人员、大学生等就业、再就业。自上而下形成有钱出钱、有力出力、有场地出场地开展就业帮扶。在全区居家就业社保补贴的 6990 人中,大学生 1661 人,其余 5329 人为失业人员(其中大部分是就业困难人员)。4035 名符合条件的居家就业人员申领了第一年的居家就业社会保险费补贴，合计 863.88 万元,1103 人终止协议。

【首次实现工商注册与劳动就业的信息零距离对接】 上城区劳动和社会保障局 (以下简称区劳动保障局) 与上城工商分局经沟通达成了针对杭州市失业人员管理系统没有和杭州市工商、税务部门信息系统联网,对部分领取工商执照的(根据文件应认定为已就业人员不能享受居家就业社保补贴)失业人员不能及时核对发现的漏洞情况进行改进的途径。自 2010 年 11 月开始,上城工商分局每月将当月办理了工商执照失业人员的信息,转交给区劳动保障局,以便与居家就业人员的情况进行比对,为及时终止已领取工商执照失业人员享受居家就业社保补贴提供了信息保障,确保了居家就业社保补贴政策实施的无漏洞化。

【引导鼓励以创业促就业】 为有效促进“以创业促就业”,区政府设立 600 万元促进创业专项资金,通过加大对区失业人员自主创业小额担保贷款、创业投资基金和设立 6000 万元“涌金池”债券基金等创业项目的融资支持力度,引导社会资本投资创业企业、项目,鼓励失业人员、大学生创业。2010 年,全区全员创业活动指数、创业活动对就业的贡献率、创业活动对企业成长的贡献率、创业环境满意度、创业活力和效率等创建评估指标均达到杭州市创建工作要求。

资料　“涌金池”债券基金: 由上城区牵头,通过上海银行面向社会公众发行“中小企业非定向债权集合资金信托计划”的形式,总计划发行 4 亿元,第一期发行总额为 7000 万元的资金,以信托贷款的方式,为注册地或经营地在上城区和拟入住上城区的中小企业提供融资服务。在 7000 万元的募集总额中,区政府和浙江香溢担保有限公司各认购 1000 万元理财产品,另外 5000 万元理财产品面向社会公众公开发行,财政资金以 1∶6 的杠杆比例撬动了社会资金,较好地发挥了财政资金“四两拨千斤”的作用。

【加强服务助创业者成功创业】 围绕咨询、创业培训、专家评析、项目推介、创业孵化、融资服务、开业指导和后续服务等,为创业者提供“一站式”、“一条龙”服务。与区人事局、上城工商分局等配合,开辟创业审批服务“绿色通道”;深化联合审批、限时办结和承诺服务,帮助创业者尽快创业;完善创业信息网络,开展创业状况调查,建立区级创业项目动态库和创业项目信息发布平台;与杭州市就业管理服务局联合举办创业项目推介会,建立创业者信息管理服务系统,加强跟踪服务，帮助创业者成功创业。加强专业培训，促进创业的存活率和成功率提高。将培训范围和享受培训优惠面扩大至上城户籍的有创业愿望和培训要求的劳动者。强化培训针对性，以侧重创业基本知识培训，帮助初创业者明确创业目标、项目选择和掌握开办程序、方法和必备专业知识；对已创办企业者则侧重国家、省、市有关产业政策，工商、税务和经营管理等知识培训，帮助提升管理水平和市场竞争能力。全年有215人参加了创业培训，其中，就业困难人员100人次，合格率95%以上。创业成功率60%以上；实现新增劳动者创业200人，带动社会就业1000人。

【加大创建创业型城区资金投入】 把创建工作作为贯彻落实中央决策部署，促进以创业带动就业的重要举措；作为实施积极就业政策，应对国际金融危机，稳定就业形势的有效途径；作为就业工作的重中之重。区政府联手28个部门和6个街道成立了创建创业型城区领导机构，制定了具体创建计划，完善了促进就业工作联席会议制度，各牵头部门做到统筹协调，各成员单位配合，全区上下为创建创业型城区共同努力。落实创业政策，深化扶持措施。设立了600万元促进创业专项资金，加大区失业人员自主创业小额担保贷款、创业投资基金、6000万元“涌金池”债券基金等对创业项目的融资支持力度，引导社会资本投资创业企业和项目，鼓励困难失业人员、大学生创业及创业带动就业。经过努力全区全年实现安排促进创业专项资金619万元，累计资助231.44万元，其中，用于人才培训资金20.16万元；用于人才创业资助197.94万元；用于创业园区建设13.34万元。区小额贷款公司对创业项目的年投资额度比上年(指2009年，下同)增长10%；区创业投资基金对创业项目的跟进投资额度比上年增长10%；“涌金池”债券基金对创业项目的年融资额度已达7000万元。

【全面启动失业人员小额担保贷款】 小额担保贷款是政府为扶持微小型创业，给予一定贴息，委托商业银行经办的商业性贷款产品。为促进创业带动就业，打造充分就业城区，创建创业型城区，也为解决失业人员自谋职业、自主创业过程中自筹资金不足，申请小额贷款，因无法得到担保而无法实现的难题，提高失业人员自谋职业、自主创业的成功率，经过立项、申请、审批、确定开户银行和就建立风险基金与区财政达成一致等程序。8月1日，上城区失业人员小额担保贷款工作正式启动，区内失业人员自谋职业、自主创业资金不足的，均可申请小额担保贷款，获批后可直接前往承办的泰隆银行办理小额担保贷款业务。在区财政的大力支持下及时开设了上城区小额担保贷款风险基金专户，存入500万元的风险保障基金。街道、社区及时把有关宣传资料发放到失业人员、大学毕业生手中。

【推广网上办理社保】 本着为广大参保单位和个人提供优质、便捷、高效的服务宗旨，积极创新社会保险公共服务模式，已为1006家企事业单位开通了社会保险参保业务的网上办事、审核日常增减业务，所有获得授权的单位，只要承担保密义务的均可自行在网上完成社会保险参保人员增加减少业务，也可通过网络查询本单位的缴费记录。

【实现城乡居民分层养老】 全区共有1746人申请办理了城镇老年居民生活保障，实际发放1680人；2830人办理了城乡居民社会养老保险，并按月领取90元的基础养老金；1039人申办杭州市区支援外地建设退休回杭州定居人员困难补助，并及时享受了节日慰问费，其中62名养老金偏低的人员还得到了分档补助。人人有保障的大社保机制正在形成。

【发放医疗救助资金在社区】 通过整合医疗救助信息资源，依托市医疗救助信息平台安装医疗应用程序，实现了信息采集高效、快捷，同时将医疗救助资金发放到社区劳动保障室，方便广大医疗困难群众就近办理医疗救助手续。全年共有4761人次享受了780.23万元的医疗救助。404人次享受了130万元的即时医疗救助。全区各类人群对医疗保险政策的了解与参保救助意识增强，19056名少年儿童参加了少儿医疗保险。老年居民医疗保险更是深入人心。全区机关事业单位子女统筹扩大至33家定点医疗单位。

【开展医疗保险参保情况调查】 经广泛的医保参保情况调查，有效地督促更多的人及时办理医疗保险参

1月22日，召开上城区企业退休人员联络员座谈会。

（区劳动和社会保障局 提供）

(续)保手续。全区已有38815人的基本数据录入医保程序。

【自管组织作用更加明显】 全区共有退休人员自管小组1840个，自管骨干3164名。95%参加过多种形式的培训，培训增强了自管骨干对劳动保障、社会化管理政策理解与掌握，提高了自管小组在组织协助、召集学习、体检动员、生病探望、文娱活动中的作用。全区共开展自管小组活动15542人次，使用活动经费80.53万元。

【开展企业退休人员健康体检】 2010年5月14日全面启动企业退休人员第三次健康体检。区企业退休人员管理服务中心与街道和社区卫生服务中心密切配合，做好宣传发动工作，明确工作职责，确保体检进度和参检率。通过完善服务措施，根据不同情况，科学安排体检，对卧床不起的、确有困难的高龄、孤寡、独居、病残及无子女双老户等老人进行上门体检。人性化的体检措施，满足了退休人员的不同要求，同时按时、保质保量地完成了体检工作。全区第三次企业退休人员健康体检应检人数69361人，实检人数55218人，放弃体检人数14143人。

【加强劳动保障监察力度】 2010年，共受理投诉举报案件581件，追讨工资200.8万元，专巡查4844家。督促用人单位补签劳动合同3884份。督促企业社会保险开户584家；清退风险抵押金2.1万元；行政处罚19家，罚款9.2万元；处理突发事件4起。劳动保障书面审查6500家，发放宣传资料18500份。全年劳动保障群体性案件得到有效控制，一般性案件较上年有所下降，投诉举报案件结案率在98%以上。

【建立街道企业劳资干部联谊会】 全区6个街道均建立了企业劳资干部联谊会，已有142家企业参加，建立了成员企业劳资干部与街道等管理部门间的QQ联系。定期组织成员开展劳动保障法律法规学习讲解、政策咨询、案例解析、企业劳动规章制度建立、社会保险缴纳规定和了解交流成员单位的用工需求、岗位空置信息、人才需求信息等活动，帮助成员单位实现了劳动规章制度更规范、用工管理更合理、劳动纠纷下降、人才流动趋有序、空岗补员更及时，促进成员单位劳动关系进一步和谐稳定。有23个成员单位，根据自身用工缺口，向街道劳动保障站提供了18个工种80多个岗位的用工信息，通过街道牵线已惠及45名失业人员，其中35人与用人单位达成意向、16人录用。

【充分发挥三方协调机制】 将企业规章制度、履行劳动合同、集体合同中的问题作为协调、对话的主要内容，提高企业自主解决劳动争议的能力，力争从源头上减少劳动纠纷的发生。改进办案方式，以建立标准化仲裁庭为抓手，实现办案程序规范化。全年共受理争议案件165起，调解106起，裁决57起，撤诉1起，移送管辖1起。劳动争议案件的结案率达到91%以上。基层调解委调解110起，实现了化解矛盾在基层的目标。

（陈旭晖）

外来务工者在上城

【开展年底欠薪专项监查】 2010年底，上城区成立“年底欠薪预防处置工作领导小组”，出台《上城区开展农民工工资专项检查实施方案》，开展为期70天的农民工工资专项检查工作。召集公安、司法、维稳、建筑等部门举办年底劳动关系分析座谈会，通报可能引发年底集体投诉案件的情况。组织企业参加法律法规培训，全区60家企业法人和劳资人员参加培训。畅通劳动监察投诉举报绿色通道，实行全天候值班制度。专项工作启动以来，共检查用人单位519家(其中建筑工地62家)，涉及劳动者11923人（其中农民工6878人)，累计追讨工资约332.27万元，其中，处理突发事件14起、涉及劳动者450人（其中农民工402人)、追讨工资312.77万元。

【加强春节留杭外来务工人员安全管理】 紫阳街道在春节期间对经营、加工、仓储场所、居住为一体的出租房和劳动密集型企业配套的外来务工人员集体宿舍进行“地毯式”大排查，了解春节“留守”外来务工人员情况。制定“以房管人”的管理机制，强化房东责任制，落实节日消防安全上落实“谁主管、谁负责”措施。在流动人口居住集中的楼道、工地等张贴“节日安全温馨提示”，发放消防安全宣传资料1300份，对春节留杭的外来务工人员进行以“三防”为主的安全教育，加强安全防范意识。

【落实外来务工人员“八个有”工作】 望江街道对辖区内外来务工人员生产生活情况开展“新杭州人大家庭”系列活动，以培训、岗位预招、挖掘廉租房等形式，落实外来务工人员“八个有”(有收入、有房住、有书读、有医疗、有社保、有救助、有安全、有组织)工作。2010年，免费培训外来务工人员67名，提供岗位预招70个；辖区共有12060间出租房面向外来务工人员出租，望江街道外来务工人员公寓共接纳外来务工人员1537名；落实辖区外来务工人员子女就读941人，实现外来务工人员子女在杭读书同城同待遇，有效形成了外来人口与本地居民和谐相处的良好氛围。

【妥善解决外来务工人员子女“上学难”问题】 区教育局妥善解决外来务工人员子女“上学难”问题。落实外来务工人员子女入学方便，享受同等待遇。规范外来务工人员子女入学程序，使解决外来务工人员子女就学问题逐步走上了规范化、制度化的轨道。外来务工人员子女入学凭居住证，到服务区学校报名上学。上城区没有设立专门的民工子弟学校，外来务工人员子女采取随班就读方式安排学习，不让外来务工人员子女有受歧视的感觉，体现教育的公平性。细心关爱，解决实际困难。外来人员家庭绝大多数为贫困家庭，学校以日常关注为主，采取减免费用、开展一对一帮扶结对的措施，尽力帮助外来人员子女解决生活上的困难。全区每年用于资助困难学生的经费达120多万元，其中相当一部分用于外来务工人员子女。合理规划，缓解入学矛盾。区教育局设法调整学区，学校服务区域向东南移，缓解望江地区流动人口子女就近入学矛盾。截至2010年，全区共解决外来务工人员子女就学初中2104人，小学4851人，占全区在校中小学学生总数的28.52%。

【推进外来务工人员基层组织建设】 望江街道推出“找、建、活”三步走措施推进外来务工人员基层组织建设。形成“双找”机制。摸清外来务工人员工作、生活、政治面貌等基本状况和对基层党、团组织的需求情况等，形成“组织找群众”。同时，以社区、企业为网点建立覆盖全街道的党建、团建服务网络，拓展流动团员、党员主动寻找组织的途径，为基层组织建设构建便捷的“双找”机制。搭建综合服务平台。街道牵头组织“望江地区外来青年联谊会”、“望江地区外来青年老乡会”等民非组织，建立集就业、维权和沟通交流的综合服务平台，提高外来务工人员的凝聚力。活跃上、下诉求渠道。街道团工委牵头组建本地青年和外地青年组成的“和谐望江青年议事会”，外来务工人员可与街道工会、劳动保障、计生、综治等职能部门直接对话，建立外来务工人员利益协调、矛盾调处和权益保障机制，营造基层组织建设工作良好氛围。

资料 **“双找”**：即“组织找团员，团员找组织”，指街道团工委通过数据库查找团员团籍，团员通过流动团员服务站网络找到团组织。

“找、建、活”：在“双找”基础上建立团组织。建团后，创新建团模式，降低建团成本，拓展青年工作部职能，以畅通利益诉求渠道、搭建服务中介平台、搭建服务中介平台等形式活跃团建项目，有效推动流动团员扎根融入。

5月30日，举行"城市一家人"上城区第五届外来务工者文化艺术节开幕式。（区文广新局 提供）

100多名各类困难女职工开展免费体检，先后送出健康保险250份、电影票、戏曲票、文艺演出票等2000张，慰问金、食品、书票、浴票等3万元，举行多场招聘会为困难职工和外来务工人员提供再就业机会。

【"异乡姐妹心灵港湾"获杭州市精神文明创新案例奖】 望江街道以"异乡姐妹心灵港湾"为依托，对外来务工妇女生活和心理上的困难、矛盾加以疏导、调解，提供培训、沟通、维权等一站式服务，全面提升外来务工妇女思维方式、文明素质等。截至2010年，开展各类培训课程、维权专题讲座、政策法律咨询服务20场，接待来访妇女100人次，调解、疏导相关纠纷、矛盾25起，先后举办座谈会、文艺会15场。

【举办第五届外来务工者文化艺术节】 5月30日，由区文广新局主办、区文化馆承办的上城区第五届外来务工者文化艺术节在杭州市工人文化宫举行。艺术节以"城市一家人"为主题，在杭州市工人文化宫举行首开庆"六一"少儿舞蹈专场。艺术节门类广泛，形式多样，在区、街道、社区三级联动下，历时5个月，举行百场群众文化活动。内容涉及歌手大赛、舞蹈比赛、联欢晚会、露天电影、书画展览、魔术表演、艺术及手工制作培训、纳凉晚会、科普宣传、健美健身等。形式以集中与分散、室内与室外相结合，方便广大外来务工者就近参加，通过活动营造起"城市一家人"的良好和谐社会氛围。

【开展"新杭州人"服务月活动】 8月9日，区总工会、团区委联合举办的"新杭州人"集中服务月活动在太和广场正式启动，上城区向望江街道外来人员公寓、南星街道总工会、工业园区工会以及杭州娃哈哈集团工会等4家"新杭州人文化家园"赠送了图书和文体活动器具。活动以"服务凝聚你我，共享品质生活"为主题，设置"健康生活"、"职场提升"、"人文娱乐"、"情感交流"、"组织归属"等内容，通过对"新杭州人"开展

【首创新杭州人文化基地】 南星街道在八卦田遗址公园举行新杭州人(外来务工人员)文化基地启动仪式。新杭州人文化基地在南星街道8个社区分别建立传统文化、军旅文化、科普文化、民间文艺、清风廉政、休闲健身、南宋文化、技能培训等家园，集职工图书室(电子阅览室)、职工俱乐部、职工学校三位一体，向新杭州人送文化、送技术、送法律等。下属8个文化家园拥有各自品牌和主打理念，与杭州市图书馆开通借阅通道，将辖区图书室列为基层借阅点，定期送书上门，丰富书屋的图书借阅。让生活工作在南星的新杭州人安居在南星、宜居在南星、乐居在南星，共享品质生活。

【"三大工程"惠及辖区"新杭州人"】 湖滨街道举办"三大工程"惠及辖区"新杭州人"(外来务工人员)活动。开展职工素质工程。开办"新杭州人素质教育大学堂"，专场培训36场次，参加学习5800人。开展行业职工技能大赛，表彰"百名优秀外来务工者"。开展职工维权工程。召开"区域性职工代表大会"维护职工权益，组建工会的企业95%以上签订了《企业集体合同工资协议》、《女职工保护协议》、《工会劳动法律监督委员会》、《劳动争议调解》等相关文本，为职工群众最为关心和敏感的劳动合同、工资、福利、工伤、重病等方面谋取权益。开展职工服务工程。持续开展送健康、送文化、送法律、送温暖、大团聚"四送一聚"活动，为

举行上城区"新杭州人"集中服务月活动启动仪式 （团区委 提供）

查，共审查60家企业，责令限期整改11家，已有6家企业提交书面整改。

【开展关爱民工子女专项爱心活动】 6月1日，彩霞岭社区联合共建单位中国工商银行江城支行团总支开展"传承希望，牵手成长——关爱民工子女专项爱心活动"，为辖区内10户外来务工人员家庭的子女送去学习用品和生活必需品。5月，彩霞岭社区专门成立专项基金，作为一项长效机制，把每年6月作为为社区外来务工人员家庭送春风行动月。

就业创业培训，组织丰富多彩的业余文体生活、婚恋交友活动，提供权益维护等服务促进外来务工青年身心健康发展。

【总工会女职工"五心家园"服务站启动】 3月，小营街道总工会对所属的12个社区基层联合工会进行女职工"五心家园"服务点授牌。"五心家园"服务点打造"爱心家园"，针对外来女工的实际困难，为她们做好事、解难事、办实事；"信心家园"，通过职工学校提供各类培训教育活动，提升女职工的自信心；"诚心家园"，为广大女职工提供维权法律咨询与援助；"关心家园"，通过安康保险、婚育新风宣传、计生指导服务等一系列活动，为女职工提供娘家般的关爱；"知心家园"，建立提供心理健康疏导、婚姻家庭调适的活动驿站，帮助女职工、女性外来务工人员尽快适应城市生活、融入社会。

【开展"春暖行动"确保农民工权益】 湖滨街道开展"春暖行动"确保农民工权益活动，从2010年4月起，5月结束。以招用外来务工人员较多的行业和企业为重点，分别对合同规范签订、规章制度是否齐全、社会保险缴费、妇女权益保护等内容进行督察检

【成立"新杭州人"调解队】 望江街道徐家埠社区是一个外来人员聚集较多的社区。在街道和社区的支持下，"新杭州人"调解队应运而生。与传统的纠纷调解队伍不同，"新杭州人" 调解队突出的特点是草根性，调解队成员多为辖区内的"新杭州人"。都是背井离乡到杭州打拼的，相互之间有共同语言，一番设身处地的交谈、几句暖人心扉的家乡话，不知不觉就能把对方说得心平气和，矛盾自然就容易化解了。调解队的表现吸引了越来越多的"新杭州人"加入，调解队伍从刚成立的5~6名成员，发展到现在的20多人。这支"新杭州人"调解队已成功调解纠纷60起，有效维护了社区的和谐稳定。

上城区启动关爱外来务工人员子女"1+1+1"志愿者服务活动 （团区委 提供）

8月10日,在杭州市工人文化宫举行2010上城区"放歌天堂"职工(外来创业者)声乐大赛。 (区总工会 提供)

紫阳街道木场巷社区于2010年2月成立了由6人组成的"外来人员和事佬"协会。木场巷社区的"外来和事佬"已为辖区内外来居民化解家庭矛盾、调解邻里纠纷12起。 (年鉴编辑部)

【关爱外来务工人员子女志愿服务活动】 2010年,团区委和区教育局联合举办关爱外来务工人员子女志愿服务活动,采用"1+1+1"的结对方式(即一个党组织或团组织及一名本地小朋友共同结对一名外来务工人员子女),设置爱心帮扶、快乐成长、健康教育三大活动模块。并通过"广宇爱心基金",让活动落到实处。

【举办"放歌天堂"职工声乐大赛】 8月10日,由区委宣传部与区总工会联合主办的上城区2010"放歌天堂"职工(外来创业者)声乐大赛在杭州市工人文化宫举行。5000多名职工参与此次海选和选拔活动。他们来自全区各行各业,有一线的出租车司机,企业的高级白领,银行的高级主管,还有来自国外的友人。比赛评出了境外组特别奖、通俗组、美声民族组一、二、三等奖项。

【成立新杭州人"六心家园"】 清波街道总工会为了给新杭州人(外来务工人员)提供更多更好的关心和帮助,4月28日,设立服务新杭州人的"六心家园"。所辖5个社区基层工会联合委员会成立新杭州人"六心家园"服务站。以"真心关爱、热心服务、诚心助人、耐心倾听、全心解困、尽心维权"的"六心"为工作理念、以"有制度、有经费、有职责、有专人、有牌子、有热线"的"六有"为运作机制,搭建了一个接待受理登记职工诉求的服务平台,增强了外来务工人员归属感、促进了新、老杭州人和谐共进,使"六心家园"成为清波地区新杭州人"六星级"的心灵家园和幸福家园。 (柳景春)

【成立新杭州人生活汇】 以汇聚青年力量,提升青年自我价值为目的,搭建一个面向外来务工青年的娱乐、休闲、学习、交友的综合平台,将通过开展英语口语、心理讲座、交友、志愿服务等青年朋友乐于参与的活动,增强外来务工青年与城市的融合度,让他们有个温暖、愉快的生活圈子,在第二故乡同样感受到家的温暖。

【湖滨地区新杭州人共庆五一】 4月30日,在杭州华晨国际饭店四楼会议室召开了庆"五一"暨百名"十佳"新杭州人表彰大会。省总工会组织部领导曹颂华、区总工会主席韩丽华、湖滨街道党工委书记叶榕、湖滨街道党工委副书记,总工会主席傅伟奋、区总工会副主席俞浪进、区总工会办公室主任林友柏、区总工会财务部部长滕国雄、湖滨街道总工会副主席陈敏洁以及百合新娘、新钱塘实业等上百家辖区单位200名员工参加了此次表彰大会。 (丁春早)

【浙江耀厦建设有限公司被评为第五届"十佳"民工学校】 2010年,区建设局以"关爱民工提素质,构建和谐提品质"为主题,突出抓示范、抓品牌,加快推进民工学校建设管理,行业企业浙江耀厦建设有限公司被评为杭州市建设工地"十佳"民工学校。2010年,全区共建有民工学校总校8所,项目民工学校14所,建校率达100%,有效提升辖区建筑业民工队伍的整体素质。 (倪佳佳)

【“关爱民工·科普进工地”系列活动正式启动】 1月6日,上城区城建科协邀请杭州市科普健康中心和西湖区疾控中心的专家,前往浙江银力建设58号地块、玉皇山南公交停保场地块一期拆迁安置房项目工程Ⅱ标项目部民工学校开展“关爱民工·科普进工地”活动,为120多名建筑工人进行健康义诊和健康科普、劳动安全知识等方面的讲座,送上一道新年“健康餐”。

1月6日,区城建科协举行“关爱民工·科普进工地”活动。 (区科协 提供)

民族 宗教

【概况】 2010年,上城区民族宗教工作围绕全区中心工作,贯彻落实党和国家的民族宗教政策和有关法律法规,按照《浙江省少数民族权益条例》和国务院《宗教事务条例》的要求,不断探索新时期管理民族宗教事务的新路子,促进全区民族团结进步事业的发展,维护全区安定稳定的大局,被杭州市民族宗教事务局授予创建和谐寺观教堂先进集体。

【依法管理民族宗教事务】 2010年,开展宗教活动场所的登记核对和年度检查,依法加强场所的安全、突发事件的防范、违法传教的查处,确保“世博”期间全区民族宗教界的安全稳定。配合杭州市安全部门对全区宗教有关情况进行调研,掌握信息情况,对个别事例进行相应的处置安排。按照民族自治条例政策规定及相关人员的申请,办理了民族变更10例。

【创建“和谐寺观教堂”活动】 2010年,根据杭州市“和谐寺观教堂建设”活动要求,建立创建“和谐寺观教堂”活动领导小组,落实创建目标,建立健全宗教活动场所的行为安全管理要求,规范寺庙民主管理和财务管理制度,特别是改善佛教栖云寺、基督教闸口聚会点、南星聚会点的硬件设施,全面更新装修场所环境,重新购置法物圣器。2010年,栖云寺通过杭州市民族宗教事务局达标考核,授予杭州市和谐寺观教堂创建活动先进单位。基督教闸口聚会点、南星聚会点被授予杭州市和谐寺观教堂创建活动达标单位。

【社会公益事业活动】 2010年,积极支持宗教界发掘、弘扬各教规教义中有利社会进步、健康文明的宗教文化,引导宗教界投身于公益事业活动,为社会和谐作贡献。白云庵参加了青海玉树抗震救灾祈福募捐活动,送去药品、帐篷、食物10万元。 (毛健儿)

人民生活

【概况】 据市区居民家庭抽样调查显示,市区居民人均可支配收入30035元,比上年增加3171元,比上年(指2009年,下同)增长11.8%,连续7年呈两位数增长。市区居民人均消费性支出为20219元,比上年增长8.7%。人均支出中,食品支出为7790元,比上年增长11.7%,恩格尔系数为38.5%。 (莫 晨)

残疾人事业

【概况】 2010年,区残联实施《中华人民共和国残疾人保障法》和《中共杭州市上城区委杭州市上城区人民政府关于促进残疾人事业发展的实施意见》,以创建省级扶残助残爱心城区为重点,夯实基础规范组织管理体系为抓手,围绕“就业、扶贫、帮困”目标,实施单独施保保基本生活、社保“两险”解后顾之忧、意外保险保生活平安“三张保险”政策,残疾人家庭年人均可支配收入已达到全区居民年人均收入的72.8%。区、街道、社区三级康复网络全面形成,康复服务广泛开展；建立贫困残疾学生救助机制，并坚持学历教育与职业培训齐头并进；多形式、多途径促进残疾人就业，按比例安置残疾人工作成效显著；全面推进残疾人共享小康工程，特色工作虚拟居家安养得到进一步完善和健全。“全国助残日”期间举办的一系列扶残助残活动富有新意，中央电视台新闻联播节目报道南星街道的助残日活动。上城区持证残疾人6452人，占残疾人总数的95%。其中，视力残疾947人，听力残疾611人，言语残疾43人，肢体残疾2846人，精神残疾1164人，智力残疾765人，多重残疾76人。2010年度新增持证残疾人657人。

【创建“爱心城区”】 上城作为创建省级扶残助残爱心城区第一批申报单位，在各街道、各部门的共同努力下，围绕就业、扶贫、帮困这一目标，将符合条件的残疾人及家庭全部纳入“低保”和社会救济范围，切实解决完全丧失劳动能力的残疾人的生活问题；对无业残疾人养老保险和医疗保险补助政策方面，适时提高补助标准，同时还制定了临时救助政策，对一些因突发事件造成生活困难的残疾人给予一定比例的救助，对困难残疾家庭实施用电补贴，向困难残疾家庭赠送冰箱和彩电，完善落实廉租房政策，对符合条件的残疾人按照有关程序为他们安置好廉租房；对一些危旧房实施安居工程，通过政府补贴，改善残疾人家庭的居住环境。抽样调查结果显示，上城区残疾人家庭年人均可支配收入达到上城区居民年人均收入的72.8%。残疾人家庭彩电和冰箱普及率达到95%以上，残疾人家庭人均生活用电量达到上城区居民人均生活用电量标准83.2%以上。残疾人家庭人均住房使用面积达到上城区居民人均住房使用面积75.2%以上。

【形成“区、街道、社区”三级康复网络】 全区52个社区设有康复站，并依托街道卫生服务中心广泛开展康复服务。免费实施3例“白内障复明术”，免费为4名下肢缺损者安装假肢，免费为10名低视力者配备助视器，为10名听力患者配备了助听器，8月，实施一例人工耳蜗手术，在小康工程计划外实施补贴7万元，抢救性残疾儿童康复7例。投入资金8万元。

【实施社会保障】 继续实施单独施保保基本生活、社保“两险”解后顾之忧、意外保险保生活平安“三张保险”政策。以100%保障贫困残疾人的基本生活为目标，切实推进残疾人基本生活保障工程，2010纳入全区最低生活保障困难残疾人1021人，截至12月底，共发放低保残疾人补助金245万元，向残疾人发放了临时特困补助和残疾人员社保补贴近220万元，为全区643位低保困难残疾人和残疾人驾驶机动轮椅车主投保意外伤害险，投入资金11万元。

【文化助残 教育扶贫】 将残疾儿童少年纳入“两免一补”体系，各类残疾儿童入学率均达到“十一五”计划规定的指标，建立了贫困残疾学生救助机制。通过“文化助残、教育扶贫”的活动，坚持学历教育与职业培训齐头并进。对困难残疾人家庭实行教育补助，分期和一次性补助残疾学生和困难残疾人家庭子女就学。

无障碍设施进家庭 (区残联　提供)

【启动“千家百户”工程】 5月19日，上城区第20个“全国助残日”庆祝活动暨“千家百户”工程启动仪式在望江街道近江东园社区举行。市残联副理事长汤建新和区委常委黄爱芳、区人大副主任高万洋、区政协副主席戴晓军出席启动仪式，副区长宦金元出席并讲话。根据区残联制定的实施计划，上城区“千家百户”工程将对1000户残疾人家庭进行家居无障碍改造，排除残疾人在家庭生活方面的障碍；为100名残疾人提供康复服务，使残疾人康复服务提高一个新的台阶。改造工程涉及建造无障碍坡道、楼道盲道，安装台阶栏杆扶手、楼道扶手、卫生间抓杆、扶手、上网系统、盲人电话等20多项，试点工作将在望江街道先行开展。启动仪式上，各街道的残疾人代表获得了首批赠送的无障碍和康复用品。

【完善残疾人就业机制】 完善和健全残疾人就业扶贫工作机制，通过多种形式、多种途径促进残疾人就业。2010年，区残联组织300名残疾人进行技能培训，帮助7名残疾人走上个体经营的道路。按比例安置残疾人工作成效显著，各大企业共安置残疾人就业70人。全年共征收残保金4000万元。

【加大项目创新力度】 全面推进全区残疾人共享小康工程是区残联的工作重点。其中虚拟居家安养这一特色工作得到完善和健全。6月，通过政府采购形式，对家政服务公司进行集中招投标，与市残联推出的助残服务直通车进行有效对接，在标书上明确了有关内容，丰富了服务内涵。5月，与江干区商业公司签订了租房协议，在中山南路365号租下了250平方米的店面，成立残疾人文化艺术展示中心，内设两个展示厅，4个艺术创作室。由上城区残疾人企业家协会出资经营，以上城区残疾人文化艺术为展示平台，展示残疾人自强不息的风范，营造全社会都来关注残疾人事业的发展。残疾人文化艺术展示中心已于8月下旬对外正式开放。

【规范残疾人工作组织管理体系】 2010年，区残联着力于改变以往残疾人工作中应急性、随意性较大的做法，充分发挥残疾人工作委员会秘书处的职能作用。建立和完善上城区残疾人工作委员会联席会议制度，各成员单位除主要领导外，还确定一位联络员，定期、不定期召开会议检查、研究和部署创建工作。加强对基层残疾人组织的培训。区残联通过以会代训形式组织街道、社区残疾人工作者进行业务培训，解决了基层残疾人工作存在的突出问题。加强残疾人专门协会规范化建设。理顺了肢残人、盲人、聋人、精神与智力残疾人亲友会的关系，使残疾人群体逐渐树立起大局意识、法制意识。聘请了多名户籍在上城区，综合素质较高、热心公益、心系和谐，并在省、市残联各大协会担任领导的残疾人作为上城区残疾人事业发展参谋。通过他们观察和反映基层残疾人的实际困难和迫切需求，并提供针对性建议，为上城区制定残疾人事业的各项制度、政策出谋划策。

【营造有利于残疾人事业发展的舆论环境】 通过各类文体活动，活跃上城区残疾人的业余文化生活。区残联利用各重大节日，组织一年一度的团拜会，上城区领导、社会各界爱心人士和困难残疾人共同参与该项活动，邀请了省、市著名艺术家，省、市残疾人艺术家到上城区献艺。共同营造一幅《春满人间，爱在上城》美丽画圈，展示了残疾人自强不息的精神风貌。

“全国助残日”期间，区残联推出一系列富有新意的扶残助残活动，让残疾人感受到了社会的关爱。

【第八届残疾人运动会取得好成绩】 4月16日，杭州市第八届残疾人运动会暨2011年全国第八届残疾人运动会杭州赛区动员大会召开，上城区残疾人体育代表团的运动员们经努力拼搏，荣获金牌10枚、银牌9枚、铜牌4枚、团体总分110分，被授予组织奖和体育

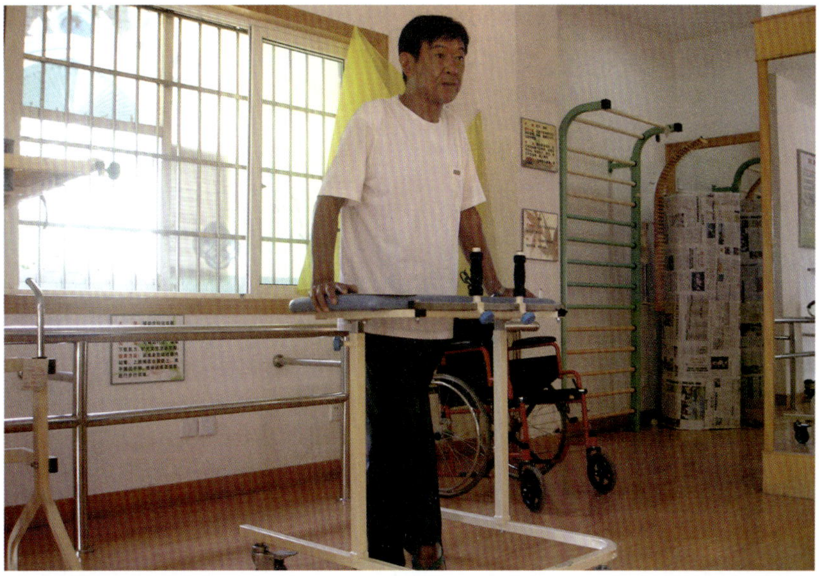

在康复站进行训练　（区残联　提供）

展示残疾人艺术　（区残联　提供）

道德风尚奖。

【开展第15个全国"爱眼日"活动】 6月6日是全国"爱眼日",区残联在区残疾人综合服务中心举行主题为"防盲进社区,光明进万家"的专项活动,着重为贫弱人群、老年人和视力残疾人提供眼病诊疗和视力保健服务。邀请明聪眼镜公司的医务专业人员为全区配置助视器的50名贫困残疾人进行视力筛查，为部分检查结果符合的患者配置助视器,并在现场提供盲人按摩等志愿者服务。

【举办"爱心笔会"】 9月7日,宋城画院的7位书画名家挥毫泼墨,精心创作了30幅书画作品,捐赠给残疾人文化艺术展示中心,残疾人文化艺术展示中心将在适当的时机,将社会各界爱心人士赠送的书画及其他艺术品统一进行慈善拍卖,拍卖所得款全部用于资助残疾困难家庭。

【开展电子商务培训帮助残疾人就业】 6月9日，区残联在上城区社区学院举办历时5天的残疾人电子商务创业培训班,特邀淘宝大学(是由亚洲最大购物网站淘宝网创办的专业网商培训中心）老师前来授课。从电子商务的发展现状、如何在网上购物、如何在网上创业等电子商务创业的模式,创业案例及创业注意事项5个方面进行了讲解,40多名残障朋友参加培训。

【庆祝第19个国际残疾人日】 12月1日，上城区残联在中山南路上城区残疾人文化艺术展示中心举办"艺术传承 爱心接力"庆祝第19个国际残疾人日活动。市残联理事长杨广发和区领导黄爱芳、高万洋、宦金元、戴晓军参加了活动。邀请了杭州工艺美术大师陈云祥、著名书画家宋一洲先生和来自日本、韩国、法国、英国等多个国家的中国美院留学生。中国美院的外国留学生与残疾人书画家同台书画、献艺,探讨书画艺术,共同谱写生活的美好乐章。区艺术展示中心残疾人艺术爱好者陈巍、周佐孟向美术大师陈云祥拜师学艺，陈云祥铺扇作画,精心指导了扇面绘画技巧。现场还组织了与贫困残疾人大学生结对子活动,上城区残疾人文化艺术展示中心、杭州恒润文化艺术品有限公司与中国美术学院国画系二年级本科生、来自湖南省永州市一个瑶族贫困家庭的肢残人刘注结对子,区残疾人文化艺术展示中心实施文化助残，每月资助刘注生活费不低于500元，直至该学生本科毕业，期间提供勤工助学岗位。

（方家淦）

街 道

Streets

湖滨街道

【概况】 湖滨街道区域南起西湖大道，北至庆春路，东及中河，西邻西湖，辖区面积1.6平方公里，是杭州的窗口地段和商贸旅游中心区域，属于上城区经济和社会事业发展的重点区域。街道下辖涌金门、青年路、东平巷、岳王路、吴山路、东坡路6个社区，辖区内居民12257户、户籍人口35859人，辖区企业1460家，其中，行政事业单位251家，大中型商务楼15幢，医院5家，中学1所，小学3所，幼儿园1所，金融单位16家，其中银行业4家、证券公司1家、保险公司10家、期货公司1家。工业企业7家，房地产开发公司22家，住宿餐饮118家，交通运输业20家，建筑业19家，物业中介企业65家，批发零售企业491家，服务业451家，个体户596家。

2010年，街道全年引进企业228家，完成合同外资1582万美元，实际外资800万美元；实际到位内资28.6亿元，完成全年目标194.55%；其中市外资金17.4亿元，完成全年目标150.77%。2010年，实现财政总收入6.29亿元，比上年(指2009年，下同)增长31.86%；地方财政收入完成3.84亿元，比上年增长31.5%。地方财政收入占财政总收入比重的61.09%，比上年同期增加0.19个百分点。街道相继获得了全国学习型街道示范单位、浙江省文明街道、浙江省卫生街道、浙江省爱国卫生先进单位、浙江省流动人口计划生育工作先进街道、2009年度浙江省城市体育先进街道、2009年全省乡镇(街道)综合特级文化站、浙江省优秀社区服务项目(帮一把)、浙江省学习型党组织创新案例(湖滨晴雨)、浙江省优秀理论宣讲团（品质湖滨民间宣讲团)、杭州市社会治安综合治理先进单位等30项荣誉。岳王路社区被全国妇联评为“全国妇联基层组织示范社区”。街道的各项工作也引起了社会反响，得到了国家、省、市有关部门的高度重视和充分肯定，国家环保总局原副局长祝光耀、建设部城建司副司长李如生、杭州市人大常委会主任王国平相继到涌金门、青年路社区调研垃圾分类实名制，杭州市委副书记王金财亲自参加“湖滨晴雨”工作室启动仪式，市委副书记叶明多次对“东坡文化园”进行批示，在职党员全天候管理的做法刊入中央组织部的简报，生态创新的举措作为专报在省委《浙江信息》上得到交流，省委组织部、省老干部局等部门到街道社区调研，全省街道社区建设工作研讨会在湖滨召开。

【获全国妇联基层组织示范社区】 岳王路社区作为杭州市妇联的“家庭教育实验基地”，围绕创建全国妇联基层组织建设示范社区的创建要求，切实健全妇联工作机制，创新妇女活动载体，增强妇联的凝聚力，发挥妇联在和谐社区建设中的作用，获“全国妇联基层组织示范社区”称号。

【获“全国学习型街道示范单位”荣誉称号】 2010年12月，在中国社会工作协会社区工作委员会召开学习型单位创建表彰会，湖滨街道被授予“全国学习型街道示范单位”荣誉称号。湖滨街道党工委、办事处围绕“品质湖滨”建设目标和市、区建设学习型城市、学习型城区要求，转变观念，完善机制，创新载体。变“运动式”学习为“渐进式”学习。建立由省委党校、市委党校及浙江大学、浙江工业大学等院校的专家学者组成的教授专家团,成立由街道领导、辖区企业老总、党员骨干和湖滨地区典型人物为主的宣讲团,每年提供由30名专家学者主讲的宣讲"菜单"。变"一道菜"学习为"一桌菜"学习。盘活资源,通过街道社区精品学习阵地建设和辖区学习文化场所共建共享,形成"1+X"的学习阵地网络,并针对机关干部、社区居民、外来务工人员等辖区人员的学习需求,重点推出综合素质类、职业技能类、文艺兴趣类三大类学习项目,切实提高群众的学习积极性与参与率。变"一枝秀"为"百花放"。打造以建设学习型党组织、学习型社区、学习型企业为核心的"湖滨地区学习共同体",辖区内建立"学习联盟",使更多的单位职工、居民群众在创建活动参与中实现自我提升,涌现出"文化东坡"、"睦邻青年"等特色学习品牌。变"要我学"为"我要学"。街道"红色港湾"党校每周开班,编辑《科学发展在湖滨》、《湖滨街道社区工作案例剖析》等"乡土教材",《今日湖滨》报纸、《今日湖滨》手机报为社区居民提供免费学习平台,开展学习型家庭等评选活动,涌现出一批全国、全省知名的学习型家庭和个人。变"单行道"为"双行道",街道结合学习实践,推出"人人立项目、承诺办实事"活动,学用结合,促成果转化,形成"实践——理论——实践"的良性循环,形成了"在职党员全天候管理"、为企服务"三必访、四个一"、老房子消防安全项目化、"湖滨晴雨"工作室社区民主民生平台创新举措,赢得了领导和群众的广泛认可。

【获全省首批"浙江省文明街道"荣誉】 湖滨街道以"品质湖滨"为总体目标,建设社会主义核心价值体系为根本,发挥共建优势、整合各类资源,开展"文明街道"、"文明社区"、"文明单位"创建活动,取得明显成效,形成了红色港湾、社区邻居节、"四大银行"、"帮一把社区便民服务"、"东坡文化园"等特色亮点,成为首批"杭州市文明街道",2010年,获"浙江省文明街道"荣誉。

【"湖滨晴雨"工作室】 "湖滨晴雨"工作室是杭州市首个"民主促民生"社会互动平台,整合了街道"社情民意信息直报点"、"社会舆情信息直报点"、"草根质监站"、"和事佬"等单项平台资源,建立"1+6"民意汇集平台,即街道层面建立"民情气象台",下辖6个社区建立"民情气象站"。街道民情气象台台长由街道党工委书记兼任,并配备1名具有实践经验的专职人员负责做好信息收集、分析、报送和居民反映的具体问题协调。社区民情气象站站长由社区书记或主任兼任,根据"湖滨晴雨"工作室要求开展各类民情收集、反映和政策传递、解答活动。在建立平台的同时,建立民情预报员和民情观察员两支队伍,民情预报员由市、区有关部门负责人和专家学者担当,共12人;民情观察员由湖滨地区党员代表、人大代表、政协委员、单位职工、新杭州人、社区居民等不同层面组成,共45人。

工作室成立以来,围绕群众关心的热点、难点开展工作,相继开展"南宋御街建设大家谈"、"城市公共(交通)服务民情恳谈会"、"社区热点、难点问题意见征询会"、"打造精品楼道问计于民"等活动,推出"相约星期五"活动平台。截至12月底,共收到社情民意、舆情信息717条,相继解决了近1/3居民反映的热点、难点问题,涉及城市公共设施管理、城市文化建设等不少金点子被市、区采纳。"湖滨晴雨"工作室得到新闻媒体和专家学者的广泛关注,南开大学、中国人民大学、浙江省公共管理创新案例调研组相继到工作室进行调研,认为"湖滨晴雨"工作室这种"民主促民生"的社会复合体模式是对传统治理模式的一种创新,值得在全国推广。

【实行垃圾分类"实名制"】 2010年3月起,杭州市全面推行小区垃圾分类,倡导居民日常生活垃圾分类投放,湖滨街道作为杭州市典型的老小区,在开展垃圾分类过程中,首创"垃圾分类实名制",社区对每户家庭发放印有住户家庭地址的标签垃圾袋,按照一天一个发放,用于厨房垃圾投放。在投放过程中,要求居民做到"就近、定时"。居民投放垃圾期间,有指导员进行垃圾分类指导、监督,并做好登记和积分(垃圾分类正确率达到90%以上积3分;60%~90%正确率积两分;60%以下正确率积1分),对垃圾分类不到位的发放《垃圾分类提示书》,由指导员进行跟踪宣传和教育。以涌金门、青年路两个社区96户作为"垃圾分类实名制"试点,截至2010年底,共有6580户居民实行垃圾分类,普及率达74.63%。在8月全市垃圾分类验收中,青年路、染坊弄、羊血弄小区验收全部合格,分拣正确率85%。

4月9日,中央电视台新闻频道“共同关注”栏目以“实名制评分,垃圾分类推新招”为题,对湖滨街道在全国率先推出垃圾分类“实名制”进行报道。《浙江日报》以《杭州试行垃圾实名分类》为题、《杭州日报》以《湖滨街道全市首推垃圾分类“实名制”》为题、《钱江晚报》、《都市快报》、杭州电视台等省、市新闻媒体纷纷进行采访,并被新华社、《成都商报》、《泉州晚报》等各地媒体以及中国网、中新网、新浪网、网易、搜狐等知名网站转载。

【在职党员“全天候”管理】 湖滨街道针对在职党员8小时外存在的管理盲点,建立在职党员“假日党支部”,建立从登记、管理到激励的四大管理制度,实现单位与社区之间的无缝对接,其中包括在职党员登记报到制度、在职党员定期交流制度、在职党员菜单服务制度、在职党员激励反馈制度,同时,按照“适时、适宜、适度”的原则,引导和组织在职党员利用双休日和节假日等业余时间,分类开展各种形式的“假日党建”活动,当好社情民意观察员、时事政策宣传员、民生改善服务员、基层纠纷协调员,取得了初步成效,得到了领导高度关注,该项目已报中组部,省委原常委、市委书记王国平批示要求市委组织部总结推广。

【推广馆社文化共建项目】 湖滨街道充分挖掘、利用、整合辖区历史文化和现代文化资源,做到“串联历史文化、整合群众文化,发展社区特色文化”,通过“建阵地、抓组织、搞活动”,实现社区文化“百花齐放”,其中牵手东坡文化,建设东坡文化园,缔造“文化东坡”的做法受到社会关注。《浙江日报》、《钱江晚报》、《杭州日报》、《都市快报》等媒体相继对东坡路社区与东坡纪念馆缔结“共建东坡文化”协议、东坡文化园开园、开展“我是小小苏东坡”、东坡文化流进校园等活动多次进行报道。东坡文化园蝉联2009、2010年的杭州市生活品质市民体验点,被列为杭州市资源国际旅游访问点。

2010年,继续深化馆社文化共建活动,挖掘历史文化名人,让这些代表中华民族文化脊梁的历史名人在社区居民中“活”起来,新增岳王路社区与岳庙的共建特色活动。在岳王路社区的邻居节活动中,社区组织居民开展“寻访岳庙”活动,弘扬历史文化,感受岳飞精忠报国精神。湖滨街道“馆社共建、资源共享、品牌共创”的做法,已在全区推广,全区正式启动社区基层文化品牌建设,与岳庙、孔庙、龚自珍纪念馆、于谦故居、南宋太庙遗址博物馆等13个场馆签订共建协议。

【实施“美化家园”工程】 为响应杭州市“美化家园”工程示范点的建设,大力提升城市“四化”水平,将更多的绿色和鲜花引入城市,强化城市与自然绿色空间的有机联系,形成多样化、高品质的绿化美化系统,实现“见缝插绿”、“开门见花”、“四季有花”的城市景观生态化和人文化,凸显杭州城市特色。湖滨街道以东平巷社区为示范点,根据东平巷社区毗邻“南宋御街”,街巷历史建筑、文化古迹众多的特点,结合羊血弄、东平巷、积善坊巷的文化特点,对巷内墙体进行文化景观式绿化。落实羊血弄两侧道路绿化、羊血弄19号空中花园建设及健身休闲公园的绿化、美化,羊血弄3~6号、14号、15号、17号绿荫楼等绿化景点的改造。11月9日,杭州市副市长张建庭一行到湖滨街道东平巷社区调研“美化家园”工程。在市绿化办、市文明办等部门组织园林绿化专家组对全市的“美化家园”工程试点项目的创建成果进行检查验收中,湖滨街道东平巷社区“美化家园”工程建设成果获杭州市“美化家园”工程居民社区类第一名。

【实施“屋顶美化”工程】 湖滨街道围绕市委、市政府提出的创建生态型城市、建设“生态杭州”和全面推进“美化家园”工程的决策部署,根据市委书记黄坤明、市委副书记叶明对新侨饭店周边屋顶绿化的指示精神,与物业业主、区建设局、区招商局、区绿化办、南方设计院等单位携手合作,以新侨饭店周边建筑屋顶绿化、美化工程为试点,开展主城区与西湖“过渡带”的环境综合整治工作,并同步实施解放路、中山中路、东平巷小区和中河高架绿化美化提升工程,努力构建一横(解放路)、二纵(中山中路、中河高架)、一点(东平巷小区)、一平面(第五立面)的环湖滨美化圈。

【编撰《社区居民服务手册》】 为进一步提高为民服务的能力,增强服务的主动性,全面整合社区资源,汇集服务信息,和居民群众有效互动,湖滨街道编撰《社区居民服务手册》。《社区居民服务手册》按照每个社区一册制作,介绍每个社区的基本情况、名胜古迹、特色服务、生活信息、公民行为规范、街道等情况,分“我的社区我的家”、“便捷的社区服务”、“文明的社区生活”、“走进湖滨”四大部分,居民可根据自己的需求迅速查询相关信息和服务。湖滨街道6个社区的《社区居民服务手册》首批印刷16600本,分发到湖滨地区居民家庭和辖区单位。

【成立失业人员再就业实训基地】 为解决湖滨地区失业人员再就业问题,凡是街道所辖社区失业人员具有再就业意向的,向社区提出申请并经街道同意后,可到辖区18家企业从事3个月的再就业实训工作,“五险”(养老、医疗、失业、工伤、生育)和最低工资由街道与企业共同承担。街道与辖区内的华辰国际大酒店、梅地亚宾馆、马可波罗酒店等18家单位协商,达成了建立熟练工实训基地的协议。由18家单位提供岗位给辖区的失业者挑选,各单位派素质好的职工担当师傅,实行一对一带徒计划,提高失业人员独当一面的能力。此外,街道为了提高辖区单位招聘失业人员的积极性,对企、事业单位腾出岗位,吸纳就业困难人员再就业的,按每人每年200元给予奖励,对按规定领取个体营业执照、企业营业执照后正常经营、依法纳税的失业人员给予500元一次性补贴,对以创业带动就业,招用本街道失业人员的给予1000元一次性补贴。

【成立青少年节能减碳工作室】 为提高湖滨地区青少年节能减碳意识,倡导良好的生活习惯,2月5日,湖滨街道在“红色港湾”举行了人文科学工程“青少年节能减碳工作室”启动仪式。成立一支减碳节能小分队。为青少年设计“节能减碳积分卡”,将抽象的减碳道理整理成可操作的10个项目。通过开展“我的低碳生活”交流活动、“争做低碳生活小能手”节能技巧比赛、“寻找身边的绿色”一日游、低碳小卫士评比等活动。工作室开展的“我的低碳生活——暑期绿色低碳”体验活动获得2010杭州市百场公益夏令营活动优秀活动奖。

【打造生态旅游体验线】 为改善老城区居住环境,提升居民生态文明理念,街道加大资金投入,引入生态文明建设新理念,利用太阳能、中水回收等高科技环保技术,建成生态垃圾房、太阳能语音垃圾桶、太阳能楼道灯、雨水回收系统等系列生态创新项目,将生态创新点巧妙串连成线,推出了一条具有特色的生态文明体验线路,供辖区居民参观体验。湖滨街道还增设了15户低碳家庭体验景点,让居民在家门口就能体验生态科技带来的乐趣,增长节能减碳的知识,交流低碳经验。8月3日,中国社会科学院城市发展与环境研究所的专家调研了生态旅游体验线。

【成立社区城市管理服务室】 为了更好地服务居民,加强城市管理建设,让居民参与城市建设中来,全市首个社区城市管理服务室在湖滨街道涌金门社区成立。该服务室将社区城管联系站、垃圾分类指导站、社区公共服务站三结合,作为社区居民的服务机构,服务室主要履行组织开展城市管理法律、法规、政策的宣传,协助市职能部门开展社区服务活动;组织开展社区内城市管理工作监督检查,及时向市、区、街道反映辖区城市管理重大问题并参与问题解决等八项工作职责。

【“百味食堂”开张】 湖滨街道地处典型老城区,老龄化问题突出,一日三餐成为老人的一道难题,为此,街道整合多方资源开辟居家养老新途径。整合资源“牵手”连锁快餐店,社区60岁以上老人只要凭身份证或在社区办一张老年卡,就可在店里享受“买100送15”优惠,还可享受社区志愿者提供的免费送餐服务。就地取材共建社区食堂。在东坡路社区的社区食堂龙翔酒楼,居民可到“帮一把”服务社购买服务券(8.5元钱可买10元价值券),然后凭券用餐。青年路社区的湖滨敬老院食堂向社区老人开放,有需要的老人还可以让敬老院免费送餐上门。因敬老院食堂菜价相对便宜,可以满足那些收入不高、生活相对困难老人的吃饭需求。湖滨街道以“帮一把”便民服务为纽带,开展居家养老服务、社区便民为老服务、志愿为老服务等,在解决老人就餐问题上,独居老人、80岁以上高龄老人、残疾老人等都可以通过免费发放的服务券,购买上门烧菜服务,根据自己的口味来“点菜”。也有结对帮扶的社区志愿者经常给有需要的老人买菜、洗菜、烧饭等。

【全省街道社区建设工作研讨会在湖滨召开】 1月22日，在杭州华辰国际酒店召开了全省街道(社区)建设工作研讨会。会上表彰了湖滨街道"帮一把"为民服务社等20个全省优秀社区服务项目。街道党工委书记叶榕就街道实施社工绩效管理以来的运行情况、取得成效等方面作题为《实施社区工作绩效管理提升社区建设水平》的报告，绩效考核这一做法得到在场各位一致好评。

【潘子湘家庭获杭州市"五好"文明家庭称号】 岳王路社区居民潘子湘家庭尊老爱幼、热心助人、礼让邻居、团结互助，热心参加公益事业。潘老生前(2010年1月13日去世)每天都有读报、剪报习惯，剪了厚厚83本，《杭州日报》曾以《折射杭城30年巨变杭报老报迷端出83本剪报》为题对潘老进行报道。3月，潘子湘家庭被评为杭州市"五好"文明家庭称号。

【开展"抗震减灾，节能减排"科普宣传活动】 5月12日是汶川大地震两周年纪念日，为了提高居民的抗震防灾意识和提倡低碳生活，5月8日，由浙江省地震局、湖滨街道科协、岳王路社区联合在平海公寓1~3幢院内举办"抗震减灾，节能减排"大型公益科普活动。浙江省地震局应急救援处处长叶建青、区妇联主席周莹、区科协副主席陈敏雅、区总工会副主席陈小明、区文明办副主任吴红星、湖滨街道党工委书记叶榕、党工委副书记傅伟奋、街道副处级组织员张卫军参加了此次活动。叶建青为居民朋友们讲述了开展这次活动的背景、意义和目的。

【生态文明试点城区授牌暨"生态文明示范社区"启动仪式】 为纪念第39个"六五"世界环境日，6月3日，上城区在湖滨东平巷社区举办生态文明试点城区授牌暨"生态文明示范社区"启动仪式，省环保厅副厅长卢春中为启动仪式致辞，区长陈红英宣布区"生态文明示范社区"创建活动正式启动。启动仪式由副区长刘志安主持。仪式上，湖滨街道东平巷社区代表、紫阳街道彩霞岭社区居民代表发言，出席仪式的领导向社区居民代表赠送生态文明与环保知识书籍。

【区党(工)委理论学习中心组观摩暨经验交流会在湖滨召开】 6月24日，上城区党(工)委理论学习中心组织观摩暨经验交流会在湖滨街道党员学习阵地"红色港湾"召开。来自全区各局、各街道党(工)委中心组负责人观摩湖滨街道以"加强学习型政党建设"为主题的理论学习课，并举行学习经验交流座谈会。湖滨街道中心组精心组织的理论学习课结合当前建设学习型政党，提高政党建设的科学化水平，提升执政能力展开，特邀杭州市委党校教授高国舫作题为《学习型政党建设》讲座，高国舫从当前信息多元化、公民意识的觉醒及政党地位的下降这三点提出政治存在不可逆的状况，进而提出如何转变党的领导方式，从学习入手，将理论和实践结合起来，做到学以致用，对推进学习型党组织建设起到了指导作用。湖滨街道中心组成员就自身工作，围绕讲座主题谈了体会，并进行交流。区委宣传部长王越剑对本次观摩暨经验交流会作总结讲话，他强调，全区在今后各自中心组开展理论学习中，充分认识新形势，建设学习型党组织的意义；加强领导，切实推进党委中心组学习型党组织工作，将理论和实践结合起来，学以致用，以中心组的学习推动本地、本单位干部群众的理论学习，促进全区经济社会更好更快发展。

【举办纪念建党89周年暨"清风雅韵奏和谐"廉政文化展示活动】 6月29日，湖滨街道在岳王艺术城举

开展湖滨地区纪念建党89周年党员表彰活动　　（湖滨街道　提供）

办了“清风雅韵奏和谐,湖滨街道纪念建党89周年廉政文化展示”活动。区委副书记朱履林、区委常委黄爱芳等领导出席了纪念活动。街道办事处主任、党工委副书记毛素云与老党员秦吉尧一起切生日蛋糕,祝福老党员们健康长寿,并对他们为湖滨地区作出的贡献表示衷心地感谢。这是湖滨地区第4次为50年党龄党员过集体生日。活动现场举办了廉政诗歌朗诵比赛。还有葛德瑞、阮振亚等一大批居住在湖滨地区的省、市书画名人现场展示了廉政书画创作作品。

【首创社区低碳家庭标准】 东平巷社区自2009年开展“低碳也时尚”系列活动以来,共征集700多个低碳金点子,邀请杭州市科技馆专家进行实效评估筛选后,确定了家用电器类、生活类、用水用电类、交通出行类、创新类共五大类、22个小项为低碳家庭标准,该标准总分为110分,如家里养10盆以上花草可得5分、一周吃一次素食可得5分、私家车一周少开两天可得7分等;低碳达标户则分为一类、二类、三类达标,对应分值分别为95分、90分、85分。7月7日,社区开展了“首届低碳家庭评选”活动,对社区50个申报家庭进行实地考核,并经过“低碳达标评定组”评分,评选出首届15户低碳家庭。

东平巷社区开展首届低碳家庭评选活动

(湖滨街道 提供)

【创刊《今日湖滨》手机报】 湖滨街道自免费向地区单位和社区居民家庭发放《今日湖滨》报纸后,又推出《今日湖滨》手机报,发放对象为上级领导、机关干部、社区工作者、文明单位、人大代表、政协委员、社区居民等。该手机报定期发送资讯,具有方便、快捷、实用的特点,实现了“零距离”互动信息沟通,及时了解街道重点工作信息,确保居民、辖区单位能够在最短时间了解到社会保障、教育、医疗、卫生等关系他们切身利益的民生问题。

【成立民间邻里互动协会】 杭州市邻居节发源地湖滨街道青年路社区,自2003年举办第一届“邻居节”以来,在湖滨地区涌现出不少“公益大使”,他们自发组建了保健、书画、唱歌等服务团队,拉近邻里情感。2010年,为了深化湖滨地区“邻居节”活动,在第八个“邻居节”活动上,通过自荐与推荐,投票评选出“厨艺大师”史文渭、“书画大使”葛德瑞、“音乐大使”石之琦、“低碳大使”朱云菊、田吾标等10名有一技之长且长期热心服务邻居的居民作为社区“睦邻大使”。由“睦邻大使”组建为“邻居节”常设机构“民间邻里互助协会”,规定每个“睦邻大使”牵头组成一个服务小分队,每月开展一次以上的睦邻活动,促进邻里服务的日常化和机制化,融洽邻里感情。社区还制作了“邻里星光墙”,墙上载有10名“睦邻大使”的手模,将10名“睦邻大使”的照片制作在2011年台历,送到社区千户人家。

【举办“人文湖滨 相约十月”湖滨文化艺术节】 金秋十月,在吴山广场大舞台举办了“人文湖滨,相约十月”湖滨文化艺术节开幕式活动,湖滨艺术团队的演员们载歌载舞,为在场的观众们献上了一台丰富多彩的文艺演出。湖滨街道以建设“品质湖滨”为中心,着眼于服务社区居民的多样化需求,积极探索和创新行之有效的活动载体,通过组织丰富多彩的文艺活动,满足广大辖区居民日益增长的精神文化需求,繁荣社区文化，活跃居民生活，提升全社会文明素质。本届艺术节活动内容丰富多彩，形式多样，有“雕刻时光”社区观影厅、“飞扬青春”博客大赛、“最美湖滨”摄影比赛、“走进经典”社区国学课堂、社区书画学堂、“社区榜样”寻访等多项文化艺术活动。

【开展“闪耀湖滨”创先争优活动】 围绕“闪耀湖滨”创先争优开展主题活动，形成机关、社区、两新组织齐推共抓的创先争优局面。在机关中开展“读一本好书、写一篇体会、结一个对子、办一件实事、创一些亮点”的“五个一”践诺创优活动，让机关干部在服务中心、建设队伍、改进作风、提能增效、服务群众、改善民生等方面树立先锋模范形象。2010年，湖滨街道还被列为杭州市创先争优领导联系点。

【建立“1660480”社区民情责任网】 湖滨街道围绕“网格化管理、组团式服务、片组户联系”管理服务机制，建立“1660480”社区民情责任网(指1个街道网格，6个社区子网格，60个责任片网格，480名服务员联络)，向每户家庭发放民情联系卡，建立走访联系“五必访、五必报”等制度，以网格为单位进行社会管理和服务，确保“户户有关注，人人有关心”。活动开展以来，26个服务组团切实为社区居民开展服务活动，为居民办实事、好事102件，受益群众1980人次。

资料 “五必访、五必报”：困难户、残疾人户、老军人家庭、空巢老人、发生大病住院等重大变故的居民家庭必访，双拥家庭必访，邻里纠纷矛盾突出的家庭必访，全体党员必访、各类代表(党代表、人大代表、政协委员等)必访；联系户家庭和个人工作生活发生重大变故必报、联系户有关建议意见必报、发生邻里纠纷必报、发现不安全隐患必报、发现不稳定因素必报。

【获杭州市安全生产工作先进单位】 湖滨街道高度重视安全生产工作，安全生产状况稳定，各类事故次数、死亡人数连续6年实现“负增长”，为湖滨地区经济社会持续协调发展创造良好的环境。2010年，获2007~2009年杭州市安全生产工作先进单位，也是全区唯一一个街道获此殊荣。

【被评为“社情民意直报点信息报送先进单位”称号】 湖滨街道获得了“2009年度市委办公厅社情民意直报点信息报送先进单位”的荣誉，作为基层社情民意直报点，街道在2009年度向杭州市党委报送了大量有价值、高质量的信息，成绩突出，是全区唯一连续两年获此殊荣。

【举办“全民终身学习活动周”活动】 10月17~23日，湖滨街道举办“全民终身学习活动周”活动。以“传承与创新，让学习融入生活”为主题，围绕“低碳环保、健康生活、特色才艺、古训今扬、人文寻根、心随阅动”六大活动板块，相继开展书画艺术交流会、“人文寻根——探寻中韩文化”、青少年低碳手工制作展示等20项活动，200名社区群众参加活动。

【创新街道共青团组织格局工作】 为推进湖滨地区团建工作，提升团建工作科学化水平，充分发挥地区青年参与团建工作作用，构筑大团建工作格局，配强街道团工委班子力量，街道将杭州解百集团、JASONWOOD(译为“坚持我的”)服饰(杭州)有限公司、

团省委组织部副部长盛乐(右一)为新成立的杭州新开元大酒店团委授牌
(湖滨街道　提供)

浙江省中医院、杭州市新开元大酒店、杭州工商银行众安支行等5家辖区单位团委书记选聘为街道编制外团工委副书记，推动了街道共青团工作的全面活跃，增强了基层团组织对广大团员青年的号召力、影响力和凝聚力。

【打造岳王路婴童特色商业一条街】 2010年，街道从经营、环境、氛围等方面重新规划岳王路婴童特色商业一条街，做好业态调整，依托周边浙江省妇幼保健院、杭州市第一人民医院、行知幼儿园等涉及婴幼健康、教育、服务产业部门，打造出岳王路婴童特色商业一条街。该街围绕婴童产业，集孕童产品展示、销售于一体，引进“十月妈咪”、“多美滋”、“广禾堂”等众多优质企业，以“名品”牵动“名街”的方式，打响岳王路婴童产业特色街区的婴童品牌。

【打造“社区社团志愿服务圈”】 湖滨街道不断探索志愿服务项目新机制，为有效解决社区志愿服务面临队伍结构失衡，专业化水平不高、组织运作力不强等众多问题，在全市率先将高校社团引入社区志愿服务中，让高校志愿者根据自身特色定期开展社区志愿活动，社团负责人还担任社区志愿者服务站站长助理。湖滨街道的6个社区分别与交谊舞协会、“萤星”戏曲社、“半个月亮”艺术团等6个社团结对，打造出“社区社团志愿服务圈”，开辟了一条志愿服务的新通道，发挥高校志愿者作用，同时街道也为在校大学生创造一个接触社会，施展自身才能，发展特长的社会大舞台。

【立足“三维”城市化管理提升老城魅力】 立足平面管理，切实做好日常环境卫生、分类保洁工作，根据湖滨地区无证摊贩多、盲流多等实际情况进行综合管理、整治，确保湖滨窗口整洁有序，突出城市管理“精细化、长效化”。立足立面管理，实现城市建设“序化、亮化、美化、绿化”四化并举。立足空间管理，高效推进新侨饭店周边屋顶美化工作和东平巷社区“美化家园”工程，通过打造屋顶花园、墙面绿化等绿色生态建设，促进西湖与城区“过渡带”的成功衔接，让老小区四季鲜花怒放。

【开展“社区榜样”评选活动】 在湖滨地区开展了“社区榜样”评选活动，发挥道德模范的示范引领作用。50名推荐者中有热心社区公益事业，为社区出谋划策的退休老人；也有发挥党员模范作用，服务居民的在职党员；还有在自己工作岗位上兢兢业业，艰苦耐劳的年轻一代。街道对他们的先进事迹通过街道门户网站、《今日湖滨》报、制作成KT版等形式进行刊登、巡展，让湖滨地区广大居民评选出心目中的“社区榜样”人选。2010年3月，杭州电视台明珠频道“阿六头说新闻”栏目对湖滨地区“活雷锋”顾小虎、秦吉尧、赵有根助人为乐、无私奉献的优秀事迹进行报道。

【开展湖滨特色文化巡展活动】 岳王路社区的“乐学文化 提升你我”、东坡路社区的“东坡文化园”特色、东平巷社区的“低碳文化，润泽你我”、涌金门社区的“便民服务，贴近你我”等湖滨街道6个社区的各具特色文化制作而成的图版吸引了众多社区居民。街道民政科围绕“一社一品”对6个社区的特色工作、特色品牌进行图片、文字等资料收集，并制作6块特色展板进行巡展活动，在每个社区进行为期一周的展示。

【首推“低碳”办公方式】 将低碳理念引入日常办公中，开展“无纸化”办公，通过内部或对外工作时尽量使用电子邮件、MSN、QQ等通讯工具，尽量少用打印机和传真机，减少纸张的用量；在节日期间，倡导使用电子贺卡；用一封电子邮件代替一封纸质信函等。节约能源，电脑长时间不用，自动启动待机状态；夏季办公室空调温度设置在27℃~28℃，下班前20分钟关闭空调等。低碳出行，提倡工作人员坐公交车或骑自行车上下班；开车上下班的同时，每月少开一天车。共拟定低碳办公方式20条，已在东平巷社区推行。

【杭州新开元大酒店有限公司共青团委成立】 杭州新开元大酒店有限公司于2010年10月27日召开了团支部成立暨第一届委员会委员选举大会，宣告杭州新开元大酒店有限公司团委正式成立。团省委组织部副部长盛乐、团区委书记章琪、街道党工委副书记傅伟奋等领导出席成立仪式。新开元大酒店有限公司团委的成立，标志着湖滨街道团工委开展“两新”组织团建工作的重大突破，为探索有规模、跨区域、有影响的规模以上非公企业团建工作做出了积极的尝试和有益的实践。

【获"浙江省卫生街道"荣誉称号】 湖滨街道坚持以科学发展观为统领，贯彻落实《国务院关于加强爱国卫生工作的决定》、《浙江省人民政府关于进一步加强爱国卫生工作的意见》和《杭州市爱国卫生条例》关于创建卫生街道的要求，坚持"有章理事、有人做事、有钱办事、有场所办公"的原则，切实落实"领导重视、组织健全、工作落实、台账齐全、群众满意"的创建措施，针对街道地域范围较小、人口密度较大的特点，结合街道工作实际，组织辖区各单位、社区和广大群众参与创建各项活动，有力地推动辖区爱国卫生工作的不断深入发展。2010年，获"浙江省卫生街道"荣誉称号。

【"湖滨论坛"被评为浙江省建设学习型党组织创新案例】 湖滨街道"湖滨论坛"在浙江省建设学习型党组织典型案评选活动中被评为创新案例，这也是全区唯一获此殊荣街道。"湖滨论坛"以全国基层党校示范点"红色港湾"党校为宣讲主阵地，党校配备液晶电视、电脑、投影仪等先进视听设备，每次可容纳120名听众。以30多位专家学者组成的人才库为支撑，定期开展讲座，下设10个分论坛，听众可以到"红色港湾"实地听，也可以网上查看。以"湖滨论坛"为依托的学习型党组织建设提升了街道的整体竞争力，街道相继获得全国和谐社区建设示范街道、浙江省先进基层党组织、浙江省文明街道、杭州市学习型示范党组织等荣誉，"红色港湾"作为全国基层党校示范点，被列为杭州市首批社会主义理论宣讲点。"湖滨论坛"也是湖滨街道打造学习型党组织的"载体"和"桥梁"，通过论坛的形式，党组、政府、专家、学者各方智慧在此汇聚碰撞，产生思想的火花和能量。"论坛"建立机制提供宣讲"菜单"供党员点课，成立宣讲团深入基层宣讲，变学习内容"一道菜"为"一桌菜"、变学习态度"要我学"为"我要学"，变学习阵地"一支秀"为"百花放"、变学习路径"单行道"为"多行道"，变学习成果"书面化"为"实践化"，凸显党组织的引领凝聚功能。

【"品质湖滨"民间宣讲团被评为2010年浙江省优秀宣讲团】 "品质湖滨"民间宣讲团被浙江省委宣传部、省委讲师团评为2010年浙江省优秀宣讲团。民间宣讲团成立于2008年，共有宣讲员38名，成员来自机关、社区、辖区单位的在职党员和居住在湖滨的德高望重的离休老干部、退休老教师、新闻战线资深老记者、优秀老党员，他们政治信念坚定、智慧经验丰富、精神风范崇高、传统作风优良，其中有东坡路社区居民、浙江省新四军研究会的宣讲团副团长、杭州"建议大王"杨章耀，东坡路社区居民、浙江大学韩国研究所特邀研究员方龙龙，浙江援通科技发展有限公司总经理、在职党员祝耀升等，相继开展了革命传统宣讲、主题教育辅导、形势任务教育、热点难点解读、核心价值倡导等五大方面教育活动，取得了一定成效。

【东平巷社区连续4年被评为全市"一证通"优秀服务点】 杭州图书馆"一证通"进社区工程启动已有4年的时间，东平巷社区作为其中一家连续四年被评为"杭州市一证通优秀服务点"。"一证通进社区"服务为社区图书室注入了新鲜血液，增强了生活活力。家门口的图书馆让社区的文化生活变得多姿多彩，也深受老百姓的欢迎。通过4年的运行，社区专门成立"一证通进社区"工作领导小组，派有1名专职工作人员负责社区图书室日常管理工作，定期与杭州图书馆进行沟通，丰富图书资源，方便读者的外借和阅览。同时开展宣传进居民楼道、宣传进地区企业、宣传进机关单位的"三进"特色宣传活动；推出"上门办卡"、"点菜式办卡"等服务方式，通过网络、电话联系，将卡送到读者手中。东平巷社区图书室建筑总面积150多平方米，藏书量3000册，电子阅览室配置电脑10台，大型的投影设备实现一楼和二楼同步播放教育片，共有VCD 450本，书籍、碟片借阅服务达50000多人次，共有1000户居民家庭享受到此项服务。

【世界顶级跑车阿斯顿·马丁"驶入"湖滨】 继世界名车劳斯莱斯销售公司花落湖滨之后，世界又一顶级名车阿斯顿·马丁于近日"驶入"湖滨，注册公司名称为"杭州阿斯顿·马丁汽车销售有限公司"，注册资金1000万元，位于南山路。总部公司为英国阿斯顿·马丁汽车有限公司，建于1913年，创始人是莱昂内尔·马丁和罗伯特·班福德。公司设在英国新港市，以生产敞篷旅行车、赛车和限量生产的跑车而闻名世界。其生产的赛车在国际赛车坛上具有较大名气，曾多次获得国际汽车大赛的冠军。品牌中最著名车型有：DB2、DB6、DB7、Vantage等。

【"律师进社区"工作取得成效】 为深入贯彻上委办关于开展"律师进社区"工作的实施意见,湖滨街道积极响应并迅速全面落实,2010年1月7日街道召集各社区书记、综治委员召开了"律师进社区"工作会议,布置落实有关工作内容。启动6个社区与"律师进社区"活动对接仪式,专业律师与社区签订了服务协议,正式启动"律师进社区"活动。律师们就住房问题、拆迁安置、家庭财产继承等涉及到法律层面上的问题向居民作了解释。4月12日,《杭州日报》头版以《律师进社区今年5月有望在全市推广》为题,对湖滨街道开展律师进社区活动,协助社区调解工作所取得的成效案例进行报道。

【为企服务成效明显】 湖滨街道围绕"大企业、大项目、大楼宇、大服务"重点,切实推进为企业服务工作。深化"一个重大项目,一名班子领导,一个服务小组,一名跟踪员"的"四个一"跟踪服务机制和重点企业"成立访"、"日常访"、"年终访"的"三必访"制度的同时,切实开展"提振信心,分担忧愁"企业服务月活动,深化融资平台建设,联合杭州银行、浙江长城国盛担保有限公司等单位为中小企业提供资金援助,对涌金广场开业做好跟踪,对西湖时代广场衣之家百货换约续租做好走访,确保企业稳定发展,对新开元大酒店等企业建造立体车库做好协调,为企业职工子女解决就学难题,做到"企业稳定关注、企业困难关心",街道领导走访企业达56人次,梳理、解决难题28个,为湖滨的投资者提供了良好服务,营造了优越的发展环境,受到企业好评。

【启动"志愿者服务队进百户残疾人家庭"工作】 5月14日,湖滨街道在"红色港湾"举行庆祝第20个"全国助残日"活动。此次活动由召开庆祝大会和开展"志愿者服务队进百户残疾人家庭"活动两个部分组成,把温暖送进每一户贫困残疾人家庭。在召开的庆祝大会上,街道党工委书记叶榕代表街道党工委、办事处向湖滨地区所有的残障朋友致以节日的问候,并祝大家身体健康,生活幸福。上城区残联副理事长马骏出席庆祝大会并在会上讲话,残疾人志愿者代表徐小端上台发言,街道办事处主任毛素云宣布启动湖滨街道"志愿者服务队进百户残疾人家庭"活动。

【开展"世博知识进社区"宣传月活动】 5月14日,"世博知识进社区"宣传月首次活动在"红色港湾"举行,来自东平巷社区的20位居民参加活动。此次宣传月活动是街道团工委和浙大竺可桢学院大学生志愿者们联合举办的,志愿者们通过世博会的历史、本届上海世博会的会徽、吉祥物、会歌及各场馆特色亮点、最佳参观线路等方面,向居民们讲解了世博知识,让居民们了解一个精彩的世博盛会。

【杭州"和事佬"拍摄基地在东平巷社区挂牌】 杭州市司法局与杭州明珠频道联合举办十大金牌"和事佬"评选活动。经过一轮一轮的参赛,来自东平巷社区的孙新宝作为年龄最长的选手进入30强,同时"和事佬"拍摄基地也在东平巷社区挂牌,成为杭州市"和事佬"工作的亮点之一。

【获全国离退休干部先进个人荣誉称号】 2010年2月,青年路社区侨联会副主席湛青在全国老干部工作"双先"表彰大会上获得了"全国离退休干部先进个人"的荣誉称号。湛青是青年路社区知名的老干部、原杭州市老干部局领导,热爱书画,现任浙江省老干部书画协会会长。积极参加社区组织的各项活动、支部活动,热衷社区服务,传授居民书画基础,为过生日的80岁以上老人送"寿",是社区侨联分会归侨侨眷代表。社区"睦邻会所"建成后,为社区出谋划策,创作了"和谐建设三字经"。离休多年,始终坚持发挥余热、传承老一辈无产阶级革命战士的铁律精神,切实教育后代,为社区当好参谋、助手,为社区分忧解难。他说:"青年路社区虽然是个老小区,但是住在这里几十年,安全和谐快乐!"

(丁春早　朱艳萍)

清波街道

【概况】 清波街道位于杭州市上城区西南角,东起中河高架桥,南倚吴山风景区,西临西湖,北接西湖大道,辖区面积2.20平方公里,总人口4.51万人,下辖清河坊、定安路、劳动路、清波门、柳翠井巷5个社区。辖区内有行政事业单位及各社会团体170家,大中型商务楼7幢,医院1家,中学2所,小学3所,幼儿园4所,证券(期货)公司1家,银行8家,保险公司两家，工业企业5家，房地产开发公司7家，三产服务业1603家。清波地区历史悠久，曾是南宋皇城所在地，在历史上曾是行政中心，南宋至清的临安府、杭州府署、元朝的江浙中书省、明清的浙江布政司署地址均设在境内。辖区驻有浙江省军区领导机关、中国美术学院、上城区政府、浙江省商业集团、浙江省机电集团等大型单位。境内拥有独特的自然景观和人文景观，名胜古迹有柳浪闻莺公园、吴山天风、杭州碑林、于谦故居、胡庆余堂中药博物馆、潘天寿纪念馆、浙江省革命烈士纪念馆、凤凰寺等，南山路文化艺术特色街区、清河坊历史街区、南宋御街·中山路南段也在辖区之中。

2010年，街道完成税收总收入6.51亿元，比上年(指2009年，下同)增长39.39%；地方财政收入完成3.63亿元，比上年增长37.86%，增幅位居6个街道前茅。全年共引进企业151家，引进内资41.83亿元，完成年度计划的281.17%；其中市外资金32.46亿元，完成年度计划的277.81%。加大高端产业培育力度，引进赛伯乐、金永信天时创业投资有限公司等新型企业。加大“腾笼换鸟”力度，延安南路引进了北京黄金交易中心有限公司杭州中心营业部。

街道围绕以经济发展为中心，以民生建设为主线，较好地实现了地区经济社会各项事业的全面发展。先后获得全国先进社区服务中心、浙江省禁毒工作先进集体、杭州市人口计生工作先进单位、杭州市社会治安综合治理先进单位、杭州市第四届社区居委会换届选举先进单位、杭州警备区军事训练先进单位、杭州市劳动保障先进单位、杭州市庭院改善工程优秀建设单位等多项荣誉。

【杭州西湖国学馆入驻“涌金创意谷”】 1月4日，位于劳动路65号的杭州西湖国学馆正式开馆，该馆以杭州孔庙为依托，建筑总面积1300多平方米，以“国学在杭州、国学在当代”为目标，致力于弘扬国学、传承中华民族文化。通过“杭州西湖国学讲堂”和“杭州西湖国学文化长廊”两大载体，推进国学启蒙教育和未成年人思想道德基地建设，加强国学高端研究，进行国学文化多向交流。西湖国学馆的入驻延伸了街道“涌金创意谷”的文化创意产业链，为集中打造国学书画一条街增添了新生力量。

【开展“万家新社会组织服务社区”主题实践活动】 1月11~15日，清波街道以服务居民、造福群众为出发点和落脚点，发动和组织社区社会组织参与“万家新社会组织服务社区”主题实践活动。通过宣传、动员，有效整合辖区社会组织资源，共招募40家社区社会组织参与本次活动，并依托各自的行业特点，为广大社区居民提供服务。以便民服务、文体活动、为老服务、志愿服务为载体，为社区独居、孤寡老人、残疾人等困难群体送去温暖和关心。开展就业技能培训、法律知识讲座、爱心银行捐赠等活动。本次主题实践活动服务人数700人次。

【庭院改善工程验收获“百分百”满意】 2010年1月，清波街道2009年列入第一批庭院改善工程计划的劳动路、华光巷等3处工程接受了市、区庭改办、城管办、物改办等职能部门和居民群众、“民间改善办”的考核验收。3处庭改工程面积12000平方米，受益居民174户。在庭院改善工程施工过程中，实行边征集意见边施工的方式，征集居民群众意见、建议50条，并逐一做好改进工作。考核验收采用监理单位打分制、施工单位答辩制和居民评分制相结合的验收“三重制”法，最后获得了“百分百”满意的好成绩。

【青少年假期生活丰富多彩】 为确保地区广大青少年度过一个文明、愉快和有意义的寒假，街道通过形式多样、贴近实际的校外教育实践活动，促进青少年的全面发展。组织30名青少年参加“数独达人训练营”等活动；举办爱国读书活动15次，组织20名青少年走进独居、空巢老人家中写福字、送春联，切实加强思想品德教育；组织青少年“低碳”主题环保活动10次，邀请“五好”讲师团老师讲解预防网络诈骗的方法，提高青少年自我防范意识；依托“童玩讲堂”开设5堂心理课程，引导600名青少年更好地认知自我；定时开放社区图书室、电子阅览室地等场地，为他们开展自主学习和增加课外知识提供平台。

暑期，清波街道牵手辖区单位中国美术学院、杭州孔庙等，推出内容丰富、载体多样的“文化之旅”暑期实践大餐。联合中国美院开设6个公益艺术短期培训班，为地区青少年提供免费短期艺术培训；联手杭州孔庙举办青少年“国学启蒙”教育体验活动，通过品穿汉服、祭孔子、诵经典等环节,引导青少年了解儒家传统文化的精髓;街道各社区结合各自地域、文化特色,联手美院志愿者组织低碳环保、书画创意、手工制作、廉政教育和古迹巡礼等活动。借助信息平台,定期以手机彩信的方式发送内容涵盖爱国主义教育、夏季安全提示、心理健康知识、科技小常识等内容的"红段子",做好"爱国教育"、"文化教育"、"健康教育"三篇文章,推进社区青少年思想道德教育。

【央视报道地区军民共建活动】 辖区共有180名"兵妈妈"与"兵儿子"开展了"母子情深"结对活动。为了让军民母子情深的和谐画面成为地区双拥工作中最温馨、最幸福的焦点,元宵节期间,清波街道走入省军区警卫连举办了主题为"团团圆圆闹元宵 军民鱼水双拥情"的活动。2月28日,中央电视台第七套《军事报道》栏目播放了专题片《延续20年的鱼水情深》,对清波地区"兵妈妈"与"兵儿子"们共度元宵佳节的实况进行报道。

【建立清波早教中心】 3月5日,为了使辖区0~3岁婴幼儿在成长关键时期能获得优质早期幼儿教育的机会,清波街道计划生育协会结合地区计生工作特色,充分挖掘辖区单位资源,与著名早教中心"金宝贝"联手成立清波街道婴幼儿早教基地。通过产后访视过程中发放"金宝贝"贵宾券的形式,为地区家长掌握亲子教育的先进理念和新生婴幼儿享受双母语、分龄式教育等人性化服务开辟了"绿色通道"。

【搭建职工诉求服务平台】 为了维护劳动者合法权益,提升街道、社区两级服务功能,3月26日,清波街道在清波门社区成立首个"民生驿站",为接待企业职工来访、畅通诉求渠道、登记服务信息搭建职工诉求服务平台。采取优化信息采集方式。通过来信来访、组建企业联系队、社区民生监督队和为民办实事项目等形式,及时记录和梳理企业主或职工反映的问题,做好上传下达和下情上报,搞好动态管理,实现"零距离沟通"。拓宽服务途径。针对反映的问题,"民生驿站"采取不同形式加以解决,对于街道、社区能解决的问题,通过民生议事厅(会)、民生服务局域网,及时给予解决;对于需要上级部门或多方协调的,则联合人大代表进社区、党代表进社区、地区共建单位、职能部门等多种途径进行商议解决。社区民生监督队还对每项民生问题进行跟踪反馈和监督管理。采取限时结办制度。为使从业人员切实享受到省心、称心和舒心的服务,"民生驿站"全面推行限时办结制。如需协调解决的事项,3个工作日内告知处理意见,复杂情况则控制在一周内办结。

【获首个省级禁毒工作先进集体称号】 清波街道作为全省社区戒毒(康复)及社区药物维持治疗有机衔接工作的试点单位,建立了以街道、派出所、社区公共服务站、党员志愿者和社工"五位一体"的管理工作机制,坚持社区戒毒(康复)监护社会化,积极做好戒毒(康复)对象人性化帮扶管理工作。同时,在"无毒害地区"创建,禁毒工作专职队伍自身建设等多个方面取得了显著的成绩。2010年,街道落实戒毒经费14万元,已有11人进行康复治疗,成功戒除毒瘾两人,并为3名家庭生活困难的戒毒人员办理了低保;4月13日,被省政府授予禁毒工作先进集体荣誉称号。

在孔庙举办青少年"国学启蒙"教育体验活动　　(清波街道　提供)

【首次成功引入合伙企业】 4月16日,清波街道通过走访调查和有效挖掘地区企业资源,成功引入地区投资公司合伙企业——杭州金永信天时创业投资合伙企业(有限合伙)。该企业注册资金5000万元,主营创业投资代理业务,代理其他创业投资企业等机构或个人的创业投资业务。该企业的入驻不仅是街道历年来招商引资工作的首次突破,也为拓展招商渠道和探索多元化的为企服务模式奠定了扎实的基础。

【首创社区动漫宣传】 为改善公共服务方式,丰富社区服务内涵,推广社区特色品牌,2010年4月,柳翠井巷社区从社徽中汲取灵感和创意,创造性地将动漫元素引入到社区宣传中,自主设计、推出了杭州市首个社区动漫宣传片《共话柳翠情 同奏和谐音》。该宣传片以社区工作者代表"翠翠"和"晶晶"两个卡通人物为主角,以社区内的国际旅游资源访问点——南宋御街·中山路、源茂里的风土人情为脚本,以"温馨帮扶"和"微笑志愿服务"两大载体为核心,通过"热热闹闹的社区邻居节"、"温馨幸福的院落品茶"和"感人至深的志愿服务"三大主题场景和小故事将社区的特色和品牌以最为通俗易懂、生动丰富的方式展现出来。制作居民动漫服务手册替代原本繁琐的文字式办事指南,通过漫画的形式演绎法律维权、日托养老服务、低保申领、证件办理等常见的居民事务办理流程,以更为直观、通俗易懂的方式让广大居民群众了解社区的本土文化与日常服务工作。

【成立全省首个期货公司团组织】 清波街道努力构建与辖区经济社会发展相协调、与青年群体变化相适应的组织体系,加大"两新"(新经济、新社会)团组织建设的力度。5月4日,在综合实力排名全国前五名的南华期货有限公司建立了全省首个期货公司团委,推出研发、设计、营销管理等10项实践体验项目,逐步提高团组织凝聚青年、服务大局的能力,促进地区青年就业和再就业。

【沪昆浙江公司揭牌】 5月8日,沪昆铁路客运专线浙江有限责任公司揭牌仪式在上城区举行,标志着沪昆铁路浙江段进入全面施工建设的新阶段。沪昆铁路客运专线浙江有限责任公司是清波街道引入的招商引资项目之一。该公司注册资金15亿元,总投资850亿元,主要负责杭长铁路客运专线浙江段、钱塘江隧道工程项目建设和资产经营管理工作。沪昆铁路浙江段项目已完成站前工程施工总承包和施工监理招投标工作,前期各项手续也已基本办理完毕,施工单位和监理单位已陆续进场开展施工调查、施组编制、控制桩复测等工作,全线工程建设于5月底全面铺开,预计于2013年建成通车。

【"4+2"保卫模式构筑校园安全网】 为配齐、配强校园安保力量,为地区广大师生营造一个良好、和谐、安全的学习环境,5月,清波街道以清波门社区为试点,面向社会招募了30名文化程度高、社会责任心强、身体健康的志愿者,与地区学校实现安全联动,打造"4+2"校园安全保卫管理模式。"4"即校方自有安保力量,由1名主要领导、1名值班老师和两名学校保安组成;"2"即在原有安保基础上增配两名由志愿者担任的"校园安全卫士",以"打造安全绿色校园"为目标,共同承担起中小学上下学重点时段的可疑人员排查、道路交通疏导和周边治安情况通报等工作。

【成立上城首家社工营养师工作室】 5月20日,清河坊社区联合仁和康复医院共同打造全区首个营养师工作室,坐班营养师由持高级营养保健师资格证书的社工担任。工作室还特邀仁和医院专家担任名誉顾问,针对社区居民不同的健康需求,为他们提供膳食搭配、食疗咨询、养生保健系列讲座和孕产期营养调理等服务。社区网站开辟养生保健专栏,以网络在线咨询的形式进一步和居民进行沟通,及时解答养生知识,使地区居民足不出户就能享受到方便快捷的饮食指导和健康咨询服务。

【首推"情景模拟"社工培训新模式】 为有效提高社区工作者职业素养,进一步提升社工队伍整体服务水平,6月1日,清波街道首次尝试采取"情景模拟"互动方式开展居民事务的受理方法、服务技巧、手续流程等社工业务知识培训。培训中,社区工作者通过引入邻里关系、低碳环保等与群众生活密切相关的热点事实素材,自编、自导、自演、自评证件咨询办理、就业指导帮扶、矛盾纠纷化解、垃圾分类指导等多项涉及社区日常工作内容的情景剧,在展现技能特长、交流工作经验的同时,也为凝聚团队力量和发挥集体潜能奠定了基础。

【成立“红色草根”智囊团】 6月,为更好地发挥基层党员的先锋模范作用,清波门社区党委召集热心社区建设的党支部书记、“两新”党组织代表和老的居委会干部们组成了一个“红色草根”智囊团,通过“头脑风暴”的方式为解决社区的民生问题出谋划策。成立以来,对涉及庭院改善、垃圾分类等多个民生问题,展开民生问题讨论会。智囊团的成员们不仅在会上为社区支招,会后,更是将讨论会的结果付诸于行动,协助社区做好民生工作,为社区建设添砖加瓦。

资料 “头脑风暴”:邀请社区党员、支部书记及小组长等热心社区公益事业的群体,围绕社区发展中存在的各类问题,以分组讨论或自由发表意见的方式,建立新观点和新想法,为推动和谐社区发展献计献策。

【首家大学生文创类企业落户清波地区】 6月5日,首家由高校毕业生自主创办的文创类企业杭州柘木汇艺术家居有限公司在清波地区挂牌成立。该企业由5名不同专业的大学生共同筹办,是一家提供个性化设计服务,销售个性化实木家具、艺术品等物件的创意品牌店。该企业与清波街道团工委合作,落实企业申报大学生见习基地的事项,通过前期创建的形象设计、商场美陈设计、艺术品鉴赏、室内设计等多个特色化工作室,为大学生提供就业指导、见习对接、创业扶助等服务。

【启动“艺术实践进社区”志愿服务合作项目】 6月11日,清波街道与中国美术学院正式就“艺术实践进社区”志愿服务合作项目达成协议,32名美院大学生志愿者以“小巷总理”助理的身份走进街道5个社区,开展为期两年的社区志愿服务。双方将按照“校地合作、互惠共赢”的原则,在艺术人才培养、基层服务模式创新、文化资源开发与利用等多方面进行探索与实践,共同搭建起资源共享、优势互补、融合互动的志愿服务平台。“艺术实践进社区”志愿服务项目既是清波街道为充分整合地区资源,树立清波志愿工作品牌推出的重要活动项目之一,也是街道以“人文建设年”活动为契机,彰显文化软实力的一项重要举措。开展“艺术实践进社区”志愿服务活动,为街道联合地区名校共同探讨当代共青团工作的新思路、新方法、新举措提供了有效载体,通过发挥大学生志愿者的专业特长,举办形式多样的“送艺术”进社区实践活动,营造起清波地区高品质的精神文化艺术氛围。在为期两年的志愿服务时间里,清波街道将带领大学生志愿者共同开展以“五个一”为主题的志愿服务品牌建设活动,即通过开展志愿服务来编好一本清波乡土漫画教材、办好公益艺术特色班、做好《清波团讯》、出好成果展示图板、做好工作经验总结。8月27日,中国美术学院——清波街道“艺术实践进社区”志愿服务暑期实践成果汇报展在蔡官巷35号清波街道市民学校拉开帷幕。中国美术学院党委书记钱晓芳、区委书记陈红英、中国美术学院党委副书记胡钟华、团市委副书记李忠誉、中国美术学院党委学工部部长姜玉峰、团区委书记章琪、街道党工委书记叶素、街道办事处主任陈勇、中国美术学院团委书记竺照轩等莅临活动现场。活动中,街道联合美院举行了校地合作“志愿服务实践基地”揭牌仪式,钱晓芳和陈红英为基地揭牌。会上表彰了在“艺术实践进社区”志愿服务暑期活动中表现出色的6个优秀团队。

【成功引进首家贵金属交易公司】 6月,清波街道引进的杭州北交黄金有限公司在上城区落户,该公司注册资金3000万元,是依托北京黄金交易中心有限公司杭州中心营业部这个平台建立并发展的综合性贵金属交易机构。作为上城区首家专业从事贵金属及其创新产品投资交易的服务机构,杭州北交黄金有限公司将充分发挥贵金属投资日益增长的产业优势、投资产品及服务的专业优势、交易网络的市场渠道优势,以黄金等贵金属业务为核心,建立多产品运营的服务体系,通过汇集国内外银行、黄金企业与机构、黄金投资者所形成的强大市场力量,运用畅通的交易渠道、高效的交易平台、安全的资金管理、完善的风控体系、优质的客服体系及专业的服务团队,打造杭城最具国际影响力的综合性贵金属交易服务品牌。

【100名“绿袖标”培训上岗】 为将居民生活垃圾分类收集处置工作落到实处,6月初,清波街道对垃圾分类投放工作进行了培训,组织一支由社区干部、城管工作联系站人员、居民小组长、楼道长和社区志愿者组

成的“绿袖标”指导员队伍，指导垃圾分类投放工作。指导员负责1~2个分类垃圾桶设置站点，指导监督居民进行正确的垃圾分类相关工作。6月16日，100名首批“绿袖标”指导员已全部上岗。

【搭建校地“一帮一”互助平台】 7月，为破解社区工作者队伍素质参差不齐的难题，同时为在校社工专业大学生提供跟岗实习的机会，清波街道整合社区资源，在各社区搭建校地“一帮一”互助平台，设立专门的社会工作实践活动室。通过安排社工专业大学生担任工作室负责人，联系、协调各项居民事务工作，参与“邻居节”、青少年寒、暑假活动的策划和组织等，发挥其专业特长。以工作室为依托，组织社区工作者带领大学生参与到社区具体条线工作中去，扮演社区工作者AB岗位中的B岗位角色，在走街串巷、与居民面对面交流的过程中，真实体验社区工作、感受社区氛围，不断提高其沟通技巧和实务技能。还开办“社区大讲堂”，让大学生走上社区讲台担任培训老师，将所掌握的专业理论知识传授给社区工作人员，达到“互帮互助，互利共赢”的目的。

资料　AB岗位： 在合理设置社区工作岗位、完善社区工作职责的基础上，在社区公共服务站各岗位中，分别设置两个岗位承担人，分为A、B两角。A岗承担人为该职位的责任人，B岗承担人为该职位的备岗责任人，当A岗承担人因出差、开会、休假等情况离岗时，由明确的B岗承担人代替其履行工作职责。

【成立“清波创驿”青年创业就业服务中心】 7月，为帮助清波地区青年更好地实现就业创业，使地区大学生实现充分就业，清波街道在摸清地区就业困难青年底数、建立失业大学生动态数据库、掌握大学生就业需求的基础上，整合资源，率先成立“清波创驿”青年创业就业服务中心，为地区青年提供“一对一”的服务。该服务中心采取岗位见习、专人辅导、技能培训、人才推荐等方式，重点针对困难家庭、创业知识匮乏以及社会经验不足的毕业生等群体开展就业帮扶工作。服务中心已成功吸纳8家地区非公企业作为提供就业创业见习岗位单位，为地区青年积累工作经验、提高就业创业能力提供帮助。通过定期举办“SYB”培训，邀请地区非公企业负责人或创业成功人士担任创业导师，以现身说法、经验介绍、面试模拟会等形式激发大学生创业热情与潜能，帮助他们了解各项就业创业政策及最新市场需求。

资料　“SYB”： 全称是“START YOUR BUSINESS”，意为“创办你的企业”，它是“创办和改善你的企业”(SIYB)系列培训教程的一个重要组成部分，由联合国国际劳工组织开发，为有愿望开办自己中小企业的朋友量身定制的培训项目。

【召开民生立项项目评审会】 为推动和谐社区建设，破解社区工作中的一些“老大难”问题，提高社区工作者的创新精神和实践能力，7月15日，清波街道召开社区民生立项评审会，邀请浙江树人大学社会学专家陈微教授，浙江工商大学公共管理学院社会工作系主任马良博士等专家，以及省民政厅基层政权处处长陈建义，市民政局基层政权和社区建设处处长周伟华，区政协副主席戴晓军，区委组织部、宣传部，区民政局、城管办及清波街道班子成员参加了评审会。会上，各社区都结合自身特色，采用PPT集中展示及社区工作者现场解说的方式对初选项目进行介绍。如柳翠井巷社区的民生服务共同圈项目将社区的历史与时尚相结合，将南宋的“御”文化融入到民生工作中，提出建立一个具有便民、保障服务、文娱活动等八项功能于一体的生活圈；劳动路社区以社区民间组织居民事务服务中心建设为核心，把社区自治能力的提升问题作为立项的基本点；定安路社区“紫薇家园”民生项目提出保障民生的新思路；清波门社区民生(声)驿站项目旨在搭建一个负责接待、受理、登记居民诉求的服务平台；清河坊社区“幸福港湾”民生工程项目通过建立“成长工作坊”、“人文工作坊”、“河坊工作坊”、“阳光工作坊”四大板块提升社区总体服务水平。各社区对项目进行仔细、全面的阐述后，与会领导和专家对各个项目提出了评价和建议。

【建立首个居民短信服务平台】 7月，柳翠井巷社区打破常规公告栏张贴海报、上门或信函通知等传统居民事务告知方式，与杭州移动公司合作，借助“移动e管家”建立了首个居民短信服务平台。该平台以互联网为基础，以短信平台为载体，通过移动先进的网络和技术，利用手机短信方便快捷、易于阅读存储、接收范围广等特点，实现了社区与居民间的“零距离”双向沟通。通过该平台，社区能在第一时间以短信的形式将相关惠民政策、会议活动通知、宣传教育信息及节日问候和温馨提醒等发送至居民的手机中。居民可通过该平台向社区反馈自己的实际服务需求和意见、建议，便于社区及时、快捷地梳理、归档各类社情民意，从而在满足社区居民不同生活需要的同时，提高社区工作者的工作效率。

【泰国肃毒委员会莅临指导】 7月30日，泰国中央肃毒委员会减少需求局局长安差里、法律事务局局长差语等12名泰国肃毒、禁毒相关领导莅临清波街道指导戒毒(康复)工作。公安部禁毒局国际合作处处长王优美、上城区综治办副书记胡建根等各级领导陪同。会上，街道党工委书记叶素作了关于街道禁毒工作的详细汇报，王优美、胡建根和街道禁毒办公室相关工作人员对泰方提出的疑问进行了详细的阐释。会后，泰方领导官员参观了清波街道“街道禁毒工作办公室”，了解了街道的禁毒导航系统。他们高度评价了清波街道的戒毒(康复)工作，并表明将借鉴街道禁毒工作的相关做法和经验。

【参与首届杭台邻里节】 8月27~28日，中国台湾高雄的9户家庭与劳动路社区、清河坊社区和柳翠井巷社区的结对家庭相聚在一起，共话两岸邻里情。在为期两天的时间里，台湾同胞与社区居民共栽代表情谊长存的“亲情树”；参观孔庙、西湖国学馆等人文景点；走访清河坊历史街区，感受胡庆余堂、方回春堂、叶种德堂等百年老字号的独特韵味；通过交换亲情卡、开展结对互访、邻里互动等活动，密切两地基层民众之间的友好往来。劳动路社区与高雄市鼓山区裕兴里签下了“两岸”社区(邻里)结对协议书，双方将在旅游、文化、教育、基层建设等领域开展沟通与交流。

【举办地区首届美丽心灵人物评选活动】 9月6日，首届“清波地区美丽心灵人物”评选活动在蔡官巷35号四楼会议室举行，区委副书记朱履林，区委常委、宣传部部长王越剑，区委常委、组织部部长黄爱芳，区委组织部副部长周朝星，区总工会主席韩丽华，团区委书记章琪，区妇联主席周莹，中国美院团委办公室主任徐增鎏，区文明办副主任吴红星参加此次活动，街道党政班子成员出席活动，辖区单位代表、社区书记主任、街道机关干部、社区居民等100人参加投票评选活动。23名候选人在街道党员活动中心通过个人事迹阐述、播放图片视频等方式进行风采展示。候选人中有长期为社区老、弱、病、残、幼提供无私帮助的基层党员；有积极参加环境保护等公益事业的志愿者；有身残志坚，经过4次拼搏最终通过司法考试的有为残疾青年；也有不少是为家长里短、鸡毛蒜皮的小事忙碌奔波、无私奉献的普通居民；还有远赴加纳，从事为期一年志愿汉语推广教学工作的辖区单位职工。区领导、职能部门领导和社区居民代表等对23名“清波地区美丽心灵人物”候选人进行了民主投票表决。朱履林宣布，王征宇、陈兵、陆汀、曹执中、潘曼霞、钱宝根、谢宝凤、吴桂花、颜树萍、徐启明等得票前十名的候选人被授予“美丽心灵奖”称号，其他13名候选人则被授予“快乐坚持奖”称号。

【完成第四届妇联换届选举工作】 9月8~10日，清波街道下辖5个社区完成妇联换届选举工作。共选出了施哲等5名妇联主席，周冰等5名妇联

7月30日，泰国中央肃毒委员会代表团赴清波街道调研禁毒工作。

(清波街道　提供)

副主席，王丹等15名执委。区妇联主席周莹参加了此次选举工作，并对新选举出的妇联领导班子成员提出要求，希望社区妇联在今后工作中能够进一步解放思想，与时俱进，开拓创新，发挥广大妇女在建设和谐社区中半边天的作用。

【“吴山商圈”党委成立】 9月17日，“吴山商圈”党委成立暨校地区域基层党建共建启动仪式在定安名都商厦八楼信泰人寿会议室举行。中国美术学院党委书记付肃琴，市委组织部组织处处长李正龙，区委书记陈红英，区委常委组织部部长黄爱芳，中国美术学院团委书记竺照轩，中国美术学院团委副书记潘晓蕾，街道党工委书记叶素，党工委副书记、办公室主任陈勇参加了此次启动仪式。叶素介绍了“吴山商圈”党委的概况，陈红英为“吴山商圈”党委授牌。启动“校地区域基层党建共建”项目中，付肃琴和陈红英为“中国美术学院——清波街道基层党组织发展促进会”授牌。“吴山商圈”党委代表与社区困难家庭代表签定了《结对协议书》，与中国美术学院学团党支部代表签定了《青年就业创业见习助学合作协议书》；中国美术学院与清波街道代表签定了《校地区域基层党建共建协议书》。12月10日，中国美术院学院2011届毕业生校园供需见面会在象山校区拉开帷幕。针对艺术类院校学生的专业特点和求职意向，来自“吴山商圈”内的思美传媒股份有限公司、宇田科技有限公司、吴越人家公益服饰有限公司、真维斯服饰有限公司和盛邦人才服务有限公司等多家地区单位，为该校毕业生送去了创意设计、创意文案、丝绸旅游纪念品设计、纺织面料图案设计、工艺美术品销售等近30个就业、见习岗位。这是“吴山商圈”党委按照构建“街、校、社、企”四位一体的区域化大党建综合体的要求，鼓励地区非公企业为高校学生提供就业创业见习平台，提高他们就业创业能力的重要举措之一。

【向居民发放《便民服务手册》】 本着服务群众、方便群众的原则，9月，清波街道各个社区结合社区实际编写了5册惠及全体清波居民的《便民服务手册》。《便民服务手册》内容涵盖了衣、食、住、行各个方面，既有便民服务信息，又有详细的办事服务流程，不仅有利于街道和社区有效提高为居民办事的效率，更成为居民日常生活的好帮手。街道所辖5个社区共发放《便民服务手册》1500册，受益居民4000多人。

【开通人文、廉政特色文化体验线路】 10月18日，清波街道在吴山广场举行“吴山清风、修身之旅”廉政文化体验线及“吴山天风、修心之旅”人文体验线首发游仪式，为市民朋友现场推介两条旅游线路，并向过往行人发放200册详细的线路手册。当天，20名来自“吴山商圈”党委各支部的流动党员与30名辖区居民代表率先参与了体验活动。推出这两条线路是为了进一步挖掘清波地区宝贵的精神财富，方便居民更好地游览吴山景区内众多人文自然景观。清波街道认真梳理辖区现有的历史文化、建筑文化、民俗文化等旅游资源，将有助于提高市民人文素养及具有反腐倡廉教育意义的景点串联成线，倾力打造这两条旅游线路。“吴山天风、修心之旅”人文体验线旨在增强群众文化素质与人文涵养。该线路以伍公庙为起点，囊括了关汉卿纪念石、苏东坡与感花岩等景点，富有传奇性的人文故事、历史典故集中展示了吴山景区浓郁的历史文化底蕴，成为精神文明建设不可多得的鲜活教材；而另一条“吴山清风、修身之旅”廉政文化体验线则由于

9月17日，在定安名都商厦举行“吴山商圈”党委成立暨校地区域基层党建共建启动仪式。
（清波街道　提供）

10月18日,在吴山广场举行"吴山清风修身之旅"廉政文化体验线启动仪式。
(清波街道 提供)

谦故居、周新祠、阮公祠、三茅观、伍公庙等景点串联而成,通过让游览者了解、感悟于谦等人"爱国、勤政、为民、清廉"的精神,体会他们"粉骨碎身浑不怕,要留清白在人间"的傲人风骨,从而起到以史为镜、观景知廉的作用。

【获杭州市最有创意社区邻居节】 10月29日,劳动路社区邻居节被杭州市文明办、杭州市民政局、钱江晚报社评为杭州市第七届邻居节"最有创意社区邻居节"。2010年,劳动路社区邻居节以倡导"邻里间应以仁爱睦邻为准则"的"里仁"之美为主题,邀请浙江大学人文学院哲学博士于钟华在孔庙为居民开讲《论语——里仁篇》。开展了以歌会友、以墨会友、以琴会友、以棋会友、以茶会友、论坛、孝星大评比、及以摄会友为主题的系列活动,彰显邻里间的"里仁"美。

【劳动路姐妹编织社推出首个自创品牌】 11月,劳动路社区姐妹编织社引入辖区大学生创业团队的创业理念与资源,重新包装并推出了创意格子铺,同时携手创办了全市来料加工公益性自治组织范围内的首个自创品牌——"HELI"。该品牌以制作、销售个性项链、耳环、围巾等时尚产品为主,由大学生创业团队负责产品的设计与推广,编织社则以提供多层面的再就业服务工作为平台,鼓励"4050"人员参与来料加工产品的制作,逐步形成帮扶失业人员再就业及大学生成功创业的双赢运作模式。为助推大学生创业品牌"HELI"的健康发展,编织社还免费提供加工场地、展示场地和销售场地,逐步形成了"一站一室二中心"的特色格局(即客户服务站、产品展览室、生产管理中心、培训中心)。此外,编织社还帮忙"牵线搭桥",联系有物美价廉原料的供应商,为大学生创业团队解决了产品原材料无处采购的难题。

【"三优"指导中心挂牌成立】 11月14日,为居民群众免费提供"优生、优育、优教"服务的清波街道"三优"指导中心挂牌成立。街道计划生育协会依托清波幼儿园、"金宝贝"早教机构的专家、教学资源,做好优生优育、科学育儿、人口早期教育等知识的普及工作。由杭州市第一人民医院儿童保健医师等组成的专家组为年轻家长免费开展早教咨询活动,家长针对育儿过程中的困惑提出了许多问题,专家们逐一给予解答。

【参加2010全国11个城市友好街道年会】 11月24日,街道党工委书记叶素、党政办主任朱耀等人参加了由天津市津门天塔街道承办的2010全国11个城市友好街道年会,来自北京市朝阳门街道、大连市沙河口区黑石礁街道、上海市黄浦区外滩街道等全国11个城市的友好街道30名代表相聚津门,以"推进和谐社区建设"为主题共同研讨交流了社区建设工作。11个城市友好街道年会发起于1996年,旨在加强协作、交流工作、学习经验、共享成果,是全国各地街道社区进行社区建设创新探索的一个平台,每届年会都结合新形势,选取主题,进行研讨。本届年会围绕"贯彻27号中央文件推进和谐社区建设"主题,以共同交流探讨新时期街道工作的新思路、新举措、新经验为主旨。叶素就街道实施社区"AB岗工作体系",加强社会领域党建工作,开展"邻居节"活动,打造社区服务优秀品牌,探索社区管理服务新模式,探索养老新模式以及探索城市管理新模式和长效管理新机制和城市社区居委会在服务居民群众、搞好城市管理、密切党群干群关系、维护社会稳定等方面如何发挥作用进行交流，对促进全国和谐社区建设起到积极作用。会议期间，叶素与其他街道代表一起参观了天津五大道风景区、滨海新区、周邓纪念馆、桂发祥麻花生产线，对天津近年来的飞速发展变化留下了深刻的印象。

【成立上城区首个“市民观察团”】 12月2日，清波街道举行了以“观察，让城市更美好”为口号的“市民观察团”启动仪式，为专业人士和普通市民优化城市宜居环境献策献力。区委书记陈红英、副书记朱履林、清波街道党工委书记叶素和党委组织委员林系州及“市民观察团”成员参加了启动仪式。叶素介绍了“市民观察团”的成立背景，清波街道作为“民间改善办”的发源地，一直不断深化“民主促民生”的有效机制，“市民观察团”的成立则在城市建设上有效拓宽了角度，提升了专业性，增加了参与渠道。“市民观察团”这支综合性智囊团队伍不仅是街道响应市委、市政府的号召，培育和发展社会复合主体，共同治理城市公共事务的一次有益尝试和探索，更能有效提升城市环境品味，提高建筑美学价值，深化历史人文内涵。朱履林认为其完全符合打造“具有国际水准的高品质城区”建设要求，是“学习型”、“创新型”、“生态型”城市建设的创新举措，是打造“智慧上城”的积极实践。街道要重视开展“市民观察团”活动，大胆探索，丰富活动形式，拓展活动内容，边实践，边总结，并将该经验向全区推广。陈红英向“市民观察团”团长柳江修授牌，并对“市民观察团”发展寄予了殷切希望，希望其能发挥市民参与上城建设“领头羊”的作用，汇集民智，深化民主，促进民生。

【全市首家大学生特优农产品专卖店开业】 12月3日，杭州市首家大学生特优农产品专卖店在清波门社区正式开张营业，省农业厅副厅长冯一鹤、团市委副书记李忠誉、市农办主任助理马亚明、上城区代区长缪承潮、团区委书记章琪、区人事局副局长陈琪、清波街道党工委书记叶素、办事处主任陈勇等领导共同参加了此次活动。大学生特优农产品专卖店是清波街道“清波创驿”青年创业就业服务中心为培养大学生自主创业精神和社会实践积极性，联合市农办及农产品推广中心共同推出的大学生创业就业实体帮扶项目。为了最大程度地帮助大学应届毕业生降低创业风险，双方依托现有的大学生创业资助政策，制定简易可行的农副产品进货和配送方案，建立了农副产品企业——物流配送——社区销售的一站式农副产品配送销售体系。这不仅拓宽了农副产品的销售渠道与销售范围，也有效减少了农副产品的销售环节与流通成本，为大学生创业者构筑起稳定的农副产品销售平台。社区农产品直销店计划试行半年后，该模式将在上城区所有社区进行推广，在较为成熟的社区建立2~3家社区农产品直销店，解决30名大学生的就业问题，为困难家庭学生提供100个勤工俭学、社会实践的岗位。

【构筑“360”立体化科普教育工作格局】 2010年，为推动社区科学技术普及工作，提高公众的科学文化素质，清波街道创新科普工作机制，夯实科普工作基础，因人而异、因地制宜，构筑了政府主导，上级科协指导，社区参与，主旨突出、内容丰富、特色鲜明、格局有序的“360”科普工作新型格局。利用大型的科普宣传活动，结合形势和实际需要，创造性地开展科普知识宣传和先进实用技术推广，利用国际性纪念周(日)，如“国际科学与和平周”、“世界人口日”、“环境日”、“地球日”等，以及中国的传统节日，有针对性地开展各种群众性科普宣传活动。2010年，清波街道各社区开展各类科普活动30项，参与活动的地区单位27个，参加活动科技人员有45名，居民群众达5000多人次。

资料 **“360”立体化科普教育工作格局：**打破自上而下的传统模式，形成各级科协、社区、辖区单位“三位一体，优势互补，资源共享”的立体化新型科普工作格局。开展科普知识图展、科普知识讲座、避险逃生演练、专场文艺演出、科普知识竞赛、采编科普小报等六大类特色活动，突破科普宣传教育的传播方式，实现科普与居民群众实时、动态、交互的零距离接触，从而提高居民科技文化素质和防灾避险意识。

5月31日,清波街道召开创先争优暨深化作风建设年活动动员大会。

(清波街道　提供)

【开展"清波先锋"创先争优活动】 5月31日,清波街道召开了以"学习实践科学发展观,建设服务型基层党组织"为主要内容的"清波先锋"创先争优活动动员大会。会议由时任街道党工委组织委员林系州主持,街道党工委书记叶素作动员讲话。街道全体机关干部、社区党委书记、"两新"组织党员代表及部分社区支部党员共100余人参加了动员大会。

清波街道党工委根据区委《关于深入开展以学习实践科学发展观建设服务型基层党组织为主题的"上城先锋"创先争优活动的实施意见》要求,把握以创建先进基层党组织、争当优秀共产党员为主要内容的"五个好"、"五带头"要求,围绕自身实际,按照"一街道一品牌、一社区一特色"党建品牌工作创建思路和"一个党委一核心、一个支部一堡垒、一名党员一标杆"的要求,以"2+4"(即学习型、服务型、创新型、先锋型、廉洁型、低碳型)党组织、党员创建为载体,通过"四个抓"推进以"清波先锋"为主题的创先争优活动,即抓好宣传落实,着力确保"创先争优"活动有效开展;抓好学习型党组织创建,着力提升党员干部整体素质;抓好服务型党组织创建,着力提升党建服务力;抓好"四型"党组织创建,着力增强创先争优的实践性;不断提升服务能力,创新党建格局,为打造"幸福清波" 提供新动力。街道7个党委、110个支部、1683名党员参与"创先争优"活动,组建各类服务队58支,开展各类讲座16场,举办大小活动69场次,为居民解决各类实事214件。

> **资料　"五个好":** 指领导班子好、党员队伍好、工作机制好、工作业绩好、群众反映好。
>
> **"五带头":** 指带头学习提高、带头争创佳绩、带头服务群众、带头遵纪守法、带头弘扬正气。

(柳景春)

小营街道

【概况】 小营街道地处杭州市中心腹地。辖区东临贴沙河,西至中河,南到望江路,北接庆春路,总面积2.7平方公里。下辖小营巷、金钱巷、西牌楼、紫金、马市街、大学路、葵巷、老浙大、长明寺巷、茅廊巷、梅花碑、姚园寺巷等12个社区,总人口9.71万人。辖区内有行政事业单位234家,医院9家,中学5所、小学5所、幼儿园4所,证券(期货)公司13家、银行19家、保险公司15家,工业企业68家,房地产开发公司47家,三产服务业2389家。2010年,财政收入达到9.67亿元,占上城区总财政收入的12%,比上年(指2009年,下同)增长17.5%。地方财政收入5.25亿元,占上城区地方财政总收入的10.45%,比上年增长20.8%。

小营街道人文荟萃,有太平天国听王府、王文韶宰相府、鲁迅、郁达夫、钱学森故(旧)居、汪宅、梅石园等文化遗存,还有爱国主义教育基地——毛主席视察小营巷纪念馆、中共杭州小组纪念馆和龚自珍纪念馆。

1958年1月5日,毛主席亲临小营巷视察卫生工作,是毛主席视察过的全国唯一的一个街道。小营街道先后3次被评为全国卫生先进单位。小营街道创立了"双拥"工作和社区体育两块品牌,多次被国家民政部、解放军总政治部命名为"爱国拥军模范单位",被国家体育总局命名为"全国城市体育先进社区"。

2010年,小营街道先后获全国首批学习型示范单位、浙江省首届优秀平安志愿服务队、杭州市综治工作先进集体、杭州市维稳工作先进集体、杭州市五好关工委、杭州市关心下一代先进集体、杭州市示范社区学校(分院)、上城区党管武装工作先进单位、上城区平安街道、上城区公开电话工作先进、上城区居家养老服务工作先进集体等荣誉称号。

【打响“雨露万家”区域化大党建品牌】 12月21日，由小营街道主办，葵巷社区、紫金社区、姚园寺巷社区承办的“星光璀璨，梦幻之夜——大型圣诞青年互动派对”在歌德大酒店拉开序幕。这是小营街道构建区域化大党建品牌 “雨露万家”——动感炫彩版块的处女秀，借助“雨露万家”这个品牌，为辖区单位搭建一个互通有无、相互交流的平台，并以柔性的党建方式凝聚、服务区域内青年群体，着力推进不同所有制企业党建工作融合发展。

【获浙江省首批区域共青团整体化建设示范街道称号】 小营街道开展“敲门、邀约、携手”三行动，组建瑞丰格琳大酒店团总支、回音必集团团委、杭州歌德大酒店团委等5个非公经济团组织，夯实团建基础。发挥“五四联谊会”和“爱心服务圈”两大品牌优势，建立由39家团组织参加的“雨露”联谊会制度，组建杭州市上城区第二人民医院医疗服务团队等10支服务团队，盘活团组织资源举办各类青年活动。围绕心理健康、创业就业等主题，深化青少年事务管理工作，组建“创业智囊团”帮扶大学生创业，开展社区防癌抗癌咨询热线、名医馆、小状元之家特色工作，提升团组织服务功能。2010年，小营街道获浙江省首批区域共青团整体化建设示范街道称号。

【成立街道机关党委】 12月28日，小营街道在供水大厦16楼会议室举行街道机关党委成立大会。上城区直属机关党工委书记周忠诚、小营街道党工委书记任平、小营街道党工委副书记倪受南等出席会议。会议审议并通过了《小营街道机关党委选举办法》和候选人建议名单，选举产生了小营街道机关党委第一届委员会委员。会议选举倪受南为街道机关党委书记、吴卫为街道机关党委副书记，李婕、周燕军、王琴为机关党委委员。

【获“浙江省文明街道”荣誉称号】 小营街道贯彻落实科学发展观，克服金融危机带来的困难与挑战，以党建为龙头，以争创省文明街道为动力，实现小营地区经济、社会、人文各项事业均衡协调发展。提高公民文明素质。深入开展公民道德实践活动，培育社会公德、职业道德、家庭美德、个人品德，增强公民社会责任意识，有力推动社会主义精神文明建设；满足群众精神文化需求。创新“党建促民生”工作机制，开展群众乐于参与的文化活动，培育街道特色文化，不断满足居民求知、休闲、娱乐等需求；改善人居环境。推进街道治安综合治理各项措施的落实，健全安全防范体系，力争实现电子探头全覆盖，提升治安防范与处置能力；加强生态环境建设，着力解决乱张贴、乱搭建、乱设摊、乱停放、乱堆放和乱倒垃圾等问题，维护街道环境整洁有序。提高服务水平。加快街道服务中心和社区服务场所建设，整合民政、公安、卫生和劳动保障等部门的信息资源，为居民提供更好的信息服务。2010年，小营街道被省委、省政府评为2010年度“浙江省文明街道”。

【五柳巷历史文化街区综合整治工程精彩亮相】 小营街道在五柳巷历史文化街区综合整治工程实施中落实人员，明确工作职责。抽派五柳巷涉及社区的优秀工作人员参与到工程中，统一思想，形成合力，明确目标。以民生为重，加速推进前期摸底调查工作。梅花碑和姚园寺巷社区对沿东河两岸居民住户进行摸底

12月18日，举行小营街道机关党委成立大会。 （小营街道 提供）

调查，对拆迁居民群众做好相关政策宣传，解答到位。充分保障居民的监督参与权。成立五柳巷工程监督队，发挥草根力量，队员由沿河小区网格小组长组成，对工程质量、用材等进行实时监督。通过一系列工作，五柳巷历史文化街区于2010年10月1日和新中东河改造工程同步精彩亮相。

【落实历史文化遗产保护三年行动】 小营街道严密安排部署历史文化遗产保护三年行动。在三年行动计划中，街道辖区共有文化遗产保护项目20个，包括文保项目3个，历史街区1个，历史地段1个，历史建筑15个，面积13.59万平方米。其中，2011年需完成的有3个，2012年需完成的有13个，2013年6月需完成的有4个。小营街道以保护优先、合理利用、建设保护协调发展、科学规划分步实施为原则，做好前期工作，成立领导小组，制定实施方案，做好民情民意调查和居民的沟通解释工作，确保该项工程顺利实施。

【协税护税工作见成效】 小营街道征税站征税工作和品牌形象两手抓，坚持“保稳固、抓税源”的工作思路，确保个体房产税稳步提高。2010年，全年实现个体房产税2100万元，占全区房产税的50%。针对个体房产税实施重点税源专业化管理，建立责任制体制，每周开展重点纳税户专题会，形成一套完善的日常管理办法。实施难点税源专项整治，充分借助地税、国税、公安部门的力量，建立护税网络，加强联系，实行纵向互动，冲破瓶颈。

【新引进企业税收总量突破1000万元】 2010年，小营街道招商引资项目209个，其中当年产生税收项目180个，占总引进项目的86%，与往年60%相比有较大幅度提升，新引进企业税收总量突破1000万元。

【为企服务寻问题找突破口】 自2001年小营街道开展招商引资工作十年来，共引进4926家企业，2009年财政收入就达7.5亿元。2010年是此项工作开展的第10个年头，街道以帮助企业解决实际困难为突破口，经过走访调研，确定了亟待解决的三大问题，制定了相应的解决措施。针对缺乏信息支撑，建立网络沟通平台。创建QQ群和论坛，及时将企业需求共性强的问题、各种楼宇信息、政策解读通过论坛发布，告知企业。按行业分类，设置相关板块，方便企业之间的互动；针对融资难，构建“银企交流平台”。通过构建“银行+企业+其他金融机构”的模式，实现供需双方的良性互动，同时倡导中小企业实行产业升级，推动自身的信用体系建设，变“四处找贷款”为“银行送贷款上门”；针对停车难，建立一个“因地制宜、化整为零、见缝插针”式的新型车库，具有小巧灵活、新颖实用、美观大方、结构简单、成本低等特点，能综合利用城市环境中闲置小空间的新型景观环保停车设备；并将绿化带改植草砖，扩大停车场面积。

3月16日，市领导调研指导西牌楼社区垃圾分类工作。 （小营街道 提供）

【获杭州市首届十大杰出“平安志愿服务队”称号】 小营街道“阳光使者”志愿者特色服务队以服务青少年群体的利益诉求为主要职能，针对社区14~25周岁闲散、流动、困难、罪错、边缘等5类特殊青少年群体，开展就学就业、发展服务、预防犯罪、问题干预、心理疏导等综合管理服务。建立以街道为主导的管理体系，同时通过招募“阳光使者”，组建阳光使者督导队、社区青少年舆情监测、阳光展翅、阳光携手等志愿服务队，缓解了青少年个案问题。团中央、团省委、市委宣传部等各级领导多次对该项工作进行了调研。

2010年,青少年事务管理“阳光使者”志愿者服务队荣获杭州市首届十大杰出“平安志愿服务队”称号。

【成为杭州市街道志工委筹建试点街道】 小营街道以扎实的志愿者工作为基础,与萧山区南阳街道、西湖区三墩镇并列为杭州市3个街道志工委筹建试点街道。以“三大行动”为载体,夯实区域志愿者工作基础。对辖区内国有企事业单位和规模型“两新”组织进行走访,建立团工委“爱心服务圈”志愿者队伍,打造特色服务团队。以“两大品牌”为抓手,盘活辖区志愿者资源。深化“五四联谊会”传统品牌的建设,加强区域横向联谊;发挥“爱心服务圈”新兴品牌的效应,接轨党建重点工作,街道团工委通过“敲门”行动,发掘辖区单位团组织的服务资源,成立了10支服务团队,组成“爱心服务圈”,有杭州市上城区第二人民医院的医疗服务团队、浙江省邮政信息技术局计算机维护服务团队、杭州花中城大酒店烹饪培训服务团队等。深化青少年事务管理,志愿者服务朝专业化方向发展。建立了事务管理委员会、事务管理办公室、事务管理工作站、志愿者服务队四级组织机构网络,成立了情感拓展、职业见习、青春自护、技能培训等八大类18家单位青少年事务管理服务基地,并在全市范围内进行志愿者招募,成立了阳光使者督导队等5支不同分工、各具特色的社区青少年管理志愿服务队伍。

【垃圾分类试点工作取得成效】 西牌楼社区成立垃圾分类领导小组,由社区主要负责人牵头,街道城管科给予协助,设立两名垃圾分解员,现场为居民讲解指导垃圾分类的方法。制定垃圾房改造方案和垃圾分类长效管理方案,配备240升垃圾桶134个,发放家用垃圾桶1545套,发放分类垃圾袋60包、3600个。应用“民主促民生”机制,征集意见建议。宣传方法多样,营造浓厚氛围。悬挂横幅、在社区的宣传橱窗内张贴宣传海报并发放宣传册;开展“生活垃圾分类处理宣传仪式”;推出积分换购活动,居民可以凭可回收垃圾或有毒有害垃圾换取积分;邀请市城管办固废中心专家为居民讲解垃圾分类的知识。安装环保型的“垃圾分类语音提示器”。用太阳能供电,利用电子感应实现语音提示。只要居民距垃圾房1.5米左右,“语音提示器”会自动提示“垃圾请分类投放”等温馨提示语。居民使用以来成效明显,垃圾分类正确率提高5%以上,人力宣传成本节省50%以上。新推一款“看一看,就知道”垃圾分类行进图。用两种符号、四种颜色详细标明了各社区试点小区名称、垃圾分类工作计划进度、实际进度以及实施情况。通过宣传和入户调查,垃圾分类知晓率100%,支持率99.6%。垃圾分类试点社区西牌楼社区组织15名社区居民走进唱片公司,将自编自弹自唱的垃圾分类歌曲制成专辑,有越剧、评剧等多个剧种,专辑的名字为《垃圾分类宣传演唱专辑》。专辑录成后,社区将通过传唱垃圾分类歌,方便居民记忆,在社区中营造良好氛围,呼吁更多人支持垃圾分类。3月25日,杭州市垃圾分类启动仪式在西牌楼社区举行。副市长俞志宏、市城管办主任陈祥荣及各城区相关部门领导参加了启动仪式。

【创建数字化学习街道】 小营街道推进由现实教育形态向虚拟教育形态的过渡,依托“e学网”数字网络学习平台,辖区居民不离家就能享受丰富的教育资源。做好政策保障,为社区终身教育发展创造环境。街道研究制订了“十二五”社区教育发展规划,以创新实验项目带动推进社区教育持续发展。确保组织保障,组建项目小组,为实验提供组织保障。街道成立社区教育“学习圈”实验项目小组,各社区文教干部协同参与项目的具体实施。深挖辖区资源,为居民学习提供基本条件。与辖区内13所学校、100多家企事业单位及浙江大学等一批省内知名院校形成教育网络,指导各社区开展市民培训、社区服务和教育,形成了相关部门共同参与、分工明确的管理体制,为社区教育的发展提供有力的条件保证。制订数字化学习年度计划,建立专、兼职学习资源建设志愿者队伍,并制定数字化学习考评与奖惩办法有专项资金保障。

【编制《街道办事处综合信息地理化管理规范》】 为使各项工作更加科学、规范、便于操作,小营街道在机关工作标准化管理方面进行了大胆探索。街道办事处综合信息地理化管理系统梳理了街道6大科室和两大部门,60大项、300小项的工作目录,并针对这一整套规范的工作目录拟订了《街道办事处综合信息地理化管理规范》。规定了综合信息地理化系统的管理职责,管理系统的基本要求、内容、运行、安全与保密、考核与检查，使街道办事处工作人员明确了工作任务和具体工作流程，减轻工作量，解决政府工作中基础台账建设存在的不足和部门人少事多、信息资源共享性欠缺问题。2010年6月，制定的《街道办事处综合信息地理化管理规范》获杭州市地方标准规范。

【编制《社区公共服务工作站管理规范》】 该标准规定了社区公共服务工作站的管理职责、工作站保障机制、基本管理制度、管理长效机制、考核与检查等具体内容，使社区成为党组织领导核心作用明显、民主自治水平提高、公共服务能力加强、各种社会群体和谐相处的社会生活共同体。《社区公共服务工作站管理规范》把劳动保障、帮扶救助、安全服务等7个岗位和社会工作的专业化试点岗位职责固化在标准中，把工作责任规范明确落实到位，体现了服务站运作的协作性。该标准已通过来自浙江省民政厅、杭州市民政局、杭州市质量技术监督局、上城区人民政府、区民政局、上城质监分局等9个部门组成的专家审定组审定。

【研发《社区居民手册》】 《社区居民手册》主要依托雨露红巷党员服务站平台，基于立足社区、方便于民的原则，利用"网格化管理、组团式服务、片组户联系"工作机制，动员12个网格管理服务团队广泛收集辖区内大量服务信息，面向辖区居民发放，有效架起沟通辖区服务网点和居民之间互通互联的桥梁。手册设计独特、内涵丰富、特色鲜明。以当年毛主席视察小营巷卫生工作和独特江南水乡建筑风格为底，展现出小营巷深厚的历史文化积淀。手册收录了每户常用的电话号码、居民办事须知、周边公共服务信息和商店信息及其他急用信息，方便居民生活。结合党建促民生"三行动 三共享"机制，整合辖区单位党组织资源，有针对性地推出了雨露家政服务、假日淘宝集市、拎包理发等服务产品，力求解决民生问题。《社区居民手册》发放到街道3万户居民家中，搭建社区服务网点和居民之间互通互联的桥梁。

【女职工"五心家园"服务站走出新路子】 小营街道总工会对所属的12个社区基层联合工会进行女职工"五心家园"服务点授牌，服务点围绕外来女工的实际困难，为她们做好事、解难事、办实事，打造"爱心家园"；发挥职工学校的作用，提供各方面的培训教育活动，满足外来女工的学习需求，提升女职工的自信心，打造"信心家园"；为广大女职工提供维权法律咨询与援助，将保障女职工的特殊权益落到实处，打造"诚心家园"；通过安康保险、婚育新风宣传、计生指导服务等一系列活动，为女职工提供娘家般的关爱，打造"关心家园"；建立提供心理健康疏导与沟通、婚姻家庭调适与服务的活动驿站，打造"知心家园"，让女职工、外来务工女工尽快适应城市生活、融入主流社会、共建共享品质生活。

【打造企退人员三级困难救济圈】 小营街道建立特困补助、帮困救助、医疗救助市、区、街道三级困难救济圈，通过定点和上门发放相结合的办法，保障困难退休人员的晚年生活。建立街道级特困补助救济圈，针对身患绝症的退休人员，通过上门走访，及时沟通后给予帮助。2010年，共计慰问571人，发放特困补助金25.54万元。建立区级帮困救助救济圈，对于因家庭生活困难，通过其他救济渠道仍无法解决困难的企退人员，为其申请帮困救助，全年共为407人申请帮困救助款25.36万元。建立市级医疗救助救济圈，因长期患严重疾病、住院，自负医疗费用超过5000元的退休人员和辖区居民，为退休人员等申请医疗救

小营街道12个社区居民手册 (小营街道 提供)

助。为 767 位辖区退休人员和居民，申请 142.10 万元医疗救助款。

【建立“12512”工作保障机制】 小营街道推行“12512”保障机制，11 月，在社区学院成立“三优”指导中心；组建优质教师队伍、志愿者队伍；建立胜利幼儿园早教基地、社区学院早教基地、天艺幼儿园早教基地、省卫生厅幼儿园早教基地、五星幼儿园早教基地；设立 12 个社区服务点，依托 12 个社区计生服务室，不定期开展普及婴幼儿抚养和家庭教育的科学知识、婴幼儿早期教育以及对新婚及孕期的育龄人群进行“两免”工作宣传和培训等活动。这套模式全面有效地调动了各类资源，将街道、社区、幼儿园、各类早教企业等机构整合到一起，构建起小营街道“三优”促进工作的网络体系，从而做到目标人群全覆盖、服务项目全面化。

【构筑共建共享爱心网格】 5 月 13 日，小营巷社区在小营公园举行共建共享“爱心网格”的助残活动，社区党委结合上城区“‘5A’型目标，网格化管理，组团式服务，片组户联系”党建工作，整合辖区单位党组织资源，把辖区划分成 12 个爱心网格，成立专门服务管理队伍，从居住、就业、生活等民生难题上，对特殊困难人员和家庭提供有针对性服务。向网格内残疾家庭发放了被子、电风扇、棉被、书包等物品，从思想、行动、落实 3 个方面抓好爱心城区建设，构筑爱心栖息地。

【多措并举做好居家养老工作】 针对辖区 252 名高龄独居、空巢及困难老人，社区开辟日间照料老人的场所，配备沙发床、按摩椅、按摩床、电脑等设备，为他们提供读书看报、健康咨询、心理疏导等免费服务。利用社区“老年茶室”、“老年食堂”等作为“日托养老”场所开展健康讲座、文化演出等服务。扩大服务员队伍。面向户口在小营街道且持有援助证的“4050”人员招聘，先后有 30 名“4050”人员走上助老服务岗位。建立“政府买单，服务员提供服务，社区质量跟踪，服务社核实评估，服务中心考核奖惩”的服务评估体系。全年共提供服务 50162 小时，投入资金75.24 万元，3128 人次受益，并为持证独居、空巢老人提供政府买单的全额服务。服务基地为老人提供搭伙送餐、“日托室”、“洗衣房”等多种服务，小营街道有 108 个专业为老服务点，36 支服务队伍，490 名志愿者相结合的服务队伍，拥有按摩床、椅、电视机等服务设备。

【构建四项互动机制抓好侨联工作】 小营街道从财力、人力、物力上给予社区充分的支持，打造设备先进的侨联人员服务中心，成立一支以社区为主、街道为辅的侨眷联络员队伍。建立走访制度、帮困结对联系服务制度、联谊活动制度等，定期召开学习读书会，从法律的角度指导社区侨眷服务工作。定期邀请归侨、侨眷人士走进街道、了解社区，为街道和社区的中心工作或重大事项建言献策。建立社区侨情档案资料、数据库，全面掌握辖区内归国华侨、华侨亲眷和留学生及家属情况。该街道老浙大社区荣获浙江省五星级“侨界之家”荣誉称号，小营巷社区获得浙江省四星级“侨界之家”荣誉称号。 （章　舒）

望江街道

【概况】 望江街道位于杭州市上城区东南部，东临钱塘江、南至望江路、西接贴沙河、北傍清江路，辖区总面积 4.1 平方公里，下设大通桥、始版桥、兴隆、莫邪塘、清泰门、徐家埠、耀华、近江东园、近江西园、在水一方和新建的婺江（社区尚未独立运营）等 11 个社区。辖区内有行政事业单位 38 家，医院 4 家，中学 4 所，小学 4 所，幼儿园 6 所，银行14 家，保险公司 2 家，工业企业 21 家，房地产公司 11 家，服务业 360 家。总人口 10.9 万人，其中常住人口 8.4 万人，户籍人口 6.3 万人。有商务楼宇 8 栋，总建筑面积约 30.09 万平方米。2010 年，入驻商务楼宇的企业已达 332 家。全年实现各业总收入 26781 万元，比上年(指 2009 年，下同)增长 16.54%；完成地方财政 15836 万元，增长 20.53%。完成合同外资 1300 万美元，完成内资 23.23 亿元，其中市外资金 19.02 亿元。

全年发放养老服务券 77983 小时，价值金额 117 万元；依托辖区老年食堂提供服务 11211 人次；设立洗衣店、理发室等便民服务点，提供送餐、休闲娱乐、健身、咨询等服务，受到群众的广泛好评。街道投入 40 万元成立了上城区首个残疾人“爱心庇护站”，推进残疾人管理、康复、帮扶“一盘棋”工作机制，将符合条件的 232 户残疾人及家庭全部纳入社会低保和社会救济范围，并落实143名无业残疾人养老保险和医疗保险补助政策，使托养残疾人家庭年人均可支配收入达到居民年均可支配收入的75%以上。全年新增就业岗位3833个，实现失业人员再就业2017人，安置就业困难人员935人。发放低保金298.5万元；发放各类补贴163.4万元；为67户困难家庭补助17.71万元。

2010年，望江街道相继获得全国社区养老服务先进街道、全国社区教育示范街道、浙江省卫生街道、浙江省优秀基层法律服务所等荣誉称号。

资料 "爱心庇护站"：主要开展对于辖区内劳动年龄段内智力、精神和其他各类重度残疾人提供生活照料、康复护理、文化娱乐、体育健康等服务，兼有庇护工场、工疗、职业培训等辅助性服务功能的场所。

【"以商引商"成功引进企业组织新模式】 2010年，望江街道重点突出"以商引商"模式，牢固树立"抓企业就是抓经济"的工作思路，大力加强为企服务力度。以辖区招商引资企业为第二大股东成立的有限合伙公司——杭州新融创业投资合伙企业正式落户望江，是杭州市第20家有限合伙制公司，在上城区尚属首家。此次浙江和丰投资有限公司参与合伙的杭州新融创业投资合伙企业，注册资金达5000万元，在杭州市同类企业中处于前列。该公司发展形势良好，1~3月，实现地方财政收入219万元。提升企业职工基础素质，望江街道开展"送欢乐、送文化、送技能"进企业活动，帮助企业培育自身的企业文化，协助企业做好外来人员管理。对各招商引资企业实行与班子成员及机关干部联挂制，开展走访调研，帮助企业树立信心，委派专职人员帮助企业办理各种证件，解决企业实际困难。同时，街道利用党建联席会议和共建会议等多种沟通载体，与各企业开展深层次的密切交流。优质的服务管理得到了辖区企业单位的普遍信赖和一致好评，各单位参与到社区建设中来，形成了"互信互助、共建共享"的良好氛围。

【推进"环沪护城河"工程】 上海世博会期间，望江街道成立了"环沪护城河"工程领导小组，全面负责各项维稳工作。街道领导班子走街串巷、深入居民群众，及时了解群众所需，帮助解决群众实际困难，暂时无法解决的，由街道领导出面做好解释疏导工作，务求群众百分百满意。街道以网格为单位，为1600名群众发放了服务联系卡，全力做好上门服务、走访慰问、人民调解等各项工作，提高群众满意率。深入查访不稳定因素，做到专人服务、专人布控。与辖区单位建立沟通联系站，协调搭建收集信息汇总的平台，整合发展社区、单位"信息员"队伍，有效掌控各辖区单位矛盾纠纷和安全生产情况。为800名外来务工人员开展安全教育，提高安全管理和自管水平。2010年，望江街道没发生一起治安事件。

【全力打好普法教育"收官仗"】 2010年是"五五"普法教育的收官之年，望江街道开展多项普法宣传教育活动。组织开展了6次大学习，机关干部、社区工作者开展《中华人民共和国公务员法》、《中华人民共和国物权法》的集中学习，尤其对中央《廉政准则》和"两会"相关文件精神开展了大讨论。利用宣传橱窗、黑板报等发布普法宣传信息，在主要道路以张贴法制文化宣传板、悬挂标语、横幅等形式开展宣传，营造地区法制文化良好氛围。执行党风廉政建设责任制和廉政承诺制度，落实机关工作人员廉洁从政行为规范，充分发挥人大代表、政协委员的作用，抓好民主监督。全年共化解社会矛盾129起，其中，邻里纠纷65起，赡养、抚养4起。

【"三举措"建设平安校园】 为加强校园防范意识，保障学生人身安全，望江街道实施"三举措"推进平安校园的建设。组织辖区学校负责人召开座谈会，传达相关文件精神和政策法规，要求学校启动安全预警机制和校园周边整治协调工作机制，制定突发事件应急预案，敦促学校提高安全工作的管理水平，安排巡逻值守人员，及时排除安全隐患。组织6000名青少年学生在校园观看有关自我保护、意外避免和自救措施等内容的教育片，提高青少年学生随时、随地防范不测事件的能力。以辖区"黄哨子、红袖章"平安巡防队为骨干，建立由11个中队共2000多名平安自愿者组成的平安巡防力量，加强社会面、尤其是学校周边的巡逻防控，维护良好的校园治安环境。

【社区民间组织在全国作交流发言】 8月21日，在国务院第二招待所召开的中国社区服务先进经验报告会上，望江街道作了题为《探索民间组织参与社区服务之路》的交流发言，着重从参与基础服务，构架为老服务体系；发挥自身特长，为广大居民谋福利；缓解社会问题，维护地区稳定三个方面作了汇报，中国人民大学教授、博导于显洋评价说："杭州市望江街道的民间组织已形成门类齐全、层次有别、覆盖广泛、作用明显的社区民间组织结构体系，特别是作为民非组织的在水一方互助会，发展迅速，能积极参与到社区服务中，各地要多培育这样的民间组织。"

【与香港山旅学会交流社会工作经验】 9月16日下午，香港山旅学会(NGO组织)主席石天仑、浙江工商大学公共管理学院社会工作系主任马良博士等人应邀到望江街道交流指导社会工作。会后，望江街道社会服务社与香港山旅协会、浙江工商大学公共管理学院社会工作系进行洽谈，就加强交流合作、定期组织培训等相关细节达成了共识。石天仑、马良还受邀担任街道社会服务社的顾问。

【首部浙产商业片《A面B面》票房破千万】 由华策影视旗下浙江金球影业投资拍摄的《A面B面》4月底在全国60多个城市24条院线全面上映，这是浙江本土第一部商业片。自公映以来，受到普遍好评，首映3天就创下票房90万元、国产片榜上排名第六的好成绩，截至6月底，《A面B面》全国总票房已破千万大关。

【"电视剧第一股"华策影视上市发行】 10月26日，有"电视剧第一股"之称的华策影视以每股68元强势登陆创业板，市值突破60亿元，成为继华谊兄弟之后，A股第二家影视制作业上市公司。

资料　华策影视：2005年由望江街道通过招商引资引进，注册资金1000万元人民币，是一家致力于生产、发行影视产品的文化创意企业。公司目前已形成了年产300集电视剧的生产规模，是浙江省电视剧行业民营企业龙头。2007年和2009年，该企业先后增资1500万元和1736万元，发展规模不断扩大。2010年1~9月，实现税收4716万元。企业先后获得"国家文化出口重点企业"等4项国家级奖项，受到国家商务部等四部委的表彰和嘉奖。2009年9月，在素有电视"奥斯卡"之称的韩国首尔国际电视节颁奖典礼上，由浙江华策影视耗资数千万打造的年度大戏《中国往事》从参赛的169部作品中脱颖而出，以绝对优势获得了首尔国际电视节上的至高奖——最高电视剧大奖，这是中国电视剧有史以来在国际上获得的最高奖项。截至2009年底华策影视已实现年财政税收2298万元，实现年地方财政收入1318万元；2010年，实现年财政税收5233万元，实现地方财政收入达2928万元。

【建立三站联动为老服务体系】 望江街道以莫邪塘社区为试点，建立三站联动为老服务体系，进一步推动为老服务向专业化、规范化、长效化发展。通过在职党员责任联络站的党员志愿者开展"四个一"工程，(每人承包1个楼道，每月为老年居民做1件实事，引导参加1次社区活动，帮助解决1个困难)。由爱心服务站80名党员志愿者组成8个"为老服务组"，通过与社区空巢、孤寡老人结对，提供爱心照料、医疗保健、谈心聊天、清洁打扫、事务协调等服务。开展走出

8月17日，望江街道"三优"服务中心在近江东园社区挂牌成立。

(望江街道　提供)

"小家"到"大家"的活动,由交流活动站的47名党员志愿者带头开展社区老年人喜闻乐见的文体活动,组建太极拳队、老年合唱队等13支社区老年人文体队,带领社区老人融入到社区大家庭中来。

【推动文创产业集约化发展】 结合地处望江街道的市广电中心一期、二期工程的打造,以大型文化创意企业集团为依托,开展文化产业招商引资工作。7月,市广电中心四套广播电台、杭州电视台五套节目已全部入驻,相关广告、策划、制作型企业也正在逐步集聚,环广电中心创意传媒产业圈已初具规模。以清江路休闲服饰特色街提升工程为契机,整合该地段楼宇资源,发展与之相关联的电子商务,截至7月底,该街区已入驻淘宝商户460家, 年营业额达到一个亿以上。以环境改造为抓手,对近江广场地段进行全面的改造提升,并以此为契机,先后引进了好又多购物超市、近江礼品城、杭州豪歌迪KTV等诸多大型休闲游艺场馆, 使之成为了占地面积1000平方米、可容纳500辆汽车同时停泊的文化休闲产业圈。

【"135"机制推动幸福家园建设】 2010年,望江街道以机制创新为着力点,推行"135"举措,推进社区建设。加强社区设施和工作人员规范化管理,高标准加强社区服务能力。发挥党组织的核心功能、社区居委会的自治功能、社区工作站的办事功能,发挥党组织核心作用,努力形成"三力合一"的和谐社区新格局。分片分组,明确责任,完善社工、小组长、楼组长管理体系,充分发挥社工、党员骨干的作用,完善责任田构建。加强学习培训力度,先后组织各类培训、讲座13场,鼓励社工一专多能,熟悉各项工作流程。实行各岗位与社区整体工作相协同,社区干部与居民骨干相协同,各岗位相互协同,整体推进,提高办事效率。先后发放1400份联系卡、意见征询表,同时在社区各主要地段设置意见箱,扩大民声收集渠道,广泛收集民意。切实落实社区"四会"制度,引导居民参与社区事务的协商、监督和评议工作。该机制落实后,提高了社区整体工作效率,进一步完善推进社工绩效考核。

资料 **"135"举措:**坚持一个意见,即《望江街道社区专职工作者管理实施意见》;发挥"三元"功能,即社区党组织、居委会、工作站三位一体的"三元"管理功能;完善五种机制,即片区包干制、工作替代制、条块协同制、民声采集制、居民议事制。

【成立"三优"服务中心】 8月17日,望江街道"三优"服务中心在近江东园社区举行挂牌成立仪式。区计生局局长夏勤,望江街道办事处主任俞国海、办事处副主任嵇晓明、街道计生科科长朱涛、以及街道各社区计生专干、协管员出席挂牌仪式。夏勤对街道"三优"服务工作提出了殷切的期望,俞国海认为,要加强认识,把"三优"工作作为关注民生、满足人民需求的重要工程,作为提高人口素质的一项重要工作,真正摆上日程,找准切入点,抓住结合点,做实做好。发挥协会优势,发掘自身优势和特色,发挥基层网络作用,为广大群众提供物质帮助、精神食粮,取得群众的重视与支持。挂牌仪式后,街道还组织了0~3岁宝宝游泳秀活动。

【将岗位廉政教育搬上戏曲舞台】 望江街道越剧爱好者以桐庐县新合乡长陈柱平、副乡长钟伟良等一批先进典型人物为原型,结合廉政教育重要内容,以"树立廉洁自律新风、打造廉政文化底蕴"为主题,自编自导了《先进事迹用箩装》等4组越剧剧目,将岗位廉政教育搬到了戏曲舞台,深受广大居民群众的喜爱。在首场演出中,有600人观看了表演。

【启动青少年教育基地联盟】 望江街道以建立青少年教育基地联盟为工作重点,推进青少年综合素质教育工程。建立法律心理辅导基地, 提供法律咨询、辅导,定期组织青少年旁听案例审理,提高青少年法律意识和思想道德修养。完善成长教育培育基地,通过组织青少年到农村生活体验等方式,提高他们生活实践能力和艰苦奋斗意识。构建交流互动基地,组织青少年定期开展娱乐交流活动,与外来务工子女结对互助,促进沟通交流。组织参观学习1次,法律咨询、案例旁听等活动4次, 互动娱乐12次,400名青少年参加各类特色活动。

【"草根调解队"维护稳定显成效】 2010年,望江街道培育发展民间维稳力量,以徐家埠社区为试点,成立新杭州人“草根调解队”。调解队成员由“新杭州人”组成，通过走邻访友，串门唠嗑，及时了解社区里的各种“小道消息”，承担起劝导、调解居民矛盾纠纷的职责，取得了显著的成效。调解队伍从当初的5、6名成员发展到现如今的20人，成功调解了拆迁安置、庭院改善等各类纠纷60起，矛盾积案3起。

始版桥新村26幢居民代表送锦旗到街道　　（望江街道　提供）

【获市首个大学生创业公司特种行业许可证】 杭州派摄科技有限公司是望江街道于2009年引进的一家主营计算机软硬件服务、网络技术开发等服务的大学生创业企业，注册资金100万元。2010年6月，该企业通过浙江省通信管理局审核，成功领取了浙江省增值电信业务经营许可证，业务覆盖范围包括电子公告等信息服务业务，成为上城区首家领取该特种行业许可证的企业，也是杭州市首个获得省级特种行业许可证的大学生创业公司。

资料　浙江省增值电信业务经营许可证：增值电信业务作为基础电信业务的延伸和补充，对推进实现国民经济社会信息化和电信行业持续、健康发展有着重要作用。

【就业“菜单式”帮扶取得实效】 2010年，望江街道推出就业帮扶“菜单式”服务模式，新增就业岗位1987个，实现失业人员再就业1192人，安置就业困难人员503人。

资料　“菜单式”服务模式：通过辖区单位和失业人员双向走访，挖掘空岗，了解需求，划分就业帮扶优先等级。同时，将岗位所需条件和失业人员家庭状况、专业技能列成菜单，定期组织开展岗位推介会，以供企业和失业人员双向选择。

【确保庭改民心工程落到实处】 望江街道庭改工程占上城区庭改任务的一半以上，是上城区庭改数量最多的街道。为圆满完成辖区193幢庭改任务，望江街道着力构建三大平台。辖区有庭改任务的6个社区全部成立了以39名社区居民和志愿者为骨干的庭改“护院”队，专门提供政策咨询、调解庭改纠纷。并开通了“护院”热线，让广大居民加入到庭改质量监督的队伍中来，自热线开通后，共接转投诉、咨询电话240次，接待来访人员100次，获得居民群众好评，真正将庭院改善这一民心工程落在了实处。

【推进“无毒害”社区的建设】 2010年，望江街道进一步加强治安防控体系和群防群治队伍建设，创建“无毒害”社区。在“三禁”（禁黄、禁赌、禁毒）工作指导站的基础上，充实2000名平安自愿者，开展禁毒法宣传活动，做好涉毒人员的长效管理。社区戒毒对象3名，社区康复8名，参加美沙酮维持治疗14名，成功解除社区康复5名。

【打造城东独具特色的大学生淘宝创业基地】 望江街道立足辖区“四季星座”淘宝楼的区位优势，着力完善三种机制，打造城东独具特色的大学生淘宝创业基地。街道主要领导先后开展走访调研6次，召开13次淘宝商户交流座谈会，向大学生淘宝商户宣传中共杭州市委、市政府关于支持大学生就业创业的指导意见和政策，为大学生找到一个明确的创业目标指明方向。街道与四季星座、置地国际等写字楼达成共识，由政府主导、楼宇牵线，无偿帮助大学生淘宝创业者与业主建立房屋租赁关系。对大学生淘宝创业者在经营场地和租金上给予优惠，并以补贴的形式，对应届毕业生创业者给予资金补助。对于调研中搜集到的大学生淘宝商户在创业过程中遇到的各类问题和困难，由街道牵头，与物业、工商等相关部门进行协调，研究解决方案，督促各项措施落实到位。2010 年，四季星座已聚集起淘宝网店 300 家，其中大学生淘宝商户 214 家，直接带动就业 1000 多名，年营业额超过 3 亿元。90%以上的淘宝网经营者都交纳了地税和房产税，一年上缴税费 60 万元，成为颇为成功的电子商务产业特色楼宇。

【“组、建、优”推进就业帮扶工作】 望江街道以“组、建、优”三步走推进就业帮扶工作，通过组团队、建信息，从而达到优服务的工作目标。通过摸底调查，组建以街道为核心、社区劳动保障员为骨干、地区单位广泛参与的服务网络，指导各社区有序开展工作，形成一个“从下至上，层层递进”紧密合作的就业帮扶团队。通过走访和来电等渠道了解失业人员岗位需求，做好日常信息数据和台账的更新维护，定期和不定期召开自管小组长联络会、就业信息交流会，通过自管小组长、再就业骨干等收集空岗信息。在充实服务团队和完善信息网络的基础上，对辖区失业人员和外来务工者提供菜单式就业帮扶，同时提供维权、纠纷调解等个性化服务，现已开发 200 个就业岗位，受理各种劳动纠纷案件共 31 件，帮助索回工资及各类补偿金 7 万元。

【着力打造为老服务“和谐家园”】 2010 年，望江街道不断推进为老服务的深度和广度，推进为老服务“和谐家园”的建设。全年发放养老服务券 77983 小时、服务金额 117 万元，为辖区内 90 岁以上老人免费安装了呼叫器。利用社区服务网络，为老人免费提供上门理发、送菜、体检等服务。发展并完善“居家养老为主，机构养老为辅，培育民间组织参与为老服务”的新模式。望江地区参与或直接提供居家养老服务的民间组织 46 家，通过多元介入、上门推介、菜单服务，充实了为老服务力量。先后组织了钓鱼、柔力球、木兰拳比赛等 30 场娱乐活动，丰富了老年人的精神文化生活。以社区工作人员和民间组织为骨干，开展了老年谈心日活动，通过结对服务，定期上门与独居老人交流，将为老服务工作真正落到了实处、细处。8 月，中国社会福利教育基金会授予全国 12 个街道“2010 全国社区养老服务先进街道”称号，望江街道是浙江省唯一获奖的街道。辖区徐家埠社区获“全国社区服务(养老)先进单位”、在水一方社区和耀华社区获“全国养老服务示范单位”荣誉称号。

【开展劳动技能比武】 10 月 18~21 日，华爱老年事务发展中心开展首届以“在比赛中学习，在实践中提高”为主题的技能大比武，通过比武，使服务人员的素质和精神面貌得到双提高。针对老年人对服务质量与服务技能的要求的提高，居家养老的服务量呈逐步上升的趋势。企业通过开展技能比武提高服务质量，以竞赛的形式将员工推上一个竞技的平台，激发了广大新、老员工的内在潜力和工作与学习的热情，学习意识、竞争意识与创新意识不断增强。

资料　华爱老年事务发展中心：从事居家养老、机构养老、养老评估及相关服务的一家综合性为老服务公司，是浙江省最早开始实行居家养老工作的机构之一。中心从 2004 年 9 月开始试点工作，于 2005 年 4 月正式运作并不断完善、推广。

【举行上城区首场“艺术进社区”活动】 在杭州市美术节之际，上城区首场“艺术进社区”活动在望江街道近江东园社区拉开帷幕。10 月 17 日，在近江东园社区，一场“让世界变得更唯美”艺术盛宴隆重开幕，来自浙江省 20 名知名国画大师的作品华丽展现，成为整场活动的亮点。当天，共有社区居民 300 人到场参观。

【“中途之家”成为全国首批脊髓康复中心试点单位】 2010 年，望江街道被中残联列入全国首批成为脊髓康复中心试点单位之一。为了给截瘫患者创造良好的康复训练环境，建立上城区脊髓损伤者“中途之家”，对有需求的脊髓损伤者开展针对性的康复训练。“中途之家”面向上城区所有脊髓康复需求的群体，为他们提供良好的康复治疗条件和沟通交流平台。“中途之家”由活动中心和康复站两部分组成，活动中心面积约 50 平方米，配备了站立架、协助步行训练器、肢体康复圆形踏步器、腋拐、轮椅、立式踏步器和脊髓训练康复床等康复器材、设施 10 台，并有专门的社区医生进行康复治疗指导。活动中心电子图书、图书等文化娱乐设施一应俱全，脊髓康复病人可以一边进行康复治疗，一边网上冲浪、看书听音乐，相互关怀，沟通情感。“中途之家”已于 9 月中旬接受中残联相关部门验收后正式投入使用。

资料 截瘫患者：颈椎、胸椎、腰椎部位脊椎损伤患者。是肢体残疾病患者中最为痛苦的一部分群体。他们长期病痛缠身，行动不便，生活难以自理。多数患者经过初次治疗，因为缺少正规的康复训练机会，待病情稳定后就呆在家中休息，难以重新融入社会。

【成立杭州市首家社区城管服务室】 为满足辖区居民群众对于生活环境的现实要求，缓解社区城市管理事务的压力，街道成立了全市首家社区城管服务室，全面提升社区城市管理新水平。由街道城管科负责牵头、社区具体实施，以社区主任为主要责任人，配备专职工作人员，建立“一级抓一级、层层抓落实”的责任链条。完善社区城市管理服务工作制度，实行首问责任制、每日巡查制、AB 轮岗制、管理与奖惩制等细则，促使工作深入持久，实现常态化、规范化。宣传政策法律法规，组织或配合各类城市管理整治工作，完善各类基础台账等，强化执行力和贯彻力，建立健全长效工作机制，努力开创社区城市管理服务工作新局面。

【创建“零发案”小区】 为了打造“平安望江”，进一步加强辖区群防群治工作，切实增强群众的安全感和满意度，望江街道与望江派出所联手，试点推出了争创“零发案小区”评比活动。建立网络体系。健全考评机制。出台激励措施。锦江城市花园、钱塘名都等 8 个小区被评为“零发案”小区。

【加强庭院改善工程管理】 自庭院改善实施以来，望江街道通过聘请专业管理人员“驻站办公”，加强庭改工程管理；以组织开展工程采购方与供货方洽谈会等形式，确保采购公开、公平、公正；进一步发挥“民间庭改办”、“草根质检站”的作用，随时随地协调处理施工队和居民之间的矛盾，落实“三问四权”，以民主方式解决民生难题，得到了群众的广泛认可。2010 年，辖区内 15 个标段共 101 幢庭院的平改坡、立面整治基本完成，上改下、绿化整治工作正积极推进。对庭改过程中居民反映的问题和建议，反馈率 100%，解决率 98%，使庭院改善真正成为老百姓的“满意工程”。

【举办“学《弟子规》、扬真善美 融邻里情”文艺演出】 11 月 3 日，望江街道“学《弟子规》、扬真善美 融邻里情”大型文艺演出在崇文实验学校音乐厅拉开帷幕。杭州市文广新局群文处处长那燕、副区长宦金元、政协副主席方莉、区委宣传部副部长陈宏萍、区文广新局副局长吕振团等领导应邀出席了此次活动。望江街道党工委书记石小明致辞。

【获“浙江省爱国卫生街道”称号】 12 月，望江街道被浙江省爱国卫生委员会授予“浙江省爱国卫生街道”称号。街道在辖区建立了一座垃圾中转站、20 座公厕、190 座密封式垃圾房，实行专人管理，实现垃圾袋装化覆盖率 100%，密闭清运率 100%，为改善地区环境卫生面貌奠定基础。10 个社区均成立卫生保洁监督队，道路分类、分段、分片管理，定人、定区域落实责任包

11 月 3 日，望江街道在崇文实验学校音乐厅举行“学《弟子规》、扬真善美 融邻里情”文艺演出。
（望江街道 提供）

干制,结合道路分类保洁考核、数字城管、序化考核、各类检查等工作实施长效管理。通过以黑板报、宣传橱窗、网络平台、科普报刊等形式广泛宣传健康教育、食品安全、疾病预防等知识。组织专业医师定期向居民、单位职工开展健康知识宣传、培训和义诊服务,深入开展医院、学校、企业单位、农贸市场等公共场所的禁烟控烟活动,群众爱护环境,健康生活的意识不断提升。建立健全城市管理“十位一体”联席会议制度,充分发挥街道、社区与职能部门间的联动作用,协调解决居民群众反映的有关无证经营、环境卫生等热点问题,主动征求居民意见、建议,整改落实率100%,居民满意率95%以上。

【启动社会工作人才孵化基地】 12月,望江街道与浙江工商大学合作成立社会工作人才孵化基地,组织60名社会工作专业在校大学生进入街道下辖10个社区,开展为期一个半月的社会工作实践和互助交流活动。依托社会工作服务社,陆续开办社会工作论坛、亲情(咨询)热线(QQ群),逐步形成“党委领导、政府负责、民间运作、社工引领、志愿者服务、百姓得益”的社会工作良性服务机制;建立社会工作人才资源库,完善人才培养机制、评价机制、激励机制,创造符合其能力发展和技能提升的服务空间和学习机会,为辖区社会工作的进一步推广提供经验和借鉴;充分利用社区已有资源和高校人才的专业技能,实施转换和引进相结合的社会工作人才配置办法,有计划、有步骤地在居家养老服务、外来务工者及其子女心理咨询、困难人群帮扶、社区矫正等领域推进社会工作。孵化基地参与“12·4”法制宣传、“三优”早教进社区、垃圾分类推广等系列活动。

【物美望江店投入运营】 12月15日,物美华东公司杭州望江店正式投入运营,该大卖场地处望江东路333号(钱江路望江东路口),总共四层,配备了地下两层共570个停车位。卖场仅超市营业面积就达3万平方米,加上1万平方米的麦当劳、味千拉面等其他功能业态,总营业面积达到4万平方米。物美望江店是杭州最大的一家物美大卖场,同时也是城南区域、特别是上城区沿江区块唯一的一家集购物、餐饮、休闲、娱乐于一身的综合性商业体。 (周廷波)

南星街道

【概况】 南星街道位于杭州市上城区南部,东北连万松岭、凤山桥,过飞云江路,与紫阳街道毗邻,东南沿钱塘江中心线与滨江区相望,西北沿玉皇山、凤凰山,与西湖区交界。下辖美政桥、海月桥、馒头山、玉皇山、紫花埠、复兴街、水澄桥、白塔岭8个社区,常住人口4.6万人。辖区内有行政事业单位30家,大中型商务楼两幢,医院1家,中学2所,小学2所,幼儿园3所,工业企业58家,房地产开发公司8家,三产服务业301家。有闸口白塔、梵天寺经幢、施家山吴汉月墓、慈云岭石窟造像、老虎洞窑址、天龙寺、千佛洞、南宋皇城遗址8处国家级文物保护单位,还有于子三墓、宋京郊坛下官窟址和中河南端古桥、古泉群等省、市级文物保护单位。2010年,街道立足推进创新型、责任型、服务型、法治型、节约型、廉洁型“六型”街道建设,致力于做好辟创新之路、强执行之力、立服务之本、扬制度之威、倡节俭之风、持廉政之道“六篇文章”,取得了较好的成绩,获得浙江省社区教育示范项目、杭州市文明街道、杭州市健康单位、杭州市首届十大杰出“平安志愿服务队”等荣誉,收到群众感谢信、锦旗59封(面)。2010年,引进内资174917万元,完成年计划132900万元的131.6%;其中市外117974万元,完成年计划98000万元的120.4%;引进合同外资2400万美元,完成年计划的100%,实际到位1200万元,完成年计划的100%。完成地方财政收入13796.8万元,完成年计划14020万元的98.4%,比上年同期的10083.4万元增加3713.4万元,比上年增长36.8%。地方财政收入占总税收的52%。

【获全国学习型街道示范单位】 2010年9月,南星街道被中国社会工作协会社区工作委员会评为全国学习型街道示范单位。街道以古代家庭教育的典型“孟母”作为校名,创办“孟母学校”,创新学习型街道建设工作,实现组织有网络、教学有制度、教学有阵地、培训有计划、品牌有特色的“五个有”,取得较好的成效。街道针对不同小区、不同人群以“讲座”、“亲子互动”、“体验第二课堂”等多种方式开展全方位家庭教育,结合街道和社区门户网、以及QQ群形式等网络平台,以虚拟与实体运营多种形式相结合的模式为载体，形成了以街道带动8个社区的“1托8”互动亲职教育联盟，构建了互动式家庭教育阵地体系。街道开展优教工作的做法在全国性会议上进行交流。

南星街道残疾人喊潮队志愿者开展文明观潮劝导活动　　（南星街道　提供）

【获浙江省社会治安综合治理先进集体】 南星街道注重打造综治特色品牌，坚持“综治为民”的理念，有效维护社会稳定，被中共浙江省委、浙江省人民政府命名为社会治安综合治理2008~2009年先进集体。通过“一包到底”领导包案制调处纠纷解疑难；按照“吃透依据，查实证据”的“二据”工作法化解信访积案，从源头上着手，构筑居民生活“稳定圈”；模拟“六边形”稳定结构，构筑“共建、稳定、安全、法治、和谐、防控”六大平安基石，形成了社会治安状况好，居民群众评价高的良好格局；组建6支共100名“喊潮人”的喊潮巡防队伍，确保了钱塘江南星段连续多年的“零溺水”。残疾人喊潮队获得浙江省首届杰出平安志愿服务队称号。

【创建成为浙江省卫生街道】 以提高群众健康水平为基准，弘扬“洁美南星、健康南星”新理念，扎实推进创建工作，取得较好成效。通过加强组织领导，把卫生“强”社区和健康社区的争创活动有机结合起来，以健全卫生长效管理机制为标准，以打造“最清洁街道”为目标，成立城市卫生管理指挥中心，落实科室人员分片联系社区包干卫生工作制度，形成环境卫生管理的合力。每年投入100万元卫生经费，用于落实居民预防保健，机关、社区工作人员和企业退休人员的体检经费。通过加强网络建设，完善服务功能，做到卫生医疗服务的全覆盖。通过加强队伍建设，制定社区卫生服务考核办法，建立社区卫生服务工作监督员队伍，提升服务形象。通过加强卫生管理，及时落实疾病预防控制任务，搞好疾病防控。2010年3月，被浙江省爱国卫生运动委员会评为浙江省卫生街道。

【创新党员会客厅“六合一”模式】 党员会客厅是南星街道社区党建工作的传统品牌。2010年，围绕“创先争优”，结合“党代表进社区”，街道整合多种党员服务资源，构筑以社区党委领导、党代表牵头、党员骨干出力、群众广泛参与的党员会客厅“六合一”工作模式。“六合一”模式由社区书记工作室、心理疏导室、“老娘舅”调解室、帮扶救助站、睦邻服务会所、微型党教室六大工作室独立运行，每个工作室由1名党代表牵头，党员骨干负责日常工作，并有一支党员志愿者团队负责日常运作。党员会客厅“六合一”工作模式在体现党组织先进性的同时，吸引了更多群众自觉团结到党组织周围，使不同层面的群众都以主人翁的姿态参与到社区建设中来，让民众的热点、难点问题得到解决，从而为“和谐南星”的创建铺就了一条平坦之路。

【完成以文创产业为特色的经济转型升级】 发挥南星街道地处杭州吴越文化和南宋文化集中交汇的优势，着力发展文创产业，完善服务体系，完成了从传统产业到文创产业的经济转型升级，以闲置厂房引入杭州时尚园、复兴大院和LOMO创意谷等文创产业，以玉皇山南地区改善工程为契机建设占地总面积133.34万平方米的杭州山南国际设计创意产业园。2010年，南星街道引进文创类企业56家，并通过不断完善“五个一”服务体系，即一个强有力的领导班子、一支高效精干的服务团队、一套切实可行的服务制度、一个准确全面的信息服务平台、一条迅捷畅通的“绿色通道”，进一步落实“定期走访、宣讲上门、服务慰问上门”工作机制，成效明显。山南创意园、杭州时尚园等已经成为南星街道税源经济的重要组成部分。2010年,创意类企业在街道财政收入前三位中就占了两家,形成了街道经济发展的文创产业特色,获杭州市发展文化创意产业先进街道称号,并在有关会议上作了经验交流。

【获浙江省社区建设示范街道】 以"皇城根下传承民本思想、杭州外滩构建和谐社区"的基本思路,大力倡导"取悦天下独无我,藏富于民共有资"的"美政"理念,使工作实现新深化。在建立社区"五室四站两栏一家一校一场所",实现"一门"办公的基础上,南星街道先后投入800万元,打造并形成了由2200平方米的社区服务中心、20138平方米以上的全民健身点、2000平方米以上的家庭教育场所和10分钟卫生服务圈组成的服务设施"群块",初步实现了南星地区居民在品质中享受生活的目标,使硬件设施实现精品化。街道制定和谐社区建设三年(2009~2011年)规划,分年度实施。在社区公共服务站,架构劳动保障、帮扶救助、安全服务、环境卫生、计生服务、文教服务、健康服务7个履行行政服务职能的必备岗位和履行社会专业职能"X"岗位的"7+X"模式,不断优化队伍素质,进一步强化制度建设,完善社区建设管理网络,使软件环境实现规范化。街道整合各方资源,提升为民服务质量,实施便民服务工程,持续推进弱势群体居民家庭生活"零贫困"、残障人士关爱"零遗漏"、老年需求服务"零空白"、失业人员安置"零盲点"的"四零"工程,引入睦邻服务概念深化和谐社区建设,形成了美政桥志愿服务型社区、复兴街党建服务型社区、海月桥网络服务型社区等各具特色的社区服务样板,使服务居民实现多元化。2010年,南星街道被评为浙江省社区建设示范街道。

【创新社会组织工作】 2010年,南星街道有社会组织70家(其中登记制社会组织6家,备案制社会组织64家),成员1352人。按照规范管理、有序发展的精神,制定《南星街道社会组织工作三年规划》,并运用多元化筹资形式,鼓励辖区企业、个人和社会力量支持社区民间组织。明确各部门在社会管理工作中的具体责任,为社会组织发展提供了组织保障。2010年,投入资金80万元,建立"南星街道社会组织服务中心",用于社会组织经费的补助,为社区社会组织提供必要的物资支持,促进街道社会组织的健康发展。街道"老姐妹帮扶会"被评为"全国优秀志愿服务项目"。

【成立全市首个文化创意产业联合商会】 为进一步加强文化创意园区企业间相互沟通与了解,达到共同发展,使街道的创意产业成为街道经济增长的新亮点,同时也为了进一步推进基层商会建设,在借鉴团总支成功经验的基础上,南星街道建立了全市首个文化创意产业联合商会,丰富了商会会员的内涵。南星文化创意产业联合商会已有会员企业30多家,分别从事网络设计、创意雕塑、广告策划、影像艺术等,法定代表人大部分为"80后"的青年创业者。南星街道将依托商会组织,每年为他们不定期地组织联谊活动和企业政策培训,在政策上尽力扶持处于孵化阶段的青年企业的运作,并为他们提供免担保资金贷款信息和政府项目业务的介绍,达到共同发展的目标。

街道领导班子在文创企业思美传媒公司调研　　(南星街道　提供)

【构筑"四面"立体城管】 围绕"环境立街"目标,不断创新城管工作,主动延伸管控范围,使城管工作从"路面"向"立面"空间拓展,以"路面"洁化、"屋面"绿化、"立面"亮化、"背面"序化为目标,实施"四面"长效管理。

2010年，南星街道通过不断健全项目分解责任落实、城市管理网络架构、信息数据库运行三大机制，推动“立体城管”向纵深迈进。针对城市管理工作内容冗杂、职责划分不清的现状，街道对城管工作重新归纳汇总，以列表形式将管理项目划分为42项大类、102项小类，按照一个项目一组方案、一套时间表的形式，像企业运营一样安排“研发”人员和资金，拓展工作覆盖面，量化工作标准，狠抓盲点、难点、节点整治，并按照既定计划表进行绩效考核，使工作项目高质量、高效率完成。同时，南星街道发挥社区、物业管理效能，将社区数字城管联系站站长工作内容纳入城市管理工作绩效考评范畴，利用“数字城管”网络平台，在社区建立城市管理工作应急分部，建立一整套较为完善的城市管理信息采集、处置、综合评价及城市长效管理机制，提高基层处置水平，走出了一条具有本地区特色的品质化“立体城管”路子。“立体城管”做法在全区推广。

街道与辖区单位签定综治责任书　　（南星街道　提供）

【建立民生保障三个“确保第一”机制】 结合民政保障、城管、经济、维稳等工作实际建立了20多个以考核机制作保障，旨在第一时间发现问题、第一时间提出办法、第一时间解决问题为目的的工作发现机制，夯实了保民生、促发展的基础工作。通过加强领导保障、落实部门责任制，机关、社区工作者根据职责，对安全稳定、城市管理、民政帮扶和综合信息四类问题做到第一时间发现，并按照预案做好事件前期处理和以联系单形式及时报告相应科室（站）；有关科室（站）根据职责接到社区报告后，第一时间负责对事件进行全面了解，指导社区做好处置工作，做好有关部门单位的协调沟通工作，努力在第一时间解决或缓解各类民生保障问题。区人大南星街道工委根据主要领导指示运用调查走访、民意测评和组织代表视察等多种形式对事件的处理结果进行督查和评估。

【海月桥社区成为杭州市“国内最清洁城市”示范点】 海月桥社区投入100万元打造“国内最清洁城市”，通过责任落实到位、宣传工作到位、管理措施到位、保洁规范到位、绿化维护到位、“八小”整治到位、共建机制到位，实现了规章制度健全、创建氛围浓厚、设施标识齐全、环境整洁优美、景观和谐整洁、沿街店铺有序、创建不断深化的目标。特别是以居民自治为特色开展“联动争创”活动，在全市首创了创建最清洁城市的社区发现机制，做到第一时间发现问题、第一时间落实措施、第一时间确保清洁。海月桥社区以园林式管理理念和优美的人居环境，成为城南住宅小区的现实样板。11月17日，被市委、市政府命名为杭州市“国内最清洁城市”示范点。

【成立全国首个街道级“戒烟心理疏导室”】 3月5日，南星街道在辖区杭州市第七人民医院闸口分院开辟专门的戒烟场所——全国首个街道级“戒烟心理疏导室”，每周三组织专家定期坐诊，对需要药物戒烟的人群实行专业诊疗。借鉴国外先进的心理咨询热线技术，建立专门的戒烟心理疏导热线：0571-86085123；建立戒烟讨论QQ群，由精神专科医院心理咨询师为烟民提供免费的咨询服务，同步戒除烟民的心理烟瘾。

【打造“四个一健身圈”】 南星街道有16个室外健身点、2个健身苑、297件健身器材。2010年，南星街道投资3.5万元新建水澄桥社区江心苑健身点，设置国民体质测试点，在钱塘江5公里大堤、凤山公园、八卦田遗址公园、市民林公园等地打造4个大型晨练点，扩大晨练点面积,可容纳万余人,开设腰鼓、太极拳、军鼓、排舞、健身舞、竞走、慢跑等项目;投入20万元打造中河精品健身苑,其中10万元用于建设海月桥、紫花埠精品健身苑健身器材、场地塑胶建设。通过健身设施和健身道路建设,在辖区内形成“一江(钱塘江)、一河(中河)、一山(玉皇山)、一公园(八卦田)”高品位特色休闲健身圈。

【打造残疾人关爱工程】 打造残疾人生活环境“零障碍”服务体系,开展设施无障碍、沟通无障碍、交流无障碍建设。推进残疾人康复;依托社区工疗站并引进先进管理模式,打造“康心会所”;推进残疾人就业;通过成立南星残疾人手工艺创作室、创设“十里红妆”迷你工艺木制品等创新残疾人就业路子,多渠道安置残疾人就业;推进残疾人扶贫:对符合申领残疾人基本生活保障的做到发现一个,上报一个,有效保障残疾人基本生活;推进社区残疾人家庭走访制度落实及残协工作人员业务素质提高。2010年,通过南星街道开办的“爱之桥QQ”群为41名辖区残疾人解答了131个问题,方便了残疾人与残联、社区残协的交流与沟通。

【创办上城区首个医护型养老院】 4月6日,南星街道率先推出了上城区第一家以“医护型”为特色的养老院——仁和南星养老中心。该养老中心位于白塔岭风景区,周边环境幽静,自然植被覆盖率高,极适宜老年人居住。中心共有30个床位,内部硬件设施配套齐全,每个房间不仅有单独卫生间,还配有“三件套”(电视机、空调、电风扇),每个床位都配设呼叫器。同时,该养老中心设有专业康复护理,配备各类医疗仪器及专业医护人员,实行24小时值班制。仁和南星养老中心解决了辖区内既需要医生诊治又需要专人照顾的老年人“养老难”问题,更好地保障了老人的健康、诊治及人身安全。

【加强规范化管理推出街道LOGO】 6月8日,经过近半年的设计、海选、评选的“南星街道LOGO”正式亮相。LOGO由现代“南”字衍生而成,采用城墙楼阁、飞檐瓦壁等元素来体现南宋皇城遗址文化的神韵,反映南星街道独一无二的悠久历史人文底蕴;外圆内方的构图体现了“和谐南星、品质南星”的主旨,表达了南星街道与时俱进的精神风貌。南星街道在新一批订制的笔记本、信笺、文件夹、便签纸、文化衫等物品上,全部印上LOGO,并以此为契机推进一系列规范化管理制度建设,从而不断激发街道的创新活力。

【构建“12345”多元化纠纷调处机制】 “1”即“一包到底”责任制,严格落实不稳定因素领导包案制,有效协调化解海月花园群体事件、凤凰城民工欠薪案等多起群体性事件;“2”即“二据”工作法,对老信访问题,按照“吃透依据,查实证据”的方法,做到事实清、情况明、依据准、证据足,积极化解信访积案;“3”即“三心法”要求,调解员在工作中做到热心、诚心、耐心;“4”即“四到位”原则,做到情况调查到位、思想沟通到位、换位思考到位、真情帮助到位;“5”即“五方联调”机制,对重大群体性纠纷,建立由区相关职能部门、街道、社区和矛盾双方等五方组成的沟通联络协调小组,共同协商解决问题,妥善处理重大群体性事件。

【开展“我当一天改善办主任”活动】 为广泛收集居民的意见,南星街道改善办和社区推出“我当一天改善办主任”的体验日活动,60多名居民参加体验日活动,如接听电话、接待群众,去施工现场查看等。体验日活动既发挥监督作用,又做好群众的解释工作,特别是通过提出合理化建议,使庭改工程更加契合居民需求。如体验者曹师傅提出将美政花苑11幢前的道路先改造成“精装修样板路”,让居民看到“样板路”的外观,亲眼目睹路面下的自来水管已由原来的塑料管换成直径大、破损率低的球墨管,消除了居民对庭改的后顾之忧。通过这次活动,居民对庭院改造有了切身体会,也为庭院改造的顺利进行打下坚实的基础。

【“三化”助推居家养老工作】 南星街道注重拓展服务内容,推进居家养老“社会化”。服务对象从城镇“三无”人员等重点困难人群扩大到有60岁以上需求的老人,服务内容从单纯地解决“温饱”问题拓展到娱乐活动、心理慰藉、临终关怀等领域。健全服务网络,推进居家养老“组织化”。构建街道居家养老工作领导小组、居家养老服务中心、居家养老服务所、社区居家养老服务工作站的组织架构,在所属8个社区成立5支具有特色的“为老志愿者服务队”,涉及医疗服务、生活照料、保护老年人权益等。打造精品团队，推进居家养老“专业化”。在居家养老服务人员的教育管理上下工夫，抓住招聘、培训、协议、考核、激励五个环节来建设一支业务精、素质高的服务员队伍。

【打造民生保障服务“七个一”特色品牌】 南星街道进一步深化居民家庭生活“零贫困”、残障人士关爱“零遗漏”、老年需求服务“零空白”、失业人员安置“零盲点”的“四零”工程，动态化实现居民家庭“零贫困”，残疾人关爱做到横向到边、纵向到底，老年人服务需求得到全方位多层次的满足，并以大学生创业就业为重点，以完善“一站三基地”(大学生就业服务站、大学生实训基地、大学生创业基地和 SYB 培训基地)、促进大学生就业为抓手，使街道就业年龄段人员总体就业率达到 96%上，动态消除“零就业”家庭。通过这些举措建成全国一流的民生保障服务“七个一”特色品牌，即一个精品示范社区、一个社区文化服务中心、一个志愿服务组织、一个民政工作优胜街道、一个残疾人工作示范单位、一个计生“三优”服务中心、一个“四面”立体城管管理模式、一个建设最具安全感地区。

【城管工作“八重八零”显成效】 南星街道城管工作重社区环境，街巷保洁零失分。全年检查街巷 39 条(次)中有 21 条(次)实现零失分，海月桥社区以全年零失分社区被评为“杭州市创建最清洁城市示范点”。重立案数量，数字城管零逾期。数字城管及时解决率 100%，问题立案率 6 个街道最少。重居民群众满意，庭院改善零事故。顺利完成美政南、北苑等庭改任务，解决居民新增需求 100 项，收到居民感谢锦旗 4 面、感谢信 3 封。重和谐拆违，部门联动零缝隙。形成指挥部与街道“1+1>2”的联动合力，玉皇山南地区各项动迁任务均按计划顺利推进，辖区无一例行政强迁事件发生。重应急得当，防汛抗台零损失。做好里太祖湾地质灾害点治理，明确专职人员巡查监测，确保第一时间发现次生灾害隐患；通过疏浚河道，清除积水，紧急转移安置居民 3 次、24 户，确保居民汛期生命财产安全，获得市防汛抗台先进集体荣誉。重社会效益，停车管理零亏损。形成以“居民包月为主、刷卡付费为辅”的停车引导服务体系。重食品安全，行业整规零遗漏。完成辖区 396 家“十小”经营单位整规任务，被推荐参加省“百镇百街”示范创先街道评选。重群众参与，爱国卫生零盲点。组织大型卫生整治 18 次，参加 12500 人(次)，创建成为市健康单位。

【成立“复兴商圈招商服务中心”】 南星街道在太和广场设立“复兴商圈招商服务中心”，将太和广场、凤凰城、钱江国际、大名空间、针织城以及在建的海运大厦纳入服务中心，统一楼宇招商平台建设，完善楼宇综合信息系统，定期更新招商手册数据，快速发布楼宇招商信息，实现物业、招商、统计、协税护税信息共享，实现政府服务企业“零距离”。重新制定街道楼宇经济考核办法，将目标责任细化到人。同时出台楼宇经济专项政策及实施细则，引导业主、物业、中介等各方共同参与楼宇经济发展。强化培育和建设重点特色楼宇。形成以经济、法律中介为特色的大名空间，以总部经济为特色的太和广场，以引入高档餐饮、娱乐为特色的中国针织城等特色楼宇。南星街道努力在针织城 1 幢亿元楼基础上，另创 1 幢千万元楼，使街道的楼宇经济工作跨上新台阶。

(毛徐宝)

紫阳街道

【概况】 紫阳街道位于上城区南部，地处南宋皇城遗址，因附近有紫阳山而得名。街道东临钱塘江，南连万松岭、飞云江路，西连紫阳山，北靠望江路，下辖上羊市街、彩霞岭、十五奎巷、太庙、候潮门、北落马营、新工、海潮、木场、凤凰、春江、甬江等 12 个社区，总面积 3.49 平方公里，常住户数 41587 户，总人口 83031 人。辖区内有行政事业单位 65 家，大、中型商务楼 3 幢，医院 5 家，中学 3 所，小学 7 所，幼儿园 8 所，银行 10 家，工业企业 33 家，房地产开发公司 15 家，三产服务业 212 家。

2010 年，紫阳街道实现总税收 22696 万元，比上年（指 2009 年，下同）增长 26.75%；地方财政收入 12404 万元，比上年增长 29.48%，完成年度任务的 122.07%；征收个人住房出租房产税 315 万元，完成全年任务的 126%；全年完成社会消费品零售额 70804 万元，为上年同期的108%。

引进企业 115 家，固定资产投资企业 4 家，变更

11月8日，紫阳街道办事处乔迁新址。（紫阳街道　提供）

经营范围、法人、地址和名称企业17家。完成内资总注册资金12.64亿元，实到资金12.64亿元，其中市外资金90500万元，分别完成年度目标的103.27%和101.69%；引进合同外资1250万美元，实际外资17万美元，完成年度目标的52.08%和1.42%。

2010年11月8日，紫阳街道办事处乔迁新址，自白马庙巷17号搬迁至秋涛路36号。

【为企服务深入开展】 发挥街道为企服务分中心作用，落实为企服务工作机制，完善走访企业制度，及时了解和帮助企业解决发展过程中的问题。亚厦公司入驻冠盛大厦后，街道第一时间上门走访，了解到企业存在停车难、出行难等问题，立即与市公交公司、交警大队等联系，协调解决了路面停车、公交末班车延迟等难题，设置公共自行车亭，得到了企业的认可和信任。

【筹建上城区出租车服务区】 上城区出租车服务区建设项目位于上城区富春江路与姚江路交叉口的北侧。建设用地2315平方米(以实测为准)，地块东侧为富春江路，隔路为滨江金色海岸；南侧为姚江路，隔路为杭州市杨绫子学校；西侧为钱江路；北侧隔绿化带为滨江金色家园。项目建设内容为出租车综合服务区，兼容社会停车场，建筑共三层，包括快餐、休息区等，总建筑面积2976平方米。根据环评初步分析，项目产生的各类污染物在采取防治措施后均可达到相应国家排放标准，基建基本完工，进入内部的装修、设备的装配及内部家具的采购，确保按时交付使用。

【实施庭改危改工程】 完成严官巷、大马弄等19个庭改项目、108幢房屋的立面整治和平改坡、9个庭改项目(3个完工，6个施工中)景观绿化的改善任务，南星公寓作为杭州市精品工程，正在施工中。配合危改办继续做好太庙、十五奎巷等地块的危改收尾工程，配合做好南星二期、金钗袋巷和平安里等地块的拆(搬)迁工作。

【实施准物业管理】 紫阳街道6个社区实施了准物业管理，涉及房屋234幢、11033户、698390平方米，占庭改小区的80%；加大资金投入，建设新工小区物业用房，购置直箭道巷小区和木材新村小区物业用房，太庙社区准物业用房正在洽谈中；组建民间物改办、业主委员会，吸收有特长的居民参与小区自治管理，实现“我的小区我参与、我管理”。

【试行无物管老小区“停车新政”】 紫阳街道以上羊市街社区为试点，发放不同颜色、类别停车证。人户一致的发放红色A证；有车库的发放蓝色B证；周边单位人员发放黄色C证；小区亲属暂停车辆发放绿色D证；临时停放外来车辆发放白色E证。采取定点设置道闸，规定道闸单双行线路，一切车辆凭停车凭证进入。与车主签订管理协议，规定A类、C类、D类车辆收费标准为每车每月100元，B类车辆免收停车费，C类车辆规定停放时间，E类车辆停放超过两小时，每次收4元。组建由居民小组长、驾驶员代表等10人组成的民间停车管理监督队，配合保安敦促车辆有序停放，及时反馈违规停车现象。该模式运行后，新增车位70个，缓解了老小区停车难问题，居民满意率95%以上。

【试行垃圾分类管理】 2010年10月13日，出台了《紫阳街道垃圾分类收集处置工作实施意见》，启动垃圾分类第一、二批小区37个，组建12支宣传服务队，开展各类宣传活动50次，招收垃圾分类志愿者近百名，分别投放了可回收和不可回收的户外分类垃圾容器980个，分发入户垃圾袋35529户、垃圾筒4704个。

【"四个一"打造低碳生活】 2010年3月，紫阳街道制定《低碳生活方式指南宣传手册》，内容包括低碳消费名词解释、碳排放计算法、低碳消费小贴士、低碳生活小常识、低碳消费方式等，指导居民如何低碳消费，共发放宣传手册3000册。编制一本"低碳生活账本"，以彩霞岭社区为试点，每户一账本，用于记录一个家庭一年内衣食住行等日常生活中的各种碳消耗，实行年底"算总账"评选低碳家庭。成立"低碳一族"科普志愿队，由辖区私家车友、青少年、退休党员等100人组成，开展植树等低碳宣传活动。整合科教中心资源开辟"低碳一角"，新增科普图书、杂志30册供居民阅览。

【创建生态社区】 加大环境整治力度，强化低碳环保、垃圾分类等宣传活动，组织各社区参与宣传活动30多次，被《杭州日报》报道6次。完成春江花月小区中心生态公园改造，被市生态办立项为"250"工程，已完成分水系植物改造和太阳能系统工程的改造。建成生态垃圾房28座，超额完成年度任务。对水门南弄、彩霞岭等小区翻新、扩种绿化面积1万平方米，砍伐危树165棵，修枝55460平方米，补种2785平方米。

【精抓数字城管处置率】 全年数字城管解决案卷总量为6995件，及时解决率为100%。继续推行"先整治后责任"的工作理念，杜绝因互相推诿导致无人解决的现象发生。街道共实施"代整治"295次，代整治经费10.92万元。处理"12319"热线16件、打造最清洁城市抄告23件、"四化"长效7件，及时整改率100%。

【解决城管两难点问题】 加大乱倒渣土处置力度。全年共清运偷倒渣土453车、1359吨，与2009年相比大幅下降。改善居民居住环境。对江边路一弄低洼积水点进行排水修路，清除卫生死角5处，解决之江路无主绿化后续管理问题。加强拆违工作。加大了拆除"老违章"的力度，并对南落马营、望江门外直街等望南改造中搭建违章易发地区进行了大清理，全年拆除违章建筑34处，计13520平方米。

【加强对上羊市街社区的建设和管理】 新中国第一个居民委员会——上羊市街社区创新和探索的"333+X社区大服务体系"、"邻里值班室"和"民间停车协管员"等居民自治载体、"居家宝"一键呼叫系统等社区信息化建设工作取得明显实效，为居民提供全天候、全方位服务，得到群众的高度认可和省、市领导的肯定，省委副书记夏宝龙两次到街道和社区检查、指导、慰问，肯定上羊市街社区为"社区典范，和谐基石"，副省长陈加元两次批示肯定居民自治工作；并全力做好国内外考察团队的调研、接待工作，2010年已接待各类团体和个人2.6万人次。

【加大社区建设投入】 新成立的甬江社区办公用房完成装修投入使用，彩霞岭社区、春江社区办公场所进行配套用房的装修和功能扩充，以崭新的面貌服务于社区居民，改善社区为老服务设施、青少年活动场地5处；同时，大力提升社区工作信息化水平，全面更新各社区信息化设备，投入60万元为上羊市街居民和辖区、低保困难户、85岁以上孤寡独居老人安装了一键通呼叫器，在社区、中介组织和居民之间架起直通的桥梁。

4月12日，民政部部长李立国（中）视察中国社区建设展示中心。

（紫阳街道　提供）

【加强社工队伍建设】 2010年，街道新招聘社工41名，其中大专以上136名，占社工总数的77%。本科58名；党员51名，占全体社工的29%；11名取得初级社会工作师职称、12名取得中级社会工作师职称，占全体社工的22%。完善社区工作者季度考核办法，强化考核激励机制，通过日常考核、业务考核、群众评议三方面相结合对每名社区工作者进行一季一考核制度，实现社区标准化、规范化、精细化管理，提高社区工作者的积极性、主观能动性和创造性。

【切实解决民生问题】 以民生立项为抓手，着力解决辖区居民关心的热点、难点问题。2010年，各社区立项11项，经过努力协调，在市、区有关部门的大力支持下，一些多年来悬而未决的问题得到妥善解决，与城投集团、开发商、房管多次协调，解决了云雀苑等小区的管煤问题，惠及居民3898户；历时5年多未能开通的太庙、十五奎巷小区管煤工程，在杭州艺苑的大力支持下，调压站建成并通气，受惠居民2600多户。

【继续深化帮扶救助】 2010年，街道发放低保金156.59万元、残保金11.38万元，“五八”城迁人员和特赦人员补贴3.52万元，物价补贴86.85万元、“春风行动”慰问款146.02万元、“零贫困家庭”工程救助款6.14万元、“安居”工程救助款4.37万元、水电煤补贴6.69万元、夏季送清凉慰问款30.2万元，廉租房补贴32.4万元(合计484.16万元)。还为593户低收入家庭申请了经济适用房，为450户困难家庭免费安装了居家宝呼叫器，为619户家庭发放了困难家庭服务手册和数字电视免费证。为突发性困难家庭提供临时救助128人次、24.2万元，为杭州市第十次春风行动、青海玉树地震和舟曲泥石流募集捐款43.3万元，组织困难家庭参加“杭州阳光大舞台”、“阿里巴巴，春风助飞”、“低碳出行、反哺社会”、“福彩帮帮帮”、“志愿者新年慰问困难家庭”等多次社会公益性活动。

资料　“五八”城迁人员：指1958~1960年将户口从城市迁到农村的人员，对一代城迁人员(即父母)退休后可领取每月715元的补助；二代城迁人员（即随父母迁去的子女）退休后可领取每月495元的补助。

【服务慰问老年人】 对辖区内3094名80岁以上的高龄老人、困难老人、孤寡老人进行慰问，慰问经费达17.29万元；为700名85岁以上孤寡独居老人安装了一键通呼叫器；为300名老人开展居家养老服务，服务时间累计达51742小时，满意度98%；动员退休人员参加体检，体检率90%以上。

【提升智残人员康复模式】 整修一新的街道“仁爱之家”总面积340平方米，有35名智残人员，两名医生和3名管理人员，工疗人员到站率100%。全面推行“社会化、综合性、开放式”的精神病防治康复工作模式，开展精神病防治社区康复，采用工疗、娱疗、日常照料等康复手段，切实提高康复效果。

【帮助残疾人就业】 以上羊市街残疾人民间艺术中心为载体，解决了15名残疾人的就业问题。组织残疾人手工艺培训13次，社区内、外参加培训人员共计260人，帮助残疾人摆脱因残致贫现象。义卖残疾人自己制作的工艺品，所得3700元爱心基金捐助给辖区10个困难残疾儿童，用爱心和行动回馈社会。

【推进居家养老“全覆盖”工程】 整合服务实体。成立民办非企为老服务组织“青禾居家服务中心”，通过居家劳务服务的市场化、社会化、标准化、模块化管理与运作，让街道1.5万名60岁以上的老人可以足不出社区享受六大类、50个项目的“全覆盖”、“普惠型”、“菜单式”的服务。深化“为老服务联盟”。对辖区内现有单位、企业进行梳理整合，确定个性化服务项目，并与之签订订购合同，以团购形式购买服务项目，深化联盟机制。推广“三位一体”服务模式。社区养老机构、星光老年之家、居家养老服务站三位一体，提供生活照料、生活陪护、家政服务、托管服务、文化娱乐、老年食堂、医疗保健、精神慰藉、信息咨询、应急支持等方面的综合服务，实现为老服务便捷化。

【创新就业服务模式】 创新就业服务模式促进充分就业，对大学生推行“一对一”服务和“心与心沟通”服务，针对不同专业、不同特长的学生，实施一对一上门服务，开展送政策、送技能、送岗位和落实社会保险补贴的“三送一落实”活动。通过“网上创业就业培训”学院，利用论坛留言和紫阳就业服务网，实现劳动保障工作人员与大学生、大学生与大学生之间的“心与心沟通”，鼓励学生树立就业信心，互通就业信息。开展“送信心、送信息、送政策、送技能、送岗位、送援助”六送活动。组织失业人员各类技能培训1701人、创业培训77人，50%以上参训人员通过各种途径实现了就业。实施“居家就业”工程，转变就业理念，帮助、支持大学生和失业人员实现不出家门就业。全年新增就业岗位5047个，完成全年任务的112%；安置人员5132人，完成全年任务的183.28%，其中困难失业人员安置1011人，完成任务202%，从而使辖区内有就业愿望和就业能力的人员基本实现就业。

【创新计生卫生服务理念】 2010年，街道新出生491人，其中，男孩261人，女孩230人，计划内出生483人，计划外出生8人，计划生育率98.37%，新婚496人，综合避孕率100%。首创婚姻加油站，为不同年龄段育龄人群提供个性化服务；加强对流动人口协管员的业务培训，完善计生联络员队伍；为112户独生子女家庭发放特别扶助金26.4万元，为育龄妇女提供免费孕环情检查2500人次；推行“和谐家庭工作室”，实行计生事务居民自治，得到省、市计生委的高度认可。创造条件，为社区卫生服务站提供场地，服务站面积达150平方米以上。

【加强信访工作】 加强信访制度建设。建立了《信访首办责任制》、《信访情况通报制度》、《信访联络员制度》等制度，落实信访处理责任主体。创新工作载体。针对庭改、危改工程信访量大、重复件多的问题，设立现场投诉电话，使信访总量和重信重访件大幅度下降。全年共接受并处理各类信访1481次，反馈率、办结率100%，满意率98%以上。着力化解群众矛盾。做好上海世博会、两会期间的安保、维稳工作，引导群众通过正常的途径反映问题，通过合法的方式解决问题，2010年，重点化解中山南路夜市、康都紫轩业主、居民史某、范某等信访问题，特别是在建设南宋御街中华美食夜市一条街过程中，街道负责美食街协调管理工作，做好信访评估和处理预案，与居民沟通，做好居民的思想和服务工作，保证了美食街的顺利开街。现街道5件不稳定事件(永昌坝、六圣堂、南瓦子巷、康都紫轩、永明新村)基本得到缓解和控制。

【深入开展严打整治工作】 狠抓窗口地带、学校周边、企业周边、网吧等场所的治安秩序整治，全年协调公安、工商、城管、文化等部门开展各类专项检查6次，深入开展“严打整治”斗争，开展了“无发案小区”活动。主动全面参与校园安全行动，联合公安、教育局等部门开展“五力合一”的绿色护校行动，采取有效措施，每日巡查，全力维护校园的安全。紫阳派出所共受理各类刑事案件539起（伤害致死1起），比2009年有所下降，受理治安案件544起。治安巡逻中共查获各类案件265起，对巡防队员奖励6.31万元。组建矛盾纠纷会诊室、邻里值班室，及时化解各类纠纷；开展律师进社区工作，及时解答居民法律事务，引导居民有问题走正常司法途径。全年调解矛盾纠纷523件，涉及金额210万元。

【引导矫正吸毒人员回归社会】 对紫阳街道47名“矫正”人员(新接收18人，解矫19人，双列管10人)坚持人性化管理，健全一人一档，加强重点人员的管理，以人情暖人心，帮助他们解决生活出路，防止再次犯罪。落实吸毒人员帮教工作，把思想教育、精神鼓励、物质帮助有机结合起来，通过各种渠道安置吸毒人员就业，现有纳入社区戒毒4人，社区康复15人，美莎酮治疗27人，脱毒24人。

【落实安全生产目标管理责任制】 紫阳街道与辖区内952家单位签订了安全生产目标管理责任书。制定应急处理预案，加强对“隐患整治项目化管理工作”的落实，出动人数583人次，对庭改、危改工地和辖区生产单位检查569家次，查出各类隐患555处，整改率100%。加强消防隐患的排除，利用黑板报、社区电子屏幕、专家讲授、远程教育系统等形式宣传消防、交通等安全知识，在社区开展消防演练8次，在企业开展安全生产演练3次，提高消防、自救能力。加强对出租房的消防安全管理和检查工作，与477家出租单位、房东签订《出租房消防安全整治目标管理责任书》，整改隐患157处，取缔群租房、“三合一”等4处，辖区江城中学出租的集体宿舍消防安全管理得到省、市领导的肯定。开展各类从业人员安全培训,共组织培训生产单位负责人302人、安全管理员95人、特种作业人员42人、外来人员2510人,将全员安全培训指标分解列入考核范围和年度工作实绩。

【深入开展创先争优活动】 紫阳街道推行“网格化管理,组团式服务,片组户联系”工作,组建256个管理服务团队,致力于为群众办好事、办实事。开展以“学习实践科学发展观、建设服务型基层党组织”为主题的“紫阳先锋”创先争优活动,把“亮身份、践承诺、比贡献、赛业绩”落到实处。据不完全统计,共有383人参加党员承诺活动,为群众做好事实事共计917人次。在街道范围内开展公职人员岗位廉政教育,通过明确岗位职责、查找岗位风险节点、梳理教育内容、设计岗位教案、落实教育措施等环节,建立具有紫阳特色的立体化廉政教育模式,使街道公职人员知晓岗位廉政行为规范,并把岗位廉政要求转化为日常行为习惯。

【开展党建品牌创建工作】 在夯实街道“12568”党员教育管理服务模式和“12358”党员创先争优模式的基础上,打响各社区党建品牌,倡导“一社一品”,如上羊市街社区的“邻里值班室”、“楼道大管家”,太庙社区的“邻里关爱站”、“社区110”,彩霞岭社区的“七彩行动”、“科普宣传队”,凤凰社区的“阳光驿站”、“芬芳工作室”,北落马营社区的“好妈妈帮困团”,新工社区的“阳光直通车”、“红袖章护校队”,侯潮门社区的“红歌演唱团”、“民间赛宝——毛主席像章纪念馆”,十五奎巷社区的“文保护卫队”、“文艺宣传队”,海潮社区的“党员喊潮队”、“党员治安岗”,木场巷社区的“节假日主任”、“邻里互助社”,春江社区的“知心大姐”等。

资料 “12358”党员创先争优模式:一争二亮三带五联八员:“一争”即管好自己,争当一名群众满意的党员先锋;“二亮” 即结合创先争优活动,要求全体党员亮身份、亮责任,展现党员先进性;“三带”即“带好家庭、带好邻居、带好楼院”,要求党员在管好自己的基础上,将党员的作用延伸到家庭、邻居和楼院,使党员的模范作用在社区每个角落显现出来;“五联”即1名党员至少联系1户独居空巢家庭、1户生活困难家庭、1户残疾人家庭、1户军烈属家庭、1户下岗失业家庭;“八员”即要求党员根据自身特长及实际选择服务岗位,参与到社区建设中去,当好政策法规宣讲员、文体活动组织员、心灵沟通疏导员、就业创业指导员、扶贫济困帮扶员、矛盾纠纷调解员、治保安全巡逻员、环境卫生维护员。

“12568”党员教育管理服务模式:一站二公布五管理六机制八服务:一站,即建立一个党员服务站,是社区党组织服务党员和群众的窗口,发挥党组织“为民解难在基层”的桥梁纽带作用,解决社区职权范围内党员群众“最缺、最盼、最急、最怨”的问题。二公布,即公布党员身份、公布党员责任。以“亮出党员身份、擦亮党员形象”为突破口,在社区党员中通过公布党员身份,公布党员责任等形式,使党员直接晾晒于广大党员群众监督之下。五管理,即根据社区内的在职党员、流动党员、失业党员、离退休党员和“两新组织”党员这五种类型,进行分类管理。六机制,即学习教育机制、党内关怀机制、定期联系机制、评议激励机制、联席会议机制、作用发挥机制。八服务,即党员协助社区,当好八种服务员,即政策法规宣讲员、文体活动组织员、心灵沟通疏导员、就业创业指导员、扶贫济困帮扶员、矛盾纠纷调解员、治保安全巡逻员、环境卫生维护员。

【打造学习型机关和党组织】 把打造学习型机关、学习型党组织当作重要任务来抓, 每月两次聘请教授、专家给街道、社区工作人员上课,内容包括经济、政治、文化多个方面,提高党组织的公信力、创新力、执行力。加强机关、社区行风建设,开展“紫阳先锋”创先争优活动,聘请普通居民群众为“行风监督员”,不断拓宽监督渠道,完善和扩大社会监督网络,为监督员颁发行风监督员证书, 并定期召开行风监督员座谈会。

【武装工作成绩突出】 党管武装工作继续走在全区前列,民兵组织稳定,战备训练成绩突出,特别是民兵双25高炮实弹射击、模拟弹示范表演,得到了省委、省军区领导的高度称赞。2010年,在全区新兵征集形势极为严峻的情况下，为全区圆满完成征兵任务做出了贡献。同时，街道组织慰问各类优抚对象、义务兵、复、退军人，军属250人，组织帮抚、就业招聘等活动5场。

【夯实工会组织】 2010年，街道新成立内资企业工会13家，外商投资企业独立建会两家，覆盖型企业20家。新发展会员1517人，其中外来务工人员1301人。

5月8日，欧盟代表团调研紫阳街道青少年工作。 （紫阳街道 提供）

【群团活动丰富多彩】 街道在7个社区深化“阳光天地”社区青少年俱乐部工作，北落马营社区“Do都城”模式在全市推广，新建200平方米的上羊市街青少年俱乐部，对辖区青少年常年开放。开展“流动科技馆”进社区、“红书漂进我社区”、“寻访先辈足迹，弘扬爱国主义精神”等活动，开展“非遗文化进社区雕板印刷DIY”街道美术节。拓展、扩大志愿者队伍，努力使志愿者工作朝品牌化、品质化发展。以创新创效活动为切入点，2010年，“中国社区建设展示中心”和“上羊市街社区公共服务工作站”获市级青年文明号，新工社区和北落马营社区获区级青年文明号。壮大志愿者队伍，扩大“中国社区建设展示中心”志愿者双语讲解员队伍，在中国社区建设展示中心成立仪式、接待欧盟和韩国代表团工作中发挥了积极的作用。

【杭州市第一个“非遗文化进社区”体验点落户紫阳街道】 “非遗文化进社区”项目是由省社区研究会牵头，中国社区建设展示中心、杭州市非物质文化遗产保护中心、紫阳街道、武强年画博物馆等单位共同发起，将武强年画、杭州雕版印刷术、杭派书画装裱工艺有机结合、整体引进，以彩霞岭社区为试点，开展巡展、讲解、手工制作及文化创意活动。街道搭建街、校运作模式，聘请浙江工商大学艺术与设计专业大学生志愿者担任指导老师，在社区开展“非遗文化进社区，雕板印刷DIY”活动，指导居民进行现场雕板彩印、书画装裱，暑假期间举办艺术体验班3期，参与人数1000人。开辟体验新载体，设立“非遗文化体验站”，整合非遗资源，增加活动项目、内容；社区设置“DIY工作室”，开展“非遗”文化个性服务和科普教育。（竹美敏）

附 录

Appendix

先进名录

【2009 年度和谐社区建设示范社区、先进社区、满意社区和优秀社区工作者】

和谐社区建设示范社区

湖滨街道青年路社区、清波街道定安路社区、清波街道柳翠井巷社区、小营街道小营巷社区、小营街道葵巷社区、小营街道金钱巷社区、望江街道近江东园社区、南星街道海月桥社区、南星街道水澄桥社区。

和谐社区建设先进社区

湖滨街道东平巷社区、湖滨街道涌金门社区、清波街道清波门社区、清波街道清河坊社区、小营街道紫金社区、小营街道长明寺巷社区、望江街道在水一方社区、望江街道徐家埠社区、望江街道近江西园社区、南星街道复兴街社区、南星街道紫花埠社区、紫阳街道彩霞岭社区、紫阳街道北落马营社区。

十佳满意社区

清波街道清河坊社区、小营街道梅花碑社区、小营街道长明寺巷社区、望江街道徐家埠社区、望江街道近江西园社区、南星街道玉皇山社区、南星街道紫花埠社区、紫阳街道新工社区、紫阳街道北落马营社区、紫阳街道海潮社区。

优秀社区工作者

裘　影　陈金涛　屠玉聪　孔蓓蕾　沈建霞　孙　燚
王　银　张益慧　张　蓓　江永生　杨　程　陆　啸
金　欣　徐丽君　周良英　赵　敏　孔繁华　王　敏
金意明　许灵芝　胡燕燕　汤超群　赵　越　蒋慧英
林月妹　李云屏　张金权　王水英　俞冠玉　姚纯琦
徐雁文

【2009 年度打造“最清洁城区”暨城市管理先进单位】

优胜单位

区城管执法局、区城管办、湖滨街道办事处、清波街道办事处、南星街道办事处、清河坊历史文化特色街区管委会办公室、湖滨(南山路)管委会办公室、城站广场管委会办公室。

先进单位

小营街道办事处、望江街道办事处、紫阳街道办事处、杭州客运南站管理委员会办公室。

最佳保障单位

区文明办、区监察局、区财政局、区审计局、区卫生局(区爱卫办)。

最佳配合单位

区民政局、区建设局(区绿化办)、区商贸旅游局、上城公安分局、上城工商分局、上城交警大队、上城规划分局、上城环保分局。

【2009 年度维护稳定工作先进集体和先进个人】

先进集体

区信访局、区民政局、区劳动和社会保障局、区城管执法局、湖滨街道、清波街道、望江街道、南星街道、湖滨指挥部、吴山指挥部。

先进个人

黄建民　晋　涛　蒋正波　裘　是　张光复　王元屏
李传斌　严洪建　吴国平　唐坚勇　鲁　坚　马水莲
邱伟立　朱　军　樊竹君　王　颖　朱鸿名　杨国平
邹紫娟　王志龙

【2009年度社会治安综合治理先进集体和先进个人】

先进集体

杭州市行知学前教育集团、湖滨(南山路)特色街区管理委员会、浙江龙翔大厦有限公司、上城公安分局湖滨派出所、上城区湖滨房管站、浙江兴合男装大厦有限公司、杭州市惠兴中学、杭州天阳明珠百货市场有限公司、上城区湖滨市容环境卫生管理所、杭州市工商局上城分局湖滨工商所、杭州师范大学第一附属小学、杭州市清河坊历史街区管委会、上城区区级机关行政事务管理中心、杭州商宇房地产开发有限公司、杭州市第三人民医院、杭州第六中学、杭州花中城大酒店有限公司、上城公安分局小营派出所、上城公安分局站前派出所、杭州第十中学、杭州市上城区国家税务局、上城区小营市容环境卫生管理所、小营街道马市街社区、小营街道大学路社区、浙江近江集团公司、上城区望江市容环境卫生管理所、杭州清泰实验学校、杭州崇文实验学校、上城区人民政府城市管理办公室汽车场、杭州始版桥幼儿园、杭州市服装职业高级中学、杭州近江水产农副产品综合市场、上城区城南房管站、杭州望江门小学、望江街道在水一方社区、望江街道近江东园社区、望江街道兴隆社区、望江街道始版桥社区、杭州市教育科学研究所附属小学、杭州陶瓷品市场、上城区南星市容环境卫生管理所、南星街道紫花埠社区、南星街道美政桥社区、南星街道海月桥社区、南星街道复兴街社区、杭州市上城区建设局城南房管站、杭州市紫阳小学、杭州市清河中学、杭州市建兰中学、紫阳街道海潮社区、紫阳街道凤凰社区、紫阳街道彩霞岭社区、紫阳街道十五奎巷社区、紫阳街道上羊市街社区、区商贸旅游局、区建设局、区妇女联合会、区安全生产监督管理局、区文化广电新闻出版局、上城交警大队复兴中队。

先进个人

张卫平	黄一鹏	许　允	王　龙	叶茂善	林爱建
刘纪范	王乃林	陈　超	于利云	王　伟	季桂莲
周　律	徐红娣	陆予明	刘伟群	吴洪刚	郑　刚
顾　力	许　建	沈　雄	丁跃明	寿林华	骆永鹰
陈建民	王翼瑛	王　芳	李　清	黄　晶	陈国庆
胡云海	李顺勇	沈　洪	胡　韡	徐雁文	姚纯琦
蒋晓伟	邵红萍	许玉石	顾　宁	钱　敏	

【2009年度上城区人口和计划生育工作先进单位、先进社区居委会、先进工作者、先进社区计生工作者、优秀流动人口协管员】

先进单位

浙江龙翔大厦有限公司、湖滨街道社区卫生服务中心、行知幼儿园、区教育局、区民政局、区财政局、区招商局、区商贸旅游局、区卫生局、杭州第十中学、第三人民医院、上城区小营市容环境卫生管理所、上城税务分局、区国家税务局、杭州第六中学、上城区人民政府城市管理办公室、上城区社区学院、杭州娃哈哈集团公司、清泰实验学校、始版桥幼儿园、服装职业高级中学、上城区人民政府城市管理办公室汽车场、教育科学研究所附属小学、上城区人民法院、杭州东箭贸易有限公司、上城区紫阳市容环境卫生管理所。

先进社区居委会

湖滨街道东平巷社区居民委员会、清波街道柳翠井巷社区居民委员会、小营街道茅廊巷社区居民委员会、小营街道姚园寺巷社区居民委员会、望江街道近江东园社区居民委员会、望江街道徐家埠社区居民委员会、南星街道水澄桥社区居民委员会、南星街道紫花埠社区居民委员会、紫阳街道上羊市街社区居民委员会、紫阳街道太庙社区居民委员会。

先进工作者

罗　宏	喻海燕	齐雨霞	葛彩丽	潘　虹	张燕玉
罗　路	何　斌	丁丽芬	傅婷梅	朱桂莲	沈黎明
邢风华	韩莲子	沈建华	李　政	余美兰	彭菊华
刘姣梅	蒋海乐	龚云芳	李　华	刘　瑛	濮学宁
汤毓春	吴一鸣	张玲娣	徐　霞	徐根娣	盛丽萍
徐丽君	倪受南	王丽敏	胡慧玉	谢　艳	韩　玲
包子青	谢青萍	朱　涛	钟亚春	张志红	齐玉华
李光勋	沙鸣放	曹巧兰	方　苗	史万均	殷琴芬
张　洁	石爱萍				

先进社区计生工作者

钱丽华	储　盼	焦　晴	陈薇勤	胡永兰	钱云璇
胡燕燕	居兰红	俞冠玉	章　群		

优秀流动人口协管员

戴莉萍	王永华	梁美琴	傅燕燕	钱永宁	胡国强
丁淑莲	沈右明	周国强	姚　鹏		

【2009年度上城区"六型"政府建设先进单位】

优秀单位

湖滨街道、区民政局、紫阳街道。

先进单位

南星街道、区政府办、区教育局、清波街道、区科技局。

【2009年度信访和区长公开电话工作先进单位和先进个人】

信访工作先进单位

区委办、区委组织部、区委政法委、区信访局、区人大办、区府办、区发改局、区民政局、区司法局、区财政局、区人事局、区劳动和社会保障局、区建设局、区政协办、区人民法院、区人民检察院、南星街道、紫阳街道、湖滨指挥部、上城规划分局。

区长公开电话工作先进单位

区教育局、区卫生局、区城管办、区城管执法局、湖滨街道、清波街道、小营街道、玉皇山南指挥部、上城药监分局、上城环保分局。

信访工作先进个人

何　婧　程孝华　陶丽南　殷平凡　叶　敏　陶晓亮
陈学军　陈旭晖　丁根法　张莉莉　吴其文　王　伟
蒋华英　樊竹君　金国强　黄玉珍　叶　健　陈佩卿
孙向荣　王　玲　章　琪　杨　志

区长公开电话工作先进个人

孙朝晖　徐文毅　张愉珍　黄　慧　朱安全　邱爱珠
许鸿波　金芳芳　徐　倩　寿林华　杨国平　沈雪鸿
周亦林　姒丽萍

"12345"进社区先进单位

涌金门社区、东平巷社区、清河坊社区、劳动路社区、长明寺巷社区、梅花碑社区、徐家埠社区、近江西苑社区、水澄桥社区、美政桥社区、新工社区、北落马营社区。

【2010年上城区劳动模范】

计亚平　张桂生　巫杭生　范国标　诸东东　黄国星
朱旭东　胡月通　许美群　陆　明　顾斌辉　柴红燕
裘国华　王学荣　黄李平　徐月英　刘　智　卢辛琴
何少勇　周良璋　胡　耀　方　红　林　东　李锦红

【2009年度生态建设与环境保护目标责任制考核先进集体和先进个人】

突出贡献单位

区建设局、区城管办、区民政局、湖滨街道、上城环保分局。

先进单位

区教育局、区卫生局、区财政局、区城管执法局、区发改局、区监察局、紫阳街道、小营街道。

优胜单位

区安监局、区文广新局、区科技局、区商贸旅游局、区统计局、上城科技工业基地、清波街道、南星街道、望江街道。

最佳配合单位

区委宣传部、区妇联、团区委。

先进个人

施惠民　赵　亮　王健伍　王炳炎　周加良　蒋　莉
杨永清　徐志忠　金水根　段宝金　张　晖　邵竹宏
周　勤　施良兴　徐贤丰　郦仁峰　郑敏芳　孙志刚
许建生　王建国　包挺进　何海涛　杜　鹃　陈小明
冯　华　周南京　楼三堂　俞小平　王志萍　陈天力
刘承展　王　珏　王伟超　金　琳

【2009年度"民间庭改办"先进集体和先进个人】

先进集体

紫金观巷社区民间庭改办、始版桥社区民间庭改办、十五奎巷社区民间庭改办。

先进个人

金周铭　曹执中　吴馨踊　许春阳　朱定珍　韩永金
黄亚萍　徐伯顺　毛珏慧　张慧娟　陈金水　陈德生
王水兔　方祥明　蒋寿荣

【2009年度建设学习型机关先进单位和先进个人】

先进单位

区委办公室、区委组织部、区委宣传部、区直机关党工委、区委老干部局、区人大办公室、区政协办公室、区政府办公室、区教育局、区司法局、区财政局、区人事局、区建设局、区卫生局、区人口和计划生育局、区审计局、区安全生产监督管理局、上城公安分局、区人民检察院。

先进个人

苗丹丹　陈晓璐　颜　扬　许延龙　杨永清　王　勇
沈中春　崔家林　许建生　许晓磊　蒋晓伟　楼爱民
张　璐　任伟俊　李惠建　陈永权　沈　芳　魏国祥

金亚敏 吕继创 李国明 俞广新 马世亮 朱黎明
李 敏 钱 波 孙 锦 王 坚

达标单位

区纪委(监察局)、区委统战部、区政法委610办公室、区统计局、区科技局、区民政局、区劳动和社会保障局、区商贸旅游局、区招商局、区文化广电新闻出版局、区城管执法局、区人民法院、区总工会、团区委、区妇联、区科协、区残联、吴山指挥部、湖滨指挥部、玉皇山南指挥部、上城国土分局、区国税局、上城质监分局、上城药监分局。

【上城区居家养老服务工作先进集体和先进个人】

先进单位

湖滨街道、清波街道、小营街道、望江街道、南星街道、紫阳街道。

居家养老示范服务站

湖滨街道居家养老服务站、在水一方居家养老服务站、南星街道居家养老服务站。

上城区居家养老优秀服务员

沈建萍 倪杏云 高桂凤 翁云娣 谢孝英 朱于萍
沈 群 汪凤英 周宏伟 刘和改 陈凤仙 寇步婷
黄锡红 华彩香 汪美玲 周吾英 王彩娥 陈晓丽
许顺仙 姜志军

【上城区社区教育资源共享先进单位和先进个人】

先进单位

杭州市天长小学、湖滨街道办事处、杭州师范大学第一附属小学、清波街道办事处、杭州市大学路小学、杭州第六中学、杭州市宗文小营实验学校、杭州市上城区社区学院、小营街道办事处、杭州市时代小学、杭州市开元中学、杭州市胜利小学(钱塘校区)、杭州市望江门小学、杭州市清泰实验学校、望江街道办事处、南星街道办事处、杭州市上城区教育学院附属小学、杭州市天长小学金都校区、紫阳街道办事处。

先进个人

贺晓卿 季红梅 汤汉贤 韩 军 范宗源 陈 燕
傅建陈 龚金阳 倪 胜 顾颖红 徐雪峰 徐长苗
吴 军 钱小莲 梅升君 章建祥 陈杭闽 胡建炯
罗永军 李云屏 毛慈萍

【2010年度上城区“优秀城市美容师”】

王 杭 陈 兵 胡民喜 周雪红 李 新 黄彩霞
李 珏 许志国 徐长根 张金权 赵文秀 韦扯线
庄振宇 李红霞 李金宝 伏祥得 姜小令 朱自强
陈建平 邱鹤明 王木清 王 林

【上城区科技进步先进集体和先进个人】

创新型企业

杭州娃哈哈集团有限公司、杭州中瑞思创科技股份有限公司、杭州华日电冰箱股份有限公司、杭州海兴电力科技有限公司、浙江迪佛网络科技有限公司、杭州奥普电器有限公司、杭州金星铜工程有限总公司、杭州捷尔思阻燃化工有限公司、浙江宇天科技股份有限公司、杭州远传通信技术有限公司、浙江双元科技开发有限公司。

科技创新特别贡献奖

楼向明 徐海荣 路 楠

科技进步奖

一等奖

高速搬运机器人及其物流生产线关键技术与示范应用——杭州娃哈哈集团有限公司(刘凤臣、梅江平、陶勤良、段满贵、徐 德);高安全性椰油脂肪酸单乙醇酰胺产业化——浙江赞宇科技股份有限公司(周 云、黄亚茹、葛 赞、杨春良、冯晚静、许 俊、方灵丹、蔡辉平、王伟峰)。

二等奖

华日多温区智能控制系列冰箱——杭州华日电冰箱股份有限公司(虞立工、何少勇、虞立信、韩斌斌、王春霞、唐朝阳、严利平、章爱新、王旭俊、许乃珍);无锌阳离子染料蓝X-GRL——杭州璟江瑞华科技有限公司(俞 蒙、JIA YU、吴士敏、任 斌、李光华、高金华);用电及计量自动化需求侧支持系统——杭州海兴电力科技有限公司(周良璋、张向程、杜 毅、张海丰、范 有、张 越、方建明、罗晓青、陈佑炳、姚 青)。

三等奖

基于嵌入式ARM技术的温湿度控制器——杭州亿恒科技有限公司(贺惠农、沈 平、秦 熠、周建川、孔德林、刘宝华);牦牛绒纺织品的高档化、精细化研究及产业化开发——浙江纺织服装科技有限公司(芦惠民、周建迪、陈根才、周学达、周卫忠、何黎敏、鲁胡杰、蒋宋炎、何　川、潘　梁、袁海萍);生活垃圾填埋场渗滤液治理工艺系统优化集成——浙江博世华环保科技有限公司(陈昆柏、金祥福、施小平、何闪英、高全喜、况武);含无卤膨胀型阻燃剂的阻燃热塑性聚氨酯混合物——杭州捷尔思阻燃化工有限公司(朱　峰,刘君锭,吴伟俊,王益锦,王　婧,胡　郁,马成彬,章国强);新型真空触头材料 ZY1 型合金研制——浙江亚通金属陶瓷有限公司(丁枢华、应金根、吴仲春、方　敏、田军花);基于超低温钓船的金枪鱼加工技术及产业化——浙江省远洋渔业集团股份有限公司(曾岳祥、范和平、王晓晴、陈义方)。浙江省滩涂生态围垦评价体系——浙江省水利水电勘测设计院(郑雄伟、朱自豪、卢小燕、周芬、王灵敏、曾金年、徐承祥、俞永强、方永来、宋立旺);锻件(轧材)非调质化用节能新技术的开发与产业化——浙江应用工程材料研究所有限公司(陈蕴博、许岚、翁伟民、郭小钢、丁洁、左玲立);全自动纸塑包装机研发——杭州市机械科学研究院有限公司(计亚平、马伟成、竹正功、赵　明、蒋国良、卢建明、王晨);汽车零部件精密冲压成套技术产业化——机械科学研究院浙江分院有限公司(赵彦启、彭　群、杜贵江、袁贺强、杨瑞峰、葛书平)。

优秀文化创意企业

杭州北斗星色彩研究有限公司、浙江华策影视股份有限公司、思美传媒股份有限公司、中国美术学院风景建筑设计研究院、西泠印社拍卖有限公司、杭州市建筑设计研究院有限公司、杭州市城建设计研究院有限公司、杭州汇都化妆品有限公司、杭州国美建筑装饰设计院有限公司、中国美术学院文化艺术公司、杭州合一文化创意有限公司、浙江朱炳仁铜雕艺术博物馆、杭州天工艺苑股份有限公司、杭州冰川投资管理有限公司(LOMO 创意谷)。

优秀专利奖

多媒体电脑冰箱——杭州华日电冰箱股份有限公司、视力保健饮料——杭州娃哈哈集团有限公司、气相法制备新型磺化类皮革加脂剂的方法——浙江赞宇科技股份有限公司、商品防盗器的针杆锁芯自毁方法及实现这种方法的商品防盗器的针杆锁芯——杭州中瑞思创科技股份有限公司、含无卤膨胀型阻燃剂的阻燃热塑性聚氨酯混合物——杭州捷尔思阻燃化工有限公司、DCP 型多重防腐锚杆——杭州图强工程材料有限公司、网格填料——杭州快凯高效节能新技术有限公司、基于 PXI 总线的数据采集卡——杭州亿恒科技有限公司、录音摄像笔——杭州诚泰科技有限公司、铜铬——铜复合触头材料及其制造方法——浙江亚通金属陶瓷有限公司。

节能减排优秀示范项目

杭州中山中路环保节能夜景照明集成系统应用——杭州市吴山地区开发建设指挥、58# 地块建筑节能示范应用——杭州复兴建设集团公司、利用太阳能技术改善社区生活环境示范应用——湖滨街道办事处、高能耗行业综合节能技术集成应用与示范——浙江双元科技开发有限公司、生活垃圾填埋场渗滤液治理工艺系统优化集成——浙江博士华环保科技有限公司、国际质量标准食品级二氧化碳生产技术——杭州快凯高效节能新技术有限公司。

优秀科技工作者

许　斌　何少勇　郝　涛　黄沈莞　朱立德　沈　明
葛　赞　刘永清　郑雄伟　王晓晴　陈根才　计亚平
王　勇　丁枢华　陈昆柏　沈　平

科普工作先进单位

湖滨街道东坡路社区、清波街道定安路社区、小营街道小营巷社区、望江街道近江东园社区、南星街道科协、紫阳街道办事处、上城区社区学院、上城区蒋筑英科技学校。

低碳社区

湖滨街道东平巷社区、紫阳街道彩霞岭社区、紫阳街道上羊市街社区。

科普先进工作者

金海燕　周　冰　邹晓兰　李　海　胡兰珍　沈烨清
朱新民　叶莲芝　高宝月　张锦芳

科技创新平台先进企业

杭州娃哈哈集团有限公司(中科院科技创新平台)、机械科学研究院浙江分院有限公司(机械装备制造技术创新服务平台)、浙江百诚集团股份有限公司(中科院杭州射频识别技术研发中心、百诚家电电子商务平台)、杭州绿盛集团有限公司(大学生创业平台"猎户烤肉")、上城区上羊市街大管家服务社(大管家服务系统居家宝)。

【"平安上城"志愿者世博安保先进集体和先进个人】

先进集体

上城区禁毒志愿服务大队、上城区公共应急志愿服务大队、上城区南宋御街志愿服务大队、上城区消防志愿服务大队、培红幼儿园中队、清波街道直属中队、清河坊中队、美政桥中队、复兴街中队、长明寺中队、小营巷中队、金钱巷中队、岳王路中队、兴隆中队、近江东园中队、徐家埠中队、紫阳街道直属中队、上羊市街社区中队、新工社区中队。

先进个人

王　潞　李　晋　许杭锋　许　竞　王君辉　朱志成
郑　钰　陈佳清　陈晓娅　陈燕萍　狄　飞　罗林蓉
王建强　蔡显俊　包伟军　陶剑虹　邓应香　于文庆
陈晓明　黄　勇　祝　端　俞　丹　叶泽蓁　徐光华
周炎珍　吴美娟　程慧玲　钟梅英　周　律　胡关明
刘润泉　徐月英　俞　红　徐　倩　朱　军　应泓鸣
王金海　卢　峥　屠玉聪　裘灵蓉　陈惠廷　王贾炎
胡福庆　骆永鹰　高建为　汪本孙　姚纯琦　刘晓石
康勤炎　仇国兴

【上城区名校集团和城乡学校互助共同体先进（达标）单位】

名校集团先进单位

胜利学前教育集团、行知学前教育集团、建兰教育集团、天长教育集团、娃哈哈学前教育集团。

名校集团达标单位

天艺学前教育集团、清波学前教育集团、杭师附小教育集团、"健康之园"教育联盟、清泰初小发展联盟。

城乡学校互助共同体先进单位

杭州市饮马井巷小学、杭州市紫阳小学、杭州市紫阳幼儿园、杭州市五星幼儿园、杭州市培红幼儿园。

城乡学校互助共同体达标单位

杭州第六中学、杭州市抚宁巷小学、杭州市始版桥幼儿园、杭州新世纪外国语学校、杭州市大学路小学、杭州市娃哈哈小学、杭州市回族穆兴小学、杭州市清河中学、杭州市高银巷小学。

【上城区数字化学习先进街道、社区】

先进街道

上城区小营街道。

先进社区

小营街道姚园寺巷社区、小营街道葵巷社区、小营街道小营巷社区、小营街道紫金社区、望江街道莫邪塘社区、望江街道耀华社区、望江街道近江东园社区、南星街道美政桥社区、紫阳街道北落马营社区、紫阳街道彩霞岭社区。

【2009年度党政信息工作优胜单位、先进单位和先进个人】

优胜单位

区纪委、区委统战部、区信访局、区民政局、区教育局、区建设局、区城管办、湖滨街道、紫阳街道、望江街道、清波街道、玉皇山南指挥部、区人民法院、上城药监分局。

先进单位

区委政法委、团区委、区残联、区劳动和社会保障局、区文广新局、区卫生局、区科技局、小营街道、南星街道、湖滨指挥部、望江指挥部、上城国税局、上城质监分局。

先进个人

余飞占　毛健儿　殷平凡　毛明秀　陈学军　曹　婕
倪佳佳　刘海英　陈旭晖　徐贤丰　俞晓燕　夏　凡
丁春早　朱俊丽　陈　晖　戚撼夏　毛徐宝　竹美敏
吴青松　陈　理　许宏波　荆　璐

【2009年度冬季征兵工作先进单位和先进个人】

先进街道

南星街道、紫阳街道。

先进社区

湖滨街道东坡路社区、清波街道清波门社区、小营街道姚园寺巷社区、马市街社区、望江街道莫邪塘社区、南星街道白塔岭社区、紫阳街道木场巷社区。

先进个人

毛素云　鲁　坚　徐文孝　笪善根　俞国海　鲁　军
徐　晓　严国庆　黄菊梅　张　磊　李　晋　石惠敏
郑　立　许祥凤　吴夫明

【2009年度武装工作先进单位和先进个人】

党管武装工作先进单位

小营街道党工委。

先进人武部

南星街道人武部。

国防动员先进单位

紫阳街道办事处。

军事训练先进单位

湖滨街道。

基层民兵工作先进单位

玉皇股份经济联合社。

党管武装工作先进个人

叶　素　陈少华

优秀专武干部

李春健　鲁　坚　笪善根　黄华亮　黄　业　李新颖　莫晓冬　陈志健　徐永健　胡伟立

【2009年度办理人大代表建议、政协委员提案先进单位和先进个人】

先进单位

区委政法委、区教育局、区科技局、区民政局、区财政局、区建设局、区商贸旅游局、区文广新局、区卫生局、区城管办、吴山指挥部、上城环保分局。

先进个人

李云桃　徐文毅　杨永清　陈学军　赵志年　孔　啸　陈旭晖　徐贤丰　张愉珍　唐惠根　邱爱珠　方晓燕　周　霞　许　渊　吴青松　林巾巾　廖欣峰

先进集体

表41　2010年度国家级和部级先进集体

获奖单位	先进集体称号	颁奖单位	颁奖时间
区安监局	2010年全国安全生产月活动优秀单位	国务院安全生产委员会办公室	2010-10
区社区学院	全国社区教育示范区	中华人民共和国教育部	2010-12
区科技创业中心	2010年度大学生科技创业见习基地试点单位	科学技术部	2010-03
区城南房地产物业公司	好管家杯·2010中国优秀物业管理百强企业	中国物业管理企业联合会、中国物业管理发展研究会、中国住宅环境发展中心	2010-10
区卫生局	全国社区中医药工作先进单位	国家中医药管理局	2010-12
杭州海兴电力科技研发中心工会小组	模范职工小家	中华全国总工会	2010-04
湖滨街道岳王路社区	全国妇联基层组织示范社区	中华全国妇女联合会	2010-09
湖滨街道	全国学习型街道示范单位	中国社会工作协会社区工作委员会	2010-11
清波街道社区服务中心	2010年全国先进社区服务中心	中国社会福利教育基金会社区发展基金会	2010-08
清波街道劳动路社区	全国创建学习型家庭示范社区	中华全国妇女联合会、民政部、文化部、环境保护部、国家广电总局	2010-05
清波街道	全国学习型街道示范单位	中国社会工作协会社区工作委员会	2010-11
清波街道劳动路社区	全国学习型社区示范单位	中国社会工作协会社区工作委员会	2010-11
小营街道	全国学习型街道示范单位	中国社会工作协会社区工作委员会	2010-11
小营街道金钱巷社区	全国学习型社区示范单位	中国社会工作协会社区工作委员会	2010-11

续表

获奖单位	先进集体称号	颁奖单位	颁奖时间
望江街道	2010全国社区养老服务先进街道	中国社会福利基金会社区发展基金	2010-08
望江街道	全国社区教育示范街道(乡镇)	中国成人教育协会社区教育专业委员会	2010-12
望江街道在水一方社区	全国养老服务示范社区	中国社会福利教育基金会	2010-08
望江街道徐家埠社区	全国社区服务养老先进单位	中国社会福利教育基金会	2010-09
望江街道在水一方社区	全国计生协先进单位	国家计划生育委员会	2010-11
南星街道	全国学习型街道示范单位	中国社会工作协会志愿者工作委员会	2010-11
南星街道水澄桥社区	全国学习型社区示范单位	中国社会工作协会志愿者工作委员会	2010-11
紫阳街道上羊市街社区	全国创建学习型家庭示范社区	中华全国妇女联合会	2010-05
紫阳街道	全国学习型街道示范单位	中国社会工作协会社区工作委员会	2010-11
杭州山南国际设计创意产业园	2010第五届中国创意产业最佳园区	中国版权保护中心、中国创意产业年度大奖评选委员会	2010-10
杭州山南国际设计创意产业园	中国特色文化产业园区	中国文化产业园区发展论坛	2010-10

表42 2010年度省级和省属部门级先进集体

获奖单位	先进集体称号	颁奖单位	颁奖时间
上城区	浙江省基层低保规范化建设示范县(市、区)	浙江省人民政府	2010-01
上城区	2009年度平安县(市、区)	中共浙江省委、浙江省人民政府	2010-03
上城区	2009年全省民政工作先进县(市、区)	浙江省民政厅	2010-03
上城区	2009年全省民政政务信息工作先进县(市、区)	浙江省民政厅	2010-03
上城区	浙江省平安铁路示范县(市、区)	浙江省综治委铁路护路联防工作领导小组	2010-04
上城区人民政府	浙江省爱国拥军模范单位	中共浙江省委、浙江省人民政府、浙江省军区	2010-07
上城区	浙江省优生"两免"工作先进集体	浙江省人口计生委	2010-04
上城区	浙江省卫生强县(市、区)	浙江省人民政府	2010-11
上城区	浙江省可持续发展实验区	浙江省科学技术厅	2010-12
上城区委办	2009年度创建法治县(市、区)工作先进单位	中共浙江省委	2010-07
区人大机关	2009年浙江省人大信息工作先进集体	浙江省人大常委会办公厅、浙江省人大常委会研究室	2010-06
区纪委(监察局)	浙江省交通建设创新创优先进典型	中共浙江省纪律检查委员会、浙江省监察厅、浙江省机关效能建设工作办公室	2010-10
区信访局	2009年浙江省信访工作目标管理考核优秀	中共浙江省委办公厅、浙江省人民政府办公厅	2010-01
区教育局	上城区教育基金会获中国社会组织评估AAAA等级	浙江省民政厅	2010-04
区教育局	浙江援建青川纪念(2008~2010)	浙江省支援青川县灾后恢复重建指挥部	2010-09

续表一

获奖单位	先进集体称号	颁奖单位	颁奖时间
区教育局	浙江省教育系统“五五”普法工作先进集体	浙江省教育厅	2010-12
区社区学院	浙江省“十一五”师干训工作先进集体	浙江省中小学教师培训中心、浙江省教育行政干部培训中心	2010-06
区青少年活动中心	全民国防教育先进单位	浙江省国防教育委员会	2010-04
杭州市时代小学	2009年度杭州市少先队信息宣传先进单位	浙江省少工委	2010-03
杭州市天长小学	浙江省红十字达标学校	浙江省教育厅	2010-12
杭州市崇文实验学校	长三角中小学名师名校长践培训基地	上海市教育委员会、江苏省教育厅、浙江省教育厅	2010-03
杭州市建兰中学	浙江省2004~2009教育科学研究百强学校	浙江省教育科学研究院	2010-01
区老工办	2009年度全省优秀县(市、区)老龄办	浙江省老工办	2010-03
区矫正办	2009年度全省“社区矫正规范落实年”活动先进集体	浙江省社区矫正工作委员会办公室	2010-01
望江司法所	浙江省规范化司法所	浙江省司法厅	2010-11
湖滨司法所	浙江省规范化司法所	浙江省司法厅	2010-11
南星司法所	浙江省规范化司法所	浙江省司法厅	2010-11
区体育局	浙江省首届体育大会县(市、区)团体总分第十三名	浙江省首届体育大会组委会	2010-11
区文化市场行政执法大队	浙江省创建无非法卫星电视接收设施乡镇(街道)活动先进集体	浙江省广播电影电视局	2010-06
区城市管理行政执法局	浙江省城建城管工作协会先进集体	浙江省城建城管工作协会	2010-06
上城公安分局侦破“5·26”制贩假冒消费券系列案专案组	二等功	浙江省公安厅	2010-04
区档案局	《上城区创新模式与范例汇编》系列获全省档案部门第十次优秀编研成果三等奖	浙江省档案局	2010-11
区老龄办	浙江省2010年先进老龄办	浙江省老龄委办公室	2010-03
区人武部	“十一五”期间全省民兵预备役部队军事训练先进团单位	浙江省军区	2010-12
区少年军校	全民国防教育先进单位	浙江省国防教育委员会	2010-04
区人民法院后勤服务中心	二等功	浙江省高级人民法院	2010-03
杭州洪业服饰有限公司行政部	浙江省安康杯竞赛优胜班组	浙江省总工会、浙江省总监厅、浙江省卫生厅	2010-04
团区委	2010年度浙江省优秀志愿服务集体	中共浙江团省委、浙江省志愿服务工作委员会办公室、浙江省志愿者协会	2010-12
区关心下一代工作委员会	浙江省关心下一代工作先进集体	浙江省关心下一代工作委员会	2010-11
望江街道外来公寓青少年活动基地	浙江省农村未成年人课外学习、活动示范场所	浙江省关心下一代工作委员会	2010-11
湖滨街道	“帮一把为民服务社”评为浙江省优秀社区服务项目	浙江省浙江省城乡社区建设领导小组	2010-01

续表二

获奖单位	先进集体称号	颁奖单位	颁奖时间
湖滨街道青年路社区	浙江省级民主法治社区	浙江省司法厅	2010-01
湖滨街道	浙江省流动人口计划生育工作先进街道	浙江省人口与计划生育	2010-02
湖滨街道涌金门社区	浙江省无邪教社区	浙江省人民政府防范和处理邪教问题办公室	2010-02
湖滨街道	浙江省文明街道	中共浙江省委	2010-05
湖滨街道	浙江省卫生街道	浙江省爱卫办	2010-12
湖滨街道	浙江省爱国卫生先进单位	浙江省爱卫办	2010-06
湖滨街道东平巷社区	浙江省四星级侨界之家	浙江省归国华侨联合会	2010-08
湖滨街道	浙江省学习型党组织创新案例(湖滨晴雨)	浙江省委学习型党组织建设领导小组	2010-12
湖滨街道	浙江省优秀理论宣讲团(品质湖滨民间宣讲团)	中共浙江省委宣传部	2010-12
清波街道清河坊社区	浙江省社区规范化档案室	浙江省档案局	2010-03
清波街道劳动路社区	浙江省社区规范化档案室	浙江省档案局	2010-03
清波街道办事处	浙江省禁毒工作(2008~2009年)先进集体	浙江省人民政府	2010-04
清波街道清波门社区	浙江省绿色社区	浙江省精神文明建设委员会办公室、浙江省环境保护厅	2010-06
清波街道职工书屋	2010年浙江省工会示范职工书屋	浙江省总工会	2010-07
清波街道定安路社区	浙江省四星级侨界之家	浙江省归国华侨联合会	2010-08
清波街道柳翠井巷社区	浙江省五星级侨界之家	浙江省归国华侨联合会	2010-08
清波街道清波门社区	浙江省充分就业示范社区	浙江省劳动和社会保障局	2010-12
清波街道定安路社区	浙江省充分就业社区	浙江省劳动和社会保障局	2010-12
小营街道小营巷社区	浙江省城市体育先进社区	浙江省体育局、浙江省文明办	2010-01
小营街道西牌楼社区	浙江省城市体育先进社区	浙江省文体局	2010-01
小营街道金钱巷社区	浙江省文明社区	浙江省人民政府	2010-03
小营街道紫金社区	浙江省省级档案示范室	浙江省档案馆	2010-03
小营街道	浙江省首届优秀平安志愿服务队	浙江省综治办、团省委、浙江省志工办、浙江省公安厅、浙江省民政厅、浙江省司法厅、浙江省综治协会等	2010-05
小营街道葵巷社区	浙江省城镇体育先进示范社区	浙江省体育局	2010-05
小营街道小营巷社区	浙江省群众体育先进单位	浙江省体育局	2010-07
小营街道小营巷社区	浙江省四星级侨界之家	浙江省归国华侨联合会	2010-08
小营街道小营巷社区	浙江省文化示范社区	浙江省文化厅	2010-08
小营街道老浙大社区	浙江省五星级侨界之家	浙江省归国华侨联合会	2010-08
小营街道茅廊巷社区	浙江省四星级侨界之家	浙江省归国华侨联合会	2010-08
小营街道金钱巷社区	浙江省侨界之家	浙江省归国华侨联合会	2010-08
小营街道小营巷社区	浙江省先进社区社会组织（雨露红巷党员服务站）	浙江省民政局	2010-11
小营街道小营巷社区	浙江省充分就业社区	浙江省劳动和社会保障厅	2010-12
小营街道葵巷社区	浙江省充分就业社区	浙江省劳动和社会保障厅	2010-12

续表三

获奖单位	先进集体称号	颁奖单位	颁奖时间
小营街道长明寺巷社区	浙江省体育先进社区	浙江省体育局	2010-12
小营街道老浙大社区	浙江省体育先进社区	浙江省体育局	2010-12
小营街道老浙大社区	浙江省充分就业社区	浙江省劳动和社会保障厅	2010-12
小营街道姚园寺巷社区	浙江省体育先进社区	浙江省体育局	2010-12
望江街道法律服务所	浙江省优秀基层法律服务所	浙江省司法厅	2010-01
望江街道近江东园社区	浙江省体育先进示范社区	浙江省体育局	2010-06
望江街道徐家埠社区	浙江省科普示范社区	浙江省科协	2010-08
望江街道近江东园社区	浙江省级示范社区	浙江省民政局	2010-10
望江街道近江东园社区	浙江省"五五"普法先进单位	浙江省司法厅	2010-10
望江街道徐家埠社区	浙江省体育示范社区	浙江省体育局	2010-11
望江街道	浙江省农村未成年人课外学习、社会实践示范场所	浙江省关心下一代工作委员会	2010-11
望江街道	浙江省卫生街道	浙江省卫生厅	2010-12
望江街道近江东园社区	浙江省2010年民主法制社区	浙江省司法厅	2010-12
望江街道在水一方社区	浙江省体育先进社区	浙江省体育局	2010-12
望江街道耀华社区	浙江省充分就业社区	浙江省劳动和社会保障厅	2010-12
南星街道	社会治安综合治理2008~2009年先进集体	中共浙江省委、浙江省人民政府	2010-06
南星街道	浙江省首届优秀平安志愿服务队	浙江省综治办、团省委、浙江省志工办、浙江省公安厅、浙江省民政厅、浙江省司法厅、浙江省综治协会等	2010-05
紫阳街道	浙江省优秀社区服务项目	浙江省城乡社区建设领导小组	2010-01
紫阳街道	浙江省四星级侨界之家	浙江省归国华侨联合会	2010-08
紫阳街道	浙江省三星级侨界之家	浙江省归国华侨联合会	2010-08
紫阳街道	第三届世界太极拳健康大会团体银牌	浙江省体育局	2010-12
上城科技工业基地	浙江省高新技术特色产业基地	浙江省科技厅	2010-09
上城科技工业基地	浙江省创建和谐劳动关系先进工业园区	浙江省创建劳动关系和谐企业活动领导小组	2010-12
区国家税务局	浙江省国税系统文明单位	浙江省国家税务局	2010-06
上城地税分局	2010年全省税收宣传月活动税收宣传好新闻	浙江省地方税务局	2010-07
上城地税分局	2010年度省级青年文明号	浙江省"青年文明号、青年岗位能手"活动组委会	2010-05
上城地税分局	2010年度全省地税十佳信息	浙江省地方税务局	2010-12
上城地税分局	2010年度全省地税信息工作县(市、区)局先进单位	浙江省地方税务局	2010-12
上城地税分局	2010年度省级巾帼文明岗	浙江省妇女联合会	2010-11
上城工商分局清波工商所	2009年度四星级文明规范工商所	浙江省工商行政管理局	2010-01
上城工商分局南星工商所	2009年度三星级文明规范工商所	浙江省工商行政管理局	2010-01
上城工商分局市场工商所	2009年度三星级文明规范工商所	浙江省工商行政管理局	2010-01
上城工商分局新声工商所	2009年度三星级文明规范工商所	浙江省工商行政管理局	2010-01
上城消防大队湖滨中队	浙江省消防部队基层建设先进中队	浙江省消防总队	2010-02

表 43　　2010 年度市级先进集体

获奖单位	先进集体称号	颁奖单位	颁奖时间
中共上城区委、上城区人民政府	第十一届中国杭州西湖国际博览会先进集体	中共杭州市委、杭州市人民政府	2010-01
上城区	2009 年杭州市人口和计划生育目标管理考核优胜奖	杭州市人民政府	2010-02
上城区人民政府	杭州市市场整合改造提升最佳实施奖	杭州市人民政府办公厅	2010-02
上城区	2009 年度爱国卫生工作考评优秀单位	杭州市人民政府办公厅	2010-03
上城区	2009 年度国家卫生城市先进城区	杭州市人民政府办公厅	2010-03
上城区	2009 年度杭州市建设健康城市优秀项目(家庭健康知识技能大赛)	中共杭州市委办公厅	2010-03
上城区	2009 年度杭州市危旧房改善和历史文化街区、历史建筑保护工作优秀组织单位一等奖	杭州市人民政府办公厅	2010-04
上城区	2009 年度杭州市住房保障先进集体	杭州市人民政府办公厅	2010-04
上城区	2009 年度杭州市物业管理改善工作优秀组织单位	杭州市人民政府办公厅	2010-04
上城区	2009 年度双拥工作目标考核优秀单位	中共杭州市委、杭州市人民政府	2010-04
上城区	杭州市第四届社区居民委员会换届选举“公推”推进示范区(县、市)	杭州市人民政府	2010-08
区委政法委	2009 年度维护稳定工作先进单位	中共杭州市委、杭州市人民政府	2010-03
区信访局	杭州市 12345 市长公开电话工作先进集体	中共杭州市委、杭州市人民政府	2010-03
区信访局	杭州市 2010 上海世博会“环沪护城河”安保工作先进集体	中共杭州市委、杭州市人民政府	2010-12
区信访局	2009 年度杭州市信访工作目标管理考核优秀	中共杭州市委、杭州市人民政府	2010-03
杭州市清泰实验学校	2009 年度社会治安综合治理先进单位	中共杭州市委、杭州市人民政府	2010-03
杭州市时代小学	杭州市健康单位	中共杭州市委、杭州市人民政府	2010-03
杭州市清波幼儿园	杭州市健康单位	中共杭州市委、杭州市人民政府	2010-03
区科技创业中心	杭州市科技创新十佳科技企业孵化器	杭州市人民政府	2010-04
区民政局	2009 年度社会治安综合治理先进单位	中共杭州市委、杭州市人民政府	2010-03
区司法局	2009 年度社会治安综合治理先进单位	中共杭州市委、杭州市人民政府	2010-03
区人事局	杭州市大学生就业创业服务先进单位	杭州市人民政府	2010-05
区建设局	2009 年度杭州市建筑业产值超百亿管理单位	杭州市人民政府	2010-04
区危改办	2009 年度杭州市危旧房改善和历史文化街区、历史建筑保护工作优秀实施单位一等奖	杭州市人民政府办公厅	2010-04
区危旧房改善指挥部、紫阳、小营、湖滨分指挥部	2009 年度杭州市危旧房改善和历史文化街区、历史建筑保护工作优秀实施单位二等奖	杭州市人民政府办公厅	2010-04

续表一

获奖单位	先进集体称号	颁奖单位	颁奖时间
区危改办	2009年度杭州市危房旧改善和历史文化街区、历史建筑保护工作危改创新项目	杭州市人民政府办公厅	2010-04
区庭院改善工程指挥部	2009年度市庭院改善工程优秀建设单位	中共杭州市委办公厅	2010-07
区物改办	2009年度杭州市物业管理改善工作优秀实施单位	杭州市人民政府办公厅	2010-04
区物改办	2009年度杭州市物业管理改善工作优秀项目	杭州市人民政府办公厅	2010-04
区体育局	浙江省第十四届运动会突出贡献奖	杭州市人民政府	2010-12
区体育局	浙江省首届体育大会突出贡献奖	杭州市人民政府	2010-12
区卫生局	2009年度社会治安综合治理先进单位	中共杭州市委、杭州市人民政府	2010-03
湖滨社区卫生服务中心	杭州市健康单位	中共杭州市委办公厅	2010-03
区城市管理行政执法局	杭州市夜市整治先进单位	杭州市人民政府	2010-12
区城市管理行政执法局	街巷广告整治工作优秀组织单位	杭州市人民政府	2010-12
区城管办	杭州市户外广告整治工作先进单位	杭州市人民政府	2010-01
区城管办	2009年度杭州市城市河道长效管理突出贡献单位	杭州市人民政府	2010-04
区城管办	2009年度杭州市城区防汛防台工作突出贡献单位	杭州市人民政府	2010-04
区庭改办	2009年杭州市庭院改善工程先进集体	中共杭州市委	2010-04
南星环卫所	杭州市市容环卫工作先进集体	杭州市人民政府	2010-10
区市政所	2010年杭州市防灾减灾工作先进集体	杭州市人民政府	2010-12
区人民法院办公室	2009年度杭州市社会治安综合治理先进单位	中共杭州市委、杭州市人民政府	2010-03
区人民检察院职务犯罪预防科	2010年杭州市劳动模范集体	杭州市人民政府	2010-04
浙江飞亚电子有限公司燃油喷射单元组	2010年杭州市劳动模范集体	杭州市人民政府	2010-04
浙江华日实业投资有限公司装备部维修班	2010年杭州市劳动模范集体	杭州市人民政府	2010-04
团区委	杭州市2010上海世博会“环沪护城河”安保志愿服务工作先进集体	中共杭州市委、杭州市人民政府	2010-12
区科协	杭州市2008~2009年度科普工作先进集体	杭州市人民政府	2010-11
湖滨街道东坡路社区	杭州市体育先进社区	杭州市人民政府办公厅	2010-01
湖滨街道涌金门社区	杭州市区物业管理改善工作示范管理项目	杭州市人民政府	2010-02
湖滨街道	杭州市社情民意直报点信息报送先进单位	中共杭州市委办公厅	2010-03
湖滨街道	杭州市全民健身工程建设先进单位	杭州市人民政府办公厅	2010-03
湖滨街道	2009年度社会治安综合治理先进单位	中共杭州市委、杭州市人民政府	2010-03
湖滨街道涌金门社区	杭州市健康单位	中共杭州市委、杭州市人民政府	2010-03
湖滨街道吴山路社区	杭州市健康单位	中共杭州市委、杭州市人民政府	2010-03
湖滨街道	杭州市计划生育工作“十一五”先进集体	杭州市人民政府	2010-05

续表二

获奖单位	先进集体称号	颁奖单位	颁奖时间
湖滨街道	杭州市 2007~2009 年安全生产工作先进集体	杭州市人民政府办公厅	2010-07
湖滨街道	“帮一把为民服务社”被授予杭州市十佳最受欢迎社区服务业项目	杭州市人民政府办公厅	2010-08
湖滨街道	杭州市街巷广告整治工作先进单位	杭州市人民政府	2010-11
湖滨街道	杭州市 2010 上海世博会“环沪护城河”安保工作先进集体	中共杭州市委、杭州市人民政府	2010-12
清波街道	杭州市区农贸市场属地管理“十佳”街道	杭州市人民政府办公厅	2010-01
清波街道	2009 年度人口计生工作先进单位	杭州市人民政府	2010-02
清波街道	2009 年度杭州市社会治安综合治理先进单位	中共杭州市委、杭州市人民政府	2010-03
清波街道柳翠井巷社区	杭州市示范社区志愿服务站	中共杭州市委、杭州市人民政府	2010-03
清波街道	2009 年度杭州市庭院改善工程优秀建设单位	中共杭州市委、杭州市人民政府	2010-04
清波街道为老服务管理社	杭州市社区服务业工作先进单位	杭州市人民政府办公厅	2010-04
清波街道柳翠井巷社区	第四届社区居民委员会换届选举工作创新先进单位	杭州市人民政府	2010-08
清波街道办事处	第四届社区居民委员会换届选举先进单位	杭州市人民政府	2010-08
清波街道	杭州市 2010 上海世博会“环沪护城河”安保工作先进集体	中共杭州市委、杭州市人民政府	2010-12
清波街道劳动路社区	2010 年杭州市城区抗雪防冻工作先进基层单位	杭州市人民政府办公厅	2010-12
小营街道	杭州市户外广告整治工作先进单位	杭州市人民政府	2010-01
小营街道小营巷社区	杭州市社区公共服务工作站规范化建设先进单位	中共杭州市委、杭州市人民政府	2010-01
小营街道西牌楼社区	杭州市物业管理改善工作优秀管理项目	杭州市人民政府	2010-02
小营街道金钱巷社区	杭州市健康单位	杭州市人民政府	2010-03
小营街道	杭州市社会治安综合治理工作先进集体	中共杭州市委、杭州市人民政府	2010-03
小营街道	杭州市维稳工作先进集体	中共杭州市委、杭州市人民政府	2010-03
小营街道小营巷社区	杭州市示范社区志愿服务站	中共杭州市委、杭州市人民政府	2010-03
小营街道小营巷社区	2009 年度杭州市最清洁单位	中共杭州市委办公厅、杭州市人民政府办公厅	2010-04
小营街道金钱巷社区	杭州市调解先进集体	杭州市人民政府	2010-04
小营街道长明寺巷社区	第四届社区居民委员会换届选举工作创新先进单位	杭州市人民政府	2010-08
小营街道	杭州市 2010 上海世博会“环沪护城河”安保工作先进集体	中共杭州市委、杭州市人民政府	2010-12
小营街道小营巷社区	杭州市社区服务离休干部 居家养老工作先进单位	中共杭州市委、杭州市老干部局、杭州市民政局	2010-12

续表三

获奖单位	先进集体称号	颁奖单位	颁奖时间
望江街道	杭州市户外广告整治工作先进单位	杭州市人民政府	2010-01
望江街道	2009年度杭州基层信访和"12345"工作先进单位	中共杭州市委、杭州市人民政府	2010-03
望江街道在水一方社区	杭州市示范社区志愿服务站	中共杭州市委、杭州市人民政府	2010-03
望江街道	杭州市示范社区志愿服务站	中共杭州市委、杭州市人民政府	2010-03
望江街道	杭州市2009年度社会治安综合治理工作"示范街道"	中共杭州市委、杭州市人民政府	2010-04
望江街道	2009年度杭州市城区防汛防台工作先进基层	杭州市人民政府	2010-04
望江街道始版桥社区	2009年优秀庭院改善工程优秀社区	中共杭州市委、杭州市人民政府	2010-04
望江街道	第四届社区居民委员会换届选举工作创新先进单位	杭州市人民政府	2010-08
望江街道	2009年度征兵工作先进基层单位	杭州市人民政府、杭州市警备区	2010-10
望江街道	2010年度杭州市城区抗雪防冻工作先进基层单位	杭州市人民政府	2010-12
望江街道	杭州市2010上海世博会"环沪护城河"安保工作先进集体	杭州市人民政府	2010-12
望江街道清泰门社区	2010年杭州市城区防汛防台工作先进基层单位	杭州市人民政府	2010-12
南星街道	杭州市户外广告整洁工作先进单位	杭州市人民政府	2010-01
南星街道	2009年度人口计生工作先进单位	杭州市人民政府	2010-02
南星街道	2009年度社会治安综合治理工作示范乡镇(街道)	中共杭州市委、杭州市人民政府	2010-03
南星街道	2009年度社会治安综合治理先进单位	中共杭州市委、杭州市人民政府	2010-03
南星街道	杭州市文明街道	中共杭州市委、杭州市人民政府	2010-04
紫阳街道	杭州市夜市整治先进单位	中共杭州市委、杭州市人民政府	2010-01
紫阳街道	杭州市区物业管理改善工作优秀管理项目	杭州市人民政府	2010-02
紫阳街道	2009年度维护稳定工作先进单位	中共杭州市委、杭州市人民政府	2010-03
紫阳街道	2009年度社会治安综合治理先进单位	中共杭州市委、杭州市人民政府	2010-03
紫阳街道	2009年度杭州市防汛防台工作先进基层	杭州市人民政府	2010-04
紫阳街道	第四届社区居民委员会换届选举工作创新先进单位	杭州市人民政府	2010-08
紫阳街道	2010年杭州市防汛防台工作先进集体	杭州市人民政府	2010-12
杭州山南国际设计创意产业园	杭州市文化创意产业园	中共杭州市委、杭州市人民政府	2010-11
上城科技工业基地	杭州市劳动关系和谐企业	杭州市人民政府办公厅	2010-05
上城科技工业基地	2009年度杭州市特色城镇工业功能区(省级经济开发区)综合考评优秀单位	杭州市人民政府办公厅	2010-05
上城科技工业基地	2009年度杭州市高新技术产业园综合考评优秀单位	杭州市人民政府办公厅	2010-05

先进个人

表 44　　2010 年度国家级和部级先进个人

单　　位	先进个人	先进个人称号	颁奖单位	颁奖时间
区教育局	余琴珠	《雨巷女孩》获全国公务员学法、用法征文优秀奖	中华人民共和国司法部、全国普及法律常识办公室	2010-03
区社区学院	蒋尔法	2010 年全国思想品德思想政治优质课评选活动指导教师奖	中国教育学会中小学德育分会中学政治学术委员会	2010-10
杭州市胜利小学	施　燕	全国百名小学班主任之星	中国教育学会	2010-12
杭州市崇文实验学校	俞国娣	文化中国全国校园文化建设优秀校长	文化部艺术服务中心、中国教育学会音乐教育分会、中国青少年音乐舞蹈研究会	2010-01
区民政局	马丽华	全国先进工作者	国务院	2010-04
区民政局	马丽华	全国劳模	国务院	2010-04
区民政局	金水根	全国老龄工作先进个人	全国老龄委	2010-11
区人口和计划生育局	夏　勤	全国计划生育工作先进个人	国家计划生育局协会	2010-12
上城公安分局清波派出所	陈全江	全国公安机关爱民模范	公安部	2010-03
望江街道	胡国樑	全国敬老模范	全国敬老主题教育组委会	2010-11
望江街道在水一方社区	向　琴	全国计划生育特殊贡献奖	国家计划生育委员会	2010-03
杭州华日电冰箱股份有限公司技术服务中心	邵水华	优质服务先进个人	中国消费者报社	2010-10
杭州华日电冰箱股份有限公司技术服务中心	孙书发	优质服务先进个人	中国消费者报社	2010-10
杭州华日电冰箱股份有限公司技术服务中心	姜钦荣	优质服务先进个人	中国消费者报社	2010-10
杭州华日电冰箱股份有限公司技术服务中心	黄紫勤	优质服务先进个人	中国消费者报社	2010-10
杭州华日电冰箱股份有限公司技术服务中心	魏　磊	优质服务先进个人	中国消费者报社	2010-10

表 45　　2010 年度省级和省属部门级先进个人

单　位	姓名	先进荣誉称号	颁　奖　单　位	颁奖时间
区侨联	毛健儿	浙江省侨联信息工作先进个人	浙江省侨联	2010-12
区社区学院	周　惠	浙江省“十一五”师干训工作先进个人	浙江省中小学教师培训中心、浙江省教育行政干部培训中心	2010-06
区社区学院	姜向阳	浙江省特级教师	浙江省人民政府	2010-09
区社区学院	周　惠	浙江省特级教师	浙江省人民政府	2010-09
杭州师范大学第一附属小学	马建红	浙江省第二十三届“春蚕奖”	浙江省教育厅	2010-06
杭州市行知学前教育集团	张　群	浙江省第二十三届“春蚕奖”	浙江省教育厅	2010-06
杭州市崇文实验学校	俞国娣	浙江省“三八”红旗手标兵	浙江省妇女联合会	2010-03
区科技局	顾家达	2009 年度浙江省科技工作先进个人	浙江省科学技术厅	2010-01
区民政局	张光复	2009 年浙江省退役士兵安置工作先进个人	浙江省人民政府	2011-01
区民政局	陈学军	2009 年浙江省民政政务信息工作先进个人	浙江省民政厅	2010-03
区司法局	陈建楚	2009 年度浙江省“社区矫正规范落实年”活动先进个人	浙江省社区矫正工作委员会办公室	2010-01
区司法局	钱国平	浙江省司法行政系统第二届百名优秀人物之优秀法制宣传员	浙江省司法厅	2010-11
望江司法所	丁跃明	浙江省司法行政系统第二届百名优秀人物提名奖	浙江省司法厅	2010-11
区财政局	沈礼丹	2009 年度部门决算先进个人	浙江省财政厅	2010-09
区财政局	王　颖	2010 年度浙江省企业会计决算报表工作先进个人	浙江省财政厅	2010-09
区财政局	蒋晓斌	《上城区政府性投资建设项目资金管理的实践与思考》调研文章获浙江省财政学会二等奖	浙江省财政学会	2010-12
区人事局	刘海亭	浙江省人事信息宣传先进个人	浙江省人力资源和社会保障厅	2010-10
区劳动争议仲裁委员会	陈富然	2010 年度浙江省劳动争议案件处理工作先进个人	浙江省劳动争议仲裁委员会	2010-12
区建设局	钱　敏	浙江省住房城乡建设系统 2009 年度国庆期间维稳与信访工作先进个人	浙江省住房和城乡建设厅	2010-12
区卫生局	方秋萍	2009 年度浙江省医政工作先进个人	浙江省卫生厅	2010-01
区卫生局	李　娜	浙江省优秀科普讲师	浙江省爱卫会	2010-11
上城公安分局清波派出所	陈全江	浙江省优秀人民警察	浙江省公安厅	2010-01
上城公安分局禁毒大队	宦　军	浙江省禁毒系统先进个人	浙江省公安厅	2010-01
上城公安分局巡特警大队	邓　飞	一等功	浙江省公安厅	2010-05

续表

单　位	姓名	先进荣誉称号	颁奖单位	颁奖时间
上城公安分局巡特警大队	周海凡	二等功	浙江省公安厅	2010-05
区人武部	楼复进	全民国防教育先进个人	浙江省国防教育委员会	2010-04
区人武部	郑　平	军事训练工作先进个人	浙江省军区	2010-12
区人民法院刑庭	周　莹	二等功	浙江省高级人民法院	2010-03
区关心下一代工作委员	江春晖	浙江省关心下一代工作先进个人	浙江省关心下一代工作委员会	2010-11
小营街道	贾雪林	2010年社区矫正护城河工程先进个人	浙江省司法厅	2010-11
区人民检察院	易　琦	浙江省侦查监督优秀检察官	浙江省人民检察院	2010-08
娃哈哈集团有限公司	楼启明	浙江省银锤奖十佳杰出职工	浙江省总工会	2010-04
娃哈哈集团有限公司	宗馥莉	浙江省十佳新生代企业家	共青团浙江省委、浙江省人力资源和社会保障厅	2010-11
杭州奥普电器有限公司	方　杰	书香民企、人文浙商	浙江省工商行政管理局、浙江省私营企业协会	2010-04
中科院杭州射频识别技术研发中心	徐　明	浙江海归创业导师	浙江省归国华侨联会浙江省留学人员和家属联谊会	2010-12
上城地税分局	李雪丰	2010年度浙江省地税信息工作先进个人	浙江省地方税务局	2010-12
上城消防大队湖滨中队	鲍　朝	浙江省消防部队基层优秀警官	浙江省消防总队	2010-02
上城消防大队湖滨中队	黄志鹏	优秀团员	浙江省消防总队	2010-05
上城消防大队鼓楼中队	赵立云	三等功	浙江消防总队	2010-08

表46　　2010年度市级先进个人

单　位	姓名	先进荣誉称号	颁奖单位	颁奖时间
区委政法委	倪柏全	2009年度维护稳定工作先进个人	中共杭州市委、杭州市人民政府	2010-03
区委政法委	毛明秀	2009年度社会治安综合治理工作先进个人	中共杭州市委、杭州市人民政府	2010-03
区委政法委	胡筱飞	杭州市2010上海世博会“环沪护城河”安保工作先进个人	中共杭州市委、杭州市人民政府	2010-12
区委政法委	林时鹏	杭州市2010上海世博会“环沪护城河”安保志愿者服务工作先进个人	中共杭州市委、杭州市人民政府	2010-12
区教育局	蒋　莉	第十一届中国杭州西湖国际博览会先进工作者	中共杭州市委、杭州市人民政府	2010-01
区教育局	蒋　莉	2009年度杭州市绿化积极分子	杭州市人民政府	2010-03
区教育局	张　欢	杭州市2010上海世博会“环沪护城河”安保志愿者服务工作先进个人	中共杭州市委、杭州市人民政府	2010-12
区教育局	许玉石	杭州市2010上海世博会“环沪护城河”安保工作先进个人	中共杭州市委、杭州市人民政府	2010-12
杭州市抚宁巷小学	柴　莺	科普工作先进个人	杭州市人民政府	2010-11
区财政局	张　晖	杭州市2010上海世博会“环沪护城河”安保工作先进个人	中共杭州市委、杭州市人民政府	2010-12

续表一

单　　位	姓名	先进荣誉称号	颁　奖　单　位	颁奖时间
区人事局	陈　斌	杭州市大学生就业创业服务先进个人	杭州市人民政府	2010-05
区商贸旅游局	贾元元	杭州市市场整合改造提升工作先进个人	杭州市人民政府办公厅	2010-02
区商贸旅游局	祝永坚	2009 年度维护稳定工作先进个人	中共杭州市委、杭州市人民政府	2010-03
区建设局	周春发	2009 年度杭州市危旧房改善和历史文化街区、历史建筑保护工作先进个人	杭州市人民政府办公厅	2010-04
区建设局	胡金昌	2009 年度杭州市危旧房改善和历史文化街区、历史建筑保护工作先进个人	杭州市人民政府办公厅	2010-04
区建设局	杨星星	2009 年度杭州市危旧房改善和历史文化街区、历史建筑保护工作先进个人	杭州市人民政府办公厅	2010-04
区建设局	马安华	2009 年度杭州市危旧房改善和历史文化街区、历史建筑保护工作先进个人	杭州市人民政府办公厅	2010-04
区建设局	叶根荣	2009 年度杭州市危旧房改善和历史文化街区、历史建筑保护工作先进个人	杭州市人民政府办公厅	2010-04
区建设局	吕春民	2009 年度杭州市危旧房改善和历史文化街区、历史建筑保护工作先进个人	杭州市人民政府办公厅	2010-04
区建设局	张荣良	2009 年度杭州市危旧房改善和历史文化街区、历史建筑保护工作先进个人	杭州市人民政府办公厅	2010-04
区建设局	陈星豪	2009 年度杭州市物业管理改善工作先进个人	杭州市人民政府办公厅	2010-04
区建设局	吕　锋	2009 年度杭州市物业管理改善工作先进个人	杭州市人民政府办公厅	2010-04
区文化馆	徐　敏	2009 年度杭州市人民建议创意奖	中共杭州市委、杭州市人民政府	2010-11
区卫生局	陈　莉	2009 年度爱国卫生先进工作者	杭州市人民政府办公厅	2010-03
区卫生局	李　娜	杭州市 2010 上海世博会 “环沪护城河”安保志愿者服务工作先进个人	中共杭州市委、杭州市人民政府	2010-12
区审计局	胡建宏	2009 年度杭州市危旧房改善和历史文化街区、历史建筑保护先进个人	杭州市人民政府办公厅	2010-04
区城市管理行政执法局	王　坚	杭州市户外广告整治工作先进个人	杭州市人民政府	2010-12
区城市管理行政执法局	丁云潇	杭州市户外广告整治工作先进个人	杭州市人民政府	2010-12
区城市管理行政执法局	沈　剑	杭州市户外广告整治工作先进个人	杭州市人民政府	2010-12

续表二

单　　位	姓名	先进荣誉称号	颁　奖　单　位	颁奖时间
区城市管理行政执法局	王　伟	杭州市户外广告整治工作先进个人	杭州市人民政府	2010–12
区城市管理行政执法局	吴　艳	杭州市户外广告整治工作先进个人	杭州市人民政府	2010–12
区城市管理行政执法局	鲁　斌	杭州市户外广告整治工作先进个人	杭州市人民政府	2010–12
区城市管理行政执法局	马向东	杭州市户外广告整治工作先进个人	杭州市人民政府	2010–12
区城市管理行政执法局	柴潮龙	杭州市户外广告整治工作先进个人	杭州市人民政府	2010–12
区城市管理行政执法局	方立民	杭州市户外广告整治工作先进个人	杭州市人民政府	2010–12
区城市管理行政执法局	俞　昆	杭州市户外广告整治工作先进个人	杭州市人民政府	2010–12
区城市管理行政执法局	梁　斌	杭州市户外广告整治工作先进个人	杭州市人民政府	2010–12
区城市管理行政执法局	高　波	杭州市户外广告整治工作先进个人	杭州市人民政府	2010–12
区城市管理行政执法局	沈彬彬	杭州市户外广告整治工作先进个人	杭州市人民政府	2010–12
区城市管理行政执法局	朱　琛	杭州市户外广告整治工作先进个人	杭州市人民政府	2010–12
区市政园林所	张燮巍	2009年杭州市城市河道长效管理先进个人	杭州市人民政府	2010–04
区市政园林所	李树平	2009年杭州市城市河道长效管理先进个人	杭州市人民政府	2010–04
区市政园林所	金小明	2009年杭州市城区防汛防台先进个人	杭州市人民政府	2010–12
区市政园林所	张燮巍	2010年杭州市城区防汛防台先进个人	杭州市人民政府	2010–12
区庭院改善工程指挥部	管光尧	2009年度市庭院改善工程先进工作者	中共杭州市委	2010–04
区庭院改善工程指挥部	曹競业	2009年度市庭院改善工程先进工作者	中共杭州市委	2010–04
区庭院改善工程指挥部	汪慧君	2009年度市庭院改善工程先进工作者	中共杭州市委	2010–04
区庭院改善工程指挥部	包挺进	2009年度市庭院改善工程先进工作者	中共杭州市委	2010–04
区庭院改善工程指挥部	封春林	2009年度市庭院改善工程先进工作者	中共杭州市委	2010–04
区庭院改善工程指挥部	唐　敏	2009年度市庭院改善工程先进工作者	中共杭州市委	2010–04

续表二

单　位	姓名	先进荣誉称号	颁　奖　单　位	颁奖时间
清波环卫所	曾国忠	2010年杭州市劳动模范	杭州市人民政府	2010-04
清波环卫所	高彩芬	2010年杭州市优秀城市美容师	杭州市人民政府	2010-10
小营环卫所	王妙根	2010年杭州市优秀城市美容师	杭州市人民政府	2010-10
紫阳环卫所	孙国良	2010年杭州市优秀城市美容师	杭州市人民政府	2010-10
区城管办汽车场	陈宝良	2010年杭州市优秀城市美容师	杭州市人民政府	2010-10
湖滨环卫所	夏黎萍	2010年杭州市十佳城市美容师	杭州市人民政府	2010-10
区城管办	楼志刚	2010年杭州市城区防汛防台先进个人	杭州市人民政府	2010-12
区市政园林所	张燮巍	2010年杭州市城区防汛防台先进个人	杭州市人民政府	2010-12
区城管办	张洪同	杭州市街巷广告整治先进个人	杭州市人民政府	2010-12
区城管办	王　坚	杭州市街巷广告整治先进个人	杭州市人民政府	2010-12
上城公安分局站前派出所	巢毅华	杭州市2010上海世博会“环沪护城河”安保工作先进个人	杭州市人民政府	2010-12
上城公安分局办公室	翁家琦	杭州市2010上海世博会“环沪护城河”安保工作先进个人	杭州市人民政府	2010-12
上城公安分局办公室	魏　力	杭州市2010上海世博会“环沪护城河”安保工作先进个人	杭州市人民政府	2010-12
上城公安分局	刘一明	杭州市2010上海世博会“环沪护城河”安保工作先进个人	杭州市人民政府	2010-12
上城公安分局户政科	沈　宁	杭州市2010上海世博会“环沪护城河”安保工作先进个人	杭州市人民政府	2010-12
上城分局清波派出所	陈全江	杭州市2010上海世博会“环沪护城河”安保志愿者服务工作先进个人	杭州市人民政府	2010-12
杭州安费诺飞凤通信部品有限公司	程冠伦	2010年杭州市劳动模范	杭州市人民政府	2010-04
杭州娃哈哈集团有限公司	徐学爱	2010年杭州市劳动模范	杭州市人民政府	2010-04
团区委	许晓磊	杭州市大学生就业创业服务工作先进个人	杭州市人民政府办公厅	2010-06
区志愿者工作指导中心	方欢欢	杭州市2010上海世博会“环沪护城河”安保志愿者服务工作先进个人	杭州市人民政府	2010-12
区科协	陈　彬	杭州市2008~2009年先进科普工作者	杭州市人民政府	2010-11
湖滨街道	张卫军	第四届社区居民委员会换届选举工作先进个人	杭州市人民政府	2010-06
湖滨街道	朱艳萍	杭州市2010上海世博会 “环沪护城河”安保工作先进个人	中共杭州市委、杭州市人民政府	2010-12
湖滨街道涌金门社区	陈伟新	杭州市“十纵十横”道路综合整治工程热心市民	中共杭州市委、杭州市人民政府	2010-01

续表三

单　位	姓名	先进荣誉称号	颁奖单位	颁奖时间
湖滨街道涌金门社区	陈伟新	杭州市“十佳”社区工作者	中共杭州市委、杭州市人民政府	2010-01
湖滨街道涌金门社区	陈伟新	杭州市老旧小区物业管理改善工程热心市民	中共杭州市委、杭州市人民政府	2010-02
湖滨街道东平巷社区	孙新宝	2009年度杭州市功勋志愿者	中共杭州市委、杭州市人民政府	2010-03
湖滨街道东平巷社区	孙新宝	杭州市中山路综合保护与有机更新工程热心市民	中共杭州市委、杭州市人民政府	2010-03
清波街道定安路社区	俞淡珍	2009年度杭州市功勋志愿者	中共杭州市委、杭州市人民政府	2010-03
清波街道定安路社区	谢宝凤	2009年度杭州市功勋志愿者	中共杭州市委、杭州市人民政府	2010-03
清波街道	韩宪荣	杭州市2009年度庭院改善工程先进个人	中共杭州市委办公厅、杭州市人民政府办公厅	2010-04
清波街道清河坊社区	余　香	杭州市城区防汛防台工作先进个人	杭州市人民政府	2010-04
小营街道紫金社区	应鸿鸣	杭州市历史保护建筑危旧房改善先进市民	杭州市人民政府、杭州市房管局	2010-07
小营街道长明寺巷社区	江永生	第四届社区居民委员会换届选举工作先进个人	杭州市人民政府	2010-08
小营街道	章　舒	杭州市老干部工作业务政策知识竞赛一等奖	中共杭州市委、中共杭州市委老干部局	2010-12
望江街道始版桥社区	施克褒	杭州社区共建工作十佳共建个人	杭州市人民政府	2010-01
望江街道近江西园社区	杨茂春	2009年度杭州市功勋志愿者	中共杭州市委、杭州市人民政府	2010-03
望江街道民政科	叶军清	第四届社区居民委员会换届选举工作创新先进个人	杭州市人民政府	2010-08
南星街道	李光勋	科普工作先进工作者	杭州市人民政府办公厅	2010-11
紫阳街道	傅顺杜	杭州市夜市整治工作先进个人	中共杭州市委、杭州市人民政府	2010-01
紫阳街道	沈　洪	杭州市优秀社工	杭州市人民政府	2010-01
紫阳街道	俞小平	杭州市准物业管理先进个人	中共杭州市委、杭州市人民政府	2010-02
紫阳街道	黄玉珍	2009年度杭州市危旧房改善和历史文化街区、历史建筑保护先进个人	杭州市人民政府	2010-04
紫阳街道	刘文美	2009年度杭州市危旧房改善和历史文化街区、历史建筑保护先进个人	杭州市人民政府	2010-04
紫阳街道	韦　伟	2009年度杭州市基层信访和“12345”工作先进个人	中共杭州市委、杭州市人民政府	2010-03
紫阳街道	曹栋然	2009年度杭州市危旧房改善和历史文化街区、历史建筑保护先进个人	中共杭州市委、杭州市人民政府	2010-04
紫阳街道	李如冰	2009年度杭州市危旧房改善和历史文化街区、历史建筑保护先进个人	中共杭州市委、杭州市人民政府	2010-04

续表四

单　位	姓名	先进荣誉称号	颁奖单位	颁奖时间
紫阳街道	曹栋然	杭州市中山路综合保护与有机更新工程热心市民	中共杭州市委、杭州市人民政府	2010-03
紫阳街道	黄玉珍	杭州市中山路综合保护与有机更新工程热心市民	中共杭州市委、杭州市人民政府	2010-03
紫阳街道	刘文美	杭州市中山路综合保护与有机更新工程热心市民	中共杭州市委、杭州市人民政府	2010-03
紫阳街道	梁尧芬	2009年度市功勋志愿者	杭州市人民政府	2010-05
玉皇山南指挥部	顾斌辉	杭州市2009年度城中村改造和拆迁安置房工作先进个人	中共杭州市委、杭州市人民政府	2010-02
中瑞思创	路　楠	杭州市劳动模范	杭州市人民政府	2010-04
上城交警大队直属中队	陈　军	杭州市庭院改善工程先进个人	杭州市人民政府	2010-01
上城交警大队	朱宝善	2009年度杭州市市区支路建设整治工程先进个人	杭州市人民政府	2010-03
上城交警大队直属中队	陈　军	2009年度杭州市市区支路建设整治工程先进个人	杭州市人民政府	2010-06

文件辑录

上城区2010年实施《全民科学素质行动计划纲要》工作计划

2010年是实现《全民科学素质行动计划纲要》(以下简称《纲要》)提出的“十一五”工作阶段性目标和谋划“十二五”全民科学素质工作任务及措施的关键一年。要在着力解决实施过程中的一些重点和难点问题的基础上，更加重视《纲要》落实到基层的工作和提高科普资源的公共服务能力。结合上城区区情实际，2010年全区全民科学素质工作的指导思想是：全面贯彻党的十七大、十七届四中全会精神，学习贯彻总书记胡锦涛在中国科协成立50周年纪念大会上的重要讲话精神，以邓小平理论和“三个代表”重要思想为指导，深入落实科学发展观，围绕区委、区政府中心工作，搭建服务平台、建立长效机制、推动资源共享、促进科学发展、务求工作实效，加快《纲要》实施步伐，圆满完成“十一五”目标，为实现2020年长远目标奠定基础，为提升全区公众科学素质做出新的贡献。根据《上城区实施全民科学素质行动纲要工作方案》要求，为进一步加快推进上城区全民科学素质工作，特制定本计划。

一、以“低碳”、“世博”为重点，面向公众广泛开展科学技术教育、传播与普及

1. 组织开展大型主题科普宣传活动。5月举办上城区2010年科技活动周；9月举办上城区2010年全国科普日暨第二十四届科普宣传周活动。(区科技局、区科协、各街道办事处)

2. 利用地球日、人口日、土地日、环境日、气象日、艾滋病日等纪念日和有关节庆活动。向公众开展专题科普宣传。(各成员单位)

3. 深入开展“科教进社区”活动。开展基层科普文明示范单位、五好文明家庭、低碳家庭等评选活动。与市有关部门合作，举办“打造低碳社区，低碳家庭生活

秀"等活动。(区文明办、区妇联、区科协、紫阳街道等)

4. 围绕世博会开展系列科普活动。开展"青少年游世博"等科普活动。(区教育局、各成员单位)

5. 5月举办上城区"低碳科普宣传周活动"。围绕低碳城市建设目标,开展以"节约能源资源,保护生态环境,保障安全健康"为主题的系列专题科普活动。(区科协、各街道办事处、各成员单位)

6. 宣传《杭州控烟条例》,开展控烟科普宣传。大力倡导并推广健康文明的体育健身活动。(区卫生局、各成员单位)

二、全面推进各项工作,实现"十一五"工作目标

(一)着眼基础,加强资源整合,进一步提高未成年人科学素质行动

1. 举办未成年人安全健康教育。开展上城市区青少年平安行动,宣传普及安全健康知识。引导青少年学习自护知识、掌握自护技能,开展安全知识普及和自救自护技能培训。(区教育局、团区委)

2. 进一步开发、整合校外科技教育资源并实现共建共享。继续抓好区少年科学院建设,在寒暑假,组织少科院科普考察活动。在平时"玩转周末"双休日科普活动中,进一步探索研究性学习的理念,为少科院院士和学员提供多样化的活动平台,让孩子们在活动室中通过争论、实验、探究,逐步将自己的设想变成现实作品。(区教育局、区科协)

3. 广泛开展各类青少年科技活动,提高青少年创新意识和实践能力。组织好一年一度的全区中小学生科技节,丰富未成年人的课余生活。3~12月,区中小学生科技节期间安排各类科技活动,为喜爱科技活动的孩子提供学习科学的平台。积极开展流动少年宫进社区活动,根据孩子的需求,设计合理的活动项目。(区教育局、区科协)

4. 深入开展校园反邪教宣传活动。进一步提高广大师生识邪、防邪和拒邪能力。开展全区中小学生动漫反邪教活动,以学生喜闻乐见的形式,引导广大青少年崇尚科学、远离邪教。(区教育局、区科协)

(二)完善机制、深入基层,着力推进居民科学素质行动

1. 举办2010级居民科学素质教学班,围绕全民科学素质行动主题开展教学。促进居民进一步了解科技知识,掌握科学方法,树立科学思想,崇尚科学精神。(区科协、区教育局、各街道办事处)

2. 充分发挥社区学院等社区教育机构和各科普组织的作用。根据社区居民的特点和需求开展安全、健康、节能、环保等方面的培训和讲座,提高生活质量。(区科协、区教育局、各街道办事处、各成员单位)

3. 在街道社区重点宣传倡导和普及节约资源。保护环境、节能降耗、安全生产、健康生活等观念和知识,促进经济增长方式的转变和科学文明健康生活方式的形成。(区委宣传部、各街道办事处、各成员单位)

4. 开展"让科学走进生活——万户家庭网上学"暨低碳家庭生活秀大赛活动。以"e学网"为平台,组织广大家庭,开展网上学习、网上答题和网上展示,并提供学习视频、动画片或PPT等学习自测试题。(区科协、区妇联、紫阳街道)

5. 以"讲科学生活,建文明社区"为主题。利用街道、社区活动场所,开展因地制宜、小型多样的社区群众自编自演科普文体活动。(区文广新局、各街道办事处)

(三)改善民生、促进和谐,提高城区劳动人口科学素质行动

1. 继续开展各类有针对性的技能培训,提高劳动者就业、再就业和创业能力。以就业服务和技能培训为重点,结合党和政府提出的产业升级计划,开展适合企业职工的订单式培训活动,使受训职工取得劳动部门颁发的职业资格证书。同时选送选手参加市级职工职业技能大赛。(区劳动和社会保障局、区总工会)

2. 推进特殊群体的职业培训工作。为提高残疾人整体职业(就业)能力和文化素质,适应新形势下的社会及人文环境,举办多期培训学习班。(区劳动和社会保障局、区残联)

(四)按照学习型党组织和学习型机关的要求,深入实施领导干部和公务员科学素质行动

1. 举办领导干部和公务员科学技术培训。按照《杭州市公务员培训学分制管理办法》(试行),将主题内容纳入干部培训教材,针对领导干部举办好区管干部主体班、中青年干部培训班、区管干部专题研讨班、新提任领导干部岗前培训班等人员选派、组织等工作,配合中共杭州市委组织部做好部门和街道正职培训班,杭州市MPA出国培训班等人员选派工作,确保全区区管干部5年内都能轮训一次。(区委组织部、区

人事局)

2. 落实好公务员培训工作。通过“干部学习新干线”培训网络,2010年组织全区1530余名公务员进行公共管理基础知识、科学技术知识、依法行政培训和有关法律法规的学习,要求达到72个学分,以不断优化全区公务员队伍的知识结构。(区委组织部、区人事局)

3. 通过区委中心组理论学习平台,抓好领导干部的科学精神、科学思想、科学方法的学习教育,认真组织市管干部及区直各部门、街道主要负责人学习科学发展观、社会主义核心价值体系学习教育,中央、省、市重要会议精神,以及现代化建设所需要的经济、政治、文化、科技、社会和国际等各方面知识。(区委组织部、各成员单位)

(五)创新机制、加强服务,推进科普资源开发与共享

1. 围绕建设低碳城市,实施低碳生活电子百通项目开发。(区科协)

2. 设计、编印“讲科学、反邪教、创平安、促和谐”警示教育宣传折页。赠送到社区、企业、学校开展反邪教宣传教育。(区科协)

(六)加强指导、搭建平台,提升各级各类科普设施服务能力

加强科普基地建设,充分发挥其辐射、示范作用。加强全区科普画廊等科普设施的建设和管理,科普画廊知识宣传做到每月更换一次展板的要求。继续推进“科普进农贸市场”工作,在新改造提升的农贸市场中增加科普宣传设施。(区科协、各街道、区商贸旅游局)

(七)打造精品、提高质量,加强大众传媒科技传播能力建设

1. 以“吴山大讲堂”为阵地,举办区委中心组(扩大)学习会。邀请专家教授来上城为领导干部和公务员作科技专题讲座。(区委宣传部、各成员单位)

2. 积极开展辖区媒体的科技传播。利用上城网、上城报等媒体,设立科普知识专栏,传播科学知识,弘扬科学精神,倡导科学方法,宣传科学思想。建立完善上城科普网。并利用全区最大的学习网站“e学网”,开展科学素质知识在线学习活动。(区委宣传部、各成员单位)

(八)加大力度,规范程序,探索科学教育与培训新模式

推进学校科学教育,提高基础教育阶段科学教育水平,加强中小学科学教师队伍建设。组织实施科学骨干教师培训,积极利用社会资源开展科学教育与培训。(区教育局)

(九)研究政策,认真统计,完善科普监测评估体系

1. 以强化“全国科技进步示范区”,“浙江省科技强区”和“区、县(市)党政领导班子科技进步和人才工作目标责任制考核”为抓手。增强全区上下在公民科学素质建设中的责任、权利和义务。(区科技局)

2. 认真开展上城区的科普统计工作。准确地掌握上城区科普资源概况和配置状况,为科普管理工作提供基础性数据,进一步加强科普政策的研究制定工作。(区科技局)

(十)积极推动,循序渐进,深化心理素质与心理健康工程

1. 邀请省市知名心理专家、教授,召开“上城区心理素质与心理健康促进研讨会”。对提高全民心理素质和心理健康水平提出战略规划。(区卫生局)

2. 针对教师、学生进行心理健康与心理危机干预知识的系统培训。制定学校心理危机干预预案,建立学校危机三级预防体系,开展危机干预。(区教育局、区卫生局)

3. 以资料发放、媒体发布、座谈会、讲座等形式对公务员及其家属进行心理援助相关的培训和宣传。以试点为基础(选择一个部门),点面结合,逐步推广,通过心理评估,团体辅导,个体咨询等方面开展公务员心理援助工作。(区人事局、区卫生局)

4. 召开“上城区老年心理卫生战略研讨会”,形成对全区老年心理卫生服务的规划。在各街道举办老年心理卫生科普知识巡回演讲,提高老年人心理卫生知识。(区卫生局、区民政局、各街道办事处)

5. 与南星街道在特殊人群中尝试性开展心理咨询工作。构建上城区乃至杭州市首家街道级“心理咨询中心”(健康驿站、心灵驿站)。(区卫生局、南星街道)

三、抓好工作总结表彰和规划,为“十二五”规划实施奠定基础

1. 加强工作督查,全面总结“十一五”实施工作。

纲要领导小组办公室牵头，对《纲要》实施工作开展督查。重点督查建立工作机制、落实工作任务、保障条件等方面的情况。在督查的基础上，召开总结会，交流各部门实施工作的成绩、经验，分析存在的主要问题，提出“十二五”实施工作的建议。（区科协、各成员单位）

2. 对近几年来在全区全民科学素质建设与科普工作中作出成绩的先进集体与个人进行评选。报区政府批准，表彰一批全区科普工作先进集体和个人。（区科技局、区科协）

3. 组织编制《全民科学素质行动“十二五”规划》。提出 2011 年至 2015 年的工作目标、重点任务和政策措施。将公民科学素质建设的目标和要求纳入上城区建国民经济和社会发展规划以及各部门、各街道的“十二五”工作规划。（区科协、各成员单位）

杭州市上城区人民政府办公室

2010 年 5 月 25 日

关于实施质量强区战略的意见

为进一步推进生活品质国际体验区建设，加快打造具有国际水准的高品质中心城区，根据《关于印发<浙江省质量强省建设试点工作方案>的通知》（浙质强省发〔2010〕3 号）文件要求，结合全区实际，现就开展“质量强区”工作提出如下意见。

一、指导思想

以党的十七大精神为指导，以科学发展观为统领，与“十二五”规划相衔接，建立以政府为主导、企业为主体、部门协作和社会参与相结合的质量工作体系，通过实施质量（产品质量、工程质量、服务质量、环境质量）提升工程，逐步构建具有上城特色的“质量强区”管理体系，促进城区转型、品质提升。

二、重要意义

（一）从科学发展、城区转型升级高度认识“质量强区”新要求

质量是科学发展的应有之义。科学发展的深刻内涵，归根到底是推动经济社会实现又好又快的发展，“好”和“快”就是讲的“质”和“量”的问题，又好又快发展就是实现高质量的发展。“质量强区”是全面推进城区发展，实现上城区五大转型（经济、服务、文化、社会、生态）的重要组成部分和保障。

（二）从“大民生”、构建和谐社会角度认识“质量强区”新内涵

从“大民生”的角度看，“质量强区”是全面构建和谐社会的重要基础，要建立符合民生取向的质量工作机制，夯实质量基础保障体系，保障质量安全，以质量改善民生，以质量保障和谐。

（三）从提升发展质量、提高生活品质的目的认识“质量强区”新目标

“质量强区”是建设具有国际水准的高品质中心城区的重要抓手和载体，通过“质量强区”工作，转变经济发展方式，既保持经济平稳健康可持续发展，又促进转型升级，全面提升城区品质。

三、工作原则

（一）立足区情、突出特色的原则

根据上城区情和当前经济社会发展阶段，应以政府管理与公共服务标准化工作支撑和引领“质量强区”工作。着眼于“老、小、优、稳、强”的实际区情，通过资源、项目、信息的系统整合，协调推进“四大质量”提升，重点突出政府服务质量提升特色。

（二）注重民生、加大保障的原则

要把解决好人民群众最关心、最直接、最现实的利益问题，作为实施“质量强区”的出发点和落脚点来抓，牢固树立保民生就是保增长、保民生就是保稳定、保民生就是促和谐的理念，重视提升群众生活品质，不断提高民生工程质量。

（三）增强合力、系统推进的原则

“质量强区”工作是一项系统性工程，除了职能部门的监管责任之外，要更加重视政府引导力、企业主体力和市场配置力的有机结合，通过加强政府对相关工作的规划、协调、指导、落实，引导扶持企业主动制定实施质量战略，鼓励行业实施质量自律发展等举措，共同促进质量提升。

四、工作重点

（一）产品质量

1. 工业产品质量。在全区层面重点突出对工业产

品质量监管提升。产品质量监督抽查合格率达到或超过全省平均水平，质量损失率低于全省平均水平；注重全区产业结构转型升级，支持鼓励适合城区特点的都市型工业企业的发展。

2. 品牌发展质量。不断扩大品牌经济规模，围绕经济转型，以优势骨干企业为主体，着力通过自主创新、品牌经营、商标注册、专利申请等手段，引进培育一批拥有自主知识产权、核心技术和市场竞争力强的知名品牌，壮大一批具有较强竞争力的企业，鼓励优势企业积极争创名牌产品。

3. 实施食品质量重点监管。重点明确食品生产流通环节监管责任。坚持政府负总责、职能部门各负其责、食品生产经营者是第一责任人的食品安全生产监管工作格局，不断夯实监管基础，完善监管机制，强化监管责任，基本形成层级清晰、功能互补的食品安全监管体系，全面打造具有上城特色的食品安全监管模式；加强生产加工环节监管，加强流通环节监管，加强保健食品监管，推进食品安全诚信体系建设，深入推进“三小”和“十小”整治；使用非食用物质生产加工食品和滥用食品添加剂的行为基本得以杜绝，食品质量安全水平达到国家规定标准。

(二)工程质量

1. 城市有机更新工程质量。坚持大项目带动，重点拓展“精致空间”内涵。以南宋皇城大遗址、南宋御街·中山路、湖滨、玉皇山南、清河坊等重点工程建设为代表，提升建筑工程质量，加快城区有机更新。高度重视文化遗产保护工作，实施历史文化遗产保护三年行动计划，为城区转型发展夯实环境基础(按区重点建设项目年度计划要求实施)。

2. 民生建设工程质量。重点加快“四改”(庭改、危改、物改、背改)和保障性住房建设进度。对已完成的改善工程进行“回头看”，查漏补缺，提升品质；深入实施物业管理改善工程三年行动计划；配套实施截污纳管、低洼积水治理、上改下、生态垃圾房改造、公厕改造升级、市场整合提升等基础设施建设项目，提升综合服务功能，趁势推进环境改善、破解“七难”等问题的逐步解决。

3. 民生保障项目质量。重点加大民政、教育、卫生、文体等民生项目投入，加快相关项目建设。健全基本生活保障体系，实施养老服务五年规划，加强养老机构、社区照料机构建设，拓展“星光老年之家”服务功能；强化就业保障体系建设，继续推进“双零工程”；推进医疗卫生体制改革，加快社区卫生服务机构规范化建设，探索建立具有城区特色的中医药保健模式；加快教育设施的搬迁建设工作，实施教育“五大行动计划”，保障教育事业健康发展；继续推进区、街道、社区三级的文体设施建设，完善公共文体服务体系，保护非物质文化遗产。

(三)服务质量

1. 政府公共服务质量(政府服务转型)。重点推进政府管理与公共服务标准化工作。更加注重政府的社会管理和公共服务职能，使公共资源更多地向社会管理和公共服务倾斜，促进政府服务转型。

提升政府服务质量。通过标准化建设，全面制定细化、量化的管理与服务标准，规范履行政府管理职能，提高公众对政府的满意度。

规范权力运作流程。构建权力阳光运行机制，全面清理和规范行政权力，对行政权力运行流程进行优化后，固化为标准流程，做到定岗定责定人、依法依规审批，规范权力运行，提升政府服务的公信力。

提高管理服务效率。推进政务信息化，以标准化、信息化一体化理念打造“网上政府”，包括场景式网上行政中心、街道综合信息管理应用系统、信息资源综合数据库、重点工程目标管理控制系统、网上绩效考核系统、无线智能监控管理系统的建设，提高行政运作效率。

优化公共财力效费比。树立政府运作成本概念，整合优化行政资源，搭建财政性资金资产理财综合平台，不断探索适合实际的区级公共财力运行新模式，加强绩效管理，提高行政效能，使有限的公共财力产生更优更大的公共效益。

2. 行业服务质量。重点提升旅游业、商贸流通业等服务行业和特色街区等窗口地区的服务质量。旅游业要在旅游景区、旅行社、宾馆饭店广泛开展服务标准化和质量体系认证工作，形成设施完善、服务规范、游客满意的良好旅游环境；商贸流通业要全面提升服务水平，开展诚信建设，探索建立商贸企业诚信档案，继续开展“百城万店无假货”活动，引导企业不断提升经营管理水平；南宋御街(清河坊)、湖滨、南山路等特色街区要在强化政府管理引导的同时，探索建立发展地区商会等中介组织，增强街区自我发展意识与潜力，进一步提升街区服务质量。

3. 社区服务质量。重点拓展社区服务内容和服务质量。大力强化社区公共服务工作站功能，民政、卫生、文体等相关职能部门公共服务要重心下移，提升养老和救助等民生基本公共服务质量，促进公共服务均等化。推进“数字社区”建设，提升社区信息化水平，把信息化作为提升社区服务质量的主载体，整合利用已有的社区“e家人”、“网上行政服务中心”等资源，尽可能在社区内为群众提供便捷的政府管理与公共服务。拓展社区自治空间，引导鼓励社区建立完善多形式的文体娱乐、邻里互助、纠纷调解、司法维权等组织，探索社区治理的新模式。

（四）环境质量

1. 人文环境质量。重点以打造生活品质国际体验区为载体，挖掘、整合、提升、包装上城丰富的人文历史资源。按照系统整合、特色差异、传承创新的原则，重视历史文化的保护与传承和多种外来文化的介入与共存，形成集各个不同历史阶段的历史遗存文化、传统的市井民俗文化、与国际接轨的休闲时尚文化、多种类型的艺术创新文化以及展现上城工业发展历程的传统工业文化于一体，具有浓郁地方特色的底蕴深厚、精致和谐、独特开放的城区文化特质。

2. 投资环境质量。重点营造“亲商、爱商”氛围。大力推进综合交通体系建设，破解交通“两难”；推进“平安上城”建设，为经济建设保驾护航；创新发展政府为企服务网络平台（区为企服务中心），积极帮助企业解决问题；加快实施楼宇有机更新，为经济发展提供更高品质的硬件环境，吸引高端企业入驻发展；实施专业招商，加速上城经济结构提档升级；加强区域合作，主动加强与兄弟城区和周边城市的对接与合作，建立产业协作、基地高端衔接等领域的合作框架，实现资源共享、优势互补。

3. 生态环境质量。重点提升与群众生活密切相关的生态环境质量。着力推动生态转型，开展环保行动进社区、进企业活动，引导公众自觉树立生态文明观和环境价值观；加大对排污、噪声等环境违法行为的执法力度，提升宜居指数；注重经济发展与生态环境和生态文明建设相结合，努力打造“生态上城”。

五、工作步骤

（一）组织动员阶段（2010年8~9月）

建立“质量强区”工作领导小组，开展对全区质量工作的全面调研，在此基础上，与十二五规划制订相结合，制订实施意见。召开全区性“质量强区”工作动员大会，开展多层次、多形式的动员宣传，树立“大质量”意识，全区上下形成以质取胜、质量强区的良好氛围。

（二）试点开展阶段（2010年9月~2011年5月）

制定关于推进质量强区建设的实施办法和责任分解方案，探索建立评价指标体系和评价办法，落实质量建设的各项措施，有效组织开展试点工作，按期进行总结，做好中期评估和迎接检查验收工作。

（三）深化完善阶段（2011年6月~2013年）

全面检查各责任单位工作指标的落实情况，收集有关数据和材料，根据“质量强区”工作实施情况优化完善评价指标体系。根据实施办法确定的年度行动计划，深入推进“质量强区”战略实施，开展年度工作评价，评价结果纳入年度综合考评。对“质量强区”工作先进典型进行表彰奖励，推广成功经验。

（四）总结提高阶段（2014~2015年）

认真分析质量工作整体形势和存在的问题与不足，找出差距，进一步完善质量强区政策制度，形成质量强区工作长效机制。同时，研究制定第二轮质量强区战略的计划措施。

六、保障措施

（一）切实加强对质量工作的组织领导

成立上城区“质量强区”工作领导小组，定期组织召开联席会议，建立质量工作制度，落实责任和责任追究制度。领导小组办公室设在上城质监分局，负责质量强区战略日常推进和管理工作，及时通报全区质量状况，交流信息、总结经验、协调质量强区战略实施过程中的有关问题，建立质量强区战略的长效机制。四个专项工作组和区各相关部门要统一思想，提高认识，加强领导；各司其职，齐抓共管，加强配合，落实工作措施，明确工作进度要求，形成推动质量强区建设的合力。

（二）建立健全评价指标体系

领导小组办公室要根据上城质量工作实际情况，制定和完善全区产品质量、工程质量、服务质量、环境质量评价指标体系，明确分工，落实责任，并在总体目标的框架内提出分年度实施的阶段性目标，制定年度计划，明确年度定量或定性指标并分解落实。各有关部门要在领导小组的统一协调下，认真履行各自职责，切实抓好本部门的质量工作，互相配合，齐抓共管，确保创建目标得到全面落实。

(三)落实扶持激励评估措施

制定相关扶持政策，发挥政策的杠杆作用，积极引导企业增加投入，加大新产品研发和技术进步工作力度。引导企业开展自我评价，推广优秀质量管理经验。将政府职能部门的“质量强区”工作纳入综合考评，加强对“质量强区”工作的定期督查。充分发挥人大、政协的监督职能，强化对“质量强区”工作的依法监督和民主监督。建立民意调查和社会评估机制，增强“质量强区”工作实效。区政府每年安排资金，设立“区政府质量奖”，对在质量强区战略实施中表现突出、成绩显著的企业或组织给予适当奖励。

中共杭州市上城区委员会

杭州市上城区人民政府

2010年9月17日

关于推进上城区生态文明建设的决定

为贯彻落实党的十七大精神，全面实践科学发展观，促进资源节约型和环境友好型社会的建设，积极探索具有上城特色的生态文明建设新道路，努力建设生态文明试点城区，根据中共浙江省委《关于推进生态文明建设的决定》的有关精神，特做出如下决定：

一、推进生态文明建设的重要意义

(一)推进生态文明建设是贯彻落实科学发展观的重大举措

生态文明建设是党的十七大提出的实现全面建设小康社会奋斗目标的新要求，直接关系到民族复兴伟大目标的实现，与人民群众的切身利益密切相关。推进生态文明建设就是坚持可持续发展的理念和要求，从文明的高度来统筹环境保护与经济发展之间的关系，统筹环境、民生、文化三者之间关系，通过生态文明建设在更高层次上实现人与自然、环境与经济、人与社会的协调发展。推进生态文明建设就要进一步提升科学发展、和谐发展理念，在全社会牢固树立生态文明观念，实现高起点发展，促进资源节约型和环境友好型社会的建立。

(二)推进生态文明建设是上城区建设“具有国际水准的高品质中心城区”的内在要求

建设“具有国际水准的高品质中心城区”，其核心就是不断提升全区人民的生活品质。推进生态文明建设，大力发展生态经济，不断优化生态环境，促进经济社会与人口资源环境的协调发展，与人民群众的生活品质息息相关，是建设“具有国际水准的高品质中心城区”的内在要求和重要内容。

(三)推进生态文明建设是增强上城区发展优势和竞争力的战略选择

良好的生态环境和厚重的文化底蕴，是上城区最具魅力、最富竞争力、最持久的独特资源和宝贵财富。加快推进生态文明建设，统筹健康城区、最清洁城区、低碳城区等工作，一方面有利于强化环境就是竞争力、生产力的意识，使节约和合理利用资源、保护生态环境成为全社会的共同行动和核心价值观；另一方面有利于对深厚历史文化底蕴的理性传承，将优秀的传统文化理念转化为持续发展的优势。在新一轮的发展竞争中，掌握住这两方面的优势，必能增强可持续发展能力，在发展中抢占制高点。

二、推进生态文明试点城区建设的指导思想、基本原则和总体目标

(四)指导思想

以邓小平理论和“三个代表”重要思想为指导，深入贯彻落实科学发展观，围绕建设资源节约型、环境友好型社会，以提高人民生活水平和生活质量为根本出发点，立足“双城三圈”(“双城”即保护老城、接轨新城，“三圈”即沿湖核心商业圈、沿山历史文化圈、沿江商务居住圈)发展格局，以低碳上城理念为先导，以科技进步为手段，以创新为动力，将上城区精心打造成特色鲜明、示范作用明显、推广价值显著的生态文明试点城区。

(五)基本原则

遵循规律，环境优先。积极促进经济、社会与生态环境之间的良性循环，实现经济发展现代化、社会进

步快速化、生态环境优美化之间的良性互动，达到社会经济发展与生态环境保护的共赢。

因地制宜，典型示范。以生态文明建设为核心，整体规划，科学布局。并根据各街道特点，因地制宜，分块设计。突出重点方向与计划，抓好重点建设项目，树立典型示范工程，发挥辐射带动作用。

科学计划，分步实施。以可持续发展理论为指导，各相关法律、法规和政策为准则，制定科学合理的总体计划方案，稳步推进各项工程建设。坚持全局观念，立足杭州市城市发展与生态市建设的总体战略目标，选择重点领域和重点区域，制定分步实施计划方案，有所为地推进生态文明建设。

政府主导，社会参与。建立面向公众的宣传交流渠道，积极推进政务信息阳光工程，广泛征求公众建议和意见，鼓舞公众参与生态文明建设的热情；拓展对外开放领域，加强合作交流，引进人才技术，汲取国内外生态文明建设成功经验，提高生态文明建设的水平和质量。

（六）建设目标

以提高居民生活品质为根本出发点，以人与自然和谐相处为主题，坚持污染防治与生态保护两手抓，发展绿色生态经济，营造良好生态环境，培育健康生态文化，加快形成资源节约和环境友好的产业结构和增长方式，努力建设循环经济和低碳经济具有一定规模、生态文明道德文化体系基本建立、可持续消费模式基本形成、生态文明观念在全社会牢固树立的全市率先、全省领先、全国示范的生态经济之区、品质生活之区、生态文化之区。

三、着力把上城区建成现代产业发达的生态经济之区

坚持以科学发展观统领经济社会发展全局，突出经济结构调整和产业结构“转型升级”主线，按照省、市相关产业规划，以特色品牌建设为核心，以“五主多副”为引领，促进经济转型升级，探索建立适合上城区情的可持续发展的现代产业体系。

（七）大力发展文化创意产业

继续发挥和保持“西湖创意谷”在杭州文创产业领域的先发优势，利用“开元·198”等基地品牌影响力，集聚创意人才，培育创意企业。打造“玉皇山南国际设计创意产业园”创意产业发展的主平台，努力成为国内一流的建筑景观设计基地。培育打造多个各具特色、优势突出的创意产业集聚地，如清河坊历史街区古董艺术、南山路画苑、劳动路画廊，以及遍布于玉皇山下、白塔岭等处的“工作室”、凤山艺术空间，环市广电中心创意传媒产业带等。

（八）提升发展现代商贸服务业

依托老字号企业和龙头企业带动商圈发展，加快形成特色城市商业中心。依托杭州“城市东扩、沿江发展”的大战略，大力发展沿江现代服务业。依托地铁建设契机，大力发展“地铁经济”。借助道路、河道等大项目带动，改善环境，优化布局，提升业态。依托国际品牌与国内知名品牌，在湖滨特色街区等区域形成品牌集聚带。依托电子商务拓展商贸产业虚拟市场等大网络，大力发展网上“虚拟专业市场”，使网上市场与网上交易逐渐成为商品贸易的重要方式。

（九）集聚发展金融及其衍生行业

基于“有限城区，无限发展”理念，破解土地短缺、房价高等要素制约，着力引进和发展既注重综合环境，而又对房价不太敏感的金融及其衍生产业；不断增强庆春路、延安路金融产业集聚和辐射功能，积极谋划与推进“西湖国际金融集聚区”建设，打造联结“西湖时代”与“钱江时代”的“金融走廊”。

（十）深化发展生态旅游业

基于人文历史优势，以特色历史文化为重心，将上城区丰富的旅游休闲资源整合包装成特色旅游产品。以南宋皇城大遗址综合保护工程为契机，推进南宋皇城大遗址公园及周边地区的合理保护利用，把南宋皇城大遗址公园打造成展示杭州历史文化名城的“窗口”、中国大遗址保护的典范，打造成世界级旅游产品和世界文化遗产。做精特色街区，打造“上城金名片”。有序分批推进生活品质体验点建设，设计富有特色的生活品质体验线。并结合生态示范点位的建设，适时开辟生态文明旅游线。

（十一）大力发展高新技术产业

提升传统优势工业，培育新型都市型工业，发展高新技术产业。积极推进工业基地的扩容扩规工作，构建集管理、服务、信息和招商等职能于一体的信息化综合服务平台，引进培育优质企业。以物联网相关产业为引领，加强与院校研究机构合作，加快孵化器建设，拓展孵化领域，引进与培育相结合，加速科研成果市场

化步伐。发展总部型都市工业,着力引进两头在内、中间在外的工业企业。

(十二)扶持发展节能与环保产业

推进节能和环保技术进步,大力开发具有先进水平、拥有自主知识产权、竞争力较强的节能环保技术和产品。重点开发和引进推广建材等产业节能以及清洁生产、污染防治、资源综合利用的新技术、新工艺、新产品,在工业、建筑业、房地产业、服务业、公共机构等领域实施一批重大节能示范工程项目。大力推广光伏产业、再生资源回收利用、节能检测与环境监测设备、污染治理装备制造和节能与环保服务等产业,形成一批先进水平的节能环保优势企业。

四、着力把上城区建成生态环境优美的品质生活之区

(十三)逐步改善水环境质量

树立"传承水文化,改善水环境,营造水景观,保护水资源"的整治理念,按照清淤、护岸、截污纳管、"上改下"、大面积绿化和精品绿化、水闸船闸建设共"六个一步到位"的要求,结合加大河道配水及基础设施投入、市政管网梳理、绿化景观建设、有选择性地开展生态修复等内容,继续推进辖区内五条城市内河的综合整治与保护开发。以保障饮用水环境安全为重点,进一步加强水环境污染综合整治,让江河休养生息,不断提升水环境质量。加大监督管理力度,提高监督管理水平,控制污染物排放。积极开展企业居民生产生活节水工作,推行节水技术,实施雨水和中水回用示范工程、将阳台废水纳入污水管网等示范工程。实行行政区域河流交界断面水质目标管理,建立水资源保护、水污染防治的跨区协作机制。

(十四)持续改进空气环境质量

大力开展扬尘污染整治,积极开展"绿色工地"创建。提倡市民使用公交车、公共自行车等公共交通,实施免费单车进社区工程,积极倡导市民"绿色出行"。提倡源头控制,推广建设项目温馨提醒制度,严格把好审批关。防治餐饮业油烟废气污染,对餐饮企业安装油烟净化装置智能监控,提高对油烟废气的有效监管。加强各部门联合执法,严厉打击工业企业污染治理设施及餐饮业油烟净化设施不运行等违法行为。积极推广立体绿化、垂直绿化、生态保障性绿化,提高空气净化能力,使居民生活环境得到持续改善,环境品质得到提高。

(十五)积极保障声环境质量

加强噪声源监督管理,强化噪声污染防治,尤其要加强对施工噪声污染管理,从严控制夜间施工作业总量,减少噪声扰民现象发生,为人民群众创造一个安静的生活环境。联合环保、公安、城管执法、建设局等职能部门,依据有关噪声管理条例,加强对娱乐业、餐饮业等第三产业噪声和家庭装修噪声等管理,规范营(作)业时间,防止噪声扰民。加强城区机动车禁鸣管理力度,合理规划布局和设置交通线路、设施等,积极控制交通噪声对居民的影响,保障居民群众的清静权益。

(十六)构筑一流的生态安全系统

按照生态环境功能区的要求,严格把好建设项目环境准入关,新建项目必须符合国家和地方的产业政策、准入条件、污染物排放标准。加快完善区科技工业基地内的污染治理设施, 强化治污设施运行的监管,多措并举实施污染减排, 实现污染物全面达标排放。积极实施辖区内地质灾害的治理及江洋畈生态公园、樱桃山生态公园、安家塘生态湿地等重点生态系统保护与修复工程。加强对危险废物、放射性废物的安全处置的管理,强化对危险化学品、辐射设施和放射源安全的监管。完善环境污染或生态破坏突发事件应急预案,开展应急演练,强化应急处理机制。严防环境污染对食品安全的威胁,确保辖区居民的摄入食品安全防范措施到位,构建居民生活的健康环境。

五、着力把上城区建成厚重人文底蕴的生态文化之区

(十七)牢固树立生态文明理念

以创建生态文明试点城区和"创模"复检为契机,突出宣传生态文明理念和探索环保新道路的工作部署;在形式上力求新颖,使活动更富有趣味性,吸引更多的人参与到生态文化创建当中,不断扩大公众参与面;在方式上以集中宣传和普遍宣传相结合,既要注重在环境纪念日上对典型问题集中宣传,扩大环保声势,又要建立长效机制,利用社区使宣传工作深入基层,更加贴近生活。建立和规范保障机制,努力形成政府主导、多部门合作、全民参与营造生态文化的大格局。以推进生态文明意识在全社会牢固树立为目标,营造重点涵盖民生和环境改善的生态文化, 开展以

"环保进校园、进社区、进机关、进企业"为主题的全民生态文明教育工作，使生态文明观念渗透到每个单位、每个家庭、每个公民，使人与自然和谐、发展与环境双赢的生态理念得到大力弘扬，使资源节约与环境保护成为社会风尚和广大群众的自觉行动，形成尊重自然、热爱自然、善待自然的良好氛围。

（十八）积极开展生态文明创建

充分挖掘、保护和弘扬传统生态文化，推进生态文化创新，促进生态文化传播，加强生态文化创建载体建设。积极开展"世界环境日"、"世界水日"、"世界地球日"、"全国土地日"、"地球一小时"等重要节日的纪念和宣传活动。通过抓示范、抓典型、抓机制，继续推进绿色社区、绿色工地、绿色学校、绿色市场、绿色医院创建工作。积极发展并充分发挥民间环保组织和环保志愿者在生态文明宣传中的作用，开展丰富多彩的生态文明宣传活动。积极开展生态文明建设细胞工程的创新工作，鼓励建设适合上城的集环保与实用于一体、惠及民生，深受群众好评的生态文明建设示范项目。抓好"生态文明示范社区"和"生态文明建设示范基地"这两项创新载体，通过典型示范引路，全面快速推进生态文明试点城区建设。

（十九）全面提升生态文明素养

公民整体素质水平高低是生态文明先进程度的重要标志之一。以生态文明素质教育为先导，加强居民自身思想道德素质教育；以"科教强区"战略为指引，在《全民科学素质行动计划》的基础上，提高科学文化素质水平，以科技进步推动生态文明民众科学素质。继续提高居民民主素质，深化"以民主促民生"活动，让居民以主人翁精神积极参与生态文明建设。建设并改善"街道——社区——会所"等多层次、多样化、复合式的全民健身系列工程，营造城区健康和谐氛围，提高全民健康素质。培育人文精神，使居民综合素质与经济社会的可持续发展要求相协调。

（二十）大力推行绿色消费方式

积极推广居民绿色消费理念，以绿色消费促进绿色生产，培养公众节能、节水、节电、节材意识，倡导绿色出行。积极倡导环保生活方式，减少一次性用品使用，购买节能、环保标志产品和无公害、绿色和有机产品，形成在日常生活中注重节约、爱护环境的良好习惯。积极推行政府绿色采购、绿色办公的制度，在机关事业单位率先实现低碳生活转型。积极推广垃圾分类回收制度，努力实现垃圾的资源化、减量化和无害化。

六、建立健全生态文明试点城区建设的保障机制

（二十一）强化生态文明建设的组织领导

生态文明试点城区建设是一项复杂的社会系统工程，也是上城区发展的长期战略任务。区委、区政府定期召开生态文明试点城区建设工作会议，研究解决问题，确保责任落实到位，任务推进到位。全区各单位各部门要从全局和战略高度，充分认识生态文明试点城区建设的重要性和紧迫性，认真落实党政"一把手"亲自抓、负总责的责任制，切实把生态文明试点城区建设摆到突出位置，列入重要议事日程，与经济建设、政治建设、文化建设、社会建设共同部署、共同推进，及时研究和解决突出问题，确保抓出明显成效。

（二十二）健全生态文明建设的综合评价体系

将生态文明试点城区建设列入政府目标责任制，将生态文明试点城区建设目标任务分解落实到各街道、各部门、各单位，相关指标纳入各级党政领导班子和领导干部综合考核评价体系和离任审计范围，考评结果作为干部任免的重要依据，通过强化督查和考核，促进形成分级负责、逐级推进、上下共同努力的工作格局。邀请区人大和区政协，适时组织代表和委员开展视察活动，检查督促各单位的工作落实情况。各单位要落实责任，加强内部监督，严格实行问责制，对把关不严、治理不力、管理不善导致发生重大环境问题的，或造成考核失责任分的，要追究相应的责任。

（二十三）完善生态文明建设的政策体系

不断完善、落实相关经济政策，建立起利于上城区发展的各类资源有偿使用制度、环境污染责任保险制度、不断完善绿色信贷、绿色税收、绿色贸易等环境经济政策。要积极争取上级的资金政策支持，如生态建设"1250"工程资金补助等，鼓励个人和企业在污染防治、环境综合治理、生态保护等环保产业上进行投资。通过减免税收等政策，鼓励发展环保产业和循环经济。严格依法行政，完善行政执法监督机制，强化人大法律监督、政协民主监督，充分发挥新闻舆论和社会公众的监督作用。按照政府主导、企业自律和公众参与的原则，明确政府、企业、公民在生态文明建设中的责任。健全公众参与机制，凡涉及群众重大利益的规划、决策和项目，要实行听证、公示和例席会议等制度，充分听

取群众意见，确保公众的知情权、参与权和监督权。对生态文明建设工作给予人员编制上的政策支持，落实3名专(兼)职生态文明建设工作人员。

(二十四)完善生态文明建设的资金保障

生态文明建设是一项系统工程，任务艰巨，必须走多渠道、多层次、多方位和产业化筹资的新路子。根据“政府宏观调控与社会共同参与”的方针，充分发挥政策的引导作用，鼓励社会力量参与生态项目建设。积极将重点工程项目与省、市的工程项目相配套，积极争取生态省、生态市建设的专项资金；将上城区经济社会发展和生态文明建设相结合，扩大自身对生态文明建设的投资力度，确保区级财政每年在生态文明建设专项资金在600万元以上，并逐年有所增加；采用集资、融资等方式，吸收集体和私人资金参与到生态文明建设中来。

(二十五)筑牢生态文明建设的科技支撑

将生态文明建设内容纳入科技发展规划。从上城区实际出发，积极引进、消化、吸收和开发利用国内外关键共性技术，着力突破生态建设、环境保护、污染治理、循环经济、低碳经济、能源替代、清洁生产、绿色产业等领域的技术瓶颈，推进生态科技成果产业化。大力培育和发展各类科技中介服务机构，推进生态科技成果产业化和普及推广。

(二十六)营造生态文明建设的宣传氛围

精心组织、统筹安排，全力做好生态文明试点城区建设的宣传工作。利用电视、广播、报纸、网络等多种媒体，及时客观地宣传生态文明试点城区建设和环境保护工作取得的进展、经验与存在的困难、问题，引导全社会认识上城区当前面临的环境形势，深入了解生态文明建设面临的机遇与挑战，让生态文明和可持续发展的理念广泛传播、深入人心，为创建生态文明试点城区，建设“具有国际水准的高品质中心城区”营造良好的舆论氛围。

全区广大干部群众要深入贯彻落实科学发展观，坚持和发扬上城精神，埋头苦干、开拓创新，加快推进生态文明建设。各部门各单位要结合各自实际，精心组织，落实举措，确保生态文明试点城区各项建设任务和目标的全面完成！

中共杭州市上城区委员会
杭州市上城区人民政府
2010年9月3日

上城区“十二五”人才发展规划

为加快转变经济发展方式，推进城区发展转型，促进全区经济社会全面协调可持续发展，逐步形成杭州城乡区域发展一体化新格局，根据《进一步加强城乡区域统筹发展的实施意见》(市委〔2010〕17号)和《关于建立区县(市)协作机制，推进城乡区域统筹发展的实施意见》(市委办〔2010〕11号)文件精神，特制定本意见。

一、总体要求

(一)重要意义

进一步加强城乡统筹与区市协作，是贯彻落实科学发展观的重要实践，是转变发展方式，实现城区转型升级的重要内容，是培育新的经济增长点、增强综合竞争力的重要举措，是共享全面小康社会、共享共建“生活品质国际体验区”的重要保证，是上城区突破资源要素限制，实现“有限城区，无限发展”的历史性机遇。全区上下要从战略和全局的高度，深刻认识进一步加强城乡统筹、区市协作的重大意义，加快构建上城区经济社会发展的新格局。

(二)指导思想

以邓小平理论和“三个代表”重要思想为指导，全面贯彻落实科学发展观，深入贯彻落实党的十七大和十七届五中全会精神，按照省委“八大战略”、“两创”总战略和中共杭州市委打造“生活品质之城”的要求，以科学发展为主题，以推进经济社会发展模式转型为主线，以改善民生增进和谐为主旨，以新型城市化为主导，促进上城区协调均衡可持续发展。

(三)基本原则

加强城区统筹发展，必须坚持以下原则。解放思想、创新发展。坚持以解放思想为先导，尊重基层和群众首创精神，加大改革创新力度，大力鼓励支持有利于促进区域统筹发展的创新和实践，加快形成有利于区域发展一体化的体制机制。以人为本、和谐发展。注重民生改善，健全公共服务制度体系，扩大公共服务供给，完善公共服务供给方式，提高均等化水平，进一步提高社区服务和治理水平，妥善协调各方面利益关系，建立、健全应急管理和指挥体系，完善社会综合治安网络，发展社会事业，扩大劳动就业，完善社会保障，促进社会公平。区市联动，融合发展。坚持区域联动，优势互补，实施区市协作，是上城区突破行政地域和自然资源限制，实现“有限城区，无限发展”的重要途径，是转变发展方式，推进城区转型的抓手和着力点。上城区要与富阳市在产业、资金、市场、科技、人才、信息等方面加强互动互补，促进两地经济共同繁荣。立足实际、高端发展。坚持因地制宜、实事求是的原则，以招强引优为抓手，以高端楼宇为载体，以技术创新为动力，着力搭建以文化创意产业、金融及衍生产业、现代商贸服务业、大旅游业和精品房地产业等高端产业为主，都市型工业、高新技术产业及特色街巷经济为辅的“五主多副”产业体系，加快形成高端、高效、高辐射力的产业群。传承创新，保护发展。着眼于上城“老、小”实际区情，正确处理保护与利用的关系，努力在保护中求发展。既充分发挥上城作为杭州历史文化名城整体氛围的主要体现区的优势，彰显“老”的特色，在保护中求发展，又要打造“精致空间”，建设精品城区，以城市有机更新为路径，做精做优上城区五大城市综合体，形成融历史、文化、景观元素于一体的标志性精致空间。生态优先，低碳发展。坚持污染防治与生态保护并重，发展生态经济，保护生态环境，建设生态社会，培育生态文化，着力推动人的行为模式、经济发展模式和社会发展模式的生态转型。

二、目标任务

加大区内统筹与区市协作工作力度，促进区域空间集约利用、经济发展差异高端、管理服务高效均衡、民生保障均等覆盖、生态建设绿色低碳；大力实施区市协作工程，以上城区与富阳市协调发展为目标，建立协作机制，实现优势互补，加快城乡融合。在统筹全区经济社会持续平稳发展，凸显上城区杭州城市性质主平台定位的同时，协助富阳市提升经济社会发展水平、农村文明程度和农民富裕程度，实现上城区与富阳市的互促发展。

三、全面实施区内统筹

（一）统筹规划建设管理

注重空间集约利用与历史文化遗产的保护，加强区域内各类规划的有机衔接，强化功能片区规划理念，北翼侧重提升城区品质，南端侧重加快城区发展速度。

统筹规划四大功能区块。根据上城区现状、发展潜力及区域承载能力，将空间划分为沿湖商贸旅游文化区、沿河传统商贸居住区、沿江现代商务居住区和沿山创意文化休闲区四大主体功能区。沿湖商贸旅游文化区，位于中河路以西，河坊街以北地区，包括湖滨街道和清波街道，主要发展精致商贸、休闲旅游、历史文化展示等功能。沿河传统商贸居住区，位于中河路以东，铁路以西地区，包括小营街道和紫阳街道的部分区域，主要保留现有的传统居住社区，在城站周围重点发展商务、商贸功能。沿江现代商务居住区，位于铁路以东以南，钱塘江以北，包括望江街道和紫阳街道、南星街道的部分区域，重点发展现代高档居住社区，并利用钱江新城优势突出商务功能，建设高档国际化办公中心。承接 CBD 辐射，打造沿江商业、商贸总部集聚区。沿山创意文化休闲区，位于吴山、玉皇山、凤凰山一带，包括望江街道和南星街道的部分区域。利用现有良好的生态环境和丰厚的历史文化资源，发展文化创意和休闲旅游功能。

统筹推进工程建设。积极推进城区有机更新，积极推进社会事业建设项目，力争通过建设一批公共文化设施项目，一批均衡质优学校项目，一批公共体育设施配备项目，全面建立注重公平、满足多层次多样化需求的现代化社会事业体系；加大历史文化遗产保护项目建设力度，以南宋皇城大遗址保护工程为核心，以大项目带动为载体，修缮历史建筑，保护历史地段，整治历史文化街区，建设皇城遗址有关项目，整理、挖掘历史碎片，弘扬历史文化；加快现代服务业相关项目建设，强化实施保障性住房建设项目，有序实施房地产建设项目，实现空间资源的集约利用。

统筹实施五大综合体建设。南宋御街·中山路综合体要建设 5A 级景区，打造“宜居、宜商、宜文、宜游”的“生活品质第一街”、建筑历史博物馆、老字号一条街、南宋御街中华美食夜市一条街；湖滨南山路综合体打造集旅游、休闲、商业、办公、宾馆、会馆、金融等为一体的城市综合体；玉皇山南创意园综合体建成吴越文化与南宋文化集中展示区，旅游、商贸、金融多功能综合区以及设计为主的文化创意产业园区；复兴国际商务广场综合体建设成区域性商业中心，形成与钱江新城核心区相呼应的总部密集区；城站东广场综合体拟2011年完成前期规划设计，按照城市交通枢纽与城市功能一体化发展布局，积极开发交通枢纽周边物业。

统筹创新城市管理。坚持市民关系导向，贯彻“信息化、市场化、社会化、法制化”基本要求，以城市管理手段智能化为突破口，优化城市管理的组织结构和管理流程。推动管理手段的创新，加快城管信息化建设和科技创新工作，大力推动数字化城市管理的“扩面、扩容、提速、实时、增效”工作；推动管理机制的创新，以实施全面品质管理为办法，努力实现城市管理的“无隙化”；推动管理体制创新，以新一轮行政机构改革为动力，加大机构整合力度，正确定位管理重心，真正建立起人事相宜、责权相配、精简高效的“三级管理、四级服务”城市管理网络。

(二)统筹产业经济发展

立足差异化、突出集聚化、促进高端化，突出经济结构调整和产业结构“转型升级”主线，探索建立适合上城区情的“五主多副”可持续发展的产业体系，成为杭州构建“3+1”现代产业体系的发展先导区。

统筹发展现代商贸服务业。以龙头企业带动成熟商圈发展，形成特色城市商业中心。大力发展沿江现代服务业、“地铁经济”，加快引进形成国际品牌与国内知名品牌集聚带。发展电子商务，拓展商贸产业虚拟市场。

统筹发展大旅游业。以南宋皇城大遗址综合保护工程为契机，把南宋皇城大遗址公园打造成展示杭州历史文化名城的“窗口”，不断提升湖滨、南山路、清河坊特色街区品牌，有序分批推进体验点建设提升，设计富有特色的生活品质体验线，逐步增强“生活品质国际体验区”整体品牌影响力。

统筹发展文创产业。发挥和保持“西湖创意谷”在杭州文创产业领域的先发优势，培育打造多个各具特色、优势突出的创意产业集聚地。利用“开元·198”等基地品牌影响力，集聚创意人才，培育创意企业；打造“玉皇山南国际设计创意产业园”，突出以设计创意为核心的产业特色，重视引进国际品牌规划设计机构和国内知名设计机构，努力成为国内一流的建筑景观设计基地。

统筹发展金融及其衍生行业。庆春路和延安路通过实施整合优化措施，重点引进境内外各类金融法人机构、大型金融机构省级分支机构、地区总部、上市公司总部、投资机构(基金)总部入驻；在勾山里地块积极打造西湖国际金融集聚区；在解放路、西湖大道、吴山周边等次辐射带，积极引进金融衍生产业。

统筹发展精品城区建设相关行业。积极开发商业街区型、道路沿线型和小区服务型的多种类型的商业地产，加快形成区域性商贸中心；推动一批精品住宅项目建设，采用高层、小高层相结合的方式，建成公建与市政设施配套齐全、环境优美、舒适的精品居住功能区；原有住宅、小区通过“四改”、坊巷改善、截污纳管等民生改善工程不断提升群众生活居住品质；商务楼宇通过楼宇更新、破交通“两难”、专业招商等措施，不断升级提档。

统筹发展其他“多副”行业。改造提升食品饮料、家用电器、电子机械等优势行业，加快推进工业功能区建设，稳步发展都市型工业。多形式多途径加强与高校、科研院所的合作，大力培育发展物联网、3G应用、LED等电子信息产业。以特色街区为引领，集聚发展名品名店老字号等特色街经济。以延伸产业链为抓手，鼓励发展现代建筑业。以商务楼宇为载体，培育发展中介服务、外包服务等新兴服务业。

(三)统筹政府管理与公共服务提升

实施政府管理与公共服务标准化工程，推进政府管理和公共服务规范化、阳光化、信息化和效益最大化。

统筹提升政府管理服务质量。通过标准化建设，全面制定细化、量化的管理与服务标准，规范履行政府管理职能，提高公众对政府的满意度。

统筹规范公共权力运作流程。构建权力阳光运行机制，全面清理和规范行政权力，对行政权力运行流程进行优化后，固化为标准流程，做到定岗定责定人、依法依规审批，规范权力运行，提升政府服务的公信力。

统筹提高政府管理服务效率。推进政务信息化，以标准化、信息化一体化理念打造“网上政府”，包括场景式网上行政中心、街道综合信息管理应用系统、信息资源综合数据库、重点工程目标管理控制系统、网上绩效考核系统、无线智能监控管理系统的建设，提高行政运作效率。

统筹优化公共财力效费比。树立政府运作成本概念,整合优化行政资源,搭建财政性资金资产理财综合平台,不断探索适合实际的区级公共财力运行新模式,使有限的公共财力产生更优更大的公共效益。

(四)统筹民生保障

突出"人本"精神,加快完善区域统筹的社会保障体系和劳动就业、社会保险、社会救助相互衔接的民生保障联动机制,提升就业、救助、教育、卫生、住房、养老、安全七大民生保障水平。

统筹就业保障。不断健全公共就业服务体系,进一步加大就业扶持力度;高度重视困难人员和特殊人群就业问题,动态消除"零就业家庭";大力推进集体合同和工资集体协商制度,加强劳动监察和劳动争议仲裁工作。

统筹完善社会救助体系。加大社会救助力度,重点加强对困难群体和外来务工人员生活、医疗、教育等方面的救助力度;健全帮扶救助体系,完善救助工作政策兜底和进退机制;大力发展社会慈善事业,规范慈善工作,探索慈善事业新路径;探索建立残疾人培训就业基地,落实残疾人单独施保政策,创建省扶残助残爱心城区。

统筹提升教育发展。深化学前教育强区创建成果,巩固小学教育优势,加快提升初中教育,做强特教品牌,推动各类教育协调发展。加快学校改造和建设步伐,提升硬件设施水平,优化学校布局。

统筹医药卫生体制改革。加快推进医药卫生体制改革,不断健全覆盖全民的基本医疗卫生制度,完善公益性医疗机构的运行机制、管理体制和社区基层医疗服务体系,努力缓解群众看病贵、看病难问题;加强公共卫生体系建设,进一步健全疾病预防控制、健康教育、妇幼保健、精神卫生、应急救治等专业公共卫生服务网络;贯彻落实计划生育基本国策,以稳定低生育水平、提高出生人口素质为目标,不断提高人口和计划生育管理服务水平。

统筹提高住房保障水平。坚持建管并举方针,加快完善"六房并举"的住房保障体系。继续实施危旧房改善工程、物业管理改善工程,着力改善老旧小区居住环境。深入实施"安居"工程,切实解决困难群众住房问题。

统筹养老体系建设。以居家养老为基础、社区服务为依托、机构养老为补充,以机构完善和设施完备为支撑,着力构建服务方式多元化、投资主体多样化、居家养老普及化、服务队伍专业化的养老服务体系,努力满足群众多层次、多元化、多选择的现代养老服务需求,努力实现居家养老服务全覆盖。

统筹打造"最安全城区"。深入推进"法治上城"、"平安上城"建设,完善治安防控网络,提升科技应用水平,健全公共安全应急机制,有效应对公共危机、保障城市公共安全。加强安全生产监督管理,认真抓好公共卫生、食品药品安全、消防安全和交通安全工作,切实保障人民群众健康和生命安全。

(五)统筹生态保护

以改善环境、提高品质为目的,巩固上城区环境综合整治成果,使全区生态环境质量继续保持全国先进水平。

统筹生态环境治理与保护。抓好水环境治理,突出抓好饮用水源安全保障,健全饮用水源安全预警机制,完善饮用水源污染事故应急预案,推行节水技术,实施中水回用工程,推进河道整治与截污纳管工作;抓好大气环境治理,深入实施脱硫改造工程,加快上城区工业园区工业企业脱硫进度,防止城区建设工程粉尘污染,倡导绿色出行,防治餐饮业油烟废气污染;抓好土壤环境治理,绿化建设以大型城市公园为主导,城区绿地为重点,以道路、河道、铁路绿地为网络框架,以常规绿化为基质,形成点、线、面多形式相结合的生态绿地系统,提高绿化水平,美化、丰富城市环境和景观,2015年上城区绿化覆盖率由现在的37%提升至40%;推进固废合理有效处置,以减量化、资源化、无害化为原则,强化资源回收与垃圾分类观念的宣传与实施,完善再生资源回收利用体系;强化噪声治理,继续加强城区机动车禁鸣管理力度,加大路面铺装与改造覆盖率,有效控制交通噪声源头,加强社会生活噪声、建筑施工噪声和生产经营噪声的管理,促进声源治理,从严控制噪声扰民现象。

四、大力开展区、市协作

2011年至2015年,由上城区、萧山区与富阳市组成第一区县(市)协作组,以产业共兴、项目共建、资源共享、环境共保、乡镇结对、干部挂职为主要内容,建立协作机制,实现优势互补,加快城乡融合,在统筹上城区经济社会持续稳定发展的同时,协助富阳市提升经济社会发展水平、农村文明程度和农民富裕程度。

(一)深化创新,推进"联乡结村"

按照市委、市政府提出的"城乡统筹上台阶、结对共建上水平、农民群众得实惠"的要求,继续深入开展"联乡结村"活动,充实帮扶力量,动员辖区企事业单位参与"联乡结村"共建活动。实行街道与富阳市乡镇结对制度,上城区6个街道要分别与富阳市6个乡镇结对(中心镇、强乡镇除外),每年安排一定法人项目、资金支持结对乡镇发展,并积极组织辖区企事业单位参与结对共建。与市级"联乡结村"集团联系乡镇的结对工作,要与帮扶集团整体工作相衔接实行干部互派挂职制度,由协作双方组织部门选派区、县(市)管优秀干部到结对乡镇(街道)挂职锻炼,结对乡镇街道之间互派干部。

(二)优势互补,促进产业共兴

产业优势互促。利用上城股权投资、基金投资、风险投资、私募基金等中小企业金融服务机构相对集聚的比较优势,探索建立上城区与富阳市政府组织的有效沟通交流平台,帮助富阳市潜力型企业、转型期企业及时捕捉有利信息与商机,及时融资发展,也为区内金融的发展提供新的增长点。

业态转移互利。全面提升已在富阳的近江、望江工业园产业集聚水平,积极鼓励上城区工业企业在富阳延伸发展,加快建设特色园区,重点加强电子、机械、轻纺、建材、物流等产业对接,大力引导和支持产业项目合理有序转移;有序引导上城文创产业梯度转移,通过项目合作、设计分包、专业化生产等模式,协助富阳搭建文化创意产业技术支撑平台,着力做大做强文创产业;采取多种形式鼓励和推动上城区企业到富阳市兴办农业企业,开展相关协作。

旅游发展互补。发挥上城旅游业"展销窗口"和资源、人才、机构经验等方面的优势,探索建立区域旅游互补合作协调机制,逐步推进与富阳旅游资源、线路、市场、产品的整合、对接和延伸。

城乡建设互惠。抓住富阳市开展"中心镇"、"中心村"等城乡建设契机,鼓励区内建安开发企业实施"走出去"发展战略,积极拓展市场,参与富阳市新兴地域的地产开发、城镇改造、新农村建设等工程,壮大自身实力。

(三)互学互促,推进事业共建

构筑交流合作平台。加强与富阳有关部门的沟通、交流与合作,借助西博会等会展推介平台,开展灵活多样的招商活动,组织资源对接,推介投资项目,全方位推介富阳、服务招商引资工作。

积极探索社区建设与养老合作的新模式。在社区层面建立社区建设交流学习机制,交流探讨两地社区建设的成功经验,开展互学互帮活动;借富阳推进城市化与人口集聚化契机,合作兴办各类为老机构,延伸为老服务产业。

开展教育合作和交流。通过品牌资源对口输出、优势资源拓展共享、特色资源整合优化等协作形式,异地创建或联名创办1~2所名校,培养一批骨干教师,搭建一个教育信息资源共享平台,拓展学生实践基地。选择1~2所学校与富阳1~2所学校开展学校协作,协助对口学校改善办学条件,提高教学质量,促进城乡教育优质均衡发展。

拓展就业服务平台。建立两地企业用工信息交换发布机制,为劳动力市场提供充分信息保障,缩短劳动力市场空间差距;积极组织区内企业面向富阳开展定向招聘活动,鼓励企业优先录用协作地劳动力;开展劳动力市场的合作培训。

开展医疗服务领域的合作交流。鼓励上城区医疗机构与富阳开展多形式的医疗服务合作,开展"医疗下乡"活动;鼓励社区卫生服务中心与乡镇医疗机构的结对交流,

深化政府公共管理和服务的交流合作。学习富阳大部委制改革经验,交流上城区在推进政府管理与公共服务标准化、质量强区、网上一站式审批等政府创新举措,深化合作交流,共同探讨,提升公共管理和服务能力,达到互促互进。

五、保障措施

(一)领导机构保障

加强组织领导,构建党委统一领导、党政齐抓共管、综合部门组织协调、有关部门各负其责的工作格局,形成规范化、制度化、常态化工作机制。成立上城区区域统筹发展工作领导小组,下设区统筹办和两个重点工作推进组。

(二)资金投入保障

2011至2015年,在原有预算内保持各类专项资金及增幅不变的前提下,加大对区域统筹发展的投入,区本级和街道每年安排一定资金,用于支持城乡区域统筹发展事业。在保证政府投入资金的前提下,发挥区域优势,采取直接投资、投资补助、贴息支持等

多种政策，引导社会资金积极参与城乡统筹发展，引导民间资本投向协作地区的基础设施、公用事业和生态环境建设等。

(三)组织动员保障

加强党组织在统筹区域发展中的整合功能、服务功能，加大组织群众、动员群众、引导群众力度，广泛发动商会、地区协会、非政府组织等社会各方面力量积极参与城乡统筹和区市协作。

(四)考核激励保障

建立健全体现工作实绩的科学评价体系，完善相应统计制度和考核管理办法，并将城乡统筹和区市协作成效列入区委、区政府对各部门、街道的年度综合考评，作为政绩考核的重要依据；出台相应激励政策，积极鼓励和引导社会力量参与城乡区域统筹和区市协作。

中共杭州市上城区委员会
杭州市上城区人民政府
2010 年 11 月 18 日

关于加快《上城区历史文化遗产保护三年行动计划》的意见

为进一步加快实施《上城区历史文化遗产保护三年行动计划》，推进历史文化遗产保护工作，提升历史文化底蕴，增强城市竞争力和软实力，特制定如下意见：

一、加强领导　两级联动

调整充实上城区历史文化遗产保护领导小组，强化协调功能。区历史文化遗产保护领导小组，由区委、区政府主要负责人分别担任组长和第一副组长，区建设、规划、财政等有关部门主要负责人为成员，统一领导协调全区文保单位、历史建筑等历史文化遗产保护工作。领导小组办公室设在区建设局，依法开展文物与历史建筑的保护工作：负责与市建委、市园文局、市历保办等管理部门联系；对上城区的历史文化遗产保护工作实施监督与管理；编制全区文物和历史建筑修缮年度计划，及时掌握修缮项目前期进展情况；协调处理建设项目前期工作中的困难和问题，遇有重大问题随时向领导小组报告；在历史文化遗产修缮整治过程中发挥协调作用。

各街道办事处要相应成立街道历史文化遗产保护领导小组及办公室，由街道主要领导担任负责人，负责与各建设指挥部联系，协调本街道区域内历史文化遗产项目的保护工作和项目推进；根据本地区特点，通过多种方式、多种途径，宣传实施“三年行动计划”的意义、居民的义务和责任。社区要成立“民间文保办”，配合做好民情民意调查和居民的沟通解释工作，落实四问四权，协助项目实施主体开展工作。

二、明确责任　统分结合

“三年行动计划”包含的 104 个项目中，有 21 处历史建筑产权人为市级各部门或私人产权，主要由产权单位或个人负责实施，区建设局会同区财政局（国资办）提出方案建议；其余 83 个项目均由上城区相关责任主体负责实施。

区各项目实施责任单位应编制保护项目年度工作计划，按月向领导小组办公室(区建设局)上报保护项目实施进展情况；确保项目实施符合国家和省、市文物、历史建筑保护规划及相关标准，具体工作按照有关规定执行。同时，要贯彻落实“八统六分四结合”，八统：统一项目立项，保护项目的立项报批，由区发改局负责落实；统一规划编制，上城区历史遗产保护专项规划，由上城规划分局负责落实；统一资金调度，保护项目的搬迁、修缮资金，由区财政局负责筹措和调度；统一设计调查表，为便于统计分析，由领导小组办公室(区建设局)制定民众调查问卷表；统筹安置房源，为落实外迁居民安置用房，由区建设局管理好安置房信息平台和争取房源，在全区统筹安置房源；统一设计委托和方案决策，针对项目“散、小”特点，为确保设计质量，由区建设局统一委托设计单位进行方案设计，方案报领导小组决策；统一制定审定搬迁政策，由区法制办牵头制定审定搬迁政策；统一验收考核和房产管理，保护项目实施竣工后，由区建设局牵头组织相关部门进行竣工验收;区重点办负责指挥部考核工作;区国资办负责国资运行管理。六分:分别制定项目实施方案,由各指挥部按照历史文化遗产保护项目的具体情况,按照“保真、修复、改善、整饬、置换、新建、加建、迁移”八种手法,分别制定实施方案和会同设计单位开展设计;分别开展问卷调查,以各街道为主、指挥部配合,对保护项目内的住户进行问卷调查,了解民情民意;分别搞好资金平衡,各指挥部对实施项目分别进行资金测算和平衡,降低项目投资;分别修缮招投标和组织实施修缮工程,由各指挥部实施的项目,分别由各指挥部开展施工招投标、员工培训和加强施工管理;分别开展安置工作,各项目内须实施拆迁(搬迁)的居民,由各指挥部分别负责安置。四结合:要与“四改”(危改、庭改、背改、物改)工程做好有机结合,同步实施,一步到位。

三、明确分工　密切配合

区各有关部门与各指挥部要加强沟通联络,区文保办负责“三年行动计划”实施项目的综合管理;各部门要按照各自的职责和相关法律、法规及本实施意见,积极支持、认真服务,保证项目顺利实施。各相关部门主要工作职责如下(区建设局和各街道除外):

1. 区委办负责与市委办衔接“三年行动计划”实施项目的相关推进工作,落实区领导联系建设项目责任制。

2. 区委组织部负责配备各建设指挥部领导,根据“三年行动计划”实施项目工程需要,必要时抽调精干人员加强指挥部力量。

3. 区委宣传部应利用各种形式,宣传保护项目的作用和意义,及时报道历史文化遗产整治修缮项目进展情况,为顺利实施保护项目营造良好氛围。

4. 区府办负责与市府办衔接“三年行动计划”实施项目的相关推进工作,跟踪落实领导批示及有关请示报告的批复情况,确保市政府简复单及时下发。

5. 区信访局按照“分级负责,归口办理”的原则处理群众来信来访,与各责任单位、协调单位密切配合,为“三年行动计划”的顺利推进做好服务、保障。

6. 区审计局依法对保护项目的预算执行情况和决算进行审计监督。

7. 区行政执法局负责“三年行动计划”实施中的执法保障。

8. 上城公安分局对项目施工现场、仓库等部位应当加强治安和消防监督管理,依法调查处理违法犯罪行为。

9. 区法制办、区发改局、区财政局、区教育局、区监察局、区民政局、区劳动和社会保障局、区商贸旅游局、区招商局、区文广新局、区城管办、区安监局、上城国土分局、上城工商分局、上城规划分局、上城环保分局、上城交警大队、上城消防大队等有关部门按照各自的职责和相关法律、法规,做好“三年行动计划”实施的相关协调、管理、监督、服务工作。对发现的违法问题,应当及时进行处理并发出整改通知书,发现重大问题的,应当及时报告区政府。

四、健全机制　加强考核

健全区内审会议、行政服务中心两级协调机制。区内审会议每月听取一次“三年行动计划”的进展情况汇报,及时协调和解决有关困难和问题;行政服务中心负责梳理滞后项目情况,督促项目单位落实内审会议任务。

保护项目全部列为区重点工程,编入上城区重点工程年度计划。各责任单位应制定本年度分月计划,并输入政府内网督办系统,按月填报实施进度。“三年行动计划”实施情况列入对指挥部的年度目标管理考核内容,由区重点办负责对各实施单位进行督查和考核,考核办法另行制定。

中共杭州市上城区委办公室
杭州市上城区人民政府办公室
2010年6月30日

关于开展"拓展养老服务，构建和谐家园"居家养老服务全覆盖工程的实施意见

上城区是浙江省老龄化程度最高的一个区，目前，区内60岁以上老年人7.4万人，占全区总人口的23%。为积极应对老龄化加剧带来的矛盾和挑战，更好地提升新形势下老年人对居家养老差异化的服务需求，促进各类社会养老资源的有效配置，经区委、区政府研究，决定在全区开展以"拓展养老服务、构建和谐家园"为主题的居家养老服务全覆盖工程。现提出如下实施意见。

一、指导思想

以邓小平理论和"三个代表"重要思想为指导，以科学发展观统领居家养老服务工作，紧紧围绕建设"具有国际水准的高品质中心城区"的战略目标，以"求创新、全覆盖"为目标，在为困难群体提供养老保障的基础上，积极探索居家养老服务从"特惠型"向适度"普惠型"拓展与转变，努力满足一般社会老人迫切的养老需求，提升老年人生活品质，继续保持上城区养老服务社会化工作的领先优势。

二、主要目标

居家养老服务由"特惠型"向适度"普惠型"转变，是今后一个时期上城区养老服务社会化工作最紧迫的任务。在为困难群体提供养老保障的基础上，整合养老服务资源，搭建居家养老服务对象全覆盖平台，形成以信息化为支撑的运作体系和响应机制，对所有60岁以上老人，提供分层分类的规范化、特色化、人性化的居家养老服务，切实提高老年群体的生活质量，让老人生活得更加便利，更加舒心，更加有尊严。

三、工作措施

（一）建立科学系统的养老服务对象数据库

在掌握现有60岁以上老人生活状况的基础上，依据居家养老服务对象的身体状况、经济状况、生活自理能力、家庭居住情况和子女的经济情况、供养能力等，建立一人一档的《养老服务对象信息表》，形成全覆盖工程信息化管理数据库，并将数据库内信息与区养老服务信息处理中心进行对接，为开展分层分类的养老服务提供基础保障。

（二）建立完善居家养老社会化服务平台

1. 整合现有居家养老上门服务实体。为有效提升居家养老上门服务能力，提高服务质量，针对目前生活照料类服务（如洗衣、买菜、做饭等）市场发育尚不成熟的现状，在全区招标确定两家具有一定服务规模、有信息化支撑的居家养老上门服务实体，全面承接居家养老生活照料类上门服务工作，有效缓解日常居家养老服务工作的压力，使上城区居家养老服务工作得到有效提升。

2. 深化"上城区为老服务联盟"。在现有"三级管理、四级运作"的体制基础上，进一步对现有辖区内各类单位和服务性企业进行认真梳理、有效整合，并纳入养老服务的响应承接实体范围，通过政府采购服务项目等形式，积极鼓励具有一定规模、服务优、信誉好的企业参与到全覆盖工程中来。

3. 推广"三位一体"社区居家养老服务新模式。针对上城区地域狭小，居住空间密集和老年人习惯于在就近、熟悉的环境中活动的特点，大力发展社区养老机构、社区星光老年之家、社区居家养老服务站"三位一体"的社区居家养老服务新模式，将养老机构、社区服务设施与志愿服务紧密结合，形成有事不出社区、服务方便快捷、迎合老人生活习惯的社区养老服务新格局。

（三）提升区养老服务综合信息平台建设

1. 开发、完善软件，建立政府购买服务的评估体系。充分利用现有"两网"合一管理系统，开发完善养老服务网上申请、受理、评估、统计与满意度评价等功能型软件操作系统，实现外网申请，内网受理与评估、审核与审批，网上反馈与满意度评价等功能，构建科学规范、客观公正的居家养老上门服务综合性信息平台。通过这一评估体系，确定政府提供免费、优惠的服务对象，明确免费、优惠的服务标准。

2. 招标成立上城区养老服务信息处理中心。该中

心的性质为区民政局登记的民办非企业单位，主要任务是完成需求与服务实体之间的有效对接，即在建立居家养老服务对象信息库的基础上，将联盟成员单位的服务内容、联系方式接入信息中心，实现呼叫受理、呼叫联动、服务追踪和服务对象满意度反馈、月呼叫数据报表提供，以及加盟单位的推荐、对服务单位服务质量的评估等功能，为政府购买服务提供依据。

3. 开发“一键通”、“菜单式”养老服务功能。指导养老服务信息处理中心调整原有“一键通”呼叫服务功能，为空巢、独居老人安装集应急救助与服务功能于一体的“一键通”呼叫终端。该终端具有应急救助、公共服务与养老服务三项功能，设“红键”为应急救助按钮、“绿键”为公共服务呼叫按钮、“黄键”为养老服务需求呼叫按钮。应急救助由“120”社区责任医生及其第一责任人实时救助，公共服务类由“96345”承接，养老生活类服务由为老服务联盟单位中的各类服务实体完成。大力培育与开发“黄键”呼叫的养老服务功能，推出生活照料、医疗服务、家政服务、司法维权、精神慰藉、紧急救助等六大类、50项服务，及时提供老年人的各类需求。

(四)差别化提供个性化养老服务菜单

在进一步整合资源、有效提高养老服务承接能力的基础上，创新服务方式，推出全覆盖菜单式服务项目，满足个性化服务的需求。在倡导自主养老的基础上，按照“保基本、补不足”的原则，确定六大类、50个项目的“菜单式”服务，为全区60周岁以上老人提供分层、分类的居家养老服务。

1. 经评估体系确认的A类服务对象，即空巢、独居、持《杭州市困难家庭证》、生活不能自理或不能完全自理、其子女无照顾能力的老人，在免费安装“一键通”呼叫终端的基础上，给予每户每月900元的优惠团购免费服务。

2. 经评估体系确认的B类服务对象，即空巢、独居的低收入(2倍低保标准以下)、生活不能自理或不能完全自理、其子女无照顾能力的老人，在免费安装“一键通”呼叫终端的基础上，给予每户每月675元的优惠团购免费服务。

3.经评估体系确认的C类服务对象，即80岁以上空巢、独居，且经济条件、生活自理有困难的高龄老人，在免费安装“一键通”呼叫终端的基础上，给予每户每月300元的优惠团购免费服务。

4. 经评估体系确认的D类服务对象，即有特殊贡献的老人，如享受市级以上老劳模、优秀共产党员等待遇和老居干、优抚对象等。在免费安装“一键通”呼叫终端的基础上，给予每户每月300元的优惠团购免费服务。

5. 经评估体系确认的E类服务对象，即60岁以上空巢、独居老人，给予免费安装使用“一键通”呼叫终端，自主选择优惠团购服务。

6. 经评估体系确认的F类服务对象，即60岁以上的所有老年人，自主呼叫，享受政府提供的优惠团购服务。

(五)建立满意度考评机制

按照《居家养老服务与管理规范》，对区民政局、街道、社区三级管理机构的工作完成情况进行考评，并将结果纳入区目标管理考核。推行满意度考评与经费结算挂钩，按照服务对象的评价标准，用经济杠杆。调动居家养老服务实体的积极性，不断提高居家养老服务质量与水平。

四、工作步骤

(一)调查摸底阶段

10月份前，各街道、社区整合现有养老服务相关信息，归类整理，填写《养老服务对象信息表》，确定街道职能科室咨询类服务的联系电话，完成信息采集与数据录入工作。

(二)工作推进阶段

整合为老服务实体。11月份前，街道、社区着手梳理本辖区内服务类服务实体，并依据为老服务联盟的管理办法，与养老服务信息处理中心实施对接。区民政局招标确定居家养老上门服务实体，着手建立两家规模较大的居家养老服务实体，力争在一年内分期进驻各街道承接上门服务主要工作。招标确定区养老服务信息处理中心的举办主体，制定完善信息处理运行方式，并与之签订合作协议，指导举办单位按照确定的服务对象，安装服务终端，分批完成安装。

五、工作要求

(一)提高认识

居家养老服务全覆盖工程是区委、区政府进一步提升居家养老服务、努力构建和谐社会推出的又一项惠民工程，是居家养老服务由保障困难、低收入、生活自理能力差的特殊群体老年人向一般社会老年人提供精细化和个性化服务转变的重要举措，对全面提升上城区老年人生活品质和福利服务的保障水平有十分重要的意义。因此，各单位要充分认识居家养老服务全覆盖工程的重要性，采取切实有效措施，深化提高居家养老服务工作的整体质量。

(二)规范操作

在坚持社会化发展的同时，要提升居家养老服务工作的规范化水平，制订完善相关标准，依托信息化手段，进一步加强养老服务规范化建设；要通过法律手段、行政手段、社会监督和舆论监督等方式，加强对居家养老服务的监管，促进整体服务效率和服务质量的提高。

(三)加大投入

居家养老上门服务的保障经费，由区财政承担70%，街道承担30%。用于街道居家养老的工作经费和社区志愿者的工作经费，确定为上门服务总金额的20%。新增用于居家养老服务的硬件设备所需经费，由区财政保障。

(四)密切配合

各单位要积极落实相关政策，形成合力，加快推进。区民政局要加强指导，强化培训。各街道要按《意见》要求，及时组织调查摸底，建立服务对象基本信息库，梳理本辖区内为老服务单位、组织、企业的基本情况，选择信誉高、质量好、服务优的服务实体，并及时与养老服务信息处理中心做好对接。区教育、卫生、司法、文化体育、群团组织及各有关部门，要按照各自工作涉及的范围，加强对居家养老服务工作的研究，提前介入，加强合作，合力推进全覆盖工程深入开展。

中共杭州市上城区委办公室
杭州市上城区人民政府办公室
2010 年 10 月 29 日

上城区 2010 年度和谐社区考评办法

为深入推进上城区和谐社区建设又好又快发展，进一步夯实“具有国际水准高品质中心城区”的基础，根据《杭州市上城区深化和谐社区建设三年规划(2009~2011 年)》和《中共杭州市上城区委、杭州市上城区人民政府关于深化和谐社区建设的若干意见》两大文件精神，制定本考评办法。

一、指导思想

以邓小平理论和“三个代表”重要思想为指导，深入贯彻科学发展观，以和谐社区建设“全市示范、全省领先、全国一流”为目标，以社区居民群众满意度为标准，围绕“居民自治、管理有序、服务完善、治安良好、环境优美、文明祥和、党建有力”七个方面的要求，完善考评办法，健全考评机制，实现和谐社区考评工作的规范化、合理化、科学化运作。

二、考评的组织

1. 上城区和谐社区考评领导小组和考评专项组，负责和谐社区的考核、评定工作。考评领导小组下设办公室，负责具体事务，办公室职责由区社区建设指导委员会办公室履行。考评专项组由区相关部门组成，根据《2010 年度和谐社区测评标准》负责考核打分工作。

2. 上城区和谐社区考评监督小组人员由区监察局干部、和谐社区建设巡视员、街道办事处干部等相关人员组成，监督考评领导小组办公室做好相关数据的汇总统计工作。

3. 各街道和谐社区考评小组负责本街道和谐社区创建工作，并对本街道拟参与区级先进评选的社区进行初审和申报，同时做好对未参与区级先进评选社区的考核、评定工作。

三、考评的实施

(一)和谐社区考评项目及分值设置

和谐社区考核分为考核项目与评议项目两大类，设置总分为 1000 分，其中考核项目为 400 分(占总分的 40%)，评议项目为 600 分(占总分的 60%)。

1. 和谐社区考核项目。第一项：根据《2010 年度和谐社区测评标准》进行考核，总分 360 分(800 分×45%)，每个指标项分扣分项和加分项两大类，两者各占总分的 50%；第二项：民生立项项目考核，总分为 40 分。

2. 分值计算。分值说明，《2010 年度和谐社区测评标准》中的分值同样为800分，在最终总分合计中折算成360分(800分×45%)，民生立项项目考核分为40分，两项合计为400分。量化计算和考核时间，对考核项目的第一项分年中和年终两次考核进行，其中年中占360分的30%，年终考核占360分的70%，即年中考核得分按照实际考核分×30%计算，年终考核得分按照实际考核分×70%计算，考核时间分别为2010年7月和12月。民生立项项目考核在2010年11~12月进行，一年只考核一次。全年考核得分为，年中考核得分+年终考核得分+民生立项项目考核得分。对于扣分的项目，该项目如年底已整改完成的不再扣分，对部分与上年度相比较的或临时性发生的需扣分的项目，可以在年终统一扣分，年中不再扣分；对同一个创新项目，年中已加分的，年底可以继续加分，但在上一年度已加过分的除外。

(二)评议项目及分值设置

1. 和谐社区评议项目。第一项，成员满意度评议，由区统计局委托第三方组织进行，一年3次，基本上为一季度1次(除第一季度外)。第二项，谐社区建设民生立项项目满意度评议，由区社区建设指导委员会办公室组织实施，各街道配合(具体评议细则另定)，一年1次，时间为2010年12月初。

2. 分值计算。和谐社区评议总分：600分，其中社区成员评议为400分；民生立项项目评议分为200分。

(三)考评工作的组织实施和分数汇总

1. 考评实施自愿申报制。社区申报。社区对照考核标准自查，并在6月20日前报给所在街道办事处。街道初审。街道根据考核标准进行初审和检查，并按照本街道社区总数的60%确定拟争创本年度和谐示范、先进社区名单，于6月25日前以街道办事处文件的形式上报区考评领导小组办公室，逾期按无处理。

2. 考核打分工作。对于考核项目的第一项由各考评专项组负责考核工作，按考核的两大块内容分别进行打分，并将汇总结果报考评领导小组办公室；对于考核项目的第二项即民生立项项目考核由区社区建设办公室组织相关专家进行打分。

3. 考评分数汇总。和谐社区考评得分为考核得分与评议得分之和，和谐社区考评得分汇总在次年1月份完成。

4. “一票否决”项目。在考核项目中，如综合治理工作被“一票否决”和计划生育工作中有违法生育或弃、溺婴与非法收养的发生一例扣20分，发生两例及以上的则取消评比资格(市、区计生部门有新规定的，按新规定执行)。在评议项目中，社区成员满意度得分低于480分的，也取消评比资格。

5. 街道组织申诉。街道、社区对考核结果有异议的，可以以街道为单位、在规定时间内向区考评小组办公室进行申诉，考评小组办公室要予以解释。

6. 由考评领导小组负责审定拟表彰的和谐社区名单，并由各街道负责社区公示工作。

四、先进奖项的设置

设和谐社区建设示范社区、和谐社区建设先进社区两大奖项，示范社区名额为社区总数的20~25%，先进社区名额为社区总数的30~35%，按照全年考评得分确定。

五、考评工作要求

1. 和谐社区的考核评议工作要本着客观、公正、公平、公开的原则进行，重实绩，重实效，充分发扬求真务实的作风，严格按照测评标准和既定的规则进行操作，杜绝弄虚作假行为，中途如需更改相关做法的，须向部门、街道和社区征求意见。

2. 区考评专项组的牵头单位，除做好本部门的评分工作外，还要做好其他有评分任务的部门的联络与数据汇总工作。

3. 根据区委、区政府〔2003〕65号文件规定，对社区的检查、考核要统一纳入区和谐社区的考核评比之中，无特殊情况，各部门的单项和综合考评工作不得单独进行。

中共杭州市上城区委办公室
杭州市上城区人民政府办公室
2010年5月5日

上城区2010年缓解道路交通“两难”稳定交通安全工作方案(试行)

上城区是杭州老城区,地少人多、功能集中,东有铁路、西有西湖相隔,道路面积较小、道路宽度较窄,具有典型的向心性、混合型和平面型交通特性。近年来,随着经济社会的发展,机动化快速增长,交通拥堵情况有所加剧,道路与车辆的供需矛盾日益突出。为进一步推进缓解道路交通“两难”,确保道路交通有序、安全和通畅,根据市委、市政府关于2010年缓解道路交通“两难”工作要求,结合区情实际,特制定本方案。

一、道路交通“两难”问题主要成因与背景

上城区的交通拥堵问题,既带有国内外城市发展进程中的普遍性,也具有上城区历史、地理等因素的特殊性。路与车的供需矛盾失衡。杭州市城市化水平已接近70%,户籍人口人均GDP超过1万美元。正处于机动化快速发展的时期,道路与机动车辆的供需矛盾十分突出。全市机动车从2005年底,老城区的机动车保有量为28.2万辆,到2009年底已达到55.3万辆,4年时间即翻了一番,这就给道路供给带来了严峻的挑战,而上城区道路里程数全长只有164385米、道路总面积264万平方米,路与车的供需失衡已经成为上城区交通拥堵问题的主要原因。

历史沿革和城市空间形态影响。城市路网存在缺陷。一方面受保护历史文化名城制约,道路增长空间有限。另一方面受“一山、一水、一铁路”的城市空间形态影响,进入杭州市区通道经过区内的占2/3,如一桥、三桥、四桥、之江路等,随着滨江区各类楼盘的入住率快速提高,进一步加剧了上城区交通拥堵问题。同时,平海路、郭东园巷、河坊街等不少断头路亟需打通。平面交通与混合交通降低了通行效率。目前,上城区上跨下穿及天桥、地道等立体设施总量偏少,基本属于平面交通。机动车与行人、非机动车在同一平面通行,相互干扰非常大,不仅通行效率相对较低,而且安全隐患突出。特别是电动自行车增长速度迅猛,截至2009年底,全市已达99万辆。城市发展空间形态发生变化。随着钱江新城的快速发展,各类大型建筑工程相继开工建设,入住居民、企业、单位已经呈现出明显上升趋势,区域通行问题日益凸现。随着南宋御街·中山路国际旅游综合体的加快建设和中山南路美食一条街的打造,将加剧周边道路交通“两难”。

辖区两大站点周边交通问题突出。汽车东站、火车东站的整体搬迁,对上城区城站火车站、汽车南站周边道路交通秩序造成较大影响。汽车南站日均客车班次量及日均客流量由原来的470余班次、10000余人,增加至870余班次、20000余人,客运班次上升了85%、客流量上升了100%;城站火车站的火车班次及日均客流量由原来的145列、9万余人,增加至147列和新增动车组53列、12万余人(双休日达到13万左右、小长假突破15万),火车班次上升了27.5%,客流量上升了25%,两大站点均已出现超负荷运营的状况。同时,大量非法营运的残疾车、“黄鱼车”、“摩的”、“城市快运”等车辆从东站转至城站火车站和汽车南站,进一步加剧了“两站”周边的交通“两难”问题。特别是杭州作为著名风景旅游城市和长三角次中心城市,在与上海之间交通联系越来越便利背景下,近期又受上海世博会辐射效应影响,城站火车站等城市“窗口”,周边交通秩序迎来了严峻挑战,解决其周边交通秩序问题已经刻不容缓。

停车难矛盾尤为突出。商业区域停车矛盾显著。上城区解百、元华、西湖银泰等大型商场周边因停车条件差,特别是在节假日、双休日期间,停车难矛盾更加显现,并直接影响到行车问题。医院周边停车矛盾突出。省、市大型知名医院,特别是浙一、浙二、市一、妇保等知名医院的日门诊量不断增加,医院自身停车条件差,仅医院内部车辆停放就已经基本饱和,前来就诊患者车辆根本无法保障。受周边道路基础条件局限,现有道路停车泊位无法解决停车问题,道路比较狭窄,停车和行车难以兼顾,随之带来的交通问题日益突出。

二、落实缓解行车难工作举措

(一)完善专项性、区域性交通规划

1. 规范社区、住宅区进出口。着手规范各封闭式社区、住宅区进出口,开放式小区如要封闭,必须事先经过交通评估,以此进一步解决居民进出交通出行的问题。(牵头单位:上城交警大队　配合单位:区城管办、各街道)

2. 优化学校进出口设置。对学校的进出口设置情况进行统一调研,对交通影响较大的学校进出口进行重新设置。(牵头单位:区教育局　配合单位:上城交警大队)

3. 规划轨道施工区域交通组织。抓好各地铁站施工区域的交通组织及安全管理工作。(牵头单位:上城交警大队　配合单位:市地铁集团)

4. 规划编制公交站点。针对规划公交枢纽站用地调整的实际情况,结合上城区道路总体情况,探索在钱江新城等合适区域开辟专用地,进行站点过渡。(牵头单位:上城交警大队　配合单位:区城管办、区建设局、市公交集团)

(二)加快公共基础设施建设力度

1. 继续深化支小路和背街小巷整治工程。进一步推进支小路、背街小巷整治工程,由上城交警大队提出交通需求,统筹实施交通改造项目。(牵头单位:区城管办、区建设局　配合单位:上城交警大队)

2. 打通断头路。以完善、提升路网为重点,以充分发挥建成道路作用为目标,采取"小限制、小投入、小改造"的措施打通断头路。重点对平海路、郭东园巷等道路进行打通或桥梁拼宽,解决交通节点问题。(牵头单位:区建设局　配合单位:区城管办、上城交警大队)

3. 加大立体设施建设。重点建设西湖大道中山路口行人过街设施;实施中河路河坊街、中河路清泰街、解放路中河便道、复兴路紫花路口、浣纱路学士路口过街设施建设;增加解放路马市街路口(或直大方伯)、清江路总管塘、清江路杭海路口、解放路延安路口、庆春路湖滨路东口、东坡路平海路口、中河便道望江路口、中河便道西湖大道路口等繁忙路口路段上跨或下穿及天桥、地道等立体设施;增设复兴立交下口中河高架北往东复兴立交秋涛路下匝道口。结合中河整治工程,开辟中河路东侧人行道,改善中河路照明设施。(牵头单位:区建设局　配合单位:区城管办、区财政局、上城交警大队)

4. 加大交改项目建设。将机非绿化带往南推进至非机动车道2.5米处,增加清江路(秋涛支路~清泰拼宽桥下口段)南侧公交停靠站;拼接拓宽中河路平海路口对棚桥桥面;拼宽清江路秋涛支路口华家桥桥面;削减西湖大道(定安路~延安路段)机非绿化带宽度,增加右转机动车道等。(牵头单位:上城交警大队　配合单位:区城管办、区财政局)

(三)深化研究交通管理政策

1. 优化交通组织。着重在交通组织、交通控制、精细渠化、精细管理上下功夫,重点深入研究区域交通组织,路段及路口的交通渠化,重视发挥背街小巷的作用。大力推行禁左、单行线、潮汐交通等措施,提高道路利用率。禁左措施:在路段采取“禁左”措施,可有效提高交通流连续性,减少交通事故的发生。经前期调查,拟对30个路段点位采取“禁左”措施。单行措施:单行措施在杭州运用已经比较广泛,尤其是延安路、浣纱路以及城西单向交通组织,取得了不错的效果。通过前期调查,拟在马市街、佑圣观路、直大方伯、金鸡岭区域和万松岭路实行单行线单向交通(含时段性)。潮汐交通措施:利用道路交通流量流向的变化情况,对道路通行权利进行适时调整。拟在清泰立交桥实施潮汐交通。(牵头单位:上城交警大队　配合单位:区建设局、区财政局、区城管办)

2. 推行交通高峰期出租车定点上客制度。在城站火车站先行试点,恢复出租车全部进入地下停车场接客。同时,结合单车进社区同步建设出租车扬招站。(牵头单位:上城运管处　配合单位:区建设局、区城管办、区民政局、上城交警大队、各街道)

3. 加快公共自行车系统建设。结合“庭改、物改”工作,全面推行“单车进社区”计划,进一步提高居民采用单车出行率,5月30日形成方案初稿。(牵头单位:区城管办、区建设局　配合单位:区民政局、各街道、上城交警大队)

(四)推进交通安全宣传工作

1. 加强遵章守纪和文明礼仪宣传教育。进一步增强行人、驾驶员文明出行意识,提高全民遵章守法的自律意识和文明礼让的道德意识,努力营造“车让人、人让车、车让车、人让人”的文明出行氛围。(牵头单位:区委宣传部、区文明办　配合单位:区团委、区教育局、上城交警大队)

2. 建立学生文明交通教育基地。交通文明知识内

容纳入全区幼儿园和小学的必修教材并固定课时，在天地小学少年交警学校和西湖大道延安路口警校共建示范岗的基础上，再建立5个区级学生文明交通教育基地。（牵头单位：区教育局　配合单位：区文明办、上城交警大队）

3. 实施交通安全宣传。对日常的交通事故、出行安全，通过社区、学校、单位采用LED演示、宣传橱窗等方式进行播放，提高市民的交通安全意识。（牵头单位：上城交警大队　配合单位：区文明办、各街道、区教育局）

三、落实缓解停车难工作举措

1. 加强停车设施规划建设。根据《进一步加强杭州市地下停车场（库）建设和管理的指导意见》，制订停车场（库）“产权交易”、“租售并举”、“地下空间开发”、“缴纳异地补偿金”等方面的实施办法。（牵头单位：区建设局　配合单位：区财政局、上城交警大队）

2. 开展学校操场下建地下车库可行性研究。选报6所学校作为试点，进一步协调各相关职能部门与投资主体，对项目立项、批建工作进行重点推进。（牵头单位：区建设局　配合单位：区教育局、上城交警大队）

3. 加快医院、商场周边社会停车场建设。通过规划建设社会停车场，进一步缓解上城区大型医院、大型商场周边停车难问题。（牵头单位：区建设局　配合单位：区财政局、上城交警大队）

4. 继续开发条件成熟的立交桥、高架桥下停车场。力争2010年年底前开工建设中河立交南北侧桥下停车场，在望江立交桥、复兴立交桥、钱江三桥等桥梁下开辟停车场。（牵头单位：区建设局、区绿化办　配合单位：区财政局、区城管办、区绿化办、上城交警大队）

5. 完善停车信息平台建设。推进停车实时诱导系统建设，提高停车管理效率。建设主体在停车库建设时同步配建信息化管理系统，经专线将相关信息实时接入“杭州市智能交通信息平台”，逐步实现对市区停车信息的统一采集、统筹管理。（牵头单位：上城交警大队　配合单位：区城管办）

6. 优化设置停车泊位。根据《城市道路路内停车泊位设置规范》(GA/T850-2009)要求，对停车设施、泊位情况开展调查摸底及泊位设置“回头看”，并按照新颁布的行业标准予以整改。（牵头单位：上城交警大队　配合单位：区城管办、区城管执法局）

7. 推进单位建立体车库工作。大力鼓励有条件的单位建立体车库。（牵头单位：区建设局　配合单位：区城管办　各街道）

8. 拓展“错时停车”。制定停车场管理办法，明确“错时停车”单位的经营、管理。对于自愿参加“错时停车”的单位，统一由区停车收费监管中心进行停车管理。（牵头单位：上城交警大队　配合单位：区城管办、上城工商分局、各街道）

9. 严管违法停车。进一步加强重点地区、重点时段“严管重罚”巡查力度，建立多次违停预警、多次违停举报、多次违停定向抄告、特定违法即时强制等“四项机制”。进一步强化城管执法与公安、交警的联动，加强数字城管考核，有效提高问题及时解决率。（责任单位：区城管执法局、上城交警大队）

四、保障措施

1. 加大投入。建立缓解道路交通“两难”，稳定交通安全专项基金，并积极向上争取项目。（牵头单位：区财政局　配合单位：区重点办、各建设开发指挥部）

2. 严格考核。各单位要定期研究、定期分析道路交通“两难”、稳定交通安全工作，并列入区级目标考核项目。制定道路交通安全、宣传、支小路的管理具体考核办法，道路交通安全、宣传、支小路的交通死亡事故纳入“平安街道”考核。（牵头单位：区人事局、区安监局　配合单位：区综治办、上城交警大队、各街道）

3. 普查研究。对重点商务楼宇周边交通配套情况进行普查，汇总梳理重点财税大户意见建议。（牵头单位：区招商局　配合单位：区为企服务中心、各街道）

4. 公众参与。通过网络等现代新途径，积极探索多形式的“民间两难办”民主参与新模式。（牵头单位：上城交警大队　配合单位：区宣传部、区信息中心）

5. 交通影响评估。梳理3年内重大建设项目、2010年度重点工程项目和背街小巷整治、支小路改造计划分月进度，据此作出交通影响评估，以加强衔接，提高项目建设与综合交通协调程度。（牵头单位：上城交警大队　配合单位：区发改局、区建设局、区城管办、各建设指挥部）

中共杭州市上城区委办公室
杭州市上城区人民政府办公室
2010年5月13日

关于进一步加强上城区食品安全监督管理工作的若干意见

为巩固全区食品安全专项整治工作成果，建立健全食品安全全程监管工作机制，全面提升全区食品安全工作水平，根据浙江省人民政府办公厅《关于部分领域食品安全监管职责的意见》(浙政办发〔2010〕11号)和杭州市人民政府办公厅《关于进一步加强食品安全监督管理工作的若干意见》(杭政办〔2010〕1号)的文件要求，以及《中华人民共和国食品安全法》等有关规定，结合辖区实际，现就进一步将上城区食品安全监督管理工作提出如下意见。

一、总体目标

以科学发展观为统领，以建设“具有国际水准的高品质中心城区”为目标，以改善民生、破解“七难”为主线，深入贯彻实施《中华人民共和国食品安全法》，坚持政府负总责、职能部门各负职责、食品生产经营者是第一责任人的食品安全生产监管工作格局，不断夯实监管基础，完善监管机制，强化监管责任，到2010年底，基本形成层级清晰、功能互补的食品安全监管体系，全面打造具有上城特色的食品安全监管模式。到2012年，争取成为杭州市内保障体系健全、安全控制水平领先、事故发生率最低的最佳食品安全城区。

二、监管原则

1. 依法管理原则。坚持按照《中华人民共和国食品安全法》等法律、法规和规章的规定，完善上城区食品安全监管措施，保证食品安全监管工作依法进行，实现食品安全监管工作的制度化、规范化，确保食品安全监管有法可依、有法必依、执法必严、违法必究。

2. 属地监管原则。坚持政府对辖区食品安全监管工作的统一领导，实行以块为主、属地包干，块包条保、条块结合，全力推进上城区食品安全监管工作。

3. 全社会参与原则。动员全社会关心参与食品安全监管工作，确保食品的生产者、经营者、消费者以及社会各界依法享有和行使食品安全监管的知情权、参与权、监督权、救济权，营造全社会参与食品安全监管工作的浓厚氛围。

4. 改革创新原则。坚持深入实际调查研究，不断提高对新形势下加强食品安全监管工作的认识，创新食品安全监管工作新办法，切实提高食品安全监管工作的能力和水平。

三、监管任务

1. 加强农产品监管。完善农产品质量安全追溯管理制度，建立全程信息管理系统，加大市场准入管理，与产地准出有机对接。开展农产品质量安全执法年活动，推进“无公害农产品行动计划”，开展“绿剑”系列农业综合执法行动，重点加强生鲜奶、蔬菜、水果、茶叶、和猪(禽)肉、蜂产品、水产品等农产品的质量监督检查，严防添加有毒有害等化学物质，严格监测农产品中的农药残留、促生长素等物质，促进农产品质量安全的稳步提升。

2. 加强生产加工环节监管。以准入、追溯、召回、退出制度为核心，完善质量安全监管机制，加强对获证企业的后续监管，督促生产加工企业健全食品原料辅料的索证索票和检验检测、食品添加物质的主动申报、问题食品快速追溯和召回等安全控制制度。切实强化对全区食品添加剂生产和使用企业的监管，做到食品添加剂100%备案监管。

3. 加强流通环节监管。严格市场准入，强化食品市场日常监管。推行“一票通”制，全面落实食品经营者进货查验、购销台账和索票索证制度。严格实施不合格食品退市管理制度，强化退市食品去向的跟踪监管。全面提升辖区小食杂店，进一步推进社区(校区)食品安全示范店创建。继续开展农贸市场“最佳、最差”评比活动，完善农贸市场提升改造。加大对食品批发市场、批发企业和小食杂店等的监管力度，严防不合格食品流入市场。

4. 加强消费环节监管。全面实施食品卫生量化分级管理和食品、食品原料追溯制度，加强对学校食堂、建筑工地食堂、小餐饮店等就餐人群密集场所的卫生督查、监管和保障工作。继续推行餐饮业“五常法”(常组织、常整顿、常清洁、常规范、常自律)管理,健全卫生信息公示制度和食品卫生管理员制度。切实加快小餐饮联营店建设步伐。

5. 加强保健食品监管。严肃查处保健食品违法添加药物行为。从严查处违规生产、经营保健品和伪造、冒用保健品文号标签标识行为。对全区保健食品生产企业进行严格监管。严查以公益讲座、免费体检、会展销售等形式销售假冒伪劣保健食品的行为。对夸大宣传食疗、保健品功能的行为进行集中整治。

6. 推进食品安全信用信息体系建设。组织行业协会深入开展企业信用创建,发挥行业自律作用;开展企业食品安全信用跟踪监督和动态评价。加快食品安全信息网络建设,健全辖区分析预警系统。食品安全监管部门要加强信息管理,及时依法发布食品安全信息,完善信息联合发布和重要信息及时通报制度。

7. 深入推进“三小”和“十小”整治。全区“三小”(食品加工小作坊、小食杂店、小餐饮店)量大、面广,整治任务十分繁重。要坚持以“‘一小’(小餐饮店)整治带‘三小’整治促‘十小’(食品加工小作坊、小食杂店、小餐饮店、小药店、小农资店、小菜场、小音像店包括网吧、小美容美发店、小客运、小液化气供应点)整治”为主抓手,不折不扣完成国务院、省政府和市政府食品安全两年集中整顿任务。

四、监管措施

1. 责任包干。各街道、各部门要切实落实一把手负责制,层层落实责任,尤其是区域监管责任制。要坚持块包条保、条块结合,建立“3+X+1”监管模式(即以食品生产经营业主为第一责任主体,以区政府、街道、社区为区域管理的“块”,通过规划、环保、质监、工商、卫生、商贸、执法、食品药品监督等X个主要职能部门“条”共同参与的监管模式),各司其职,共同做好食品安全管理工作。区食品安全委员会要切实担负起总牵头、总协调的职责,各街道对本辖区食品安全工作负总责,并逐级建立月度例会制度;相关部门和单位要强化监管。涉及民族宗教问题,相关职能部门要及时跟进,并争取宗教团体、相关外驻机构共同做好工作。

2. 区域监管。各街道、各部门要从“三小”监管入手,全面推行“3+X+1”监管模式,具体表述是:各司其职、互通信息、协同监管,对食品生产经营企业(店)进入市场的选址、设立、经营,以及退出市场的全部活动进行自律和他律相结合的全过程、全方位监管,最终构建“业主自律、信息通畅、服务到位、监督有力、便民利民”的食品安全高效区域监管体系。

3. 疏堵结合。各街道、各部门要坚持分类指导,做到打扶结合、疏堵并举。规划、房管、发改、街道、社区等单位应当及时了解市场需求信息,依法合理规划食品行业生产经营用房的布点,明确应当具备的工程设计要求,并做好向人民群众征集意见等工作。对符合规划、符合开设食品生产经营企业(店)条件的,职能部门要提供服务和帮助。鼓励办好多种形式的餐饮联营店。对违规违法开设的食品生产经营企业(店),要一查到底。同时,要统筹兼顾,正确处理好满足需求与改善环境、整治规范与方便消费的市场竞争关系,帮助经营户寻找出路,实现再就业。

4. 建章立制。各街道、各部门要依据《中华人民共和国食品安全法》等有关法律法规,加强对食品安全管理政策法规的研究。要抓紧完善上城区食品安全专项整治工作中行之有效的整治措施,并吸取好的做法、好的经验,及时建立健全长效监管机制。

5. 风险监测。要建立健全科学严密的检测体系,为食品安全工作提供有力保障。各部门要加快推进检验检测机构改革,鼓励和促进社会第三方检验检测机构的发展。严格资质审查,加强检验检测人员管理,提高检验检测机构服务水平。合理配置检验检测资源,推进检验检测资源和信息共享,实现检验检测结果互认,避免重复检验检测现象发生。力争两年内建立覆盖全区的食品污染物和食源性疾病监测体系。

6. 快速反应。由上城区食品安全办公室牵头,各街道、各部门配合,建立和完善上城区食品安全委员会统一领导下的应急反应平台,完善各项具体规定和案件、事故处置工作机制,提高应急应对能力。实现与城市数字化、信息化管理系统的资源共享,及时对全区食品安全重大事故、突发事件等进行依法有效处理。

7. 严格执法。质监、卫生、工商、商贸、城管、食品药品等职能部门要通过加强日常巡查、坚持联合执法、实行专项整治等措施,强化食品安全检验检测,始终保持对食品安全案件和事故的高压查处力度。

8. 强化监督。各街道、各部门要采取各种有效形式,主动接受人大代表、政协委员、行风监督员、食品安全监督员、新闻媒体等的法律监督、民主监督、社会监督、舆论监督，及时发现和解决问题。依法及时公开食品安全的政策法规、技术规范，以及食品安全人员管理、食品生产经营者信用、重大食品安全事件和审批、处罚等信息，坚持对违法生产经营企业(店)实行“黑名单”曝光制度，接受全社会监督。畅通投诉、举报渠道，实行有奖举报。

9. 考核问责。区考评办根据各单位职责分工，将明确、具体的阶段性食品安全监管目标纳入综合考评目标考核，实施绩效管理。建立健全食品安全工作问责制度。对食品安全管理不力的，按照中共杭州市上城区委员会杭州市上城区人民政府印发《关于对区委、区政府重大决策部署执行不力实行问责的办法(试行)》的通知》(上委〔2008〕36 号)等规定，启动问责程序，实行严格问责。

10. 宣传引导。各街道、各部门要充分利用报刊、广播、网络等媒体，广泛宣传食品安全专项整治工作取得的成果。通过公开信等多种形式，及时向食品生产经营企业(店)通报食品安全最新政策和要求，宣传食品安全整治工作的进展和动态。要以《中华人民共和国食品安全法》、《中华人民共和国食品安全法实施条例》的颁布实施为契机，广泛开展食品安全进机关、进学校、进社区、进企业、进家庭、进媒体等知识普及活动，实现宣传教育的常态化、阵地化和互动化，营造全社会关注、参与食品安全监管的良好氛围。

五、监管职责

本着一个主体以一个部门为主监管和方便相对人的原则，就上城区部分领域食品安全监督管理职责明确如下：

1. 流通环节初级食用农产品的经营许可。专营果蔬、水产等初级食用农产品的经营者，可直接办理工商登记。初级食用农产品的范围，由上级农业(林业、渔业)部门商工商部门确定。

2. 食品生产加工小作坊和食品摊贩的监管。在国家另有相关规定前，质监部门负责对生产领域食品小作坊加工行为的监管；工商部门负责对流通领域食品摊贩制售行为的监管；餐饮服务监管部门负责对餐饮服务领域摊贩制售行为的监管；城管执法部门负责对当地政府划定的区域内食品摊贩制售行为的监管。

3. 现场制售食品行为的许可和监管。商场、超市和其他有形市场内的非独立法人单位现场制售食品行为由工商部门负责监管。商场、超市和其他有形市场内外现场制售食品行为暂不设生产经营许可，其中糕饼店、面包房、炒货店、卤味店等加工、销售预包装、散装食品为主的食品经营行为，由工商部门负责监管；冷热饮品店、快餐外卖服务、干式点心(油条、烧饼、包子等简易小吃服务)和湿式点心(面条、馄饨等)餐饮类现场制售食品行为由餐饮服务监管部门负责监管；上述行为如生产与销售相分离的，其生产加工点由质监部门负责监管。环节界限不清的，按照分段监管原则，分别由质监、工商、餐饮服务监管部门负责监管其加工、流通、餐饮服务有关行为。

4. 集体用餐配送企业的监管。即时加工、当餐供应的集体用餐配送企业，以及连锁集中加工、配送半成品，在各门店作简单加工后，提供餐饮服务的，由餐饮服务监管部门负责监管。

5. 已取得“公共场所卫生许可证”的咖啡店、茶楼(馆)、歌厅、网吧等为顾客提供相关餐饮服务的，暂由卫生部门负责监管。

6. 取得餐饮服务许可证的餐饮服务单位向就餐者供应非自制食品(如预包装酒水、饮料等)的行为，可不再办理“食品流通许可证”。

7. 展销、储运和物流食品安全的监管。工商部门负责对专门从事展销、仓储(冷库)、运输、物流行为的企业开展的食品展销、仓储(冷库)、运输、物流活动进行监督管理。各有关部门按照各自监管职责范围对食品生产经营者(含食用农、林、水产品)自身从事食品包装、仓储(冷库)、运输、物流(包括租用的仓储和运输工具等)的行为进行监督管理。

8. 集中消毒的餐(饮)具的监管。在法律、法规或规章对餐(饮)具集中消毒企业的监管职责分工未明确前，餐饮服务监管部门应加强对餐饮服务环节使用集中消毒企业提供的餐(饮)具安全的监管。

9. 在《中华人民共和国食品安全法》实施前已经取得的食品生产经营许可证照，在其有效期内依法应当予以吊销的，由现行使监管权的主管部门依法查处。

10. 食品添加剂标准备案和生产许可。食品添加剂和食品相关产品企业标准的形式备案工作暂由卫生部门负责。质监部门要做好 2009 年 6 月 1 日以后新建、搬迁或卫生许可证到期企业的食品添加剂生产许可证明与卫生部门之间的衔接工作。食品添加剂的生产许可证明不作为办理工商登记的前置许可条件。

11. 保健食品许可和监管。保健食品生产企业《卫生许可证》已到期的,可延长至国务院《保健食品监督管理条例》出台时为止;对国务院《保健食品监督管理条例》出台前,保健食品生产企业新建、改建、扩建以及委托加工备案等涉及到新发证和许可证变更事项的,由省食品药品监管局出具临时审核通知书。在国务院《保健食品监督管理条例》实施前,原持有《卫生许可证》或新取得《食品流通许可证》的经营者均可以经营保健食品;新申办专营保健食品的,暂不设经营许可,可直接办理工商登记。

12. 在机构改革职能调整前,卫生部门和食品药品监管部门应按原分工,认真履行职责,防止出现工作的空白。

六、加强领导

食品安全关系到国家和社会的稳定、人民群众的健康、国民的身体素质,各街道、各部门要以最大的决心、最强的合力、最严的措施,巩固整治成果,落实长效管理机制,全面打响食品安全整治持久战,为打造“国内最安全城区”作出更大的贡献。

各街道、各部门要坚持“领导抓、抓领导,反复抓、抓反复”,切实做到一把手亲自抓,层层建立责任制。要在区食安委的统一领导下,切实履行好《中华人民共和国食品安全法》规定的职责,并做好机构改革过渡时期的食品安全监管工作。

各街道、各部门要认真总结专项整治经验,根据本意见要求,结合本辖区实际,制订适合本辖区、本部门的食品安全长效监管实施办法,并于2010年3月9日前报区政府办和区食安办。

本意见由上城区食品安全办公室负责解释。

杭州市上城区人民政府办公室

2010年3月7日

上城区药品安全专项整治工作方案

为贯彻落实国务院关于开展药品安全整治的工作部署,进一步解决影响药品安全的深层次问题,规范药品市场秩序,全面提升全区药品安全保障水平,确保人民群众用药安全有效。根据卫生部等六部局《关于印发药品安全专项整治工作方案的通知》(国食药监〔2009〕342号)、国家食品药品监督管理局《关于印发深入开展药品安全专项整治工作指导意见的通知》(国食药监办〔2009〕570号)、浙江省人民政府办公厅《关于印发浙江省药品安全专项整治工作方案的通知》(浙政办发〔2009〕117号),杭州市人民政府办公厅《关于印发杭州市药品安全专项整治工作方案的通知》(杭政办函〔2010〕22号)等文件精神,结合上城区实际,特制定本方案。

一、指导思想

全面贯彻党的十七大精神,以邓小平理论和“三个代表”重要思想为指导,深入贯彻落实科学发展观,坚持以人为本,把药品安全作为重要的民生工程,以标本兼治、着力治本为原则,落实安全责任,严格市场准入,强化日常监管,健全监管机制,着力解决影响公众用药安全的突出问题,切实保障公众用药安全,促进医药产业又好又快发展。

二、目标任务

进一步强化组织领导,明确职责分工,完善工作机制,通过两年左右时间的深入整治,全面落实“地方政府负总责、监管部门各负其责、企业是第一责任人”的药品安全责任体系;进一步完善药品生产经营规范和质量标准,严格药品市场准入审批,严格实施质量规范和质量追溯,强化日常监督管理,全面建立科学有效的监督管理体系,药品质量安全控制水平显著提高;进一步加大对制售假劣药品违法行为的打击力度,对假劣药械实行零容忍,着力解决影响公众用药安全的突出问题;进一步加强药品安全宣传,营造全社会关注药品安全的良好社会氛围,使药品生产经营秩序显著好转,人民群众用药的安全感得到加强,药品消费信心明显增强。

三、整治措施

(一)强化组织领导和责任落实

建立组织协调机制,定期组织开展辖区药品安全形势分析,制定并实施药品安全工作年度计划,组织协调药品安全的重大问题。建立考核机制,将药品安全工作列入政府目标考核内容,层层落实,加强工作检查考核。建立保障机制,为药品安全监督管理工作提供必要的经费保障。各有关部门要从维护和改善民生、保护公众健康的高度,充分认识药品安全工作的重要性,积极履行职责,层层落实,强化监管,确保辖区内不发生重大药品安全事件。

(二)严厉打击制售假劣药品违法犯罪行为

药监、公安、卫生、工商等部门要加强组织协调,建立、健全联合打假机制。重点打击地下生产假药窝点和利用互联网、邮寄等方式销售假劣药品的行为。严格落实最高人民法院、最高人民检察院关于办理生产、销售假药、劣药刑事案件具体应用法律若干问题的解释,加强行政执法与刑事司法衔接,严厉查处重大案件。

(三)加大对违法药品广告的整治力度

宣传部门要加大对整治药品广告的宣传力度,促进媒体广告市场的健康发展;工商部门要加大违法药品广告查处力度,严格落实药品生产企业、广告经营商和媒体的责任;药品监管部门要加强对药品广告的日常监督检查,做好药品广告监测工作,加强对已取得《互联网药品信息服务资格证书》网站的药品信息和药品广告发布情况的监测,对违法发布药品信息和药品广告的网站要移送有关部门处理;卫生部门要加强对发布违规医疗广告的医疗机构的监管;公安部门要负责查处因发布违法广告涉及的治安、刑事案件;城管执法部门要加大对主要道路、背街小巷、广场等公共场所散发违法药品广告、邮寄投递药品广告等行为的查处力度;文化广电新闻出版部门负责对印刷违法药品广告的印刷单位进行查处。各有关部门要积极开展药品广告发布企业信用体系建设,做好药品广告发布企业信用信息的采集和记录,建立企业信息档案。

(四)开展涉药相关产品的专项检查

要加大对涉药相关产品的整治力度,凡未标识批准文号或标示虚假、无效批准文号且标签、说明书中宣称具有功能主治、适应症或明示预防疾病、治疗功能或药用疗效等以及名称与药品名称相同或类似的食品、保健食品、保健用品、消毒产品、化妆品等产品,药品监管部门依法按假药进行查处,卫生、工商、质监等有关部门做好文号核查等配合工作。按照谁审批、谁负责的原则,依据职能分工,对已取得许可证明或批准文号的食品、保健食品、保健用品、消毒产品、化妆品等产品,各部门应加强对产品审批注册环节的清查,开展生产、流通和使用环节专项检查并依法查处。

(五)建立国家基本药物生产供应和质量保障机制

要根据基本药物制度的实施进度和要求,加强对基本药物生产供应、流通、配备、使用的监管。区发改局等有关部门要加强行业管理,了解掌握企业基本药物生产供应情况。药品监管部门要加强对基本药物的质量监管,确保基本药物的安全。有关部门要加强对基本药物公开招标采购的管理,减少中间环节,降低配送成本,严格落实中标企业质量、服务和配送能力的要求。卫生行政部门要加强对基本药物使用的管理,确保医疗机构优先合理使用基本药物。

(六)加强信息化和检验检测技术在药品安全监管中的应用

药品监管部门要充分运用信息化手段,加强对涉药单位药品购进、储存、关键药学技术人员在岗情况、药品质量信息的监督管理,建立健全信息化使用和监督管理办法,要重视药品检验检测能力建设,充分发挥药品检验检测的技术支撑作用,加快药品和医疗器械安全检验检测公共技术服务平台建设,加大检验检测仪器装备的投入,不断扩大药品(医疗器械)抽验的品种覆盖率和抽样覆盖面。

(七)加强对药品研制、生产、流通环节的监督管理

药品监管部门要组织开展高风险产品的飞行检查,开展对辖区内上市药品和医疗机构制剂的再注册工作,督促中药制剂企业开展药品生产和质量环节的风险排查及生产研究工作。坚决查处违法、违规生产行为,进一步加强药品原料、辅料、中药饮片和药包材的管理。实施药品质量受权人制度,完善派驻监督员制度。建立药品生产企业远程监管控制系统,落实关键点数据上报制度。

严格药品经营企业的监督管理,按照现代物流要求,组织对新开办药品批发企业审查验收。加快培育和发展具有符合药品储运要求的第三方物流企业,严厉查处“挂靠经营”、“走票”等不规范经营行为。完善药品零售企业准入标准,对新开办药品零售连锁及药品零售企业要严格按照准入条件进行审批。从严监管，以监管求规范，以规范促发展，扎实推进药品市场规范化管理。

加强医疗器械生产经营监管。加大对重点医疗器械生产企业的监督抽查和评价性抽查力度，运用远程监管系统开展关键点数据监测工作。坚持分类分级监管原则，督促执行质量管理体系和生产实施细则，加强产品质量追溯管理，开展医疗器械生产经营企业质量信用等级评定工作，切实规范企业生产经营行为。

(八)加强临床安全用药的管理

卫生行政部门要加大对医疗机构用药的管理力度，加强合理用药宣传教育，规范医疗行为，防止不合理用药造成的伤害。医疗机构和医务人员要严格按《处方管理办法》的要求，合理使用药品，防止超适应症、超剂量用药。药品监管部门要按照《浙江省药品和医疗器械使用监督管理办法》(省政府令第238号)的要求，加强对医疗机构使用药品的规范化管理；要加强药品和基本药物不良反应(不良事件)以及医疗器械不良事件的监测，建立药品不良反应(不良事件)和医疗器械不良事件分析和预警机制，完善严重药品不良事件(医疗器械不良事件)应急处理程序。

四、工作步骤

本次药品安全专项整治工作分为三个阶段进行：

第一阶段：动员部署阶段(2009年12月至2010年1月)。各街道和有关部门要结合实际，认真研究，加强落实，制订工作方案，对本工作方案确定的每项整治任务，提出具体的工作目标和工作措施。

第二阶段：组织实施阶段(2010年2月至2011年5月)。各街道和有关部门按照本工作方案要求，结合相关部门年度工作安排及工作实际，全面开展药品安全专项整治工作，切实抓好各项工作任务的落实。

第三阶段：督查总结阶段(2011年6月至2011年7月)。各街道和有关部门要根据目标和任务，开展督查和评估，并根据督查和评估情况形成总结，于2011年5月底前，将药品安全专项整治工作总结报市食品药品监督管理局上城分局。2011年6月起，区政府将组织相关部门对各街道药品安全专项整治工作进行督查，同时做好迎接市政府对我区药品安全专项整治工作进行督查的准备工作。

五、工作要求

(一)高度重视，精心组织

各街道和有关部门要从"保增长、保民生、保稳定"的高度，深刻认识开展药品安全整治的重要意义，切实加强组织领导，给予经费保障。要研究分析当前药品安全中存在的突出问题和安全隐患，明确整治目标任务和措施，制定切实可行的整治工作实施方案，精心组织，周密安排，确保专项整治取得成效。成立上城区药品安全专项整治工作协调小组，办公室设在市食品药品监督管理局上城分局。各街道也要成立相应的协调小组和工作机构，加强沟通，有序推进专项整治工作。

(二)落实责任，形成合力

各街道和有关部门要严格落实药品安全责任制和责任追究制。发生药品安全突发事件时，有关部门要采取严格的控制措施，督促企业召回产品，坚决依法查处生产、经营、使用中存在的违法、违规行为。造成严重后果的，要坚决依法吊销企业证照。构成犯罪的，要依法追究刑事责任。各监管部门要按职责分工切实履行监管责任，加强部门间的工作协作与配合。监察机关要加大行政监察和行政问责力度，督促有关部门依法履行职责，严肃查处失职、渎职行为。

(三)广泛宣传，营造氛围

各街道和有关部门要组织媒体深入基层做好热点问题、重点问题的采访报道，大力宣传专项整治的措施和成效。组织开展药品安全专题宣传活动。加强舆情收集与分析，做好舆论引导和应对工作。进一步完善药品安全突发事件新闻发布机制，保证信息及时、准确、有序发布，为科学监管、安全用药创造良好的舆论环境。

(四)及时督查，确保实效

各街道和有关部门要根据整治任务、整治措施和工作要求，制定督查方案，及时开展工作督查。整治期间，区政府将组成督查组对各街道的整治情况进行督查，对药品安全问题突出、整治不力的街道和部门，要通报批评，督促整改，直至追究相关街道和部门的领导责任。在整治过程中，各街道和有关部门要注重长效监管机制的建立，做到边整治边巩固，确保专项整治取得实效。

杭州市上城区人民政府办公室

2010年3月7日

上城区构筑社会消防安全“防火墙”工程实施方案

为深入推进《中华人民共和国消防法》的贯彻实施，认真落实“政府统一领导、部门依法监管、单位全面负责、公民积极参与”的消防工作原则，坚决消除上城区火灾隐患，改善消防环境，预防和减少火灾事故发生，根据公安部《构筑社会消防安全“防火墙”工程工作方案》(公通字〔2010〕6号)，区政府决定从2010~2012年，在全区实施构筑社会消防安全“防火墙”工程，特制定工作方案如下：

一、工作目标

以提高社会单位消防安全“四个能力”、落实政府部门消防工作“四项责任”、夯实社区火灾防控“四个基础”、提高公安机关消防监督管理“四个水平”等四项工作为着力点，力争通过3年努力(2010~2012年)，实现社会单位自防自救能力全面提高，政府消防工作责任制有效落实，社区火灾防控基础更加牢固，消防监督管理服务水平明显增强，有效遏制重特大火灾，杜绝群死群伤恶性火灾事故，营造和谐稳定的社会环境和安居乐业的生活环境。

二、组织领导

为切实加强对“防火墙”工程建设的组织领导，确保工作任务和目标的实现。区政府成立以常务副区长袁建祥为组长，区政府办公室副主任陶晓亮为副组长，区安监局、区建设局、区民政局、区文广新局、上城公安分局、上城消防大队等部门负责人为成员的领导小组，具体负责工作的组织实施。领导小组下设办公室，办公地点设在上城消防大队，由上城消防大队大队长徐勤耕任主任，主要负责日常工作的开展。

三、工作方法

构筑社会消防安全“防火墙”工程是一项系统工程，涉及面广，时间跨度长。各单位要按照确定的目标任务，结合本单位实际，研究工作思路，科学谋划推进步骤，建立健全工作机制，认真制定实施方法，扎实推进构筑“防火墙”工程的落实。

(一)坚持政府主导，严格责任落实

要将消防工作纳入社会发展计划，将消防经费、公共消防设施和装备建设、社会消防力量发展、重大火灾隐患整改等纳入任期工作目标，并制定实施“十二五”消防发展规划，保障消防工作与经济社会发展相适应。要建立政府分管领导牵头、有关单位负责人参加的消防工作联席会议制度，定期分析研究和解决消防工作中出现的重大问题，部署消防安全工作。要建立健全消防工作部门信息沟通和联合执法机制，行业、系统主管部门将消防工作纳入本行业系统管理内容，落实消防工作责任，开展消防安全检查和消防知识教育培训。要严格依法审核涉及消防安全的审批项目，加强消防安全源头控制。督促相关职能部门落实安全监管职责，严格依法监管，对发现的火灾隐患依法查处或移送相关部门处理。各单位要认真编制、实施消防规划，要将“防火墙”工程纳入工作总体部署，成立领导机构，确定工作阶段目标和具体任务，加强公共消防设施建设和维护管理。凡不符合经济社会发展需要的消防规划要及时组织修订；凡公共消防设施不能满足防火和灭火应急救援需要的，要及时增建、改建、配置或进行技术改造。各部门、各街道要确定消防安全管理人，具体负责本单位的消防安全管理，按照《中华人民共和国消防法》的有关规定开展工作。

5月前，要完成“防火墙”工程的动员部署，下发指导意见或实施方案；明确各部门、各单位的工作职责、目标任务和措施要求；区政府与各部门、街道签订责任状，各部门、各街道要层层逐一签订责任书；各单位要积极开展本单位、本行业消防安全“防火墙”工程的建设，建立和完善联动工作机制，形成“政府牵头、部门联动、单位落实、群众参与”的工作格局。

(二)坚持点面结合，严查火灾隐患

要认真开展社会消防安全“防火墙”工程，按照有关要求开展工作，及时研究解决工作中遇到的问题，严查和整治火灾隐患。要定期开展防火检查巡查，落实消防责任；对检查中发现的火灾隐患要立即消除，不能立即消除的，要制定整改方案，明确整改措施，落实整改资金，限时消除。切实做到“消防安全自查、火灾隐患自除”。要对重大火灾隐患单位的消防安全突出问题，适时开展消防安全专项治理，对影响公共安全的重

大火灾隐患实施政府挂牌督办并如期销案；在重大节假日期间以及火灾多发季节，组织开展消防安全检查、消防知识宣传提示和教育培训。要集中整治棚户区、出租屋、“三合一”场所和务工人员聚集地等存在的消防安全突出问题，全面改善消防安全环境。要集中开展以人员密集场所、高层地下建筑、易燃易爆场所等为重点、以建筑消防设施为主要内容的消防安全专项治理；加强建设工程消防监督管理，依法查处未经消防验收合格或消防竣工验收备案抽查不合格的工程投入使用等违法行为。要建立消防、治安、警务督察及公安派出所“多警联勤”的消防执法机制，形成整治火灾隐患合力。公安派出所要严格履行消防监督职责，主动分析研判本地区消防安全形势，针对突出问题持续开展火灾隐患排查整治，把火灾隐患消除在火灾发生之前。要全面开展试点工作。认真总结在工作中取得的经验和做法，形成“典型引路，整体推进”的工作格局。

（三）加强社区消防工作，完善基础建设

社区是上城区消防安全工作的重点，特别是社区的防火条件还相对薄弱，也是火灾的多发区，各街道要把社区消防工作作为重中之重来抓实抓好，确保消防安全工作得到全面落实。要建立健全社区消防组织，确保基层消防工作有人抓、有人管。2010 年，各街道应成立消防安全领导组织；2011 年，要落实消防安全专（兼）职管理人员，负责日常消防安全工作。要完善公共消防设施建设并加强维护保养，确保正常运行；每个社区要设置公共消防器材配置点，配足配齐灭火器材，保证扑救初起火灾的需要。社区公共消防设施建设要纳入新社区建设总体规划，与社区公共基础设施同步建设、同步发展。对木结构等易燃建筑结合危旧房改善进行治理，建设消防水源，打通消防通道，拓宽防火间距，提高建筑耐火等级，增强火灾抗御能力。要确定居民委员会消防安全管理人，制定防火安全公约，组织开展群众性的消防工作；实行消防安全多户联防制度，轮流值班开展消防安全提示和检查。要根据辖区经济发展和消防工作需要，依法建立专职、志愿消防队，承担火灾扑救任务。建设治安、消防合一的治安联防消防队，并加强保安人员消防业务培训，配备必要的消防器材，使其承担防火检查、消防宣传教育和扑救初起火灾的职能；没有治安巡防队的社区要建立群众参加的志愿消防队。2012 年前，所有社区要按照有关规定建成专职、志愿消防队伍。

（四）强化宣传教育，加强培训指导

要加强对行业系统、社会单位的消防培训，针对不同对象，多形式、多渠道开展“四个能力”建设专题培训。对各部门、各行业领导进行培训，使其了解“四个能力”建设的目标任务、工作要求和组织方式；对社会单位消防安全管理人进行培训，使他们切实增强主体意识，熟练掌握建设标准和达标要求。督促各单位开展全员培训，提高员工参与“四个能力”建设的积极性、主动性。要提高组织人员疏散逃生能力。切实做到“能火场逃生自救、会引导人员疏散”。消防员普遍掌握火场逃生自救基本技能，熟悉逃生路线和引导人员疏散程序。单位要明确疏散引导人员，确保一旦发生火灾，能够及时组织在场人员安全疏散。要提高消防宣传教育培训能力。切实做到“消防设施标识化、消防常识普及化”。消防设施器材要设置规范、醒目的标识，用文字或图例标明操作使用方法；重点部位、重要场所和疏散通道、安全出口要设置“提示”和“禁止”类消防标语。要通过消防教育培训，使消防员普遍达到“懂基本消防常识、懂消防设施器材使用方法、懂逃生自救技能，会查改火灾隐患、会扑救初起火灾、会组织人员疏散”的要求。要提高消防宣传教育水平。要建立健全消防宣传教育常态化工作机制，不断创新方式方法，丰富内容，加大投入，充分利用社会资源开展消防宣传，全面提高公民消防安全意识；继续深入开展消防宣传“五进”活动，定期开展消防安全提示性宣传、火灾案例警示教育和逃生自救能力普及活动；全面落实《社会消防安全教育培训规定》，推动中小学校开展消防安全教育。要抓好消防志愿者队伍建设。要按照《上城区消防志愿者行动实施方案》的有关要求，尽快完成消防志愿者队伍的组建工作。通过开展消防志愿者服务活动，引导广大社会成员关注消防安全，参与消防工作，切实增强全民消防安全素质。

（五）严格考评验收，确保工作实效

区政府将适时组织有关部门对开展“防火墙”工程情况进行督查，并按照自下而上、层层落实的要求，每年对构筑社会消防安全“防火墙”工程进行考核、验收。各部门要落实消防工作责任制，各街道要夯实社区火灾防控基础工作情况，自我评价合格后，提请区政府组织考核验收。各社会单位要依据消防安全“四个能力”建设标准进行自我评价，并向公安消防机构申报验收。

杭州市上城区人民政府办公室
2010年5月20日

上城区生活垃圾分类收集处置工作实施意见

为确保上城区生活垃圾分类收集工作有序推进，实现生活垃圾减量化、资源化、无害化，进一步提高公众的环境意识与文明素质，打造“最清洁城区”。根据市、区垃圾分类工作要求，现就推进上城区生活垃圾分类收集工作提出如下意见：

一、指导思想

紧紧围绕打造“最清洁城区”和“建设具有国际水准的高品质中心城区”的战略目标，坚持党政、市民、媒体“三位一体”的民主促民生工作机制，深化生活垃圾的科学管理，大力推进生活垃圾分类收集，建立完善具有上城特色的垃圾分类综合管理体系，有效推进生活垃圾减量化、资源化、无害化管理。

二、工作原则

(一)统一领导

坚持统一领导，明确目标，根据市委办公厅、市政府办公厅《关于印发〈杭州市区生活垃圾分类收集处置工作实施方案〉的通知》(市委办发〔2010〕22号)精神，各相关职能部门要高度重视，加强领导，明确目标，圆满完成年度工作目标任务，并建立综合协调和分工协作的运行机制，保障垃圾分类工作顺利推进、管理规范。

(二)坚持标准

严格按照垃圾分类收集的有关文件实施垃圾分类收集的准备、落实等工作，做到层层把关，落实责任。建立生活垃圾分类全过程标准化管理体系，真正实现“分类投放、分类收运、分类处置”的目标。同时对实施生活垃圾分类的小区进行严格质量管理和效能评估，做到合格一个、验收一个，确保垃圾分类目标任务的完成。

(三)以点带面

按照属地管理原则，由各街道、社区具体组织实施辖区生活垃圾分类工作。区各相关职能部门从试点小区总结生活垃圾分类收集工作经验，优化完善管理配套措施、监管考核办法，不断推进垃圾分类收集工作。通过以点带面、连片成网，全面推广垃圾分类工作。

三、适用范围

本意见使用于上城区各个街道内社区、企事业单位生活垃圾的分类收集。本意见所称生活垃圾为城市居民和单位在日常生活中产生的垃圾。

四、工作目标

(一)总体目标

计划通过2~3年的努力，到2011年底，构建上城区生活垃圾分类收集的管理和运行体系；建立健全相关的管理政策、标准体系和行之有效的长效管理监督考核体系。

(二)阶段目标

2010年上半年，全面开展生活垃圾分类宣传教育工作，实施5个社区生活垃圾分类收集试点工作，建立分类收集体系，完善相关技术标准与管理制度体系。

2010年底全区生活垃圾分类收集普及率达到60%，达标率40%。

2011年底全区生活垃圾分类收集普及率达到80%，达标率60%。

2012年全区生活垃圾分类收集达到80%以上。

五、实施步骤

(一)试点区域选择

上城区按照市城管办对垃圾分类试点小区选择的要求，从湖滨街道、小营街道和南星街道选择5个生活小区作为试点小区。

(二)试点准备阶段

开展生活垃圾分类收集的宣传工作，发放各种宣传资料，在试点社区开展生活垃圾分类收集讲座等活动，提高居民对生活垃圾分类收集的认识，增强垃圾分类收集的氛围。在各试点小区做好生活垃圾分类收集工作人员的培训工作，配送垃圾收集袋、垃圾收集桶等专用设施等准备工作。

(三)试点工作实施阶段

明确系统配套方案;开展试点,总结试点经验,完善生活垃圾分类收集工作机制、管理体系和配套设施。

(四)全面铺开阶段

巩固试点经验,以点带面,在全区铺开生活垃圾分类收集。加快生活垃圾分类收集设施设备系统配套建设,建立生活垃圾分类收集长效管理体制。

六、技术要求

分类投放。按照生活垃圾分类方法,每户家庭配置分类收集袋,企事业单位、公共场所等配置分类收集袋和收集容器。所采用的分类收集袋和收集容器必须统一外观、规格及标识。

有毒有害垃圾,按照环保部门的技术要求,单独收集、运输、贮存和处置。

饮食服务行业、单位供餐等活动中产生的餐厨垃圾按照相关文件要求另行分类投放、收集、运输、处理。

七、保障措施

(一)加强组织领导

成立上城区"生活垃圾分类收集工作推进领导小组",由区政府分管副区长管光尧任组长,区府办副主任陶晓亮、区城管办曹兢业任副组长。成员由区委宣传部、区统计局、区教育局、区科技局、区财政局、区建设局、区商贸旅游局、区城管办、团区委、湖滨街道、清波街道、小营街道、望江街道、南星街道、紫阳街道、上城规划分局、上城环保分局等部门分管领导担任。着力加强组织领导,研究解决推进中存在的各种问题和矛盾;加强对各街道、区各相关职能部门履职情况的监督考核,确保工作任务落实。

领导小组下设办公室,负责领导小组日常工作。办公室设在区城管办,曹兢业兼任办公室主任,寿金松、陈宏萍、惠海涛、余向平、许联辉兼任办公室副主任;负责垃圾分类的日常工作,协调解决问题。

各街道也要成立专门机构,落实具体工作部门,明确工作责任,安排专人具体负责辖区内垃圾分类工作的组织实施。

(二)完善制度建设

建立领导小组定期会议制度,研究解决工作推进中遇到的问题;建立联络员和信息报送工作制度,定期召开工作例会,了解工作进程;建立信息月报制度,定期向领导小组上报工作进展情况;建立分类收集推进工作绩效考核制度,研究制度考核办法,并组织实施,奖优罚劣;建立信息公开与公众参与制度,定期发布工作进度。

(三)明确工作职责

为保证本方案的有效实施,各街道、各相关职能部门要在领导小组统一领导下,依据职责分类,密切配合,协同做好相关工作。

区委宣传部:负责加强舆论宣传引导,协调新闻媒体积极开展各类教育宣传活动,正面引导生活垃圾分类工作的积极意义,引导市民广泛参与,积极支持。

区城管办:负责规范生活垃圾分类投放工作的研究与管理,并牵头组织各类配套设施建设;协调生活垃圾分类投放收集过程中出现的相关问题;加强生活垃圾分类投放的检查和指导工作;制定生活垃圾分类投放考核目标。

上城环保分局:负责对有毒有害垃圾进行收运处置指导和监管。

区建设局:负责监督落实建设开发单位,在新建小区建设时,根据垃圾分类收集工作要求,配套建设生活垃圾分类设施(垃圾房建设、垃圾桶集中放置点),保障分类工作顺利进行。负责落实对物业公司的管理,督促制定物业公司按规定要求实行垃圾袋装与分类投放;并落实物业公司配置符合规范要求的垃圾收集容器。

上城规划分局:负责在建设项目方案审查时,明确垃圾分类收集处置配套环卫设施(垃圾房建设、垃圾桶集中放置点)具体位置;开展符合分类方案要求的环卫专项规划。

区商贸旅游局:负责加强对再生资源回收企业的管理,推进社区回收网点建设,完善社区回收网络体系;加强农贸市场管理,提倡净菜进城,实现源头减量;

区教育局:负责对全区中小学进行生活垃圾分类知识宣传教育,将垃圾分类教育纳入全民教育体系。

区爱卫办:负责将垃圾分类工作实施情况纳入到爱国卫生先进街道检查考核和评选范围。

区财政局:落实垃圾分类工作中的设备配置、人员设置等相关经费,包括设立垃圾分类专项奖励经费的保障。

区人事局：由区人事局做好原从事垃圾清运工作的事业编制人员分流道城管服务室的相关政策配套工作。

各街道：按照属地管理的原则，充分发挥各相关职能部门、社区作用，明确各自工作职责，具体负责辖区生活垃圾分类工作的组织实施。

其它相关政府部门、企事业单位、社会各界应密切配合做好生活垃圾分类收集推进工作。

(四)落实资金保障

宣传教育培训经费，由区财政落实保障，分类垃圾桶(袋)和垃圾箱房等设施配套和改造经费、社区工作补贴经费（试点小区的工作补助经费按每户30元的标准、推广阶段每户每年20元标准)，由市、区两级财政按1:1配套落实。

(五)设置垃圾分类指导员

建立社区城管服务室，落实社区垃圾分类指导员，将原从事垃圾清运工作的事业编制人员分流到城管服务室，专职从事垃圾分类指导服务工作。

(六)加强宣传引导

各街道、各相关职能部门要结合打造“最清洁城区”工作目标，加大宣传教育工作力度，制作生活垃圾分类知识宣传短片、分类指导手册等，通过报纸、宣传栏、黑板报、横幅等多种形式，开展丰富多彩的宣传教育、引导活动，提高广大市民群众的认识；政府机关、企事业单位、教育系统等行业根据相关要求，自行组织开展生活垃圾分类专题教育与知识普及；发动环保志愿者与社区各阶层进入社区、进入家庭进行生活垃圾分类知识宣传与普及。

(七)强化考核监督

区各相关职能部门要加强生活垃圾分类工作的指导，加大监督检查力度，推进生活垃圾分类工作的顺利实施，将垃圾分类推进工作实施情况纳入相关的目标考核内容，并设立垃圾分类专项奖励经费，对每年成绩显著的先进单位与个人进行表彰。

中共杭州市上城区委办公室

杭州市上城区人民政府办公室

2010年7月27日

索 引

Index

·说 明·

一、本类目设主题索引、表、图和资料 4 个分目。

二、主题索引采用分析索引方法，按索引条目第一字汉语拼音(同音字按声调)顺序排列；第一字相同，按第二字音序排列。依次类推。

本年鉴的“特载”、“大事记”、“附录”和“彩色图版”均未做主题索引。

三、索引条目第一字为数字的，在“0~9”中查找。

四、类目、分目用黑体字标示。标引词后的阿拉伯数字表示内容所在页码。数字后的拉丁字母 a、b 分别表示从左到右第一、二栏。

五、表、图、资料按序号排列。

主题索引

0—9

A

B

C

D

F

G

H

J

K

W

X

Z

表

图

资料

杭州市服装职业高级中学

杭州市服装职业高级中学是上城区唯一的中等职业学校，现为全国服装协作组理事、全国纺织教育学会会员单位、省服装教研大组理事长学校、省服装教育集团副理事长单位、省级服务业服装实训基地。

学校实施制度化、规范化、科学化、民主化管理，在师生共同努力下，成为了省服装专业实训基地、市综合治理先进、市行为规范达标学校、市文明学校、市依法治校示范学校、区首批“和谐校园”之“成功校园”、人民满意学校、平安校园。

学校设服装设计与工艺、服装设计与表演、服装制作与营销、装潢设计(室内装潢)、会展实务（会展广告与设计）五个专业，其中服装设计与工艺专业为省级示范专业。学校现有25个班级，学生738名；现有教职员工85人，其中高级教师29人，双师型教师占专业教师的97.2%；多名教师主编或参编国家教材。

学校硬件设施先进，总价值超过381.3万元，与企业生产接轨；学校环境幽雅，绿化面积达8772.25平方米，是绿色花园学校。

学校积极开展校企合作，建立了30个校外实训基地；倡导“团结、勤奋、求实、进取”的校风，注重培养复合型专业人才，采用“二加一”分流教学模式，使全体学生都能按意向和特长获得更好发展。

学校拥有多名专业技师资格的双师型教师、高级教师作为教学骨干，专业教学水准在全市、全省乃至全国均处于领先地位，教学成果斐然，学生屡获全国、省、市各级各类比赛大奖；毕业生深受用人单位欢迎，一次就业率达100%；有志升学的学生可报考高等院校，录取率逐年递增。

毕业设计展示

依法治校示范校申报

获区教师法制竞赛一等奖.

参加省教育成果展

6·1节亲子活动

基地揭牌

警官班结业

健美操比赛获奖

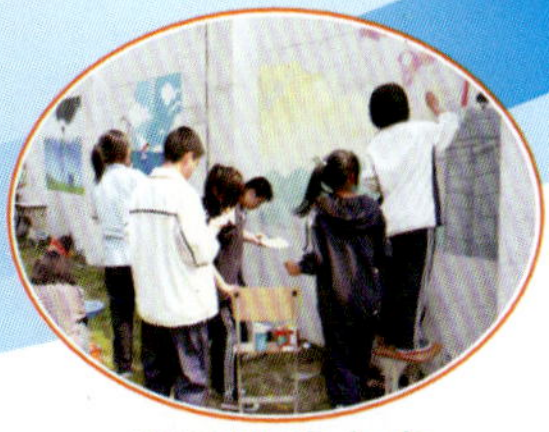

壁画涂鸦大赛

浙江省杭州第十中学

浙江省杭州第十(宗文)中学创办于1806年，是省连续办学历史最悠久的一所中学。学校现为省级重点高中、浙江省百年名校100强。

学校开展“一元钱一瓶水”募捐活动

皕年兴学、积淀丰厚

学校拥有一支师德高尚、事业心强、理念前瞻、业务过硬的科研型教师团队。现有特、高级教师55人，中、高级教师占全校教师总数的83.2%。先后有6人获全国级各类优秀教师称号，61人获省、市、区级各类优秀教师称号。两百多年来，秉承“质朴、耐苦、诚实、不欺”的校训，学校走出了马叙伦、孙晓村、刘大白、蒋正华、陈招娣、安峰（阿六头）等一大批著名学者和社会名流。

2010届高三毕业典礼

科学发展、质量至上

学校教风严谨，学风纯正，坚持从学生实际水平出发，所有学科自编练习，实行弹性作业，探索减负增效的有效途径。严格而人文的管理，严谨而高效的教学，使学校的高考上线率和“教学增量”指标年年名列优质高中前茅。2010年，学校有336人考上本科大学，本科升学率为77.2%；在高二、高三会考中取得优异成绩，高二年级会考成绩远超省平均成绩，其中物理A级率57.3%、化学A级率38%、英语A级率41.3%（全省A级率为15%），A、B级率三科均超过90%；在浙江省高中学生化学竞赛中，杭十中代表团取得的成绩在二、三级重点中学中名列前茅。其中孙航等3名同学获得一等奖，金立书等4名同学获得二等奖，俞文君等6名同学获得三等奖。在2010年浙江省数学竞赛中，高明渊同学获得二等奖，语文教研组获得“杭州市青年文明号”荣誉称号。

德国教育心理学专家海默特和吕特莱恩参观访问学校

学校创办南园文学社、美术社、声乐社、篮球队等25个学生社团。2010年，组织了英语课本剧表演、高二年级辩论赛、校园歌手大奖赛、校园吉尼斯大赛，元旦文艺汇演；参加杭州市中学生男子篮球赛、女子排球赛，获得第5、第8名。组织师生共32人赴德国宾根恩特凡·乔治一级文理学校进行为期14天的教育国际交流。

杭十中2009年度学生先进表彰暨第二届十佳学生启动仪式

宗文传统、承前启后

2010年，杭十中率先在杭城公办高中中实现小班化教学。学校依托有利的地理位置和校长朱孝进丰富的美术班办学经验，招收美术特色班。曾经培养出北京天安门“人民英雄纪念碑”群塑创作组组长、著名油画《开国大典》的作者董希文，西泠印社社长张宗祥等美术大师。

探讨班主任管理经验 提升教育、教学水平

杭州市清河中学

清河中学师生秉持“求实创新，励志图强”的精神，教育、教学方面都取得了可喜的成绩：在2010年中考中，重高率38.64%，居区公办初中第一；获2010年上城区教育局关心下一代工作先进集体；数学教研组获上城区第四届先进教研组；科学教研组获上城区学习型班组；被评为紫阳街道人口和计划生育先进集体。教师李红荣获杭州市“优秀班主任”称号；薛跃铭获杭州市体育传统项目学校先进个人；徐晓荣获上城区“百合奖”荣誉称号；王勤、邵莺莺、徐丽花、宋子晶、曹莺等5名教师荣获上城区“优秀教师”称号；学校有16人次在市、区级各项各类教育教学业务比赛中获胜，有15篇论文在市、区级各项各类论文评比中获奖。

组织学生参加学科竞赛、征文比赛等比赛。男子、女子足球队获浙江省中学生足球联赛初中组男子组和女子组的双冠军，浙江省第一届中小学生校园足球联赛总冠军；女子足球队获2010年浙江省初中女子组足球锦标赛“体育道德风尚奖”；2010年“清河杯”浙江省少儿国际象棋精英赛第1名、团体冠军、最佳组织奖；区第七届全民运动会青少年部初中组女子篮球赛第2名。28名学生在上城区中小学“七色花”艺术节中获奖。教师龚根虎指导学生获2010年上城区中小学生科技节航海模型竞赛中学组团体二等奖、航空模型竞赛中学组团体二等奖、车辆模型竞赛中学组团体二等奖、综合团体中学组二等奖。

杭州市清泰实验学校

浙江外国语学院附属实验学校

杭州市清泰实验学校是一所具有近60年历史的九年一贯制学校，现为浙江外国语学院附属实验学校，也是全国青少年校园足球活动杭州市定点学校、中国垒球协会软式垒球推广试点基地、浙江省区域推进校本教研基地学校、杭州市小班化教育基地学校、区体育传统学校、中国棋院杭州分院第二课堂共建单位。学校先后荣获全国百佳英雄中队、全国优秀红领巾社团、省首批德育工作先进单位、省雏鹰红旗大队、省义务教育II类标准化学校、市文明单位、市首批文明学校、市中学生行为规范达标学校、市平安示范校园、市综合治理先进单位、市爱国卫生先进单位、市社区共建先进单位、市教育场地资源共享先进单位、市绿化先进单位，连年被评为杭州市人民满意学校。

学校以“一样的生命，不一样的精彩——让每一个清泰人都有自己的靓丽与精彩”为教育理念，以“教育三个面向”和“教育四大支柱”（学会求知、学会做事、学会共处、学会做人）为指导，努力把每位学生培养成为“平凡素养+持续发展”现代合格公民。

软垒教学展示

省领导慰问学生

杭州新世纪外国语学校

Hangzhou New Century Foreign Language School

杭州新世纪外国语学校创办于1993年，是浙江省第一所国有民办寄宿制学校，学校拥有一流的师资队伍、教育环境、教学设施、专家团队和生活条件，以及博得社会公认的良好办学成效。学校多次荣获浙江省优秀民办学校、浙江省文明学校、杭州市人民满意单位等荣誉称号。

学校的小学部位于风景秀丽的中河畔，师资雄厚，各学科教学质量位居区域前茅。学校引进朗文Welcome to English等国际先进的中小学英语教材，从一年级开始实施小班化教学，每天开设一节英语课。英语教学注重培养学生语言能力与文化素质，采用以“小班化、全境化”为特征的教学模式，经过六年的学习，学生的听、说、读、写等综合语言素养均得到较大提升。

全体“新世纪”人将团结一心，精诚协作，努力把“新世纪”打造成现代化、国际化和精品化的外语特色学校。为培育素质全面、有民族精神和国际视野的学生作出贡献。

地址：杭州市祖庙巷33号　邮编：310006　网址：www.hzxsj.com　电话：0571-87036310

办学有亮点，绩效获丰收

杭州市始版桥小学

杭州市始版桥小学创办于1991年9月，现有教职工44人，学生750人。学校寻求素质教育与学校教育的结合点，构建了以转变教育观念为核心的目标导向机制，以促进学生全面素质提高为目标的教学评价机制、以营造良好素质教育氛围为目的社会参与机制等三大机制，强力推进素质教育。注重体育教学，学校推出体育教师樊园润原创的学生武术操和体育组设计推行的四季跑操活动，教师许芳芳编撰的美术校本教材《阳光体育》实现了学校校本教材建设零的突破，构成了学校体育工作的新亮点。2010年，参加上城区第七届全民运动会和上城区第四十九届中小学生田径运动会，夺得小学组团体总分及所有集体项目第一名的好成绩。学校女子足球队获得上城区冠军，被授予“全国青少年校园足球活动杭州市定点学校”。区教育局授予学校“上城区体育教育基地”、“上城区青少年体育活动中心”称号。以“体育名人中队创建”为主题，邀请亚洲标枪王李荣祥指导学校活动，为“李荣祥中队”授旗。

学校位于望江门，是外来务工人员集聚地。关注和做好外来务工人员子女学习和生活成为学校工作一个重点。学校注重师德培训，开展以“不做有偿家教，争做育人先锋”为主题的阳光承诺活动。教师们把阳光承诺设计成水晶台签，签名后展示在办公桌案头。以“2010~2011目标心愿年”活动为契机，开展“有目标的孩子成就大，有爱心的老师故事多”育人先锋活动。

2010年9月，学校攀登英语项目覆盖到一、二两个年级。学校组织教师完成全员心理健康教育C证的培训和考证工作，学校心理辅导站被评为2010年杭州市优秀心理健康辅导站。12月，杭州市电视台全程拍摄了五(1)班学生、家长和班主任叶翠兰共同完成的“触摸美好心灵”主题班会，该主题班会作为杭州市廉政教育优质课例被制作成光盘在全市推广。

副区长宦金元赠送“阳光教育健康人生”条幅给学校

与亚洲标枪王李荣祥合影

北京师范大学攀登英语专家与学校开课教师进行教学交流

2010年9月，承办上城区关爱外来务工人员子女“1+1+1”志愿服务活动。

学校女子足球队合影

校原创的学生武术操

在区七届全运会及49届中小学生田径运动会中的荣誉

开展“2010~2011目标心愿年”活动

杭州市天长小学

HANGZHOUSHI TIANCHANG PRIMARY SCHOOL

杭州市天长小学校长
杭州市天长教育集团理事长
浙江省特级教师 楼朝辉

美国议员来访

国家级课题项目组成员和专家合影

中韩“差异教育”论坛

杭州市小学数学名师培养基地启动仪式

杭州市天长小学创办于1927年。1931年，学校迁入现址（孝女路4号）。成为供全市小学进行教学实验的实验小学。1948年，学校被列为浙江省示范学校。1983年，学校与杭州大学教育系统合作，开展了为期六年的“小学生最优发展综合实验”，被誉为全国中小学整体改革四大模式之一。90年代，学校进行了“差异教育”研究，被列入由著名教育家吕型伟主持的国家科研“八五”重点课题《面向21世纪中小学教育模式的研究与实验》，结题成果《直面差异来自天长小学的教育叙事》由人民教育出版社出版。

学校以学生发展为研究基点，以整体优化为主导思想，启动新一轮教育改革，建设面向全体、凸显个性的天长校本课程，追求自主高效的课堂教学，丰富具有鲜明特色的德育活动，坚持在课程建设中促进教师和学校的发展。

学校拥有一支爱学生、善学习、会研究、懂教育的教师队伍。他们中40%拥有博士、硕士学位（含在读），70%是学科骨干教师。学校一贯坚持“品牌、质量、服务”的意识，在全面推进素质教育的进程中，以一流的教育质量树立自身品牌形象，赢得了社会的赞誉。“开放、大气、人文、和谐”成为天长教育和天长文化的特征。学校被评为杭州市人民满意学校、浙江省文明单位、浙江省先进单位、浙江省绿色学校、浙江省教育科研先进单位、浙江省书法实验基地、浙江省示范家长学校、全国红旗大队、全国百所名校之一。

上城区科学技术局

30项主要指标 19个示范项目

根据浙江省科技厅《关于同意杭州市上城区创建浙江省可持续发展实验区》的批复，上城区将从2011年到2015年全力创建省级可持续发展实验区。

创建省级可持续发展实验区是上城区落实科学发展观、实现经济社会转型升级、推进生态文明建设的重要载体，是老城区有机更新、可持续发展的必然选择，是建设和谐社会、提升生活品质的内在要求。创建工作以科学、保护、创新、低碳、协调五大原则为基础，实施五大类30个指标，其中包括人口资源指标4个、资源环境指标9个、经济发展指标6个、社会发展指标7个、科技教育指标4个，囊括了计划生育率、GDP综合能耗、GDP年均增长幅度、城镇居民人均可支配收入、科技投入占本级财政支出的比重等方面。

为使创建工作有抓手、有步骤、有重点地推进，还设置了“南宋皇城大遗址综合保护示范建设”、“西湖创意谷与山南创意产业园示范建设”、“城市垃圾分类示范建设”、“发展‘地铁经济’示范建设”和“为民办实事工程”、“上羊市街居委会示范建设”六大示范工程，将在都市经济、城市有机更新、城市环境、社会事业等四大类可持续发展领域中启动19项示范工程项目。

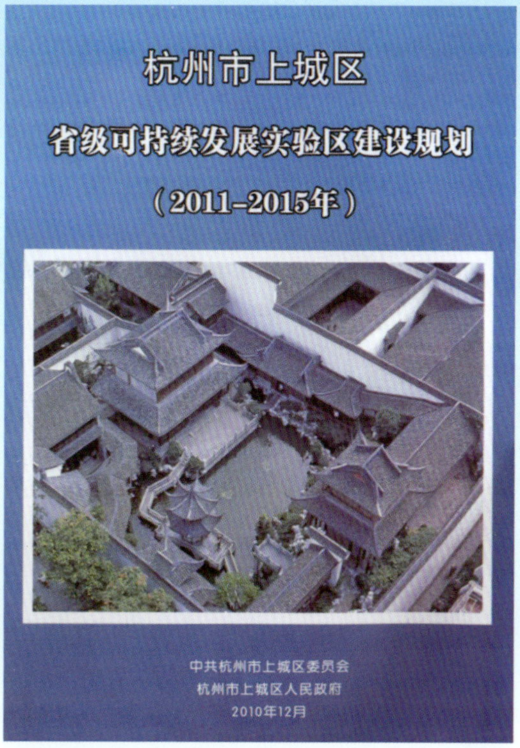

南宋御街·中山路

800年前，这里是一轴定皇城的南宋天街；100年前，这里是百业俱兴的福地。这条承载着历朝历代的期许、辉煌与寥落，寄托着无数人旧日情怀所向往的“御街”，在千年后褪去旧日颜色，开始了一次华丽的转身。进入新世纪，以“恢复城市记忆，展示御街风采”为宗旨，2008年1月18日，杭州市中山路综合保护与有机更新工程全面启动，为这一有着千年历史的南宋御街带来第三个黄金时期。精心修缮的南宋御街·中山路，于2009年9月30日正式对外开放。早在南宋时期，中山路清河坊一带酒楼茶肆鳞次栉比，是杭城商贾云集之地。开街后，最富杭州城市基因的南宋御街重拾繁华。如今的御街，既是杭州城“老字号”的集聚地，又是文化创意产业特色街；既是最传统的，又是最时尚的；既是最东方的，又是最国际的；既是最生活化的，又是最具创业活力的。行走在南宋御街上，自南向北，分别有展现现代生活时尚的历史杭州民俗文化复兴区、近代杭州生活展示区、现代杭州时尚生活体验区以及未来杭州创意文化创业生活引领区。在“吃、住、行、游、购、娱”中追忆昔日南宋御街繁华景象，感受当下杭城生活品质。

>>>>景区咨询电话：+86-571-87813477　　http://www.qinghefang.com.cn

杭州上城区投资控股集团有限公司

董事长兼总经理卢伟

2010年是杭州上城区投资控股集团有限公司（以下简称“公司”）的攻坚之年，也是公司取得基础性发展成效的收获之年。公司坚持以科学发展观为指导，按照“打基础、练内功、谋发展”工作思路，不断健全治理机制，有效提升经营成效，努力推进优化盘活，积极拓展投资项目，不断强化平台功能，全面谋划未来发展，圆满完成年初制定的各项计划任务，取得了较好的运营发展成效。公司全年实现经营收入1.03亿元，比2009年增长11.5%，完成投资项目4个，投资总额3653万元，账面利润1250万元，比2009年增长27.6%，账面净资产20.5亿元，比2009年增加5%，应缴税金1580万元，为各建设指挥部新增融资担保额8亿元。

2010年，公司在有效强化内部治理机制建设的同时，积极谋划未来中长期发展规划，为下一步专业化、市场化、规模化发展奠定重要基础。

2010年度工作会议

员工拓展训练

员工活动场地

关于执行力的专题讨论会

零星房产打包招租

夯实发展基础 谋好发展思路

公司专业化运营发展水平再上台阶

浙江科欣发展集团

浙江中交通力工程设计有限公司

浙江中交通力工程设计有限公司是中交通力建设股份有限公司为开拓浙江省公路基本建设和设计市场，于2008年1月成立的。拥有员工182人，其中各类专业技术人员122人（高级工程师24人，工程师76人，助理工程师22人）。近三年来在浙江省共承担了30多项勘察设计及咨询项目，受到浙江省交通建设行政主管部门和各地业主的一致好评。

浙江中交通路建设有限公司

浙江中交通路建设有限公司是中交通力建设股份有限公司在浙江设立以华东地区为主要市场，进行基础设施投资建设（BT、BOT）为主的新公司。有一支很好的项目投资、工程建设企业团队，在浙江多个地区完成前期合作BT项目，预计在2012年下半年或2013年上半年将实现公司总部项目（BT）投资华东地区每年10个亿的计划。浙江中交通路建设有限公司有总公司的大力支持，加之与市政设计单位及建设单位的良好合作关系，具有广阔的发展前景。

浙江科欣工程设计咨询有限公司

浙江科欣工程设计咨询有限公司是一家从事各等级公路、市政、水工等基本建设项目咨询和勘察设计的专业化科技型企业，公司现有职工180多人，其中各类专业技术人员130多人，本科以上学历人员占职工总数的90%以上。业务范围涉及浙江、河南、山东、福建、湖北、上海等省、市。公司努力塑造具有“最好的人才、最好的机制、最好的产品、最好的服务”的现代设计咨询企业。

杭州麦单网络科技有限公司

杭州麦单网络科技有限公司成立于2008年12月，旗下主要运营垂直于旅游行业的社会化电子商务网站拼途网（www.pintour.com）及旅游行业的相关IT应用服务。麦单网络的核心团队是一支磨合多年、相互信任、怀抱梦想、充满激情、开放创新的队伍。团队成员中既有海外留学生、硕士研究生等高学历人员，也有丰富海外工作经验的、知名电子商务企业工作经验的管理人员及产品、研发及运营人员，立志耕耘用互联网技术更好地服务于传统旅游业，为用户创造价值、为社会创造财富、让员工得到成长和回报。

杭州鸟屋实业有限公司

杭州鸟屋实业有限公司于1992年筹办，坐落在万松岭路，凭藉着交通便捷的地理条件，把商务印刷作为公司服务的首选。企业要发展，升级是重大课题，在印刷价格低廉利润菲薄的现实面前，公司引进了德国原产SM74速霸海德堡四色胶印机，为外贸企业印刷样宣，为党政机关印刷画册。公司从一家只有一台08机的企业发展成了以电脑设计、彩色印刷、精平装订一整套流水线的初具规模的印刷企业。企业走向一条良性循环发展的道路。

公司总经理董国华是杭州摄影家学会会员，在摄影界上颇负盛名，20世80年代就职于浙江省国际广告公司，被派往珠海经济特区任中外合资国际广告彩印有限公司业务部经理，常年主持港澳及省内外贸样本、画册设计印刷管理工作。公司成立后，围绕“臻美的质量、优质的服务”的服务理念，把客户的要求视为第一，短短几年就获得省各外贸公司等客户的肯定。董国华牢记“致富思源，反哺社会”，在汶川大地震中，带领公司员工捐资捐物，和汶川灾区5名高中生结对每年支助2万元，还提供毕业生就业机会。这些善举得到了社会的肯定，并获得浙江省慈善总会的褒奖。

杭州市上城区总工会

杭州市上城区总工会（以下简称区总工会）下辖6个街道总工会、12个系统（局）工会工作委员会，现有基层工会934家，会员87736人。区总工会不断开拓创新，圆满完成上级工会下达的各项工作任务，职工维权、民主管理（职代会、厂务公开）、扶贫帮困、职工文化建设成效明显，工会整体建设水平提高，逐步形成具有上城特色的工会工作新格局。

2006年在全市率先启动的外来务工者（包括帮扶困难职工）医疗救助办法被外来务工者称为“实实在在的民心工程”。2010年开展“情系农民工冷暖”活动，通过动态管理、制定举措、团拜联欢、上门慰问等有效形式，使全区外来务工人员特别是困难人员都得到及时的帮扶和关爱。

成功举办6届技能大赛。紧贴职工、服务产业，提升了职工技能的整体水平，促进了行业的产业升级，深受广大职工群众的欢迎，受到各界关注。2009年度餐厅服务技能大赛金奖获得者接受了中央电视台采访，并在《焦点访谈》栏目播报。

区总工会每两年举办一届职工运动会和职工艺术节，活动以喜闻乐见的形式开展，丰富了广大职工群众的业余生活和精神文化生活。

上城区庆“五一”暨劳模表彰大会

深入开展“创建学习型组织，争做知识型职工”活动。截至2010年，全区树立学习型组织341个、学习型班组810个、知识型职工1491名。以拨付专项经费等形式，着力开展“创建职工学校”、“职工俱乐部”、“职工书屋”建设工作，满足了职工文化学习和精神生活的需要。

杭州市地方税务局上城税务分局

杭州市地方税务局上城税务分局（以下简称分局）是杭州市地方税务局的派出机构，由杭州市地方税务局垂直管理。分局按照“属地征管”的模式，主要负责上城辖区内20841户征管户的地方税收和地方性费、基金的征缴及社会保险费征集，负责受理地税纳税人的纳税申报、核定申报方式和纳税定额、发票管理、减免抵缓退税审批等工作。分局共设7个科室，现有正式在职干部、职工71人，其中党员49人。2010年，分局贯彻执行省委、省政府“八八”战略和“两创”总战略，群策群力做好组织收入工作，扎实推进分离发展服务业工作，着力提高税源管理精细化水平，不断提升纳税服务品质，全力支持企业转型发展，立足三基不断提升干部队伍战斗力。全体干部开拓创新，各项工作继续保持了齐头并进的良好发展态势，分局圆满地完成了各项工作任务，为和谐财税建设和生活品质之城建设做出了新的贡献。

2010年，分局实现了各项组织收入75.97亿元，比上年（指2009年，下同）增收14.8亿元，比上年增长24.20%。其中税收收入52.19亿元，比上年增收11.79亿元，比上年增长29.19%；地方财政收入41.71亿元，比上年增收10.05亿元，比上年增长31.76%，确保地方税收和可用财力的稳定增长和收入的可持续性。

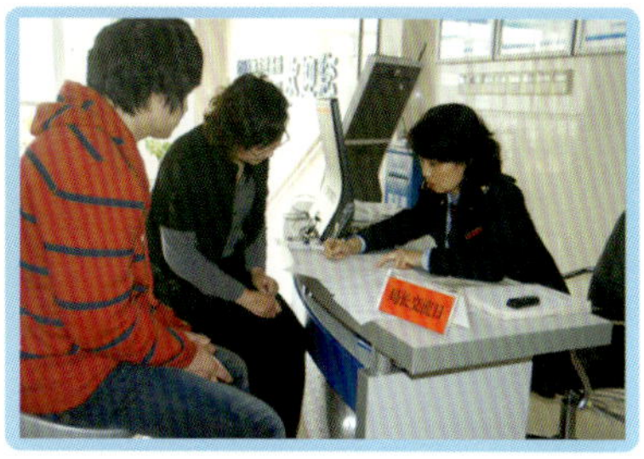
局长亲自接待，解答疑难问题

展示巾帼风采，荣获全国先进

走访重点企业，融洽征纳关系

联合社区街道，形成有效合力

学习“六连”精神，树立地税形象

开展志愿活动，服务社区街道

2010年，湖滨指挥部围绕建设“具有国际水准的高品质城区”战略目标打造“12345”工程。即一个提升项目，为湖滨一期提升改造。两个在建项目，为湖滨二期和皇诰巷安置房项目建设。三个出让项目，为湖滨派出所地块C3-12出让、龙翔站地铁上盖物业二期项目地块出让、中华饭店地块出让。四个地块的拆迁，为中华饭店地块、湖滨三期西湖影院拆迁、E-04地块拆迁、小塔儿巷7-16号保护重建项目搬迁。五个开工建设项目，为龙翔站地铁上盖物业一期项目开工、南山路勾山里B地块开工、大塔儿巷南地块安置房开工、湖滨三期(西湖电影院)开工、以及小塔儿巷、劝业里等危改项目开工。确保打造湖滨国际旅游综合体工作进度，兼顾其他建设项目。

4月8日，区委书记徐祖尊、区长陈红英调研湖滨综合体建设工作。

区政协主席余勇（左三）一行考察湖滨二期项目。

杭州市贸易局副局长黄春雷一行考察湖滨、南山路街区。

湖滨指挥部

市人大主任王国平等调研湖滨地区龙翔里、思鑫坊区块历保建筑。

上城区委副书记、代区长缪承潮考察指导湖滨综合体建设发展工作。

中共杭州市委副书记王金财考察杭州中共党小组纪念馆筹建工作

中山路综合保护

中山路是杭州历史渊源最深厚、历史地位最突出的一条历史文化名街，集中体现了杭州古城的城市特色，是反映杭州历史变迁和历史风貌最具代表性的街区。中山路在南宋时为御街，据南宋文人耐得翁《都城记胜》记载，御街两旁的店铺“不下万计”。御街两侧，坊巷众多，纵横交错，约占当时南宋京城的一半，且居民与商铺相混，官员府第与店铺相杂，打破了坊和市的界线，构成生活区与商业区紧密相连、和谐统一的独特街区空间。“吃、住、行、游、购、娱”应有尽有，南宋时的御街已具有现代旅游综合体的雏形。

中山路综合保护与有机更新工程围绕打造“宜居、宜商、宜文、宜游”的南宋御街·中山路国际旅游综合体及“中国生活品质第一街”、“建筑历史博物馆”的定位，将中山路打造成世界级旅游产品。中山路综合保护与有机更新工程（上城段）的规划范围南起万松岭路口、北至庆春路，东起中河中路，西至岳王路、惠兴路、青年路、比胜庙巷、后市街，占地面积65万平方米。中山南路（沿街）3个地块，全长1400米，总建筑面积为3.84万平方米，实施立面整治工程；中山中路的33个地块，全长2200米，总建筑面积132.25万平方米，实施综合保护及部分建筑有机更新。中山路工程实施总投资29亿元（含重大旅游专项工程投资1.35亿元）。相继完成在中山路（上城段）两侧的立面整治、有机更新、危改、庭改、文保历保建筑修缮、光复路等支小路及坊巷整治、环境绿化、亮灯及旅游配套停车库等工程，2010年9月30日，南宋御街中华美食夜市一条街开街。南宋御街·中山路将用3～5年时间申报国家5A（AAAAA）级景区。

与有机更新工程

南宋御街步行街

中山南路恢复双面街整治建设工程启动仪式

杭州山南国际设计创意产业园

杭州山南国际设计创意产业园（以下简称园区）北依西湖、南临钱塘江，东靠杭州新CBD钱江新城、西望群山。园区占地面积约133.3万平方米，规划用于创意办公的建筑面积约25万平方米。

2010年，杭州山南国际设计创意产业园区建设初具规模，周边环境进一步改善。山南创意园全年建设竣工面积达2.8万平方米，马儿山组团二期更新项目1万平方米陆续开工建设。海月水景公园施工项目、大资福庙保护修缮项目分别于3月、4月正式启动，并在年内完成后全新开放。

山南创意园的发展，带动了玉皇山南地区产业提升。玉皇经联社原有仓储功能及简易粗加工形态调整提升为文创、设计，兼与民间股权资本结合，全面带动城市有机更新，加快地区经济发展方式转型步伐。园区坚持“一主多副”的产业结构规划，以建筑设计等创意产业为主体，融合其他高端产业。已吸引国内4A广告公司思美传媒、荷兰NITA（尼塔）中国设计总部、浙江南方建筑设计有限公司、浙江赛伯乐投资管理有限公司、浙江创新产业基金、联亨（中国）财富管理中心、浙江舜业投资管理公司、浙江敦和投资控股公司、浙江东翰高投长三角投资合伙企业等数10家投资基金管理总部入驻，行业的集聚效应已逐步显现，具备良好的发展基础。

2010年，园区实现税收超8300万元，园区企业实现产值超20亿元。被杭州市委、市政府评为杭州市文化创意产业园，并在《杭州市国民经济和社会发展第十二个五年规划纲要》中被列入文化创意产业重点项目（基地）。园区荣获“城市综合体规划设计优秀蓝本”、“中国特色文化产业园区”和“2010中国最佳创意产业园区奖”等多项大奖，正积极申报浙江省文化产业园区20强。

赛伯乐办公区

海月水景公园

创意园天龙寺组团实景

大资福庙

杭州市工商行政管理局上城分局

2010年，杭州市工商行政管理局上城分局（以下简称上城工商分局）以“建一流工商、带一流队伍、创一流业绩、树一流形象、抓一流服务”为总目标，以强化监管职能、促进经济发展为宗旨，坚持把握时代脉动，服务“创新强省、创业富民”战略，建设“服务型、规则型、效能型”工商，用求实和创新诠释“执法为民，维权服务”的工商宗旨，在监管服务的实践中演绎制度化、规范化、程序化、法治化建设的执着追求，在品质生活的创建中体现监管与发展、监管与服务、监管与维权、监管与执法“四个统一”的坚定信念。实现了队伍建设有新加强，整规工作有新进展，监管创新有新突破，服务水平有新提高，物质装备有新改善，勤政为民有新举措。上城工商分局党委被浙江省工商局被评为“红盾风采优秀领导班子”，湖滨工商所被浙江省工商局命名为“五星级文明规范工商所”，清波工商所被共青团杭州市委命名为“杭州市优秀青少年维权岗”。

围绕助动经济发展，贯彻执行市工商行政管理局服务企业“21条新政”和“促进城乡区域统筹发展若干意见”，开展了“向万家企业送温暖”、“万名干部联万家民企‘学送帮促’”等主题活动，对企业实施“一对一”的帮扶服务；围绕提高工作效能，推行“规范程序、一次告知、便民高效”的操作规程，方便办事群众；围绕帮扶企业发展，发挥动产抵押登记职能作用，办理动产抵押登记，帮扶企业融资；围绕政府招商引资，用优工商资源重点服务，建立“企业信息通报制度”。围绕政府品牌战略，采取抓注册、抓引导、抓扶持、抓维权等多项措施，指导企业正确运用商标战略，为企业实施商标战略保驾护航。加强《中华人民共和国食品安全法》宣传，创新出台杭州首个三年食品安全教育培训规划，逐年提升食品经营者法制意识和食品安全意识，开展流通领域食品安全专项整治，推行不合格食品退市就地自行销毁制度。

5月27日，国家工商总局副局长付双建（左排中）一行到上城调研。

2月9日，省工商局局长郑宇民（左二）视察农贸市场提升改造工作。

12月21日，市工商局局长章建成（中）到湖滨工商所调研。

12月17日，举行知识产权保护典型案例新闻发布会暨境外企业（机械）感谢仪式。

上城工商分局食品快速检测车加强食品安全检测

上城工商分局依法高效保护知识产权受到省、市工商局的充分肯定。

“3·15”国际消费者权益日纪念活动

杭州市环境保护局上城分局

杭州上城区油烟在线监控系统

2010年，上城区被列为全市生态文明建设的唯一试点城区，在全市率先制定“十二五”生态环保规划，生态文明示范社区创建在全市、全省开创先河，首批命名6家生态文明示范社区，杭州市首家生态文明建设示范基地在上城命名。在全市率先作出城区生态文明建设决定，有效推动了生态文明建设工作。

杭州市环境保护局上城分局（以下简称上城环保分局）将“联街结社”活动扩面提质，大力推进，实行协管员“条块结合”的管理模式，构架起局领导、科长、科员、环保协管员、街道环保员、52名社区环境监督员及824名居民环境信息员等7个层面上千名成员的树状工作网络构架，将生态环保工作延伸到每个居民身边。

探索油烟在线监控系统运营管理的新模式，对30家餐饮酒店安装了智能监控装置，填补了全市空白。

2010年，共受理投诉181件，比2009年下降61%，其中省、市交办44件，比2009年下降74%。全年立案34件，结案34件，共处罚人民币13.85万元，是2009年的3.64倍。实现了“两下降一提高”的目标。

2010年，上城环保分局主打“服务牌”，服务经济社会发展事业，为企业发展保驾护航。全年共审批项目135家，项目总注册资金达1.82亿元。

2010年6月3日，上城区获“杭州市级生态文明试点城区”荣誉。

2010年5月18日，杭州市环境保护局局长朱党其赴上城区协调解决望江地块在开发建设过程中涉及规划调整的环保隐患等问题。

2010年4月15日，召开2010年上城区生态建设与环境保护工作大会。

2010年10月29日，上城环保分局召开“联街结社”工作研讨会。

上城区人口和计划生育局

上城区人口和计划生育工作以中央《关于全面加强人口和计划生育工作统筹解决人口问题的决定》为指导，围绕“深入实践科学发展观、努力建设生活品质示范区”的目标，以打造“品质上城，和谐计生”为宗旨，坚持统筹解决人口问题，以民本、依法、创新、阳光为核心，不断推进生育文明建设，以人口素质工程为抓手，促进人的全面发展，有效提升人口计生工作的整体水平。出台了多项有利于人口计生工作的配套政策，使计生系列保险、“生育关怀”冠名基金等多项优先、优惠措施惠及广大计生家庭。完善出生缺陷三级干预体制，推进“三优”促进工作，立足人性化生育关怀，全面打造公益性、专业性、服务性的“三优”指导中心。整合多方资源，开展计划生育宣传技术指导站标准化建设，按照上城区《计划生育技术服务“二次发展”三年行动计划》，创建网络服务途径，为群众提供优质、便捷、温馨的计生服务，在辖区范围内全面推出“生命旅程”五站式服务，全面提升计生服务质量。加强基层基础工作，强化依法行政，创新优化流动人口管理模式，出台流动人口协管员绩效考核和奖励办法，稳定低生育水平。以打造计划生育居民自治示范点为抓手，探索居民自治复合主体等新模式。转变工作作风，加强基层指导，注重业务培训，提升计生干部素质，推进基层干部队伍建设。

省计生委副主任胡玉璋（右三）到南星街道调研“三优”工作

市计生委党组书记蒋建安（中）到小营街道调研

紫阳街道成立“婚姻加油站”暨“5·29”计生协会会员活动日主题活动。

上城区基层计划生育居民自治现场会

开展免费生殖健康咨询活动

“三优”名家大型访谈会暨“7·11”世界人口日主题活动

◎公司简介

泓酒汇为中国首家葡萄酒商场，集世界各国葡萄酒的展示、销售、会所、VIP会员俱乐部为一体，营业面积6000平方米。一、二楼商场设有“旧世界”国家的波尔多馆、勃艮第馆、香槟馆、普罗旺斯馆、意大利馆、西班牙馆、德国馆、葡萄牙馆、匈牙利馆、罗马尼亚馆、摩尔多瓦馆、奥地利馆和“新世界”国家的澳大利亚馆、新西兰馆、美国馆、智利馆、阿根廷馆、南非馆、中国馆及器皿雪茄馆。超五星标准倾力打造的“弘酒汇国际俱乐部”位于弘酒汇三楼、四楼及空中花园，为国内最顶尖的以葡萄酒为主题的专业会所，设有中餐厅、西餐厅、葡萄酒鉴赏厅、多功能厅、雪茄吧及培训中心等。

泓酒汇颠覆传统葡萄酒原始、落后、仅靠口碑相传的“人脉营销”模式，开创专业化大卖场集约化、规模化的先河。泓酒汇将以国际化、专业化、多样化的高度和视野，本着“健康品质、时尚生活”的服务理念，弘扬并推进葡萄酒产业和文化的发展，为各国葡萄酒及其酒商提供良好的展示与销售平台，是一个多样的、专业的葡萄酒鉴赏与消费场所。

泓酒汇坐落在杭州市中心距离西湖不足1000米的西湖大道与“南宋御街”交叉口。原建筑“万源绸庄”始建于1883年，为杭州市文物保护建筑，因其优雅和华贵的巴洛克风格而让游客流连忘返。

◎商场实景

服务总台

二楼走廊

波尔多馆

香槟馆

意大利馆

◎国际俱乐部实景

四楼俱乐部走廊

德国厅

多功能厅

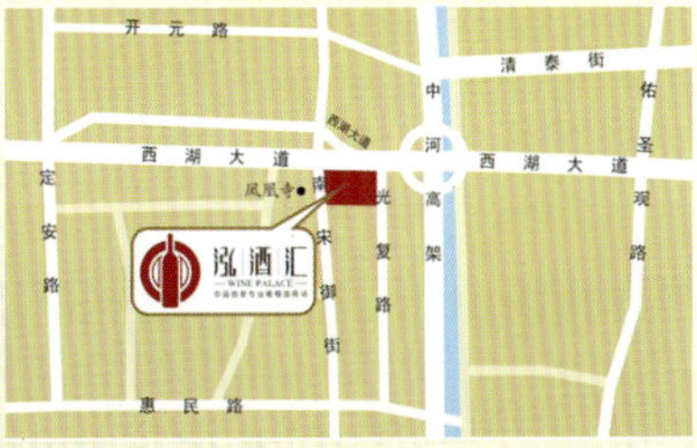

Bigger mind, Bigger future™
智慧创造未来